WERNER KUBNY

ORION

OFFENBARUNGEN
AUS EINER ANDEREN WIRKLICHKEIT

Wichtiger Hinweis

Die in diesem Buch vorgestellten Übungen, Methoden und Therapievorschläge dienen der Energieregulation im Körper, der Selbsterkenntnis und Erweiterung des Bewusstseins. Sie sind jedoch kein Ersatz für eine medizinische Diagnose, eine professionelle medizinische oder eine therapeutische oder energetische Behandlung. Dafür muss qualifiziertes Fachpersonal aufgesucht werden. Eine Haftung für Schäden jeglicher Art, die durch die Nutzung der Buchinhalte und der Informationen in diesem Buch sowie durch die Missachtung dieses Hinweises entstehen sollten, wird von Seiten des Autors und des Verlages ausgeschlossen.

Klientennamen oder die von Energiearbeitern/innen wurden zur Wahrung der Privatsphäre geändert.

Bibliographische Informationen der Deutschen Nationalbibliothek: Die Deutsche Nationalbibliothek verzeichnet diese Publikation in der Deutschen Nationalbibliographie; detaillierte bibliographische Daten sind im Internet über dnb.d-nb.de abrufbar.

Twentysix – der Self-Publishing-Verlag
Eine Kooperation zwischen der Verlagsgruppe Random House und BoD - Books on Demand

2. überarbeitete Auflage Oktober 2020
Herstellung und Verlag:

BoD Books on Demand, Norderstedt

ISBN: 9783740762452

Lektorat: Gerd Heesen
Alle Rechte vorbehalten © by Werner Kubny

© 2020 Text: Werner Kubny
© 2019 Foto: Pixabay/Frank Richter
© 2020 Layout: Arne Flekstad

Printed in Germany
www.BoD.de

Für meine Zeitgenossen,
ihre Partnerinnen und Kinder
und die,
die nach uns kommen.

INHALTSVERZEICHNIS

ERSTES BUCH
Die Suche nach der Wahrheit

ZWEITES BUCH
Die Entdeckung des Selbst

Prolog

Ich gehe die Straße entlang,
Da ist ein tiefes Loch im Gehsteig.
Ich falle hinein.
Ich bin verloren, ich bin ohne Hoffnung.
Es ist nicht meine Schuld.
Es dauert endlos, wieder herauszukommen.

Ich gehe dieselbe Straße entlang.
Da ist ein tiefes Loch im Gehsteig.
Ich tue so, als sähe ich es nicht.
Ich falle wieder hinein.
Ich kann nicht glauben, schon wieder am gleichen Ort zu sein.
Aber es ist nicht meine Schuld.
Immer noch dauert es sehr lange, herauszukommen.

Ich gehe dieselbe Straße entlang.
Da ist ein tiefes Loch im Gehsteig.
Ich sehe es.
Ich falle immer noch hinein – aus Gewohnheit.
Meine Augen sind offen.
Ich weiß, wo ich bin.
Es ist meine eigene Schuld.
Ich komme sofort heraus.

Ich gehe dieselbe Straße entlang,
Da ist ein tiefes Loch im Gehsteig.
Ich gehe darum herum.

Und schließlich – ich gehe eine andere Straße entlang.

(eine alte buddhistische Weisheit)

Einführung

Viele Menschen leiden, innerlich, still und meist im Verborgenen. Es passt nicht zu unserem aufgeregten, modernen Leben, das innere Leiden, uns muss es doch gut gehen! Tut es das? Nein, denn die Wirklichkeit des Alltäglichen sieht oft anders aus und die Sprachlosigkeit darüber ist grenzenlos und so gewollt. Ich gehörte einst zu dieser schweigenden Mehrheit, bis ich im wahrsten Sinn des Wortes den Hals voll davon hatte und begriff, dass ich selbst daran etwas ändern kann. Mir tat es vor allem gut von anderen zu erfahren, dass sie sich mit ähnlichen Problemen durch die Tage kämpften und ebenfalls auf Abhilfe sannen. Das, was mir damals geholfen hat möchte ich nun mit diesem Buch fortsetzen. Ich schreibe über ein Leben, dass in Gefahr war und doch ganz lebendig sein wollte: In Freude, in Liebe, im Vertrauen auf sich selbst. Geht nicht, meint man, heute nicht und damals doch auch nicht! Und richtig, davon war auch ich einst soweit entfernt wie der Mond zur Erde. Und doch, und das war und ist das große Abenteuer, ist es mir gelungen meine Mitte und mich selbst zu finden. Die Suche nach der eigenen Wahrheit, das dokumentiert dieses Buch, hat mir mein Leben gerettet. Allen sei gedankt, die mir dabei geholfen haben.

Begonnen hat diese Geschichte vor langen Jahren, als ich noch ein Jüngling war. Damals wurde mir erstmalig bewusst, dass auch ich immer wieder in tiefe Löcher falle. Erschrocken war ich nicht nur über den Wiederholungscharakter, sondern auch, weil ich ahnte, dass ich es war, der mit dazu beitrug. Saß ich in einem solchen Loch, ging es mir schlecht und ich fühlte mich allein und deprimiert. Solche Gefühle mochte ich nicht und versuchte mit viel Aktivität da herauszukommen. Doch während dieser Krisen, in stillen Momenten, fanden existenzielle Fragen den Weg in mein Bewusstsein wie etwa: Was ist mit dir eigentlich los? Du hast Erfolg, dir müsste es doch gut gehen? Ist es an mir das zu verwirklichen oder ist alles Schicksal? Solche Gedanken zeigten Wirkung und vorsichtig begann ich, meine Gefühle etwas ernster zu nehmen. Als kleiner Macho neigte ich jedoch dazu, Unangenehmes beiseite zu schieben. Doch die Frauen um mich herum und eine Männergruppe nährten meine Neugier, meinen Empfindungen auf den Grund zu gehen. Allerdings – es ist ja nicht einfach, sich mit sich selbst auseinanderzusetzen – als junger, hoffnungsvoller Filmemacher dachte ich auch, dass sich mit meinem interessanten und kreativen Beruf die Schatten, die wohl über meiner Seele lagen, nach wenigen Berufsjahren verflüchtigen würden. Das geschah jedoch nicht, im Gegenteil: Meine Melancholie und mein schwankendes Selbstbewusstsein behinderten meine beruflichen Aktivitäten.

Nach den ersten Jahren des Zusammenlebens mit meiner Partnerin konzentrierte ich mich zunehmend auf meine Filmarbeit und zog mich nach anstrengenden Projekten oftmals zurück, versank in Sprachlosigkeit. Doch mit der Zeit wurde mir das bewusst, denn natürlich verschärften sich die Konflikte mit meiner Frau. In den mühevollen Gesprächen fand ich jedoch keinen Zugang zur Ursache für mein Zurückweichen.

Besonders wenn ich von meinen Reisen nachhause zurückkehrte, verfiel ich in eine merkwürdige Melancholie, die sich vermehrt und schnell in eine unerklärliche Traurigkeit verwandelte. Ich wusste schon in meinen Kindertagen nicht, warum ich manchmal so traurig wurde, bemerkte aber schon damals, dass dadurch meine Lust auf Abenteuer in den heimischen Wäldern schwand und die Traurigkeit mir meinen Eifer, meine Hingabe nahm. Nachdem es in der Ehe zu kriseln begann, wurde ich krank. Ich ahnte, dass diese Krankheit möglicherweise etwas mit meinen Problemen zu tun hatte und diese Ahnung war für mich Anlass genug, den wiederkehrenden Spannungen und Mechanismen auf den Grund zu gehen. Und da mein Zustand keinen Aufschub duldete, sich alles miteinander zu einer immer größeren inneren Not verband, ich nicht resignieren und weder meine Frau noch mein Kind verlassen wollte, wuchs mein Verlangen nach Hilfe. So machte ich mich auf die Suche nach meiner Wahrheit.

Als mich bei einem meiner ersten Workshops eine amerikanische Therapeutin fragte: „Do you want to change your Life", sagte ich spontan und aus tiefstem Herzen, ja, ohne zu wissen, was das bedeuten könnte. Dass die Aufarbeitung meiner Probleme dann aber so bedeutsame und bereichernde Abenteuer für mich bereithielt, ahnte ich damals natürlich nicht. Mehr noch, ich war mit der Zeit zunehmend von der persönlichen, inneren Arbeit begeistert, denn was da ans Tageslicht kam, war für mich die ersehnte Befreiung. Weil ich tief vergrabene Traumata und Leiderfahrungen der Kindheit ins Licht des Bewusstseins heben konnte und damit Heilung erfuhr, ging es mir auch körperlich immer besser.

Zu diesem Prozess gehörte für mich die Auseinandersetzung mit meinen Eltern, die beide den Faschismus und den II. Weltkrieg miterlebt hatten.

Wie, so fragte ich mich, kann man sich mit ihnen versöhnen, ohne die Wahrheit zu leugnen? Ich entdeckte bei Familienaufstellungen nicht nur familiäre Geheimnisse und Verstrickungen individueller Art, sondern wurde vor allem auch gewahr, dass kollektive, leidvolle Erfahrungen meiner Vorfahren über Generationen hinweg meine Seele beschatteten, deren Ursachen vielfach in den Katastrophen der deutschen Vergangenheit lagen. In den Heilprozessen kam eine Wahrheit zum Vorschein, die, so vermute ich, sicherlich viele Familien in Deutschland erleben mussten und unter denen nachfolgende Generationen heute noch leiden. Denn von den Eltern übernehmen wir Verhaltensweisen, Glaubenssätze und Gemütsverfassungen, die vielfach nicht die unsrigen sind und die uns oftmals nicht guttun. Die jungen Deutschen und Europäer heute haben meistens keine Ahnung davon, wie die Energien ihrer Eltern, Großeltern und Ahnen aus Krieg, Faschismus und sozialistischen Unrechtsstaaten auf sie einwirken.

Diese von kollektiven und individuellen Tragödien durchzogene Lebenswelt meiner Ahnen anzuerkennen, um schließlich deren Schwere und Negativität energetisch für mich aufzulösen, ermöglichte es mir, dass ich aus dem Dunkel einer leidvollen deutschen Geschichte in das warme Licht meiner eigenen Essenz treten konnte. Diese bewegende Erinnerungsarbeit veränderte und befriedete das Verhältnis zu meinen Eltern.

Im Buch schildere ich jene bedeutenden biographischen Ereignisse, die zu bestimmten Problemen bei mir führten. Sie werden mit der Zeitgeschichte Deutschlands so verknüpft, dass ein Zusammenhang entsteht, der manche, auch grundsätzlichere Fragen aufwirft und teilweise auch beantworten hilft. Dabei spielt die Art und Weise, wie wir in Deutschland unsere Kinder erziehen eine entscheidende Rolle.

Die Erziehung fußt im Kern immer noch auf den Glaubens- und Grundsätzen einer schwarzen Pädagogik aus dem 19. Jahrhundert. Um Eltern zu helfen und Alternativen zu benennen, stelle ich im Buch neue Möglichkeiten vor, was Erziehungsberechtigte tun können, um ein befriedigendes Verhältnis zu den Kindern zu entwickeln. In diesem Sinn wäre eine Wissenschaft nötig, die gelebte Geschichte in den Familien und den Schulen wahrnimmt, untersucht und auswertet, um schließlich auch das Schulsystem radikal umzubauen. Deshalb ist mir ein Ausflug in die Geschichte der Erziehung wichtig, der unter anderem auch erklärt, warum Frauen immer noch benachteiligt sind. Die dabei gefundenen Ursachen helfen auch bei der Klärung der Jahrhundertfrage vieler Historiker zum Holocaust: Wie nur konnte dieses Furchtbare durch die deutsche Kulturnation überhaupt geschehen?

Aufgrund meiner kommunikativen Arbeit in Gruppen, besonders mit Männern, beschäftige ich mich deshalb auch mit der Frage, wie Männer sich von den ungesunden Traditionen gerade in Deutschland lösen und sich verändern können. In den Vorschlägen dazu, liegt auch der Schlüssel für das Wohlergehen auf unserem Planeten Erde.

Dieses Buch beschreibt folglich eine Emanzipation – die Freilegung der inneren, seelischen Skulptur durch die Aufarbeitung von persönlich erlebten Dramen, von Prägungen, Rollenzuweisungen und Glaubenssätzen, die ich nach meiner Erziehung aus Unwissenheit zu meiner eigenen Sache machte und die sich im Unbewussten etablierten. Was dieses Unbewusste eigentlich ist, wie es uns alle ständig beschäftigt und unsere Entscheidungen beeinflusst, versuche ich anhand neuester wissenschaftlicher Forschung zu enträtseln. Es war und ist für mich eine meiner Lebensaufgaben: Unbewusstes zu Bewusstsein zu bringen, sodass ich mich vom Opfer zum Schöpfer meines Lebens entwickeln konnte. Es war eine Abenteuerreise die viel bedeutender war als alles, was ich je mit der Kamera hier auf diesem Planeten in meiner Filmarbeit erlebt habe.

Denn während dieser Heilungsprozesse bekam ich völlig unerwartet und mehrfach Kontakt mit einer „anderen Wirklichkeit", wie ich sie nenne – ohne irgendwelche Drogen oder andere Hilfsmittel zu nutzen. Ich bewegte mich im Vollbesitz meiner geistigen und körperlichen Kräfte als spiritueller Energiekörper in jenen Sphären, die Carlos Castaneda oder Michael J. Roads beschrieben haben und die die klassische Wissenschaft bisher <u>noch nicht</u> anerkennt. Für viele Urvölker und fortschrittliche Wissenschaftler aber existiert diese andere Realität, das sogenannte wissende Feld als ein riesiger Resonanzraum, den man auch als Weltenbewusstsein, als Anima Mundi bezeichnen kann. Dazu gibt es neue, spannende Geschichten in diesem Buch.

Es ist eine Wirklichkeit in einer anderen Dimension, wo es weder Ort, noch Zeit, noch jegliche Dualität gibt. Dort bekam ich Informationen über mich und die Welt, deren Inhalte mich seit Jahrzehnten umtrieben und deren Wahrhaftigkeit für mich unumstritten ist. Beim wiederholten Eintauchen in ein für mich vollkommen neues Sein erfuhr ich, wie Glück entsteht und dass es jenseits unserer Alltagswelt noch einen ungeheuren Reichtum zu entdecken gibt, haben wir erst einmal unsere Ängste und Probleme entsorgt. Diesen ungewöhnlichen Erfahrungen versuche ich in diesem Buch ein lebendiges, aufrichtiges Gesicht zu geben.

Aufgrund der Erlebnisse dort komme ich zu der Einschätzung, dass uns diese „andere Wirklichkeit" ständig umgibt und wir uns zu ihr tatsächlich einen Zugang verschaffen können. Damit haben wir die Chance, die Sprache unserer Seele und unseren Wesenskern wiederzuentdecken. Zu meinen Erfahrungen gesellen sich neue, aufregende wissenschaftliche Erkenntnisse, die einen Kompass für dieses Buch darstellen. Die erforschten Themen sind also nicht abstrakt beschrieben, sondern in den Kontext wichtiger Erfahrungen und Erkenntnisse in meinem Leben eingebunden.

Bei all dem steht eine Frage besonders im Zentrum dieses Buches: Wie kann ich mich nachhaltig so verändern, dass das innere Leiden aufhört und ich eine neue, wohltuende Erfahrungswelt für mich kreieren kann, die mich dahin bringt, wonach meine Seele sich sehnt? Wie kann man in dieser aufgeregten Welt trotz unserer Alltagsrealität ein erfülltes Leben führen? Dazu mache ich aufgrund meiner Erfahrungen bestimmte Vorschläge zur Praxis des Lebens im Sein.

Nach zweieinhalb Jahrhunderten der Konzentration auf den Verstand mit unzähligen Kriegen und Leiderfahrungen, erscheint mir die Befriedung der Welt nur dann möglich, wenn wir uns unserer Herzensenergie, unseren spirituellen Fähigkeiten zuwenden.

Das Buch ist eine Autobiographie, die eben nicht die Karriere, das Schöne und Glanzvolle zum Inhalt hat, sondern sich der gelebten Wahrheit eines Lebens verpflichtet fühlt und grundsätzliche Probleme unseres menschlichen Zusammenlebens thematisiert. Ich beschreibe eine innere Lebenswirklichkeit, die, wie ich im Laufe meiner Arbeit als Coach festgestellt habe, die Realität vieler ist: „Sich ins Leben schreiben" nennt das die Autorin und Seminarleiterin Liane Dirks. Schon als junger Mann begann ich, meine Erinnerungen aus Kindheit und Jugend schriftlich festzuhalten und führte ein Tagebuch. Vor allem auch als jung verheiratetes Greenhorn in meiner ersten Ehe schrieb ich meine Erlebnisse und Gefühle auf. Hinzu kamen über viele Jahre die Aufzeichnungen von besonderen Erfahrungen in Workshops und Seminaren, die das Sammelwerk ergänzen.

Neben Briefen, die ich von meinen Eltern bekam, waren es auch viele Gespräche mit Vater und Mutter, die ich in mein Tagebuch aufnahm. Aufgrund meiner Recherchen und meinen Erfahrungen in vielen Seminaren mit Gleichaltrigen ist es für mich offensichtlich, dass die Kommentare meiner Eltern zu mir und meinem Leben ähnlich zu denen waren, die andere Eltern über ihre Söhne und Töchter und deren Wirken verkündet hatten. Sie dokumentieren eine Zeit, die nach dem Krieg Neubeginn sein sollte und doch so viel Dunkles aus vergangenen Epochen mit sich führte. Auf diese Weise wird meine persönliche Entwicklungsgeschichte mit der Nachkriegsgeschichte Deutschlands erzählt.

Mit dem Buch und der darin geschilderten Entwicklung beende ich die Dramen, die mich Jahrzehnte beschäftigt hatten. Eine neue Zeit mit anderen, helleren Geschichten ist deshalb für mich angebrochen. Sie wird für mich durch aktuelle, wissenschaftliche und spirituelle Bücher vertieft, mit deren Inhalt ich mich verbunden fühle, die mir weiterhelfen und die im Anhang vermerkt sind.

ERSTES BUCH

Die Suche nach der Wahrheit

Die Offenbarung

Mit vielleicht dreißig Konferenzteilnehmern sitze ich in Anwesenheit eines hohen Mitarbeiters des Generalsekretärs der Vereinten Nationen in einem Konferenzsaal im UN-Gebäude in New York an einem sehr großen Tischoval. Ich höre den Beiträgen meiner Kollegen nicht mehr aufmerksam zu, fühle mich müde und abgespannt. Die ganze Nacht geht das schon so. Ich schaue umher und registriere erstaunt, dass im Moment keine Frauen mehr anwesend sind und nur Männer in dunklen Anzügen am weitläufigen Tisch sitzen – Männer, die mehr oder weniger herumhängen, die mit sich und ihren Smartphones beschäftigt sind. Der UN-Direktor für Migration schildert gerade im abgedunkelten Raum mit computeranimierten Schaubildern auf einer gläsernen, überdimensionierten Datenwand am Saalende die dramatischen Konsequenzen der Geburtenproblematik der reichen und damit machtvollen Staaten. Die technisch hochentwickelten, digitalisierten Nationen seien in einer ernsten Krise, so der UN-Mitarbeiter. In diesen Ländern bleiben die Neugeborenen aus, andererseits hält der Strom von Flüchtlingen ohne Bildung und Bindung an eine neuzeitliche Kultur trotz aller Zäune und Mauern unvermindert an. Die mächtigen Staaten werden in Zukunft Schwierigkeiten haben, wirtschaftliches Wachstum, den Lebensstandard, die Versorgung der Alten, ziviles Recht und überhaupt eine beschützende, mehr oder weniger demokratische Ordnung aufrechtzuerhalten, wenn ihnen der Nachwuchs fehlt, besonders der, der Eliten.

Na, so was, denke ich, endlich wird hier nach Stunden mal Tacheles und kein diplomatischer Quatsch geredet. Mein Rücken schmerzt, eigentlich tut mir jetzt schon wieder alles weh! Trotz aller Anstrengungen bei der Integration, so der Referent, werden die Migranten nicht in der Lage sein, den gewaltigen zivilisatorischen Ansprüchen von hochentwickelten Leistungsgesellschaften gerecht zu werden. Ihnen fehlen mindestens dreißig Jahre der neuzeitlichen Entwicklung. „Das ist hier also auch schon angekommen", flüstere ich meinem niederländischen Kollegen zu, der lächelt nur noch müde. Die reichen Nationen müssten ein umfassendes

Bildungsprogramm auflegen und die Eliten sollten wieder mehr das Gemeinwohl im Auge haben, wollen Sie die Kontrolle behalten, so der UN-Report. Doch außer ein paar Wenigen, scheint das in diesem Saal niemanden mehr zu interessieren!

Der bedauernswerte UN-Diplomat aber macht unverdrossen weiter: „Der Planet Erde ist in einem beängstigenden Zustand: Klima- und Naturkatastrophen schlagen überall zu, was zusätzliche intelligente Kräfte bindet und fordert. Die Eiskappen der Pole schmelzen. Ein zweitägiger Stromausfall in New York hat kürzlich zwei Milliarden Dollar gekostet." Und, so denke ich, was tun wir wirklich dagegen? Die Jugend hat schon immer recht gehabt – eigentlich nichts! Ich rutsche auf meinem Hinter herum und bin wütend. Mein Blick aus der Fensterfront schweift in eine der nächtlichen Straßenschluchten New Yorks. Die morgendliche Dämmerung kündigt sich am Horizont an und gibt mir das Gefühl, dass das Ende nun bald naht. Seit Jahren erlebe ich das schon so – frustrierende Marathonsitzungen! Warum tue ich mir das noch an? Wie klein und unbedeutend das alles von hier oben doch wirkt.

Mein Blick kehrt zurück in den stickigen Saal. Ist man erst einmal hier in diesen Zirkeln der Macht aufgenommen, lernt man schnell die Dinge so zu lenken, dass man für sich und seinen Clan ausgesorgt hat. Interesse an den wirklich wichtigen Themen haben die Allerwenigsten hier. Robuste Politik wird hier nicht gemacht. Die meisten großen Jungs hier haben alle Jobs, die einer Scheinwelt dienen, die werden für Luftnummern bezahlt. Das leisten sich die reichen Staaten aus Legitimationsgründen. Als Erziehungswissenschaftler und Mitglied einer europäischen Delegation, gehen mir die kleinen Vor- und ständigen Rückschritte seit geraumer Zeit auf den Keks, um nicht zu sagen, ich fühle mich damit ziemlich verarscht. Ich will in dieser Sitzungsperiode mit dem Zirkus aufhören. Der Zorn auf diese ganze Bande, bis auf ein paar nette Kollegen und Kolleginnen macht mich krank. Ich hab' wirklich keinen Bock mehr. Und doch und ja, ich fühle mich auch verantwortlich, verpflichtet, auch gegenüber den europäischen Mitstreitern. Eigentlich, so ist mir seit einiger Zeit schon klar, weiß ich nicht mehr weiter! Die Jahre hier haben eigentlich nichts gebracht, außer Spesen. Der Welt geht es immer schlechter! Wenn ich ehrlich bin und mich im Spiegel anschaue, sehe ich ein durch und durch erschöpftes Gesicht mit traurigen Augen. Hier gibt es keine Resonanz für meine Anliegen – das, so weiß mein Herz, ist die traurige Wahrheit!

Eine tiefe Resignation überkommt mich, ich fühle mich hier unter diesen Menschen, obwohl ich sie seit Jahren kenne, einsam und allein! Eigentlich bin ich ja eine Kämpfernatur, sehe das Glas immer halb voll. Doch nun – ich höre nicht mehr zu, die Müdigkeit übermannt mich, die Augen fallen mir zu. Ich schrecke hoch, als plötzlich am großen Tischoval eine aufgeregte Unruhe entsteht. Leben kehrt in den Laden zurück. Natürlich, wiedermal, die Amerikaner. Ein Einwand des Beauftragten der US-Regierung provoziert eine neue Energie. Genug der Reden und differenzierten Vorschläge, Handeln sei jetzt von Nöten, so beginnt es. Wie wahr, denke ich! Die reichen Staaten müssten jetzt endlich überall Grenzzäune und Mauern bauen, nicht nur hier und da, überall müssten Kontrollen und Sicherungsmannschaften her gegen die Migrationsbewegungen und dann im nächsten Schritt müsste man große Camps einrichten. Ungläubige Gesichter schauen ihn an, was für Camps: „Ja, wir haben da einen Plan. Fruchtbare Frauen aus einigermaßen zivilisierten Regionen der Erde sammeln und in ein In-Vitro-Fertilisation Programm befördern, sie in speziellen Einrichtungen betreuen".

Ich kann nicht glauben, was ich da höre und denke, „Lager" will er wohl nicht sagen! Der US-Vertreter weiter: „Eine Aufgabe, die das Militär lösen könne. Frauen gebe es sicherlich genug, die da mitmachen würden und wenn nicht freiwillig, dann eben für Geld, auch für viel Geld, das haben wir ja! Wir drucken es einfach! Es geht schließlich um unsere Zukunft!" Und süffisant fügt er hinzu, dass es doch noch genügend aufrechte Männer der amerikanischen Eliten gäbe, die sich auch sicher gerne für die Gesellschaft ganz praktisch engagieren würden...! Die Runde ist irgendwie amüsiert, ungläubiges Kopfschütteln, Gemurmel, schlüpfrige Bemerkungen im weiten Rund. Der US-Vertreter fährt ungerührt fort. In den Rocky Mountains könne man wirklich große Camps aufbauen und dafür sorgen, mit Massenbefruchtungen von hochqualitativen Samenbanken geeigneten Nachwuchs zu produzieren. Die geborenen Kinder könnte man in zielorientierten Internaten nach Maßstäben der führenden Eliten großziehen – mit bezahlten Leihmüttern in straff organisierten Häusern. Da platzt mir nun der Kragen und ich stehe auf: „Ich bitte Sie, so etwas können wir Deutsche auf keinen Fall mittragen, das wäre ja wie in der Nazizeit!" Ich bin ganz außer mir. Die europäischen Kollegen nicken ein bisschen distanziert, aber doch zustimmend, das Gemurmel schwillt an. Der Amerikaner kontert jedoch ganz jovial: „Aber, entgegen den Nazis,

Mr. Germany, machen wir das doch für einen guten Zweck!" Ich falle zurück in meinem Sessel. Jetzt ist richtig Bewegung im Saal – Unverständnis, lauter Widerspruch und Kopfschütteln bei vielen Kollegen. Ein indischer Wissenschaftler geht ganz lakonisch dazwischen: „Das dauert doch alles viel zu lang und außerdem, wieso nur Amerikaner?" Und der schwedische Kollege: „Das ist doch absurd, ein solches Vorgehen bedeutet ethische, rechtliche und soziale Probleme, das könnten wir doch gar nicht legitimieren". Die Europäer sind empört. Die chinesischen Kollegen bleiben ganz entspannt.

Was erzählen diese großen Jungs hier, denke ich ganz aufgebracht. Niemand schaut auf die wirklichen Verhältnisse und spricht über das, was dringend endlich zu ändern wäre. Ich klappe mein Laptop wütend zusammen. Der italienische Kollege neben mir ist ebenfalls sauer. Er ruft dazwischen, dass sein Land an den Stränden entlang doch keine Mauer von Pisa bis Sizilien bauen könne! „Viele Leute", so wendet er sich an mich, „flüchten aus Rom und Neapel, weg aus den Metropolen, in die Berge oder die Schweiz. Anarchie breitet sich aus, ganz abgesehen vom Terror, die Eliten fliehen!"

Der schwedische Kollege geht nach vorne und klopft mehrfach auf ein Glas. Es kehrt langsam wieder Ruhe ein. Er antwortet auf den Beitrag des Amerikaners mit dem Bericht seiner Forschungscrew über die Lebenssituation der Sami-People in Lappland: Hier würden die jungen Frauen noch ganz normal ihre Kinder bekommen. Im Gegensatz zu den Frauen in Städten wie Stockholm, Göteborg oder Norrköping, die auch, wie in anderen reichen Ländern, mehr oder weniger unfruchtbar sind. „Und…", so der schwedische Kollege weiter, „man habe inzwischen herausgefunden, warum!" Aha, beruhige ich mich, die Schweden mal wieder und werde neugierig. Plötzlich, ein lauter spitzer Knall – ein Glas Wasser zerschellt überlaut auf den Steinplatten direkt unter dem Tisch. Der Verursacher, ein Japaner, springt erschrocken auf. Auch das noch, denke ich. Sein Kollege aus Australien neben ihm hat eine nasse Hose abbekommen. Jeder im Raum weiß, wie ordentlich, zurückhaltend und höflich besonders japanische Diplomaten in der Öffentlichkeit sind. Also beginnt nun ein Schauspiel fernöstlicher Anteilnahme. Das ist natürlich wieder eine willkommene Abwechslung für die Diplomaten. Der Vorfall scheint für den Mann aus Japan unglaublich peinlich. Er weiß nicht, wem er sich nun zuwenden soll, dem zerschellten Glas oder dem Kollegen. Die Versammlung aber macht Witze. Der italienische Kollege reicht dem Australier ein Tuch aus seinem Aktenkoffer. Dann bricht sich die japanische, körperlich vorgetragene Entschuldigung ihre Bahn: Ein mehrfaches „Sorry, Excuse me" mit den entsprechenden Verbeugungen. Und dann, in japanischer Sprache, offensichtlich Worte des tiefen Bedauerns. Das macht es irgendwie noch schwerer, das unbedeutende Missgeschick bläht sich zum willkommenen Eklat unter Diplomaten auf. Der vortragende Kollege aus Schweden schaut irritiert und fragend in die Runde. Der Japaner bedauert immer noch die Unterbrechung und entschuldigt sich nun bei dem Skandinavier. Ein UN-Mitarbeiter telefoniert.

Der schwedische Wissenschaftler versucht seinen Faden wieder aufzunehmen. Doch es gelingt ihm nicht, denn der Japaner hat nun auch noch, als er sich nach den Scherben des Glases bückte, seinen Ledersessel nach hinten umgestoßen. Dem amerikanischen Kollegen entfährt ein lauter Lacher. Der Japaner entschuldigt sich wieder mit seinem ganzen Körper und richtet den Stuhl wieder auf. Der Schwede lächelt und fährt nun lauter fort: „Sorry, ich fahre nun fort, wenn Sie gestatten..." und schaut den Japaner an. Der nickt fleißig. „Also, wir haben festgestellt, meine Damen und Herren ..." Ein Kollege aus Tansania weist den Schweden amüsiert darauf hin, dass Frauen im Moment hier nicht mehr anwesend seien. Und tatsächlich, ich schaue in die Runde und sehe keine Frau! Die, so denke ich noch, machen die Männerspielchen nicht mehr mit. Er wird lauter. Irgendwie ist nach dieser Marathonsitzung die ganze Gesellschaft nicht mehr willens weiterzumachen. Sie ergötzen sich am Aufruhr wie eine Schar Jugendlicher, die einen Buhmann ausgemacht haben. Der Schwede schaut in die Runde, lächelt und öffnet seine Arme seitlich, als ob er fragen wolle, sind wir jetzt fertig?

Ja, das sind wir, denke ich und stehe auf. Andere machen es ebenso. Der UN-Botschafter macht einen letzten Versuch: „Entschuldigen Sie, wir sollten noch...." Er stockt und kann seinen Satz nicht zu Ende führen, denn in diesem Konferenzraum geschieht nun etwas ganz Ungeheuerliches: Der amerikanische Kollege gleitet mit Gepolter und weit aufgerissenen Augen vom Sessel zu Boden, der australische Diplomat bricht ebenfalls auf diese Weise zusammen und reißt seinen Laptop mit nach unten. Hey, was geschieht hier, bin ich Film, schießt es mir durch den Kopf? Dann sackt jäh ein Kollege aus der koreanischen Delegation direkt vor mir zusammen, ohne einen erkennbaren Grund. Unruhe, Panik, laute Rufe, Stuhlgeschiebe, emporspringende Männer, Durcheinander, einer schreit: „Terror!". Ein Kollege macht ein paar Schritte zum herunter gesackten Amerikaner, um zu helfen, alles redet durcheinander, das Chaos beginnt!

Ich werde angerempelt und falle in meinen Stuhl zurück, bin völlig konsterniert und nehme in dem ganzen Geschrei dumpfe Plop-Geräusche wahr, so, als ob ein Tropfen Wasser in einen stillen Teich fällt. Die Diplomaten raffen blitzschnell ihr Zeug zusammen, und während sie sich noch im Durcheinander orientieren und versuchen, ihre Papiere, Computer, Handys und Tabletts, vor allem auch sich selbst zu organisieren, sacken einige von ihnen auch schon in sich zusammen. Mir schnürt sich der Hals zu und in vollkommener Erstarrung erlebe ich, wie zwei Konferenzteilnehmer mir gegenüber in sich zusammenfallen wie ein Taschenmesser, und ich sehe gerade noch mit Schrecken, wie ein leuchtendes Lichtprojektil in die Stirn meines italienischen Kollegen, den ich sehr mochte, hineinfährt. Ich erstarre! Der französische Diplomat versucht, sich geduckt davonzumachen, und reißt nun mich und meinen Sessel um. Ich stürze, liege rücklings plötzlich auf dem Boden und ein getroffener Mann kommt über mir ins Fallen – der Japaner.

Mir rast es nun durch den Kopf, dass seine Aufregung begründet war, er hat etwas gespürt: Ein Anschlag – wir sind Opfer eines Überfalls von Terroristen. Blanke Angst steigt in mir empor. Schreiende Männer stoßen sich gegenseitig um, hechten über und unter den Konferenztisch. Ich bleibe erstarrt liegen und schaue nur. Und wieder sinken in meinem Blickfeld zwei Diplomaten zu Boden. Mit welchen Waffen wird hier... Ich muss jetzt hier weg! Doch ich kann mich unter dem Japaner und seinem Kollegen kaum bewegen. Und dann, ganz plötzlich, verändert sich meine Wahrnehmung: Alles ist irgendwie ein wenig schemenhaft und langsam. Schock denke ich, vielleicht bin ich auch getroffen, ohne es zu merken! Und dann sehe ich sie wirklich: Silbrig-weiß glänzende, wunderschön anzusehende ovale Lichtschweife. Sie fliegen als strahlende, hoch energetisierte Lichtprojektile an mir vorbei und dringen geräuschlos, bis auf das feine Plop, in die Körper ein. Ich sehe aufgerissene Münder und schreckensweite Augenpaare und höre ferne Schreie. Die Gesichter der getroffenen Männer erstarren mit einem verständnislosen Erstaunen. Die eigene, so streng gehütete Kontrolle ist ihnen entglitten. Sie haben das Heft nicht mehr in der Hand. Für Männer eine Katastrophe.

Ich sehe keine Wunden, kein Blut – fassungsloses Staunen und panische Angst erfassen mich nun auch. Über mich hinweg stolpern mir bekannte Diplomaten, sie rufen nach mir und ich nach ihnen. Doch irgendwie klingt alles weit weg. Ich versuche, unter den beiden Japanern frei zu kommen. Ein jeder will fliehen und doch kommt man nicht weit – Plop, Plop – und die Körper sacken zusammen. Diese Geschosse sind für mich materiell nicht einzuordnen, sie wirken, als seien sie aus reiner Lichtenergie, vergleichbar mit einem Strahl, der geformt ist wie ein schmales längliches Ei. Unfassbar, woher kommt diese Energie? So eine Technik gibt es doch gar nicht oder hab ich da etwas nicht mitbekommen?

Bevor ich mich aufrappeln kann, stürze ich wieder, denn jemand hat mich niedergerissen, will sich an mir festhalten. Wir fallen gemeinsam, wieder seitlich unter den großen Konferenztisch. Einer dieser weißen Lichtbündel fliegt direkt vor meinen Augen an mir vorbei, blendet mich und trifft den gefallenen Kollegen, der augenblicklich zusammensackt. Der Chinese ist sofort ohne Leben und bleibt mit erstauntem Gesichtsausdruck neben mir regungslos auf dem Rücken liegen. Seine panisch weit aufgerissenen Augen starren in eine weite Ferne, ich bin erschüttert und bekomme jetzt furchtbare Angst! Ich bin wohl auch gleich dran, denke ich und nein, das will ich nicht! Mein Verstand dreht durch. Und dann kommt die absolute Panik. Man kann nicht entkommen, brennt es sich fest in mir ein, du hast keine Chance und doch: Solange es dich nicht trifft – du bist ein Kämpfer. Und blitzartig sehe ich mich als Junge durch meinen Indianerwald über umgestürzte, bemooste Bäume und Wurzeln springen. Da hatte ich nie Angst, auch wenn ich am Baum schon gefesselt war und die Marterung bevorstand, war die Flucht schon als Vision in mir. So war das einst, mach dich nun davon! Ich rolle mich auf den Steinplatten zur Seite und krieche tiefer unter das Tischoval. „Plop, plop", dringt es in dem Lärm wieder an mein Ohr, und als ich an der anderen Seite des Tisches innehalte, sackt in meinem Blickfeld ein weiterer chinesischer Kollege in sich zusammen und starrt mich aus fernen, fremden Augen an. Kein Blut, denke ich – keine Verletzung und doch ganz tot! Das kann und darf nicht sein! Was passiert hier?

Da ist etwas am Werk, das nicht menschlich ist, nicht von dieser Welt. Neben der Angst und Panik durchflutet meinen zitternden Körper nun auch etwas anderes: Ja, ich bin tatsächlich neugierig auf das, was da an ‚außerirdischer Energie' zu uns kommt. Und in diesem Gefühl größter Furcht und doch vollkommener Aufmerksamkeit gibt es plötzlich in meinem Körper einen richtigen Ruck, als hätte mich jemand angestupst und ich spüre mich irgendwie verändert, da steigt so etwas wie Akzeptanz, wie Annehmen in mir hoch und zu meiner Überraschung verfliegt damit meine Angst. Ich lasse, ganz gegen meine Erfahrung einfach los, ich willige ein, hier und jetzt auch zu sterben und das wundert den Kämpfer in mir nun vollends. Ich spüre unter dem Tisch, wie das von ganz innen herauskommt und mir ganz und gar fremd ist. Loslassen oder Aufgeben steht normalerweise nicht auf meiner Agenda und jetzt gebe ich mich hin?

Ich verlasse meine Deckung unter dem Tisch und versuche mich in dem Durcheinander aufzurichten: Es kann jetzt kommen, was da kommen mag! Und mit der Aufrichtung meines Körpers neben dem Konferenztisch bekommt etwas in meinem Inneren Statur, etwas, das ich nicht kenne: Ich werde ganz unvermittelt von einer enormen inneren Klarheit und Kraft erfüllt, obwohl ich doch eigentlich hundemüde bin. Der drohende eigene Tod rückt dabei in weite Ferne. Ich gleite innerlich wie von Geisterhand geführt empor. Mein Innerstes breitet sich aus. Ich habe das Gefühl zu schweben, obgleich ich auf dem Boden stehe – eine große Stille erfasst mich in all dem Chaos und Getümmel. Ich fühle mich eingehüllt, gewissermaßen beschützt. Es ist eine Energie, die mich beruhigt, die mir richtig guttut. Ich realisiere, dass ich mit diesem ‚Anschlag' nichts zu tun habe. Hier scheint etwas ganz Großes abzulaufen, da ist eine Idee, eine Kraft am Werk, die außerhalb von uns ist, mit der ich jedoch auf eine rätselhafte Weise verbunden scheine, jedenfalls macht sie mir auf einmal keinerlei Angst. Ich fühle in dieser Kraft und Ruhe mein Innerstes, den tiefsten Teil von mir, den ich in den angestrengten letzten Jahren im Alltagsgeschäft vollkommen verloren hatte. Ich habe jetzt wieder Kontakt zu mir selbst. Eine tiefe innere Ruhe erfasst mich. Was geschieht hier mit mir?

Ich schaue mich um und sehe viele leblose menschliche Körper am Boden liegen. Die Stille erscheint mir ganz natürlich und doch ergreift nun ein neuer Gedanke Besitz von mir: Ich bin vielleicht auch schon tot? Vielleicht erlebt man so den Tod, der mich, seit ich denken kann, schon immer beschäftigte? Was passiert im Sterben und vor allem was kommt danach? Ja, Stille, keine Angst, Klarheit, so scheint der Tod zu sein und man merkt es vielleicht ja auch gar nicht. Man glaubt weiterzuleben und noch in der irdischen Realität zu sein, weil man es unbedingt so will. Man will nicht sterben! Wie merkwürdig, denke ich, man macht sich auch in diesem allerletzten Moment noch etwas vor wie sonst im Leben auch. Nach der Angst ist es aber irgendwie schön, das Sterben, das Loslassen, nichts ist wirklich mehr wichtig. Ich werde neugierig, wo geht die Reise hin?

Plötzlich dringen in diese wunderbare Stille zerbrechende Scheiben, lautes Geschrei und metallische Geräusche. In dieser Entrücktheit sehe ich, wie schwerbewaffnete Soldaten dickes Glas zertrümmern, wie sie martialisch von allen Seiten durch Glasscheiben in den Raum drängen. Sie sehen aus, als kämen sie von einem anderen Planeten. Überall ist jetzt splitterndes, knirschendes Glas zu hören und Befehle. Schreie und Sirenen dringen an mein Ohr. Der ohrenbetäubende Krach schmerzt mich. Und in diesem Augenblick des größten Chaos' ist es mir plötzlich, als werde ich innerlich zerrissen, zweigeteilt. Ich nehme die Außenwelt wahr und zugleich, auf einer anderen, tieferen oder besser höheren Ebene überwältigt mich etwas, was mich magisch nach innen zieht, wie zu einem Magneten, einem ungeheuren Kraftfeld im tiefsten Grund des Lebens. Ein mächtiger Schauer durchfährt meinen Körper. Einer Explosion gleich durchströmt mich eine ungekannte Energie, wie eine Ekstase, vollkommen erregend. So ist es also im Tod, aufregend wie beim Sex! Ich habe das unmissverständliche Gefühl, den Anfang eines neuen Zustandes zu erfahren, in mir dehnt sich etwas Unbegreifliches aus. Ich fühle mich plötzlich komplett, ohne Mangel, ohne Angst, ohne Wunsch, einfach als vollkommenes Wesen, als hätte ich eine neue Identität und doch scheine ich es ja zu sein! Ich erfahre eine ungeheure Potenz und Kreativität als Mensch, als spirituelles Wesen. Es hat nichts von dem, was ich je gekannt habe. Und in diesem Augenblick spüre ich eine Entgrenzung: Ich fühle die Totalität des Seins, mit Allem und Jedem verbunden zu sein. Es ist so, als kehre ich zurück, dorthin, wo ich zuhause bin, wo ich herkomme. Es ist wie ein Erinnern an das, was und wer ich wirklich war und offensichtlich noch bin. Ich habe Kontakt zu meiner Seele, meine Seele und ich sind plötzlich eins. Noch nie in meinem bewussten Leben hatte ich dieses Gefühl und es ist so eindeutig und klar, als ob es nie anders war.

Und in diesem Augenblick öffnet sich ein großes Tor in eine neue Dimension, in ein riesiges, universelles Etwas, in ein anderes Bewusstsein, außerhalb jeder bisherigen Erfahrung. Es ist das untrügliche Gefühl an irgendetwas angedockt zu sein, verbunden zu sein mit etwas ungeheuer

Komplexem. Ich bin plötzlich ein Teil vom Ganzen. Ohne es mit meinem Verstand zu begreifen, ist meine ganze Existenz in Kontakt mit einem Alles-was-ist. Ich bin mit einer unfassbaren und wunderbaren Energie verbunden. Und schlagartig, wie wenn man mit den Fingern schnippt, begreife ich die Komplexität und Totalität des menschlichen, des weltlichen, des universellen Seins. Ich bin nicht nur angedockt, sondern ein Teil von etwas Anderem und doch so Vertrautem. Ein unendlicher Strom von Wissen, Daten, Bildern und Material fließt durch mich hindurch. Ich bin mit einem Schlag ein umfassendes Bewusstsein. Ich erfasse und verstehe alles in diesem Augenblick. Die Welt und ich sind eins und – alles ist gut so! In diesem Erleben gibt es keine Trennung mehr von mir und dem anderen dort, jede Dualität ist aufgehoben. Ich fühle die Quelle, aus der wir alle entspringen, mit der wir alle verbunden sind. Es gibt keine Fragen mehr, ich verstehe und begreife alles! Ich habe in diesem Moment das klare Gefühl, nein das Wissen, dass ich mit etwas Höherem verbunden bin, mit einem Reservoir, das alles für mich bereithält, was immer es auch sein mag. In mir breitet sich ein ungeahnter Frieden, ja, die Glückseligkeit selbst aus und – eine tiefe Liebe entfaltet sich zu mir selbst. Ich bin, so schießt es mir ins Herz, endlich da, wo ich immer sein wollte, aber nie im Stande war, das auch nur annähernd mir vorzustellen, geschweige denn leben zu können. Ich fühle diese Liebe zu mir selbst, verbunden im Sein-in-Allem – aufgehoben, warm, vollkommen! Und doch – ich erschrecke, das scheint ja wohl genau die Erfahrung im Tod zu sein? Schade, dass ich diesen entrückten, wunderbaren Zustand im wirklichen Leben nie erfahren habe. Aber nun dafür zu sterben, das ist etwas Großartiges.

Mir ist es, als sei ich in einer anderen Wirklichkeit angekommen, in etwas, was wahrscheinlich ein normaler Mensch in seinem ganzen Leben nicht erfährt. Erst nur schemenhaft nehme ich plötzlich rauchige Bilder über den Toten wahr: Schemenhafte Gestalten, die sich Gewalt antun, sich verletzen. Ich sehe Vergewaltigung und Mord hinter den Gesichtern der toten Diplomaten auf dem Boden. Dann nehme ich ihre schemenhaften, rauchig-grauen, körperlosen Energien wahr, wie sie sich über ihren Leibern winden und sich verzehren in der Wut über diesen schnellen Tod. Ich wende meinen Blick in eine Ecke des Raumes, wo südamerikanische Kollegen leblos liegen. Mir offenbaren sich wie in einem Nebel Bilder schlagender Männerclans. Die fahrigen Geistbilder über den toten Körpern lassen mich Grauenhaftes spüren: Ich höre schreiende Frauen, die von ihren Kerlen geprügelt werden, sehe eine blutende Geliebte in beschmutztem Bett, brutale Sexszenen, Halbwüchsige, die andere, noch kleinere Jungen erschießen. Alles geschieht in diesem Raum gleichzeitig, schwebt gewissermaßen über den Toten und durch sie und die Einsatzkräfte hindurch. Ich fühle Habgier und Machtmissbrauch, Ausgrenzung, Gewalt und Hass. Ich bin erschüttert, was Menschen sich antun können. Ich erlebe das, was man das Böse nennt.

Obwohl ich meine Augen geöffnet habe, die Toten um mich herum sehe, die Soldaten schreien höre, sehe ich diese zweite, viel tiefere Wahrheit. Mich verlässt meine Kraft und meine Beine sacken mir weg und ich erkenne, ich bin doch noch nicht tot! Ich rutsche in der Verwirrung um meinen Zustand die Wand herunter auf den grauen Boden und erschrecke bis ins Mark, dass ich diese Wahrheit hinter den Fassaden wahrnehmen kann, obwohl ich doch offensichtlich noch nicht gestorben bin. Mir laufen die Tränen über die Wangen, die ich mir mit den Fingern ertaste, um sicher zu sein, dass ich nicht doch tot bin. Mit ihnen verstehe ich, dass wir es sind, die für all das verantwortlich sind, was wir Menschen uns und unserem Planeten antun. Wir sind es, die so Vielem misstrauisch und feindlich gesinnt sind, die andere bewerten, verurteilen und vernichten. Wir alle sind so oder so mit eingebunden, verantwortlich in diesem großen Verteilungskampf. Und ich erkenne die Konsequenzen: Leid, Krieg und Brutalität, immer, ohne Unterlass über Jahrhunderte, Jahrtausende hinweg das gleiche traurige Szenario, es lässt kaum Entwicklung zu.

Das Schlimmste aber daran ist, so schießt es in mein Herz, dass wir in der Regel kein Bewusstsein davon haben. Wir leben auf eine bestimmte Weise vollkommen dumm. Angesichts der Komplexität, in der ich mich im Augenblick befinde, leben wir unseren Alltag wirklich primitiv! Ich bin erschüttert, wie beschränkt wir doch noch sind und wie wunderbar entwickelt jene Naturvölker mit ihrer hohen Spiritualität sind, von denen der Schwede sprach und mit denen ich mich so viel beschäftigt habe. Wo mag er sein, der schwedische Kollege, tot? Mir ist es egal, es spielt jetzt auch keine Rolle mehr! Ich erkenne die Totalität des Seins, die Konsequenz von Ursache und Wirkung, die Kausalität des Ganzen, die Geschichte des Karmas. Und bevor ich mich frage, was mit mir jetzt geschehen wird, meldet sich mein Geist wieder, mein innerer Skeptiker, der scheinbar noch gut arbeitet. Er deklassiert dieses „Sehen" als Trugbilder meiner Phantasie!

Ein Soldat tritt einen Stuhl um, der mein Schienbein trifft. Das tut mir weh. Mein Körper erzittert, also lebe ich doch noch, ich habe es begriffen! Ich betaste mein Bein, den Bauch. Ich fühle meine Hände auf meinem Körper und die Schwere des Leibes auf dem Boden. „Nein, du bist nicht tot!" höre ich mich sprechen, ohne den Mund aufgemacht oder den Gedanken gefasst zu haben. Jetzt bin ich vollkommen durchgedreht. Es war doch meine Stimme oder? Etwas spricht in mir – quatsch, sagt mein Verstand. Zu wem gehört diese Stimme? Ich beruhige mich damit, dass es meine innere Stimme sein muss, die ich bei diesem Chaos überlaut vernehme und die ich schon so lange in meinem Leben nicht mehr wahrgenommen habe – meine Intuition. Ich kenne sie eigentlich nur aus meiner Kindheit. Nun lege ich meine rechte Hand auf meine Brust und fühle mein Herz, ich sehe es schlagen, ich sehe in meinem Körper mein Herz, blutrot und prall schlagen. Mich überrascht das in diesem Augenblick nicht mehr. Doch wie ist so etwas möglich?

Plötzlich stehen zwei Soldaten bei mir und zerren mich hoch, reden auf mich ein und fragen, ob ich verletzt bin. Ich scheine nicht richtig zu antworten, denn sie beschließen gemeinsam: „Schock!" Sie umfassen mich und setzen mich behutsam auf den Stuhl, auf dem vorher mein italienischer Kollege gesessen hatte. Der liegt jetzt tot unter dem Tisch. Ich halte mir den Kopf. Die Soldaten scheinen die Geistwesen über den Toten nicht zu sehen. Sie registrieren nur das, was sie sehen wollen, so, wie wir alle es im Alltag handhaben. Sie wollen und müssen sich zusammenreißen, müssen professionell sein. Es sind alles Männer, Kerle für die Drecksarbeit, für die Männer immer schon ausgebildet und benutzt worden sind! Ich beruhige mich und lasse geschehen. Die Einsatzkräfte stürmen mit erhobenen Waffen aus dem Konferenzraum und suchen nach den Tätern auf den Fluren. Sie müssen ja irgendwo sein!

Der Zweifler in mir, den ich so gut kenne, fragt, was hier eigentlich geschieht und wer dahintersteckt? Ich suche nach Vergleichbarem, will einordnen, analysieren, einschätzen und dann – mein Verstand meldet sich plötzlich ab, ist einfach nur noch überfordert. Mein Körper, meine Intuition, meine Seele handelt. Wie ferngesteuert stehe ich auf. Ich kann stehen und ich kann gehen, ganz leicht geht das. Ich habe das Gefühl, zu schweben. Meine Füße sind ganz lebendig auf dem Grund des Raumes und tragen mich, doch es fühlt sich anders an. Ich will hier weg. Sanitäter sind mit den Toten beschäftigt. Einer der Soldaten fragt nach der Todesursache des Amerikaners. Ein Arzt zuckt mit den Schultern und spricht von Gehirn- oder Herzschlag. Weitere Spezialeinheiten suchen nach Tätern und strömen nun scheinbar durch das ganze Gebäude. Ein aufgeregter Sanitäter kümmert sich um mich, nimmt meinen Arm und bedeutet mir, dass er mich wegführen will. Er geleitet mich aus dem Raum hinaus, wo ich mich für einen Moment in einen Ledersessel hinsetzen soll. Mit großer Bestimmtheit wende ich mich jedoch ab und folge seiner Anweisung nicht. Meine Intuition hat anderes im Sinn! Ein Kraftzentrum, das ich fühle, zieht mich an. Der Sanitäter ist erstaunt, lässt mich aber unbehelligt gehen, er hat sich um anderes zu kümmern. Mein innerstes Zentrum übernimmt jetzt die Regie, mein Denkapparat scheint stillgelegt. Da ist etwas, was mich offensichtlich verschont hat. Ich nehme das wahr und bin erstaunt darüber, wie gleichgültig mir das ist, es berührt mich nicht im Geringsten, mein Innerstes ist woanders, jenseits menschlicher Gefühle der Freude oder gar der Arroganz, etwas Besonderes zu sein.

Ich bin vollkommen aufmerksam und höre etwas, was anders ist, was eine anziehende Kraft hat: Eine Stille, eine Sphäre, ich spüre Energie. Der Krach des aufgeregten Durcheinanders geht durch mich hindurch als sei er gar nicht da. Nun sehe ich auch andere ehemalige Diplomaten, die wohl genau so erstaunt sind wie ich. Der schwedische Kollege, der aus Tansania, wir schauen uns wissend an. Auch sie wurden verschont, denke ich, doch ich bin davon unbeeindruckt. Und dann durchzuckt mich eine neue Energie, ein Erkennen, das sich ganz ungeheuerlich anfühlt. Ich realisiere: Einige wenige und ich sind ausgesucht, und die, die getroffen auf dem Boden liegen, gehören nicht dazu, ebenso wenig wie die Soldaten. Die Frage danach kommt schnell: Wer hat die Macht mich auszusuchen und wofür? Ich bleibe bei meiner Intuition und weiß: In der Tiefe der kolossalen Stille wartet etwas auf mich. Ich bemerke, dass andere Unversehrte ebenfalls von dieser Energie angezogen sind.

Angst habe ich nicht mehr. Sie ist von mir gegangen, ich fühle mich vollkommen klar, bin ohne Druck und ohne das Gefühl zu müssen, welch ein fremder und zugleich wunderbarer Zustand. Wie habe ich in meinem Leben doch unter diesem Müssen gelitten! Und noch etwas wird für mich ganz klar: Alles ist in mir für einen solches Gefühl der bedingungslosen Freiheit schon immer vorhanden gewesen, ich hatte nur keinen Zugang dazu, ich besaß den Schlüssel zur Tür nicht. Zusammen mit den anderen setze ich mich in Bewegung. Niemand hält uns auf, als ob es eine Absprache gäbe. Ich gehe langsam, wie in einem Schwebezustand den großen, fenstergesäumten Gang entlang zu einem benachbarten kleineren Saal, abseits vom Ort des Geschehens. Der New Yorker Morgen scheint durch die großen Fenster hinein. Bleigraue tiefe Wolken gleiten vom Meer herüber auf uns zu.

Die Unversehrten betreten den kleinen Konferenzraum, von dem aus die Freiheitsstatue in der Ferne zu sehen ist. Ich höre jetzt mein Herz schlagen, fühle meinen Körper – alles in mir und um mich herum ist präsent. Ich spüre, dass dies der Ort ist, wo etwas geschieht, und doch habe ich nicht das Gefühl manipuliert zu sein, ich gehe diesen Weg, weil ich es so will, es ist meine Entscheidung. Insgesamt zwölf Menschen versammeln sich in diesen Raum. Niemand redet, doch alle scheinen zu wissen. Wir treffen uns hier in einer völlig abwegigen und grotesken Situation im grauen Morgenlicht über New York. Doch warum?

Eine beschwingte Stimmung überkommt mich jetzt im Zwielicht des neuen Morgens. Menschen, die sich mit ihrem Spezialwissen gerade mal drei Tage kennengelernt haben, stehen beieinander und schauen sich mit offenen Gesichtern unentwegt an. Das war während der Konferenz nicht möglich, da schaute man sich nicht in die Augen. Beklemmung, Unsicherheit, Kalkül, egoistische Belange, diplomatisches Theater, Interessensbünde kennen wir hier in diesem Moment nicht mehr. Wir stehen zusammen als einfache menschliche Wesen, offen, uns zugewandt und klar. Ich bin ein Teil davon. Und wie in Trance formieren wir uns langsam zu einem Kreis. Als wir alle in diesem Kreis uns gegenüberstehen, ertönt plötzlich in mir wieder diese Stimme. Scheinbar erleben das auch alle anderen:

„Seid willkommen, ihr WISSENDEN! Ihr seid es, die wissen wollen, wer ihr wirklich seid und ihr seid es, die sich in diesem Augenblick selbst zur Erfüllung bringen. Nach euren Zeitmaßstäben haben wir viele Jahrtausende zugeschaut, ob die Menschen einen Weg zu einem friedvollen Leben auf der Erde finden, so, wie es auf anderen Planeten im Universum geschieht. Es war für euch viele Zeitalter gewiss, dass ihr ein Teil vom Ganzen seid, nicht getrennt von Allem-was-ist. Ihr wusstet, dass diese Erde alles hat, was lebendige Wesen zu einem Leben in Frieden brauchen. Doch vor mehr als fünftausend Jahren begann nach eurer Zeitrechnung die Menschheit, sich vom Ganzen zu trennen, die ersten großen Kriege zu führen und seit sieben Menschengenerationen habt ihr endgültig eure Gewissheit von der Einheit mit Allem verloren. Ihr lebt eine Dualität, die es nicht gibt, sie ist eine Illusion und weil ihr getrennt seid, seht ihr das nicht und leidet.

Denn viele Menschen wissen nicht mehr, was sie tun, sie handeln gegen jedes Naturgesetz, gegen die Logik des All-Bewusstseins. Ihr zerstört nicht nur euer wunderbares Zuhause, sondern auch das, wofür ihr geboren seid! Schon einmal ist eine Menschheitskultur untergegangen, die bei Weitem höher entwickelt war, als ihr es heute seid. Wir lassen nicht zu, dass das noch einmal geschieht! Das Wesen Erde und die menschliche Zivilisation entstammen wie alles was im Universum sich bewegt der gleichen Quelle. Das kosmische Bewusstsein als Weltenseele trifft Entscheidungen zur Rettung der Menschheit und des Planeten Erde. Ihr, die ihr hier versammelt seid und jene, die den Kontakt zu uns nie verloren haben, wissen, dass der Weg der Trennung überwunden werden kann. Es ist eure Wahl. Wie alle Wesen des Universums die Wahl haben und doch ein Teil von Allem sind. Dazu gehören auch jene, die ahnungslos sind. Diese Nichtwissenden können ebenfalls ihren Weg wählen. Sie entscheiden, ob sie den Weg der Bewusstheit gehen oder ob sie sich weiter der Illusion hingeben wollen. Alles hat Konsequenzen. Wer sich für die Trennung entscheidet, wird seine Kraft verlieren, sterben und in die andere Dimension wechseln. Das All-Bewusstsein befreit sie von ihrer menschlichen Folter. Ihre Seelen werden heimkehren und von uns gepflegt werden bis sie sich wieder erinnern, wer sie wirklich sind. Dann werden sie die großartige Vision vom Leben erkennen und in einer anderen Sphäre neu beginnen. Eure Aufgabe auf der Erde wird es sein, denen zu helfen, die sich verändern wollen, aber ängstlich sind, alleine zu gehen. Die Menschen brauchen euch, weil sie nicht mehr wissen, wie es ist, in der Ganzheit zu sein. Das innere Sehen und die Vision ist zweifelsfrei eure größte Kraft. Es ist jene Energie, aus der alles entsteht, in die alles vergeht und die immerfort neues Leben kreiert."

Ich stehe im Kreis mit den anderen und staune über die Klarheit der Worte. Dazu habe ich absolut keine Fragen. Es trifft den Kern meiner tiefsten Überzeugungen und Befürchtungen. Ich bin aber auch nicht wirklich überrascht, dies alles zu hören. Es ist so klar wie die Strahlkraft eines Diamanten und entspricht der gelebten Wahrheit der Menschheit. So müssten wir als Diplomaten eigentlich miteinander reden, dafür werden wir bezahlt. Aber wer ist diese Stimme und wer ist die Weltenseele, das universelle Bewusstsein, das jetzt entscheidet? Wer hat die Macht, so einzugreifen? Ich habe zwar das Gefühl, dass es meine ureigenste, innere Stimme ist, die zu mir spricht und doch ist es irgendwie anders. Denn ich registriere, dass die Blicke der anderen ebenfalls nach Antworten suchen. Plötzlich erscheint draußen ein Mann an den Fenstern, er bewegt sich auf dem eisernen, schmalen Umlauf, der dieses Stockwerk umgibt. Zielstrebig, sich am Geländer festhaltend, nähert er sich einem offenen Spalt zwischen zwei Fensterflügeln, den keiner von uns bemerkt hatte. Wie kommt dieser Mann dorthin, außen, im 29. Stock? Erleichtert stürzt er durch die geöffnete Balkontür herein und hat Mühe seinen Körper unter Kontrolle zu bringen. Er ist aufgeregt und unsicher, schaut uns schwer atmend und fragend an und sagt nichts. Er trägt wie wir einen normalen Anzug, führt keine Waffen oder ähnliches mit sich, ist aber auch keiner, der zu uns gehört oder den wir kennen.

Ich weiß nicht, was dieser Mann will, was er hier vorhat, aber ich weiß sofort, dass er kein WISSENDER ist. Dieser Mann stört mich, weshalb ich unvermittelt auf ihn losgehen will, um ihn zur Rede zu stellen, wer er sei und was er hier wolle. Doch bevor ich mich in Bewegung setze, wird mir diese dumme, überhebliche und völlig unangemessene Reaktion schlagartig bewusst. Wer bin ich, dass ich ihn zurechtweisen könnte! Schlagartig erlebe ich alles zugleich – ihn, mich, mein Vorurteil, die Klarheit in meinem Bewusstsein, die Situation, die anderen, einfach alles. Es ist, als ob mir jemand zeigen möchte, was ich da beabsichtige zu tun: Egoismus, Bewertung, Ausgrenzung, Verurteilung, Bestrafung, die Kultur der westlichen Welt steht in diesem Mann wie ein Obelisk vor mir, in dem die gängigen Rituale eingemeißelt sind. Ich empfinde das Primitive unserer Zivilisation, meiner Erziehung. Ich stehe und schaue diesem Mann in die Augen und ich sehe mich und meine Bewertungen in ihm. Ich begreife den tieferen Sinn seines Auftritts und – der riesige Granitblock der westlichen Kultur bricht vor mir zusammen.

Wie festgelegt und starr ich doch bin oder besser war, diese Gefühle sind wirklich aus einer anderen, aus meiner alten Welt und Vergangenheit. Ich spüre, wie unmenschlich, wie unterentwickelt, wie dominant und arrogant ein solches, so typisches Verhalten doch ist, Ab- und Ausgrenzung, das Mantra der jetzigen Zeit. Ich fühle mit lichter Klarheit: Es gibt für mich kein „mein" und „dein" mehr und kein „ich bin besser als du und du bist schlechter" und „du gehörst nicht zu uns". Ich müsste mich jetzt eigentlich schämen, wäre dieser Verhaltenskodex noch in mir. Doch weder dieser noch das Schamgefühl existiert noch – das Gefühl der Schuld hat mich vollkommen verlassen. Und ich erkenne in diesem 29. Stockwerk über New York, dass die wirkliche Entwicklung des Menschseins eigentlich erst nach der Überwindung aller Egoismen beginnt – wir sind und bleiben soziale Wesen. All das geschieht in Sekunds. Der Mann ist nach wie vor verwirrt und gehört wirklich nicht zu diesem Kreis. Er schaut zurück zum Fenster und verlässt dann den Raum fluchtartig, ohne weiter auf uns zu reagieren. Er hat offensichtlich seine eigene Agenda. Für uns spielt das keine Rolle. Es gibt zu dem ganzen Vorgang keine Bemerkungen, Fragen, keinen Kommentar und keine Bewertungen von den anderen. Es ist nicht wichtig. Wir formieren uns wieder zum Kreis. Die große Stahlrahmenglastür in der Fensterfront steht noch weit offen. Niemand will sie schließen. Plötzlich weht ein starker Wind durch die Öffnung in den Raum hinein. Unsere Haare, Krawatten und Anzugjacken flattern im Luftzug. Immer noch fühlt sich niemand gedrängt, das Fenster zu schließen. Das wäre während der Konferenz sicherlich anders gewesen. Der Wind wird zum Sturm, der in unsere Körper bläst. Ein unbeschreibliches Gefühl der Befreiung erfasst mich. Alles, was nicht zu mir gehört, all das Negative, der Schmerz, die Not der Kinderzeit und Jugend, meine Traurigkeit, die Härte, die ich mir einst zulegte, um zu überleben, meine Überheblichkeit, alles wirbelt der Sturm aus mir heraus und nimmt die Dunkelheit meiner Traumata, den Müll meiner Zivilisierung fort in die Morgendämmerung auf das weite graue Meer in der Ferne. Und ich begreife, wie all das Schwere mich gehindert hat, mich wirklich zu fühlen und einfach nur der zu sein, der ich bin.

Und so wie der Wind kam, so geht er plötzlich und unerwartet, es ist ganz plötzlich vollkommen still. Tränen fließen mir über die Wangen, es sind Tränen der Erleichterung und des Glücks. Ich fühle mich vollkommen gereinigt und von schweren Gewichten befreit und so frei wie nie zuvor in meinem Leben. Und dann geschieht etwas, was mich innerlich erbeben lässt, weil das, was da kommt, sich so unbeschreiblich schön anfühlt. Der Raum wird auf eine unfassbare Weise licht und hell und immer heller, ohne dass ich geblendet wäre. Meine weit geöffneten Augen sehen die lichte Aura der anderen. Lichttentakel aus den Chakren ihrer Körper suchen den jeweiligen Nachbarn. Sie verbinden sich mit den Energiezentren der Kollegen, schlängeln sich umeinander und in die Höhe. Ich fühle meine eigene weiße Aura sich ausdehnen und bin unbeschreiblich glücklich, als ich spüre, wie sich meine Lichttentakel mit denen der anderen vereinen. Über unseren Köpfen bündeln sich die weißen Lichtbänder zu einem mächtigen Strahl. Und ich spüre in dieser vollkommenen Vereinigung mit den elf Anderen pure Glückseligkeit. Die Decke über uns verwehrt meinem Auge, wohin das Licht sich wendet, doch ich spüre, es findet hier kein Ende, es geht durch alles hindurch und weit über uns hinaus in den unendlichen Raum des Universums, es ist die pure Energie der Liebe, die da fließt. Ich spüre die Ganzheit allen Seins und tiefste Liebe in mir, so viel Liebe. Bisher wusste ich nicht, dass ich so viele Liebe fühlen kann. Es scheint mir, als wolle ich dahinschmelzen, mich ausbreiten, als wollte alle Körperlichkeit sich in tausende kleine Energieteilchen auflösen. Und dann ist die Stimme wieder da, die in betörender Klarheit in mir spricht:

„Eure Zeit, die Sphäre zu wechseln, ist noch nicht gekommen. Ihr alle habt eine Aufgabe, ihr seid die WISSENDEN. In allen Erdteilen gibt es Menschen, die sich nach euch sehnen. Ihr werdet ihnen helfen, den Grund ihrer Existenz zu erkennen. Ihr werdet heilen durch eure Präsenz und die Fähigkeiten, die wir euch übermitteln. Um wirklich zu sehen, schließt die Augen und schaut nach innen, in euer Energiefeld, dass mit dem Alles-was-ist verbunden ist und ihr werdet erkennen. Die Zellen der menschlichen Körper tragen alle Informationen. In ihnen sind die Wahrheiten dieser Welt aufbewahrt, seit Urzeiten – nach euren zeitlichen Maßstäben könnt ihr dort erkennen was war, was ist und was sein wird. Konzentriert euch auf diese Informationen. Die Zellen sind reine Energie und beinhalten all das, was ihr für eure zukünftigen Aufgaben braucht. Ihr werdet sehen, dass sich Geist, Materie und Energie aus einem Urgrund heraus unaufhörlich verändern und alles vollkommen ist.

Euch werden telepathische Botschaften erreichen, die in euren Körperzellen gespeichert werden und die ihr ständig abrufen könnt. Denn wir sind alle eins, waren nie getrennt und werden es nie sein. Euer Bewusstsein wird sich ausdehnen und ihr werdet noch mehr wissen. Ihr werdet die Ganzheit, die Vollkommenheit, die Einheit von Allem erfahren und euch erinnern, dass ihr ein Teil davon seid. Die Heilung des Planeten Erde ist jetzt eure Aufgabe. Ihr seid die Agenten der Wandlung, verbunden mit denen, die nicht wissen. Und ihr werdet erkennen, dass ihr nicht wichtiger seid als jene, denn auch sie haben ihre Aufgaben.

Was jeder Einzelne von euch denkt, das kreiert er, denn Materie folgt dem Geist. Was ihr erschafft, das seid ihr und was ihr seid, das werdet ihr leben und was ihr lebt, das ist eure Erfahrung und was ihr erfahrt, dass seid ihr auf einer neuen Stufe. So kreiert und bereichert ihr euch und das Wissen der Welt. Das ist das, was man Leben nennt. Mit jeder Erfahrung vermehrt ihr euer Potenzial, bis ihr wieder wisst, wer ihr wirklich seid. Das ist die eine Wahrheit, die für alle Menschen gleichermaßen gilt. So erfüllt sich euer Seelenwunsch. Findet die anderen, die mit euch gehen und verbindet euch mit dem Alles-Was-Ist, um euch und andere zu heilen! Was immer ihr tun werdet, macht ihr aus diesem Grund. Euer großartiges Werk hat soeben begonnen. Die kosmische Energie, mit der ihr jetzt verbunden seid, ist eure Kraft. Sie ist immer für euch da. Sie ist allumfassender und machtvoller, als ihr Menschen es euch in eurer kleinen, eingerichteten Ordnung je vorstellen könnt!" Stille –

Ein nie gekanntes Glücksgefühl breitet sich in mir aus und eine neue Kraft steigt in meinem Herzen empor, eine Energie der Fülle. Kein Zweifel begleitet diesen Zustand und eine riesige Freude über das, was vor mir liegt, ergreift Besitz von mir. Welch eine Botschaft. Und eigentlich habe ich keine Fragen mehr oder? Vielleicht diese eine dann doch noch: Ist es Gott, der soeben zu mir sprach, jener Gott, den ich als Kind so fürchtete? Der mich durch den Vater auf die Knie zwang? Doch wenn es Gott war, es ihn gibt, dann ist es einer der liebt und nicht einer der straft! Strafen geht nicht in dieser Liebe, die ich soeben erfahre, das schließt sich vollkommen aus. Wenn es Gott gibt, dann so, dann diese Liebe, diese Freude. Doch was ist Gott und wer, was das kosmische Bewusstsein? Es geht nicht, mein Geist beginnt wieder die Herrschaft über mich zu bekommen. Keine Fragen mehr, nur erfahren. Das Herz, die Seele fühlt, dass es stimmt, dass es guttut, eben eine uralte menschliche Fähigkeit, sich mit etwas Höherem zu verbinden. Ja, Spiritualität nennen wir das heute – ich bin jetzt da, wo ich immer sein wollte und fühle eine unglaubliche Geborgenheit, eine Zärtlichkeit für mich selbst. Ich bin in einem endlosen Raum ohne jedes Zeitgefühl, schwerelos zwischen den Sternen, in einer ewigen, einer riesigen und ganz warmen Stille – und ich fühle, ich bin ein Teil von allem und doch ganz bei mir, allein in all dem Licht, der Liebe, dem Schweigen, der Freude! Und doch fühle ich mich ganz tief mit etwas verbunden.

Wo bin ich eigentlich, vielleicht doch jetzt wirklich tot? Unwichtig, ich fühle mich ganz und heil, ich bin nur noch der, der ich bin, und ich weiß jetzt: Alles entsteht aus einem tiefen Urgrund, einem tiefen Wollen, einer kraftvollen Energie der Freude und Liebe und wird nie aufhören zu sein. Ich weiß es so, wie ich weiß, dass ich Mensch bin! Und jetzt, jetzt verliere ich mich, löse mich in meinem Glück in Milliarden von Energieteilchen auf und bin ein Teil von Allem-was-ist. Es ist so unvorstellbar weit und still und friedvoll. Jede Körperlichkeit hat mich verlassen.

Aus dieser überwältigenden Komplexität heraus entwickelt sich eine letzte klare und so ganz innige Frage in meinem tiefsten Herzensgrund in diesem nackten Sein: Wohin gehe ich? – Und in dieser vollkommenen Stille höre ich wieder die vertraute Stimme ganz nah und klar: „Du bist schon da – du bist ganz bei dir, in deinem Urgrund, in der Weltenseele, im ewigen Einen." „Im ewigen Einen" – flüstert es in mir als Wiederhall: Das EWIGE EINE!

Und im gleichen Augenblick offenbart sich mir eine Erkenntnis und dabei fühle ich mich wie eine Rose, die endlich sich im Sonnenlicht öffnen darf: Das liebende Sein im Selbst und zugleich in Allem ist der ganze Sinn unserer Existenz. Hier, in diesem kosmischen Sein ist unsere Quelle. Und für mich gibt es keine Trennung mehr von dieser Quelle. Ich bin da, wo ich immer war, wo ich jetzt bin und sein werde, nur wusste ich es nicht. Es ist wunderbar, in diesem großen Ganzen aufgehoben und eingebettet zu sein. Ich spüre, wie mein Herz sich erhebt in den Weltenraum und strömt und weint vor Glück und Liebe. Ich wusste nicht, ahnte nicht einmal, wie viel Liebe in diesem unendlichen Raum des Seins für mich da ist, wieviel Freude mit all der kraftvollen Energie.

Und auf einmal tanzen Buchstaben herbei und um mich herum. Ich sehe große, weiße Lettern vor mir in die Schwärze des kosmischen Himmels aufsteigen. Sie formieren sich langsam wie in einem Kreisel zu einer Skulptur aus Sprachsilben. Und unvermittelt sehe ich mich selbst als Halbwüchsigen auf meinen tristen Botenwegen einst durch die große Stadt laufen. Die Worte drehen sich auch um den jungen Mann, der plötzlich stehen bleibt und schaut, als nehme er das und meine Gegenwart wahr und dann organisiert sich aus dem Chaos der Buchstaben und Worte ein Satz, eine Frage, die der junge Mann an mich stellt: Warum muss ich leiden, warum fühle ich mich so schlecht und klein und mickrig, so ganz ohne Hoffnung und Zuversicht? Da laufen mir die Tränen vor Mitgefühl für ihn und mich, und ich frage nun ins Universum hinein: Warum dieses unermessliche Leid überall auf der Welt? Weshalb wusste ich nichts von dieser Freude, dieser Liebe, diesem Miteinander? Herztränen ergießen sich aus mir für alle Kreaturen auf diesem geschundenen Planeten. Die Bilder verschwimmen im Nichts und alles vermischt sich mit dieser Schönheit und Liebe in dieser universellen Ganzheit. Wie auf einer ewigen Welle werde ich getragen, gleite auf meinen Tränen im Meer des Seins dahin.

Und dann, fast unmerklich beginnt mein Bewusstsein eine neue, andere Wirklichkeit wahrzunehmen. Ich höre wunderbaren Vogelgesang von weit her zu mir kommen und nehme Geräusche wahr, die ich nicht zu meinen Erfahrungen in den Weiten des Universums einordnen kann. Ich fühle mich nicht gestört bei meiner Reise, doch was geschieht, wo bin ich jetzt? Ich spüre, dass sich etwas verändert und erlaube mir, mich von der Schönheit des Seins abzuwenden, weil ich neugierig bin. Die Geräusche sind sicherlich irdischer Natur. Scheinbar bin ich noch auf der Erde, aber wohl nicht mehr in dem, ja, in dem UN-Gebäude, in dem ich mich aufhielt in New York. Das Gefühl wird körperlich und ach ja, ich hatte meinen Körper vollkommen vergessen. Ich gleite nicht mehr, gehe oder stehe nicht, ich liege, liege irgendwo. Bin ich vielleicht noch in einem Hotel, in New York? Aber die Geräusche … das ist nicht New York!

Mein Gott, durchzuckt es meinen ganzen Körper, als würde ich mit einer Nadel gestochen, ich bin ja in Frankreich, im Urlaub an der Atlantikküste, nein, das kann nicht sein! Nein, das akzeptiere ich jetzt nicht! Vollkommene Ernüchterung überfällt mich! Es ist ein Traum. Nein, das ist nicht möglich! Doch, so ist es, ich habe geträumt, ich träume noch! Ach was, so etwas kann man doch gar nicht träumen, ruft aus der Ferne mein Verstand! Und ja, ich höre Bekanntes, Profanes, Porzelangeklapper. Es war ein Traum, ‚nur' ein Traum, aber was für einer! Schlagartig öffne ich meine Augen und schaue durch ein Fenster in den blauen Himmel eines Sommermorgens. Weiße Wolken ziehen dort vorbei, wo ich gerade noch... Was war das, was habe ich da erlebt?

Und dann bin ich ganz da und akzeptiere, bin zurück aus einer anderen Wirklichkeit und Welt. Das Erschrecken weicht einer Ernüchterung. Ich bin hier mit meiner Frau in dieser kleinen Pension in der Normandie an der französischen Atlantikküste. Wie merkwürdig unwichtig mir das jetzt erscheint. Desillusioniert sinke ich in die Kissen zurück und schließe meine Augen wieder. Ich will nicht in diese Realität, nein, bitte nicht! Ich bedaure, ein ganz normaler Urlaubsmensch und kein WISSENDER zu sein. Und ich denke: Da ist doch etwas zu mir gekommen? Das war doch kein Traum, aber was war es dann? Das Ewige Eine – ich habe doch genau gespürt, was das ist, ich war in dieser anderen Welt! „Beruhige dich, du Phantast! Es war halt ein schöner Traum", ruft nun ganz wach mein ausgeruhter Verstand.

Ich blinzele durch das leicht geöffnete Fenster und begreife langsam, dass jedes Detail des Traums in meinem Tagesbewusstsein gespeichert ist und nichts, wie so oft nach dem Erwachen, nichts von diesem Traum ist verloren gegangen. Alles ist präsent, sogar die so unterschiedlichen Gefühle sind ganz und gar in mir, alles in vollkommener

Totalität und Klarheit, das, so schwant mir, ist neu. Die von der Sonne beschienenen Blätter der Pappeln im Innenhof der kleinen normannischen Pension glitzern mir entgegen. Ich schließe die Augen wieder und atme dieses große Erlebnis tief in mich hinein, sehe alle Szenen wie auf einer Perlenschnur aufgefädelt vor mir. Ein zartes und liebevolles Gefühl breitet sich in mir aus, vor Dankbarkeit läuft mir nun in der Urlaubsrealität Tränenwasser die Wangen herunter. Ein tiefer Seufzer und ich befreie mich von der Decke, setze mich auf und schaue ganz beseelt aus dem Fenster in den blauen Himmel. Was hindert uns Menschen eigentlich, diese Tiefe unseres Seins zu entdecken? Warum erkennen wir nicht unsere oft unbefriedigende oder leidvolle Situation? Haben oder hätten wir das in der Hand zu verändern? Wer entscheidet eigentlich über unser Leben? Sind wir es – und wenn ja, warum tun wir uns so schwer mit der Liebe, der Freude? Merken wir überhaupt, dass wir uns in einem Hamsterrad befinden? Ist uns unsere Existenz überhaupt bewusst? Was ist Bewusstsein, was das Unbewusste, was ist das Selbst, was ist Seele?

Oh je, oh je, im Traum war alles doch so einfach und vollkommen klar, da gab es nicht solche Fragen. Ja, und mehr noch, wer hat Schuld an der Misere des Einzelnen, Schuld an meinem, an unserem Ungemach? Habe ich wirklich die Wahl, wie ich im Traum erfuhr oder ist alles Schicksal? Ich springe aus dem Bett, ja, so denke ich, jetzt weiß ich, was ich zu tun habe. Das ist es, was ich eigentlich will – ich will wissen, Urlaub hin oder her!

Beim Rasieren wird mir klar, dass ich in dem Traum in eine andere Wirklichkeit gereist bin, Zugang zu einem mir bisher verschlossen Resonanzraum bekommen habe. Das macht aus spiritueller Sicht Sinn. Physikalisch betrachtet sicherlich nicht, aber es fühlte sich doch wie eine physische Realität an, eine andere als ich sie kenne. Ich war wirklich ganz und gar darin und zwar als etwas, was ich bisher nicht kannte, etwas, das ich aber offensichtlich auch noch bin – ein Wesen. Ich kann es im Moment, beim Anblick meiner selbst im Spiegel, nicht anders ausdrücken. Ich sehe mich an und spüre sehr genau, dass hier, in diesem Vakuum zwischen Traum und Realität der Schlüssel zu suchen ist. Wie finde ich ihn, um dieses Wesen näher kennenzulernen? Und im gleichen Augenblick spüre ich völlig unerwartet, aber glasklar, dass das nun wirklich meine Aufgabe für mein zukünftiges Leben hier auf der Erde sein wird: Ich will einen Weg finden, diese Qualitäten aus einer anderen Wirklichkeit zu mir zu holen. Wer sagt, dass wir hier ein unzufriedenes Leben führen und leiden müssen, dass es uns nicht gut gehen kann oder darf? Also ganz so, wie die christliche Religion das Weltliche als Jammertal betrachtet, in dem man büßen muss für jene ‚Erbsünde', die Adam und Eva im Paradies begangen haben sollen. Was ist das für ein Verständnis vom Leben, von Welt?

Wie dumm, glaubt man, sind wir heute noch? Jenseits aller Ideologien habe ich etwas Wahrhaftiges erfahren, was für mich tatsächlich existiert hat. Wie also könnte ich so einen Erfahrungsraum mitten in meinem Leben kreieren?

Ich halte inne, schaue mir im Spiegel in die Augen und sehe meine Realität. Wie weit ich doch von einer solchen Vision entfernt bin! „Dir hängt doch der Alltag im Moment zum Hals heraus, das willst du doch alles nicht mehr, dieses Müssen", so schallt es aus mir heraus. Ich bin wütend, nein, das Leben im Hamsterrad will ich nicht mehr! Diese innere Zwanghaftigkeit zu funktionieren ist das Gegenteil zu dem Mann, der mich soeben aus einer anderen Welt besuchte und der wohl unbekannter Weise doch ein Teil von mir ist. Was für ein toller Mann war das, was für ein Wesen, ganz jenseits aller Geschlechtlichkeit, so vollkommen klar, wissend und ohne Angst, ohne Zweifel, voller Kraft und Überzeugung mit einem Herz voller Liebe. Es ist ein Mann, der weiß, was ihm guttut, was er zu tun hat und vor allem, er weiß, wer er ist! Was würde ich nicht alles tun, um solch ein Mann im Hier und Jetzt meiner alltäglichen Welt zu werden?

Als ich den Schaum mit dem Rasierer von meinen Wangen gekratzt hatte und ich mich im Spiegel wieder anblickte, gab mir das, was ich nun sah, Hoffnung und in diesem Moment erfüllte mich das unumstößliche Gefühl, in dieser Nacht an etwas Wesentlichem Teil gehabt zu haben, etwas, das für mich vielleicht noch eine große Bedeutung haben könnte. Ich entschied, diese Kostbarkeit nicht durch Nachdenken und Grübeleien zu entwerten, zu beschmutzen, sondern darauf zu vertrauen, dass etwas geschehen würde. Es als Phantasterei oder als Hirngespinst abzutun, erschien mir in diesem Augenblick wie eine Freveltat. Nein, es war ein kostbares Erlebnis, als wäre es in der alltäglichen Realität geschehen und es war zugleich ein besonderer Traum, in dem es wie früher keine Todesangst, keine Vernichtungsszenarien gab. Freude stieg in mir hoch.

Als ich draußen in dem Innengarten des Hauses über den kleinen Kiesweg dem Sonnenlicht entgegenging, fühlte ich mich so klar und inspiriert, als sei ich soeben wirklich aus New York von diesem Erlebnis zurückgekehrt. Alles in mir war erregt, mein Herz pochte, mein ganzer Körper wurde von der positiven Energie im hellen Licht des Morgens durchflutet, als ob ich einem Jungbrunnen entstiegen wäre und ja, es war schön, jetzt nicht arbeiten zu müssen, sondern dieses wunderbare Erlebnis genießen zu können. Endlich mal genießen und nichts müssen! Ich schlenderte zu dem nett gedeckten, kleinen Frühstückstisch auf dem plattierten Karree zwischen den gepflegten Rosenrabatten. An dieser Geschichte, so dachte ich, muss etwas Wahres, Echtes dran sein und damit beendete ich meinen Drang, mehr darüber wissen zu wollen, setzte mich an den gedeckten Tisch, genoss die Stille, die warme Sonne, den blauen französischen Himmel mit kleinen, weißen Wölkchen und meine gute Stimmung. Der normannische Wind vom Meer war in diesem Innenhof nur ein laues Lüftchen, man fühlte sich beschützt von den grauen Steinhäusern und den dicken Natursteinmauern drum herum, was besonders meiner Frau gefiel. Ja, wo war sie eigentlich? Ich hatte sie noch nicht gesehen und auch nicht gehört. Ich gab mich der Stille hin, schloss die Augen und genoss die warme Sonne. Und natürlich rollten meine Gedanken wieder in den Traum: Sind wir tatsächlich alle miteinander verbunden, wir Menschen untereinander, auch mit den Tieren, den Pflanzen und mit wem noch? Was ist mit dieser Energie, die vielleicht doch da draußen ist, etwas, das immer da ist? Vielleicht jene von den Physikern soeben entdeckte und von ihnen so benannte „dunkle Materie"?

Ich schloss meine Augen vor dem Sonnenlicht und erinnerte mich plötzlich daran, dass ich in meinen jungen Jahren mit einem solch tiefen Wissen vom Mysterium des Lebens auf dieser Erde schon einmal in Berührung gekommen war. Die Verbundenheit mit Allem, davon hatte ich schon einmal etwas in der Realität gekostet. Nachdem ich mir Ende der 1970er Jahre in den Semesterferien alle Bücher des Anthropologen, Journalisten und Universitätsprofessors Carlos Castaneda über die geheimnisvolle Welt der indianischen Mythologie Mexikos einverleibt hatte, war ich aufgewühlt und fasziniert davon. Ich wollte damals mehr darüber wissen, war neugierig und allem zugetan, was indianisch oder schamanisch oder indigen daherkam. Meine Mitbewohnerin in unserer damaligen Wohngemeinschaft brachte jene Pilze aus dem Outback Mexikos mit, die auch Castaneda in seinen Erzählungen über die Rituale mit Don Juan, seinem Lehrmeister, dem Indianer, zu sich genommen hatte. Diese Pilze, roh und in der richtigen Portionierung gegessen, konnten achtsame Menschen in andere Bewusstseinszustände versetzen. Es waren schlichtweg giftige Pilze, die die Indianer, verantwortungsvoll und dosiert angewendet, für ihre Zeremonien zu transzendentalen Erfahrungen nutzen. Sie hatte sich in den Gebrauch dieser Pilze von einer indianischen Medizinfrau in den Outlands im südlichen Mexiko einweihen und einführen lassen und die Erlaubnis bekommen, die mitgebrachten Pilze zu nutzen. Wir fuhren beide aus der Großstadt in ein nahes Wald- und Wiesengebiet und nahmen die Pilze behutsam nach der aufgezeichneten und präzisen Anweisung zu uns. Ich hatte keine Angst, zu sehr wollte ich damals in meiner Arglosigkeit transzendente Erfahrungen machen, so wie Castaneda sie beschrieben hatte. Ich fühlte mich zudem bei meiner Begleiterin sicher und in guten Händen.

Es war natürlich ein Trip, im landläufigen Sinn. Für mich aber war es eine Reise mit einer reinen, klaren Energie, die aus der Natur und meiner eigenen Biographie zu kommen schien. Der Zustand dauerte nahezu fünf Stunden:

Zunächst sehe ich Bilder aus meiner Vergangenheit, wie ich als Lehrjunge durch die große Stadt hetze. Ich tauche ein in diese Zeit und die damit verbundenen Gefühle: Immer unter Druck, immer mit Angst und nie die Überzeugung, es recht zu machen. Als ich auch die Menschen vor meinem inneren Auge sehe, die mich zu der Zeit begleiteten, intensiviert sich mein Widerstand, das noch einmal zu erleben. Im Gras sitzend wird es mir zum Kotzen schlecht. Ich versinke in jene tiefe Traurigkeit und Hoffnungslosigkeit, die mich damals täglich ausfüllte. Ich erfahre noch einmal, wie verloren ich mich als junger Kerl damals fühlte, so ganz ohne jedes Selbstwertgefühl. Ein riesiges Allein-Seins-Gefühl überkommt mich, ich ziehe mich zusammen, liege wie ein Embryo auf der Wiese, rolle mich schließlich auf den Bauch und presse meine Eingeweide instinktiv gegen die Erde – das hilft. Da stechen mir die intensiven Gerüche des Bodens in die Nase, das Gras, die Blumen, die Kräuter. Und augenblicklich bin ich in meiner frühen Kindheit. Ein kleiner Junge springt über Wurzeln und Bäche, voller Abenteuerlust und Tatendrang. Alles pulsiert um mich herum und ist in Bewegung. Es ist so intensiv, dass ich nun mein Herz wummernd in meinem Körper schlagen höre und mein Blut als pulsierendes Band, als pure Lebensenergie in meinen Adern strömen sehe. Der kleine Knirps lässt sich nun auch zwischen alten Eichenbäumen ins weiche Gras fallen, blinzelt in die Sonne, fühlt sich frei und klettert in dem Hochgefühl einen Eichenstamm empor.

Erschrocken schlug ich die Augen auf, richtete mich auf und schaute betröppelt umher. Dieses Kind, den kleinen Steppke von einst, so glaubte ich bis zu diesem Tag, den hätte ich vollkommen vergessen gehabt. Doch scheinbar ist das nicht der Fall. Verunsichert blickte ich über das Gras zum Waldesrand. Und da sah ich sie, da stand sie, wie eine mir vertraute Person von ungeheurem Ausmaß und Wuchs – eine stolze, riesige Buche. Sie zog mich magisch an, ich wollte bei ihr, in ihr sein, weil ich ihr pulsierendes Leben wahrnehmen konnte. Doch meine Beine versagten, ich konnte in diesem Zustand offensichtlich nicht mehr laufen und sackte taumelnd zurück auf meinen Platz. Eine unerwartete Wirkung der Pilze. In meinem Erschrecken darüber aber fiel mir plötzlich dieses eine Blatt ins Auge, ein schon gelbliches Buchenblatt, dass sich von einem hohen Ast gelöst hatte und seine Reise nach unten antrat. Auf vielleicht zweihundert Meter über diese riesige Wiese hinweg konnte ich sehen, wie es aus der Krone des majestetischen Baumes dem Boden entgegenschwebte. Es fühlte sich an, als ob ich im Fahrstuhl daneben mit herabsinken würde. Als es schließlich unten auf dem Boden zu liegen kam, sank mein Kopf auch ins Gras und ich hörte den Sound der pulsierenden Erde um mich herum. Ich drehte mein Gesicht zu ihr und es war mir, als könnte ich sprichwörtlich das Gras wachsen hören. Ich nahm die kleinsten Kriecher und Krabbler wahr. Sogar die Emsigkeit ihres Wollens empfand ich in meinem Herzen.

Nach einer Weile, ich wusste nicht, wie viel Zeit inzwischen vergangen war, lag ich auf dem Rücken und blickte in den blauen Himmel: Hoch über mir schwebte ein großer Greifvogel. Ich hatte das unmissverständliche Gefühl, ja, das intuitive Wissen, dass er von meiner Anwesenheit an diesem Ort nicht angetan war. Doch nahm ich in meiner Naivität seine Botschaft nicht ernst. So machte er das, was Tiere und Menschen tun, wenn jemand ungefragt in ihre Aura tritt: Er bestand auf seinem Lebensraum, indem er mir seine imposante Ausstrahlung am blauen Himmel immer näherbrachte. Ich begriff aber nicht sein Anliegen, bis er schließlich pfeilschnell niederstieß und mich in mehreren, gefährlich anmutenden Anflügen, mit ein paar Metern nur über mir, darauf aufmerksam machte. Da erst verstand ich. Erst mit dieser aggressiven Energie begriff ich seine Sprache: Das ist mein Territorium, du störst! Als ich das kapierte, veränderte ich durchs Gras kriechend meinen Platz, sicherlich dreißig Meter weiter aus dem Zentrum der Wiese in eine kleine Mulde am Rand. Da war der große Vogel zufrieden und schraubte sich wieder hoch in die Luft, mitten über der Wiese. Ich war erschöpft und schlief ein und als ich schließlich erwachte, realisierte ich, dass meine Partnerin wohl schon eine ganze Zeit neben mir gesessen und gewacht hatte.

Ich kam wieder ganz in die Normalität zurück und dankte ihr für diese Fürsorge. Ich fühlte mich anders als vorher, voll innerer Kraft und war vollkommen überrascht, wie ich die Natur, die vielen Wesen spüren konnte. Die Erfahrung schrieb ich in mein Tagebuch und bemerkte darin, wie schön es doch wäre, aus der Intuition handeln zu können und sich nicht quälen zu müssen, vom Verstand hin- und hergerissen zu sein. Und dann waren da noch die Bilder der Vergangenheit, die mich beschäftigten und schon damals ahnte ich, dass da etwas in mir verborgen lag, was noch zu deuten wäre.

Als meine Frau an den Frühstückstisch kam, war ich noch ganz erregt. Sie hatte einen Spaziergang zum Meer gemacht und erzählte von der schönen Stille, die sie dort erlebt hatte. Ich mochte über meine Erfahrungen noch nicht reden, zu sehr war alles noch so frisch, ungeordnet und, ja, kostbar. Wir genossen die Zeit, die wir uns an diesem Morgen mit einem ausgiebigen Frühstück nahmen und den kleinen Planungen, die wir für unseren Urlaub überlegten. Für die nächsten zwölf Tage wollten wir uns Zeit für uns nehmen, um viel miteinander zu reden, was oft im Alltag zu kurz kommt. Zeit auch für sich selbst im Tageslauf zu finden, um seinen eigenen Gedanken oder Vorlieben nachgehen zu können. Insgesamt sollten die Tage an der normannischen Küste, so dachten wir, eigentlich nur ein kleiner Urlaub sein – die Rückreise war zwar noch offen. Doch wir wussten auch, dass für größere Auszeiten kaum noch Zeit war, unsere Arbeit diktierte unseren Lebensrhythmus. Meine Frau bedauerte die knappe Ferienzeit, denn sie braucht mehr davon für eine angemessene Erholung – und ich eigentlich auch. Aber ich wollte das nicht so recht wahrhaben, glaubte ich doch, immer wie gewohnt, weitermachen zu können. Ich sollte es eigentlich besser wissen mit fünfzig Jahren.

Doch ich befand mich zu diesem Zeitpunkt mal wieder ganz im Geschirr des Machens und Tuns. Das war mir inzwischen sehr bewusst, denn in den letzten zehn Jahren hatte ich durch intensive und gute Workshops und Seminare vieles über mich gelernt. Bei der therapeutischen Arbeit in Selbsterfahrungsgruppen war ich mir immer nähergekommen und hatte auch einige innere Konflikte nachhaltig auflösen können. Vor allem lebte ich in den letzten Jahren eine offenere, wärmere Beziehung zu meiner Frau – ich konnte inzwischen auch manchmal unaufgefordert über mich und meine Gefühle sprechen. Ab und an aber verschloss ich mich immer noch und bei meinen zentralen Fragen war ich bis zu dieser Traumnacht noch nicht viel weitergekommen: Eine tiefe Traurigkeit überkam mich öfters und machte mich regelrecht stumm. Vor allem aber wusste ich inzwischen, dass mich Ängste quälten, deren Ursachen ich in der therapeutischen Arbeit bisher nicht herausgefunden hatte. Obwohl mich meine Filmarbeit eigentlich doch zufrieden machen könnte, überfiel mich oft ein Gefühl der Unsicherheit und Melancholie. Oft dachte ich dann, du könntest doch viel selbstbewusster sein, was hindert dich daran? Wenn ich es ehrlich betrachtete, war es im Kern sogar ein starkes Minderwertigkeitsgefühl, das ich auch als erfolgreicher Filmemacher immer noch mit mir herumschleppte. Was war da also los?

Der Traum erschien mir auch im politischen Sinn wie eine Aufforderung, nicht nur endlich meine Forschungsreise zu mir selbst zu intensivieren, sondern auch für mich zu klären, was alles in meinem Umfeld nicht stimmig ist und stärker für meine Interessen einzutreten. Und so spannten wir beim Frühstück den Bogen noch weiter und phantasierten, wie auch ein neuer Weg für unsere Welt aussehen könnte? Gibt es jetzt eine Alternative zu unserer Lebenspraxis, zu den Gerechtigkeitsfragen, zum Wirtschaftsliberalismus schlechthin? Was kann ich dafür tun im Hier und Jetzt? Und vor allem, zu uns und mir zurückkehrend, was können wir für uns tun, um neue, wohltuende Wege beschreiten zu können? Was ist mit den leidvollen Erfahrungen unserer Eltern in Krieg und Faschismus, wirkt dieses Leid auf uns heute immer noch ein? Es waren Themen, die mich schon viele Jahre umtrieben. Diese Diskussionen hätte ich auch gerne zuhause bei meiner Herkunftsfamilie geführt. Doch gerade der Vater, die Mutter weniger, war verschlossen wie eine Auster. Das, was sie im Krieg erlebt hatten, forderte ich vielfach heraus zu erzählen, denn durch bestimmte Andeutungen im Laufe der Jahre wusste ich bereits, dass da manches Familiengeheimnis auf Entdeckung und Klärung wartete. Denn einiges hatte ich schon durch meine Mutter erfahren, was ich, so dachte ich nach dem letzten Schluck Tee, unbedingt weiter mit ihr besprechen möchte.

Gegen Mittag machten wir beide uns auf den Weg zum Meer. Wir flanierten den Kai entlang, wo die Fischerboote den Fang der Nacht an Land gebracht hatten. Ein paar Fischstände waren vor den festgemachten Schiffen aufgebaut, wo der in der Nacht gefangene Fisch aufs Eis kam oder verkauft wurde. Fischernetze waren entlang der Mole auf langen Stangen und Holzgattern ausgebreitet, um geflickt zu werden. Wir setzten uns auf die Terrasse des kleinen Café-Bistros am Kai, sahen den Fischern bei ihrer Arbeit zu und tranken unseren Milchkaffee. Ich bekam Lust, meiner Frau nun den Traum zu offenbaren. Dabei durchlebte ich alles noch einmal. Er war derart präsent, dass ich die Idee meiner Frau, ihn niederzuschreiben, sofort gut fand. Vor der entscheidenden Frage aber, die mir während des Erzählens auf der Zunge lag, drückte ich mich noch eine Weile, zu naiv, zu abwegig erschien sie mir. Doch schließlich sprudelte sie aus mir heraus: „Glaubst du…", ich zögerte, schämte mich ein bisschen, „glaubst du, dass das, was ich da erlebte, irgendwie wahr sein könnte, ich meine, dass ich besucht worden bin heute Nacht, und ich eine ernsthafte Botschaft bekommen habe von…?" „Von Gott," fragte sie postwendend und lächelnd: „Ja...", antwortete ich zögernd, „ok, sagen wir doch einfach mal Gott dazu. Wenngleich das eine große Frage aufwirft: Gibt es eigentlich diesen einen Gott oder ähnliches und wie offenbart er sich? Gibt es da vielleicht im Universum etwas anderes, was wir nicht kennen, was wir mit Gott verwechseln, was viele neuzeitliche Autoren in den Büchern, die ich gelesen habe, mit ‚universellem Bewusstsein' bezeichnen?" Und um dem Ganzen einen etwas männlichen, wissenschaftlichen Anstrich zu geben ergänzte ich noch: „Die Physiker veröffentlichen im Moment weltweit Forschungen zu dieser ‚dunklen Materie', die man scheinbar entdeckt hat, die man aber offensichtlich nicht richtig messen kann. Was bedeutet das alles für mich und diesen Traum?" Meine Frau schmunzelte: „Vielleicht hast du eine spirituelle Reise gemacht, mein Lieber, zu Engeln, zu einer uns fremden Energie, vielleicht so, wie bei einem Trip, wenn man Hasch oder dergleichen nimmt?" Nun lachte ich: „Ach, Trip ist gut, ich hab mich gerade heue morgen an meinen letzten Trip mit meiner damaligen Wohngemeinschaftskollegin erinnert. Aber seit dieser Zeit, wie du weißt, habe ich schon lange nichts mehr genommen und es war, ja, es war wirklich ganz, ganz anders," antwortete ich nachdenklich.

Ich schüttete mir etwas Milch aus einem Kännchen in den Kaffee: „Was, wenn es Methoden gibt, die ohne Drogen, also mit voller Bewusstheit solche Erfahrungen ermöglichen, die nicht nur Kontakt zur eigenen Biographie, den Traumata und Verletzungen ermöglichen, sondern die uns in eine andere

Sphäre, eine andere Wirklichkeit führen, dorthin, wo ich heute Nacht war? Damit scheinen ja auch etliche andere Menschen Erfahrungen gemacht zu haben, jedenfalls hab ich Ähnliches schon gelesen. Glaubhaft oder nicht, es gibt offensichtlich Lebensläufe, gerade im Buddhismus und bei den indigenen Völkern, die von solchen Reisen erzählen." überlegte ich laut. „Ja", so meine Frau, „aber auch bei uns im Westen gibt es ja inzwischen Leute, die von solchen Erlebnissen berichten und die danach ihr Leben entsprechend verändert haben." Da erschreckte ich ein wenig und dachte, na, was wird dann mit mir geschehen? Und mir fiel sofort die Forschung von Stanislav Grof ein und seine Methode des holotropen Atmens, die ich inzwischen auch schon in meiner Ausbildung als Coach und Counselor erlernt hatte. „Das ist wahr, wir haben davon ja selbst schon in Workshops gekostet. Und ist es nicht gerade bei der schamanischen Arbeit so, dass man lernt, zu einer anderen Dimension Kontakt aufzunehmen?"

Das Gespräch drehte sich im Kreis. Wir wurden beide still und blickten zu den Fischern, die rauchend herumstanden und offensichtlich zufrieden mit ihrem Fang waren. Sie machten sich wahrscheinlich nicht solche Gedanken. Mich aber beschäftigte das sehr, zumal ich mich damit sehr alleine fühlte, trotz des Gespräches mit meiner Frau darüber. Denn nichts in unserer abendländischen, christlichen Kultur deutet darauf hin, dass ein normaler Mensch in eine andere Wirklichkeit reisen kann, von Geistwesen besucht werden oder sich ihm gar etwas „Göttliches" offenbaren könnte. Darüber hört man in den Kirchen der beiden Konfessionen oder in einschlägigen Veröffentlichungen der Bistümer nichts. Don Camillo, der streitbare Geistliche aus den italienischen Filmen der 1950er/1960er Jahre, kommt mir dabei mit seinem Kontrahenten Peppone in den Sinn. Wunderbare Dialoge zwischen dem streitbaren Priester und seinem „Herrn" kennzeichneten die ständige Gegenwart Jesus im Alltag von Don Camillo in jener kleinen italienischen Gemeinde am Fluß Po.

Die Welt nahm es damals als großen Unterhaltungsspaß. Ich fand als Kind diese Wirklichkeit zwischen Don Camillo und Jesus wunderbar und wünschte mir in manchen prekären Situationen mit meinem Vater geradezu inständig, dass auch ich mit einem solchen Verbündeten sprechen könnte. Wenn Normalsterbliche, vorwiegend Frauen, innerhalb christlicher Gemeinschaften in der Vergangenheit sogenannte Erscheinungen hatten, wurden manchmal die Orte, wie zum Beispiel Fatima, zu Wallfahrtsstätten im großen Stil umfunktioniert. Die Mächtigen der Kirche machten daraus in liberalen Zeiten ein außerordentlich profitables Geschäft und verweltlichten damit die spirituelle Energie. In den dunklen Zeiten der katholischen Kirche aber verbrannten sie jene Frauen auf dem Scheiterhaufen.

„Dieser Traum war – na ja, möglicherweise eine Vision, eine übersinnliche Erfahrung oder eben tatsächlich nur ein Traum, was ich aber nicht glauben kann", so begann ich wieder etwas frustriert das Gespräch. „Es fällt mir so schwer, dieses Erlebnis einzuordnen, was ich gerne tun würde. Ich fühle mich in unserer Kultur damit alleine. Spirituelles von einer solchen Dimension ist bei uns kein öffentliches Thema. Ich kenne solche Erfahrungen nur aus Büchern von spirituellen Meistern in den Klöstern des Himalaya. Allenfalls die Kunst beschäftigt sich vielleicht damit. Derartige Lebensberichte und Erzählungen „anderer Wirklichkeiten", zum Beispiel von Häuptlingen indigener Stämme aus Amerika und Afrika, sind uns doch allen vollkommen fremd und suspekt. Wir sind so mit unserem zivilisierten System verquickt, so von unserer Kultur überzeugt, dass wir solche Erfahrungen in der Regel abschätzig bewerten, vor allem in öffentlichen Berichten dazu. Wir delegieren solche Erfahrungen, wenn überhaupt, an Heilige und Priester innerhalb des Kirchensystems. Wir glauben tatsächlich in unseren modernen Gesellschaften ja auch nicht, dass es noch eine andere Realität geben könnte, nur, weil wir nichts davon wissen! Irgendwie kommt mir das alles sehr arrogant vor, wie wir damit umgehen – schade! Warum lehnt man das so vehement ab?" Das blieb jetzt so zwischen uns hängen wie ein persönlicher Konflikt, der nach einer Lösung ruft.

Erde, Wasser, Bäume – Kindheitserinnerungen

Die Fischkutter lagen inzwischen auf sandigem Grund, das Meer hatte sich mit der Ebbe dramatisch um sicherlich vier Meter Tidenfall zurückgezogen. Meine Frau spürte, wie mich das alles beschäftigte. Ein Weg zu einer befriedigenden Erklärung fiel auch ihr nicht ein. So schrieb sie Postkarten. Ich stand auf und wanderte den Kai entlang. Schließlich setzte ich mich auf einen der Poller und schaute den Kindern zu, wie sie unten auf dem schlüpfrigen Meeresgrund zwischen den liegenden Fischkuttern Krabben fingen. Die Kleinen jagten den flinken Schalentieren im sandigen Hafenbecken zwischen den großen Steinen hinterher und pulten sie aus den Spalten und Löchern der Felsen. Selbstvergessen und in unvergleichlicher Akrobatik hüpften sie mit nackten Füssen über die glitschigen, mit grünen langen Algenflechten bewachsenen Felsblöcke zwischen den Salzwasserpfützen. Ihre flinken Füße fanden bei jedem kleinen Sprung einen festen Platz. Man spürte, das Meer war ihr Element, damit kannten sie sich aus. Sie hatten einen kleinen grünen Plastikkorb mit Verschluss seitlich um den nackten Oberkörper gebunden, in dem die gefangenen Krabben verschwanden. Mich verzauberte die Leichtigkeit und Grazie, mit der sie zu Werke gingen. Sie wussten genau, wo die Krabben saßen, griffen geschickt mit ihren kleinen Händen nach ihnen und schwups, landeten sie im umgehängten Körbchen.

Bei allem Jagdfieber und dem vielleicht auch kommerziellen Hintergrund blieb die kindliche Spiellaune dominierend. Mit großem Eifer und purer Lebensfreude grasten diese kleinen Krabbenfischer den Hafengrund ab. Ich sah ihnen begeistert zu und konnte mich sehr gut in sie einfühlen. Und sogleich, wie am Morgen nach dem Traum, war ich wieder ganz bei mir, dem kleinen Knirps von einst. Und wie die Kinder unten im Hafenbecken sich mehr und mehr meinen Blicken entzogen, umso mehr sah ich mich selbst durch Wald und Wiese springen. Es ging entlang der kleinen Bachläufe, durch abschüssige, herbstliche Buchenwälder, wo ich Purzelbäume in herbstliche Blätterhaufen machte, um schließlich in meinem vertrauten Eichenwald zu landen. Besonders verliebt war ich in die Schönheit des Morgens, wenn ich an einem der kleinen Flüsschen entlanglief, die sich durch die Frühlingswiesen schlängelten. Das Glitzern der frühen Sonne im springenden Wasser, der Tau, der auf den grünen Blättern der Pflanzen am Bach perlte, der Nebel, der im Schatten der Buchen am Waldesrand noch auf dem Boden lag und die Erde, die so wunderbar roch und noch kühl war von der vergangenen Nacht – all das zog ich einst mit jedem Atemzug in mich hinein und genoss diese Fülle. Ich hockte dann oft minutenlang an diesem Bach, betäubte meine Augen mit dem Sonnengeglitzer und lauschte dem Plätschern und Gurgeln. In den Sommerferien mochten wir nicht lange schlafen, weil uns schon in der Frühe der Wald rief. Für den ganzen Tag verschwanden wir darin. Es gab damals noch Maikäfer, die wir in Schachteln sammelten und mit denen wir tagelang Zirkus spielten. Dort, in der Natur empfand ich oft ein Gefühl der Freiheit, der Leichtigkeit und des Glücks.

Es gab ganz bestimmte Bäume auf dem Weg durch den alten Eichenwald, der übrigens heute noch steht, die ich morgens nicht nur begrüßte, sondern, wenn ich mich danach fühlte, auch umarmte. Ich wusste nicht genau, warum ich das tat, aber es war ein schönes Gefühl, mit meiner Handfläche über die bemooste Rinde zu streicheln und zu begreifen, dass dieser Baum noch stehen wird, wenn ich auch mal groß und stark sein werde und wahrscheinlich in weiter Ferne leben würde. Es beruhigte mich zu wissen, dass dieser Baum hier, wo mein Zuhause war, noch an seinem Platz wäre. Großen Bäumen merkt man ja nicht an, dass auch sie gealtert sind. Wir sind es, die sich in kürzester Zeit verändern. Wenn ich in die Kronen der mächtigen Eichen kletterte und an meine Zukunft dachte, war ich voller Hoffnung für mein zukünftiges Leben und mein kleines Herz in mir atmete dann zuversichtlich und frei. Ich fühlte mich auf wunderbare Weise mit diesen Bäumen, mit dem Wald, der Natur und mir selbst verbunden.

Uns Kindern war es wichtig, dass wir es gemütlich hatten im Wald und natürlich auch etwas zu futtern. Wir kreierten dort unser eigenes Zuhause. So errichteten wir aus Tannenzweigen, die Waldarbeiter von gefällten Tannen abgeschlagen hatten, kleine Indianerhütten zwischen den Bäumen am Fluss. Wir setzten uns in eine der Hütten und packten den von unseren Müttern vorbereiteten Proviant für den Tag aus. Das Wasser des Baches löschte unseren Durst nach dem Spiel.

Ich aß immer langsam und besonnen, nahm mir unbewusst viel Zeit dafür. Das war meine Art zu essen. Daheim bei Tisch ärgerte diese Langsamkeit meinen Vater, er ermahnte mich, gefälligst zügig zu futtern und nicht zu trödeln. Aber das störte mich in dieser Lebensphase noch nicht, es war noch kein Druck dahinter, nur eine Bemerkung. Überhaupt war ich ein langsamer Junge, wenn es darum ging, etwas zu beobachten oder zu basteln. Ich nahm mir dafür immer sehr, sehr viel Zeit. Denn ich konnte mich ganz in eine Beobachtung oder in eine Tätigkeit vertiefen und vergaß dann alles um mich herum. So konnten Stunden vergehen, in denen ich tagträumte. Es war meine Art zu leben.

Manchmal saß ich auch einfach so in der Küche oder auf der Terrasse herum, ohne etwas zu wollen, und schaute den Ästen unserer Weide im Windspiel zu. Wenn Vater das mitbekam, nannte er mich oft einen Träumer und drückte mir einen Besen zum Kehren der Terrasse in die Hand. Aber zu der Zeit ließ er mich noch zufrieden. Auch war er oft nicht anwesend, zu der Zeit wurde oft auch am Samstag im Stahlwerk gearbeitet. Das sogenannte Wirtschaftswunder der 1950er Jahre war in vollem Gange. Er saß dann am späten Nachmittag gerne auf der Terrasse, spielte mit seinen Kumpeln Skat und trank gerne Bier. Als wir klein waren, ließ er die Zügel noch locker. In ihm selbst blitzte manchmal beim Spazierengehen noch jene Verbundenheit mit der Natur auf, die er in seiner Heimat in Oberschlesien scheinbar gelebt hatte. Doch so oft kam das nicht vor. Wir waren zu der Zeit noch froh, wenn er mal mit uns zusammen Zeit verbrachte. Arbeit bedeutete damals nach dem II. Weltkrieg nicht nur Wohlstand, sondern gehörte zum politischen Programm der Alliierten. Deutschland sollte nach dem II. Weltkrieg nicht nur wieder aufgebaut werden, es sollte auch ein Bollwerk gegen den Kommunismus sein. Mein Vater wie auch seine Kollegen arbeiteten gerne und viel. Es passte in die Zeit, war es doch neben dem Geld verdienen auch eine Möglichkeit, durch Arbeit den noch nicht so fernen Krieg und seine Folgen langsam zu vergessen. Vater hatte in solchen arbeitsreichen Phasen oft gute Laune und sah wohl auch noch weitreichende Entwicklungsmöglichkeiten für seine Karriere im Büro.

Sehr anziehend war für uns Jungs der Fluss, der im Tal durch die Wiesen strömte und in dem wir im Sommer an seinen natürlichen Ufern badeten. In der flirrenden Sommerhitze, Ende der 50er, Anfang der 60er Jahre war das phantastisch abenteuerlich. Er floss in großen Bögen durch eine weite Wiesen- und Weidenlandschaft und hatte deshalb eine gleichmäßige, kräftige Strömung. Die Wiese und die dahinströmende Wasserfläche trennten manchmal vielleicht nur 30 bis 40 Zentimeter. Der Fluss lag also an manchen Stellen nicht viel tiefer als der Wiesengrund, auf dem wir uns bewegten. Es hatte etwas von einem natürlichen Schwimmbecken mit starker Strömung. Das inspirierte uns zu außergewöhnlichen Wasserspielen: Mit Anlauf vom Ufer abspringen und mit mächtigen Arschbomben in die Strömung springen und zwanzig Meter weiter unten wieder auftauchen war eine Supergaudi.

Oder sich als toter Mann, wie wir es nannten, rücklings vom Ufer abstoßen, die Augen mutig zu schließen und sich einfach dem Strom des Wassers hinzugeben, sich mit kleinen Schwimmbewegungen der Arme drehen und treiben lassen, wie die Strömung es wollte. Es gab keine Felsen oder umgestürzten Bäume, die das Wassergleiten behinderten. So wurde das vollkommene Loslassen auf dem Wasser zu einer wunderbaren Erfahrung. Es war eine Art Hingabe mit einem tiefen Vertrauen, dass alles gut ist. Für zwei, drei Sommer war das unser Paradies. Wir waren immer gut gelaunt, hatten wenig Streit und unsere Körper strotzten vor Fitness – das glasklare Flusswasser tat uns extrem gut. In diesem Fluss entstand für mich ein phänomenales Vertrauen zum Element Wasser und zu meinen körperlichen Fähigkeiten.

Auch erinnerte ich mich, dass ich mich in meiner gesamten Kindheit um einen behinderten Nachbarjungen kümmerte, der mir ans Herz gewachsen war. Wenn die anderen schon weit vorausliefen, wartete ich auf ihn und half ihm mit seinem spastischen Körper über Stock und Stein hinweg. Saß er dann bei uns und schaute uns Rennern und Springern glücklich zu, war ich zufrieden und spürte Freude in mir. Ich fühlte mich dann auf eine besondere Weise in diesem Miteinandersein mit ihm und den anderen Kindern komplett, vollständig, irgendwie angefüllt und ganz. Hermann Hesse hat diesen Zustand in seinem autobiographischen Märchen „Kindheit des Zauberers" so treffend ausgedrückt: „Es gab etwas, was wir Kinder besaßen und was den Großen fehlte. Sie waren nicht bloß größer und stärker, sie waren in irgendeinem Betracht auch ärmer als wir!"Es ist die Sehnsucht der Erwachsenen nach diesem Zustand der Ganzheit. Sie kommt in unseren alten Volksliedern deutlich zum Ausdruck: „Oh selig, o selig, ein Kind noch zu sein!"

Oftmals legte ich mich ins Gras und atmete den Duft des Sommers in mich hinein, bewunderte die Schönheit der goldfarbenen Lärchen in noch sommerlichen Herbsttagen und war dann ganz bei mir. Wenn in diesen Momenten Zeit in der Stille verging und ich vor mich hinträumte, überkam mich allerdings manchmal eine tiefe Traurigkeit, ohne dass es dafür einen Anlass gab. Sie war in mir und hüllte mich in diesen stillen Momenten vollkommen ein. Mein gutes Gefühl zu mir, meine Leichtigkeit schwand dann vollkommen, es war ein bisschen wie eine Lähmung, ich verlor jegliche Lust am Spiel und an mir selbst. Diesen Zustand mochte ich gar nicht und schnell versuchte ich dann, mich abzulenken, riss mich zusammen und lief einfach durch meinen geliebten Wald drauflos bis ich erschöpft innehielt und schwer atmend mich ins Moos fallen ließ. Wenn die weißen Wolken im Wind dann am Himmel langzogen, erfasste mich eine tiefe Sehnsucht nach einer Veränderung. Ich wusste nicht, was sich ändern sollte, fühlte aber diese Verzagtheit mit der Gegenwart. Ich gewöhnte mich mit der Zeit an diese traurigen Schübe genauso, wie an meine Freude.

Mit den Phasen der Melancholie lernte ich mehr und mehr umzugehen und verstand sehr schnell, dass Aktivität dabei hilft. So entwickelte sich beides zu einer Charaktereigenschaft – der aktive, kreative und mutige Bengel und der melancholische, stille und irgendwie bedrückte kleine Junge. Trotz des Hin und Her war diese Kindheit eine gute Zeit für mich, in der meine Seele mich leitete, meine Intuition, mein Gespür und die Natur mir Orientierung gaben. Das sollte sich jedoch ändern. Je älter ich wurde, um so mehr litt ich unter der Traurigkeit und Melancholie. Meine Frau rief nach mir und winkte. Die kleinen Krabbenfänger auf dem Meeresgrund hatten sich inzwischen auch davongemacht. Als wir langsam an der normannischen Küste zu unserer Pension zurückspazierten, fasste ich ihre Hand. Mich fröstelte ein wenig. Ich hatte nach der Reise in die Zeit meiner Kindheit das dringende Bedürfnis, noch etwas Wesentliches dazu in mein Tagebuch zu schreiben.

Rabota, Rabota

In der Nacht träumte ich wieder, diesmal intensiv von meiner Kindheit bei Oma und Opa. Ich sah mich mit meinem Bruder in dem kleinen Hof des Fachwerkhauses Holz stapeln. Dort, bei den Großeltern, ging es mir immer gut. Opas Schlachtruf, während er Brennholz hackte, schallte in mein Traumbett herüber: „Rabota, Rabota" rief er, um mich mit meinen sieben Jahren zu animieren, nicht nachzulassen, mich zu bücken, um ihm die grob gespalten Holzscheite anzureichen. Auf dem Kopfsteinpflasterhof des kleinen, bescheidenen Hauses sammelten dann mein Bruder und ich flugs die klein gespaltenen, dünnen Hölzer auf und stapelten sie unter einem Dachvorsprung des Schuppens. Wenn wir in unserem Eifer nachließen, bemerkte er nur kurz, dass man auf der Welt sei, um zu arbeiten. Opa hatte nach dem Krieg in den 1950/60er Jahren als Metzger in einer Metzgerei ganz in der Nähe Beschäftigung gefunden, solange es körperlich für ihn ging. Denn Opa humpelte eigentlich immer, wenn wir ihn gehen sahen, bei der Arbeit oder im Haus.

Als ich am Morgen entspannt aufwachte, verließ ich leise unser Zimmer, setzte mich in den Garten in die Morgensonne an einen kleinen Tisch und nahm den Faden der Nacht wieder auf. Ich schrieb meine Gedanken zu meinen Erfahrungen zu Oma und Opa in mein Tagebuch:

Als ich mit meinem Bruder die weiterführende Schule besuchte, waren wir oft bei den Großeltern. Denn die Schule und die Großeltern waren nicht weit voneinander entfernt in der nahen Kreisstadt. Opa arbeitete nur noch zwei Tage in der Woche, mehr schaffte er nicht mehr nach seiner Kriegsverletzung. Als Metzgermeister fiel es ihm natürlich schwer, Anweisungen anderer zu befolgen, das sorgte für ständige Konflikte, die ich manchmal mitbekam, wenn er davon Oma mit wenigen Worten etwas andeutete, denn eigentlich redete Opa nicht, er brummte mehr vor sich hin. Aber man wollte ihn unbedingt in der Metzgerei halten, weil er eine vorzügliche schlesische Wurst machen konnte. Die ging weg wie warme Semmeln.

Von Oma wussten wir, dass Opa ein hartes Leben hinter sich hatte, was ihn offenbar schweigsam hat werden lassen. Er trug bei der Arbeit Leder-gamaschen um seine krummen Beine und eine wettergegerbte Schiffer-mütze auf dem kahlen Kopf. In seiner Weste unter der abgeschabten, schwarzen Jacke verbarg er einen kleinen Schatz: Die Taschenuhr seines Vaters. Sie hatte unter dem Glas auf dem Emaille-Überzug eine abgeplatzte, eingedrückte Stelle, die von einem Granatsplitter herrühre, so erzählte Opa. Die Uhr habe ihm einst im ersten großen Krieg, in Verdun, das Leben gerettet. Und im zweiten habe er sie im Gefangenenlager bei den Russen erfolgreich verstecken können. Von dort brachte er auch dieses „Rabota" mit. „Arbeite, arbeite!", trieben die Russen ihre Gefangenen an.

Wenngleich er etwas Unnahbares, Strenges an sich hatte, was mir kleinem Kerl großen Respekt einflößte, mochte ich ihn mit seiner schweigsamen und ruhigen Art. Opa war zwar kurz angebunden, ließ mich aber gewähren, die Welt zu erkunden. Er mochte seine Enkelkinder. Bei ihm lernte ich still die kleinen Aufgaben, die er mir manchmal auftrug, in meinem eigenen Rhythmus zu verrichten. Oft zeigte er nur ungeduldig auf etwas und ich wusste, was ich zu tun hatte und das tat ich dann schleunigst. Meine Mutter hatte zu ihrer Mädchenzeit in Oberschlesien ihren Vater natürlich noch in vollem Saft in der Metzgerei erlebt. In der eigenen, großen Schlachterei führte er mit den Gesellen, den Lehrjungen und auch mit seinen drei Kindern ein hartes, strenges und lautes Regiment. Körperliche Züchtigungen mit dem Ochsenziemer *(eine Schlagwaffe wie ein armlanger Stock, die aus einem gedörrten Ochsenpenis hergestellt wird)* waren in der Wurstküche an der Tagesordnung. Wenn er sich über etwas aufregte, so meine Mutter, konnte er so brüllen, dass der Stier im Stall zusammenzuckte und einem das Blut in den Adern gefror. So erlebten wir unseren Opa nicht. Es mag sein, dass der Verlust von allem, was er sich in seinem arbeitsreichen Leben aufgebaut hatte, sowie die Erlebnisse und Verwundungen in den beiden Weltkriegen diesen Mann gebrochen hatten.

Dass man vor allem beten solle, sagte meine Oma oft. Sie war tief gläubig und eine bescheidene, herzensgute Frau, der ich auch später noch als junger Mann alles anvertrauen konnte, was mich bewegte. Als kleiner Knirps begleitete ich sie oft in die katholische Kirche, saß dann in meinen kurzen Hosen andächtig neben ihr auf der kalten Holzbank und hörte träumend in die Stille der mächtigen gotischen Kathedrale. In ihrer Nähe war eine heilsame Wärme, die mich nährte. Ich erlebte sie wie eine Beschützerin, eine Verbündete. Ich bekam von ihr das, was ich sonst in der Familie oftmals vermisste: Eine wohltuende, vollkommen selbstlose und zweckfreie Wertschätzung meiner selbst. Sie streichelte oft meine Wange und meinen Kopf und schaute mich dabei so an, als wolle sie sagen:

„Ist schon recht so, Kleiner, mach weiter so." Das führte dazu, dass ich zwischen drei und zwölf Jahren immer zu ihr wollte. Sie liebte mich auf eine Weise, die mir einfach guttat. Ich lernte in ihren kleinen, bescheidenen zwei Zimmern in dem alten Fachwerkhaus mitten in der Stadt, dass etwas mit mir stimmte – ich musste nichts leisten, wurde nicht bewertet, es war gut so, wie ich war. Dort bei Opa und Oma wuchs klein und zart jenes innere Vertrauen zu mir selbst heran, das später durch meinen Vater und die Lehrzeit so bedroht wurde.

Ein Beispiel dafür mag eine Erfahrung sein, die ich mehrere Spätsommer hindurch genießen durfte: Oma arbeitete vom Frühling bis in den späten Herbst in einer Gärtnerei am Stadtrand, wohin ich sie oft begleiten durfte. Wenn die Astern und Dahlien blühten, war ich besonders gerne mit ihr dort, weil ich diese Blumen liebte, irgendwie fühlte ich mich mit ihnen verbunden, mit der herbstlichen Fülle und dem schweren Duft. Wenn an schwülen Tagen im Spätsommer am Nachmittag der Himmel dunkel wurde, die Blitze schon über den Hügeln zuckten und wenig später die dicken, violett-blauen Wolken ihre Schleusen öffneten, liefen die Frauen mit großen Blumensträußen in den Armen bei den ersten Regentropfen aus allen Richtungen des Gärtnereigeländes ins Gärtnerhaus. Das lag mitten im Gelände, war eine große und geräumige Holzhütte mit einer großen Tür und kleinen Fenstern. Sie legten die Sträuße auf dem mächtigen Holztisch in der Mitte aus, machten auf dem alten Eisenofen schnell Kaffee und Milch heiß und schnitten dann mit kleinen Messern ihre Blumen für den nahenden Markttag zurecht. Ein Berg von Blumen war dann auf dem Tisch und ein schwerer, betörender Duft breitete sich aus.

Oma war es wichtig, dass es auch mir in solchen Momenten gut ging. Sie machte mir extra eine Tasse Kakao und reihte sich dann in die aufgeregt schnatternden Frauen am großen Tisch ein. Während draußen die dicken Tropfen des Sommerregens bei mächtigen Blitzen und grollenden Donnerschlägen niedergingen, saß ich auf den rohen Holzbohlen neben dem Ofen und wärmte meine nassen Hände an der warmen Tasse Kakao. Dieses Gefühl des beschützten Miteinanders und Beisammenseins in diesem Blumenhaus überkam mich oft in meinen späteren, harten Jahren als tiefe Sehnsucht nach einer solchen Geborgenheit. Wir alle waren dort Mitte der 1950er Jahre auf eine besondere Weise miteinander verbunden und in aller Bescheidenheit zusammen glücklich. Es gab noch Strohhaufen auf den Wiesen im Spätsommer und Pferdewagen, mit denen wir das trockene Heu zur Scheune brachten. Der Geruch der vielen Blumen, die Lieder der Vögel, das Leben um den wärmenden Ofen, all das war Gemeinschaft. Wie wenig man doch braucht für ein bisschen Glück.

Nie habe ich von Oma oder Opa Klagen gehört, dass sie doch im Krieg in Oberschlesien alles verloren hätten und wie schlecht es ihnen jetzt hier ginge. Ihre Trauer darüber konnte ich zwar spüren und auch die Schwermut, die über allem lag, doch es fühlte sich so an, als hätten sie es akzeptiert. Manchmal erzählte Opa, wie sie in Oberschlesien die schlesische Wurst gemacht und Wurst-Pakete ins ganze Land bis nach Berlin verschickt hatten. Dann empfand ich so etwas wie Stolz. Er erzählte aber wenig von dieser Heimat, in der Polen und Tschechen, Sudentendeutsche und Schlesier zu Hause waren. Sie alle arbeiteten vor dem II. Weltkrieg friedlich zusammen im Südosten des damaligen Deutschlands und trieben Handel über die Grenzen hinweg. Sein Handwerk hat er im Hultschiner Ländchen von einem strengen Lehrherrn, einem bulligen und cholerischen Metzgermeister gelernt, wie mir Oma erzählte. Opa liebte seinen Beruf. Wenn er doch auf seine alten Tage nur mehr arbeiten könnte, bedauerte er manchmal und deutete auf sein durch den Krieg beschädigtes Bein. Oma aber schwieg, sobald er vom Krieg sprach. Überhaupt herrschte zwischen den Großeltern ein großes Schweigen und eine verhaltene, etwas traurige Stimmung, die ich als Kind zwar empfinden, die ich mir aber erst viele Jahre später erklären konnte.

Abends nach dem Tagwerk und dem Abendbrot hörte ich mit Opa immer das „Echo des Tages" vom NWDR/WDR. Da war ich dann mucksmäuschenstill, saß auf einem kleinen Bänkchen am Ofen neben ihm und lauschte in die Welt, die durch das kleine Radio zu uns hereinkam. Wenig später krabbelte ich in der Stube in ein großes Bett aus weißlackiertem Holz. Oma holte Wasser in einer Kanne vom Flur, um in der kleinen Küche das Geschirr vom Abendbrot in einer Schüssel abzuwaschen. Opa legte noch ein Brikett, das in nasses Zeitungspapier eingepackt war in den alten Eisenofen, damit morgens noch Glut zum Anzünden des neuen Feuers vorhanden war. Wenn ich müde die Augen schloss, hörte ich noch, wie er in der Zeitung blätterte, lauschte auf das leise Knacken des Holzes im Eisenofen und nahm im Halbschlaf das Ticken des Weckers in der Stube wahr. Nie hatte ich dort Albträume oder machte ins Bett, wie es daheim bei meinen Eltern vorkam.

Eine besondere Mentalität der Oberschlesier hatten Oma und Opa vollkommen verinnerlicht: Sie verrichteten von früh bis spät im tiefen Glauben an Gott unablässig ihr Tagwerk. Das Hultschiner Ländchen, ein Gebiet, das bis 1919 zu Schlesien gehörte und ab 1920 ein Teil der zwei Jahre zuvor gegründeten Tschechoslowakei wurde, war bekannt für eine außerordentliche Arbeitsmoral. In der aktuellen Zeitung der Deutschen in Böhmen, Mähren und Schlesien, der sogenannten „Landeszeitung", heißt es in der Ausgabe 16 des Jahres 2002 dazu: *„Die fleißigen Menschen aus dieser Gegend wurden auch nach dem Anschluss an die Tschechoslowakei im Jahr 1920 in Deutschland gerne gesehen. Das beweist schon eine Nachricht der Deutschen Passstelle in Mährisch-Ostrau vom 6. Oktober 1927 an die Deutsche Gesandtschaft in Prag: „Hunderte finden mit Hausierhandel in den ländlichen Gebieten Deutschlands lohnenden Erwerb. Unter diesen Umständen trachten die Hultschiner, in Deutschland Verdienst zu finden. Sie sind als Arbeitskräfte wegen ihres Fleißes und ihrer Anstelligkeit geschätzt und namentlich als Maurer in Bergwerken gesucht."* Das beschreibt eine Mentalität, einen Normalzustand, den ich auch in meiner Familie genauso kennenlernte.

Meine Großeltern hatten es sich nach den Aussagen meiner Mutter nicht gestattet, es mal ruhiger angehen zu lassen, „das kannte man gar nicht", wie sie zu sagen pflegte. Sich auch mal etwas Gutes tun, einfach mal zu genießen, dazu war ihr Leben offensichtlich zu hart, vom sozialen Umfeld zu eindeutig geprägt. Am Geld lag es nicht, denn Geldmangel kannten sie vor dem Krieg nicht. Im Gegenteil, sie waren mit ihrer Metzgerei zu einem stattlichen Vermögen gekommen. Nein, sie repräsentierten mit dieser Art zu leben eine urdeutsche Auffassung vom Dasein: Arbeit, Arbeit und nochmals Arbeit im Büßergewand, ein Leben lang. Im Ausland werden wir Deutsche für unseren Arbeitseifer bewundert, wenn es gut läuft in der Wirtschaft, wenn nicht, unterstellt man uns, über wenig Lebensfreude zu verfügen.

Erlaubt man sich einen Blick in die Geschichte und schaut sich die Literatur, Pädagogik und die Kultur zu Beginn des 20. Jahrhunderts an, so kann man tatsächlich davon ausgehen, dass weite Teile des deutschen Volkes es gewohnt waren, „mit ehrsamem Fleiß und strebsamem Schaffen", wie es damals vielfach hieß, ihr Leben im Arbeitstrott zu verbringen. Mit dem zufrieden zu sein, was da war, was man geschaffen hatte. Sich mal zwei Stunden Zeit für ein Mittagessen, eine Siesta zu nehmen, wie es die arbeitenden Franzosen, Spanier oder Italiener machen, das war nicht ihre Sache.

Wir Kinder wurden schon früh dazu angehalten, bei der Familienarbeit in Haus und Garten mitzuarbeiten. Die ganze Familie mütter- und väterlicherseits schien und scheint danach zu leben, denn arbeiten können alle sehr gut und sehr viel; mit Disziplin hat diese Familie keine Probleme, mit der Leichtigkeit, dem Spielerischen, der Kommunikation dafür um so mehr. Beide Sippen, besonders aber die erfolgreichen oberschlesischen Kaufmannsfamilien väterlicherseits mit ihrem Getreidehandel und der Raiffeisenwirtschaft, strengten sich weit über einhundert Jahre unermüdlich an, ohne scheinbar ein Gefühl für die Erschöpfung und damit für das Genießen zu haben. Das erzählten und vermittelten mir meine Eltern und Großeltern. Die Katastrophen der beiden Weltkriege vernichteten jedoch ihre erarbeiteten Werte. Zu allen Zeiten waren beide Großfamilien wie Ochsen ins Geschirr gespannt, zogen die Karren mit vornehmlich materiellen Gütern durch den Dreck der Jahrhunderte, um dann schließlich, immer wieder, alles zu verlieren und von vorne zu beginnen. Welch eine Tragik, welch eine Sisyphusarbeit! Und wer sich dem verweigerte, wie der Bruder meiner Mutter, Onkel Walter, ein talentierter, junger Mann, der als Standfotograf leidenschaftlich im Berlin der 1930er Jahre Schauspielerinnen am Deutschen Theater fotografierte oder auch ich, der Filmemacher und Geschichtenerzähler, der war in der Großfamilie nicht gut gelitten, der wurde mehr oder weniger übersehen und zum Außenseiter abgestempelt.

Meine Eltern waren am Ende des II. Weltkriegs nach der Flucht der Mutter und der Gefangenschaft meines Vaters schließlich im Westen in einem kleinbürgerlichen Milieu gelandet. Als Flüchtlinge waren nun sie Außenseiter, hätten vielleicht sehr viel mehr Engagement im neuen Umfeld zeigen müssen, um in die angestammten Zirkel der Gesellschaft aufgenommen zu werden. Eine schwungvolle Laufbahn im Wirtschaftswunderland Westdeutschland war also ohne Protektion und Seilschaften auch damals kaum hinzubekommen. Ihren sozialen Status, den sie in ihrer Heimat in der ländlichen Oberschicht gewohnt waren, hatten sie zum Leidwesen meiner Mutter durch den Krieg verloren und dieser ‚Abstieg' setzte meinen Eltern beträchtlich zu. Mit all den nachfolgenden Enttäuschungen entwickelte sich mit zunehmender Stagnation bei den Eltern jene Frustration, Verschlossenheit und Trauer, die mir vor allem während meiner jugendlichen Kindheit im Elternhaus so sehr zu schaffen machte. Hinter allem aber stand ihre Angst, das Erreichte wieder zu verlieren.

Das Verlies

Die Normandie – kühl, windig, rau? Nichts davon! Es war warm, sehr warm, aber vor allem heiter und blau. Meine Frau und mich zog es an einen einsamen Felsenstrand der wilden normannischen Küste, um in Ruhe miteinander reden zu können. Das Wetter lud dazu ein und ich freute mich darauf. Zudem wollte ich mich zwanglos mit der Kultur der indigenen Völker beschäftigen. Ich hatte in naher Zukunft die Absicht, einen Film über die letzten verbliebenen Stämme der Ureinwohner Nordamerikas und Kanadas herzustellen und hatte mir dazu ein paar Bücher mitgenommen. Schnell war eine angenehme kleine Bucht gefunden, wo es nur wenige Menschen hinzog: Flaches Felsenufer mit Sandflecken dazwischen sowie grüne, bewirtschaftete Wiesen mit Zäunen für die Tiere hinter den niedrigen, kleinen Dünen. Wir bauten einen Windschutz auf, um die manchmal plötzlichen Böen vom Atlantik her zu zähmen. Doch als alles getan war, verflog meine Freude. Die Ruhe zeigte Wirkung. Nicht nur die Erinnerungen an meine Traurigkeit als Kind lagen mir auf der Seele, mir wurde angesichts meines Traumes klar, was ich im Laufe meiner Lebensgeschichte scheinbar verloren hatte. Ich wollte das jetzt eigentlich gerne ansprechen, fühlte mich aber mit der Stille wie zugeschlossen.

So ließ ich mich gerne ablenken vom grünblauen Meer und meinen Büchern, die mich aus der Strandtasche anschauten. Ich begann darin zu blättern, verlor aber schnell das Interesse daran. Nein, das war es nicht, was mich beschäftigte. Etwas bedrückte mich und schnürte mich zu. Ich brachte nichts über meine Lippen und das ärgerte mich nun. Statt mit meiner Frau genau über meine Sprachlosigkcit zu sprcchcn, tauchtc ich mal wicdcr ab und begann mich immer schlechter zu fühlen. Ich blieb mit meinem Frust und der Melancholie wie so oft alleine und setzte mich ein wenig abseits auf einen der warmen Felsen nah am blaugrünen Atlantikwasser, das ab und an gegen die Felsformationen klatsche. Meine Frau schaute mir nach, nahm sich ein Buch zur Hand und schlug es auf. Ich versank augenblicklich in das mir bekannte Gefühl der Melancholie.

Eine große Möwe schwebte elegant im Wind längs des Saumes zwischen Wasser und Sand auf mich zu. Ohne Flügelschlag schwebte sie majestätisch dahin, nur ihr Kopf bewegte sich mal hier- mal dorthin. Es war zu spüren, wie scharf und genau sie alles sah, was unter ihr hinwegglitt. Plötzlich änderte sie ihre Richtung und flog mit einer geschickten Drehung und ein paar Flügelschlägen in den weiten Ozean hinaus, bis ich sie nicht mehr in der flirrenden warmen Luft erkennen konnte. Mich erfasste unvermittelt eine große Sehnsucht: Einmal so frei sein zu können, einfach die Richtung zu ändern, endlich dieses anstrengende, aufreibende Leben mit all den Verpflichtungen hinter mir lassen zu können, das wäre es! Ich nahm überdeutlich wahr, dass ich mich zu einer derartigen Richtungsänderung nicht fähig fühlte. Ich erkannte, dass ich seit vielen Jahren mehr und mehr einem inneren Zuchtmeister diente.

Ich versank in meinen Gedanken: Ja, es war und ist der Druck, die Existenzangst und die hohen Anforderungen, für Kino und Fernsehen zu arbeiten, die mich antreiben. Und ja, auch die alltäglichen Zwänge des Lebens mit der Sorge und dem Bemühen um die gebrechlichen Mütter. Die Freude über das Leben aus früheren Tagen, über mich, uns, meine Tochter, fühlte ich kaum noch. Der Spaß am Beruf war zu einem Rinnsal geschrumpft. Ich hing im Geschirr fest und trauerte dem kleinen, quicklebendigen Kerlchen nach. So geht es wohl allen, tröstete ich mich. Wenn man in unserer Gesellschaft erfolgreich sein will und allerlei Verpflichtungen übernimmt, landet man offensichtlich bei Anstrengungen, Stress und Frust! Mein Herz schmerzte. Nein, so wollte ich nicht mehr weiterleben, doch wie sieht die Alternative aus? Ich blickte auf das Meer. Mit Tränen in den Augen beugte ich mich vor der unfasslichen Weite dieses inneren, bleigrauen und tiefen Ozeans, dessen Geheimnis ich so gerne kennenlernen wollte: Was bedrückt mich so, was wiegt da so schwer in mir? Dieser wunderbare Mann aus meinem Traum – wie weit bin ich doch von solch einem traumhaften Selbst entfernt! Wie anders ist doch meine Realität, wenn ich ehrlich bin!

Diese Erkenntnis überflutete mich wie eiskaltes Wasser. Ein scharfer Wind wehte mich plötzlich vom Meer her an, mir wurde kalt. Und obwohl die Luft warm war, mochte ich mich diesem Wind auf dem Felsen nicht stellen. Die Sonne wurde irgendwie kalt. Ich kehrte zu unserem Platz hinter dem Windschutz zurück, verkroch mich auf dem warmen Flecken Sand zwischen den Felsen und legte mich vorsichtig neben meiner Frau auf die Decke. Sie legte behutsam ihr Hand auf meinen Oberschenkel, während sie kurz zu mir blickte. Mit einem „Alles ok,“ vermied ich, Kontakt aufzunehmen und drehte mich zu Seite. Ich spürte, wie klein ich mich fühlte.

Dieses Sich-Verschließen im Augenblick der Möglichkeit war mir schon als ganz junger Mann vertraut. Oh ja, ich kenne dieses ganz große Allein-Seins-Gefühl, obwohl ich eigentlich nie wirklich alleine war. Doch innen, in mir fühlte ich das so, es war dort alles vollkommen verschlossen. Das empfand ich in meiner Kindheit als normal, als Erwachsener bedauerte ich diese Verhaltensweise, wenn es darauf ankam sich mitzuteilen, um etwas zu klären. Wie verrückt das doch ist, dachte ich, dass das immer schon und immer noch bei mir ist, obwohl es mich jetzt behindert? Mehr noch, es beschädigt mich, meine Beziehungen, meine Freude – das ist einfach Scheiße!

Warum fällt es mir überhaupt so schwer, mein Gefühl einfach mitzuteilen? Warum bin ich so sprachlos? Ich war wütend auf mich selbst und wie so viele Male in meinem Leben auf eine bestimmte Weise verzweifelt und nicht in der Lage, diesen Kontakt von mir aus herzustellen. Ich blieb einfach stumm! Als ich da so zusammen gekauert auf dem Sand vor mich hin grübelte, bemerkte ich das vielfältige Leben, was sich da vor mir abspielte. Die Sonne hatte den feuchten Boden um die Mittagszeit hart und trocken gemacht. In den etwas locker angewehten Sand malte der Wind kleine chaotische Spiralen und Wellen. Die kleinen Körnchen tanzten zu Ornamenten ineinander. So entstanden Sandbilder auf der darunter befindlichen harten, salzigen Kruste, die mit vielen kleinen Löchern durchbohrt war. Winzige Krebse und andere Vier- und Vielbeiner schlüpften hinein.

Und so wie diese Tierchen dem grellen Sonnenlicht ausgeliefert einen Weg in die schützende Dunkelheit und Feuchtigkeit des Sandes suchten, so schloss ich meine Augen und tauchte hinab in eine andere Zeit. Ich sah mich unvermittelt mit der Kamera als junger Filmemacher durch die Welt eilen – Amerika, die duftenden Kiefernwälder der Rocky Mountains, Afrika, die Wüstenberge der Sahara, Japan, die wunderbaren Tempel in Kyoto. Doch es ging immer weiter zurück und ich landete schließlich in einem Büro und sah mich an einem viel zu großen Schreibtisch sitzen, von hinten, mit einer roten Strickjacke bekleidet, klein und zusammengesunken, Briefblätter sortierend. Da war ich siebzehn Jahre alt und mitten in einer Ausbildung zum Großhandelskaufmann. Und im Augenblick der Wahrnehmung meines jungen Selbst stieg in mir ein tiefes Mitgefühl für diesen Jungen auf. Es rührte mich, wie er einst versuchte, Haltung zu bewahren, sich anstrengte, gewissenhaft und pünktlich alles zu erledigen, so pflichtbewusst und doch so einsam und fragil. Die Erwachsenen, die ich um diesen Jungen herum wahrnahm, bemerkten von all dem nichts, denn er versteckte seine Gefühle, zu dieser Zeit sprach man auch nicht darüber. Sie sahen ihn so, wie sie ihn haben wollten: Einen braven, zwar introvertierten, aber vor allem fleißigen und netten Jungen. Mein Rücken schmerzte mich auf dem harten Sand und mit dem Schmerz öffnete sich plötzlich in mir eine Art Falltür in eine unbekannte und dunkle Tiefe und ganz kurz, einen Augenblick nur, sah ich in einen finsteren, verschlossenen Raum. Ich fühlte, nein, ich erkannte dort in bedrückender Dunkelheit einen verzweifelten, vor Angst zitternden kleinen Jungen in einer Ecke hocken. Mit seinen schmalen Händen hielt er sein Gesicht bedeckt und ich wusste augenblicklich, dass ich das bin! Er kniete auf kaltem Boden mit entblößtem, schmalen Oberkörper, war nur mit einer zerschlissenen Hose bekleidet. Mich überfiel die Verzweiflung und die tiefe Traurigkeit des Kleinen und seine Not riss mir so ins Herz, dass ich erschreckt die Augen aufschlug, mich aufrappelte und hinsetzte. Mit dem grellen Licht verschwand das Bild augenblicklich. Ein kräftiger Windstoß rüttelte an der Stoffplane. Meine Frau rief freudig „Kaffeezeit" und richtete sich ebenfalls auf. Ich nickte wieder eifrig und erhob mich schwerfällig. „Tut dir der Rücken weh", fragte sie und ich nickte wieder und drückte mir ein „Oh ja, mein Rücken" von den Lippen. Mich streckend und biegend ging ich, dankbar für ihre Initiative, ein paar Schritte dem Wasser entgegen. Sie begann die mitgebrachten Lebensmittel auszupacken.

Das half mir nun, meine Fassung wiederzugewinnen. Ich blinzelte zum aufgefrischten Ozean. Was immer ich hier gerade gesehen oder vielmehr gefühlt haben mag, es gehört zu mir, das ist klar. Ich dachte nach. Dieser kleine Junge, wie nah er mir doch ist, zum Weinen nah. Was machte ihn so zitternd? Und mir kam unvermittelt in den Sinn, dass ich als Jugendlicher in der Ausbildung immer Angst und immer das Gefühl hatte, es falsch zu machen, nicht genug zu sein, nein, sogar nie genug zu sein. Ich strengte mich an, um die Anforderungen und Aufgaben zu erfüllen. Doch war da ständig diese Angst vor dem Versagen, den Fehlern, die man als junger Mensch halt macht. Da war ich oft in Not. Meine Lehrzeit, die war eigentlich furchtbar aus heutiger Sicht – doch hatte ich sie mit der nicht zu vergleichenden Filmarbeit vollkommen vergessen. Und nicht nur das, wie merkwürdig, dass jetzt, in diesen Tagen, noch viel mehr sich offenbart. Was ist da in meiner Tiefsee noch so verborgen? Und mir kommt der Gedanke – Müll entsorgen! Für mich war immer klar, dass man um alles kämpfen muss, dass das Leben Kraft kostet, nicht leicht ist und man nichts geschenkt bekommt. Und deshalb war meine Leistungs- und Kampfbereitschaft immer hoch. Die Folge der Anstrengung war, dass es mir zwar nach landläufiger Sicht gut ging, ja, in bestimmten Phasen war ich sogar sehr erfolgreich nach den Maßstäben unserer Gesellschaft, wurde auch für meine Filmarbeit mit Preisen ausgezeichnet, hatte Ehrenämter und mit all dem und der Familienarbeit viel zu tun. Aber der Weg war beschwerlich für mich, weil ich immer etwas mitschleppte, bei dem ich das Gefühl hatte, es gehört nicht zu mir. Denn wenn ein Film fertiggestellt war, erfasste mich danach oder eben im Urlaub diese unerklärliche Melancholie, ja, ein Rückzug in eine tiefe Traurigkeit.

Reden konnte ich über diese Gefühle kaum oder nur selten. Und ich erinnerte mich jetzt mit dem Blick aufs Meer, dass, als ich gerade Vierzig geworden war, mein Körper auf diese Sprachlosigkeit reagierte. Mitten im größten Filmproduktionsstress war schleichend eine Zyste in meinem Hals herangewachsen, so groß wie ein Tischtennisball. Ein Internist meinte, sie sei zwar noch gutartig, müsse aber bald herausoperiert werden, damit sie nicht größer oder gar bösartig wird. Manchmal, so fuhr er lakonisch fort, gingen die Dinger auch von alleine weg. Nach dem ersten Schreck und in dem Gespräch darüber mit meiner Frau verstand ich diesen Bremsklotz in meinem Hals als Signal, als Warnung, als sichtbaren Ausdruck meiner Sprachlosigkeit und inneren Blockaden. Ich betastete damals die Schwellung und schaute dabei im Spiegel in meine traurigen Augen. Ich suchte da in meinem Antlitz vehement die Freude über die letzten aufregenden und erfolgreichen Jahre! Doch sah ich vor mir nur dieses traurige und erschöpfte Gesicht.

Wieder flog eine Möwe auf mich zu. Sie drehte jedoch einfach ab und flog den Strand entlang. Hin und her schauend, ob es etwas zu futtern gab. Ja, um die eigene Existenz zu sichern, habe auch ich mich mein Leben lang angestrengt. Es war nicht einfach, von dort, wo ich herkam. Tränen stiegen mir in die Augen, ich fühlte meine Aufrichtigkeit, es unbedingt schaffen zu wollen. Ich hatte damals, mit Vierzig, über fünfundzwanzig Jahre lang ununterbrochen gelernt, gearbeitet, studiert und wieder gelernt, heiratete, gründete eine Familie, strengte mich im Filmbusiness an, entwickelte und schrieb Projekte und Drehbücher, ließ Wölfe und Bären für einen Abenteuer-Film in Lappland trainieren, der leider, wie anderes auch, nie gemacht werden konnte.

Als selbständiger Filmemacher und Produzent versuchte ich meinen Weg zu gehen. Angestrengt und hungrig arbeitete ich auf den großen Durchbruch hin. Es war ein Weg, den ich nie angezweifelt hatte, der für mich immer stimmte, weil ich, sobald es ans Schreiben oder Drehen ging, bis zum heutigen Tag Freude daran hatte. Ich dachte, ich könnte immer so weiter machen und war folglich über diese Zyste zum falschen Zeitpunkt nun richtig erschrocken. Es war für mich der eigentliche Anlass, ernsthaft über mich nachzudenken. Mein Körper zeigte mir damals, was zu tun ist. Die Geschwulst, so fühlte ich das, war nicht nur Ausdruck meiner Sprachlosigkeit, sondern auch meiner heruntergeschluckten Gefühle. Ich wollte wieder gesund werden und beschloss mit Vierzig, mich nicht operieren zu lassen, sondern endlich in eine Therapie zu gehen. Ich nahm es als Zeichen und besuchte schließlich meine ersten therapeutischen Workshops, so genannte Playshops. Die persönliche Arbeit in einer großen Gruppe hatte zum Ziel, emotionale Blockaden zu lösen und heilende, wohltuende Erfahrungen in der Gruppe und in der Natur zu machen, vor allem loslassen zu können. Eine persönliche Arbeit, die mir auf intensive Weise noch viel von Nutzen sein sollte. Ich konnte mich in diesem Schonraum erstmalig in meinem Leben richtig öffnen und gehen lassen, lernte vor allem meine Gefühle kennen und erfuhr dabei eine nie gekannte Wertschätzung. Und ja tatsächlich, schon nach wenigen Monaten löste sich die Zyste vollkommen auf.

Wind kam auf und Wellen schwappen an die nahen Felsen und so klar wie dieses Atlantikwasser war, wusste ich, dass es zu meiner Aufgabe in diesem Leben noch gehören würde, endlich herauszufinden, was sich hinter diesem tieftraurigen Gefühl des kleinen Jungen verbirgt. Das hatte ich bisher nicht aufspüren können. Aber der Anfang war ja gemacht und begriffen hatte ich in dieser Zeit der Selbsterfahrung, dass man für solche Vorhaben Hilfe und Profis braucht, dass der MANN das nicht alleine hinbekommt. Derartige Lernprozesse ins Alltagsleben zu integrieren in dieser ständig fordernden Realität mit den eigenen hohen Ansprüchen funktionierte für mich auch nicht. Mir wurde auf unserem kleinen Rastplatz am Meer klar, dass ich nach meinem Traum einen neuen Weg finden musste, der in eine neue Tiefe führt. Vielleicht, so kam mir der Gedanke am Meer, das Ganze spiritueller, weicher angehen, wo es nur um mich geht, wo es still ist, wo ich mich fühlen kann. Also mich dorthin zu orientieren, wohin Carlos Castaneda von seinem Meister Don Juan geführt worden war und vielleicht auch dahin, wo ich im Traum gewesen bin, in eine andere Wirklichkeit, also in jenes Nagual, von dem Castaneda schieb: *„Das Nagual aber ist das Unaussprechliche. In ihm schwimmen all die Gefühle und Seelenanteile eines Menschen, seine Wesenheiten seit Jahrhunderten, friedlich und still und selten erkannt."* Ich aber hielt mich vornehmlich im sogenannten Tonal auf. Es ist nach Castaneda *„Das Weltliche, es ist der Bereich des täglichen Lebens, wo die einheitliche Organisation herrscht, wo der Glanz und der Lärm des Alltags die Menschen blenden."*

In diesem Nagual, so dachte ich mit dem Blick auf das inzwischen vom starken Wind aufgewühlte Meer, wollte ich mich weiter kennenlernen und vielleicht auch herausfinden, was es mit dem kleinen Jungen in dem Verlies auf sich hat. Mein Bedürfnis zu wissen, wer ich eigentlich bin, sollte nicht mehr nur ein Traum sein. Ich beschloss an diesem Strand, mir selbst auf den Grund zu gehen. Mich erfasste ein Gefühl der Hoffnung und Zuversicht. Schnell packten wir unsere sieben Sachen zusammen und verschwanden von der inzwischen stürmischen, wilden normannischen Küste.

Pubertät – Sexualität – Strafe

Als ich abends im Hotelbett lag und meine Frau schon schlief, war die Melancholie vom Tag immer noch nicht vergangen. Ich konnte nicht einschlafen. Stattdessen hing ich mit meinen Gedanken in meiner Jugendzeit fest. Damit wollte ich aber partout nicht die Nacht verbringen, zu sehr fürchtete ich, dann wieder in einem Traum dem kleinen Jungen in dem Verlies zu begegnen. So sprang ich aus dem Bett und setzte mich an den kleinen Tisch am Fenster und schlug mein Tagebuch auf. Unvermittelt stolperte ich beim Blättern über einen Eintrag, den ich gerade mal mit fünfundzwanzig Jahren geschrieben hatte. „Kindheitserinnerungen" stand da als Überschrift. Ich hatte seinerzeit etwas zu Papier gebracht, was ich auch später nie vergaß:

Meine Mutter und mich selbst beim Wäschewaschen in der Waschküche im Keller meines Elternhauses. Sie wusch die Wäsche noch von Hand und ich, als Knirps mittendrin zwischen Waschkessel, Wasserwannen und einer nagelneuen Miele-Walzenpresse. Über die freute sich Mutter ganz besonders, weil ihr das Auswringen der nassen Wäsche mit den Händen erspart blieb. Ich ging ihr zur Hand, wie so oft in meiner Kinderzeit. In den 1950er Jahren gab es noch keine Waschmaschinen. Mit vier Buben hatte meine Mutter alle Hände voll zu tun, denn unsere Klamotten waren eigentlich immer dreckig. In dem großen, runden Kessel, der noch von unten mit Kohle befeuert wurde, kochte die Wäsche. Mit einem riesigen Holzlöffel schöpfte sie ein Wäschestück nach dem anderen aus dem heißen Bottich in eine Wanne mit kaltem Wasser. Dort wurde die Wäsche von Hand gespült. Ich drehte mit der Kurbel die Walzenpresse, in die meine Mutter die gespülten Wäschestücke steckte. Oft zerrte ich vergeblich an der Kurbel. Denn wenn das Laken nicht schön glatt eingeführt war, hatte ich nicht die Kraft, um die Walzen zu drehen. Die Mutter lachte dann und half mir mit ihrer freien Hand. Das Wasser floss dann herab zum Abfluss im Boden. Das ausgewrungene Wäschestück legte ich in den Weidenkorb.

In diesen Momenten war ich glücklich und voller Freude, ihr helfen zu können. Ich machte das oft und gerne, denn ich wusste, dass sie sich dann freute und darüber war ich dann froh. Ich wollte, dass es ihr gut ging und merkte schon als kleiner Bub, wie sie meine Zuwendung brauchte und dass ich das bewirken konnte.

Auf der etwas abschüssigen Wiese am Haus hängte ich mit ihr die großen weißen Bettlaken auf die Leine in den Wind. Ich gab ihr die nassen Tücher aus dem Korb an, so brauchte sie sich nicht zu bücken. Die Mutter sang dann manchmal ein Lied dazu und ich setzte mich dann auf die Wiese in die Sonne, war glücklich und freute mich. Für meine Hilfe bekam ich ihr Lachen, ihre Zuneigung und statt einer, bekam ich dann zwei Pfirsichhälften zum Nachtisch beim Mittagessen. Ich spürte dann auch, dass ich wichtig war. Meine Brüder maulten rum wegen meiner doppelten Portion und beschimpften mich als „Muttersöhnchen". Das machte mir aber nichts. Diese Zeit fühlte sich für mich gut an. Vaters Strenge war zwar da, aber sie betraf noch nicht mich.

Jahre später, mit vielleicht vierzehn Jahren, als die Mutter sich mehr und mehr zurückzog und der Vater mit seinen Erwartungen auf die Bühne trat, entdeckte ich mit meinen Freunden die eigene Sexualität. Das fand ich natürlich toll, einerseits, denn es war ein Stück gewonnene Freiheit: Man konnte sich selbst schöne Gefühle machen. Ich war damit nicht mehr in Abhängigkeit vom Wohl der Mutter oder des Vaters. Andererseits hatte Sexualität schon zu Beginn trotz der aufregenden Erfahrungen etwas Beklemmendes, ja etwas Bedrohliches, denn ich wusste durch die Bemerkungen des Vaters, dass das nicht erlaubt war. Niemand sprach darüber, aber alle wussten irgendwie Bescheid. Die Entdeckung der eigenen Sexualität war für mich wie eine Zäsur, ab hier änderte sich vieles. Von einer mehr oder weniger behüteten Kindheit wurde es zu einem Kampf mit mir selbst und ihm, dem Wächter über Gut und Böse, dem Inquisitor, so empfand ich meinen Vater damals.

Meine Phantasie malte sich das Strafregister aus. Ich fühlte mich vor den kleinen sexuellen Abenteuern gut, es gab etwas zu entdecken, danach ging es mir schlecht, denn besonders nach katholischem Kanon hatten wir etwas Schlimmes gemacht: Wir hatten gesündigt, wir waren „unschamhaft", wie die Priester das in der Beichte nannten. Das machte mir zu schaffen und ich traute dem ‚Allmächtigen', aber auch dem leiblichen Vater zu, dass er genau wusste oder ahnte, was uns da umtrieb. Andererseits aber war ich froh, dass es Jesus für mich gab, der in unserer katholischen Kirche über dem Altar am Kreuz hing. Ich konnte mich durch die Beichte von meinen ‚schweren Sünden' befreien. Jesus, so hatte ich das gelernt, verzieh mir immer wieder. Dabei hatte ich allerdings eine höllische Angst, mich vor Priestern oder den Franziskanermönchen zu offenbaren, das war mir ungeheuer peinlich. „Ich war unschamhaft", flüsterte ich dann auch ganz verschämt durch das kleine Gitterfenster im Beichtstuhl und erschrak zutiefst, als der Mönch sich mir zuwandte und laut rief, sodass es in der Klosterkirche laut schallte: „Höre ich da richtig – unschamhaft – allein oder mit anderen?" Das brachte mich völlig aus der Fassung. Meine innersten Geheimnisse konnte sich nun jeder der Anwesenden in der Kirche lebhaft vorstellen. Mit gesenktem Kopf, roten Wangen und weichen Knien huschte ich nach der Absolution aus dem Beichtstuhl, wollte unsichtbar sein, versteckte mich in einer Bank hinter einer der mächtigen Säulen, um dann, kniend auf diesen harten Holzbänken, die obligatorische Strafe abzubeten: Zehnmal das ‚Vater Unser' oder zwanzigmal das ‚Gegrüßt seiest du Maria'. In dieser halbdunklen Atmosphäre großartiger Architektur und sakraler Stille, zwischen den mächtigen Säulen den leidenden Jesus am Kreuz fest im Blick, spürte ich dann tatsächlich bei den Strafgebeten mein Innerstes. Ich fühlte, wie die Ableistung der Strafe mir guttat, mich öffnete, mich befreite, so, als ob eine große Last von mir genommen sei. Ich war wieder reingewaschen, gesalbt und er, der große Gott und Jesus, hatte mir die „Sünden" durch seine Diener auf Erden verziehen. Welch eine Befreiung! Die Freude kehrte zurück. Ein Neuanfang war möglich und ich hoffte, nie wieder beichten zu müssen. Zufriedenheit breitete sich dann in mir aus. Da war ich schon beim Hinaustreten auf den Kirchhof richtig froh, katholisch zu sein und dass ich immer brav in die Kirche gegangen war und alles ordentlich befolgt hatte.

Wenn wir am Sonntag nicht zur ‚heiligen' Kommunion antraten, weil mein Bruder und ich vielleicht zwischen der wöchentlichen Beichte und der Messe zu unserem Vergnügen und späterem Verdruss wieder „gesündigt" hatten, wurden wir daheim beim Essen gefragt, warum wir nicht die Hostie empfangen hätten? Vater war natürlich in diesem „Hochamt" gewesen, in jener Hauptmesse am Sonntag mit allem Brimborium und hatte aufmerksam beobachtet, ob wir uns für die Entgegennahme „des Leibes Christi" in die Reihe gestellt und die Zunge nach der Hostie herausgestreckt hatten. Nein, hatten wir manchmal eben nicht! Und so entwickelte sich oft bei Tisch eine schleichende Repression mit einem unangenehmen Gefühl im Bauch. Dort, beim Essen hatte er uns beim Wickel. Da konnten wir nicht entkommen. Denn es war unmöglich, am Sonntag beim Mittagstisch nicht anwesend zu sein. Wenn er unnachgiebig weiter fragte, entflammte ich wie eine Tomate und hatte große Angst, dass auch er meine Geheimnisse entdecken könnte und ich für meine kleine Sexualität bestraft werden würde.

Ich schob dann schnell eine volle Blase vor und lief in meiner Not zur Toilette, kühlte meine Wangen mit kaltem Wasser und sackte innerlich wieder in meine allerkleinsten Kinderschuhe. Um das zu umgehen, beichteten wir also notgedrungen sicherlich alle drei Wochen und versuchten dann, ‚sauber' zu bleiben. Eltern und Pfarrer spielten sich auf diese Weise unausgesprochen die Bälle zu, die wir dann brav ins Tor schossen.

Diese Schamgefühle bei Tisch hatte ich sicherlich mindestens einmal die Woche. Es war innerhalb weniger Monate zum Automatismus geworden, es war furchtbar und unerträglich und ein Zustand permanenter Anspannung vor diesem fragenden, mächtigen Vater. Ich war dann wütend auf mich, auf Mutter, die ich zu unterwürfig und unsolidarisch empfand und natürlich auf ihn, den Dominator unserer Gefühle. Ich jedenfalls fühlte mich vollkommen ohnmächtig und gedemütigt und wurde dabei immer kleiner, obwohl ich körperlich immer größer wurde. Es gab eine Zeit, da waren diese Angstgefühle so stark und bestimmten so meinen Alltag, dass ich nur noch darauf fixiert war, sie zu bezwingen, sie wegzudrängen und je mehr ich das versuchte, um so häufiger krochen sie aus meinem Bauch empor.

Nun, für meinen Vater schien das alles so Recht zu sein. Für ihn bedeutete Erziehung drohen und strafen, als sich der Flaum auf der Oberlippe zeigte, ganz im Kanon seiner Herkunftsfamilie, so erlebte ich ihn vielfach: Benimm dich! Das macht man nicht! Wirst du dich wohl anstrengen! Geh' gerade! Sei anständig! Das gehört sich nicht! Das kannst du besser! Nimm dich zusammen! Wehe, du enttäuschst uns! Ab in den Keller!

Für uns, das kann ich sicherlich auch für meine Brüder so sagen, war er in unserer Jugend- und Jung-Männerzeit der bestimmende, kontrollierende und strafende Vater, der mich in meiner Kinderzeit noch in Ruhe gelassen hatte. Warum er uns als große Jungs so behandelte, wurde mir erst klar, als ich mich mit der Geschichte meiner Familie beschäftigte. Realisierte er, dass ich oder einer meiner Brüder seinen Forderungen nicht nachkam oder wir uns gar verweigerten, gab es Dresche, wenn er uns im richtigen Moment erwischte. Seine Art, uns mit einem Stock den Hosenboden zu versohlen oder uns ganz einfach eine zu langen, wie man das damals in der Familie nannte (ins Gesicht schlagen), gehörte zu unserer Alltagserfahrung. Überall in den Familien in der Siedlung gehörte körperliche Züchtigung in den 1950er/60er Jahren zur wöchentlichen Erfahrung von uns Kindern. Prügel und Bestrafung war Teil der Erziehung, genauso wie das Anschreien, das Einsperren in den Keller oder der Entzug von Spielmöglichkeiten durch Stubenarrest üblich war. Wir wussten zwar immer woran wir waren, zitterten aber draußen an der Hausecke mit, wenn der brüllende Vater schon im Flur des Hauses über den Freund herfiel. Damals war die körperliche Bestrafung Konsens unter den allermeisten Eltern, die wir kannten. Heute bezeichnet man eine derartige Erziehungspraxis als Misshandlung. Sie ist seit 1998 strafbar. Solch ein Gesetz war in der damaligen Zeit undenkbar. Natürlich entstand so in uns eine immer größer werdende Angst und ja, auch eine große Wut auf Väter, Mönche oder Lehrer. Und ja, damals ganz normal, auch die Lehrer schlugen uns wie es ihnen gefiel, bewarfen uns mit Schlüsselbunden, schlugen mit Rohrstöcken auf unsere ausgestreckten Hände vor der versammelten Klasse und demütigten uns. Das schüchterte uns ein und führte zunehmend zu jenem normativen Verhalten, was die Bestrafungsaktionen ja neben anderem auch intendierten.

Bei meinen Brüdern und mir entwickelte sich in diesem Klima ein angepasster, also gesellschaftskonformer Charakter, der sich wesentlich auf Angst gründete. Selbstvertrauen und innere Stärke war uns fremd. Das angepasste Verhalten aber hatte einen hohen Preis, wie ich erst viel später erfahren musste. Wir waren also für die Arbeitswelt und das gesellschaftliche Treiben im Konsens mit den Traditionen bestens als Arbeiter vorbereitet. Für ein schönes Zusammenleben in der Familie oder mit unseren Frauen aber hatten wir keine Anregungen bekommen. Die Angst, die Wut, die Scham, die Verunsicherung und Verzweiflung wegen der ständigen Zurechtweisungen und Bewertungen seitens des Vaters, der Priester und Lehrer waren mein Lebensalltag in meiner Jugend.

Zwanzig Jahre später erzählte mir mein Vater in einem lichten Moment bei einem Spaziergang im Wald, dass auch er eine harte Erziehung hinter sich hatte, die im geholfen hätte, die Härte und Grausamkeit des Krieges zu ertragen und zu überleben. In seiner Herkunftsfamilie war es seine Mutter gewesen, unter der er gelitten hatte. Er wuchs in einem Klima der Angst auf und die kam über ihn, wenn er das häusliche Anwesen betrat, so schilderte er mir seine Erfahrungen: „Die furchtbare Strenge und die Schläge der Mutter versuchte mein Vater mit tröstenden Worten abzumildern." Er fand in ihm einen Verbündeten, der sein Leid erträglicher machte. Als Soldat, der er zunächst gar nicht sein wollte, so der Vater weiter, diente er in Hitlers Armee und hier wurde ja Disziplin und Strenge auf die Spitze getrieben. Er und seine Kameraden, wie er das ausdrückte, waren ‚bestens' vorbereitet für den Militärdienst, den Krieg. Niemand interessierte sich für das jeweilige Leben des Einzelnen – sie erhielten oder gaben Befehle und mussten mitmachen.

Damals schon dachte ich, Mensch Papa, du machst es ja genauso mit uns! Wenn du doch darunter so gelitten hast, warum geht es heute nicht anders, mit uns? Doch ich traute mich damals noch nicht, ihm das zu sagen. Zu wenig wusste ich noch darüber, warum sich das grausame Spiel so fortsetzt und blieb stumm. Mein Vater hat mit mir als Jugendlichem oder jungem Mann kaum bis gar nicht geredet, weder über mich, noch über meine Zukunft oder dergleichen und zu der Zeit teilte er auch von sich selbst nichts mit. Es war das erste Mal, dass ich etwas von seiner Wahrheit erfuhr. Uns Jungen, unsere Zukunft sah er offensichtlich so, wie er es selbst erfahren hatte: Männer sagen wenig, ein Mann passt sich an, Mann handelt, Mann arbeitet, Mann trinkt ordentlich Bier, Mann herrscht über Frau und Kind und Mann sagt, wo es langgeht, wenn Mann die Macht dazu hat! Das war seine Erfahrungswelt und die war unser Vorbild.

In diesem Klima lernte ich zu schweigen, mich anzupassen, zu handeln und mich nach innen zu verkriechen. Ich hatte als Jugendlicher, als ganz junger Mann zuhause, eigentlich keine Erfahrungen gemacht, die mich ermutigt hätten, mich zu öffnen oder gar von mir aus etwas zu erzählen, was mich selbst betraf oder bewegte. Wir Kinder sollten parieren, um später erfolgreich zu sein. Meine Eltern waren nicht meine Verbündeten, sondern, ja, fast so etwas wie eine Inquisitions-Instanz, vor der man Angst hatte. Angst spielt in dieser Art von Erziehung die Hauptrolle. Erst als ich meinen Horizont im erziehungswissenschaftlichen Studium erweitern konnte, begriff ich, dass es auch anders geht!

Ich öffnete das Fenster, um frische Luft hereinzulassen. Und während ich dabei in die dunkle Stille des Gartens blickte, bewegte mich der tiefe Wunsch, mehr von einer Zeit kennenzulernen, die ich bis dahin augenscheinlich und geradezu vollkommen verdrängt hatte: Meine Lehr- und Ausbildungszeit in der Großstadt. Ich hatte das Gefühl, dass ich mit meiner Frau zusammen hier in den nächsten Tagen Wichtiges zu entdecken habe.

Ich schaute aus dem Fenster in die dunkle Nacht. Meine Frau schlief fest. Ich suchte noch im Tagebuch einen besonderen Eintrag, den ich Jahre nach meinem Studium machte. Ich fand ihn, im Juni 1987 notierte ich zu meinen Erfahrungen mit meinen Eltern in der Jugendzeit: *„Die Eltern erscheinen* *mir auf eine bestimmte Art abwesend, und wenn sie sich zeigen, dann mit Härte und mangelnder Empathie. Sie sind eigentlich nicht erwachsen, sie scheinen nur so. Sie sind nicht in der Lage, auf ihre Kinder wirklich einzugehen, sie anzusprechen, wenn sie deren Probleme nicht gleich verstehen. Ich erlebe die Eltern als unfähig, sich mitzuteilen oder sich auszutauschen. Ihre Bedürftigkeit – was haben wir alles durchgemacht – ist ein ständiges Thema. Ich spüre Traurigkeit und Mangel. Für ihre Kinder haben sie wenig Platz in ihrem Denk- und Gefühlshaushalt. Was hat sie dazu gemacht?"*

Es war schon spät, die Müdigkeit überfiel mich nun und während ich den einen Flügel des Fensters wieder schließen wollte, sah ich unvermittelt am östlichen Himmel, ganz tief am Horizont, den oberen Teil eines Sternenbildes leuchten. Ich löschte das Licht der Schreibtischlampe und schaute fasziniert zum Firmament. Als sich meine Augen an die Dunkelheit gewöhnt hatten, erkannte ich die Sternenformation, es war der Orion. Die wunderbare Stille der Nacht und das ferne Rauschen des Meeres hüllten mich für einen Moment vollkommen ein und ich staunte und dachte, wie klar die Luft doch hier ist und wie schön die Sterne funkeln – und da entstand ein Gefühl in mir, was ich kannte – es war ein Stück Zuversicht, dass alles gut werden würde. Ungläubig realisierte ich dumpf, dass ich das schon einmal gefühlt hatte. Es kam gewissermaßen aus einer alten Zeit und dass es etwas mit diesem Orion zu tun hatte, aber was...? In diesem Augenblick ahnte ich, dass sich etwas in mir bewegte, dass alles Sinn machte, was ich in diesen Tagen erlebte. Ja, da war etwas, was zu mir kommen wollte, doch was? Die Müdigkeit übermannte mich, jetzt wollte ich nur noch schlafen. Ich nahm das Sternenbild mit ins Bett und schlief traumlos.

Wie das Müssen in mein Leben kam

Der Urlaub an der normannischen Küste ging langsam zu Ende. Natürlich war der Traum und das, was er bei mir auslöste, immer wieder ein Thema. Die Ferien wurden für uns zu einer Zeit des steten Gesprächs, das war durchaus eine neue Erfahrung für mich. Meine Frau ermuntere mich bei jeder Gelegenheit, einfach weiter von mir zu erzählen, „...denn offensichtlich beschäftigt dich deine Vergangenheit jetzt sehr. Da ist wohl durch den Traum etwas aufgebrochen!" Ich spürte, wie es mir schwerfiel, von Erfahrungen und Gefühlen zu berichten, die lange zurücklagen, die man eigentlich gerne für sich behält und auch mit der Ehefrau nicht unbedingt teilt, weil sie etwas über die eigenen Schwächen erzählen, von einem Leben, das man selbst nicht gut gefunden hat. Aber inzwischen wusste ich ja, trau' dich und vertraue deiner Frau. Denn es tat mir ja gut mich mitzuteilen. Ich übte regelrecht, etwas von mir zu erzählen. Offensichtlich war dieser Urlaub dafür da. Und so begann ich ihr von einer Zeit zu erzählen, die ich Stück für Stück rekonstruieren musste. Ich hatte vieles davon einfach in meine tiefste Schulblade verbannt:

„Die schlimmste Zeit in meinem Leben begann mit meinem dreizehnten Geburtstag. In diesem neuen Lebensjahr entdeckte ich auf meiner ersten großen Reise in meinem Leben, was ich nicht mehr wollte. Allein fuhr ich mit dem Zug den Sommerferien entgegen über die DDR Grenze hinweg nach West-Berlin zu meiner wohlhabenden Tante und ihrem Mann, einem erfolgreichen Unternehmer in der Kartonagenbranche. Dort lernte ich innerhalb der sechs Wochen, im Gegensatz zu meinem Zuhause, ein vollkommen anderes, lebendiges und aufregendes Leben kennen und erlebte erstmalig eine andere Lebenskultur in einer Großstadt.

Berlin zu Beginn der 1960er Jahre war ungemein spannend. Die Mauer, mitten durch die Stadt von der damaligen DDR gebaut, war gerade mal ein Jahr alt. Meine Tante Gerda, die Cousine meiner Mutter, war eine wunderschöne Frau. Sie sah aus, als sei sie gerade einem Hollywood-Film entsprungen. Ich bewunderte sie schon viele Jahre, wenn sie uns im Sauerland ab und an besuchte und ich sie beim Tennis beobachten konnte. Ich sammelte mit meinem Bruder die Tennisbälle auf dem Platz für die Aufschläge immer wieder gerne auf. Sie trug tolle und teure Kleider aus

Chiffon, die sie auf dem Kudamm in Berlin kaufte. Sie verfügte über einen ungeheuren Charme und eine Großzügigkeit, die ich bisher nicht kannte. Ihre Nähe tat mir gut, weil sie eine so ungemein positive Ausstrahlung hatte, weil in ihrer Gegenwart alles locker und leicht daherkam. Mit diesem Paar im Opel-Kapitän über die Avus durch West-Berlin zu brettern, war ein grandioses Erlebnis für mich.

Ich fand die Stadt faszinierend und besonders die schnoddrige Art der Berliner, diese „freche Schnauze", die die Leute zum Beispiel im Bus hatten, in den Geschäften und auf der Straße. Mein Onkel nahm mich zu bekannten Berliner Unternehmern und Geschäftsfreunden mit, die mir sofort sympathisch waren, weil sie, ganz anderes als ich es von Zuhause kannte, sehr offen miteinander umgingen, politische Diskussionen im Sommergarten bei einem Glas Wein oder Campari führten und in einer mir nicht vertrauten Sprach- und Verhaltenskultur lebten. Das zog mich an. Nicht, weil die Frauen und Männer alle in Villen im Grunewald wohnten und reich waren, sondern weil ich bei diesen Treffen Stil und Kultur spürte und eine positive Art, das Leben anzugehen. Ich machte mich nach solchen Begegnungen oft mutig allein auf den Weg, diese aufregende Stadt zu entdecken, ganz so wie in meinen Wäldern daheim. Zum ersten Mal in meinem Leben sah ich dort ein Mädchen, ja, einen Menschen, mit schwarzer Hautfarbe. Sie war schön, ihr schwingender Gang so anmutig, dass ich bei den Erkundungen in den angrenzenden Trümmergrundstücken in Wilmersdorf, die es aufgrund der Bombardierungen im Krieg noch zahlreich gab, vom Wege abwich und ihr folgte, nur um die Grazie ihrer Bewegungen anschauen zu können.

Onkel und Tante besuchten mit mir ein großes, von der US-Army veranstaltetes Volksfest, das den Berlinern die Präsenz ihres Verbündeten zeigen sollte. Kopf hoch, sollte das heißen, wir stehen in der geteilten Stadt zu euch. Im Gegensatz zu meinem Onkel nahm ich die damalige Konfrontation des kalten Krieges natürlich nicht wahr. Meine Welt war viel zu klein, um mir Gedanken zur politischen Lage machen zu können. Für mich war West-Berlin eine fantastische Stadt. Hier begründete sich meine Liebe zu ihr, die mich zwanzig und mehr Jahre später durch viele Film-Festspielwochen trug.

Ich wünschte mich nach meiner Rückkehr also insgeheim in solch eine Stadt, in solch eine offenherzige und mondäne Lebenskultur. Ich hatte von einem Nektar gekostet, der mir guttat und mich verändert hatte. Vor allem wusste ich plötzlich, dass ich ein großes Bedürfnis nach Wissen und Kultur hatte. Als meine Eltern mich vom Bahnhof abholten, wurden meine Schritte immer langsamer, je höher wir den Berg zum Elternhaus am Rand der Wälder hinaufgingen. Ich war noch ganz auf meiner Reise und blieb mehr oder weniger stumm. Mir war es mit dieser Versunkenheit wichtig mitzuteilen, dass ich mich in diesem Zuhause nicht mehr wohlfühlte.

In Berlin hatten mich Museumsbesuche dermaßen begeistert, dass ich mich fortan mit der Geschichte der Ägypter und Griechen beschäftigte. Ich las ein Buch nach dem anderen dazu, jedenfalls das, was ich in der kleinen Bücherei im Ort dazu fand. Ich verschlang auch deshalb die klassischen Sagen des Altertums, weil mich Heldengeschichten interessierten: Jene Männer der griechischen Polis wie Odysseus, die in der Fremde Prüfungen bestehen mussten und die tollsten Abenteuer erlebten. Schnell bemerkte ich, dass meine Versunkenheit in die Bücher einen erstaunlichen Nebeneffekt hatte: Mein Vater ließ mich in Ruhe – Lesen wurde in der Familie offensichtlich hoch bewertet. Auch das Kino wurde für mich ein Fluchtort. Ich sah am Wochenende Filme wie „Die Argonauten", die in der griechischen Inselwelt hinter dem Goldenen Vlies her waren, oder Verfilmungen der Sagen zu Herkules oder Samson. Ben Hur oder Spartakus, der Sklavenführer, waren für mich ehrenhafte Krieger – auch ich wollte gerne so ein Held sein. Wie erschauerte ich aber vierzig Jahre später, als einer dieser Krieger mir in einem schamanischen Heilprozess begegnete und auf konsequente und zugleich subtile Weise mich Gewalt und Brutalität, also die furchtbare Seite des Heldentums machtvoll fühlen ließ. Das später zu erzählen, wird mir eine besondere Freude sein.

Nun, in meiner Jugend war es das Heroische, das mich faszinierte. Diese Männerfiguren entsprachen zudem Vaters Bild von einer hierarchischen Gesellschaft, die für mich zu der Zeit ganz selbstverständlich war – Männer setzen sich durch und machen Weltgeschichte, anderes kannte ich nicht. Die Filme bestätigten gewissermaßen die allgemeine Weltanschauung damals. Später lernte ich, dass Generäle, Politiker, Autoritäten schlechthin in Vaters Augen immer Recht hatten und so hatte natürlich auch er immer Recht! Je mehr wir uns aus unserer Kindheit verabschiedeten, um so mehr bedrohte mich seine Dominanz. Wir mussten uns anstrengen, besonders in der weiterführenden Schule, damit aus uns etwas wird, wie er oftmals kundtat. Waren wir zu nachlässig oder erfüllten wir eine Aufgabe nicht, schlugen wir über die Stränge, wurde das bestraft. Oft hab' ich mich unter meiner Bettdecke verkrochen, wenn der Vater in der Küche brüllend über den älteren Bruder herfiel und ihn mit dem Stock versohlte, wie man das damals nannte. Dazu gehörte auch, in reuevoller Haltung zwanzig Minuten in der Ecke der Küche mit dem Gesicht zur Wand niederzuknien. Doch wir Brüder bemühten uns, diese Strafen mit Würde durchzustehen, aus Wut über diese Behandlung, aber auch deshalb, weil wir uns nicht so erniedrigt fühlen wollten. Und wir alle wussten, dass das allen Jungen in der Siedlung so erging.

So wandten wir uns schnell und konsequent mehr und mehr der Außenwelt zu, um verschwinden zu können. Ich bastelte große Windvögel und sah dann auf dem Rücken liegend sehnsuchtsvoll in den blauen Himmel und träumte von Berlin. So war ich als Jugendlicher innerlich zum Absprung bereit und fällte zu meinem eigenen Erstaunen bei erster Gelegenheit zusammen mit meinen Eltern, die das geschickt in die Wege geleitet hatten, die Entscheidung für eine radikale Veränderung: Nach einem vierwöchigen Ferienjob in einer Großhandelsfirma beendete ich mit sechzehn Jahren die weiterführende Schule und ging leider nicht nach Berlin, sondern nach Düsseldorf zu der Schwester meines Vaters. Berlin war deshalb nicht mehr möglich, weil meine Tante Gerda dort inzwischen die Diagnose einer unheilbaren Krankheit bekommen hatte, der sie später auch zum Opfer fiel.

Halb zog es mich, halb sank ich hin zu einer dreijährigen kaufmännischen Ausbildung in der Großstadt. Meinem Vater gefiel, dass auch ich wie er einst Handelskaufmann werden sollte. Das war etwas Reelles und stand ganz in der Familientradition, denn schon sein Vater und Großvater waren Kaufmänner, Getreidehändler und Pferdezüchter in Schlesien gewesen. Meine Tante in Düsseldorf und ihr Mann wollten mich betreuen. So hatte Vater das Gefühl, den zweiten Sohn gut untergebracht zu haben. Ich war froh und den Eltern auch irgendwie dankbar, dass sie offenbar mein Bedürfnis nach einer anderen Kultur wahrgenommen hatten. Alles ging dann ganz schnell. Das machte mir nun doch Angst. Auch wenn es mich ja eigentlich zu einem aufregenden Leben in die Stadt zog, Berlin eine tolle Erfahrung war, so war die Aussicht, das alleine ohne Eltern, Brüder und die vielen guten Freunde zuhause und in der Schule plötzlich bewältigen zu müssen, eine große, ja, so muss man es wohl heute sehen, eine zu große Herausforderung.

Ich spürte, wie ich doch an diesem Zuhause hing, trotz der Restriktionen und Strafen. Innerhalb weniger Wochen sollte ich mich für einen Beruf entscheiden, von dem ich kaum etwas wusste. Ich orientierte mich notgedrungen an meiner großen Neugier und dem Bedürfnis nach einem anderen Leben. Meine ängstliche innere Stimme hörte ich nicht. Ich wollte ein kleiner Held werden, ein Landbursche, der es in der Fremde vielleicht zu etwas bringt und zuhause damit glänzen kann. Da schimmerte eine Arroganz in mir, unter der ich Jahre später leiden sollte. Ich fühlte mich mit sechzehn Jahren mit all dem vollkommen allein. Hätte ich darüber sprechen können, ich hätte möglicherweise zurückgezogen, wenn man mir die Hand dazu gereicht hätte. Doch ich hatte entschieden und vom Vater gelernt, dass man einmal getroffene Entscheidungen nicht mehr zurücknehmen darf.

So begann für mich ein neues Leben mit einem schmerzhaften Abschied, der, so sehe ich das heute, einen großen Bruch in meinem Leben mit weitreichenden Konsequenzen zur Folge hatte. Im Frühling 1966 begab ich mich mit einem kleinen Lederkoffer, mit dem meine Mutter aus Oberschlesien in den Westen geflohen war, auf die Reise. Beim Abschied von ihr habe ich bitterlich in ihren Armen geweint. Sie hat ebenfalls geschluchzt und mir beim Abschied aus dem Elternhaus die Stirn geküsst. Und als ich ihre Not sah, fühlte ich diese tiefe Verbindung zu ihr, die ich aus Kindertagen kannte und die mich noch trauriger machte. Im Eilzug saß ich allein und schaute durch meine Tränen und die Regentropfen an der Scheibe hinaus in die Tristesse der dunklen Sauerländer Tannenwälder. Ich begriff, dass es kein Zurück mehr gab und dass sich irgendwie ein Stück Schicksal realisierte, warum auch immer. Die Fassade bröckelte jetzt im Zug ab und übrig blieb ein nackter Junge voller Angst, ohne Freude und Lust auf das, was ihn da erwarten würde. Und ich erinnere mich daran, wie sich in diesem Moment etwas in mir verschloss, um diesen Schmerz nicht mehr zu spüren.

Der ganze Prozess ereignete sich in vollkommener Sprachlosigkeit, alles bewegte sich nur in meinem Innersten. In unserer Familie kümmerte sich niemand um die Gefühle einzelner. Da wurde lieber die Integrität des Kindes geopfert, als gegenüber der Schwester oder dem Lehrherrn einzugestehen, dass man sich, zum zweiten Mal übrigens, geirrt hat. Mein ältester Bruder, der eine Metzgerlehre im Harz absolvieren sollte, musste zurückgeholt werden, weil er schwer krank wurde. Ich wurde nicht krank und so entschied ich mich in meiner Not, mich zusammenzureißen, mein Gefühl zu ignorieren und tapfer mich der Situation zu stellen. Mein Herz lag auf dieser Reise noch einmal für einen Moment ganz offen und pur an der Oberfläche und flehte darum, diesen Schritt doch nicht auf diese Weise zu vollziehen. Doch je näher mich die mächtige Dampflok der Großstadt entgegen zog, je mehr verstummte dieses Flehen.

Dreißig Jahre später stand ich im Rahmen einer Filmproduktion in einem Museum vor dem Bild *„Die Toteninsel" von Alfred Böcklin*. Dieses Bild irritierte mich, als ich es mit der Kamera ablichtete, irgendetwas hatte ich damit zu tun und in diesen Tagen der Produktion des Films hatte ich schließlich im Hotel einen Traum: Ich sah die Insel in dem blaugrauen See real vor mir, ich stand im Kahn und bewegte das Boot mit einem großen Stecken über das Wasser auf das felsige Eiland zu. Ich hatte die Absicht, mich an diesem düsteren Ort zu verstecken. Ich wollte auf diese Weise schreckliche Zeiten einsam überdauern. Das Bild zeigte mir offensichtlich, wie ich mich damals in diesem Zug von jenem kleinen Kerl verabschiedete, der gerne etwas bewegen wollte, der neugierig war auf die große, weite Welt, aber noch nicht wusste, wie der Sprung ins Leben zu bewerkstelligen sei. Es war ein Junge, der allein gelassen wurde, der keine Verbündeten mehr hatte.

Bei meiner Tante und meinem Onkel wurde ich besonders in meinem ersten Lehrjahr nach der Arbeit in der Firma gut betreut. Sie machten das gerne, auch weil sie selbst ohne Kinder geblieben waren und sie einem jungen Burschen feine Manieren beibringen konnten. Sicherlich geschah das auch aus dem Gefühl heraus, in der Wiederaufbauzeit nach dem Krieg als Familie zusammenhalten zu müssen, hatten sie doch alle das gleiche Schicksal: Wie meine Eltern waren sie Flüchtlinge aus Oberschlesien, hatten alles verloren und versuchten im Westen einen Neuanfang. Ich durfte dort bei ihnen essen und den Abend verbringen, mich auch an Wochenenden in ihrer Wohnung aufhalten, wenn ich das wollte. Um halb zehn Uhr abends ging ich in der Straße gegenüber in meine kleine möblierte Kammer unter dem Dach eines heruntergekommenen fünfstöckigen Hauses zum Schlafen. Es gab dort keine Heizung und keinen Wasseranschluss, die Toilette war draußen im Treppenhaus. Im Winter gefror nachts im Treppenaufgang das Waschwasser in der Kanne und eine hauchdünne Eisschicht musste manchmal in der Frühe erst gebrochen werden. Entsprechend dick war das Federbett.

Jeden Morgen um 8.00 Uhr holte ich vom Hauptpostamt die tägliche Post für die Firma. Ich sollte Papierkaufmann werden. Der Weg führte jeden Morgen am Düsseldorfer Schwanenspiegel vorbei, wo heute, fünfzig Jahre später, das Heinrich-Heine-Denkmal steht. Ein Denkmal für Heinrich Heine in seiner Geburts- und Vaterstadt war 1966 noch nicht einmal am fernen Horizont zu erahnen. Die Obrigkeit der Stadt konnte sich bis 1980 mit dem „aufmüpfigen" verlorenen Sohn nie arrangieren, wie zu allen anderen Zeiten vorher auch nicht. Die Stadtväter waren Ende der 1960er Jahre eher mit ihren protestierenden lebenden Söhnen und Töchtern beschäftigt. Denn große, dunkle Wolken zogen für das Establishment über Frankfurt, Berlin und andere Großstädte drohend herauf. Die sogenannte Studentenrevolution begann. In meiner Firma war das kein Thema. Das wurde schlichtweg ignoriert. Wir kauften und verkauften unverdrossen und emsig Papier und Karton, obwohl 1967 in Düsseldorf auf dem Graf-Adolf-Platz schon umgestürzte Autos brannten. Mich beschäftigte das sehr, die Demonstrationen verstörten mich zutiefst. Wurde doch hier die öffentliche Ordnung, die väterliche Gewalt, die damals übliche Werteskala, die ich als Bub vom Land fraglos befolgte, aufs provokanteste verletzt. Ich fragte mich damals, wer sind die, die es sich trauen, gegen die da oben so etwas zu machen?

Ich war erschrocken, nicht so sehr wegen der angezündeten Autos, sondern weil mir klar wurde, wie angepasst und unwissend ich doch durch die Welt lief. Was waren das für Typen, die so etwas fertigbrachten? Nicht, dass ich sie bewundert hätte, dazu war das, was da ablief, für mich zu beängstigend und offensichtliches Unrecht. Aber diese Leute waren bereit, für eine Idee in den Knast zu gehen. Ich dachte darüber nach, was wohl dahinterstecken könnte und warum man das riskierte. Auf meinen Botengängen durch die Stadt blieb ich dann immer öfter bei den Demonstrationen stehen und informierte mich. Als es dann 1967 gegen die Notstandsgesetze ging, war ich dabei: Ich täuschte eine längere Besorgung in der Stadt vor, um meiner Lehrherrin zu entwischen und reihte mich in eine der Demonstrationsschlangen der Studenten ein. Für eineinhalb Stunden lief ich ganz aufgeregt, aber stolz mit durch die Stadt und war angetan von solch kreativen Sprechgesängen wie: „Lasst das Grundgesetz in Ruh, SPD und CDU!"

Unter den jungen Leuten fühlte ich mich besser, wenngleich Studenten für mich damals ganz weit weg waren. Und obwohl ich doch ein braver Lehrling blieb, der die Autoritäten achtete und wusste, wo der Hammer hing, war diese Demonstration die Geburt meines politischen Ichs.

Nach einer Abschlusskundgebung, die ich an einem Nachmittag heimlich besuchte, wusste ich, dass etwas nicht stimmte im Land. Wenn so viele junge Menschen sich engagierten, sogar Unrechtes taten und Strafen in Kauf nahmen, dann war etwas faul im Staat. Und es ging in diesem Stil weiter. Die Demonstrationen gegen den Besuch des Schahs von Persiens, der mit der Unterstützung von Engländern und Amerikanern die demokratisch gewählte Regierung im Iran wegputschte und eine Schreckensherrschaft in seinem Land aufgebaut hatte, der Tod Benno Ohnesorgs in Berlin, der Vietnamkrieg, das waren die Geburtshelfer der ‚Studentenrevolution‘, der Beginn einer kleinen Kulturrevolution, mit all den gesellschaftlichen und kulturellen Veränderungen in den Jahren danach, auch mit all den Irrtümern.

Die sogenannten „Linken" stellten die restaurative Politik der gesamten damaligen westlichen Welt auf den Prüfstand. Links sein war „in", war angesagt bei den Studenten. Dieses „Links-sein" wurde für die Jugend, so haben es manche Kritiker der Bewegung vorgeworfen, zum Religionsersatz. Was den Linken aber aus heutiger Sicht mehrheitlich wirklich fehlte, war die Solidarität mit sich selbst, also sich selbst als wütende Kinder wertzuschätzen, die Veränderungen wollten. Sie vergaßen ihrem Herz zu folgen. Sie waren ganz in ihrem Kopf, voll mit Theorien und revolutionären Phrasen angefüllt, die sie meist selbst nicht verstanden und vor allem nicht lebten. Auch in diesen Zirkeln hatten wie in vielen gesellschaftlichen Gruppen die Männer das Sagen. Sie waren ganz nach außen gewandt und versäumten dabei, sich selbst und ihre Seele mit in den Veränderungsprozess einzubeziehen.

Ich war nicht „links", wie man so schön sagte, dazu wusste ich einfach zu wenig von den gesellschaftlichen Kräften, die gerade bewegt wurden. Die zentralen Ereignisse in dieser Zeit erlebte ich über die Aktionen in der Stadt, durch die Nachrichten in Radio und Fernsehen bei Tante und Onkel und den Berichten in den Zeitungen. Als ich eines Tages in der „Tagesschau" die Sprüche der Studenten vor dem Springerverlag (*„Enteignet Springer"*) hörte und die brennenden Zeitungsstapel sah, die mir als Druckmaterial in meiner Firma sehr vertraut waren, ahnte ich, dass die Protestierer es ernst meinten. Sie hatten sich das tägliche Sprachrohr der Konservativen als Demonstrationsobjekt ausgewählt. In der Bild-Zeitung konnte man jeden Tag lesen, dass Studenten „Faulenzer, arbeitsscheues Gesindel und herumlungernde Gammler" ohne Moral und Anstand seien. In der gesamten Springer-Presse erschienen Karikaturen, die

Studenten als langhaarige, stoppelige, bebrillte Randalierer zeigten. Das trug zur allgemeinen Stimmung an den Stammtischen bei – Studenten wurden zum Hassobjekt der arbeitenden Bevölkerung, besonders in Berlin.

Die Springer-Zeitungen bedienten Vorurteile und verschärften damit das Klima. Die fette Überschrift *„Demonstrieren geht über Studieren"* prangte auch auf jener Zeitschrift, die mein Onkel auf dem Wohnzimmertisch liegen hatte. Er schnaufte erregt vor dem Fernseher beim Abendbrot, das ihm seine Frau jeden Abend zubereitete, schüttelte über die Krawallbilder immer wieder den Kopf, schimpfte auf die Studenten und vergaß in der Aufregung, seinen allabendlichen Cognac zu trinken. Ich aber schlich verstört in meine kleine Kammer unterm Dach und wusste, dass ich mit den beiden nicht warm werden würde. Ich war betroffen, wie konservativ meine Verwandtschaft war und wie wenig ich dem entgegenzusetzen hatte. Von da ab wollte ich wirklich wissen!

Bei einer Wahlveranstaltung der SPD in Düsseldorf auf dem Schadowplatz erlebte ich zum ersten Mal Willi Brandt live und ganz aus der Nähe. Sein Auftritt beeindruckte mich sehr, nein, er war es, der mich faszinierte. Als er aus seinem Wagen stieg, war ich vielleicht fünf Meter von ihm entfernt und konnte spüren, welche Aura dieser Mann verströmte, als er die ihm entgegengestreckten Hände der Menschen ergriff. Seine Wahl zum Bundeskanzler und sein Plädoyer „Mehr Demokratie wagen" begeisterte mich und viele andere und erstmalig begann ich mich in dieser Zeit wirklich für Politik zu interessieren. Durch sein politisches Auftreten beruhigte sich zunächst die aufgebrachte Jugend. Ein langanhaltender Veränderungsprozess wurde durch ihn initiiert. Inhalte, die den Studenten wichtig waren, wurden nicht mehr auf Straßen und Plätzen, sondern im Parlament diskutiert. Das war aus damaliger Sicht ein grandioser Erfolg der Jugendbewegung. Mein Erwachen führte auch dazu, dass ich nach der Musterung den Wehrdienst verweigerte und für zehn Jahre einmal im Monat einen Tag Ersatzdienst beim Zivilen Bevölkerungsschutz absolvierte.

Auch wenn ich aufgrund meiner Träumereien viele Fehler im Betrieb machte, hatte ich offensichtlich ein Händchen für das Handelsgeschäft. Gewisse Arbeiten, beispielsweise das Kalkulieren, machten mir Spaß; besonders, wenn ich erfuhr, dass etwas für den Chef bei dem Geschäft hängen geblieben war. Die Ansprüche waren aber sehr hoch. Man erwartete schon damals das persönliche Engagement über die tarifliche Arbeitszeit hinaus – ohne jeden Dank. Man wurde nicht gelobt, sondern ständig wurden Kollegen und ich kritisiert. Der Forderungskatalog wurde immer umfangreicher. Das Glas, was ich füllte, war in den Augen der Chefin immer halbleer und ich bekam das zu spüren.

So grübelte ich arme Wurst jeden Morgen auf meinen Botengängen und wurde immer trübsinniger. Es ging mir nicht gut, ich fühlte mich irgendwie verloren in der großen Stadt und hatte keine Ahnung, wie ich zu einem besseren Leben kommen könnte. Ich kam aus einem strengen Elternhaus und wechselte zu einer noch größeren Zuchtmeisterin, ich kam vom Regen in die Traufe. In den 60er Jahren wurde mit Lehrjungen, nicht Auszubildenden, noch nach Herzenslust der Chefs umgesprungen, wenn man Pech hatte – und ich hatte Pech. Als ich begann, war die Gesellschaft gerade im Arbeitsbereich noch nicht so aufgeklärt, so professionell wie man es heute antreffen kann. Man pflegte noch den autoritären, herrschaftlichen und familiär geprägten Erziehungsstil der Altvorderen und fand es ganz normal, einen Lehrjungen zu bestrafen und seine billige Arbeitskraft auszunutzen. Ich erinnere mich, dass ich immer hinter allem hinterherhinkte. Ich vergaß unglaublich viel, aus Angst einen Fehler zu machen. Es gab Zeiten, wo ich nur noch panisch war, wenn ich daran dachte, was ich wieder alles vergessen haben könnte. Für die Leitung der Firma war es damals selbstverständlich, Lehrlingen zu zeigen, was für kleine Würstchen sie doch sind, Gespräche gab es nicht, oftmals nur Zurechtweisungen. Mit mir konnte man es so machen, weil es die Fortsetzung der elterlichen Erziehung war.

Ich wurde täglich kontrolliert. Die Briefe zum Beispiel, die ich abends zu frankieren hatte, wurden von der Chefin probeweise nachgewogen. War ein Brief falsch von mir frankiert, wurde ich ins „Allerheiligste" zitiert und musste mir in einer eloquenten Sprache anhören, wie unfähig ich wieder mal gewesen war und wurde höflich darauf hingewiesen, dass sich das zu bessern hat, wenn ich in dem Betrieb eine Zukunft haben wolle. Ich fühlte mich nach derartigen Zurechtweisungen nutz- und wertlos. Das Schlimmste aber war, dass ich ihre Anforderungen auch noch zu den meinen machte. Ich dachte, das sei der Maßstab, es müsste so sein mit dem Druck, dem Tempo, der Disziplin, der unbezahlten Arbeit! So war ich ständig über mich selbst frustriert. Ich spürte zwar, dass da bei denen vieles nicht stimmte, hatte aber nicht das Selbstvertrauen, mich dagegen zu wehren. Vor allem aber: Das tat man früher nicht! Dafür gab es keine Vorbilder! Erst die Studenten begann diese Autoritäten infrage zu stellen. Ich schluckte, wie viele andere damals auch, alles herunter. So weit reichte Vaters Arm.

Nach zwei Jahren war ich fix und fertig, und die Tatsache, dass man mich aufgrund meiner Unzuverlässigkeit rausschmeißen könnte, das wurde mir geschickt über meine Tante zugetragen, jagte mir einen solchen Schreck ein, dass ich zu Anfang des dritten Lehrjahres eine schwere Gastritis bekam. Ich schluckte Pillen und riss mich wieder zusammen und besuchte einen Tanzkurs. Ich wollte unbedingt ein Mädchen kennenlernen. Denn neben dem Stress im Büro gab es für mich damals vor allem das Problem, auch ein Mädchen „aufzureißen", wie es unter meinen Kumpeln so schön hieß. Wie klein, mickrig und vollkommen verschüchtert fühlte ich mich aber anfangs, wenn ich in der Tanzschule die Gelegenheit dazu hatte. Ich konnte mit Mädchen nicht umgehen. Zuhause in der Familie,gab es keine Schwestern und draußen im Wald war nicht der Spielort für Mädchen. Ich war auf Abenteuer und Auseinandersetzungen mit Jungs programmiert.

In meiner Hilflosigkeit begann ich, durch Leistungen im Tanz zu glänzen. Mich anzustrengen, das war ja mein Terrain! Das zog die Mädchen natürlich an, wie die Blumen die Bienen, sie standen auf guten Tänzern, denn davon gab es nicht viele. Und ich bemerkte nach einiger Zeit, dass ich wirklich gut tanzen konnte. Im Tanz war ich ihnen nah, ohne mich und meine Unsicherheit wirklich zeigen zu müssen. Nach einem Jahr des intensiven Trainings tanzte ich so gut, dass die jungen Frauen sich um mich als Tanzpartner rissen. Der eine oder andere Kuss wurde dann auch schon mal im schummrigen Licht einer Ecke beim Tanztee am Sonntag gewährt. Ich bekam Oberwasser und war voller Hoffnung, bald eine Freundin zu haben. Mein Herz wollte nicht mehr allein sein. Als mir bei einem Tanzturnier in der Neusser Stadthalle die goldene Tanznadel für den ersten Platz verliehen wurde, wünschte ich mir sehnlichst, dass es nun auch mit einem Mädchen mal schnackeln könnte, schließlich war ich ja jetzt begehrt!

Doch meine Tanzpartnerin wollten nur mit mir tanzen! Ich stellte mich irgendwie zu blöd an oder aber war zu drängend aufs Körperliche aus. Die Mädchen zogen sich zurück und blieben so für mich unerreichbar. So machte ich fortan alles mit mir selbst aus. Es gab niemanden der mir hätte zuhören können. „Mich erschüttert heute die Tatsache", so wende ich mich beim Spaziergang an der Küste an meine Frau weiter, „wie selbstverständlich es mir erschien, alles alleine zu bewältigen und die Erwartungen der Eltern und der Lehrherrin zu meiner Sache zu machen. Die Einsamkeit war letztendlich für mich so natürlich wie, um ein Bild zu bemühen, das Alleinsein eines Kaktusses in der Wüste, der sich an den Wassermangel und seine Solitärexistenz gewöhnt hat und trotzdem wächst – und Stacheln zu seiner Verteidigung hervorbringt. Ich fühlte mich vor dem Ende der Lehrzeit unbedeutend und ohne Selbstwertgefühl. Immer darauf bedacht, keinen Fehler zu machen und die Erwartungen zu erfüllen. Ich war total auf das Außen programmiert und hatte für mich selbst überhaupt kein Gefühl mehr. Ich hatte alle Techniken des Überlebens gelernt, mehr aber nicht! So begann ich nach der Arbeit mehr und mehr, meine Träume von einer besseren Zukunft in den Kneipen der Düsseldorfer Altstadt zu ertrinken."

Erschöpft von dieser Erzählung und geradezu betroffen über die Vergegenwärtigung meiner eigenen Geschichte blieb ich unvermittelt auf einer hohen Düne am Meer stehen und schaute auf den bleigrauen Ozean. Ja, so war es – wie präsent das doch noch alles ist, wenn man ehrlich in sich hineinschaut. Und scheinbar nichts ist wirklich vergessen. Meine Frau nahm mich in den Arm. Sie verstand und wusste nun ein bisschen besser, warum es mir so schwerfällt, meine Bedürfnisse anzusprechen, warum ich manchmal so stumm bin.

Der Himmel hatte sich inzwischen mit dunklen Wolken von Westen zugezogen. Am Steilufer über der normannischen Küste blies uns der Wind vom Atlantik nun heftig ins Gesicht. Wir suchten einen Weg ins Hinterland, und da bemerkten wir sie: Die großen Betonbunker. Bedrohlich und dunkel ragten sie aus den mit Gras bewachsenen Sanddünen des Küstenlaufs hervor. Relikte des II. Weltkriegs, scheinbar unverwüstlich und kaum zu sprengen. Bollwerke jener Wehrmacht, zu der auch mein Vater gehörte und die ganz Europa unterwerfen wollte. Als ich sie so verstreut in den Dünen vor mir liegen sah, dachte ich an die vielen jungen Männer, die im Krieg in diesen Bunkern saßen und schossen. Sie sind sicherlich in ähnlichen und wahrscheinlich noch weit dramatischeren Zwangssituation, wie ich sie zuhause und in meiner Ausbildung erlebt hatte, groß geworden. Dass man dann, wenn man eine solche Erziehung und das Soldatenleben hinter sich und einigermaßen überlebt hat, als Erwachsener endlich die Macht über die eigene Existenz gewinnen will und an die Vergangenheit nicht mehr erinnert werden möchte, ist verständlich. Mein Vater wollte das so, er sprach kaum von sich und seinen Kriegserlebnissen. Er regte sich immer furchtbar auf, wenn ich nach seiner Rolle während der Naziherrschaft fragte.

Wie ein Fanal standen die Bunker an der Küste von „Utah Beach" und weisen durch ihre pure Existenz auf eine Generation hin, die Parolen nachjagte und dabei ihre Integrität und Menschlichkeit verlor. Ich überwand meine Beklemmung und kletterte in einen der Bunker hinein. Dunkelheit umfing mich. Ich schaute aus dem Schlitz, der die Sicht auf den Strand frei gab, der vielleicht einhundert Meter weit entfernt war. Mich fröstelte. Diese Männer, die hier geschossen und viele junge Amerikaner in den Tod geschickt hatten, tausende am ersten Tag der Invasion, waren nur fünfundzwanzig Jahre vor mir in ein politisches System hineingeboren worden, das bedingungslosen Gehorsam forderte. Wie hätte ich mich hier verhalten? Ihren persönlichen Willen, ihre emotionale Intelligenz und Klugheit opferten sie bis zur völligen Unterwerfung. Ich konnte mir vorstellen, dass die Erziehung, die ich erfahren hatte, im Kern auch dazu hätte dienen können, wenn der Vater sie entsprechend verschärft ausgestaltet und konsequent durchgezogen hätte. Fluchtartig verließ ich mit meiner Frau den dunklen Ort. Am nächsten Tag reisten wir ab.

Sternenstaub

Mich aber bewegten natürlich meine Erfahrungen als junger Mensch zuhause weiter. Auch nach tausend Kilometern fällt das nicht einfach von einem ab. Ich hatte das dringende Bedürfnis, die Geschichten meiner Jugend aufzuschreiben. Ich spürte, dass das Niederschreiben einer vollkommen verdrängten Zeit mich vielleicht dahin führen könnte, was ich mir insgeheim erhoffte: In das Verlies meiner tieferen Wahrheiten, die Begegnung mit meinem inneren Kind. Trotz der Vorbereitung für ein großes Projekt setzte ich mich am nächstmöglichen Wochenende an meinen Arbeitstisch und schrieb. Und während ich wie bei einer tiefen Meditaion in eine andere Zeit versank, packte mich ein Stück weit meine damalige Verzweiflung wieder. Ihr wollte ich nun nicht mehr ausweichen, ich war bereit das anzunehmen. Und als ich den Schmerz meiner Jugend zuließ, in diesem Augenblick wusste ich wieder, was ich mit dem Sternenbild des Orion zu tun hatte, das ich schlaftrunken in der Nacht, am normannischen Himmel, aufleuchten sah. Wie, wenn die Schuppen von den Augen fallen, wenn wir wieder das sehen können, was wirklich geschieht, so öffnete sich beim Schreiben die lang verschlossene Büchse der Pandora:

An einem späten Nachmittag, es war im November meines letzten Lehrjahres in der Großstadt, als ich die Bank- und Postwege zum Ende des Arbeitstages hinter mich gebracht hatte, lief ich in der hereinbrechenden Dämmerung ganz versunken durch die Düsseldorfer Altstadt zum Rheinufer. Ich wollte zu dieser frühen Zeit noch nicht meinen Frust herunterspülen, nein das nicht! Ich hatte an diesem Tag mitbekommen, dass der Rhein möglicherweise über die Ufer treten könnte und dachte in meiner Naivität, na, so ein ungewöhnliches Naturschauspiel, das schaust du dir mal aus der Nähe an. Schon die ganzen Tage über hatte es unentwegt geregnet und gestürmt. Wie an so vielen anderen Arbeitstagen fühlte ich mich auch an diesem Tag ziemlich mies und hatte das Gefühl, dass ich langsam versacke in diesem Lebenstopf, der angereichert war mit Überforderungen, Zurechtweisungen, Demütigungen, meiner großen Angst zu versagen und dem Frust mit den Mädchen. Nach einem gewaltigen Regenguss im Sturmgebraus, den ich in einer Ladenstraße trocken überstanden hatte, sah ich einen bedrohlichen Himmel über mir: Die Luft war durch Sturm und Wolkenbruch gesäubert und vollkommen klar. Riesige, dunkelblaue, geradezu violette Wolkenberge trieben von Westen her über die Stadt. Als ich den menschenleeren Burgplatz überquerte und mich der Kaimauer näherte, sah ich den wilden und über alle Normalmaße hinweg überschwemmten Rhein. Der Wind blies mir ins Gesicht und da stand ich nun, ich bekümmertes Kerlchen, völlig fasziniert vor dieser Naturgewalt und sah nur noch riesige, lehmig braune Wasserfluten auf mich zurollen. Im Näherkommen wurde mir klar, was da tatsächlich vor sich ging: Die Fluten hatten schon bis auf vielleicht einen knappen Meter die oberste Mauerkrone zur Rheinuferstraße erreicht. Mit ungeheurer Wucht drängten die Wassermassen gegen die hohe und schwere Kaimauer. Mir wurde ganz anders und ich spürte, dass ich an diesem Ort nicht sein sollte. Wenn wir Pech haben, so schoss es mir durch den Kopf, steht in wenigen Stunden die halbe Stadt unter Wasser und das Mietshaus in der Nähe, wo ich die möblierte Kammer bewohnte, war dann mitten in der Flut.

Und während die riesigen Wasserberge auf mich zu donnerten und mir nun wirklich Angst machten, öffneten sich plötzlich die vom Sturmwind getriebenen, dunkelblauen Wolkenberge über dem wasserüberfluteten Rheinbett einem Fenster gleich und ich sah hinter diesem Wolkentor groß und strahlend das Sternenbild des Orion leuchten. „Wie schön," dachte ich und der träumende Junge in mir vergaß alles und staunte, fasziniert von diesem Blick ins dunkle Weltall. Ich war ob dieses wunderbaren Ausblicks ins Universum so irritiert, dass ich für einen Moment die tosenden Wasser vor mir nicht mehr wahrnahm. Eine Welle schlug gegen die dunkle Mauerkrone und mir die Tropfen der Gischt ins Gesicht. Ja, hier die drohende Gefahr und dort, tausende Lichtjahre entfernt, das Sinnbild der Ewigkeit, der Erhabenheit und Schönheit im Unendlichen. Welch ein Kontrast, was sind wir hier auf Erden doch für kleine Würmchen.

Eine tiefgründige Melancholie erfasste mich. Das Sternenbild zog mich magisch an. In mir verband es sich mit meinem Verlangen nach Freiheit, nach Schönheit, nach Geborgenheit und innerer Stärke. Alles war plötzlich eigenartig still, in mir und um mich herum. Ich spürte jenes intensive Gefühl, was ich aus meiner Kinderzeit kannte, was aber schon lange nicht mehr bei mir gewesen war: Diese große Sehnsucht, die mich immer überkam, wenn ich fern von der Erde auf großen Bäumen sitzend in das Himmelblau schaute und mit den schnell dahinfliegenden weißen Wolkenformationen mitreisen wollte, weg aus der bedrückenden Gegenwart zu einem Ort, der mir Schönes verspricht.

Ich wusste aber als kleiner Kerl nicht, was das sein könnte. Und jetzt, mit achtzehn Jahren spürte ich, dass dieses große Sehnen der schlichte Wunsch nach der Verbesserung meines Lebens war.

Der aufheulende Sturm, eine mächtige Böe brachte mich zurück zu dieser Kaimauer und nahm mir für einen Moment meine Standfestigkeit. Ich taumelte ein wenig vor Ergriffenheit ohne den Blick vom Firmament zu lassen. Und bevor die wuchtigen, tiefblauen Wolkenmassen das Fenster zu den Sternen wieder verschlossen, durchfuhr mich ein völlig neuer Gedanke, eine Frage, die so rein und klar war wie die vom Sturm durchgefegte Luft: „Wer bin ich eigentlich und was soll ich hier auf dieser Welt? Was ist es, was für mich da ist und mir Freude macht?" Ratsch, so riss diese Frage mir durchs Herz. Es lag jetzt ganz offen in mir und schlug mir bis zum Hals und dann – Stille, eine lange Stille und – keine Antwort, nur der heulende Sturm! Für mich Winzling war diese Frage, diese Sehnsucht nach mir selbst so gewaltig, dass mich, weil da nichts kam und ich die Schnauze voll hatte von diesen Leuten um mich herum, eine große innere Not erfasste. Der Sturm fegte mir nun einzelne, dicke Regentropfen ins Gesicht und mit jedem Tropfen erahnte ich im Angesicht des Sternenbildes mehr und mehr die ungeheure Tiefe dieser großen Lebensfrage. Ich spürte mein pochendes Herz und Tränen füllten meine Augen im Wind und da war immer noch kein Gedanke, der mir Antwort geben könnte. So stand ich nun im Sturm, ein kleiner Junge, ganz nackt und zitternd vor dieser Naturgewalt, hier unten und dort oben. Eine tiefe, grenzenlose Hoffnungslosigkeit überfiel mich. Sie überwältigte mich derart, dass die Tränen zu laufen begannen und sich mit den Regentropfen mischten. Und da rief etwas in mir ganz laut und herzzerreißend in dieses offene Universum hinauf: „Ist da vielleicht irgend etwas für mich, etwas Gutes, etwas Schönes, eine Idee für mein kleines, unbedeutendes Leben. Wo bin ich, wo ist meine Kraft geblieben? Ist dort draußen vielleicht jener Gott, hört er mich, der, zu dem ich einst so demütig beten musste?" Und ganz laut schrie ich es jetzt in den Sturm über das tosende Wasser hinweg mit dem Blick zu den Sternen: „Wo bist du Gott?"

Und wieder Stille im Sturmgebraus, nicht einmal ein Auto kam die Rheinuferstraße entlang. Eine Welle klatschte über die Kaimauer und besprenkelte mich. Mit Macht schoben sich nun die dunklen Wolkenberge wie auf Befehl zusammen und verengten den Ausblick zum Orion. Und in dem Augenblick, in dem Tor sich endgültig verschloss, huschte durch den letzten Spalt zum Sternenlicht etwas in mich hinein – es machte in mir so einen kleinen Ruck, als hätte mich jemand innen angestoßen. Ich spürte ganz unvermittelt ein Stück von jener Zuversicht, die mir als kleiner Junge so zu eigen war. Ein Stück Glaube an mich selbst konnte ich fühlen. Da war etwas in mir, was jetzt angeregt war, etwas ganz Eigenes. Ich ahnte in diesem Moment, dass es Hoffnung für mich und mein tristes Leben geben kann, vielleicht in anderen Zusammenhängen, mit anderen Menschen.

Ich atmete die geklärte Sturmluft ein, atmete in dieses neue Etwas. Es fühlte sich an wie ein kleiner Sieg und dann stand ich still und allein an diesem gewaltigen Strom in der hereinbrechenden Dunkelheit. Das Toben der Wassermassen, es interessierte mich nicht mehr, denn ich spürte sehr deutlich, dass mit mir hier etwas geschehen war, dass ich etwas erlebt hatte, von dem ich noch nichts wusste. Es war ein kostbarer, magischer Augenblick. Es war wie ein kleines Versprechen, dass es irgendwie und irgendwann für mich einen Weg zu den verheißungsvollen Sternen geben wird. Etwas hatte einen Keil in meinen Panzer getrieben, den ich mir in meiner Not angelegt hatte. Mir wurde kalt, ich zitterte und erschrak, wie tief berührt ich war.

Der Rhein trat nicht über die Ufer, aber Veränderungen gab es in der Firma. Aufgrund einer Umstrukturierung bekam ich einen neuen Vorgesetzten. Ein netter und erfahrener Kollege, der meine Probleme offensichtlich schon bemerkt hatte, warf nun ein Auge auf mich und sorgte dafür, dass ich in seiner Abteilung bestimmte Aufgaben übernehmen konnte, die meiner Entwicklung angemessen waren. Er wusste, wenn ich die Zeit bekomme, würde ich die Arbeit auch gut bewältigen und so gab es für mich erstmalig Erfolgserlebnisse. Ich schöpfte Mut und mit jedem Tag wuchs mein Vertrauen, dass ich doch noch zu etwas Nutze sei. Das tat mir gut. Er wurde zu einem Verbündeten und brach so manche Lanze für mich bei der Geschäftsleitung, wenn dann doch mal etwas schiefgegangen war. Er hatte eine hervorragende Position, weil er große Umsätze für die Firma machte. Manchmal nahm er sogar einen Fehler, den ich verursacht hatte und der vielleicht auch Gewinn kostete, auf seine Kappe. Das fand ich damals äußerst nobel und empf-and es als Beweis einer Freundschaft. Diesem Mann konnte ich vertrauen, er war ein Glück für meine Entwicklung. Denn auch er fand die Art und Weise, wie die Geschäftsleitung generell mit ihren Leuten umging nicht gut.

In der Freundschaft zu diesem Abteilungsleiter entwickelte ich eine neue, innere Kraft, die mir half, meine Würde zu bewahren und stand- und auszuhalten, die Flinte nicht ins Korn zu werfen. Zu zweit fühlte ich mich sicherer, sodass ich mehr und mehr Widerstand leistete und behutsam mehr und mehr für mich einstehen konnte.

Als ich mich als erfahrener Filmproduzent später oft fragte, wo ich dieses Müssen, das Aushalten von widrigen Umständen wohl gelernt hatte, ein Verhalten, das ja auch in der Filmarbeit bei 12-Stunden-Tagen oftmals gebraucht wird, da fand ich seinerzeit keine Antwort. Erst jetzt beim Nieder-schreiben dieser Geschichte begriff ich, dass ich einst Zuchtmeistern ausgeliefert war, die diesen Charakterzug bei mir aufbauen wollten: Militär, Wirtschaft, Industrie und Politik brauchen solche Männer. Ich entschied unbewusst, aus meinem Inneren, einen anderen Weg zu gehen und mich im Betrieb nicht mehr zu engagieren. Mit diesem Verbündeten wollte ich das Lehrlingsdasein wie ein furchtbares Gewitter im Schutz einer Waldkapelle einfach durchstehen. So sagte ich mir im letzten Lehrjahr ständig: Aushalten, durchhalten – es kann nur noch besser werden und bald hast du es ja geschafft! Doch hinter diesem inneren Marschbefehl stand natürlich vor allem der strenge Vater in nicht weiter Ferne. Er wäre auf den Plan getreten, wenn ich resigniert hätte. Davor hatte ich eine höllische Angst! Insbesondere auch deshalb, weil mir ein solches Theater unglaublich peinlich gewesen wäre. „Er schafft es nicht", hätte es in der Familie geheißen, das hätte ich nicht ertragen.

Uns Kindern erzählte Vater manchmal von diesem Durchhalten im Krieg, nicht die schmutzigen, furchtbaren Ereignisse, sondern die, in denen ein Lebensprinzip erkennbar wurde, das er offensichtlich verinnerlicht hatte. „Wir Kameraden hielten zusammen, da gab es nichts Anderes. Aushalten, Durchhalten war die Parole, und wenn der Russe kam und uns mit der Stalinorgel unbarmherzig vollknallte, dann ab in die Erdlöcher und zusammengehalten, dicht an dicht, Körper an Körper. Wenn über uns die Welt unterging da gab es keinen, der abhauen wollte, da musste man durch", so höre ich ihn noch aus weiter, weiter Ferne. „Ich wäre", wie er mir viele Jahre später mal erzählte, „lieber zusammengebrochen, erschossen worden, ehe ich oder die Kameraden aufgegeben hätten!" So war er wohl, der deutsche Soldat, der von den Amerikanern im II. Weltkrieg gefürchtet war.

In meinem Dokumentarfilm „DIE BRÜCKE VON REMAGEN" erzählt ein amerikanischer Soldat in den USA im Interview von dieser Furcht vor deutschen Soldaten. Dieses Nicht-aufgeben-können, dieser unbedingte Wille, immer weiterzukämpfen, das fürchteten die Amerikaner besonders an der deutschen Wehrmacht.

Dieses Durchhalten gehörte also scheinbar zu uns Deutschen, der Charakterzug eines ganzen Volkes. Ich befand mich in meiner Ausbildung also ganz tief drinnen in der deutschen Kultur. So lernte ich das Müssen! Und wie man heute weiß, entsteht natürlich auch in solchen, belasteten Beziehungen mit derartigen Zurechtweisungen ein bestimmter Zorn, eine Wut, die, wenn sie nicht bearbeitet wird, Auswirkungen auf das spätere Leben hat. Es ist also nicht nur das Müssen, was ich gelernt hatte, sondern mir wurde auch zunehmend eine bestimmte Aggression vertraut, die sich in einer gewissen Arroganz bei mir niederschlug. Ich wusste damals aber keinen anderen Weg, damit umzugehen! Und so ertrug ich mit dem zugewandten Kollegen mein Leid und hielt aus.

Dass die Welt Ende der 1960er Jahre inzwischen vielerorts brannte und die Hippiebewegung in den USA sich mit Massenprotesten bis nach Europa ausbreitete, der Rock inzwischen geboren war und die Beatles „*All you need is love*" sangen, bekam ich nachts über die Besuche und Gespräche mit Gleichgesinnten in den Düsseldorfer Altstadtkneipen mit. Dort konnte man hier und da auf Bildschirmen in Schwarzweiß die Meetings der ‚Blumenkinder' in den USA am Tresen miterleben. Ich suchte dort nach meinem Erlebnis am Rhein ein Ventil für meine Sehnsucht nach Wissen, nach Miteinander und Freundschaft. Dieser Platz an der längsten Theke Europas, wie es damals hieß, ist prädestiniert für all die Sehnsüchtigen und Beladenen, die sich ein anderes Leben wünschen. Hier fand ich Gleichgesinnte im Alkoholnebel. Und spät nachts in meiner kleinen Kammer unter dem zugigen Dach erzitterte ich unter dem dicken Federbett vor dem tiefen und verzweifelten Sehnen meines Herzens nach wahrhaftigem Mitgefühl, vor allem nach weiblicher, nährender Energie. So verbrachte ich mit neunzehn Jahren sehsüchtig manche Nacht und es hat damals nicht viel gefehlt, den Sternen und dem Kollegen sei Dank, und ich wäre an diesem Ort tatsächlich versackt.

Ich wollte nun unbedingt eine Frau kennenlernen, meine Kumpels in der Berufsschule hatten alle eine Freundin, es drängte im ganzen Körper. Was lag also näher, als nach einer dieser Schönen in den Kneipen Ausschau zu halten. Eine, die mich vielleicht erretten und die mir auch zeigen könnte, wie man das so macht mit der körperlichen Liebe. Ich war ja immer noch Jungmann. Als dann eines nachts plötzlich eine Schöne am Tresen neben mir auftauchte, sich einfach so an mich lehnte und ich spüren konnte, dass sie mit allem ausgestattet war, was mein Herz so wild begehrte, beschleunigte sich mein Puls. Da war sie endlich, jene Märchenfee, die ich schon so lange erseht hatte. Als ich mit ihr zu *„Crimson & Clover"* *von Tommy James and the Shondells* tanzte, spürte ich ihre weichen Brüste an meinem zitternden Körper – eigentlich hätten da alle Sicherungen durchknallen müssen, so stark war mein tiefes Sehnen nach den Rundungen eines weiblichen Wesens.

Doch konnte ich meine innere Verzagtheit auch in diesem Moment nicht abschütteln, sodass ich mich krampfhaft zurückhielt, denn ich hatte irgendwie Angst vor diesem gestandenen Weibsbild. Ich hatte ja keine Ahnung, wie man so etwas macht. Ich verhielt mich also im Reservemodus. Diese prachtvolle Frau, vielleicht Ende Dreißig, aber blieb locker, checkte meine Unsicherheit, blickte mich mit ihren dunklen Augen verträumt durch den Zigarettennebel an und blieb ganz sie selbst, ruhig und geschmeidig, wie eine Löwin, die sich ihrer Kraft bewusst ist. Sie hatte ein dunkelbraunes Kaschmirkleid mit halblangen Ärmeln an, was sich weich und wohlig anfühlte, wenn sie sich an mich drückte. Du lieber Himmel, was für eine Frau, dachte ich immer nur, was für eine Erscheinung und die vollen langen, kastanienbraunen Haare bis über die Schulter, die sie umschmeichelten und mir den Atem nahmen – eine phantastische Frau. Ich spürte, sie wollte mich verführen.

Nicht nur die große Furcht vor dieser wohl geformten Frau kroch in mir hoch, sondern auch die Angst vor dem Kontrollverlust. Sie hatte sicherlich schon eine große Erfahrung, sie wusste Bescheid. Da kannst du nicht mithalten, hämmerte mein Verstand mir ein, da blamierst du dich nicht nur, da verkümmerst du zu Hanswurst, hast nichts zu melden! Also machte ich den Rücken gerade und suchte einen Weg, nicht mein Gesicht zu verlieren. Meine Lust aber rief nach Erlösung, wurde immer stärker, sie sabotierte mit kleinen Gesten und Blicken meinen benebelten Verstand. Das Weib spürte das alles, wollte spielen, aber richtig, gerade das gefiel ihr ja so gut. Sie wollte gerade diesen verschüchterten Jungen verführen. Sie hatte die Regie übernommen, aber ich wollte Kontrolle und ja, nach dem blöden männlichen Glaubenssatz wollte ich der Bestimmer sein, obwohl ich doch mangels Erfahrung nichts dazu beitragen konnte – jämmerlich! Ich kam gar nicht auf die Idee, mich gleiten und durch den Abend führen zu lassen. Was wäre das für eine grandiose Nacht geworden! Ich aber rang um Fassung.

So tanzte ich mit mehr Abstand und versuchte mich zu beherrschen. Sie blickte mich verträumt an, schloss mich in ihre Arme und drückte mich an ihren warmen Leib. Uhaaa, ich schmolz dahin wie Butter in der Pfanne, verlor mich im Duft ihrer langen, lockigen Haare und gab mich für einen Moment diesem Gefühl des Körperkontaktes hin. Was war das schön, wie toll war das denn, wie groß war doch meine Sehnsucht, mich an eine Frau zu kuscheln. Es fühlte sich phantastisch an. Ja, weiter so, immer weiter…

Doch sich Gefühlen hinzugeben, fließen zu lassen, das hatte ich schon lange nicht mehr in meinem Programm: Mich zusammenzureißen, auszuhalten und stur den vorgezeichneten Weg zu gehen war meine Agenda. Und so versuchte ich die aufwallenden Emotionen in den Griff zu bekommen. Ich zog im wahrsten Sinn des Wortes den geschwollenen Schwanz ein, drückte unvermittelt mein Becken nach hinten heraus, statt nach vorne ran. Das grandiose Weibsbild blickte voll durch und lächelte mich nach dem Song wissend an, sie nahm dem Ganzen auf diese Weise souverän die Tragik, die Peinlichkeit. Als wir am Tresen standen und Konversation angesagt war, gewann mein Geist endgültig die Oberhand. Mit der Angst im Bauch bemühte ich mich zwanghaft, meinen Rückzug zu begründen: Dass ich am nächsten Morgen um acht Uhr fit im Büro anzutreten habe, ich bei einer wichtigen Konferenz zugegen sein müsse. Das war mein schaler Vorwand, um schnell das Weite zu suchen. Sie bedauerte das sehr, blieb aber locker und leicht und drückte mir einen Kuss auf die Wange.

So hatte man mich über Angst und Druck schon konditioniert, dass ich das, was ich in diesem Moment am liebsten tun wollte, missachtete. Es war wie ein Verrat an mir selbst, ich machte mich schließlich um Mitternacht feige aus dem Staub, hasste mich dafür, versteckte mich unter meinem Federbett und fühlte mich wie ein absoluter Versager. Ich schämte mich zutiefst.

Nach ein paar Tagen schon war mir klar, dass das eine wunderbare Chance gewesen war. Sie nicht wahrgenommen zu haben, finde ich bis zum heutigen Tag bedauerlich, wenngleich ich es heute natürlich so gut nachvollziehen kann.

Ich war damals emotional ein kleiner Junge, der Angst hatte. Es war eine jener Chancen, die man in seinem Leben geschenkt bekommt, um sich weiterzuentwickeln, um zu wachsen. Möglicherweise hätte ich mir ein paar anstrengende Lebenskurven auf diese Weise erspart. Diese Frau hätte mich sensibel und souverän in die Geheimnisse weiblicher Lust eingeführt und mir vielleicht meine Frustrationen und die meiner zukünftigen Freundinnen erspart. Zudem hätte ich frühzeitig mein Rollenverständnis von einem Mann revidieren können. Ich hätte mit dieser nicht unerheblichen Erfahrung in diesem schwierigen Lebensabschnitt gelernt, dass Hingabe und Loslassen genauso wichtige Eigenschaften eines Charakters sein können wie sich anstrengen und kraftvoll nach vorne zu agieren. Auf diese Weise hätte ich mich meinen wirklichen Gefühlen zugewandt und das bekommen, was ich so dringend brauchte, Zärtlichkeit und Liebe. Mit neunzehn Jahren riss ich mich auf eine Weise zusammen, wie viele Männer es im Laufe ihres Lebens immer wieder tun, damit das Gerüst nicht einstürzt. So verlernte ich mehr und mehr, die Bedürfnisse von mir wahrzunehmen, ich nahm mich zurück, arbeitete brav und sprach auch nicht mehr über das, was mir wichtig war. Ich konnte es gar nicht mehr und so verschwanden aus meinem Sprachschatz auch die Worte „Ich will…" oder „Ich brauche…". Meine Gefühle waren nicht mehr wichtig, es galt nur noch, die Herausforderungen des praktischen Lebens in den Griff zu bekommen, zu überleben und nicht aufzugeben.

Eine Fee im Eis

Ein halbes Jahr war vergangen, nachdem ich das Liebes-Abenteuer mit jener wunderbaren Frau verweigert hatte. In einer kalten Oktobernacht 1969 war ich mit einem Freund, der mit mir zusammen in der Tanzschule hospitierte, wieder einmal in der Düsseldorfer Altstadt „auf Jagd". So nannten wir Zwanzigjährigen das, wenn die Sehnsucht nach weiblicher Nähe uns trieb. Die Diskotheken, die damals in der Altstadt ganz neu entstanden, waren genau die richtigen Orte, um die Phantasien zu beflügeln. Hier war aber auch ein Ort der Kultur, der Livemusik: Das „Downtown" mit Jazzbands insbesondere aus den USA und das „Creamchease" mit der neuesten Rockmusik und den ersten Videos auf einer futuristischen großen Videowand waren total angesagt. Die damalige Musik-Avantgarde konnte man in den diversen Clubs in der Stadt live erleben. Vor allem aber gab es auch dort „weibliches Material", wie meine Berufsschulkollegen immer zu sagen pflegten. Diese Beschreibung gefiel mir zwar nicht, aber ich war dabei und machte mit.

Ich dachte seit meiner Erfahrung mit dem properen und geschmeidigen Weibsbild nur an den einen Augenblick, den Duft eines weiblichen Wesens ganz nah in mich hineinatmen zu können. Das alleine hielt mich seit Wochen in der Firma über Wasser. Nachdem ich nach einem Konzert im „Downtown" in einer benachbarten Diskothek eine Weile suchend herumstand und niemand mit mir Blickkontakt aufnahm, stieg der übliche Frust in mir hoch. Das wird ja wieder nichts. Ich bin einfach völlig unfähig, Kontakt aufzunehmen. Und ich wusste ja wirklich nicht, wie man das macht! Trotzdem blieb ich in einer dunklen Ecke sitzen und sah dem Treiben auf der Tanzfläche zu. Geduld gehört ja nun einmal zu meinen guten Eigenschaften.

Mein Freund hatte sich inzwischen mit seinem Fahrrad frustriert davongemacht. Ich beobachtete die Mädchen, mein Antrieb jedoch war um Mitternacht schon erloschen, denn ich hatte meine Hoffnung für diesen Abend innerlich schon aufgegeben. Und dann endlich, sah ich sie und sie mich! Und als wir uns nach scheuen Momenten das erste Mal wirklich für eine kleine Ewigkeit in die Augen blickten, hatte es mich gepackt. Ich nahm nun all meinen Mut zusammen, kniff gewissermaßen die Arschbacken zusammen, anders konnte ich es ja nicht und forderte sie zum

Tanzen auf. Das war ja mein Ding, dabei fühlte ich mich nun ausgesprochen sicher und konnte damit meine Schüchternheit ein bisschen kaschieren. Als nach dem Rock n' Roll „*I'm a Beliver*", den wir toll miteinander tanzen konnten, der Song „*Michelle, my Bell*" ertönte, ihr Körper sich an mich drückte und ich meine Arme um sie legte, war es um mich geschehen. Dieses Mal wollte ich nicht zurückstecken und ließ meinen Gefühlen freien Lauf. Ich verliebte mich Hals über Kopf in diese Frau. Sie mochte mich auch sofort und wir näherten uns schon beim Tanzen behutsam aber stetig an. Sie hatte etwas von dieser ersehnten Schüchternheit, die es mir ermöglichte, mich einzulassen. Als ich diese körperliche Nähe spürte, waren alle Phantasien und schlüpfrigen Vorstellungen, die ich mit meinen jungen männlichen Kollegen in der Regel teilte, wie weggeblasen. Auf dem Nachhauseweg zu Fuß froren wir beide in der vorwinterlichen Nacht, sodass wir uns schnell voneinander verabschieden wollten. Doch die Kälte war in dem Augenblick nicht mehr zu spüren, als wir uns zum Abschied küssten. Unerwartet erlebte ich ein Gefühl, als würde sich ein heißer Strahl durch meinen Körper brennen. Darauf war ich nicht vorbereitet, dass ein Kuss solch ein Feuer entfachen könnte. Trotz der Kälte in meinem kleinen Kabuff unterm Dach war mir anschließend heiß unter der Bettdecke. In den nächsten Tagen war ich dermaßen aufgeregt, dass ich mich zusammenreißen musste, damit nichts schiefging in der Firma.

Als wir uns dann vielleicht vier Wochen später in meiner bescheidenen, kalten Unterkunft zum ersten Liebesakt trafen, versagte meine Manneskraft. Ich war mit dieser nackten Weiblichkeit einfach nur überfordert und dachte natürlich sofort: Na klar, das kannst du also auch nicht, deine Angst vor Frauen war ja berechtigt. Ausgerechnet jetzt passiert mir das. Ich wollte doch so sehr, konnte aber nicht. Ich bemühte mich und je mehr ich mich anstrengte, um so schlimmer wurde es, bis dann gar nichts mehr ging und es für uns beide peinlich zu werden drohte. Jeder kann sich vorstellen, dass sich das für mich aufgrund meiner Biographie katastrophal anfühlte. Ich war fix und fertig. Doch für meine Freundin schien das kein Problem zu sein, jedenfalls gab sie mir das Gefühl, dass nichts peinlich oder unangenehm daran war. Sie war so einfühlsam, so zärtlich, so verständnisvoll, dass ich ihr heute noch für diese Stunden der Rettung dankbar bin. Denn schließlich erfüllte sich meine Sehnsucht doch noch, weil ich endlich die Frau machen ließ und ich bereit war, es einfach geschehen zu lassen.

Seit langer, langer Zeit erlebte ich einen Mensch, der nicht forderte und bewertete, sondern der mich nährte, mit Verständnis und Mitgefühl. Sie bemühte sich, mir meine Angst zu nehmen, die aus ihrer Sicht natürlich völlig unbegründet war. Es war nach all diesen Entbehrungen und der Einsamkeit der vergangenen Jahre in meinem kleinen, möblierten Zimmerchen ein Gefühl, wie im Paradies angekommen zu sein. Als das geschah, war ich mit dieser Frau verbunden, da konnte kommen, was wolle. Und es kam!

Als meine Ausbildung in der Firma im Sommer mit der Kaufmannsgehilfenprüfung zu Ende gegangen war, wurde ich zunächst mit einem Zweijahresvertrag ins Angestelltenverhältnis übernommen. Obwohl ich dort für mich keine Perspektive mehr sah und ich die Zeit für einen möglichen Absprung nutzen wollte, fühlte ich mich erstmalig in dem Laden ein bisschen selbstbewusster, irgendwie stärker. Das lag sicherlich vor allem auch daran, dass ich jetzt eine Freundin hatte. Meine Eltern und die Verwandtschaft aber waren zufrieden, weil sie ihre Aufgabe mit meiner Ausbildung zu einem guten Ende gebracht hatten. Ich sah das natürlich etwas anders, war aber froh, dass mit der Kontrolle meines Lebens nun Schluss war. Im Angesicht meiner aufflammenden Stärke erzählte ich Onkel und Tante begeistert von meiner neuen Beziehung. Ihre Reaktion war so ernüchternd, dass ich das Gespräch unterbrach und davonstürmte. Als die Eltern erfuhren, dass ich eine Freundin habe und mich mit ihr in meinem kleinen Kabuff scheinbar mehrfach schon getroffen hatte, rasteten sie vollkommen aus. Sie fanden, dass es sich nicht gehöre, mit zwanzig Jahren eine fremde Frau mit aufs Zimmer zu nehmen. Sie verlangten von mir, das Verhältnis sofort zu beenden. Meine Tante konnte von ihrem Wohnzimmerfenster aus sehen, ob Licht in meinem Zimmer brannte, und wenn ich die Vorhänge verschlossen hatte, „wusste sie wohl Bescheid", wie mein Vater mir bei einem Telefongespräch unmissverständlich mitteilte. Ich beendete daraufhin die Kostgängerschaft bei Onkel und Tante und besuchte sie auch nicht mehr.

Und natürlich rückte ich immer näher an meine Freundin heran, wie sollte es anders sein. Dabei wurde mir zunehmend klar, wie rücksichtslos eine Familienideologie sein konnte, um das offizielle Bild des braven Jungen bei Bekannten und Verwandten, der Nachbarschaft sowie den Mitarbeitern im Betrieb aufrechterhalten zu können. Doch ich wollte meine Selbständigkeit jetzt durchsetzen und hatte die Nase voll von der ständigen Anpassung und dem falschen Spiel. Die Fassade vom netten und stillen Jungen, der emsig arbeitet und „ein bescheidenes, grundanständiges Leben führt", bröckelte – es war 1969!

Ich solle gefälligst anständig sein, so mein Vater damals: „Unverheiratet mit einem Mädel auf einem Zimmer zu sein und mit der etwas zu haben, das macht man nicht – was stellst du dir dabei vor! Und vor allem", so fuhr er am Telefon schimpfend fort, „was ist das für ein Mädchen, die so etwas macht! Das kann ja nichts sein!" Meine Eltern machten sich anschließend zur Beendigung der Affäre, wie sie es nannten, extra aus den Wäldern des Sauerlandes in die Großstadt auf den Weg zu mir. Ich hatte nach ihrer Ankunft das Büro am lichten Tag zu verlassen und war zum Rapport einbestellt und zwar auf dem Bürgersteig. Auf einer verkehrsreichen Straße, ganz in der Nähe der ungeliebten Firma, stellten sie mich zur Rede und vor die Entscheidung: Entweder sie oder wir. Ich dachte nur: Was sind das für Eltern, die so etwas von dir verlangen! Immerhin, es war eine verhältnismäßig bessere Ausgangslage, als sie noch Romeo bei Shakespeare bekam. Ich erinnerte mich an die Theateraufführung, die ich gerade im Schauspielhaus so intensiv erlebt hatte. Mein Innerstes bebte.

Als Junge hatte ich in den 1960er Jahren immer gerne die amerikanische Westernserie „Bonanza" gesehen, in der Ben Carthwright auf der Ponderosa-Ranch seine drei Söhne wie seine Pferde im Zaum hielt. Als Junge entging mir nicht, dass die Söhne ab und an aufbegehrten, letztlich sich aber immer der unumschränkten Autorität des Vaters beugten. Ich hätte es manchmal gerne gesehen, wenn sie hartnäckiger ihre Sache durchgefochten hätten. Denn zu gerne hätte ich das als Halbwüchsiger bei meinem Vater auch getan. Dass das nicht zu Hollywood passt, sollte ich ja erst viel später lernen. Als ich diese Vatergewalt jetzt auf der Straße mitten in der Stadt selbst erlebte, erzitterte ich am ganzen Leib. Das war hier kein Theater oder Film mehr, das war jetzt echt, es ging um mein Leben, meine Freiheit, meine Würde, die ich hier bedroht sah. Trotz der Einschüchterung, die der Vater in mir bewirkte, flammte mein Zorn empor und verlieh mir Kraft, mich nun erstmalig gegen das Familiendogma zu erheben. Es war eine Situation eins gegen eins – unbeeindruckt vom fließenden Verkehr und den Passanten und auch unbeeindruckt von der dem Vater beipflichtenden Mutter an seiner Seite hielt ich stand, gewissermaßen öffentlich.

Das war eine Zäsur in meinem Leben, ab da lief vieles anders. Ich hatte genug geschluckt, wollte nicht mehr gehorsam sein. Und obwohl ich wieder erlebte, alleingelassen zu werden, traf ich mit der Kraft meines

Zornes, mit der Liebe zu meiner Freundin und mit viel Mut eine weitreichende Entscheidung. Im Gegensatz zu den folgsamen Carthwright-Brüdern hatte ich nichts mehr zu verlieren. In dieser Krisensituation vernahm ich meine lange, sehr lange nicht mehr gehörte innere Stimme ganz laut und tat intuitiv das, was mein ganzes späteres Leben verändern sollte: Ich folgte in diesem Moment größter Not endlich meinem Herzen, ich war nicht mehr bereit zu kuschen. Ich wusste, ich wollte mit dieser Frau zusammen sein, ich stand zu ihr und zu uns, auch um den Preis der Aufgabe meiner Wurzeln. Als nichts mehr ging, ich gewissermaßen mit der Öffentlichkeit im Rücken ihm gegenüberstand, da entschied ich mich für mein Leben.

Mein Vater und ich haben uns auf dieser Straße zwar nicht wie im Wilden Westen gegenseitig erschossen, aber in diesem Moment ist etwas in mir zerbrochen: Das Gefühl, ein Zuhause zu haben. Der Preis meiner Entscheidung bedeutete, dass nun tatsächlich niemand mehr, auch meine Brüder nicht, hinter mir stand, um mich irgendwie noch zu stützen. Das war nun sozusagen amtlich und alle bekamen Kunde davon. Ich war mit zwanzig Jahren ganz auf mich alleine gestellt. Es bedeutete auch, dass in diesem Moment meine Bindungen zu dieser Familie gekappt wurden. Wie bei einem Floß, bei dem man die straffen Halteseile zum Ufer durchschneidet, nahm mich die starke Strömung des Lebens mit auf eine abenteuerliche Reise. Ich hatte später für viele Jahre kein Gefühl mehr, wo ich eigentlich hingehöre, wo meine Heimat ist. Das Gute daran war, dass ich mich niemandem mehr aus meiner Sippe verpflichtet fühlte und machen konnte, was ich wollte. Es waren nun klare Verhältnisse geschaffen worden, und wenig später kündigte ich auch in der Firma meinen Job, im Übrigen mit dem wunderbaren Kollegen zusammen. Ich wollte vollkommen neu beginnen und spürte erstmals in meinen erwachsenen Leben das Gefühl von wirklicher Freiheit. Das war trotz der Aufgabe aller Familienbande unbeschreiblich schön. Der Weg des Herzens war in diesem Fall der Weg in ein neues Leben. Doch um welchen Preis?

Ein halbes Jahr später zog ich mit meiner Freundin zusammen an den Großstadtrand. Dem Vermieter mussten wir vorgaukeln, dass wir kurz vor der Hochzeit stehen, sonst hätten wir das Appartement nicht bekommen. Zwangsläufig machte uns die familiäre Zurückweisung und Bewertung zu schaffen. Ich heiratete dann auch schnell, natürlich gegen den Willen der Eltern, und alles musste fortan diese kleine junge Liebe tragen – das war natürlich eine Überforderung. Nahezu drei Jahre lang setzte ich bei meinen Eltern keinen Fuß mehr über die Schwelle. Unsere kleine Zweisamkeit jedoch wuchs und gedieh in der Abgeschiedenheit mit unseren gemeinsamen neuen Erfahrungen. Mit der Heirat hatte ich ein Bollwerk gegen den ‚Feind' aufgebaut. Der Staat, die Kirche der Schwiegereltern und sie selbst sanktionierten unsere Beziehung, das war mir damals in meiner unfreundlichen Familienumgebung wichtig. Mein Vater konnte jetzt nichts mehr gegen mich ausrichten. Ich ahnte, dass sich mit dieser Frau etwas zum Guten für mich verändern könnte. Ich wusste aber noch nicht, dass ich selbst dem Gelingen der Beziehung im Wege stehen würde, weil ich einen Teil dieses Vaters verinnerlicht hatte.

Eines Tages, sie war Kinderkrankenschwester in einer großen Klinik, sagte sie zu mir, sie wolle sich weiter qualifizieren und vielleicht Lehrerin werden. Sie fragte, ob ich nicht auch das Abitur machen und dann studieren wolle. Das traf mich wie ein Blitz. Die für mich vollkommen ungeahnte Möglichkeit überwältigte mich derart, als risse mir jemand den Schleier von den Augen: Ich spürte nach ihrer Frage unmittelbar eine große Kraft in mir, sah plötzlich eine neue Zukunft für mich, Möglichkeiten purzelten durch mein Hirn. Es musste jemand aussprechen, damit ich den neuen Weg sah. Ich war ganz euphorisiert, mir das Wissen über die Welt und die Menschen nun aneignen zu können. Ich war dankbar in einem Staat zu leben, wo derartige zweite Bildungswege möglich sind. Wir beide legten gemeinsam am Abendgymnasium los und machten in drei Jahren das Abitur.

Mein Wissenshunger wurde befriedigt und ich realisierte durch neue Freunde und Bekannte sehr schnell, dass mir die künstlerische Arbeit sehr viel Freude machen könnte. Es war die Fotografie, besonders die Schwarz-Weiß-Fotografie, die mich begeisterte und die mich schon früh als Kind gefangengenommen hatte. Der Bruder meiner Mutter, Onkel Walter, jener Fotograf, den ich bereits erwähnte und den ich als Kind nur noch aus der Ferne über seine Bilder bewundern konnte, hatte als Standfotograf am Max-Reinhardt-Seminar und dem Deutschen Theater der 1930er Jahre in Berlin gelernt und gearbeitet. Er fotografierte damals Portraits der Schauspieler/innen für die Schaukästen des Theaters und für die Presse. Es waren großartige Schwarz-Weiß-Bilder insbesondere von Darstellerinnen auf den Bühnen des Berliner Schauspiels sowie in den Ateliers des Films der UFA-Studios, die er mit seiner 6 x 6 Rolleiflex-Kamera in Szene setzte.

Meine Oma hatte dieses wunderbare alte Fotoalbum von ihrem Sohn über Krieg und Flucht gerettet. Es waren anmutige, in kunstvollem Licht gestaltete Bilder mit diesen ganz weichen Übergängen zu den einzelnen Schärfentiefen, wo ein Raum entsteht, den die Phantasie füllen kann.

Meine Oma erzählte mir damals in ihrer kleinen Stube von den schönen, berühmten Schauspielerinnen der damaligen Zeit, etwa Lil Dagover oder Olga Tschechowa, die auf den Bildern abgelichtet waren. Ich bemerkte dabei, wie zögerlich sie die Seiten des Albums umlegte, wie vorsichtig sie darüber sprach, wenn wir Aufnahmen betrachteten, bei denen ihr Sohn im Atelier oder auf der Bühne selbst zu sehen war. Dann deckte sie das milchig schimmernde, geprägte Transparentpapier schnell darüber, um meinen Blick gegenüber auf das Bild einer der schönen Schauspielerin zu lenken. Erst viele Jahre später erfuhr ich, warum sie so zaghaft damit umging.

Die Bilder meines Onkels waren Aufnahmen von großem Stil, das spürte ich schon, als ich sieben Jahre alt war. So etwas wollte ich nun auch lernen, bewarb mich mit einer Fotomappe an der Folkwang Schule als Student der Fotografie, schrieb mich nach einem Gespräch mit dem leitenden Professor dort ein und studierte fortan Fotografie und parallel Erziehungswissenschaft und Film an der Universität Essen. Nach zwei Jahren Studium reiste ich erstmalig zu den Berliner Filmfestspielen und nutze die Gelegenheit, mehr über meinen Onkel Walter in Erfahrung zu bringen. Ich machte mich auf die Suche nach Spuren der überaus kostbaren Negative. Er hatte nach dem Krieg, den er körperlich unversehrt in einer Strafkompanie in den Wüsten bei El Alamein in Nordafrika überlebt hatte, in dem Fotoatelier Leppin in Berlin-Wilmersdorf gearbeitet. Leider kam ich mit meinen Recherchen zu spät, an die Negative meines Onkels konnte sich 1977 niemand mehr erinnern, denn das Atelier hatte inzwischen schon zum dritten Mal den Besitzer gewechselt. Vieles war offensichtlich vernichtet worden. Meinen Onkel konnte ich zu seiner Arbeit auch nicht mehr befragen. Wie mir meine Mutter zu der Zeit erzählte, fiel er 1951 in Berlin auf tragische Weise einem Gewaltverbrechen in seinem Atelier zum Opfer. Man stahl auch seine gesamte kostbare Fotoausrüstung, die ihm sein Vater, mein Opa, noch vor dem Krieg für viel Geld beschafft hatte. Da verstand ich erst den großen Schmerz meiner Oma. Das Verbrechen war zu der Zeit, als sie mir als Bub die Bilder zeigte, gerade mal fünf Jahre vergangen.

So traurig das Ergebnis meiner Recherche damals auch war, mich bestärkte es, mein eigenes Leben mit der Arbeit im Bereich der Bildkunst nun um so mehr voranzutreiben. Jetzt begriff ich auch meine Leidenschaft für die Fotografie. Ich fühlte pure Freude an dem, was ich tat, was durch Kreativität und Technik entstehen konnte. Die ersten journalistischen Aufgaben im Studium begeisterten mich, zum Beispiel bei Professor Otto Steiner das Thema: Großstadt am Morgen. Da gab es kein Halten mehr. Ich wollte endlich strömen, wollte fließen.

Meine Sehnsucht, nicht nur die Entwicklungsprozesse von Mensch und Gesellschaft zu verstehen, sondern vor allem auch mich selbst, begründete letztendlich eine große Bereitschaft zu lernen, mich richtig reinzuhängen. Es war, als ob mir jemand einen Stromstecker in den Hintern geschoben hätte, so ging das ab. Ich fühlte mich bis dahin immer im Nebel der Bewusstlosigkeit gefangen und war immer gerne bereit, anderen zu folgen. Dass ich selbst etwas in die Hand zu nehmen verstand, etwas gestalten konnte, hatte ich mit der Not meiner Jugend schon vergessen. Das überwältigte mich nun derart, dass die junge Beziehung zu meiner frisch vermählten Frau mehr und mehr aus meinem Fokus geriet. Ich fühlte plötzlich, dass mich alles, was mit Kunst und Wissenschaft zu tun hatte, interessierte. Besonders der Film hatte es mir angetan, die bewegten Bilder hatten für mich eine noch größere Anziehungskraft als die Fotografie. Ich beendete das Fotostudium vorzeitig und absolvierte ein spannendes, kreatives, voll mit Wissen gepacktes Doppelstudium des Films und der Erziehungswissenschaft und fühlte mich dabei eher unter- als überfordert. In den 1970er Jahren zu studieren war ein Genuss. Überall hatten sich liberale, demokratische Regeln an den neugegründeten Universitäten in Nordrhein-Westfalen durchgesetzt. „Interdisziplinär studieren" war damals das Schlagwort. Wir konnten und durften viele Studienfächer parallel belegen und uns Zeit dafür nehmen. Es fand in den Soziologieseminaren ein inhaltlicher Diskurs statt, der von der Theorie der Frankfurter Schule durchdrungen war, wo mit den Schülern von Wittgenstein, Adorno, Horkheimer die geistige Elite Westdeutschlands am Seminartisch saß. In jedem Fachbereich der 1976 gegründeten Universität Essen war man als motivierter Student willkommen. So belegte ich an der psychologischen Fakultät viele Seminare, weil mich nach wie vor die innere, die psychologische Verfassung der Menschen interessierte. Die Frauen begannen, die Diskussionen an sich zu reißen; die Studentenmänner schmierten Brötchen, wenn mal wieder gestreikt wurde. Diese Solidarität untereinander tat mir gut und im Ruhrgebiet der damaligen Zeit war dieses Miteinander noch ausgeprägter. Das gehörte hier gewissermaßen zur Arbeits- und Lebenskultur. Die nahe Zeche und Kokerei Zollverein, deren Rauchwolken wir durch die Fenster gut sehen konnten, wenn der Koks gedrückt wurde, förderte damals noch jeden Tag über zehntausend Tonnen Kohle. Es brodelte, brannte und zischte noch im Ruhrgebiet. Ich blühte auf wie eine Blume, die endlich Wasser zu trinken bekommt, denn damals war ich mit meinem tiefsten Wollen verbunden – ich wollte wissen. Das erste Mal in meinem Leben gab es Wertschätzung für mich. Zaghaft begann sich mein Selbstwertgefühl zu entwickeln. Diese fünf Studienjahre gehören sicherlich zu den schönsten Jahren meines Lebens. Ich weiß nicht, ob die Studenten von heute das auch noch so sagen können. Doch bei allem Enthusiasmus bemerkte ich damals nicht, dass ich etwas nicht beachtete auf dem Weg in die aufregende Welt des Films.

Wie Mann eine Beziehung in den Sand setzt

Meine Erziehung im Elternhaus und die beschriebene Ausbildung im Betrieb hatten dafür gesorgt, dass ich mich vornehmlich nach außen orientierte. Das Studium, die Jobs nebenbei zur Aufbesserung des Bafögs, das Interesse am Film, all dem widmete ich jetzt meine Zeit. Für meine Gefühle, meine Bedürfnisse und die meiner jungen Ehefrau brachte ich immer weniger Aufmerksamkeit mit. Aus der Lust am Studium und dem vorsichtigen Experimentieren mit der Kamera wurde schließlich Leidenschaft und Können. Ich hatte mir einen Beruf ausgewählt, wo man in hohem Maße kreativ sein, den eigenen Vorstellungen Ausdruck verleihen kann und das wollte ich. Es brauchte viel Energie und auf schleichende Weise verlor ich zunehmend nicht nur den spärlichen Kontakt zu meinem Inneren, sondern auch zu meiner Frau, die zunächst meine Begeisterung mittrug. Und für das, was ein Paar an energetischem Futter braucht, war ja meine Frau verantwortlich, so, glaubte ich, funktioniert die Beziehung zwischen Mann und Frau. Sie würde schon für uns sorgen – Männer, davon war ich überzeugt, Männer lassen lieben und kümmern sich um den Beruf und das andere da draußen.

Woher ich diese Vorstellungen hatte, wusste ich nicht. Sie waren einfach da, wie ich heute weiß, in meinem Unbewussten durch meine Erfahrungen in der Herkunftsfamilie verankert und danach lebte ich. Ich hatte keine Vorstellung davon, wie man partnerschaftlich mit einer Frau zusammenlebt. Ich dachte, das geht irgendwie von selbst. Als Kind wurde mir tagtäglich vor Augen geführt, wie eine Frau und Mutter dient, wie ein Vater sich durchsetzt und das macht, was ihm beliebt zu tun. Er lebte wie selbstverständlich das Patriarchat. Meine Frau wies mich damals mehrfach darauf hin, dass ich doch so ähnlich mit ihr umgehen würde, wie ich es zuhause bei meinen Eltern erlebt hatte. Ich wusste nicht, was sie damit genau meinte, lehnte ich doch das patriarchalische Verhalten meines Vaters in jeder Hinsicht intellektuell vehement ab. Wie mein Vater zu sein, war damals für mich der reinste Horror, eine Beleidigung. Ich sah nicht den Zusammenhang und unterlag, wie Robert Musil es in seinem Roman „Der Mann ohne Eigenschaften" so schön ausdrückt, einer „perspektivischen Verkürzung des Verstandes". Aus heutiger Kenntnis vielleicht besser ausgedrückt:

Das war mir nicht bewusst! Ich übertünchte das kommunikative Defizit mit der Arbeit für das Studium, mit Feten, Kunstveranstaltungen, politischem Engagement und anderem mehr. Konflikten wich ich wie mein Vater aus und sah es gerne, wenn meine Frau und ich uns dem wilden, studentischen Leben mit den Freunden zuwandten. In der alltäglichen Praxis manifestierte sich schleichend, ohne dass wir darüber ein Einvernehmen hergestellt hätten, wer bei uns für was zuständig war: Sie sorgte für die emotionalen Qualitäten, sie hielt die Kleinfamilie am Laufen. Ich kümmerte mich um Wohnung, Auto und Versicherungen sowie um andere Aktivitäten außerhalb. Ich machte das, was Männer so zu tun pflegen.

Wenngleich sie genauso studierte wie ich und wegen der Aufbesserung unseres Bafög-Einkommens noch Nachtwachen im Krankenhaus ableistete, war aus meiner Sicht die Hausarbeit Frauensache. Schon Jahre später habe ich mich gefragt, wie ich einem Weg folgen konnte, den ich doch eigentlich ablehnte? Vor allem auch deshalb, weil überall Frauen in den 1970er Jahren gegen eine solche Rollenverteilung aufbegehrten, die Medien ständig in Reportagen diese Beziehungskonflikte darstellten. Theoretisch war ich auch für die Auflösung dieser Rollenverteilung, kritisierte auch in Diskussionen mein eigenes konservatives Verhalten mit meinen Freunden, doch war ich nicht fähig, das im wirklichen Leben mit meiner Ehepartnerin umzusetzen. Irgend etwas war in mir, dass gerne in den alten Pantoffeln den ausgetretenen Pfaden folgen wollte.

Meine Frau begann, sich in jene Richtung zu entwickeln, zu der sich große Teile der damaligen Jugend hin orientierten: Frauen wollten anders leben als es ihre Mütter ihnen vorgelebt hatten. Simone de Beauvoir war ihre Vordenkerin, sie war es, die das „emanzipierte Leben" mit Sartre schließlich auch ausprobierte und schon 1949 eines ihrer bahnbrechenden Bücher schrieb: *„Das andere Geschlecht" (Le Deuxième Sexe)*. Auch meine Frau hatte diese Bücher auf dem Nachttisch liegen und wollte etwas Eigenes für sich entdecken und gemeinsam mit mir eine partnerschaftliche Ehe entwickeln. Das scheiterte aber mehr und mehr an meiner Unfähigkeit, mich auszutauschen, eine intensive Nähe zu leben und miteinander über die Beziehung zu reden. Denn ich versank oft in einer merkwürdigen Melancholie und Sprachlosigkeit, fühlte mich bei Konflikten oft angegriffen, war dann schnell beleidigt und spürte intuitiv, dass ich es nicht gut machte, dass ich es war, der ‚versagte'. Dann war ich schlecht drauf und verweigerte das Gespräch. In meiner Unsicherheit packte ich mir meine Zeit voll und verhinderte dadurch den intensiveren Austausch über unsere Ehe.

Ich befand mich in einem Dilemma und beantwortete die schwierige Situation so, wie viele Männer bei Beziehungsproblemen reagieren: Statt innezuhalten, mich zu öffnen, meine damalige Frau zu fragen, was da eigentlich mit mir und mit uns los war, befasste ich mich lieber mit interessanten Projekten. Ich gründete mit anderen Musikern eine Jazz-Rock-Band und fuhr mit meiner Frau lieber in den Urlaub. Der Tapetenwechsel sollte alles wieder ins Lot bringen. Naiv, würde ich heute wohl dazu sagen, und wir wissen, wohin das führt und so war es auch mit uns. Ich setzte diese Freundschaft, diese Beziehung, diese Ehe, die mir doch eigentlich so wichtig gewesen war, in den Sand, weil ich mich verschloss und nicht bereit war, mein Verhalten infrage zu stellen oder einfach innezuhalten. Aus heutiger Sicht war ich so voller tieferer Konflikte mit mir selbst, dass ich nicht über den Tellerrand schauen konnte.

Das kann ich heute so sehen und mich damit liebevoll annehmen, damals aber fühlte ich mich blockiert und im Rechtfertigungszwang. Mehr und mehr erstarrte ich im Widerstand und die Angst um meine innere Statur nährte diesen Zustand. Bloß nichts falsch machen, war am Ende die Überlebensstrategie in der Beziehung. Unsere Bindungsenergie erlahmte in dieser Erstarrung, es wurde immer stiller und eisiger. So eruptiv diese Beziehung einst begann, so dramatisch befand sie sich im Endstadium nach nur fünf Ehejahren.

Eines Tages, es war ein sommerlicher Abend bei offenem Fenster, lagen meine Frau und ich nach einer kräftezehrenden Auseinandersetzung in diesem erstarrten Gefühl erschöpft auf dem Bett und hatten uns nichts mehr zu sagen. Wir kämpften nur noch schwach um unsere Ehe und hielten auch nicht nach Hilfe Ausschau, zu sehr empfand ich das als Niederlage. Ich wollte mir nicht helfen lassen. Im Stillen akzeptierte ich, dass ich diese Mauer der inneren Abgeschlossenheit nicht durchbrechen konnte. Sie schlief neben mir erschöpft ein und bekam von dem, was mich nun ereilte, nichts mit. Das Gespräch hatte mich aufgerissen, meine Innenwelt berührt. Ich spürte nach Jahren der ruhelosen Aktivität erstmalig wieder jene tiefe Traurigkeit in mir emporsteigen, jenes deprimierende Gefühl über mich selbst, das ich als junger Mann so oft erlebt hatte. Ich ahnte, dass die

Beziehung zu Ende ging, es tat mir weh. Ich sah keinen Ausweg, spürte aber intensiv, wie fragil mein Inneres doch war und dass ich diese Frau für mein emotionales Überleben eigentlich doch brauchte. Ich hätte mich selbst in den Hintern treten können. Was war ich doch für ein blöder Kerl, zugeknöpft, verstockt und eitel. Doch wie sollte ich das verändern? Mir kam keine Lösung in den Sinn! In dem Schmerz überkam mich eine Trotz-reaktion: Wenn diese Frau mich nicht mehr wollte und einfach so ging, dann, so dachte ich, konnte auch ich nicht mehr sein. Ich spiele tatsächlich mit dem Gedanken, mir das Leben zu nehmen! Ich fühlte mich in dem Augenblick wie ein Nichts! Mir rannen stumm die Tränen hinab. Ich verbat mir zu wimmern, damit ich sie nicht weckte, viel mehr aber noch, weil ich mich schämte. Ich fühlte mich erbärmlich klein, weil ich nicht fähig war mich zu öffnen.

Und im Gewahr werden dieser für mich wirklich aussichtslosen Lage überflutete mich urplötzlich eine furchtbare Angst – die Angst, tatsächlich nun vollkommen vernichtet zu werden! Es war ein Gefühl absoluter, purer Todesangst, die mir aber irgendwie aus Kindertagen bekannt vorkam. Ich begann, am ganzen Körper unmerklich zu zittern. Und je mehr diese Angst in mir hochstieg, um so mehr erkannte ich sie. Es war jener Albtraum, der mich in meiner Kindheit nachts so oft gefoltert hatte: Ich befand mich in einem vollkommen fensterlosen und dunklen Raum, in dem die massiven, riesigen Wände und die Decke aus glänzendem, dunkelblauem Stahl neben und über mir immer näher und näher auf mich zu rückten. Unerbittlich langsam und doch stetig schoben sich die Stahlblöcke zusammen. In die-sem sich verengenden Raum hockte ich nackt am Boden wie ein Häufchen Elend und erwartete zerquetscht zu werden. Das war jetzt aber kein Traum, im Wachzustand meines vollen Bewusstseins sah ich nun vor meinem inne-ren Auge das mir bekannte Todesszenario. Die massive Decke senkte sich immer weiter auf mich zu. Panik durchflutete mich genau wie damals in meinem kleinen Bettchen im Schlaf. Ich war in einem kaum beschreibbaren Zustand: Ganz wach neben meiner schlafenden Frau im Hier und Jetzt und zugleich als Bub in dieser Todeszelle mit dieser furchtbaren Angst, mein Leben zu verlieren *(Diese Fähigkeit, zwei Realitäten gleichzeitig wahrnehmen zu können, sollte sich viele Jahre später als große Qualität erweisen)*. Der Tod, so kam es mir vor, war unausweichlich. Ich würde jetzt wirklich auf diesem Bett bei vollem Bewusstsein vor Angst und Schrecken sterben.

Da ich als Kind dieses Drama ja als Traum nachts oftmals durchlebte, wusste ich, dass ich nicht verrückt bin, ich keine Wahnvorstellungen oder dergleichen habe, sondern dass da etwas in mir ist, was ich in meinen Kindernächten als oft wiederkehrende Erfahrung ertragen musste. Ich war auf diesem Bett vollkommen überrascht, dass ich diese Angst mit der gleichen Vehemenz nach über zwanzig Jahren empfinden konnte. Diese grenzenlose Furcht kam mir vor wie eine alte Bekannte. Deshalb flippte ich jetzt nicht aus, schrie nicht um Hilfe, sondern fasste im Gegenteil den mutigen Entschluss, nun endlich standzuhalten und mich dieser Angst zu stellen. Ich wollte wissen, was die Ursache für diesen Albtraum war. Als die schweren Stahlplatten immer bedrohlicher näherkamen, blieb ich unbeweglich auf meinem Bett liegen. Ich atmete tief in meinem Bauch. Jetzt, so dachte ich, hatte ich diesen Albtraum am Wickel, der mich als Kind so im Würgegriff hatte, der mich schreien und weinen ließ, bis mich die Mutter schüttelte und nach mir rief, um mich aufzuwecken. Als Kind war ich ein vollkommenes Opfer dieser Attacken, als Erwachsener wollte ich mich stellen: Woher kommst du, du unsägliche Angst? Was steckt dahinter? Ich fühlte mich wie jemand, der wusste, dass er einen furchtbaren Kampf zu bestehen hat, aber einen, den er am Ende nicht verlieren wird, dieses Zutrauen hatte ich. Und genau in diesem Moment meiner bewussten Entscheidung, die Angst auszuhalten und ihr ins Gesicht zu blicken, hörte sie schlagartig auf zu existieren, sie war in einem Augenblick wie weggeblasen, als ob das Licht ausgeht und es keinen Strom mehr gibt – das gesamt Bild verschwand.

Ich lag schwer atmend, fix und fertig auf dem Bett und hatte das Gefühl, dass die große Furcht sich nicht aufgelöst hatte, sondern dass mein Bewusstsein sich vor ihr schützen musste. Etwas hat instinktiv einfach die Leitung im Gehirn gekappt.

Über dieses abrupte Ende war ich vollkommen verstört und bedauerte das. Geräuschlos stand ich auf, verließ die Wohnung und machte einen Spaziergang zum Rhein, um meine Fassung wiederzufinden. So also funktioniert Verdrängung, dachte ich. Aus Selbstschutz kappt eine innere Psychopolizei die Datenverbindung, weil der Schmerz die Gesundheit vielleicht massiv gefährdet. Selbsterhaltung – der Sinn der Verdrängung, insbesondere bei Kindern, wenn die Not zu groß wird, wurde mir schlagartig klar. Es brauchte mehrere Tage, bis ich einigermaßen wieder im Lot war. In der Aufregung über die Trennung und das, was sie letztlich bewirkte, vergaß ich dieses Erlebnis, bis zu jenem Tag, dreißig Jahre später, an dem sich diese Energie in einer schamanischen Heilsitzungen unerwartet wieder zeigen sollte. Dann aber offenbarte sich mir endlich der Grund dieser massiven Todesangst.

Tief in meinem Herzen begriff ich nach dem Erlebnis, dass diese Frau mit ihrem Herzenswunsch, partnerschaftlich mit mir zu leben, auch für meine Entwicklung hätte gut sein können. Ich war zutiefst betroffen, als sie mir mein geringes Engagement für die Beziehung vor die Füße warf, doch es war die Wahrheit. Statt auf sie zuzugehen, hatte ich mich verkrochen, war beleidigt und pflegte meine innere Not. Es war zu spät, zu viele Verletzungen waren inzwischen geschehen, die Flamme war erloschen. Das Beharren auf der eigenen Position mit dem Verschluss des Herzens war der Todesstoß für die Beziehung. Und das mag ein Beispiel dafür sein, was Frauen mit uns Männern oft erleben: Wir reagieren in solchen Auseinandersetzungen vielfach mit unserem Notprogramm und leider oftmals auch mit Gewalt. Die Zeitungen sind jeden Tag voll davon. Jahre später, wenn wir vielleicht erkennen, bedauern wir das oft zutiefst, was wir da unter Umständen angerichtet haben. Ein Brief in meinem Tagebuch, den ich einst an meine Frau geschrieben hatte, ohne ihn dann wirklich abgeschickt zu haben, macht deutlich, wie hilfsbedürftig ich mich wirklich fühlte:

„Du, ich wollte heute so gerne bei Dir sein, leider bist Du kaum noch da. Ich fühlte mich heute in der Universität sehr bewertet, so beobachtet, wie ich mich verhalte, auch von Mitstudentinnen, die ich kenne. Die erzählen mir Sachen, die du von mir auch sagst. Es ist so anstrengend geworden, das Neue, was ihr Frauen wollt. Ich will zu Dir, will unsere Vertrautheit spüren, ich will nicht mehr diskutieren, analysieren und mich anpassen und mich richten nach Dir oder den Frauen dort. Ich will fühlen, bei Dir, in Deiner Nähe sein, die so gut für mich ist. Und doch kann ich das so wenig ausdrücken. Warum nur? Ich weine jetzt, weil ich mich ohne Dich so hilflos fühle und an meine Grenzen stoße. Ich bin hier zu Hause so einsam und allein ohne Dich, am Rande dieser grauen, großen Stadt. Ich spüre, wie viel es mir bedeutet, bei Dir und nicht alleine zu sein. Ich bin erschüttert, wie die Ansprüche und meine wirklichen Gefühle mich durcheinanderbringen.“

Als ich meine Not nun wirklich begriff und erkannte, dass ich mit dieser Sprachlosigkeit, meinem Rückzug und der Verbohrtheit mir selbst Schaden zufüge, war ich schließlich bereit einzugestehen, dass ich mich verändern müsste und Hilfe bräuchte. Erst als nichts mehr ging, war ich dazu bereit. In dieser Verfassung trat ich der frisch gegründeten Männergruppe in Düsseldorf bei, was meine Frau natürlich gut fand. Ein Gesprächskreis von Männern für Männer, die mit ihren sich emanzipierenden Frauen ebenfalls Probleme hatten. Männer, die auch mit Männern einen anderen Kontakt wollten, als den üblichen Konkurrenzkampf. Mit diesen Gesprächen verbesserte sich mein Zustand. Ich erkannte in ihren Geschichten meine eigene und mir wurde mehr und mehr bewusst, wie sehr ich in einem überholten Verhalten feststeckte und kaum noch Kontakt zu mir selbst zustande bekam. Die Beziehung zu den Männern, die schließlich über die Jahre Freunde wurden, hielt mich über Wasser.

Die Trennung aber empfand ich nach wie vor als so schmerzhaft, dass ich rapide an Gewicht, an Kraft und Statur verlor. Ich war nur noch ein Schatten meiner selbst. Dass ich nicht in der Lage war, aus diesem Zug einfach auszusteigen, zeigt mir heute, wie die innere Starrheit auch einen jungen Mann vollkommen blockieren kann. In dieser Situation verkroch sich meine Seele zum zweiten Mal. Und dann kam tatsächlich ganz unvermittelt der Tag, an dem ich mein Leben nun wirklich wegwerfen wollte. Verhindert hat das eine andere Frau, eine Studienkollegin, die mich rettete, weil ich mich retten lassen wollte. Sie sah meine Verzweiflung in einem Seminar und brachte mich bei ihr für einige Wochen unter. Stundenlang redete sie mit mir. Bei ihr konnte ich mich ein Stück weit öffnen. Mein zurückgelassenes, beleidigtes Ego aber fasste insgeheim aus Trotz den Entschluss, nie mehr Gefühle für eine Frau zeigen zu wollen. Statt also aufzuwachen, ergab ich mich lieber meiner Wut, die so groß und mächtig war, dass ich erschrak, so etwas in mir spüren zu können. In dem Moment, als ich letztmalig der ‚Verursacherin meines Elends‘, so sah ich das damals, in unserem gemeinsamen und nun leer geräumten Schlafzimmer gegenüberstand und sie endgültig und entschlossen: „Es ist vorbei!“ zu mir sagte, wusste ich, dass man mit dieser Wut Schlimmes anrichten kann. Der Schrecken darüber fuhr mir derart in die starren Glieder, dass ich mit jedem Vorschlag von ihr zur Auflösung unserer Verhältnisse bedingungslos einverstanden war.

Die Befreiung von dieser Wut, einer durch und durch dunklen und schweren Energie, wurde dann Jahre später eines der zentralen therapeutischen Erlebnisse auf meinem Weg zu mir selbst, was ich noch schildern werde. Ich brachte es zum damaligen Zeitpunkt meiner Entwicklung aber noch nicht fertig, in eine solche Therapie zu gehen, die hier und da inzwischen spärlich angeboten wurden, dazu war ich zu stolz, das machte damals ein Mann nicht! Die Männergruppe war für mich die Möglichkeit meine inneren Gefühle, mein inneres Chaos ein wenig zu ordnen. Das offene Miteinander half mir, mich selbst mehr und mehr anzunehmen.

Für einige Jahre hielt ich mich an meiner Karriere fest und ließ die Frauen an meiner hart gewordenen Schale abperlen. Ich ließ mich nicht mehr auf sie ein. Wie schon während meiner Lehrzeit verschloss ich mich. Zum zweiten Mal in meinem Leben reagierte ich auf Druck und Stress mit dem Totalrückzug und großen Versagensängsten. Das sollte allerdings das letzte Mal in meinem Leben so sein. Denn bereits nach diesem schmerzhaften Ablösungsprozess hatte ich trotz allem offensichtlich zwei Dinge verstanden, die einen neuen Weg aufzeigten: Ich wusste jetzt, dass ich im Zusammenleben mit einer Frau Verhaltensweisen von Zuhause übernommen hatte, die der Beziehung nicht guttun und nach denen ich partout nicht leben wollte. Ich stellte mir also schon Ende der 1970er Jahre erstmalig die Frage, wie es möglich ist, dass ich gegen meinen eigentlichen Willen Vaters Beziehungsgeschichte wiederholte? Außerdem hatte ich offensichtlich eine Wut in mir, die mir Angst machte, die mir zwar in dieser Intensität fremd war, die ich aber nach der Trennung in meinem manchmal aggressiven Verhalten anderen gegenüber wiedererkannte. Wo, so fragte ich mich damals, wo hat diese Wut ihre Ursache und vor allem, wie werde ich sie los?

Ich hatte eine Partnerin verloren, aber es nistete sich das Gefühl ein, dass ich dabei auch etwas gewinnen kann, ein zweites, neues Leben. Ein Leben, in dem ich mich selbst endlich entdecken könnte. Die Männergruppe war in den darauffolgenden Jahren eine völlig neue Erfahrung für mich und eine wirkliche Lebenshilfe in vielfältiger Weise. Dort lernte ich auch das Kochen. Sie stand neben der Aufarbeitung unserer Frauenprobleme auch für ein neues Verhalten unter uns Männern. Wir wollten keine Kriege mehr führen. Den Druck für Veränderungen machten aber die Frauen. Sie wollten vor allem die alten Rollen sprengen, sich selbst entdecken und ihre Verhältnisse zu Männern verändern. Wollten wir mit solchen Frauen zusammenleben, mussten wir einen neuen Weg finden. Das strebten wir an, jedenfalls in unseren Köpfen. Wir wollten nach unseren negativen Erfahrungen die Ehe im alten Stil genauso wenig wie auch die Frauen.

Eine Karriere – ja, irgendwie schon , aber anders, als Vater und Mutter sich das für uns ausgedacht hatten, wir wollten einen Beruf, der uns erfüllt und Freude macht. All das waren Themen in unserer Gruppe.

Die Abkehr von den Lebensvorstellungen der Eltern war also bei uns und auf offener Straße bei den Frauendemonstrationen nun beschlossene Sache. Die Frauen kamen demnach folgerichtig zu der weisen Erkenntnis: *„Das Private ist politisch."* oder: *„Die Stellung der Frau in den Familien sagt etwas über ihre Rolle in der Gesellschaft aus"*! Wie aber ein anderes Leben mit Frauen und vielleicht auch mit Kindern hätte aussehen, wie vor allem auch ein Frieden mit der älteren Generation, mit meinen Eltern hätte gelingen können, das war mir und uns allen damals völlig schleierhaft! Es hatte viel von einem Experiment, was es letztlich ja auch war. Es gab kaum oder gar keine Vorbilder, vieles wurde aus den USA über Filme und Reportagen unreflektiert übernommen. Das Leben sollte sich also irgendwie verändern – für einen Teil der Jugend! Viele Gleichaltrige aber, die die Auseinandersetzungen um neue Lebensgemeinschaften als wild, chaotisch und bedrohlich empfanden, vor allem aber als politisch links, wollten nach wie vor traditionell leben und waren in der Mehrheit. Sie verhielten sich mehr oder weniger still, arbeiteten vorwiegend für ihre Karrieren und fanden unsere neuen Versuche völlig bekloppt, was in öffentlichen Diskussionen in den neu gegründeten Kulturzentren oftmals zum Ausdruck kam. Die klassischen Medien wie Zeitung, Rundfunk und Fernsehen machten die Experimente erst dann zu einem großen Thema, als die Protestjugend auf allen Ebenen ordentlich Theater machte, was zu großen Konflikten auf den Straßen und Plätzen bis hinein ins Parlament führte. Die Frauen fühlten sich mehr und mehr bestärkt und machten jetzt Druck in den Familien, bei der Arbeit, in der Politik, sodass ein Veränderungsprozess bis in die kleinsten Verästelungen der Gesellschaft begann, der bis heute anhält. Die vielen kleinen positiven Veränderungen auf dem Arbeitsmarkt, im Familienleben, in unserer Kultur haben hier ihren Ursprung. Wir waren die Generation, die die alten Strukturen aufzubrechen hatte, damit Neues sich entwickeln konnte. Bei mir um den Preis des Verlustes einer Ehepartnerin, eines wichtigen Menschen für mich. Meinen Eltern habe ich erst dann von der Trennung erzählt, als ich stabil genug dafür war. Ich wusste aufgrund meiner Erfahrungen mit ihnen, wie sie reagieren würden und so war es auch: Insgeheim freuten sie sich, dass diese Beziehung ein Ende gefunden hatte!

Das Unbewusste

Nun ist es an der Zeit, darüber nachzudenken, warum so viele Konflikte zwischen Frauen und Männern, in den Familien und auf der Welt geschehen und sich ständig wiederholen, über Generationen hinweg. Warum die Menschheit sich nur langsam entwickelt und besonders Männer wenig veränderungswillig sind, so wie ich es einst war. Für das weitere Verständnis, besonders auch meiner Heilungsgeschichte im letzten Drittel des Buches, ist es sinnvoll, mit etwas Wissenschaft zu erzählen, woran das eigentlich liegt.

Heute kann diese Frage relativ eindeutig beantwortet werden: Es ist das Unbewusste in uns, was uns hindert. Nach den neuesten Forschungen hat es eine zentrale Bedeutung für unser Alltagsleben. Wie das funktioniert? Unbewusst heißt, ohne Bewusstsein! Wir ahnen in der Regel nicht, wie oft wir jeden Tag aus dem Unbewussten heraus handeln. Und je kontaminierter das Unbewusste ist, also mit schweren, problematischen Energien belastet, so das allgemeine wissenschaftliche Verständnis heute, um so stärker sind die täglichen Probleme und Schwierigkeiten. Die Klärung des Unbewussten wird dann zu einer vordringlichen Aufgabe, wenn er oder sie sich nach einem friedvollen, erfüllten Leben sehnt. Das Unbewusste zu einem bewussten Sein bringen. Die Arbeit an seiner oder ihrer Bewusstheit wird dann zu einer der edelsten Aufgaben, die Menschen in ihrem Erdendasein bewirken können. Nun, beginnen wir mit unserer Sozialgeschichte hier in Europa:

Hunger, Not und Kriege hatten sich über die Jahrtausende als Antriebsmotor für gemeinschaftliches Handeln ins kollektive Gedächtnis der Menschheit eingebrannt. Man war stets voneinander abhängig. Viele waren in brutalen Verhältnissen nur für das Essen und eine karge Unterkunft beschäftigt und lebten in Stämmen, Gruppen und Familien. Das hat sich in nur einhundertfünfzig Jahren industrieller Arbeit vollkommen verändert – das Ego eines aufgeklärten Kulturmenschen in der postmodernen, digitalen Gesellschaft ist zum neuen Mantra gesellschaftlicher Dynamik geworden. Für alles und jedes gibt es eine Lösung. Die Menschen in der westlichen Welt können aufgrund der wirtschaftlichen und politischen Verhältnisse im Fortgang der steten Ausbeutung der Ressourcen in den Entwicklungsländern erstmals in der Menschheitsgeschichte tatsächlich ohne

Einschränkungen massenhaft ihre Bedürfnisse, ihr Ego leben. Sogar der Hunger soll nach UN-Angaben in dreißig Jahren auf dem gesamten Planeten besiegt sein. Gleichzeitig wären nahezu eine Milliarden Menschen auf dem nordamerikanischen und europäischen Kontinent erstmals in der Lage, eine neue Rolle einzunehmen: Sie könnten aufgrund der gegenwärtigen politischen, wirtschaftlichen und kulturellen Bedingungen die Jahrtausende alte Tradition der massenhaften Knechtschaft in den Stämmen, Gruppen und Völkern hinter sich lassen, um in Selbstbestimmung zu leben und Schöpfer ihres eigenen Daseins zu werden. Das ist das großartige Potenzial, was in der Entwicklung unserer jetzigen Gesellschaften liegt. Die Frage ist also, ob die Menschen das für sich umsetzen können? Und wenn nicht, trotz der relativ perfekten politischen und sozialen Rahmenbedingungen in den entwickelten Zivilisationen? Was hindert jeden Einzelnen, warum verwirklichen die meisten Menschen dieses Potenzial nicht?

In fast allen Kulturen der vergangenen Epochen glaubte die Masse der Menschen, dass eine Veränderung ihres kargen, erbärmlichen Lebens unmöglich sei, dass ein Gott, ein König, eine Herrschaft oder das Schicksal *(was immer das sein mag)* verantwortlich seien für ihr beschwerliches, unselbständiges Leben. Ihr Dasein war schicksalhaft an bestimmte Vorstellungen, Regeln, Personen, Systeme oder Zeitläufe gebunden. Ein Entkommen aus diesen Zwängen war einschließlich der Generation meiner Eltern in vielerlei Hinsicht nicht möglich oder lebensbedrohlich. Vieles, was Menschen machten, war nicht durchdacht. Sie bezogen ihre Verhaltens- und Handlungsmotive meistens aus traditionellen Übereinkommen oder aus ihrem Gefühlsleben, aus dem Unbewussten. Der Mensch als Individuum war nicht wertgeschätzt und ein Menschenleben spielte über Jahrtausende keine Rolle. Angst vor so Vielem bestimmte die Tagesabläufe mit festen, elementaren Regeln und Glaubensmustern, die die Gemeinschaften als Bollwerk gegen rechtsunsichere Herrschaftssysteme für sich installiert hatten. Diese Regeln hielten viele Generationen stand für ein Leben, das extrem hart war. Bewusstheit war, wenn überhaupt und dann auch nur spärlich ausgeprägt, ein Privileg der gebildeten Oberklasse.

Erst im 21. Jahrhundert scheint sich eine Veränderung anzubahnen. Kaum ist noch etwas so, wie es vor dreißig, fünfzig oder gar einhundert Jahren war. Die anvisierte Selbstbestimmtheit im Grundgesetz oder der UN-Charta von Frauen und Männern wird in der westlichen Welt langsam durchgesetzt und gelebt. Es gibt Rechte für die Kinder. Solange also demokratische Rechtsstaaten funktionieren, existiert die Möglichkeit, die alten Überzeugungen vergangener Jahrhunderte hinter sich zu lassen. Jedem Einzelnen ist es heute möglich, das Stigma seines Schicksals, die tradierte Opferrolle zu überwinden. Die Menschen könnten eigentlich, wenn sie nur wollten, ein selbstbestimmtes, kreatives und mit vielen positiven Erfahrungen reiches, friedvolles und glückliches Leben in diesen demokratischen Rechtsstaaten schon heute führen. Der gesellschaftliche Rahmen dazu ist in vielen Staaten vorhanden. Warum ist das also für so viele Menschen scheinbar eben doch nahezu unerreichbar? Was hindert die Menschen, ein solches Leben zu beginnen? Warum, so frage ich mich seit vielen Jahren, sind es bisher so Wenige, die das für sich zu nutzen wissen? Warum sind,trotz der günstigen Rahmenbedingungen so wenige Menschen glücklich?

Die Antwort ist, wie man annehmen kann, nicht so ganz einfach. Beginnen wir die Gründe dafür zunächst in der gesamtgesellschaftlichen Lebenspraxis zu suchen, die uns offensichtlich oder scheinbar am Glück hindert. Denn der größte Teil der Menschen fühlt sich ausgeliefert an ein System, an Bedingungen und hält an problematischen und zum Teil überholten Lebenskonzepten fest, die uns wissentlich nicht gut tun: Die Art und Weise wie wir zur Welt kommen, erzogen werden, wie wir lernen, studieren und arbeiten, wie wir ohne Gemeinschaft leben, wie wir Paarbeziehung verstehen, wie wir die Erde ausbeuten und beschmutzen, einer veralteten Antriebstechnik nachhängen, wie wir vielfach konkurrierend miteinander umgehen, in den Familien, bei der Arbeit und die Staaten untereinander, wie wir kaum noch miteinander über das Wesentliche im Leben reden, wie wir uns ständig etwas vormachen, wie der erwirtschaftete Reichtum verteilt wird, wie wir immer einsamer werden, wie wir alt werden und wie wir sterben.

So zu leben haben wir alle im System Kapitalismus gelernt, dessen Brennstoff die Gier, das Ego und das falsche Spiel ist. Trotzdem soll er nach den Bekenntnissen der Politikwissenschaftler, Soziologen und Ökonomen das bisher beste Gesellschaftssystem auf Erden sein, obwohl der erwirtschaftete Reichtum nach wie vor bei denen verbleibt, die die Macht haben, wie vor hunderten und tausenden von Jahren auch. Dieses System führt dazu, dass die allermeisten Menschen in den modernen Gesellschaften in ihrem kleinen, egozentrierten Alltag Stress haben und jenseits einer natürlichen Umgebung leben. Sie haben wenig bis gar keinen Kontakt mit lebendiger

Natur, den Tieren und Pflanzen, mit menschlichen Gruppen. Viele Menschen leben für sich und haben die Verbindung zu ihrem Innersten, zur Intuition, zu ihren Potenzialen, zur Magie und zu ihren Ahnen verloren. Es scheint, als brauche man das im Kapitalismus nicht mehr. Das sind gesellschaftliche Verhältnisse, in denen wir mitwirken oder deren Opfer wir vielfach sind. Das ist die Ausgangslage und nun können wir fragen, kann man trotzdem zum Gestalter, zum Schöpfer seines Lebens werden?

In einem solchen Umfeld und Klima ist es schwer, andere Lebens-vorstellungen jenseits des Mainstreams zu entwickeln. Ähnlich wie es in einem Schweinestall schwierig ist, das eigene Parfüm oder das der anderen zu riechen, sind alternative Lebensformen in einer solchen egozentrierten Gesellschaft schwierig umzusetzen. Viele scheinen sich damit abgefunden zu haben, in diesem Saustall zu leben – möglichst komfortabel, jeder für sich in einem abgezäunten Viereck und vieles ausblendend. Man ist ständig mit sich beschäftigt, man entwickelt Ansprüche in dieser postmodernen Gesellschaft: Das Essen muss jetzt gesund sein (wir sind jetzt aufgeklärt), die Pflege des Körpers ist wichtig, vielseitige Freizeit, ein gutbezahlter und interessanter Beruf, ein Eigenheim, ein tolles Auto, eine mondäne Schiffsreise, Flugreisen, all das ist uns wichtig. Es muss auch noch Geld da sein für einen guten Kindergarten, eine leistungsorientierte Schule und es wird von den Kindern viel erwartet, ebenso vom Partner. So soll das erstmal weitergehen bis man Fünfzig ist. So will man leben, weil es möglich ist.

Die Soziologen bezeichnen diese Gruppe in unserer postmodernen Gesellschaft als neue Mittelklasse, die wenigstens 38 % der Bevölkerung ausmacht, die machtvoll ist und die die kulturellen Standards in der Gesellschaft setzt. Sie ist unbedingt leistungsorientiert und auf das Wohlergehen des eigenen Egos konzentriert. Gedanken an das Gemeinwohl, jener sozialen Zielorientierung der alten Mittel- und Oberklasse, gibt es hier nicht mehr. Um diesen Maßstäben der Trendsetter folgen zu können, mitzukommen bei der Beschleunigung der Arbeit und des Lebens, sind wir alle mehr oder weniger rund um die Uhr beschäftigt. Die neuen Medien tun ihres dazu. Das, was an materiellen Gratifikationen in unserer Gesellschaft inzwischen möglich ist, nimmt sich das Ego! Viele von uns fühlen sich getrieben und nicht mehr Herr ihres Lebens. Und völlig ausgeblendet scheint bei solch einem Leben das Wohlergehen anderer Menschen und das unseres Planeten Erde *(siehe Andreas Reckwitz: „Die Gesellschaft der Singularitäten")*.

Alle, die bei dieser Blaskapelle die Melodien mitspielen, haben kaum eine Chance auf ein erfülltes und von Zwängen befreites Leben. Es ist die gesellschaftliche Realität vieler, die uns jeden Tag schon morgens im Stau begegnen. Es gibt nur noch geringe Zeitfenster, die noch offenstehen. Die Leute machen das in der Regel einfach mit und immer weiter, weil sie das Gefühl haben, dass sie das müssen! Das ist einer der Gründe, warum es gesellschaftlich nicht richtig vorangeht. Die Verhältnisse, die sind nun mal so und beschweren den Entwicklungsprozess.Wie man da zunächst einmal persönlich rauskommt, schildert der weitere Verlauf meiner Entwicklung. Und um das nachvollziehen zu können, ist der Blick jenseits der gesellschaftlichen Bedingungen auf die Einzelnen, die handeln, zu lenken. Denn die Systeme haben bisher versagt.

Meine These: Das größte Hindernis für den menschlichen Fortschritt auf unserem Planeten ist die individuelle, seelische, psychische Befindlichkeit der Menschen, ihr Kranksein im Inneren, das massenhaft dann dazu führt, was wir im Moment erleben. Das wird erlebbar im persönlichen Verhalten und Handeln in der Begegnung. Und beides hängt nun maßgeblich vom Grad der Bewusstheit ab oder eben von der Verfassung des Unbewussten. Je mehr leidvolle Erfahrungen ein Mensch in seinem Unbewussten gespeichert hat, um so problematischer ist sein Leben und zwangsläufig auch das derjenigen, die mit ihm zu tun haben. Wie bewusst oder auch unbewusst leben also die Menschen in diesen sozial gut ausgestatteten sozialen Feldern der reichen Länder? Wie krank oder gesund sind sie?

Obwohl wir intellektuell wissen, was in der gesellschaftlichen wie auch der individuellen Lebenspraxis zu verändern wäre, arbeiten viele an einem Strategiewechsel für sich selbst deshalb nicht mit, weil sie ihrem kontaminierten Unbewussten folgen, auf die eine oder andere Art also blockiert sind, ohne dass sie das bemerken. Dass ihr Unbewusstes toxisch ist, wissen die Menschen in der Regel deshalb nicht, weil sie im Alltagsgeschäft auf das Unbewusste keinen Zugriff haben. Wenn man es ihnen sagen würde, sie würden es strikt verneinen, aggressiv würden sie werden oder das Gegenüber für verrückt erklären. Diese Abwehr ist gerade eine wesentliche Qualität des manipulierten Unbewussten.

Nach den neuesten Forschungen von diversen Wissenschaftsklustern und glaubwürdigen Instituten ist das Unbewusste das Energiezentrum, das den größten Teil unserer Entscheidungen in unserem Leben bestimmt. Und das, was dort in diesem Energiezentrum passiert, ist den Menschen in der Regel aufgrund wissenschaftlicher Erkenntnis vollkommen unbewusst. Dort ist eine Verhaltens- und Handlungsstrategie bestimmend, die bisher kaum eine Erwähnung erfuhr, sie war schwer nachweisbar, die aber bei Polizei, Staatsanwälten und Richtern nur zu gut bekannt ist. Mich interessierte diese Entscheidungsinstanz des Menschen seit ich bei mir selbst feststellte, wie stark mein Unbewusstes mein Leben als junger Mann dominierte und meine Entwicklung bremste. Die Vernunft kann, wie wir sehen werden, dagegen nichts ausrichten. Viele in unseren Gesellschaften wollen das aber immer noch nicht wahrhaben. Es sind die psychischen Energien des Unbewussten, die im Wesentlichen unser Leben, unsere Entscheidungen und vor allem auch unser Denken prägen, viel mehr, als wir annehmen. Im Unbewussten oder auch Unterbewussten *(gleiche Bedeutung)* liegt der Schlüssel zur Veränderung und Heilung, wie meine eigene Geschichte zeigen wird. Anhand meiner psychischen Verfasstheit wurde ja bereits deutlich, wie verdrängte Glaubenssätze und Verhaltensweisen der Eltern mich bestimmten, wie Ängste und Traumata, die im Unbewussten aufbewahrt waren, mein Leben behinderten.

Es gibt innerhalb der Bewusstseinsforschung und Neurobiologie inzwischen Erkenntnisse durch die experimentelle Feldforschung, nach denen unser privates und zu gewissen Teilen auch unser berufliches Leben nahezu zu achtzig Prozent von unserem Unterbewusstsein, von unbewussten emotionalen Zentren in uns gesteuert wird. Das Unter- oder auch Unbewusste ist das implizite, schon im Mutterbauch begründete Gedächtnis des Menschen, wo alle frühen Erfahrungen, die emotionalen, sensorischen und motorischen Eindrücke in der Hirnrinde und im limbischen System des Gehirns gespeichert sind *(siehe dazu auch Gerald Hüther)*. Das ist für uns Menschen überlebensnotwendig. Auf dieser Basis entwickeln sich dann später auch Vorstellungen und Verhaltensweisen, die für das praktische Leben dauerhaft und schnell zur Verfügung stehen. Und diese Grundlage macht es möglich, dass man über vieles nicht mehr nachdenken muss, dass wir also automatisch, aufgrund des limbischen Gedächtnisses, schnell handeln können. Das macht das Leben einfacher und eindeutiger. Das bedeutet auch, dass wir potenziell aufgrund der Automatismen in der Lage sind, Speicherkapazitäten im Hirn frei haben, neue Orientierungen und Grundhaltungen zu entwickeln. Sonst würde sich ja gar nichts Zukunftweisendes tun, sonst hätte die Menschheit auch nicht überlebt!

Das Unbewusste zeichnet sich also dadurch aus, dass es Teile unseres menschlichen Seins bestimmt, ohne dass wir das bemerken oder darüber nachdenken müssen. Dass da unbewusst etwas ist, was wir auch als ES bezeichnen können, bemerken wir erst, wenn ES geschehen ist. Das kann man inzwischen im konservativen Sinn als wissenschaftlich erforscht betrachten.

Dieses ‚Unbewusstsein', also das ‚Nicht-bewusste-Sein' unterscheidet die psychologische Wissenschaft allerdings noch einmal: Es gibt ein kollektives und ein individuelles Unbewusstsein. Carl Gustav Jung, der berühmte Schweizer Psychiater, hat sich vor dem II. Weltkrieg intensiv gerade mit dem kollektiven Unbewussten beschäftigt und erstmalig festgestellt, dass die Psyche des Menschen sich nicht nur auf das Freud'sche individuelle Unbewusste gründet, sondern insbesondere auch vom kollektiven Unbewussten beeinflusst ist. Er leistete damit eine außerordentliche Pionierarbeit. Das kollektive wie das individuelle Unbewusste habe große Auswirkungen auf das Verhalten von Menschen, ihr Verhältnis untereinander und das zur Natur und jeweiligen Kultur. Nach Jungs Forschungen generiert sich das kollektive Unbewusste aus ererbten Grundlagen der Menschheitsgeschichte, also aus dem historischen und mythologischen Erbe der Menschheit. Seitdem es Menschen gibt, trägt jeder unserer Vorfahren mit seinen individuellen Erfahrungen zum kollektiven Gedächtnis der Menschheit bei. Alles was je gewollt, gewünscht, getan worden ist, bleibt uns unbewusst erhalten. Den energetischen Komplex der männlichen Eigenschaften nannte Jung ANIMUS, den der weiblichen ANIMA. Beide Pole allerdings, so Jung, vereinen sich in unserem Selbst, unserer Seele. Alle Menschen dieser Welt sind diesen archetypischen Kräften, sind dem, was je geschehen ist, ausgesetzt. C.G. Jung benannte sie deshalb so *(„Arche" ist griechisch und meint den Urstoff des Lebens)*, weil sie größer und mächtiger sind, als wir individuell sein können. Es sind geistige, kollektive Energiefelder, in die wir hineingeboren werden und denen wir uns nicht entziehen können.

Gegen den Widerstand der klassischen Psychiatrie, die seine weltweiten Recherchen bei ganz unterschiedlichen Völkern und Kulturen einfach beiseite wischte, begründete Jung anhand von Fallstudien, dass die im kollektiven Unbewussten angesiedelten sogenannten Archetypen *(Urbilder der Menschheitsgeschichte wie die männliche, die weibliche Kraft mit der nährenden Göttin-Mutter und dem zornigen Gott, der alte Weise, der gute Hirte, der unsterbliche Krieger und Held)* bei allen Völkern ähnliche, ja, zum Teil gleiche Bedeutungen verkörperten, obwohl die Kulturen über Tausende von Jahren keinen Kontakt miteinander hatten. Um den Erdball herum verband die Menschheit offensichtlich eine gemeinsame Urerfahrung, aus der sich die Archetypen über Hunderttausende von Jahren herausgebildet hatten. Sie sind als Urbilder menschlicher Vorstellungsgabe im kollektiven Unbewussten eingelagert und in Träumen, Visionen, erlebnisorientierten Psychotherapien und künstlerischen Arbeiten für uns erfahrbar.

Die Erinnerungen an schmerzliche historische Katastrophen durch Naturereignisse, furchtbare Kriege, hemmungslose Gewalt und unersättliche Gier komplettieren dieses kollektive Unbewusste und prägen auch heute noch sowohl die Beziehungen der Nationen als auch die Verhältnisse der einzelnen Menschengruppen untereinander. Über den Austausch von Erfahrungen der beteiligten Menschen, ihre Rituale, ihre Trauer, ihre künstlerische und kulturelle Verarbeitung und schließlich über die Gerüchte und Legenden und die Geschichtsschreibung sind die kollektiven Ereignisse an nächste Generationen weitergegeben worden. Beispiel aus jüngster Vergangenheit: Der Genozid und Holocaust in Europa während der Naziherrschaft ist ein Teil des kollektiven Unbewussten der Deutschen und anderer Europäer geworden.

Auf der Grundlage der im Unbewussten gespeicherten kollektiven Geschichte der Völker und Volksgruppen konstituiert sich schließlich das jeweils individuelle Unbewusste. Es speist sich aus den subjektiven, vielschichtigen Lebenserfahrungen des einzelnen Menschen. Positive Erfahrungen, die mit Freude und Liebe verbunden sind, wie auch seelische Verletzungen, Traumata, das Gefühl von Ohnmacht, Ablehnung, Entwertung, Demütigung und die Angst vor Vernichtung während der frühen Kindheit, in der Pubertät, sind im Unbewussten gespeichert.

Dass dieses Unbewusste den größten Teil der Realität der Menschen beeinflusst, dass dokumentierten schon seit Freud die Erfahrungen und Veröffentlichungen fortschrittlicher Psychologen und Therapeuten. In aufwendigen Feldforschungen haben jetzt Neurologen und Neurolinguisten das nachgewiesen. Sie sind von Messungen und Beobachtungen im Alltag ausgegangen und haben festgestellt, dass unsere gesamten Denkprozesse an einem normalen Tag nur zu einem Bruchteil bewusst geschehen, zirka zwanzig Prozent. Nach diesen Erkenntnissen treffen wir jeden Tag zwischen 15.000 und 20.000 Entscheidungen, von ganz kleinen, im Drei-Sekunden-Takt bis zu den großen Lebensentscheidungen. Achtzig Prozent dieser Entscheidungen treffen wir also unbewusst. Jede einzelne, wahrgenommene Situation wird in Bruchteilen von Sekunden von unseren neuronalen Verschaltungen und synaptischen Verbindungen in unserem Gehirn unbewusst bewertet. Neuronale Schaltkreise, sogenannte „Frames" oder Deutungsrahmen, die sich über die gemachten Erfahrungen im limbischen System des Gehirns installiert haben, besorgen diese bewertenden, unbewussten Entscheidungen. Und diese einzelnen ‚Frames' oder Bedeutungsrahmen sind mit positiver oder negativer Energie geladen, die sich in einem positiven oder negativen Erfahrungszusammenhang über die Jahre der Entwicklung vom Kind zum Erwachsenen aufgebaut hat.

Der kognitive Apparat, unser Geist, ignoriert Fakten, neue Sichtweisen und inspirierende Konzepte dann, wenn es dafür keine passenden Deutungsrahmen oder ‚Frames' im Gehirn gibt. Kommunikation, Mitteilungen, Interaktionen, menschliche Prozesse, die also innerhalb der neuronalen Schaltkreise beim einzelnen Menschen auf keine dieser ‚Frames' *(gespeicherte Erfahrungen)* treffen, sind für den Wahrnehmungsapparat nicht vorhanden und deshalb auch kaum verwertbar, im besten Fall. Die unangenehme Alternative kann sein, dass das Neue negativ bewertet und sogar aktiv dagegen vorgegangen wird, nur weil man dafür keine Frames hat. Das, was ist, in der realen Welt, darf dann nicht und soll auch nicht sein. Es wird geleugnet. Gerade wir Männer meinen in unserer Hybris oft, etwas verstanden zu haben. Gibt es keine Deutungsrahmen, keine Frames für den betreffenden Sachverhalt in unserem limbischen System, beginnen wir Vorurteile zu produzieren, die sich aus der Energie des restlichen Unbewussten speisen, vor allem, um gut dazustehen. Noch schlimmer aber entwickelt sich das Ganze, wenn man sich das anschaut, was wir Gewissen (Teil der inneren Stimme) nennen. Menschen, die in Gemeinschaften oder Gesellschaften nach bestimmten Regeln groß geworden sind, haben dieses Gewissen ausgebildet. Wenn man diese korrektive Instanz aus Gründen des Machterhalts und des Profits ständig ignoriert, degeneriert dieses Gewissen nachhaltig, weil es keine alternativen Bedeutungsrahmen, keine Frames mehr gibt und sich das Netzwerk des Gehirns durch die fehlenden Botenstoffe verändert. Das Gehirn, seine materielle Struktur verändert sich tatsächlich! Ein solcher Mensch schafft sein Gewissen gewissermaßen durch sein raffgieriges Tun selbst organisch, leiblich ab.

Erklärbar werden dann die Taten zivilisierter, weißer und ausnahmslos christlicher Männer, die zum Beispiel die Naturvölker eines ganzen Kontinents ausrotteten und für viele Genozide im Zeichen des Kreuzes verantwortlich waren. Diese und solche vom gleichen Kaliber haben vom Schwert ausgehend bis zur Atombombe mindestens fünftausend Jahre Krieg und Zerstörung weltweit inszeniert – ohne Gewissen, wie man jetzt weiß.

Menschen, die Furchtbares inszenieren, anordnen oder befehlen, so ist die wissenschaftliche Schlussfolgerung, handeln aus einem kranken psychischen Energiekörper heraus und nicht, wie es den Zeitzeugen vielleicht erschien *(meinen Eltern zum Beispiel in Bezug auf Hitlers Arbeitsbeschaffungsprogramm)*, aus rationalen Überlegungen oder gar einer sozialen Vernunft heraus. Die psychische Krankheit jener Männer beeinflusst jedes Handeln, bar aller Vernunft *(siehe: „Die Kindheit Adolf Hitlers" in „Am Anfang war Erziehung" von Alice Miller)*. Sie selbst haben davon keine Ahnung, geschweige denn ein Bewusstsein. Die Führer sind eigentlich in einem desolaten emotionalen Zustand, auf einem mehr oder weniger niederen Niveau in ihrer Entwicklung stehengeblieben und aus spiritueller Sicht Opfer ihrer eigenen Taten! An ähnlichen Biographien, ja, an denen ganzer Männerhorden lässt sich das leider in der Realität verifizieren *(Der Genozid in Ruanda 1994, wo innerhalb von drei Monaten 800.000 Menschen ermordet wurden. Es gibt ausführliche UN-Studien dazu)*.

So kann man von Sigmund Freud ausgehend über Carl Gustav Jung mit vielen anderen Wissenschaftlern in der Vergangenheit und bis zu Gerald Hüther in der Gegenwart festhalten, dass die prägende Instanz für das menschliche Zusammenleben auf dieser Erde das Unbewusste ist. ES ist die eigentliche Triebfeder unserer alltäglichen Existenz. Das mögen jetzt viele vielleicht nicht wahrhaben wollen, aber sie sollten einmal abends bewusst aufschreiben, was sie für Entscheidungen am Tag getroffen haben und warum. Sie werden dieses Warum oft nicht beantworten können, weil sie die Motivlage ihres Unbewussten nicht kennen. Das ist ja gerade die Qualität des Unterbewussten, dass seine Inhalte nicht an der Oberfläche sind, wir kennen sie nicht, wenn wir uns nicht damit beschäftigen.

Darüber hinaus kamen die vielen Forscher zu dem Ergebnis, dass das Gesamtbewusstsein etwas von Chaos im positiven Sinn hat. Es gibt keinen direkten, kognitiven Zugriff darauf. Subjektive Innenwelten, so der Philosoph Thomas Metzinger, können nicht nachträglich analysiert und kategorisiert werden. Aus philosophischer Sicht ist mit dem Verstand, der Vernunft weder Bewusstsein noch das Unbewusstsein zu erfassen. Es gibt aber spirituelle Praktiken, die einem beides offenbaren können. Und es gibt eine menschliche Intuition, zu der ich später noch einiges ausführen werde, die die Qualität hat, die subjektiven Innenwelten zu repräsentieren. Doch daran muss man arbeiten, das geschieht nicht von selbst. Verständlich wird so, dass Menschen einen Vorgang, den sie alle gleichzeitig erlebt haben, ganz unterschiedlich beschreiben. Das Wahrgenommene kann in seiner Ganzheit nicht wiedergegeben werden, es werden nur Teile davon eingeprägt. Ein jeder glaubt, das Geschehene erlebt zu haben und schildert doch nur den Ausschnitt, für den er Bedeutungsrahmen, Frames, Rezeptoren hat, der sich wahrscheinlich dann von anderen Beobachtungen unterscheidet. Polizei, Anwälte und Richter erleben das jeden Tag bei der Befragung von Zeugen. Gerade deshalb sei auch Bewusstsein nicht kommunizierbar, so Metzinger, weil das Erleben von Bewusstsein und besonders natürlich von Unbewusstsein so ungeheuer komplex ist.

Es sind vor allem die unbewussten emotionalen neuronalen Zentren, die diese Komplexität ausmachen, die die Bedeutungsrahmen, die ‚Frames', mit Botenstoffen, mit Hormonen versorgen, je nach den Reizen, die die Menschen aus der Realität erfahren und die wir nicht im Griff haben. Therapeuten können anhand von ‚Fällen' demonstrieren, dass Bewusstsein generell getrübt und dem ausgeliefert ist, was in tieferen Schichten des menschlichen Seins sich machtvoll als unbewusste Instanz entwickelt hat. Was heißt das nun für das einzelne Leben?

Je schmerzlicher Erfahrungen sind, je früher sie uns in unserem Leben treffen, um so mehr verankern sich diese ‚Frames' mit Informationen, die eine schwere, negative, belastende Qualität haben. Es entstehen dann negativ geladene Deutungsrahmen, die, werden sie nicht aufgelöst *(Therapie/Energiearbeit)*, im späteren Leben nur bestimmte Reize im Außen brauchen, um virulent zu werden. Bleiben wir mit und in dieser problematischen persönlichen Entwicklung stehen, verweigern wir uns aufgrund unserer Vorurteile neuen, öffnenden Erfahrungen und orientieren wir uns weiterhin an den bekannten Vorstellungen und Glaubensmustern unseres Unbewussten, bleiben wir Opfer unserer Probleme.

Wir bekommen dann gar nicht mehr mit, dass wir festgefahren sind und einfach etwas nicht sehen und wahrhaben wollen. Und dann fangen zum Beispiel Männer an, Machtspiele zu inszenieren, sich zu verbunkern, Intrigen zu spinnen. Im letzten Stadium der Verschlossenheit sind sie auch bereit, körperliche Gewalt einzusetzen, rumzubrüllen und sich wie im Mittelalter zu verhalten. Sie nutzen am Ende ihre körperliche Macht und Kraft, um zum Beispiel Frauen zu dominieren, ihnen oder den Kindern etwas anzutun. Im kollektiven Unbewussten der Frauen hat dieser Frame eine hohe Energiedichte: Vorsicht, Männer sind stärker, ich füge mich lieber! Dieses unbewusste Agieren der Männer gestaltet Welt. Sie haben die Macht dazu. Das ist die Crux und einer der zentralen Gründe, warum sich diese Welt nicht wandelt und zum Beispiel Gewalt *(Militär und Waffen)* immer noch eine so große Rolle spielt. Vor allem aber leben Männer diese Art von Bewusstlosigkeit innerhalb ihrer gewohnten Beziehungen zu ihren Kindern, ihren Frauen und Arbeitskolleginnen und -kollegen aus. Je näher die Männer zu jemandem Kontakt haben, um so unbewusster verhalten sie sich in der Regel. In der gewohnten Nähe können sie die Kontrolle lockern oder aufgeben, da fühlen sie sich vermeintlich sicher und handeln aus dem Unbewussten heraus.

Das Unbewusste entscheidet auch, warum wir dieses Auto kaufen und jener Frau nachschauen, ein bestimmtes Essen mögen, uns dieser Film gefällt und jene Raumausstattung uns anspricht. Wir wissen selten, warum wir diese Vorlieben haben. Wir sagen einfach, dass es uns gefällt. So ist es andererseits auch mit dem, was uns nicht gefällt, warum wir uns über jemanden aufregen, obwohl wir vielleicht die Sachverhalte, das Ganze gar nicht kennen, weshalb wir plötzlich traurig sind, warum wir in einer bestimmten Situation Angst bekommen und warum wir möglicherweise jemanden hassen.

Die Hormone und Botenstoffe in den Schaltzentren produzieren diese Gefühle. Sie sind im Wesentlichen das Energiezentrum für unseren Deutungs- und Bewertungsapparat. Sie sind verantwortlich für unsere Abwehr oder positive Zuwendung. Und im Bereich der Gefühle liegt auch der Schlüssel zu jeder Veränderung, die Möglichkeit der Erkenntnis und Heilung. Und sie kann nicht, wie viele meinen, mit kognitiven Ansätzen vollbracht werden, was zum Beispiel die Verhaltenstherapie zu bewirken versucht. Meistens bedeutet das nur eine Linderung, die Probleme kommen oft auf andere Weise, meistens noch kräftiger zum Vorschein, weil sie im unbearbeiteten Unbewussten ihr Energiezentrum nach wie vor haben.

Auf der Ebene der energetischen Rekonstruktion von gefühlten Inhalten aber kann tatsächlich etwas verändert werden. Ich schreibe dieses Buch auch deshalb, weil ich diese Veränderung durchgemacht habe. Ich erzähle im letzten Drittel anhand meiner vier zentralen Ängste, die den größten Teil meines Unbewussten dominierten, wie durch Energiearbeit das Unbewusste in Bewusstheit verwandelt wurde. Wie die alte Angst sich auflöste und fortan keine Macht mehr über mich hat. Die Forschung hat soeben genau das feststellt: Das Gehirn ist lernfähig, solange wir leben, wir können vieles verändern, auch unsere Bedeutungsrahmen, die Frames. Die Hirnforschung zeigt, dass wir zu jedem Zeitpunkt unseres Lebens die alten Schaltpläne, die Gewohnheitsmuster verändern können, indem wir den alten Mist entsorgen und Erlebnisse generieren, die uns anderes erleben und fühlen lassen. Erst unmerklich, aber dann immer stärker werden die neuen ‚Frames' mit Energiebahnen ausgebildet und neu im limbischen System verankert, verkörpert, wie Gerald Hüther es nennt.

Für jene, die meinen, dass sie bisher gut ohne die Klärung ihres Unbewussten klar gekommen sind, also ihre Verdrängungen gut funktionieren, ist es vielleicht wichtig zu wissen, dass auch bei der perfektesten Verdrängung über viele Jahre die Energiezentren im Unbewussten auf unser Verhalten und Handeln immer intensiver einwirken und schließlich zu einer kaum zu reparierenden Belastung heranwachsen, je länger sie unbearbeitet sind. Schauen wir uns den Mechanismus in diesem Zusammenhang etwas vereinfacht an. Wenn wir einst eine schmerzhafte Erfahrung in der Eltern-Kind-Beziehung gemacht haben, wenn wir zum Beispiel als Kind in einer von uns leidenschaftlich gewollten Situation, in der wir aktiv geworden sind, autoritär zurchtgewiesen, gar misshandelt wurden, dann erfahren wir als Kind beim Erleben dieser Maßregelungen zunächst einmal eine ungeheure Verwirrung und Angst. Die Person, die wir ja eigentlich lieben, von der unsere Existenz abhängt, misshandelt uns und fügt uns Leid zu, das bringt uns vollkommen durcheinander. Dann ist da noch die Strafe selbst, die Schmerzen, Erniedrigung und Entwürdigung verursacht. Das alles für etwas, was wir total wichtig für uns und gut fanden. Als Kinder wollen wir überleben und sind abhängig, wir passen uns an, geben klein bei und versuchen das schnell zu vergessen. Wir können diese Erfahrung alleine nicht in unserem Bewusstsein integrieren, weil sie mit soviel Verwirrung, Schmerz und Leid verbunden ist von jemandem, der für uns wichtig ist, den wir lieben. Im vollen Bewusstsein dieser Konfusion, dieses Leides könnte man als Kind nicht überleben, man würde durchdrehen, man würde sterben.

Deshalb wird der ganze Vorgang verdrängt, eine grundsätzlich positive menschliche Fähigkeit. Da später in aller Regel niemand mit dem Kind darüber spricht, und hier beginnt dann die Erfahrung und Verdrängung ein Problem zu werden, kann es somit das Geschehene über Sprache, also das Bewusstsein auch nicht einordnen. So wird dieses komplexe Erleben als Gesamterfahrung energetisch ins Unbewusste abgedrängt. Häufen sich derartige Erfahrungen, reichert sich das Unbewusste stetig mit derartig negativ besetzten Energien an. Die Verdrängung wirkt, der Schleier des menschlichen Vergessens breitet sich darüber und hüllt alles Unangenehme bis zu Unkenntlichkeit ein. So entwickelt sich also ein Teil unseres Unbewussten, in diesem Fall eine leidvolle Erfahrung. Und mit der Zeit entsteht ein komplexer Bedeutungszusammenhang für einen bestimmten Inhalt, der nun im Unbewussten mit negativer, unangenehmer Energie aufgeladen ist. Später als Erwachsene durchschauen wir das nicht. Als Erwachsene/r begegnet uns dann eine Lebenssituation, die mit diesen negativen, verdrängten Erfahrungen korrespondiert und wir fallen ins Loch, verlieren unsere Kraft und reagieren unserem Charakter entsprechend. Doch wir wissen nicht warum?

Bei schweren inneren Erschütterungen können sich schließlich aufgrund der verdrängten Inhalte eine innere Gleichgültigkeit und Depressionen entwickeln, die zu Psychosen oder gar, je nach Intensität, zu einem mehr oder weniger autistischen Verhalten führen können. Diese oder ähnliche Erfahrungen kreieren auf jeden Fall einen energiereichen, mehr oder weniger negativen Bedeutungszusammenhang im Unbewussten für die Zukunft. Derartige Erfahrungen in der Kindheit sind auch eine hinreichende Erklärung für die Gewaltbereitschaft von so vielen jungen Menschen, die sich dem Terrorismus oder einer entsprechenden linken oder rechten Ideologie zuwenden. Sie vereinen in ihrer Sozialisation meist eine Vielzahl der o.g. negativen Erfahrungen in ihren Elternhäusern oder anderen entmenschlichten Verhältnissen. Zur Verdeutlichung hier die Geschichte einer psychischen Verletzung aus meinem Leben, wie ich sie als pubertierender vierzehnjähriger Junge zu Hause erlebte. Sie steht für andere derartige Erfahrungen in meinem Leben und zeigt, wie sich solche Erfahrungen auswirken können:

Meine Eltern bewirtschafteten in meiner Kindheit und Jugend einen großen Garten, in dem sie Gemüse, Kartoffeln und Obst für den Eigenbedarf anbauten. Das war in den 1950/60er Jahren durchaus so üblich. Der Vater hatte einen LKW voll mit Mist vom Bauern kommen lassen, der als Dünger für die Erde im Garten dienen sollte. Ein Haufen Pferde- und Kuhmist wurde vor unserem Haus auf die Straße gekippt. Es war eine wenig befahrene, kleine Straße, die nicht sehr breit war, sodass der Misthaufen relativ schnell innerhalb von ein bis zwei Tagen weggeschafft werden musste, damit die wenigen vorbeifahrenden Autos nicht zu lange behindert waren. Mein Vater fragte mich am Abend auf eine vertrauens erweckende Art, ob ich mir zutraue, einen Teil dieses Haufens nach der Schule mit der Schubkarre über die abschüssige Wiese in den Garten auf den angrenzenden Acker befördern zu können. Bevor ich richtig nachdachte und mir den Misthaufen nochmals ansah, sagte ich „ja" dazu! „Gut", sagte er, ich solle am nächsten Tag nach der Schule schon anfangen, damit die Straße etwas freier würde, er käme dann schon dazu, würde etwas früher von der Arbeit kommen. Ich war etwas verdattert über die große Aufgabe, freute mich aber auf die Arbeit, konnte ich doch endlich einmal mit meinem Vater etwas zusammen erleben, ohne dass Angst und Anspannung zwischen uns stand. So ein Misthaufen kam da gerade recht. Ich phantasierte, dass ich nun die Chance hatte, ihm zu zeigen, dass ich schon zu etwas tauge, ja, dass ich schon stark bin und er vielleicht somit auch ein wenig Respekt und Achtung vor mir haben würde. Ich wollte seine Anerkennung für meine sprießenden Kräfte als junger Bursche.

Als ich die erste Schubkarre vierzig Meter nach unten in den Garten befördert hatte, wusste ich, auf was ich mich da eingelassen hatte. Es überforderte nicht nur meine physischen Kräfte, ich war auch eigentlich psychisch noch nicht in der Lage, mich immer wieder zu motivieren, noch eine weitere schwer beladene Karre nach unten zu befördern. Es war eine Tortur. Manchmal ließ die Kraft so nach, dass die Mistkarre immer schneller mit mir ins Rollen kam – das Gelände war ja abschüssig. Ich musste sie dann mit den Kufen durchs Gras die restliche Strecke runterrutschen lassen, was natürlich im Rasen tiefe Spuren hinterließ.

Als ich die Hälfte des Misthaufens in den Garten verfrachtet hatte, war die Straße schon relativ freigeschaufelt, mein Vater aber war immer noch nicht zu Hause, und ich wollte aufhören. Ich stand schwer atmend, mich an der Mistgabel festhaltend, vor dem restlichen Haufen und empfand das plötzlich als wirklich furchtbaren Mist, als Katastrophe, als Irrtum, als eine vollkommen bescheuerte Sache. Ich war erschöpft und mit meinen Kräften am Ende. Meine Mutter war in der Stadt einkaufen, was also machen? Und da packte mich die Angst. Wenn er abends kommt und den restlichen Haufen sehen würde, wäre er sauer auf mich. Er hatte bestimmt die Erwartung, dass ich das schon hinbekomme. Zudem entflammte jetzt mein Ehrgeiz. Ich wollte es schaffen, damit er zufrieden sein kann. Eine große innere Energie wurde frei nach dem Motto, das kriegst du hin. Papa wird es freuen, dann braucht er nicht mehr ran, seine Anerkennung ist mir dann sicher und es gibt ein besonderes Lob, dann hab' ich bei ihm ein Stein im Brett! Das konnte nur noch gut werden. Auch wenn mir beim Befüllen der Schubkarre mit der immer schwerer werdenden Mistgabel die Muskeln zitterten, mir der Rücken schmerzte, sich Blasen an den Händen bildeten und sie weh taten, ich arbeitete wie ein Berserker! Ganz alleine bewältigte ich diese LKW-Ladung Mist und natürlich war ich am Ende der Arbeit sehr, sehr stolz auf mich. Körperlich war ich zwar völlig am Ende mit aufgeplatzten, blutigen Händen, aber innerlich war ich stark und voller Zufriedenheit. Meine Mutter war natürlich ganz begeistert, war aber ebenso enttäuscht wie ich, dass mein Vater nicht dabei war.

Ich aber wollte natürlich seine Wertschätzung für die schwere Arbeit. Nun hatte ich es ihm aber mal gezeigt, jetzt wird er staunen! Das war der Stoff, der in der Familie Anerkennung bringt. Es ist aber auch eine Geschichte für Dramen, doch das wusste ich noch nicht. Mein Vater kam an diesem Abend überhaupt nicht nach Hause, er war mal wieder mit seinen Kumpeln bis tief in die Nacht irgendwo versackt. Am anderen Morgen sah ich ihn nicht und am darauffolgenden Tag auch nicht, da musste er Überstunden machen. Der zwischenzeitliche Regen hatte alle Spuren des Misthaufens weggespült. Zudem hatte Mutter noch die Straße gefegt. Die Spuren meiner Arbeit waren getilgt. Ich versuchte, den Rasen wieder glatt zu trampeln, damit Vater die Rillen im Rasen nicht sehen konnte, fürchtete ich doch, dass das Ganze doch noch irgendwie schieflaufen könnte.

Am dritten Tag endlich trafen wir uns beim Mittagsessen. Ich wartete sehnsüchtig auf seinen Kommentar, rutschte auf meinem Hintern aufgeregt hin und her, denn ich fühlte mich stark. Da kam dann ganz unvermittelt die Bemerkung, dass ich die Arbeit ja brav gemacht hätte, aber dabei der Rasen beschädigt worden sei und der Mist von mir nun leider auf die falsche Seite des Gartens gekippt worden wäre. Er hätte auf die andere Seite sollen, jenseits des Weges. Ich schaute ihn völlig verstört an. Jetzt müsse er ja doch noch ran, sagte er lakonisch weiter. Mir schossen die Tränen in die Augen. Das war's dann für mich, ich sackte zusammen und fühlte meine schmerzenden Muskeln, den geschundenen Rücken und sah auf meine verletzten Hände. Ich stand schnell vom Tisch auf und lief auf die Toilette, dieses Mal um zu weinen. Das bemerkte Vater dann auch, wahrscheinlich auf einen Hinweis meiner Mutter. Er versuchte, vor der verschlossenen Tür mich zu trösten, es sei ja schon gut, ich hätte es ganz gut gemacht. Doch der Zug war für mich abgefahren.

Es war damals für mich eine typische Situation: Ich habe mich aus meiner Sicht übermenschlich angestrengt, körperliche Schmerzen und Verletzungen in Kauf genommen, um meinen Vater zufriedenzustellen und um das Verhältnis zu ihm mit dieser Leistung zu verbessern, letztlich dem Wunsch folgend, geliebt zu werden. Unbewusst brannte sich bei mir ein: Ich habe es vermasselt, ich habe es wieder falsch gemacht, ich mache ja immer alles falsch. Mit dieser Erfahrung bin ich dann zwei Jahre später in die Ausbildung nach Düsseldorf gefahren. Nahtlos schlossen sich die dortigen Erlebnisse an diese Erfahrung, ich schilderte es. Die negative Bewertung meines Vaters war eine tiefe Verletzung, die nicht die letzte blieb. Derartige Bewertungen trübten meine Aura und beschädigten mein Selbstwertgefühl nachhaltig. Der Schmerz über eine solche Behandlung wurde ins Unbewusste verdrängt, denn lange kann man das nicht aushalten, schon gar nicht in dem Alter. Das Resultat war mein Rückzug, die beschriebene Verschlossenheit oder eben, je nach Situation, ein egozentrisches Machoverhalten als junger Mann in dem Sinn, die Entlarvung meiner Unsicherheit zu verhindern.

Darüber hinaus verweigerte der Vater das Mittun, auf das ich mich so gefreut hatte. Er ließ mich unbeachtet und allein zurück. Das war die zweite Kränkung, die mich schmerzte, die mir auch deshalb so wehtat, weil ich meinen Vater liebte. Ich wollte innigen Kontakt zu ihm, der sogar über einen Misthaufen sich hätte realisieren können, wenn er mich nur wahrgenommen und wir gemeinsam angepackt hätten. Ich überforderte bei weitem meine Kräfte, was ich als Erwachsener danach auch in meinem beruflichen Leben tat. Sicherlich auch aus Gewohnheit, aber auch, um die gewünschte Anerkennung zu bekommen. Und das war die dritte Verletzung: Mein Bedürfnis nach Nähe zu ihm und nach seiner Wertschätzung erkannte er nicht.

Um damit klarzukommen, emotional zu überleben, packte ich meine Verletzungen in mein Verließ. Man würde ja sonst verzweifeln, mit so einem Vater ständig zusammen sein zu müssen. Mein innerer Energiekörper bekam dunkle Flecken. Diese schwere Energie reicherte sich weiter mit ähnlichen Erfahrungen in der Ausbildung an und legte sich wie ein grauer Mantel über meine Seele. In meinem Unbewussten wuchs dann zwangsläufig folgender Bedeutungszusammenhang mit den Glaubenssätzen: *Du darfst nicht versagen. Du musst dich noch mehr anstrengen. Du musst einfach perfekt sein!*

Mit große Bereitschaft und viel Einsatz sich anzustrengen, sich Anerkennung zu verschaffen, ist der Treibstoff unseres Wirtschafts- und Kultursystems. Das ist seit Schreber so gewollt und das wird gerade unter Männern positiv bewertet. Wenn auch die Nationalmannschaft schlecht spielt, Hauptsache ihr Einsatz ist hoch und sie kämpfen. Dann ist das Volk zufrieden. Das war ein großer Teil meiner Pseudoidentität. Ich stand als junger Mann fortan unter Druck, etwas zu beweisen und nicht zu versagen.

Und dann der nächste Glaubenssatz: *Nähe ist offensichtlich nicht wichtig und irgendwie kein Thema, also bleib ich für mich selbst und tue, was ich tun muss, eben allein. Ich werde mich auch so durchschlagen.*

So zog ich mich zurück und versuchte, soviel zu lernen, dass ich alleine überleben konnte nach dem Motto: *Auf andere kann man sich nicht verlassen. Ich brauche niemanden, schon gar keine Hilfe, denn die kommt nicht.* Das machte mich als Jungfilmer letztlich überheblich. Das ist ebenfalls ein typisches Männerverhalten.

Und schlussendlich der dritte Glaubenssatz, der sich im Unbewussten manifestierte: *Meine Bedürfnisse sind nicht wichtig, werden nicht ernst genommen. Bedürfnisse zu haben, ist nicht angesagt. Also habe ich keine. Ich tue, was angesagt ist. Fertig!* Das war einer der Gründe, warum ich meinen Freundinnen nie sagte, was ich wirklich wollte! Und deshalb, so ist zu vermuten, sagen auch meine Leidensgenossen, die Männer so selten, was sie vorhaben, was sie beabsichtigen, was sie mögen oder nicht wollen. Sie fürchten damit falsch zu liegen und möglicherweise dafür abgestraft zu werden. Daraus resultiert ein bestimmtes introvertiertes oder auch, je nach Situation, aufgesetztes Matcho-Gehabe als Schutzwall.

Die Ursachen aber, also die Verletzungen und Kränkungen hinter diesen Fassaden verdrängte ich, legte sie als Junge in meiner Not damals unbewusst in die innere Abfalltonne, in der schon anderes sich angesammelt hatte und passte mich an, oft auch gegen meine Interessen. Das machte mich obendrein noch traurig und kam zu der Traurigkeit hinzu, die ich als Kind schon mit mir herumtrug. Fatalerweise macht man sich die Glaubenssätze zur eigenen Natur. Ich glaubte, beziehungsweise man glaubt als Mann dann tatsächlich, dass das so stimmt, richtig ist, dass das Leben so sein muss, dass dieses Sich-Anstrengen, dieses egozentrische Verhalten auch gegenüber der eigenen jungen Frau genau so richtig ist, weil man irgendwann einmal in seiner Not solche inneren Beschlüsse für sich gefasst hat, die man ins Unbewusste entlässt. Den Satz meiner damals frustrierten ersten Ehefrau: „Sei doch mal du selbst", den versteht man dann nicht, weil man gar nicht mehr weiß, was dieses SELBST überhaupt ist, was das bedeuten soll. Die Deutungsrahmen, Frames mit den Verschaltungen im Gehirn gibt es dazu nicht, sie kennen nur die Glaubenssätze, die Fremdbestimmung, die man sich selbst zur Navigation durchs Leben auferlegt hat. „Reframing" nennt man dann die Veränderung der eigenen Glaubenssätze im Heilungsprozess.

Wenn man nun davon ausgeht, dass achtzig Prozent unserer Entscheidungen aus dem Unbewussten stammen, dann ist die Wahrscheinlichkeit groß, dass wir oft aus diesem verdrängten, mehr oder weniger leidvollen Schmerzkörper heraus unbewusste Entscheidungen für uns und andere treffen. Die Energien, die sich mit den Glaubenssätzen aus dem Unbewussten zeigen, offenbaren dann unterschiedliche Charaktere, die sich auszeichnen durch: merkwürdige Attitüden, übersteigertes Geltungsbedürfnis, Perfektionismus, Kontaktarmut, skurrile Verhaltensweisen, Suchtverhalten und andere Auffälligkeiten. Dazu gehört auch Haltlosigkeit oder das Gegenteil davon, Strenge und Härte, Arroganz, ständiges Gerede, immer Recht-haben-wollen, Schüchternheit, ängstliches Verhalten und andere Neurosen. Erkennbar in der Teamarbeit sind im täglichen Leben dann oft auch Verhaltensweisen wie Unnachgiebigkeit, Sturheit, Zynismus, massiver Durchsetzungswille, Aggression oder eben auch das Gegenteil davon: Anpassung, Kommunikationsschwierigkeiten, Angstschübe, Einsamkeit oder Rückzug. Das legt sich gleich einer dicken Panzerung um das wirkliche Selbst, die Seele eines Menschen.

Dieser Verhaltenspanzer beschützt gleichsam das sensible, angstdurchflutete Innere. Glücklich wird man auf diese Weise nicht! Waren die Verletzungen früh in der Kindheit aber besonders schwerwiegend und ausdauernd, erkennt man später dann aggressives Verhalten, Größenwahn, ständige Eifersucht, Hass und dann kommt es unter Umständen zu gefährlichen Aktionen und zu Gewalttaten bis hin zur Selbstaufgabe, zum verzweifelten Selbstmord oder Mord, zum Holocaust. Hitler war ein geschlagenes und missbrauchtes Kind und hat diese erfahrene Energie gepaart mit seiner Macht als Erwachsener einfach weitergelebt. Sein rechter Arm schütze ihn einst notdürftig vor den Schlägen des Vaters. Der Arm war nach Jahren der Folter so deformiert, dass er ihn als erwachsener Mann kaum gebrauchen konnte.

Diejenigen, die nur einen kleinen Teil solcher monströser Erfahrungen erlebten, wie ich zum Beispiel, die eine strenge aber durchaus ‚normale' Erziehung erlebten, führen in der Regel ein Leben als angepasster Normalbürger. Solche Menschen verhalten sich in vielen Situationen zweigleisig: einerseits im Sinn der gesellschaftlichen Konventionen, andererseits aber auch aus ihren verdrängten Anteilen heraus ein wenig unpassend, zum Teil unangemessen, mit Vorurteilen argumentierend, nicht verständlich, reden viel und sind vielleicht auch auffallend vorlaut und abhängig von so vielem Äußeren. Oder sie haben durchaus Hintergründiges im Sinn, verhalten sich ängstlich passiv oder ein bisschen aggressiv (wie ich es als junger Mann tat), ein wenig zynisch oder auftrumpfend – alles in allem eben neurotisch. Sie haben ein starkes Kontrollsystem verinnerlicht und fallen deshalb nicht sonderlich auf, weil ein derartiges Verhalten auch viele, viele andere teilen. Sie sehnen sich nach Anerkennung der Anderen und versinken im Boden bei Kritik. Claudio Naranjo und andere haben dazu ein wunderbares Analysesystem für die unterschiedlichsten neurotischen Charaktere wieder zum Leben erweckt, was auf einer uralten Weisheit gründet, das sogenannte Enneagramm *(siehe Richard Rohr und Andreas Ebert: „Das Enneagramm, die neun Gesichter der Seele").*

Das System fasst neun verschiede Charaktere in ihren neurotischen Verhaltensweisen zusammen, wo jeder sich wiederfindet, wenn er ehrlich mit sich umgeht. „*Das Enneagramm kann uns helfen unsere Selbstwahrnehmung zu läutern, (...) und immer besser zu unterscheiden, (...) wann wir Gefangene unserer Vorurteile sind – und wann wir fähig sind, für Neues offen zu sein,"* (siehe Rohr/Ebert).

Solche Neurotiker, wie ich auch einer war, sind millionenfach sozialisiert und passen perfekt ins System. Trotz der gelungenen Verdrängung und der täglichen Ablenkung kommen wir aber oft mit unseren Problemen und Ängsten in Berührung, die wir über allerlei Hilfsmittel und Krücken versuchen möglichst nicht zur Kenntnis zu nehmen. Genauso kann es sein, dass wir uns häufig stoßen, verletzen, lassen schon wieder ein Glas fallen, haben einen Unfall. Die Situationen verschärfen sich mit zunehmender Nichtbeachtung. Wir bemerken langsam, dass wir immer wieder auf das gleiche Spiel hereinfallen, plumpsen ins bekannte Loch, reagieren auf die gleiche blöde Weise, ohne auch nur im Ansatz einen Weg aus dem Dilemma finden zu können.

Die Sehnsüchte dieser Neurotiker sind ein ständiges Thema in der Literatur und besonders der darstellenden Kunst. Diese Produktionen zeigen massenhaft: Das vergebliche Bemühen um die wahre Liebe, die, wenn man sie gefunden hat, man sogleich wieder verliert oder ermorden muss. Das Streben nach einer Freiheit, die sich oftmals im Materiellen verliert. Die Sehnsucht nach Freude, die man aber nicht leben kann, weil die Triebe im Unbewussten einen verrückt machen und das Leid so groß ist. Der Wunsch nach Reichtum, der aber an mächtigen Widersachern scheitert. Die Vorstellung von einem erfolgreichen Leben, das einem nicht vergönnt ist, weil man leider sich selbst im Wege steht. Und schließlich der Drang nach Macht, die aber erst einmal anderen brutal genommen werden muss.

Das sind ein paar der Fallhöhen der üblichen Kunstproduktionen vieler Theater- und Opernstücke, des Fernsehens, von vielen Musik- und Filmstoffen. Die neurotischen Produzenten versuchen uns das sogar dann auch noch als Kunst zu verkaufen. Es ist jedoch tatsächlich nur die banalisierte Überhöhung der realen Sehnsucht des Publikums nach Liebe, Anerkennung und Wahrhaftigkeit. Mit diesem Stoff der Sehsüchte kann man/frau viel Geld verdienen.

Das Weglaufen vor unseren Problemen, unserer Wahrheit findet bei manchen dann ein Ende, wenn der Körper reagiert. Er entwickelt oft nach Jahren zu unserem innerlichen Befinden auch bestimmte Krankheiten, die schwer zu diagnostizieren sind. Wir stehen dann vor einer Entscheidung. Können wir etwas verändern? Inzwischen gibt es viele Menschen, die anderes wollen, die sich der Wahrheit des Lebens verpflichtet fühlen, die auch die Spielchen im Umgang miteinander nicht mehr mitmachen, wenn der große Zampano herumschreit oder unter den Rock fassen will. Teamfähigkeit gehört zum Beispiel bei modernen Unternehmen zu den wichtigen beruflichen Qualifikationen. Viele bekommen deshalb dort keinen Job, weil sie sich selbst mit ihrer neurotischen Dynamik tatsächlich im Wege stehen. Ihr Unbewusstes haut ihnen ständig Knüppel zwischen die Beine und bringt sie in Situationen, die ihnen selbst und dem Betrieb nicht zuträglich sind. Denn, das sollte man unbedingt zur Kenntnis nehmen, es gibt immer mehr auch gelungene Lebensverläufe, die aufgeweckte, klare, intelligente und wunderbare Persönlichkeiten hervorbrachten und die schnell Macht und Einfluss gewinnen. Sie genossen eine Betreuung und Sozialisation, die mit der hier vorgestellten Erziehung wenig zu tun hat und die sich positiv auswirkte. Solche Leute, Männer und inzwischen immer mehr Frauen, sitzen in der Regel in Führungspositionen und wählen die Mitarbeiter aus, die zu ihnen passen. Da bekommen sogenannte Depris und Neurotiker kaum eine Chance. Die bleiben im Dienstleistungs-Segment der Gesellschaft hängen oder sehen tatsächlich noch im Kunstbetrieb eine Chance. Dort sind Neurotiker noch sehr verbreitet, Teamfähigkeit hat da Seltenheitswert. Dass sich so wenig in unseren Gesellschaften tut, hat also mit dem kontaminierten Unbewussten von so vielen Menschen zu tun. Die Frage kommt einem dann schnell in den Sinn, wie kann man das Unbewusste in ein Bewusstsein verwandeln, was dann eben andere Frames und Bedeutungsrahmen hat?

Im letzten Drittel des Buches erläutere ich beispielhaft an meiner Entwicklung, wie eine Veränderung, ja, eine „Reinigung" geschehen, wie Bewusstheit für sich selbst und die Welt neu erarbeitet werden kann. Es ist eines der spannendsten Projekte, die ich je in meinem Leben unternommen habe. Streben wir diesen Prozess der Erkenntnis an und tun etwas für uns selbst, dann werden uns nicht nur die Traumata unserer Kindheit bewusst, sondern unter Umständen auch, wie sich negative vorgeburtliche Erfahrungen, auch aus anderen Leben auf unser Befinden auswirken und wie auch die kollektiven emotionalen Traumatisierungen ganzer Volksgruppen oder Völker, wie es den Deutschen nach zwei Weltkriegen und dem Holocaust ergangen ist, sich auswirken.

Nach den letzten statistischen Erhebungen in Deutschland leiden nachgewiesen ca. 22-25 % (+ *Dunkelziffer*) der Deutschen unter Depressionen *(bis zu 50 % der Bewohner in Seniorenheimen)*. Hier hat die Geschichte des deutschen Volkes in der Nazizeit sicherlich ihren Anteil. Diese durch und durch negativen und furchtbaren Erfahrungen mussten die einzelnen

Menschen tief in ihr Unbewusstes verdrängen. Dort haben die schweren Energien die Zellen der Energiezentren vergiftet. Wie viele Schergen des Hitlerregimes, des DDR-Unrechtsstaates haben ihre Vergangenheit schöngeredet, geleugnet? Ich bin davon überzeugt, dass diese Menschen jene Traumata so massiv verdrängt haben, dass sie sich dreißig Jahre später tatsächlich kaum noch an etwas erinnern konnten. Auch wenn sie kein Bewusstsein davon haben, diese schwere Energie wirkt auf ihr Leben.

Die „Archive des Unbewussten" sind seit C.G. Jung vor allem durch die Transpersonale Psychologie mit Tausenden von Fallstudien wissenschaftlich erforscht *(siehe Stanislav Grof: „Impossible – Wenn Unglaubliches passiert"* sowie *„Kosmos und Psyche – an den Grenzen menschlichen Bewusstseins")*. Es muss heute niemand mehr unter diesen psychischen Deformationen schicksalsergeben leiden, wie es noch in der Generation meiner Eltern der Fall war. Es stehen heute viele Möglichkeiten bereit, die Traumata, Ängste und Neurosen klein oder groß, wie auch immer, aufzuarbeiten. Wir sind mehr oder weniger alle davon betroffen.

Unsere Konflikte, die sich aus der Energie des Unbewussten speisen, haben auch deshalb für uns ein so großes Gewicht, weil wir keine Kultur haben, damit offen und auf gesunde Weise umzugehen. Würden wir schon in der Schule lernen, uns mitzuteilen, am Arbeitsplatz eine Kultur installiert haben, die es einfacher macht, über sich selbst zu sprechen, dann würde sich da im Laufe des Lebens nicht so viel Müll ansammeln. Gerade wir emsigen Deutschen fliehen vor den Auseinandersetzungen und Problemen und vergraben unsere negativen Erfahrungen, besonders auch die kollektiven nach Möglichkeit so tief in uns, dass wir sie nie mehr spüren müssen, als Opfer nicht und auch nicht als Täter. Wir überhören unsere innere Stimme als Gewissen, wir betäuben sie mit Unterhaltung, Aktionismus, Drogen und Pillen und vor allem mit Arbeit. All das geschieht in der Hoffnung, dass diese Energien sich irgendwie schon auflösen werden. So wie ich es als junger Mann auch dachte. Doch diese Energien lösen sich nicht auf, wie wir heute sogar handfest wissenschaftlich beweisen können. Das, was wir als Kinder, als junge Menschen oder Erwachsene tief ins Unbewusste verdrängen mussten, um im wahrsten Sinn des Wortes überleben zu können, beschwert uns im Hier und Heute und verhindert ein glückliches, zufriedenes Leben mit unseren Mitmenschen. Die negative Energie blockiert den Fluss unserer genuinen Lebensenergie.

Man kann davon ausgehen, dass bei den meisten Menschen zirka fünfzig Prozent der täglichen Energie für den inneren Balanceakt aufgewendet werden: Es müssen aufgrund des problematischen Verhaltens verursachte Konflikte geregelt, Irritationen bei anderen aufgelöst, Handlungen revidiert oder kontrolliert werden, die im Nachhinein als schädlich erkannt wurden. Emotionen müssen in Schach gehalten werden. Menschen, Situationen und Geschäfte sind zu manipulieren, damit man gut aus einer Sache wieder herauskommt oder der Eindruck erweckt wird, die anderen haben Schuld an dem Malheur. Umwege sind zu gehen, weil man die Zeichen nicht erkennt, Konflikte zu verarbeiten, Krankheiten und Unfälle sind zu behandeln, Dinge werden getan, die man nicht tun will oder man lässt sich unter Umständen zu Handlungen hinreißen, die schwerste Konsequenzen nach sich ziehen, bis hin zu Verurteilungen vor Gericht.

Fazit: Wirklich außerordentlich viel Energie wenden Menschen für solche Dramen auf. Das kostet sicherlich viel mehr Arbeit, als die Befreiung von den Ursachen des problematischen Verhaltens durch entsprechende therapeutische Maßnahmen. Doch viele Menschen glauben nicht, dass es anders gehen könnte. In diesem Gefühlschaos wird es schwer, Schönes zu empfinden. Die meisten sind dann nicht mehr in der Lage, liebevolle Verhaltensweisen anzunehmen oder gar solche Empfindungen auszudrücken. Im Gegenteil, derartige Gefühle müssen dann auch bei anderen schlechtgemacht werden. Darin war mein Vater ein Meister seines Faches. Er war im letzten Drittel seines Lebens so im Dunkel schwerer Energien, dass er Schönes und Liebevolles kaum noch um sich herum zulassen konnte. Er machte es oft mit einer kurzen Bemerkung nieder!

Wenn viele Menschen in Gesellschaften sich so verhalten wird nun verständlich, dass mögliche Entwicklungen des Menschengeschlechts ausbleiben, die Gesellschaft auf der Stelle tritt oder gar, wie im Moment, in längst überholte Mechanismen und Muster zurückfällt. Im weiteren Verlauf werde ich schildern, wie die Alternative dazu aussieht, wie man zufrieden wird und seine unbewussten Probleme tatsächlich in den Griff bekommt.

Erziehung – Gewalt – Faschismus

Mit den neuen Freundinnen, der Männergruppe und dem Stoff in der Universität überlebte ich die dunkle Zeit meiner Trennung von meiner ersten Frau. Während der aufregenden Seminare im Studium des Films bemerkte ich sehr schnell, dass das, was ich in meiner Jugend zuhause und in der Ausbildung gelernt und erlebt hatte, nicht unbedingt nützlich war für die Entwicklung der eigenen Kreativität und Kunst. Intuition, aus meiner Sicht eine Grundvoraussetzung dafür, war durch das Müssen und viel Normatives verschüttet und Teamarbeit war ich nicht gewohnt. Im erziehungswissenschaftlichen Studium, was ich parallel absolvierte, ging mir dann auf, welche Bedeutung Erziehung für die jungen Heranwachsenden hat, dass es bei der Erziehung viele unterschiedliche Konzepte gibt und sie eine Menge verderben kann. Hier sah ich mich sofort als Opfer der menschenunwürdigen Ideologie des Vaters und der Vorväter. Auch durch das, was in der zweiten Hälfte der 1970er Jahre draußen auf der Straße geschah, war für mich und viele meiner Mitstudenten und -studentinnen klar, dass die Vorstellungen der Alten nicht mehr taugten, dass auch ein neuer Umgang mit jungen Menschen, ein neues Erziehungsverhältnis auf der Agenda stand. Und so fragten meine Mitstreiter und ich in den Seminaren, wie man das zukünftig verändern könnte. Man kann sich vorstellen, wie die Diskurse in der Universität damals aussahen, da war viel Betroffenheit und Wut anzutreffen mit der Idee, dass man völlig neue Formen der Erziehung ausprobieren müsste. Da kam das Buch von A.S. Neill gerade richtig. *(siehe A.S Neill: „Theorie und Praxis der antiautoritären Erziehung. Das Beispiel Summerhill")*.

Von besonderem Interesse war bei diesen Studien für mich, dass die Erziehungswissenschaft selbst ja eine eigene Geschichte hatte und von Menschen gemacht war. Wo hatte sie ihren Ursprung, wann wurden die dicken Pflöcke, das Bewertungssystem, dieses Gut und Schlecht, in den gesellschaftlichen Grund und Boden gerammt? Da lag der Verdacht nahe, dass dabei eine bestimmte Vergangenheit Deutschlands eine wesentliche Rolle spielte. Schon damals begann ich folglich mit vielen anderen in dieser Zeit das große deutsche Thema in den Fokus zu nehmen – den Faschismus und wie er entstehen konnte. Mich interessierte aufgrund meiner Biographie und der meiner Eltern natürlich, wie sie den Krieg und die Nazizeit erlebt hatten, warum sie so wenig davon erzählten. Während des Studiums suchte ich fortwährend nach den Gründen ihres Schweigens und begann mit ihnen Gespräche zu führen, die schwierig waren, die aber schließlich und vor allem mit meiner Mutter letztendlich bis in die erste Dekade des neuen Jahrtausends andauerten.

In den folgenden Kapiteln versuche ich nun neben meinem weiteren Weg, der vor allem von der Befreiung meiner inneren Probleme erzählt, ein wenig Licht in dieses Dunkel der Geschichte meiner Eltern und damit einer ganzen Generation zu bringen. Warum waren sie so geworden, wie wir sie nun mal erlebt hatten?

Das Sein bestimmt das Bewusstsein, so einst Karl Marx. Mit dem „Sein" meinte er die kapitalistischen Produktionsverhältnisse von Arbeit und Kapital. Solange sie so seien, wie sie sind, damals waren, bleibe es bei der ungerechten Verteilung des Reichtums und diese Erfahrung, so Marx, präge das Bewusstsein der in Abhängigkeit arbeitenden Bevölkerung *(nach heutiger Erkenntnis eher das Unbewusste)*. Das ist zum Teil nach wie vor so, aber es ist aus heutiger Sicht nur der eine Teil der Wahrheit. Dass umgekehrt das Bewusstsein, und viel mehr noch das Unbewusste das Sein ebenso bestimmt, es sich also insbesondere um eine gegenseitige Einwirkung handelt, gehört heute zur allgemeinen Erkenntnis.

Für die Entwicklung einer Persönlichkeit interessiert an dieser Stelle aber vor allem, wie bewusst und unbewusst Erziehung und Bildung von Kindern und Jugendlichen praktiziert wurde und wird und welche Konflikte daraus folgten. Meine These: Erst die sogenannte schwarze Pädagogik des 19. Jahrhunderts, die damalige Erziehungsideologie und -praxis hat den Faschismus überhaupt erst möglich gemacht. Das verständlich zu machen, ist Aufgabe für dieses Kapitel.

Das Spannungsfeld der Erziehung hat folgende Prämissen: Zum einen sind das die bewusst installierten Regeln, die Kinder zu befolgen haben. Andererseits wirkt unbewusst zwischen Kindern wie auch den Erwachsenen das gesamte Beziehungsgeflecht untereinander. Das ist genauso wirksam und wird im Folgenden besonders angeschaut und das sowohl in ärmlichen wie auch vermögenden Verhältnissen. Bei der konservativen wie auch der liberalen Erziehung ist letztendlich die Beziehung der Eltern und Lehrer zu den Kindern und Jugendlichen von entscheidender Bedeutung. Diese Beziehung wird nicht nur durch die ausgesprochenen Regeln und die bewussten

Erziehungsziele der Eltern und der Schulen definiert, sondern auch und oftmals sehr subtil und nachhaltig von unausgesprochenen Glaubenssätzen, von bestimmten, positiven wie auch negativen Verhaltensweisen der Erwachsenen. Was in diesem Beziehungsgeflecht tagtäglich geschieht, wird in der Regel unbewusst erlebt, also ohne Bewusstsein für das, was wirklich abläuft. Das Verhältnis wird zur bestimmenden Gewohnheit, zum unbewussten Glauben, zum Inhalt, dass etwas so oder eben auf jene Weise ist oder, wie ich es erlebt habe, sein muss. Nach Jahren, wofür ich ebenfalls ein gutes Beispiel bin, machen die Kinder sich diese vorgelebten Inhalte der Eltern und Lehrer schließlich zu ihrer eigenen Sache, was ich soeben im Kapitel „Das Unbewusste" begründet habe.

An dieser Stelle der Geschichte mag die Feststellung erst einmal reichen, dass das unbewusste Lernen in vielen Ländern der Erde millionenfach jeden Tag so geschieht. Dieses unbewusste Lernen führt dazu, dass die so erzogenen Erwachsenen kaum wissen, warum sie dieses oder jenes Verhalten an den Tag legen. Zudem bleibt ihnen in der Regel durch die bewusst gesetzten Lernziele verborgen, was sie als Kinder eigentlich für ein eigenes Potenzial mit auf die Erde gebracht haben. Das kann durch die Erziehungsinhalte, das Beziehungsgeflecht, die Übernahme der Glaubenssätze der Eltern und durch emotionale Traumatisierungen meistens nicht wirken.

Vieles, was zum Beispiel meine Eltern ihren Kindern vorlebten, was sie tagtäglich unbewusst an Botschaften und Verhalten aussandten, haben wir uns angeeignet und schleichend unbewusst übernommen. Vor allem auch deshalb, weil es vorgelebt wurde und niemand dieses Verhalten der Eltern infrage stellte. Ein Lernen, eine Konditionierung ähnlich wie bei den Tieren. Zum Beispiel mitzubekommen, wie mein Vater mit seiner Frau, meiner Mutter umgegangen ist, sich von ihr hat bedienen lassen und dafür gesorgt hat, dass meine Mutter nie arbeiten durfte – sie sollte „Hausfrau" sein und bleiben und die Familie managen. Unausgesprochen stand im Raum, Frauen haben zuhause zu sein und sich nicht nur um die Kinder zu kümmern *(davon war mein Vater überzeugt)*, sondern das Haus auch so zu führen, dass es dem Pascha gut geht! Meine Mutter wäre gerne Ärztin geworden, wollte nach dem Krieg studieren, wie sie mir einmal erzählte. Mein Vater war dagegen und schließlich, nachdem vier Kinder geboren waren, war das für sie in einer kleinen Stadt auch nicht mehr möglich.

Als junger Mann in meiner ersten Ehe hatte ich dieses Pascha-Verhalten völlig unbewusst übernommen, obwohl ich intellektuell derartiges in den 1970er Jahren vehement ablehnte. Bis zu meinem achtzehnten Lebensjahr hatte niemand in meiner Nähe dieses Rollenverhalten einer ganzen Generation infrage gestellt. Meine erste Ehefrau lehnte solches Verhalten, wie beschrieben, kategorisch ab und stritt mit mir darüber, ob es nicht angebracht sei, mir selbst das Abendbrot zu machen.

Die unter der Alltagsoberfläche hinschleichende subtile und unbewusste Lernerfahrung der Kinder mit ihren Eltern wird gegenüber dem bewussteren Lernen, dem Erziehen nach offenen Normen und Regeln auch heute noch völlig unterschätzt. Gerade den in der Erziehung bedeutsamen und hochkomplexen Bereich des Unbewussten sehe ich als treibende Kraft unserer gesellschaftlichen Stagnation. Die individuelle Erziehungsgenese der vielen Einzelnen, die in unserer Gesellschaft pädagogische Dienstleistungen erbringen, hat deshalb auch Auswirkungen auf das, was an staatlicher Erziehung und Bildung geschieht. So kommt es, dass individuell in den Familien erfahrene Glaubenssätze und Dogmen sich im sozialen Gesamtgefüge von Kindertagesstätten und Schulen ebenso niederschlagen. Die Erziehung in Deutschland funktioniert immer noch nach alten Vorbildern und ist nach wie vor ideologisch, dogmatisch geprägt. Sie ist unbeweglich, unzeitgemäß und berücksichtig sowohl die Bedürfnisse der Kinder als auch die der Erzieher nicht. Sie ist inzwischen von Staats wegen marode, weil Bildung und Erziehung nie die Aufmerksamkeit und Finanzierung erfahren haben, die beiden eigentlich zukommen müsste.

Bei den großen Auseinandersetzungen innerhalb der Erziehungswissenschaft nach dem II. Weltkrieg ging es letztlich immer um die eine zentrale Fragestellung: Dient Erziehung dem Normativen, ist sie also eine Maßnahme, um die tradierten Ziele und Regeln der Gesellschaft bei den Kindern und Jugendlichen durchzusetzen oder hat Erziehung den selbstbewussten, kreativen, herzgebildeten Menschen und sein ureigenstes Potenzial im Auge, dem mit Anleitung der Weg bereitet wird, sich selbst zu entdecken? Das waren und sind auch heute noch die beiden inhaltlich unterschiedlichen Pole, die gewissermaßen die Enden des ganzen erzieherischen Kraftfeldes markieren. Dazwischen ist natürlich alles möglich, kann variiert und vermischt werden, mehr vom einen, weniger vom anderen. Wie Politik aber die wissenschaftlichen Erkenntnisse in Gesetzen und der Bildungspolitik umsetzt, steht auf einem ganz anderen Blatt. Denn Kinder werden in den allermeisten Staaten unserer Welt nach einem öffentlich sanktionierten Erziehungsprogramm in Familien, Kindergärten und Schulen erzogen, das vollkommen an den Notwendigkeiten einer bedürftigen Gesellschaft vorbeigeht.

In der Vergangenheit, wie in meiner Kindheit, zu Zeiten der schwarzen Pädagogik, war die Gewalt ein gesellschaftlich sanktioniertes Erziehungsmittel, das dazu führte, dass Kinder mehr oder weniger geschwächt und traumatisiert wurden, dass ihre innere Kraft, ihr ureigenstes Potenzial mit dem Erziehungsprozess vielfach verloren ging. Heute ist das staatliche Bildungs- und Erziehungsprogramm mehrheitlich von einem falsch verstandenen Laisser-Faire-Stil geprägt, der in den Seminaren, die ich damals in der Universität besuchte, diskutiert wurde. Das Verhältnis Lehrer/Schüler ist heute dermaßen verkümmert, dass von einer gedeihlichen Beziehung kaum noch zu reden ist. Schüler sind sich in so genannten Lernräumen mehr oder weniger selbst überlassen. Lehrer sind laut Lehrerlasse der Ministerien heute in fast allen Bundesländern nicht mehr Beziehungspersonen, an denen sich die Schüler orientieren könnten, sondern nur noch „Lernbegleiter". Eine derartige Individualisierung, wo die Kinder sich ihre Inhalte selbst aussuchen sollen, ist besonders für junge Schülerinnen und Schüler in der heutigen Zeit eine maßlose Überforderung. Die Digitalisierung ist das neue ‚goldene Kalb am Himmel' der Moderne. Persönlichkeitsbildung, Auseinandersetzungen finden mehr oder weniger nicht mehr statt. Eine fatale Perspektive für die Entwicklung oder das Funktionieren unserer Gesellschaft *(siehe Michael Winterhoff: „Deutschland verdummt – wie das Bildungssystem die Zukunft unserer Kinder verbaut")*. Insgesamt scheint das also ein ebenso völlig falsch verstandenes Erziehungskonzept zu sein, wie es seinerzeit die schwarze Pädagogik auch war. Man muss sich deshalb nun ernsthaft fragen, warum wir in Deutschland so viel Schwierigkeiten damit haben, ein menschenwürdiges und fortschrittliches System der Bildung und Erziehung zu kreieren?

Um derartige Fragen beantworten zu können, ist ein Blick in die deutsche Geschichte hilfreich. In Deutschland gab es zu Anfang und in der Mitte des 19. Jahrhunderts in der Genese der Erziehung einen entscheidenden und beispielhaften Impuls für jene Sichtweisen, die bis heute die Pädagogik subtil bestimmten. Mit dem beginnenden Industriezeitalter, das gerade im Begriff ist zu enden, wurde aufgrund politischer und wirtschaftlicher Interessen eine völlig neue, allgemeine Erziehungsideologie implementiert. Sie ist aus meiner Sicht für den Zustand der Pädagogik heute verantwortlich. Diese Ideologie zu kennen kann uns helfen, die berühmte Jahrhundertfrage des 20. Jahrhunderts und meine Fragen zum Faschismus zu entschlüsseln: Wie nur, so fragten und fragen sich die Historiker seit fünfzig Jahren weltweit auf ihren Kongressen, wie konnte das deutsche Volk, diese so reiche Kulturnation, der Naziideologie folgen und sich schuldig machen am Holocaust und den Verbrechen gegen die Menschlichkeit?

Um eine begründete Erklärung aber zu entwickeln, beginnen wir mit dem, was historisch noch nicht so weit entfernt ist, was wir alle noch zu kennen glauben, was ich zum Beispiel in meiner Familie in den 1950er und 1960er Jahren erlebte. Anschließend schauen wir in das 19. Jahrhundert, wo die Grundmauern unseres heutigen Erziehungsgebäudes errichtet worden sind.

Nach dem zweiten Weltkrieg galt es zuallererst Deutschland wieder aufzubauen, um in diesem Land überhaupt wieder leben zu können: Die Fabriken und Bürohäuser, die Verkehrswege, das eigene Heim, bürokratische Strukturen, eine berufliche Tätigkeit. Die Väter der Demokratie sorgten im Westen dafür, dass das neue politische System eine Diktatur unmöglich machen sollte. Das neue Grundgesetz war das Fundament eines Staatswesens, das für die Überlebenden des Krieges ungewohnt, ja, fremd war. Die Erinnerung an die Weimarer Republik war von der Monstrosität des Faschismus und der Kriegserfahrungen verblasst oder kaum noch vorhanden. Die neuen demokratischen Strukturen für Politik, Wirtschaft und Kultur installierten somit die Sieger, die Alliierten, nach ihrem eigenen Gesellschaftssystem. Das wurde den Deutschen als Kriegsverlierer mehr oder weniger aufgezwungen. Die damit einhergehende Entnazifizierung des deutschen Volkes verlief schleppend und nicht konsequent, wenngleich zwischen 1945 und bis Anfang 1949 viele Männer Angst hatten, so wie die Führungsriege der Nazis vor Gericht zu landen und bestraft zu werden. Die Erziehung der Kinder konnte man nur durch allgemeine demokratische Richtlinien beeinflussen. Im Wesentlichen überließ man das nach wie vor den Eltern, Lehrern und Priestern, die mehr oder weniger selbständig das reproduzierten, was sie vor und im Krieg gelernt hatten. Die alten Erziehungsvorstellungen wurden stillschweigend übernommen. Eine Kollision mit den Anweisungen der Alliierten war nicht zu befürchten, wer sollte das kontrollieren? Das, was man kannte, wurde einfach weitergemacht. Mehr noch, eine Kultur der Reflexion über das, was in den 1930er und 1940er Jahren während des Faschismus in Deutschland geschehen war, gab es in den Jahren meiner Kindheit bis Mitte der 1960er Jahre nicht und in Deutschland kaum.

Die Implementierung der Demokratie als Staatswesen einerseits und die Bestrafung von Nazigrößen und mancher kleinen Gefolgsleute durch die Alliierten andererseits hatte nach dem Krieg zur Folge, dass man beim Neuanfang in den 1950er Jahren an die Hitlerzeit nicht mehr erinnert werden und damit nichts mehr zu tun haben wollte. Zudem rührte man auch deshalb nicht gerne daran, weil ehemalige, einflussreiche Nazis oftmals nicht zur Verantwortung gezogen wurden und nach dem Krieg bewusst oder mit falschem Spiel mächtige Positionen zugeschanzt bekamen. In ihrer neuen Stellung sorgten sie dafür, dass alles unterm Teppich blieb und vor allem Bildung in den Schulen und Universitäten nach den alten Vorstellungen wieder aufgegriffen wurde. So markierte der Neuanfang in einem geteilten Deutschland keinen Bruch oder Neubeginn bei der Erziehung und Bildung, wie es im politischen System und kulturellen Alltag der Fall war. Die Lehrer in den Schulen, die Eltern zuhause praktizierten die Durchsetzung alter Erziehungsziele mit Gewalt und Repressionen.

Bei uns zuhause hatten wir Kinder in den 1950/1960er Jahren den Mund zu halten und zu gehorchen – eine sprachlose Epoche begann! Fügten wir uns nicht, wurden wir bestraft, oftmals eben durch körperliche Züchtigungen, vor allem auch in der Schule. Wir sollten fleißig lernen, zuhause mithelfen, uns anständig benehmen, damit wir später vorankommen könnten. Das war im Kern die Erziehung nach dem Krieg in unserer Siedlung, bei den Freunden und überhaupt in Deutschland bis weit in die 1970er Jahre hinein. Jenseits der körperlichen Bedürfnisse gab es wenig zu erhoffen. Die Angst vor so vielem gehörte zu unserem Alltag, genauso wie strenge Regeln, Verhaltensvorschriften und harte Bestrafung.

Als ich Anfang der 1980er Jahren zu einem der wenigen Besuche im Jahr bei meinen Eltern weilte, sprachen ich mit meiner Mutter darüber, wie schwer es für mich oder meine Brüder in der Jugend war, die Strenge des Vaters zu ertragen, wie wir uns vor ihm fürchteten. Da erzählte sie mir, dass er es auch nicht anders gekannt hatte, dass er als einziger Sohn mit seinen drei Schwestern sehr unter der Erziehung seiner Mutter in der bäuerlichen Dorfgemeinschaft in Oberschlesien gelitten hatte. Die Mutter meines Vaters war nach Aussagen meiner Mutter eine sehr strenge und herrschsüchtige Frau gewesen, die die Familie wie ein Regiment kommandierte. Sie war es, die mit einer sogenannten Karbatsche, einem präparierten Hasenbein mit daran befestigten Lederriemen, ihren Sohn züchtigte, wenn er nicht spurte. Ihr hartes, unerbittliches Verhalten war im Dorf bekannt. Sie konnte ordentlich austeilen und wies auch ihren Mann zurecht, um Familie und Vermögen zusammenzuhalten.

Als Nachbarkind und junge Frau im Dorf und später als angehende Schwiegertochter bekam meine Mutter das alles mit. Sie zeigte mir in einem alten Fotoalbum ein schwarz-weiß Bild von Vaters Familie aus den 1940er Jahren. Darauf war eine hochgewachsene, ganz in schwarz gekleidete Frau mit einer dunklen Brille zu erkennen, die Haare graumeliert und streng nach hinten zum Knoten zusammengebunden. Sie sah unnahbar aus und dominierte das Bild. Mein Großvater, glatzköpfig, im schwarzen Anzug, saß an der Seite des Bildes auf einem Stuhl, die Kinder dazwischen. Sie waren im Dorf als reiche Getreide- und Raiffeisenhändler sowie als Pferdezüchter eine anerkannte Familie und man wusste, dass diese strenge Frau heimlich die Geschäfte führte und darauf achtete, dass sich das Vermögen vermehrte und nicht in den Kneipen des Dorfes verschleudert wurde. Die Heirat meiner Mutter mit meinem Vater war von dieser strengen Frau deshalb schnell sanktioniert worden, weil meine Mutter die Tochter eines ebenfalls vermögenden Metzgermeisters war, der damals schon überregional Fleisch- und Wurstwaren verkaufte und ein gutes Geschäft aufgebaut hatte. Ihr Vater war vom gleichen Schlag wie ihre Schwiegermutter – Gewalt war an der Tagesordnung.

Diese Geschichte war damals natürlich neu für mich und ich wusste von da ab, woher mein Vater diese Unerbittlichkeit, diese Härte hatte. Wo aber waren die Vorbilder, wo die Wurzeln für diese gewalttätige Art des Umgangs mit Kindern? Warum verfuhren meine Großeltern so mit ihren Söhnen und Töchtern? War das damals in den 1920er, 1930er Jahren das allgemeine Verhalten? Und wie konnte sich das derart verfestigen, dass man bis 1998 nicht bestraft wurde, wenn man seine Kinder verprügelte? Wann und warum haben wir uns das angeeignet und warum misshandelt man das, was man eigentlich sehr liebt, seine Kinder? Um Antworten auf diese Fragen zu finden, müssen wir nun tatsächlich ein Jahrhundert weiter zurückschauen in die Geschichte der Erziehung im 19. Jahrhundert:

Der zu seiner Zeit weithin bekannte Kinderarzt, Orthopäde, Universitätsprofessor und Pädagoge Dr. Daniel Gottlob Moritz Schreber entwickelte zwischen 1830 und 1860 eine neue, systematische und für die damalige Zeit sehr komplexe Methode der Kindererziehung. Als Arzt und Hochschullehrer widmete er sich aufgrund seines Berufes der Gesundheit und dem „Wohlergehen" der Kinder und Jugendlichen. Die sozialen und gesundheitlichen Folgen des Stadt- und Arbeitslebens zu Beginn der Industrialisierung beschäftigten ihn sehr. Leibeserziehung und Übungen waren ihm deshalb ein besonderes Anliegen. Nach ihm sind auch die Schrebergärten in den nahen Randgebieten der Städte benannt. Leibesübungen draußen an der frischen Luft, in der Natur, im Garten empfahl er zur Gesundung und Abwehr ungesunder Einflüsse, besonders also dem Stadtvolk.

Doch das war nur eine Marginalie im Verhältnis zu dem Konvolut von Erziehungsinhalten, Maßnahmen und Methoden, die er sich mit seinen elitären Mitstreitern der Freimaurerloge in Leipzig und Umgebung für die „Gesundung des ganzen Volkes" ausgedacht und vorgenommen hatte. Schreber gehörte jener Generation an, die die liberalen politischen Vorstellungen der Aufklärung aus dem späten 18. und frühen 19. Jahrhundert mit der Idee des „freien Bürgers" in die deutsche bürgerliche Lebenspraxis implementieren wollte und schrieb fleißig Bücher dazu. Im Zusammenspiel mit Ärzten, Professoren und Pädagogen entwickelten sich ausgehend von Leipzig im damaligen monarchischen Deutschland neue Erziehungsinhalte, die die Kinder zu Werkzeugen für die Schaffung eines „neuen deutschen Reiches" machen sollten *(siehe Daniel Gottlob Moritz Schreber: „Kallipädie", 1858).*

Die Heimatstadt Schrebers und die ganze Region war Mitte des 19. Jahrhunderts von einer euphorischen Auf- und Umbruchsstimmung geprägt. Sie wurde geradezu zum Zentrum einer neuen Ideologie: Mit der gerade beginnenden Mechanisierung der Arbeit in ganz Europa mittels der Dampfmaschine brauchte man weniger, vor allem aber andere Arbeitskräfte. Menschen, die sich in industrielle Prozesse gut einfügten, anspruchslos waren, nicht aufmuckten und die Maschinen füttern konnten. Es entwickelte sich mit den veränderten Arbeitsbedingungen rasant das Proletariat, der Bodensatz der Gesellschaft, jene soziale Schicht, die in ärmlichsten Verhältnissen hausten *(siehe Friedrich Engels: „Die Lage der arbeitenden Klasse in England").*

Das Bürgertum hingegen freute sich über den zunehmenden Wohlstand durch die Produktivitätssteigerungen in Industrie und Wirtschaft. Der Besitz von Eigentum, gepaart mit dem Anspruch an politische Macht und gesellschaftlichem Einfluss waren die neuen Lebensziele dieser Bürger. Die wirtschaftliche Potenz gab den Unternehmern und Kaufleuten immer mehr politische Einflussnahme in die Hand, sodass sie Forderungen an den monarchischen Staat stellten, sie mischten sich ein. Entsprechend groß war das Selbstvertrauen, in allen Bereichen seinen bürgerlichen Stempel aufdrücken zu können. Allerorten in der Monarchie bis weit über Bismarcks Zeiten hinweg träumte man von einem sogenannten „Dritten Reich" – aber nicht vom späteren nationalsozialistischen, sondern von einem Reich, welches in der Nachfolge der Antike und des christlichen Mittelalters neu als Wertegemeinschaft in diesem tieferen, klassizistischen Sinn mit erhabenen Zielen und großer Moral auferstehen sollte. Das erforderte unbedingt auch den neuen Menschen, der zur Führung taugt und *„welcher nur aus dem Bürgertum sich entwickeln könne", (siehe Moritz Schreber „Kallipädie", 1858.)*

Vor dem 17. Jahrhundert spielte Erziehung in dem Sinn, wie wir sie kennen, keine Rolle, sie gab es schlichtweg nicht. Kindern wurde keine besondere Bedeutung beigemessen. Sie starben in den Jahrhunderten zuvor oft früh und wenn sie überlebten, mussten sie bereits im Kindesalter mittun, die Mädchen im Haus, die Knaben auf dem Acker, im Handwerksbetrieb, in der kleinen Manufaktur. Die nackte Existenz zu sichern war die Aufgabe aller. Eine Schule für alle Kinder gab es nicht, allenfalls wenige konfessionellen Schulen für die Elite des Adels.

Die Kinder lernten im Zusammenleben mit den Erwachsen all das, was sie zum Überleben wissen mussten und waren im Knabenalter bereits junge Erwachsene. So wurden sie auch behandelt und das reichte für die Aufgaben, die zu bewältigen waren *(siehe Philippe Ariès: „Die Geschichte der Kindheit")*. Das Leben war für die arbeitende Bevölkerung hart genug. Martin Luther schon empfahl zur Mitte des 16. Jahrhunderts beim Umgang mit den Kindern „neben den Apfel eine Rute zu legen" und dies war nicht nur metaphorisch gemeint. Wenn nötig, gab es also vom Vater oder vom Lehrherren eine Tracht Prügel – das war es auch schon mit der Erziehung. Man sah zu, dass die Kinder am Leben blieben, kümmerte sich aber nicht groß um sie, man interessierte sich in den Familien für ihre Arbeitskraft. Starb eines unerwartet, war das auch nicht weiter schlimm, es waren ja genug da.

In den Adelsfamilien sah es etwas, aber nicht viel anders aus. Dort achtete man nur darauf, dass der männliche Nachwuchs die Mindeststandards durch Hauslehrer erlernte, um den Clan später weiter erfolgreich anführen zu können oder eben die Töchter gewinnbringend vermählt werden konnten. Im Jahr 1671 schrieb der Moralist Antoine de Courtin in seiner Civilité Nouvelle über französische Adelsfamilien: *„Die Erwachsenen vertreiben ihren kleinen Schelmen die Zeit, ohne darauf zu achten, ob das nun gut oder schlecht ist, alles ist ihnen gestattet; nichts wird den Kleinen verwehrt: Sie lachen und weinen, wie es ihnen gerade gefällt, sie sprechen, wenn sie schweigen sollen und sind stumm, wenn man eine schickliche Antwort von ihnen erwartet.“* So war damals vielfach die Beziehung der Erwachsenen zu ihren Kindern und das vor allem auch in den unteren Schichten der Bevölkerung. Es gab keine systematische Erziehung. Die begann dann im eigentlichen Sinn ganz bescheiden mit dem Beginn und im Verlauf des 18. Jahrhunderts. Kirche und Staat bekundeten erstmalig ein Interesse an gesunden und wohl ausgebildeten Bürgern *(siehe Philippe Ariès: „Die Geschichte der Kindheit“).* Doch auch hier ging es im Wesentlichen darum, dem Clan, dem monarchischen Staat, der Kirche, den Bürokraten, dem Handwerk die eigenen Pfründe durch die Nachkommenschaft zu sichern, das fortzuführen oder zu vermehren, was die Väter erarbeitet hatten. Führungsvermögen war gefragt.

Hieran schloss sich nahtlos und perfekt dann Jahrzehnte später die Erziehungssystematik eines Daniel Gottlob Moritz Schrebers an. Das Neue an seiner Erziehung war, dass er sich mit seinen Kollegen ein ganzes System ausdachte, um Kinder zu disziplinieren, um sie auf ihre Aufgaben in der neuen Gesellschaft vorzubereiten. Das war ein Bruch zu den rudimentären Vorstellungen der Kleriker und des Adels. Alles sollte jetzt kontrolliert und einem bestimmten Zweck untergeordnet werden. Auf Kinder wurde jetzt Acht gegeben. Schrebers pädagogische Prinzipien waren von rationaler Kälte und Funktionalität geprägt und an Effektivität, Wirtschaftlichkeit und Machtergreifung orientiert. Er systematisierte die schon einhundert Jahre zuvor von den Jesuiten praktizierten moralischen und erzieherischen Vorstellungen, überführte und komplettierte die Methoden aus den klerikalen Internaten und Adelshäusern für das ganze Volk. Er empfahl den erziehenden Eltern, im Umgang mit Kindern auf jegliche affektiven und spontanen Emotionen zu verzichten. Jede auf das Kind ausgerichtete Handlung muss eine konkrete Wirkung beim Kind ins Auge fassen und sich immer dem Ziel unterordnen, *„einen sittlich vollkommenen Menschen zu schaffen!" (Moritz Schreber „Kallipädie", 1858).* Ein selbständiger Wille des Kindes, so Schreber, wird nur dann als gültig anerkannt, wenn er identisch ist mit dem Willen der Eltern, *„ansonsten sei er auszutreiben!"* Ein komplexes System aus konkreten Zielen, groben bis subtilen, physischen wie psychologischen Disziplinierungsmaßnahmen solle dies gewährleisten und wurde in Büchern genau beschrieben. Die Kinder sollten einer strengen Kontrolle unterzogen werden. Bestraft werden solle insbesondere jeglicher Verstoß gegen die Regeln und Autorität der Eltern und Lehrer. Durch diese ständigen Sanktionen und Zurechtweisungen wurde den Kindern schließlich jeder Zweifel an der Rechtmäßigkeit der Urteile der Erwachsenen und deren Strafaktionen genommen. So wurden die Normen der Erwachsenen den Kindern eingeprügelt bis sie zu deren eigenen Glaubensbekenntnissen herangereift waren. Oder, wie es Moritz Gottlob Schreber versicherte: *„Man erhalte auf ewig dankbare, treue, pflichtbewusste, leistungsbereite und sittlich reine Kinder".* Das gefiel vielen: Schrebers Erziehungsschriften waren Bestseller in ganz Deutschland.

In der zweiten Hälfte des 19. Jahrhunderts nach der großen Armuts- und Auswanderungswelle unter anderem in die USA wollte Deutschland im Konzert der Großmächte ein gehöriges Wort mitreden. Während der Gründung des Deutschen Reiches unter Bismarck wuchsen Industrie und Wirtschaft explosionsartig aufgrund des Erfindungsreichtums deutscher Ingenieure einerseits und durch das Abwerben englischer Fachkräfte und die unerlaubte Übernahme vornehmlich englischer Patente durch deutsche Unternehmer andererseits. Überhaupt war England der Wortführer einer neuen liberalen Wirtschaftspolitik, die nichts anderes im Sinn hatte, als den freien Markt unter freien Menschen zu propagieren. In John Stuart Mills berühmten Buch „Über die Freiheit" von 1859, aus dem heute noch zitiert wird, steht, dass die Freiheit keineswegs für alle gilt, sondern nur für die, die im Sinn des liberalen Menschenbildes bereits frei sind und nicht etwa für die, die noch befreit werden müssen, zum Beispiel die Völker auf anderen Kontinenten. Mill schreibt: *„Der Despotismus ist eine legitime Herrschaftsform, wenn es man mit Barbaren zu tun hat, vorausgesetzt, sie dient ihrer Besserung und die Mittel, die sie dafür einsetzt, sind durch den Zweck, dem sie dienen, gerechtfertigt. Die Freiheit, verstanden als Prinzip, lässt sich nicht auf solche Verhältnisse anwenden, die vor unserer Zeit liegen, in welcher die Menschheit fähig geworden ist, ihre Lage durch Diskussion unter freien und gleichen zu verbessern. "* Diese Freien und Gleichen meinte jene Elite in England und Europa, die die Geschickte lenkte und die im Liberalismus die Zukunft der Welt sah. Für diejenigen aber, die für den Reichtum der Herrschenden arbeiteten, galten diese erhabenen Ziele nicht. Sie mussten, wenn überhaupt, erst mit den entsprechenden Mitteln dazu erzogen werden. Man brauchte für die aufstrebende Industrie und Wirtschaft massenhaft Menschen, die sich als arbeitendes Volk und als Soldaten von den Eliten kommandieren ließen. Friedrich Engels, Sohn in der Weberei seines Vaters in Wuppertal, hat diese Verhältnisse der arbeitenden Bevölkerung Mitte des 19. Jahrhunderts besonders in England genau beobachtet und beschrieben. Er erwähnt in seinen Büchern jene Kehrseite des Liberalismus, die bis heute noch als Kritik an dieser Wirtschaftsform formuliert wird.

Aus Sicht Schrebers und seiner Gefolgsleute aber war es besonders für Deutschland nötig, eine disziplinierte, harte, emotionslose und damit neue Elite auszubilden, die das Land endlich an die Spitze der Nationen führen konnte. Frauen spielten in diesem Prozess die Rolle, die sich mancher Konservative auch heute noch für sie wünscht. Sie hatten das Haus zu führen, Kinder zu bekommen, sie den Regeln entsprechend zu erziehen und draußen gefälligst brav zu repräsentieren. Sie sollten möglichst viele Nachkommen gebären und wurden so, ob sie wollten oder nicht, tatsächlich ans Haus gebunden. Das Programm Schrebers war hart! Die Kinder hatten schon morgens um sechs Uhr früh körperliche Leibesübungen zu absolvieren, sich zu benehmen bei Tisch, hatten brav in der Schule zu sein, hatten Leistungen zu bringen und den Lehrern zu gehorchen. Vater und Mutter gegenüber sollten sie folgsam sein, brav in die Kirche gehen, mit großer Disziplin ihre Aufgaben für die Schule sowie in Haus und Hof erledigen und die körperlichen Züchtigungen bei Ungehorsam heroisch über sich ergehen lassen.

Alles diente dem einen Ziel, die Familie, den Clan, den Staat an die Spitze zu führen. Moritz Schreber beschrieb Beispiele für eine gelungene Erziehung: *„Das Kind verweigert plötzlich und oft in überraschender Weise gerade da, wo es seit langem schon die vollste Willigkeit gezeigt hat, den Gehorsam. Die Veranlassung dazu mag sein wie sie wolle, gleichviel, es kommt Alles darauf an, dass der Trotz gebrochen werde, und zwar auf der Stelle bis zur Wiedererlangung des vollen Gehorsams, nötigenfalls durch fühlbare Züchtigungen!" (Moritz Schreber „Kallipädie", 1858).*

Darüber hinaus gab es für die Kinder Erziehungshilfsmittel wie zum Beispiel *„Geradehalter mit Kopfriemen"* wie auch vielfältigste andere Lederriemen, mit denen zum Beispiel nachts Kinderhände ans Bett gebunden wurden, damit sie nicht unter der Decke *„rumfummeln"* konnten. Das Ganze erfolgte im Konsens mit Kirche und staatlichen Institutionen wie Schulen, Internaten und Universitäten mit ihren Burschenschaften, die ihrerseits darüber wachten, dass sich diese *„Erziehung des deutschen Volkes"* überall durchsetzt. Weil, so sahen das die damaligen Eliten, es für alle nützlich sein wird. Ein „drittes, glorreiches Reich" im klassizistischen Sinn war ja dabei immer im Blick. Deutschland sollte endlich die Kleinstaaterei beenden und Großmacht werden! Die Internate und Universitäten bildeten auf diese Weise junge Menschen aus, die für die Vormachtstellung in Europa gerüstet sein sollten.

Da waren also nicht ein paar pädagogische Spinner am Werk, sondern Kirche und Staat, die Vereine, Bruderschaften, Sportverbände, kulturelle Vereinigungen, die Wirtschaft, ja, die ganze Gesellschaft, insbesondere die des aufgeklärten Bürgertums betrieb diese neue Erziehungskultur mit Akribie und der Überzeugung, das richtig und zum Wohle aller zu machen. In dieser neuen Aufbruchsstimmung wurde dann auch der von Johann Gottfried Herder Ende des 18. Jahrhunderts erstmalig verwendete Begriff „Volk" mit bestimmten Qualitäten in der politischen Absicht aufgefüllt, sich von anderen Nationalstaaten abzugrenzen. Dazu J. G. Herder: *„So, wie die Organisationsweise eines Lebewesens zugleich durch seine organische Kraft und seine Umwelt bestimmt ist, muss die kulturelle Entwicklung eines Volkes, wenn sie gelingen soll, zugleich bestimmt sein durch den ‚Charakter' oder ‚Genius eines Volks' und durch die physischen Bedingungen des ‚Landes' oder ‚Erdstrichs', in dem es lebt".* In diesem Geist wurde der Begriff „Deutsches Volk" erstmals in der zweiten Hälfte des 19. Jahrhunderts in die Sprache eingeführt. Das sollte die Nation einen und identifizierbar machen und es wurde erstmalig darüber nachgedacht, was und wer ist Deutsch? Also seit mehr als einhundertdreißig Jahren fragen sich das die Deutschen und befeuern bis heute die Diskussionen um eine „Leitkultur", die damals wie heute der Abgrenzung dient. Scheinbar hat sich nichts weiterentwickelt. Die von Schreber und seinen tausenden Kollegen erzogenen jungen Menschen sollten damals als Eliten den neuen Begriff „Deutsches Volk" vorbildlich mit Leben füllen.

Auf diese Weise, so Schreber, sollte eine *„neue glorreiche Zeit für Deutschland emporwachsen"*. Man wollte endlich nach Jahrhunderten das Provinzielle hinter sich lassen und nicht nur eine große Nation, sondern die Nation in Europa und der Welt werden. Mit der „völkischen" Idee einer Identifizierbarkeit rüstete man sich ideologisch nun für Konflikte mit Frankreich, England und anderen Nachbarstaaten, die schließlich im ersten und zweiten Weltkrieg katastrophal ausgetragen wurden.

Für Schreber und viele nachfolgenden Pädagogen damals ging es also vornehmlich darum, Menschen zu formen, die nicht um ihrer selbst willen leben, sondern dem Fortschritt, der Industrie und Wirtschaft, dem Staat, der Kirche, der neuen Idee dienen sollten. Ihre Erziehung zielte auf die systematische Niederschlagung autonomer Regungen ab. Schreber probierte diese Methoden auch selbst an seinen eigenen Kindern aus, *„der Glaubwürdigkeit halber"*, wie er schrieb. Der Sohn Gustav nahm sich als junger Mann das Leben, sein Bruder Daniel Paul wurde als Gerichtspräsident mit einer schweren Psychose in die Heilanstalt in Pirna bei Dresden eingeliefert und schrieb dort Teile seiner erschütternden Familienerfahrungen auf, die ich zur Recherche für ein Filmdrehbuch nutzte. Er zerbrach an der psychischen und physischen Gewalt seines Vaters.

Was kann man nun daraus folgern? Wenn derartig erzogene Jungen zu Männern geworden und nicht, wie die beiden Söhne an der Erziehung zerbrachen, dann ist es ein leichtes, einen Teil dieser Männer für einen Führerkult und eine Ideologie der Unmenschlichkeit, der Härte und Disziplin, des Unrechts, zu gewinnen. Insbesondere wenn das große Ziel ausgegeben wird, eine führende Staatsmacht im Verbund der Völker zu werden. Solche Männer sind gewohnt zu gehorchen, um dann Befehle zu befolgen. Sie können selbst kaum noch etwas fühlen, weil eigenes Fühlen nicht erlaubt war und bestraft wurde. Die Knaben und Jungen wurden im 19. Jahrhundert auf diese Weise gebrochen. Ihr Innerstes verschloss sich durch diese Erziehung bis zur Unkenntlichkeit. Der Sohn von Daniel Gottlob Moritz Schreber, Daniel Paul Schreber erzählt davon sehr detailliert in seinem Lebensbericht, den er in der Nervenheilanstalt in Pirna bei Dresden zu schreiben begann und den er schließlich als Buch veröffentlichte, nachdem er seinen Aufenthalt in der Heilanstalt nach Jahren beenden konnte *(siehe Daniel Paul Schreber: „Denkwürdigkeiten eines Nervenkranken")*.

So können insbesondere Männer Werkzeuge einer Willkürmacht sein. Erst Menschen, denen auf diese Weise in ihren Herkunftsfamilien über zwei, drei Generationen ihre Liebe und Selbstachtung genommen wurde, sind überhaupt in der Lage, die Grausamkeiten zu begehen, die in der Nazizeit folgten. Aus meiner Sicht schuf diese *„neue, systematische Erziehung"* Schrebers und seiner Kollegen und Nachfolger im Einklang mit der Idee, dass „am deutschen Wesen die ganze Welt genesen solle" massenhaft jene Voraussetzungen, unter denen sich später all das entwickeln konnte, was letztendlich zur Katastrophe des Faschismus führte. Um die Unmenschlichkeiten befehlen oder mitmachen zu können, muss vieles, was uns Menschen auszeichnet, zum Beispiel lieben oder mitfühlen zu können, abgestorben sein. Das besorgte eine unerbittliche und harte Erziehung!

Wie verhärtet solche Menschen sein können, zeigen die Prozesse, die gegen Nazis und ihre Helfer in der frühen Bundesrepublik durchgeführt worden sind. Die furchtbaren Taten berührten sie vor Gericht in der Regel auch dann nicht, wenn sie zur persönlichen Rechenschaft gezogen wurden. Im ersten Auschwitzprozess in Frankfurt am Main von 1963 bis 1965 leugneten die meisten Angeklagten sogar jegliche Beteiligung an den Verbrechen. Den Völkermord im Konzentrationslager Auschwitz stellten sie zwar nicht in Abrede und die Massenvernichtung insbesondere von Juden stritten sie keineswegs ab. Die eigenen Taten aber oder gar ein Bedauern darüber gestanden sie nur selten ein. Sie verschanzten sich hinter den Befehlen, die sie zu befolgen hatten oder hinter der These, von den Grausamkeiten nichts gewusst zu haben.

Zu den Zeugenaussagen der Opfer nahmen die Täter in der Regel ungerührt und teilnahmslos Stellung, bezichtigten sie gar der Lüge *(siehe: Protokolle und Tonbandaufzeichnungen zum ersten Auschwitzprozessen 1963-1965 veröffentlicht seit 2016 beim Fritz Bauer Institut Frankfurt sowie die Bearbeitung dieser Aufzeichnungen zu dem Theaterstück von Dramatiker Peter Weiss „Die Ermittlung" von 1965).* Die Verurteilten zeigten mehrheitlich keine Reue! Das lässt sich bei vielen Gewalttätern beobachten und das zeigte sich durchgängig auch bei den meisten Prozessen gegen SS-Mitglieder des Naziregimes wegen Mordes, gemeinschaftlichem Mord und Völkermord in Konzentrationslagern. Das, was die Richter zu ihren eigenen Urteilen im ersten Frankfurter Auschwitzprozess kommentierten, wollten oder konnten die Angeklagten nicht sehen und empfinden:

„Angesichts der unzähligen Opfer eines verbrecherischen Regimes und dem unsäglichen Leid, das die in der Geschichte beispiellose, planmäßig betriebene, auf teuflische Weise ersonnene Ausrottung von Hunderttausenden von Familien nicht nur über die Opfer selbst, sondern über unzählige Menschen, vor allem über das gesamte jüdische Volk gebracht und das deutsche Volk mit einem Makel belastet hat, erscheint es kaum möglich, durch irdische Strafen eine dem Umfang und der Schwere der im Konzentrationslager Auschwitz begangenen Verbrechen angemessene Sühne zu finden."

Und so kann der berühmten Jahrhundertfrage der vielen Historiker auf ihren Weltkongressen im 20. Jahrhundert –„WIE WAR DAS ALLES NUR MÖGLICH"– eine Antwort hinzugefügt werden, die von ihnen in ihren Recherchen und Analysen kaum mitbedacht worden war: Die psychische Verfassung der Täter, Mittäter und Mitläufer, die sich innerhalb ihrer eigenen Erziehung herausgebildet hatte, machte den Holocaust erst möglich. Bezieht man nämlich die Erziehungspraktiken und Lebensbedingungen der damaligen Generation mit in die Analyse ein, unter denen die Mehrheit der Deutschen in ihren Herkunftsfamilien groß geworden sind, dann wird deutlich, was für Historiker scheinbar ein ungelöstes Problem war. Wie kann eine Elite, ein Kulturvolk so gewalttätig sein, wie kann dieses Volk Entrechtung, Mord und Massenvernichtungen durchführen oder zulassen und so gehorsam einem Naziführer hinterherlaufen, der dieses Volk sehenden Auges ins todbringende Verderben führt? Heute steht nach siebzig Jahren intensiver Auseinandersetzung in der Psychologie auch wissenschaftlich fest, dass Menschen, die gewalttätig erzogen werden, auch als Erwachsene äußerst gefährdet sind, selbst Gewalt in ihrem Leben auszuüben. Es braucht dann nur die entsprechenden Situationen in einem aggressiven Umfeld.

Die **Täter** waren aufgrund ihrer Erziehung und einer ideologischen Propaganda in den Familien, den Vereinen, der Gesellschaft so konditioniert, dass sie Grausamkeiten an Mitmenschen im Namen eines „neuen deutschen III. Reiches" begehen konnten, ja, es war und ist sogar eine Voraussetzung, um so überhaupt handeln zu können. Männer und auch Frauen, die in frühester Kindheit massive körperliche und psychische Gewalt erlebten, die jedes Vertrauen in Bezugspersonen verloren hatten, für die Liebe ein Fremdwort war und für die die Brutalität in den Familien, Schulen und Betrieben zur Normalität des Alltags gehörte, waren geradezu ‚befähigt', Gewalt ohne Gewissensbisse auszuüben. Das war ihre Lebenserfahrung, so haben sie Leben kennengelernt und so konnte oder musste es weitergehen! Für sie musste Deutschland die führende Nation werden, koste es was es wolle, eine Nation, die international neue Maßstäbe setzen sollte und *„andere, minderwertige Völker auszurotten seien"* *(SS-Propaganda).*

Die **Mittäter**, die von frühester Kindheit Disziplinierungen und Strafen in der Familie ausgesetzt waren oder diese bei den Geschwistern miterlebten, denen jede Individualität und Autonomie inklusive ihrer Gefühle zuhause und in der Schule, in ihrer Ausbildung, in der Universität, im Handwerk, dem Arbeitsdienst und Militär ausgetrieben worden war, die also gewohnt waren, uneingeschränkt der Vaterautorität zu folgen, waren als kalte Befehlsempfänger und gefühllose Pflichterfüller für die Verbrechen gegen die Menschlichkeit geradezu prädestiniert.

Und dann die **Mitläufer**, die einfach im System mitgemacht haben, die nie etwas von den Konzentrationslagern gesehen oder gehört haben wollen, wie zunächst auch meine Eltern. Die Züge nach Auschwitz als Reichsbahnbeamte abfertigten, ohne angeblich zu wissen, wo der Zug hinfährt. Wenn solche Menschen als Kinder erleben, dass bei jeder autonomen Regung, der Äußerung einer eigener Meinung oder aber der Durchsetzung des eigenen Willens zu erwarten ist, dass man dafür als Kind zurechtgewiesen oder bestraft wird, wird die Angst zur dominierenden Instanz, zur alltäglichen Belastung. Man duckt sich weg, wenn der Vater als Autorität Ansagen macht und befolgt geflissentlich diese, um keine Konflikte heraufzubeschwören. Eine solche Kindheit begründet ein auf Angst basiertes Leben auch als Erwachsener. Man vermeidet dann Auseinandersetzungen – zuhause, in der Schule, der Ausbildung, im Betrieb, der Verwaltung, bei Gericht, also an allen Stellen im gesellschaftlichen Leben. Konflikte sind dann unangenehm, man scheut sie und schaut weg.

Da diese Lebensbedingungen über Generationen für die Masse der Bevölkerung Realität waren, fühlte man sich in der Gemeinschaft, im Volk trotz allem integriert, weil es vielen, mehr oder weniger allen so erging und weil man alleine mit diesen Repressionen nicht zurechtkam, sich auch gerne am Regelwerk mit all seiner Labilität festhalten konnte.

Hinzu kam, was Norbert Elias schon in den 1980er Jahren über die Zivilisationsgeschichte der Deutschen schrieb: *„Seit Jahrtausenden waren es die Menschen gewohnt, dass ein einzelner Mann mit einer kleinen Kerngruppe über die vielen Untertan herrschte. Und: Von den ersten Anfängen der Weimarer Demokratie an sehnten sich viele nach dem Mann an der Spitze,* *ob Fürst oder Diktator, der Entscheidungen traf und Befehle gab. Sie verlangten nach ihm wie nach einer Droge, weil sie es gewohnt waren!"* (siehe Norbert Elias: *„Studien über die Deutschen")*. Eine funktionierende Demokratie brauche, so Elias weiter, ganz bestimmte Persönlichkeitsstrukturen, die sich nur langsam in der parlamentarischen Praxis herausbilden würden. Und ja, so füge ich hinzu, Persönlichkeiten, die vor allem auch eine andere Erziehung genossen haben. In Deutschland haben sich über alle Zeiten hinweg bis auf wenige Ausnahmen solche Persönlichkeiten nicht entwickeln können. Im Gegenteil, die deutschen Männer waren gut vorbereitet, Befehle zu empfangen und einen Vernichtungskrieg zu führen. Der Zweck, den die Führer ausgaben, heiligt dann jedes Mittel! So kann ein Holocaust entstehen, der seinesgleichen in der Geschichte der Menschheit sucht. Dazu gehört auch, folgsam den Führern bis in den eigenen Tod zu folgen, wie mein Vater uns Kindern von sich selbst erzählt hatte. Ihre psychische Verfasstheit bei der Aus-übung ihrer ‚Pflichten' sorgte dafür, dass sie als Täter das über Jahre ohne Gewissensbisse praktizieren konnten und sich hinterher nicht verant-wortlich fühlten. Hitler selbst kam genau aus solch brutalen Verhältnissen *(siehe Alice Miller: „Am Anfang war Erziehung")*.

Irgendwann in meinem Studium war auch ich schließlich soweit, meine Eltern zu diesem Holocaust zu befragen. Wie sie denn nur diesem Hitler haben folgen können? Ihre Antworten sind in späteren Kapiteln zu finden und bestätigen, dass das gesamte faschistische System auf großer Angst vor Strafe und Tod aufgebaut war. Zudem sorgte die staatlich forcierte Propa-gandakultur der Ausgrenzung und Feindseligkeit für den äußeren Rahmen, an dem sich viele intellektuell festhalten konnten.

Neben den Drohungen und Bestrafungen aber wurden für alle, die sich vorbehaltlos anschlossen, Annehmlichkeiten, Gratifikationen und Karri-eren bereitgestellt. In Verbindung mit einem Aufstieg bei den Nazis, im Militär und Beamtenapparat kompensierten die Menschen damals den tiefen Mangel an Anerkennung und Liebe, den sie als Kinder durch Eltern und Lehrer erfahren hatten. Im System integriert wurde aus dem Jedermann ein Jemand, der kleine und große Macht hatte. Nach den vielen Erniedri-gungen und Demütigungen banden sich die Betroffenen durch ein neues Zugehörigkeitsgefühl mit einer Machtoption energetisch an das faschistische System. Die Rechtfertigungspropaganda für die sogenannte „Endlösung" der Faschisten ging soweit, dass davor gewarnt wurde, dass die Juden einst, in ferner Zukunft, wegen des „Raubens und Mordens durch uns",

155

sich rächen könnten. Sie mussten also alle sterben, insbesondere die Nachkommen. Es wurde also in jeder Hinsicht immer wieder Angst geschürt. Sie war im Prinzip die Fortführung jener Furcht, die die Kinder vor ihren Vätern, Lehrern und Erziehern bereits durch die Erziehung in sich trugen.

Nachdem die Nazis in allen Bereichen der Gesellschaft fest im Sattel saßen, gab es für den normalen Bürger kaum noch Möglichkeiten für einen Widerstand. Diese Option hatten allenfalls bis Kriegsbeginn noch die Gewerkschaften oder aber das Militär selbst. Der große deutsche Historiker und Journalist Götz Aly sagte dazu: *„Die Mixtur aus gemeinschaftlichem Profit und gemeinschaftlich zu verantwortenden Verbrechen schweißte in diesem Angstklima Volk und Führung zusammen."* So wurde schließlich von der Bevölkerung die Massenvernichtung der Juden hingenommen oder eben sogar als richtige Maßnahme für das zukünftige Wohlergehen des deutschen Volkes sanktioniert. *„Nur eine Stunde nach der Hinrichtung der Geschwister Scholl durch die Nazis trafen sich im Audimax und Lichthof der Universität München zirka 3000 Studenten und Studentinnen (75 % der Studierenden), um diese Entscheidung und den Hausmeister, der die Geschwister verraten hatte, zu bejubeln."* *(Götz Aly bei seiner Dankesrede zum Geschwister-Scholl-Preis 2018).*

Jene berühmten Schauspielerinnen, die mein Onkel Walter als Berliner Fotograf am Deutschen Theater in Berlin in den 1930er Jahren ablichtete, waren oft bei Empfängen in der Staatskanzlei Tischdamen an Hitlers Tafel. Viele Stars des Theaters und des Films rechtfertigten ihr Mitwirken nach dem Krieg mit dem lakonischen Kommentar, dass man eben nur Schauspieler/in war und nur spielen wollte, man sei in keiner Weise politisch interessiert gewesen *(siehe Thomas Blubacher: „Ruth Hellberg - Ein Jahrhundert Theater").* Genauso, wie die Nachforschungen von Bernhard Fulda zu dem Maler Emil Nolde diesen Sachverhalt deutlich machen: Nolde erzählte nach dem Krieg allen, die es hören wollten, dass er als Künstler überhaupt nichts mit Politik zu tun hatte. Er habe auch nie etwas Politisches erreichen wollen. Allerdings hat der Historiker Bernhard Fulda durch Briefe und Kommentare von Nolde belegt, dass er ein strammer, radikaler Antisemit war, der einen „Entjudungsplan" entworfen hatte, den er Hitler vorlegen wollte und jahrelang um seine Gunst buhlte. „Wir haben uns unreflektiert in einer narrativen Umlaufbahn befunden," so schildert Nolde sein Wirken nach 1933 in den Aufzeichnungen zur Ausstellung „Emil Nolde, eine deutsche Legende", im Gegenwartsmuseum im Hamburger Bahnhof in Berlin. Nach dem Krieg wurden die allermeisten Künstler von den Alliierten nicht in die

Kategorie „Mitläufer" einsortiert, sondern als „Entlastet" beurteilt, sodass mehr oder weniger fast alle unter den Nazis arbeitenden Künstler in der neuen Bundesrepublik wieder ihrem Beruf nachgehen und die Vergangenheit verdrängen konnten.

Auf ähnliche Weise konnten meine Eltern bei meinen Auseinandersetzungen mit ihnen über ihre Rolle in der Nazizeit behaupten: „Jetzt reg dich mal nicht auf, was weißt du denn schon, der Hitler hat doch auch viel Gutes gemacht, dem Volk Arbeit beschafft, Autobahnen gebaut und uns nach vorne gebracht", so mein Vater. Dass das mit einem Unrechtsstaat, mit Verfolgung, Inhaftierung, Mord und einem Genozid einherging, wurde einfach ausgeblendet. Und genau diese Ausblendung geschieht, wenn man in dieser Härte und Zweckorientierung erzogen worden ist.

Die Erziehung ganz im Sinn Schrebers, die meine Eltern, Großeltern und Urgroßeltern mit vielen anderen Millionen erdulden mussten, war ein wesentlicher Pfeiler, auf dem die Nazis ihre Schreckensherrschaft aufbauen konnten. Die Angst vor Vernichtung der eigenen Existenz war die zentrale Energie sowohl bei der Erziehung als auch bei der nachfolgenden faschistischen Politik. Anders ausgedrückt: Wären die Protagonisten dieser Zeit und ihre Vorfahren mit Liebe und Verständnis füreinander aufgewachsen, hätten die Nazis keine Chance gehabt und der Holocaust hätte niemals stattgefunden.

Bei diesem kleinen Ausflug in die deutsche Geschichte erkennt man leicht, dass sich die Erziehungsziele seit Schreber nicht grundsätzlich verändert haben, dass heute die Methoden anders sind, subtiler, nicht in dem geschilderten Maße gewalttätig, aber der entscheidende Punkt einer Übereinstimmung ist immer noch: Es ging damals darum, die sogenannte *„Herrschaft über das Kind" (Schreber)* zu gewinnen, um es für die höheren Aufgaben in Staat und Gesellschaft willig zu machen. Heute heißt das die Erziehung für „die Eingliederung in gesellschaftliche Notwendigkeiten, die Anpassung an die Erfordernisse des Marktes und den Arbeitsprozess" oder wie es Oliver Hauschke, Leiter des gymnasialen Zweiges einer Gesamtschule es ausdrückt: *„In Lernzellen vergeuden Kinder ihre Lebenszeit, wo sie zu braven Arbeitssoldaten herangezogen werden. Es gehe nur darum, den Menschen nach seiner vermeintlichen Leistungsfähigkeit zu klassifizieren und zu kategorisieren!" (siehe Oliver Hauschke: „Schafft die Schule ab.")*

Nach den Vorgaben der Ministerien geht es dabei also nicht um die Verwirklichung der Potenziale des Kindes, sondern um die Ziele der Gesellschaft. Die Eltern bekommen davon relativ wenig mit, sie sind beschäftigt, tagein, tagaus und je weniger Konflikte es mit der Kleinen, dem Bruder oder der Schwester gibt, um so besser. In dem allgemeinen erzieherischen Notstand heute entscheiden sie sich zumeist für die Anpassung an die Leistungsgesellschaft. Sie haben zu viel mit sich selbst zu tun und das Kind soll ja schließlich zurechtkommen in dieser auf Arbeit, Leistung und Konsum ausgerichteten Welt.

Dass die Kinder, wenn sie in diesen digitalen irdischen Kosmos heute hineingeboren werden, von sich aus ein Interesse haben, die Anforderungen unter Anleitung spielerisch und kreativ anzugehen, gerät dabei vollkommen aus dem Blickfeld. Strafe und Benotung, die Mittel, die Angst erzeugen, gelten bis heute in Deutschland als probate Methoden, Kinder zu leistungsbereiten Bürgern zu erziehen. Die Angst spielt dabei eine wesentliche, erzieherische Rolle. Sie erzeugt in den Lernräumen ein Klima, was lebensfeindlich und kontraproduktiv ist. Erwachsene können sich dagegen entscheiden und gehen, Kinder aber sind an ihre Stühle festgenagelt und müssen das Aushalten lernen. Denn draußen in der rauen Welt, so die Sprüche des Lehrpersonals, kann man scheinbar nur mit dieser Härte überleben. Hunde werden heute in Hundeschulen so nicht mehr erzogen, da gibt es Leckerli! Die Disziplinierung der kindlichen Gefühle stand schon bei Schreber wie auch heute ganz oben auf der Erziehungsagenda: Ein Kind hat Gefühle zu kontrollieren und nicht zu äußern. Allenfalls darüber sprechen darf es heute, wenn jemand zuhört!

Eine mangelnde pädagogische Ausbildung der Lehrer und viel Unkenntnis bei den gestressten Eltern mit ihrer Fixierung auf das Materielle, lassen die Kinder und Jugendlichen in ihrem Schaffensdrang, ihrer Kreativität mehr oder weniger im Regen stehen Die Interpretation der Eltern und Lehrer vom Leben, von der Welt, die Ziele des Staates, das sind die Maßstäbe für die Erziehung der Kinder, genau wie vor einhundert, vor zweihundert Jahren.

Gerade von Jungen wird heute nach wie vor verlangt, eine Sache besonders gut zu machen, um sich gegen „Konkurrenten" durchzusetzen. Vielfach lernen junge Burschen in unseren Gesellschaften nach wie vor zu kämpfen, die Besten zu sein, Kollegen zu übertrumpfen, sich selbst ins Licht zu stellen, Karriere zu machen und alles muss heute schnell gehen. Die Medien bedienen das vortrefflich. Der Druck ist inzwischen immens. Die Gesellschaft pustet kräftig in das Horn des Egoismus, der Konkurrenz, der Perfektion, der Auslese und des Elitären. Das Ego ist heute das Betriebsprogramm, das andere für uns geschrieben haben und das uns von unserem ursprünglichen menschlichen Kern, unserer Essenz vollkommen trennt. Es ist eine Männerkultur, die sich als Maßstab für alle, auch andere Völker erhebt. Männer lernen in dieser Kultur den Kampf, die Ausgrenzung und den Perfektionismus, was ihre Ehefrauen von Herzen eigentlich ablehnen, was sie als Mütter dann aber gerne ihren Söhnen beizubringen versuchen. Es sind letztlich also auch die Frauen als Mütter, die mit dazu beigetragen, dass Männer so erzogen werden, wie wir es tagtäglich erleben. Die jungen Frauen als Ehepartnerin der frisch Verheirateten sind dann oftmals die Leidtragenden. Sie bekommen mehrheitlich von den Schwiegermüttern die geschliffenen Söhne auf dem silbernen Hochzeitsteller serviert, immer wieder, in jeder Generation. Als Sohn hat man unbewusst gelernt, wie Vater und auch Opa ihre Frauen in alter Tradition behandeln, wie sie mit ihnen umgehen. Diese Verhaltensweisen übernimmt man dann auch in der Regel in seiner neuen, eigenen kleinen Familie, die eigentlich doch so ganz anders daherkommen sollte, dachte man als Frischling.

Dass sich da so wenig ändert, hat mit dieser ungebrochenen Erziehungsideologie seit Schreber zu tun, die sich zu einem allgemeinen Glaubensbekenntnis über Generationen verdichtet hat. Schließlich hat das alles ja, so würden es die Verfechter einer solchen Ideologie behaupten, dazu beigetragen, dass Deutschland nun ganz oben mitspielt. Die Wünsche Schrebers nach einer führenden, „glorreichen Nation" haben sich dann doch irgendwie, etwas bescheidener zwar, aber immerhin doch realisiert. Wie dieses Deutschland aber da drinnen aussieht, versuche ich in einem der nächsten Kapitel zu erzählen. Die Problematik einer solchen Erziehung begreift man eigentlich erst, wenn das eigene Bewusstsein sich erweitert, man die ausgetretenen Pfade verlassen hat und erkennt, dass viele schlummernde Potenziale bisher gar nicht entwickelt wurden, weder bei sich noch bei anderen, noch bei den Kindern heute.

Wie soll man eine Gesellschaft bezeichnen, die derartig mit sich und ihren Kindern umgeht? Neale Donald Walsch kennt da in seinem Buch *„Gespräche mit Gott"* kein Pardon. Der in seinen Büchern mit ihm sprechende Gott nennt diese Gesellschaft „primitiv"! Das wollen wir natürlich nicht hören, dass wir primitiv sind, aber – der zum Beispiel im Sommer 2017 veröffentlichte Abschlussbericht zum Missbrauchsskandal bei den Regensburger Domspatzen dokumentiert auf fatale Weise sogar, wie primitiv und grausam bis in die heutige Zeit Pädagogen noch mit Kindern umgehen: Zwischen 1945 und 1992, also nahezu fünfzig Jahre lang, haben über fünfhundert Jungen der hauseigenen Vorschulen und des Internats körperliche Gewalt erfahren. Siebenundsechzig Buben wurden sogar Opfer sexueller Übergriffe. In dem Bericht werden neunundvierzig Beschuldigte genannt, die als Lehrer, Erzieher und Pädagogen im kirchlichen Dienst über die Jahre für die Kinder verantwortlich waren. Dutzende Opfer schildern in diesem Bericht nach einem lebenslangen Schweigen das Martyrium, die Grausamkeiten, die sie im „Lager", im „Zuchthaus", in der „Hölle", wie sie heute ihren damaligen Aufenthaltsort nennen, erlebten. „Die Lektüre wird für viele Menschen nicht einfach sein," so der Sachverständige, der den Bericht des Grauens in jahrelanger Zeugenbefragung erarbeitet und verfasst hat. Wer sich trotzdem dafür interessiert, kann den Bericht auf der Homepage des Bistums Regensburg einsehen.

Interessant daran ist das Schweigen der Opfer über so viele Jahre. Es zeigt, dass es über Jahrzehnte nach dem Krieg kein gesellschaftliches Klima gab, diese Erziehungspraktiken mit den entsprechenden Grausamkeiten anzusprechen, anzuzeigen oder gar in die Öffentlichkeit zu bringen. Im Gegenteil, man fand nicht nur kein Gehör, sondern wurde als Opfer noch stigmatisiert und ausgegrenzt, wenn man sich doch anvertraute. Das zeigt, wie tief sich diese Art der missbräuchlichen „Erziehung" im deutschen Volk und sicherlich auch bei anderen Völkern eingenistet hat. Nicht die Täter standen am Pranger, sondern die Opfer nach dem Motto: „So schlimm wird es ja wohl nicht gewesen sein, nun stell dich mal nicht so an. Auch wir sind nicht mit Samthandschuhen angefasst worden!" *(Die Aufdeckung solcher Skandale hört nicht auf, wie die große Studie zum „Missbrauchs-Skandal in der katholischen Kirche" 2018 gezeigt hat).* Zudem war die Prügelstrafe bis zum Jahr 2000 erlaubt und nicht strafbar. Seitdem erst haben Kinder das Recht auf gewaltfreie Erziehung.

Und heute: Im Jahr 2016 wurden nach Angaben der deutschen Jugendämter 137.000 Verdachtsfälle von vorsätzlicher Kindesmisshandlung registriert. 24.000mal erfolgte ein Eingriff der Jugendämter, um die Kinder zu schützen. Alice Miller war eine der Wenigen aus der psychologischen Wissenschaft, die schon Anfang der 1980er Jahre das als Skandal verurteilte und die Gewalterfahrung der Kinder als Ursache für die Gewalt in der Gesellschaft analysierte.

Als ich 1993 mit Alice Miller ein Spielfilmdrehbuch zum Thema Gewalterfahrung von Kindern schrieb, lehnte der leitende Redakteur eines großen deutschen öffentlich-rechtlichen Senders das Projekt mit der schriftlichen Bemerkung ab: *„Ich tue mich grundsätzlich schwer mit Vorlagen, in denen Personen und Handlungen vorgefasste Meinungen von Autoren belegen!"* Obwohl die Presse und das Fernsehen damals schon von Kindesmisshandlungen berichteten, der Kinderschutzbund große Kampagnen fuhr, wollten viele die Resultate dieser harten, leistungsbezogenen, strafenden Erziehung nicht wahrhaben. Viele verteidigen sie als bewährtes Konzept gesellschaftlicher Sozialisation heute noch.

Nachvollziehbar wird dann auch, dass in den 1980er und 1990er Jahren der Rechtsextremismus und der Neofaschismus in Deutschland wieder eine so große Rolle spielten, sodass im Oktober 1989 die Gewerkschaft Erziehung und Wissenschaft in der Zeitschrift „Neue Deutsche Schule" das Schwerpunktthema Rechtsradikalismus mit einschlägigen, brutalen Beispielen aus dem Alltag herausbrachte *(Abgeordnete der REP und der NPD saßen in einigen Landtagen)*.

Es ist also nicht so, dass heute der Rechtsruck in Deutschland neu ist, die Bundesrepublik hatte schon imer damit zu tun. Und das liegt einerseits maßgeblich an der Erziehung der Kinder und natürlich auch an der sozialen Situation der Familien. Wenn Jugendliche für Jugendliche Projekte bei den Jugendämtern vorschlagen, treffen sie oft wie vor dreißig Jahren auf viele Widerstände. Die Sozialarbeiter sind oft nur dazu da, die Jugendlichen mit allerlei blöden Argumenten auszubremsen, damit sie ihre Projekte eben nicht verwirklichen können. Dann wundert sich das Land, wenn es Krawall gibt. *(siehe Sendung: „Das Dorf der Jugend in Sachsen" – DLF 18.10.2019 – 19.15 Uhr)*

Über all die Zeiten hinweg haben wir Deutsche also damit zu tun und es wird sich aus Sicht dieser Fakten kaum etwas ändern, solange Erziehung so gehandhabt wird. Sie ist „primitiv"! Dabei fällt einem sofort auf, dass wir dieses Wort eigentlich für die Urvölker auf anderen Kontinenten, also für die noch lebenden indigenen Kleinvölker als Stigmatisierung vorbehalten haben. Meine eigenen Forschungen von indigenen Gruppen und

Stämmen und vor allem der Umgang mit ihren Kindern sowie die Forschungen anderer stellen aber unser gängiges Bild von den „Wilden" vielfach auf den Kopf. Drei kleine Beispiele seien hier erwähnt, die auch eine Alternative zu unserem konservativen Erziehungskonzept darstellen:

Die Anthropologin Jean Liedloff hat in den 1970er Jahren in ihrem berühmt gewordenen Buch *„Auf der Suche nach dem verlorenen Glück"* nicht nur ihr Leben bei einem Indianerstamm in Südamerika beschrieben, sondern als Anthropologin lange Jahre beobachten können, wie die Yequana-Indianer im Urwald Venezuelas mit ihren Kindern umgingen. Sie interessierte sich für die „Erziehung" der Mädchen und Jungen im Dorf und erfuhr dort bei ihren jahrelangen Beobachtungen, wie die Erwachsenen die Kinder anleiteten, um nicht den Begriff „erziehen" zu benutzen, damit sie ihre innere Kraft, ihr Selbst entwickeln konnten – wohlgemerkt und natürlich ganz im Sinn ihrer uralten Kultur und Tradition in einem geschlossenen Rahmen. (Unsere Kultur und Wirtschaft ist aber eigentlich nichts anderes als ein Kampffeld mit klaren Grenzlinien). Denn diese Menschen hatten zur Außenwelt und Moderne keinen Kontakt. Mit Respekt und Achtung begegnen die Erwachsenen dort im Urwald den Kleinen, das liest sich aus jeder Zeile des Forschungsberichtes. Die strengen Regeln, die auf den vorhandenen Gefahren im Regenwald beruhten, sorgten für einen Rahmen, indem sich die Kinder relativ frei bewegen und entwickeln konnten, ganz nach ihren innersten Motiven und Fähigkeiten.

Hier wurden sie behutsam angeleitet, die Jungen im Außen des Waldes, die Mädchen im Inneren der Gemeinschaft der Hütten. Für die Kinder war 1980 der Regenwald ihre einzige erfahrbare Welt, eine Ganzheit, die selbstverständlich war, auch die Erwachsenen kannten ja nichts anderes. Innerhalb dieses Rahmens dieser sozialen Gemeinschaft erlebte Liedloff über viele Jahre hinweg wie in einem Versuchslabor das Aufwachsen glücklicher Kinder, die zu starken Persönlichkeiten heranwuchsen. Überhaupt, so meine eigenen Recherchen zu einem großen Filmprojekt über die Urvölker dieser Welt, haben diese Völker ein untrügliches Wissen, wie man junge Menschen des Stammes fördert, damit sie das Überleben der Gemeinschaft in Zukunft sichern können. Das ist das Hauptinteresse, die Kinder stark zu machen und in den Stand zu setzen, mit Kraft, Tatendrang und Mut die Aufgaben des Überlebens im Urwald anzugehen. Aber auch dort haben die jungen Menschen verschiedene Lebensziele, je nach ihren

Fähigkeiten und Aufgaben, die sie sich erwählt haben. Alle individuellen Ziele kreieren das Lebenskonzept der Gemeinschaft und sie übernimmt die Verantwortung, den Einzelnen/die Einzelne zu schützen und sie in Kindheit und Jugend anzuleiten, weil der Junge, das Mädchen einst für die Gemeinschaft seine und ihre Energie zur Verfügung stellen wird. Alle im Stamm wissen, dass der Schutz und das Überleben der Gemeinschaft von ihren Brüdern und Schwestern abhängen. Nicht Angst, sondern positive Verstärkung ist das Grundprinzip der Anleitung. Im Urwald hat dieses Konzept die Folge, dass die jungen herangewachsenen Männer und Frauen des Stammes meistens mit Selbstbewusstsein, körperlicher Gesundheit, Kreativität und vielen speziellen Fähigkeiten ausgestattet sind, wenn sie erwachsen geworden sind. Psychisch Kranke können sich Naturvölker nicht leisten, jedenfalls nicht in der Masse, wie es bei uns der Fall ist. Zudem sind die Familien im Regenwald darauf angewiesen, aus dem Wald nicht nur ihre Ernährung zu generieren, sondern sie verstehen es auch, die medizinischen Qualitäten der Natur zu nutzen, zu erhalten und mit den natürlichen Kräften zu heilen. Dort gibt es keinen Arzt. Ihre spirituellen Fähigkeiten und Heilmethoden sind gigantisch und zeugen von einer tiefen Verbindung zur Mutter Erde und zu einem universellen Weltbewusstsein. Viele tausend junge Menschen aus vielen Ländern reisen heute zu indigenen Stämmen, um von Schamanen zu lernen *(siehe: Bradford Keeney und Clemens Kuby)*.

Ein Blick in die uralte indianische Kultur der Irokesen-Indianer Nordamerikas und Kanadas, die heute noch durch Häuptlinge und geistige Führer überliefert ist, mag zudem verdeutlichen, wie hoch ihr menschliches, politisches und kulturelles Bewusstsein schon in Jahrhunderten vor der Zeit der Weißen in Amerika war. Sie gaben sich eine Verfassung, die beispielhaft war und als Vorlage diente für andere Staaten. Sie wurde in Teilen zum Vorbild für die 1787 veröffentlichte Verfassung der USA. So heißt es in dieser Verfassung der Irokesen: „O Häuptlinge! Tragt keinen Zorn im Herzen und hegt gegen niemanden Groll. Denkt nicht immer nur an euch selber und an eure eigene Generation. Vergesst nicht, dass nach euch noch viele Generationen kommen werden, denkt an eure Enkelkinder und an jene, die noch nicht geboren sind und deren Gesichter noch im Schoß der Erde verborgen liegen".

Dieser Irokesenstaat blühte drei Jahrhunderte lang, bis ihm der amerikanische Unabhängigkeitskrieg (1775–1783) ein Ende setzte. Die Indianer verbündeten sich mit den Engländern, weil sie befürchteten, dass ihnen die neuen Siedler ihr Land wegnehmen würden, was dann auch geschah. Indianer hatten nach den Überlieferungen vieler Häuptlinge ein besonderes Verhältnis zu den Kindern im Stamm. Das gehörte zum Wesen einer indianischen Kultur. So sagte Luther Standing Bear (1868–1939) über sein Volk: „Im Stamm der Lakota war jeder gern bereit, Kinder zu betreuen. Ein Kind gehörte nicht nur einer bestimmten Familie an, sondern der großen Gemeinschaft der Sippe; sobald es gehen konnte, war es im ganzen Lager daheim, denn jeder fühlte sich als sein Verwandter. Meine Mutter erzählte mir, dass ich als Kind oft von Zelt zu Zelt getragen wurde und sie mich an manchen Tagen nur hier und da zu Gesicht bekam. Niemals sprachen meine Eltern oder Verwandten ein unfreundliches Wort zu mir, und niemals schimpften sie mich, wenn ich etwas falsch gemacht hatte. Ein Kind zu schlagen, war für einen Lakota *(Stamm der Sioux-Indianer)* eine unvorstellbare Grausamkeit. Die alten Dakota *(so sprachen die Sioux-Indianer von sich selbst)* wussten, dass das Herz eines Menschen, der sich der Natur entfremdet, hart wird; sie wussten, dass mangelnde Ehrfurcht vor allem Lebendigen und allem, was da wächst, bald auch die Ehrfurcht vor dem Menschen absterben lässt. Deshalb war der Einfluss der Natur, die den jungen Menschen feinfühlig machte, ein wichtiger Bestandteil der Erziehung."*(Siehe dazu auch Verlag Zeiten* Schrift Nr. 7 – Indianer: Eins mit dem Großen Geist)*.

Hier ein weiteres, aktuelles Beispiel aus unserer Kultur. Wie man das gängige und überholte Erziehungskonzept verändern könnte, beschreibt Alison Gopnik von der University of California in Berkeley. Sie hat mit dem Buch *„The Gardener and the Carpenter"* eindrücklich beschrieben, wie man Kindern eine Kindheit schenken kann, ohne großartig auf sie einzuwirken. Der Carpenter (Schreiner) versucht in der Regel aus einem Stück Holz etwas Brauchbares und Verwertbares zu machen, was nur dem Zweck des Schreiners oder seines Auftraggebers dient. Der Gärtner aber bereitet seinen Pflanzen ein Beet mit natürlichen, nachhaltigen Nährstoffen, welches er hegt, pflegt und beschützt. Gemüse und Blumen wachsen in diesem Beet von ganz alleine und kreieren ihre eigene Schönheit, ihren eigenen Zweck, die Frucht. Sie erfreuen die Menschen und ernähren sie so ganz nebenbei. Eine wunderbare Geschichte, die verdeutlicht, wie wir mit unseren Kindern umgehen müssten: Gärtner müssten wir ihnen sein, mehr nicht! *(siehe Alison Gopnik: „The Gardener and the Carpenter")*.

Die Erziehung von unseren Kindern muss sich also verändern, wollen wir unsere Erde retten. Dazu braucht es eine Wissenschaft, die gelebte Geschichte in den Familien und den Schulen wahrnimmt und aus ihrem Elfenbeinturm heraustritt. Das kann nur eine Erfahrungswissenschaft im wahrsten Sinn des Wortes erforschen, die die Lebenswirklichkeit im Herzen hat und nicht die Ideologie im Kopf. Gegenstand einer solchen Erfahrungsforschung in der Erziehung wären in der Gegenwart die Berichte von Kindern und Erwachsenen in bestimmten kontrollierten Settings zusammenzutragen und therapeutisch zu entsorgen. Jener Müll, der sich im Laufe der Jahrzehnte angesammelt hat: Workshops zur Aufarbeitung von Gewalterfahrungen, Therapien für Kinder, Workshops zur Persönlichkeitsentwicklung der Erzieher, spirituelle Seminare, Geistheilungs- und Selbstheilungsseminare für Lehrer und Erzieher und dann die Zukunft: Visionsarbeit, Evaluation der Erziehungspraxis, neue Konzepte aufgrund der gemachten Erfahrungen auch in anderen Kulturen und Ländern. Die Ergebnisse dieser Forschungsarbeit würden in neue Erziehungskonzepte in die Fakultäten der Universitäten fließen, die dann wiederum, ausgehend von diesen Erfahrungen, neue Ausbildungskonzepte für Erzieher und Lehrer entwickeln würden und entsprechend Studenten ausbilden würden. Die „heilige Kuh Schule" des Bildungsbürgertums, und da gebe ich dem Lehrer Oliver Hauschke recht, „muss geschlachtet, in der jetzigen Form aufgelöst werden". An die Stelle des alten Systems muss ein neues treten, das sich an die natürliche Neugier der Kinder knüpft, statt ihnen ihr Lernbedürfnis auszutreiben. Wie würde sich die Welt verändern, wenn Kinder endlich lernen würden, ihrem Herz, ihrer Intuition zu folgen? Sie wären geradezu prädestiniert dafür, der Welt neue Konzepte zu schenken.

Mutters Geheimnis

Nach meiner Scheidung fanden meine Eltern und ich langsam wieder einen Weg, miteinander zu reden. Die alten Wunden waren ein bisschen verheilt. Ich nutzte die wiedergewonnene Nähe zu ihnen, um mehr über ihr vergangenes Leben während der Hitlerzeit zu erfahren. Meine Mutter war immer dankbar, von ihrer alten Heimat erzählen zu können, sie sparte jedoch den Krieg und den Faschismus dabei gerne aus. In der Männergruppe und den studentischen Seminaren ging es aber oft um die Frage, inwieweit unsere Eltern in der Nazizeit aktiv oder passiv am Holocaust mitgewirkt hatten. Da hatte ich bisher nichts von Vater und Mutter gehört. Ich wollte von ihnen nun wissen, ob sie tatsächlich nichts gewusst hatten, wie sie immer behaupteten.

Nach Krieg, Flucht und der Gefangenschaft meines Vaters bedeutete der Neuanfang im Westen Deutschlands zunächst einmal viel Arbeit, die willkommen war. Vieles sollte vergessen werden. Es galt in der Fremde Fuß zu fassen und eine neue Existenz aufzubauen. Aufgrund der Erfahrungen der Männer im Krieg mit den Entbehrungen, dem Verlust jeglicher Gewissheiten, der harten Behandlung in den Lagern und den damit einhergehenden gesundheitlichen Folgen waren viele Männer angeschlagen, sowohl körperlich wie auch psychisch. Mein Vater brachte aus der vierjährigen russischen Gefangenschaft nicht nur eine Herzmuskelentzündung mit, die wohl nie mehr richtig ausheilte, sondern er hatte sich zudem sehr verändert, wie meine Mutter sich vorsichtig ausdrückte. „Mein Mann war ein anderer geworden, als ich ihn wiedersah", erzählte sie mir, als ich sie nach einer Operation im Krankenhaus Anfang der 1980er Jahre besuchte und wir über meinen Vater sprachen.

Sie teilte diese Erfahrung mit vielen anderen Frauen, die ihre Männer nach dem Krieg zum Teil nicht mehr wiedererkannten. Meine Mutter war 1944/1945 nach der nahezu einjährigen Flucht aus Oberschlesien mit dem Erstgeborenen ebenfalls in einer schlechten Verfassung wie viele, die ihre Kraft und vieles mehr im Krieg verloren hatten. So war die Gesundheit auch durch die Geburt weiterer Kinder eigentlich immer brüchig und Krankheiten beschäftigten die Familie seitdem. In ihrem Bett im Krankenzimmer schaute ich in ein trauriges und unzufriedenes Gesicht.

Verzweifelt versuchte sie, sich über meinen Besuch zu freuen. Es gelang ihr nicht und um ihre Gefühle nicht zu zeigen, lenkte sie schnell davon ab und beklagte sich über dieses und jenes, was im Krankenhaus angeblich alles schlecht lief. Ich fragte nach und erwiderte ihr dann, dass es doch eigentlich völlig normal sei, was sie da erlebe, schließlich sei das doch hier kein Privatsanatorium mit Einzelzimmer und Chefarztbetreuung, sondern ein normales Krankenhaus für Kassenpatienten. Doch sie sah das anders und machte das Pflegepersonal für die ,schlechten' Verhältnisse verantwortlich. Ich spürte, wie sich bei mir wieder einmal alles innerlich zusammenzog.

Viele Jahre schon war sie unzufrieden mit ihrer Situation. Sie glaubte, dass ihr aufgrund ihres verlorengegangenen Erbes durch den Krieg Besseres zustehen würde, wusste aber nicht, wie sie das hätte herstellen können. Sie versuchte, sich zuhause zu beherrschen, den Laden irgendwie trotz ihrer Ansprüche zusammen zu halten, die cholerischen Ausfälle des Vaters uns und ihr gegenüber zu neutralisieren und ihn zu beruhigen. Letztlich war das eine ihrer zentralen Lebenserfahrungen. Sie hat immer gedient, erst ihrem Vater in der eigenen Metzgerei in Oberschlesien, nach dem Krieg ihrem Mann mit den vier Kindern, dann später einem ihrer Söhne, also ein Leben lang. Schon als Mädchen, wenn sie ihrem Vater in der Metzgerei helfen musste, weil ihre ältere Schwester Lucie oder der Bruder, mein Onkel Walter, der Fotograph, das nicht machen wollten, krank waren oder sich geschickt widersetzten, ließ sie sich vor den Karren spannen.

Ich setzte mich auf das Bett und nach einer Weile, wie so oft, erzählte sie von Zuhause, wie sie es nannte, von ihrer alten Heimat. Sie schwärmte von dem Wurst- und Fleischgeschäft ihres Vaters: „Die Wurst, die dein Opa machte", so begann sie gerne, „war sehr begehrt, wir verkauften so viel, dass er mit den zwei Gesellen den Bedarf nicht mehr decken konnte. Eine Vergrößerung des Betriebes stand 1939 an, doch da kam der Krieg und alles veränderte sich." Sie musste nach Kriegsbeginn in der Metzgerei aushelfen, weil ein Geselle zum Militärdienst eingezogen wurde. Für sie war, wie sie erzählte, die Arbeit in der Metzgerei ein Ort ständiger Angst. Die Maulschellen ihres Vaters waren berüchtigt. Ihre Geschwister wollten sich das nicht antun und vor allem ihr Bruder konnte das Blut und den Geruch geschlachteter Tiere nicht ertragen. Er floh schon mit achtzehn Jahren nach Berlin, wo er, wie bereits geschildert, Fotographie und Schauspielerei studierte. Auch ihre ältere Schwester wollte mit fünfundzwanzig

Jahren weg, so meine Mutter: „Doch Lucie blieb noch, weil sie sich in der Kreisstadt in einen Juden verliebt hatte, der in einer Bank arbeitete. Sie liebten sich nach ein paar Wochen so sehr, dass sie sich heimlich andauernd sehen wollten, obwohl es ja verboten war. Niemand durfte davon erfahren, vor allem die Eltern nicht, denn wenn das rausgekommen wäre…!" Meine Mutter schwieg abrupt und schaute aus dem Fenster. Ich dachte, ja, das war wohl sehr gefährlich, denn nach Hitlers Rassengesetzen wurde man auch als Nicht-Jude verhört oder ging gleich in den Knast.

Mutter schaute mich verlegen an. Da war wieder dieser traurige Blick, den ich nur zu gut kannte, bei dem sie immer verstummte. Insbesondere dann, wenn im Gespräch die Nazis auftauchten, verschloss sie ihren Mund. Doch diesmal wollte ich ihr das so nicht durchgehen lassen. Mit einem Seitenblick sah ich, dass die Bettnachbarin eingeschlafen war. Ich fragte also: „Ja, und – wie ging es weiter? Ich meine, war das denn damals überhaupt heimlich zu machen? Nach 1938 ging es doch mit der Judenverfolgung erst richtig los?" Doch irgendwie wollte sie nicht mehr. Wenn das Wort „Juden" in unseren wenigen Gesprächen bis dahin fiel, verstummte sie immer ganz schnell. Ich ließ aber nicht locker und bedrängte sie: „Nun komm, Mutter, jetzt erzähl' es doch?" Sie schaute mich an, als wolle sie sagen, ich kann dir ja sowieso nicht widerstehen: „Das hab' ich noch niemandem erzählt, ich glaub deinem Vater auch nicht. Du gibst ja sonst keine Ruhe, ist ja auch schon eine Ewigkeit her!"

Sie schaute zur schlafenden Nachbarin und holte dann Luft: „Wenn das jemand entdeckt hätte", sie schaute mich wieder an, „das wäre wirklich schlimm geworden, nicht nur für die beiden." Sie knispelte mit ihren Händen an der Bettdecke herum. „Mein Vater war ja NSDAP-Parteimitglied, weniger aus Überzeugung, sondern weil es für das Geschäft gut war, in der Partei zu sein!" Ich schluckte, das hörte ich zum ersten Mal und es klang wie eine Entschuldigung nach dem Motto, das musste man ja damals so machen, wenn man Geschäfte machen wollte. Sie fuhr fort: „Das Liebespaar traf sich fast immer nachts im Schutz der Dunkelheit auf dem Hof unserer Metzgerei. Die beiden Bernhardiner-Hunde blieben still, weil Lucie viel mit ihnen im Winter unterwegs war. Du weißt ja, wir spannten die beiden Hunde im Winter vor einen großen Holzschlitten, der beladen war mit allerlei Fleisch- und Wurstwaren. Lucie lieferte die dann bei Eis und Schnee in den naheliegenden Dörfern aus. Wenn sie von der Tour zurückkam, dauerte es nicht lange und er kam. Ja, und bei den Treffen der beiden spielte ich die Komplizin!"

Sie erzählte nun von den heimlichen, nächtlichen Zusammenkünften der beiden, die auf dem Hof, neben dem Schlachthaus begannen und sich dann im Haus fortsetzten. Sie öffnete den beiden immer die hintere Tür zum Haus, weil die gleich neben ihrem Zimmer lag und verschloss sie wieder. Ihr Vater saß zu der Zeit meistens in dem kleinen Büro neben dem Verkaufsladen zur Straße hin, schrieb Rechnungen und notierte die Einnahmen der Kasse vom Fleischerladen. Nachts in ihrem Bett, so schilderte Mutter es, zitterte sie vor Angst und hoffte, dass der Vater nichts bemerken möge. Es wäre furchtbar gewesen, wenn er diese heimlichen Tête-a-Tête herausbekommen und die beiden beim nächtlichen Miteinander erwischt hätte. Trotz dieser prekären Lage und der inneren Not ihrer Schwester und sehr wohl wissend, dass man sich mit Juden nicht einlassen durfte und dafür ins Gefängnis wanderte, wollte Lucie nicht mehr von ihrem Geliebten lassen. Die beiden wurden zu einem unzertrennlichen Paar.

Unter den gefährlichen Umständen war ihre Bindungsenergie wahrscheinlich sogar noch größer als unter normalen Verhältnissen. So ging das mehrere Wochen. Der jüdische Freund arbeitete bei der Raiffeisenbank in der nahen Stadt, sodass man in den Abendstunden des aufkommenden Frühlings viel Zeit miteinander mit Spaziergängen verbringen konnte. Auch dieses Zusammensein musste natürlich heimlich sein und war stets durch eine plötzliche Entdeckung, auch von Nachbarn gefährdet. Am Abend hielt der junge Bankkaufmann sich weiter draußen oder in einem Gasthaus auf, bis Ruhe einkehrte im Metzgerhaus. Ganz früh am Morgen, bevor der Vater aufstand und der stand früh auf, verschwand der jüdische Liebhaber aus dem Haus, um mit dem Fahrrad in die nahe Stadt zu radeln. Bei diesem hohen Aufwand und ständig die Gefahr vor Augen, beschlossen beide schließlich, miteinander zu fliehen, wahrscheinlich wollten sie nach Berlin zum Bruder, wie meine Mutter meinte, sie konnte sich daran nicht mehr genau erinnern. Jedenfalls wollten sie in einer größeren Stadt im weiten Deutschland untertauchen und dann still und heimlich heiraten.

Meine Mutter: „Eines Tages war die übliche Zeit des Treffens am Abend verstrichen, der jüdische Freund war nicht gekommen. Das verabredete Klopfzeichen an der Tür blieb aus und mir schwante, dass etwas Unvorhergesehenes geschehen sein musste. Lucie war in ihrem Zimmer am Ende des Flurs und wartete auf ihren Liebsten. Wie ich auch war sie überrascht, als er nicht kam. Das war nicht seine Art, er besprach mit Lucie immer alles haarklein und wollte an diesem Abend kommen, um die Flucht weiter zu planen.

Was also war geschehen? Uns beschlich die Angst und wir redeten in dieser Nacht stundenlang darüber. Denn ab und an drang auch bis uns zum Dorf durch, dass Juden verschwinden. Kein Auge machten wir mehr zu, immer in der Hoffnung, dass es doch vielleicht noch klopfen könnte – doch niemand pochte an meinem Fenster!"

Anderntags erlebte meine Mutter ihre Schwester in großer Unruhe, was die Eltern natürlich nicht mitbekommen durften. Nun, da sie von morgens früh bis abends spät schufteten, der Vater in der Metzgerei, seine Frau, meine Oma, im Laden, bemerkten sie auch nichts. Auch am nächsten und übernächsten Abend gab es keine Klopfzeichen. Die Schwestern begannen mit der heimlichen Recherche. Sie ergab dann auch sehr schnell, dass die SS den Freund direkt vom Arbeitsplatz aus der Bank abgeführt und in ein Lager in der Nähe abtransportiert hatte. Lucie war außer sich und riskierte in den folgenden Wochen, so meine Mutter, oftmals Kopf und Kragen, um ihren Geliebten irgendwie aus dem Lager herauszubekommen, alles ohne Wissen der Eltern. Beide Schwestern versorgten ihn mit zusätzlicher Nahrung, ohne den Freund aber zu Gesicht zu bekommen. Sie bestachen die Wachposten mit Wurst und Fleisch, damit sie kooperierten. Es war 1941 und der Russlandfeldzug hatte soeben begonnen. Meine Mutter: „Eines Tages kam der betreffende SS-Mann nicht mehr an den Stacheldrahtzaun und Lucie wurde von den Wachen harsch abgewiesen. Im verzweifelten Flehen um eine Auskunft erfuhr sie, dass ihr Freund in ein anderes Lager gebracht worden war. Sie kam vollkommen niedergeschlagen zu uns nachhause. Sie hatte von den Wachsoldaten nicht erfahren, wohin er gebracht worden war. Es war schrecklich, wir hatten solch eine Angst!"

Wir wissen heute, was das bedeutete. Lucie versuchte bei der Bank näheres zu erfahren, doch begegnete ihr dort eine Mauer des Schweigens. Verwandte des Freundes gab es auch schon keine mehr. Beide Schwestern waren voller Angst und verboten sich nun weiter nachzufragen, denn es wurde nun für die ganze Familie bedrohlich. Zudem kollidierte das Engagement meiner Mutter für die Schwester mit ihrer Führungsposition im BDM, eine Naziorganisation für junge Mädchen, die sich sportlich betätigten und dort ideologisch auf Kurs gebracht wurden. Schließlich versagte meine Mutter der Schwester jegliche weitere Hilfe. Ich schaute sie fragend an. „Ja, was meinst du", reagierte sie empört, „was hätte passieren können, wenn wir weitergesucht hätten. Wenn das der Vater erfahren hätte, um Gotteswillen!" Die Schwester Lucie, so meine Mutter weiter, willigte schließlich auch ein, nichts mehr zu unternehmen.

Ihr brach es jedoch das Herz, sie war vollkommen deprimiert und verzweifelte an ihren Ahnungen um das Schicksal ihres Geliebten. Sie verlor ihre Hoffnung und Kraft auch deshalb, weil sie sich mit allem vollkommen alleine fühlte. Die Eltern mit einzubeziehen, war aus ihrer Sicht unmöglich. „Das", so meine Mutter, „hätte die gesamte Existenz des Geschäfts gefährdet und – ja, vielleicht…?" Mutter sagte kein Wort mehr, schaute mich an und hatte Tränen in den Augen. „Vattel und Muttel gegenüber tat Lucie so, als sei alles in bester Ordnung, sie spielte ihnen ständig etwas vor. Nach nicht einmal zwei Monaten wurde sie krank und zog sich total in ihr Innerstes zurück. Sie funktionierte im Alltag nur noch oberflächlich, innerlich schien sie zerbrochen", flüsterte meine Mutter. Ich stand auf, setzte mich an ihre Seite und legte meinen Arm um sie. Sie griff unters Kissen und trocknete mit dem Taschentuch ihre Tränen.

Als Lucies Mutter, meine Oma, schließlich doch bemerkte, dass mit ihrer Tochter etwas nicht stimmte, war es zu spät. Innerhalb eines halben Jahres schwanden ihre Kräfte derart, dass sie schließlich elendig in der Blüte ihres Lebens an einer Lungenentzündung starb.

Ich stand auf und blickte aus dem Fenster auf eine trutzige Kirche der Stadt, gemauert mit großen Quadern aus Grauwacke. Nach einer Weile setzte ich mich wieder ans Fußende des Bettes und sagte etwas erregt: „Aber dann war dir ja doch bekannt, dass es Lager gab", ich blickte zu der schlafenden Frau und fuhr dann leiser fort, „dass es Konzentrationslager gab?" Da veränderte sich ihr Gesichtsausdruck schlagartig. Sie schaute mich empört und zuglcich wie ertappt an, sprach aber kein Wort. „Ihr habt doch immer gesagt, dass ihr davon nichts wusstet", fragte ich weiter. Eine Träne floss ihr wieder die Wange herunter und sie schaute wieder aus dem großen Fenster. Nun tat sie mir doch leid, weil mir in dem Moment etwas klar wurde. Ich griff ihre Hand und legte sie in die meine und dachte, dass ihre kleinen Lügen in der Vergangenheit gegenüber uns unbedeutend waren im Vergleich zu derartigen Erfahrungen, für die man sich wahrscheinlich auch heute noch grämt. Ihr Gesicht drückte das aus, als sie mich wieder anblickte: „Ach, Junge, was weißt du schon, wie es damals war!" Ja, so dachte ich, wie wahr das ist! Wahr ist aber auch, dass ich immer wissen wollte, wie es damals war, was sie und mein Vater mit den Nazis zu tun hatten. Denn als ich mehr und mehr begriff, dass diese Eltern auch eine

Geschichte hatten, eine Vergangenheit in einer Zeit, die Deutschland und die Welt furchtbar zurichtete, da fragte ich sie, was sie von den Judenmorden und den Lagern gewusst hatten. Jedes Mal schüttelte meine Mutter den Kopf und der Vater erregte sich und verließ schnaubend die Küche.

Es klopfte an der Tür und ein netter Krankenpfleger kam ins Krankenzimmer. Er erkundigte sich freundlich nach ihren Bedürfnissen. Meine Mutter schüttelte nur abweisend den Kopf. Der Pfleger wandte sich dann der gerade erwachten anderen Patientin im Zimmer zu. Unvermittelt raunte meine Mutter zu mir mit dem Ton tiefster Überzeugung: „Die Pfleger muss man sich hier zurechtschleifen, sonst spuren sie nicht!" Der junge Mann war ein sensibler Wehrdienstverweigerer und überhörte diese Unverschämtheit lächelnd. Mit über siebzig Jahren solch ein Satz, dachte ich beschämt, nach all diesen Fingerzeigen und Wachmachern von ihren Söhnen und Schwiegertöchtern über zwanzig Jahre lang. Das traf mich wie ein Schlag, mein Mitgefühl schwand. Ich schämte mich in diesem Krankenzimmer für meine Mutter und dachte, wie ihre Empfindsamkeit und Sensibilität doch so radikal von ihrer herrischen Art verdrängt wurde. Die alte Dragonerin, BDM-Dompteurin, erzogen mit dem Ochsenziemer ihres Vaters, repräsentiert das, was sie bitter gelernt hatte: Härte gegen sich und andere. Kein Wunder bei solch einem Leben!

Nun schaute ich bedrückt aus dem Fenster. Wie mir diese brutale Art des Umgangs in dieser Familie doch zu schaffen machte. Und genauso wie mein Opa der liebenden Lucie damals kein Verbündeter, keine Hilfe war, so verweigerte auch mein Vater in so vielen Stationen meines Lebens seine Solidarität. Lucie war vollkommen alleine mit ihrer Not und hatte, wie ich auch einst bei Entdeckung meiner Sexualität, eine höllische Angst, dass der Vater etwas erfahren könnte.

Wie froh war ich nach dieser Geschichte, rechtzeitig Widerstand geleistet zu haben gegen dieses sprachlose Sich-Anpassen, dieses Einwilligen in beklemmende, ungesunde oder auch brutale Verhältnisse. Der Gehorsam, die Sprachlosigkeit und die Angst bewirkten letztlich den Tod meiner Tante Lucie. Sie machte das mit sich aus, um letztlich und das ist die Tragik, die Familie vor dem faschistischen Mob zu schützen – sie ging für diese Familie wie ihr Freund in den Tod. Ich vermute, dass das meine Mutter tief in ihrem Herzen genauso empfand. Lucie war eines jener Opfer der damaligen unmenschlichen Verhältnisse, über die bisher wenig oder kaum etwas geschrieben steht.

Auf einer Reise 1983 in die ehemalige oberschlesische Heimat meiner Eltern im südlichen Polen hab' ich das Grab in ihrem Heimatdorf auf dem dortigen Friedhof gesucht und gefunden. Ein schiefer, nahezu umgefallener, dunkler Grabstein, auf dem verblasst und noch gerade sichtbar „Lucie" zu lesen war. Der Stein ragte nur noch halb aus dem vollkommen verwilderten Ruheplatz ganz an der Seite in kniehohen Gras. Das passte zu diesem verzweifelten jungen Leben!

Mit den Erzählungen meiner Mutter begann ich mehr und mehr das Schweigen in der Familie zu begreifen und das Leben der Eltern und Großeltern nach und nach zu verstehen. All das lag die vielen Jahre über im Herz der Mutter, ohne dass sie je mit jemandem darüber gesprochen hatte. Ich begriff ihre Ängstlichkeit, auch vor ihrem Mann, ihre Sehnsucht nach Wärme, nach lebendigem Miteinander, wahrscheinlich auch nach Zärtlichkeit. Sie war mit ihren Möglichkeiten eine gute Mutter, als wir kleine Kinder waren, sie hat das gemacht, was gute Mütter mit ihren Kleinen machen sollten. Als wir aber größer geworden waren, brauchten wir etwas von ihr, das ihr sehr schwer fiel zu geben. Da hätte sie kritischer mit ihrem Mann umgehen, mehr für sich selbst einstehen müssen und für uns öfters mal Partei ergreifen sollen. Das hätte nicht nur ihr geholfen, sondern auch uns. Da wären auch wir in unserem berechtigten Widerstand durch ihr Verhalten bestärkt worden. So fühlten wir Brüder uns oft allein gelassen, so allein, wie es für die beiden Schwestern auch einst war. Für sie, so gestand meine Mutter mir am Ende ihres Lebens einmal, sei ein solcher Widerstand gegen ihren Mann nicht möglich gewesen. Das hätte sie sich einst gegenüber ihrem Vater oder später im Verhältnis zu ihrem Ehemann nicht vorstellen können, dazu war sie es zu sehr gewohnt, den Anordnung von Männern zu folgen. Es gab für sie, so schilderte sie mir das einst, keinen anderen Weg, sie wusste auch keinen.

Liebe – wie geht das?

Seit der Trennung von meiner ersten Ehefrau war ich darauf aus, mit der gewonnen Freiheit großzügig umzugehen, hatte mehrere lockere Freundschaften, mehrheitlich zu Studentinnen an der Universität, um mich nicht an eine Frau binden zu müssen. Denn in diesen bewegten Zeiten und nach meinem Ehedesaster blieb es mir ein Rätsel, wie ich mit einer Frau je wieder als Paar zusammenleben könnte. Das war auch in der Männergruppe ein großes Thema. Denn so, wie unsere Eltern ihre Ehen führten, wollten wir das nicht! Mehr noch, das Lebensmodell vergangener Generationen schien damals schon kaum noch tragfähig zu sein. Scheidungen überall und an allen Orten. Fast die Hälfte aller Ehen werden auch heute in Deutschland geschieden! Scheinbar ist die Ehe in der bekannten Form ein Auslaufmodell.

Mir wurde durch die Gespräche in der Gruppe bewusst, wie mein Frauenbild sehr viel damit zu tun hatte, wie ich meine Mutter als Kind und Jugendlicher erlebt hatte. Als ich ein junger Ehemann war, vermischte sich in meinem Unbewussten Frau und Mutter. Ich weiß noch, wie ich an einem Abend nach dem Gespräch in der Gruppe in meine Kissen weinte, weil ich nach einer verletzenden Auseinandersetzung mit einer Freundin spürte, wie verunsichert ich eigentlich war. Ich hatte zwar geschnallt, dass die alte Männerrolle nicht mehr funktionierte, wusste aber nicht, wie ich mich anders verhalten könnte, was die Frauen eigentlich von mir und uns wollten. Ich fühlte sehr deutlich, dass ich offensichtlich nicht der war, für den ich mich hielt. Die Tränen brachten mich zu dem, der ich oftmals wirklich war, ein verletzter junger Mann, voller innerer Konflikte, der sich für ein Zusammenleben mit einer Frau unfähig fühlte.

In dieser inneren Erschütterung über mich selbst wuchs schließlich der Wunsch, mehr über mich und das Leben mit Frauen in Erfahrung zu bringen. Indem ich mich damit nun intensiv beschäftigte, Gespräche mit befreundeten Studentinnen führte, Bücher las, erkannte ich mehr und mehr meinen Mangel. Ich fühlte mich beim Zusammensein mit einer Frau vollkommen unsicher. Deshalb suchte ich zunehmend den Kontakt zu den Männergruppenmännern und war froh, schließlich zusammen mit meinem Freund aus der Gruppe und einer politisch engagierten Frau in eine Wohngemeinschaft zu ziehen. Sie war ein paar Jahre älter als ich und ich kannte

sie ein wenig von Festen und Frauen-Demonstrationen, wo ich oft mit-
lief, manches Mal auch schon mit der Kamera. Alle Drei wollten wir das
Experiment wagen, ein neues Miteinander auszuprobieren. Das Lebens-
model Wohngemeinschaft war noch neu und viele Vermieter wollten
damit nichts zu tun haben. Wir aber hatten Glück und nach ein paar
Wochen wussten wir, dass diese Entscheidung für uns alle eine gute war.
Mit dem Zusammenleben wuchs eine Freundschaft zwischen uns, weil wir
alle eine neue Lebensperspektive suchten. An vielen Abenden ging es in den
Gesprächen bei Rotwein und Kerzenlicht um die Beziehung Frau und
Mann. Jeder hatte irgendwie Trennungen hinter sich oder befand sich mitten darin. Auch mein Freund hatte oft Zoff mit seiner neuen Freundin,
sodass wir miteinander viele gemeinsame Themen hatten. Erstmalig empfand ich in der Wohngemeinschaft seit langem wieder das Gefühl, dass ich
wichtig bin und trotz der Trennung wachsen konnte. Das war heilsam und
noch heute bin ich dankbar für dieses Miteinander am Wendepunkt meines
Lebens. Besonders im Zusammensein mit meiner Mitbewohnerin entstand
eine neue Beziehung zur Welt der Frauen und ihren Bedürfnissen. Vor
allem auch, weil sie versuchte mir nahe zu bringen, wie sich Frauen Beziehungen mit Männern eigentlich vorstellen. Da bekam ich sozusagen aus
erster Hand von einer im Emanzipationsprozess lebenden Frau ein Bild
vermittelt, dass mit dem meiner Mutter nichts mehr gemein hatte.

Diese wunderbare Frau kämpfte mit anderen um ein neues, lebendiges
Frauenbild in unserer Gesellschaft. Viele Stunden in der Woche kümmerte sie sich als Rechtsbeistand um geschlagene Frauen und ihre
Kinder in den gerade neu gegründeten Frauenhäusern. Doch auch sie
rang trotz dieses Engagements und ihres politischen Kampfes um ihre
eigene, fragile Identität. Sie versuchte, eine neue Rolle auch für sich zu
finden und jene Abhängigkeiten zu und von Männern aufzulösen, die
Frauen gegenüber ihren Partnern oft empfinden. Das fand ich total spannend, denn erstmalig sah ich das Zusammenleben von Frau und Mann aus
einer weiblichen Perspektive, ohne dass ich involviert war. Zu dem
Veränderungsprozess meiner Mitbewohnerin gehörte auch der Wunsch
nach einer beruflichen Umorientierung. Sie hatte eine überaus verantwortungsvolle Stelle als Juristin bei Gericht, die sie zunehmend nicht mehr
zufriedenstellte. Sie gab schließlich diese sichere Stellung als leitende
Beamtin auf, um auf eine Weltreise zu gehen. Es war vor allem eine Reise,
um sich selbst zu finden. Das machten damals viele Frauen, die sogar ihre

Familien für eine bestimmte Zeit verließen. Da mussten die Männer schauen, wie sie mit dem Kinderalltag klarkamen. Die ersten Patchworkfamilien entstanden. Mein Freund und ich hatten unserer Reisewilligen bei diesem Loslösungsprozess geholfen und sie in ihrem inneren Kampf unterstützt, wenngleich wir alle sehr traurig waren, dass sie uns verlassen wollte.

Kurz vor ihrem Aufbruch in diesen neuen Lebensabschnitt war sie gerade vierzig Jahre alt geworden, hatte mit uns Geburtstag und Abschied gefeiert und saß nun an einem der nächsten Tage beim Zusammenpacken ihrer Sachen erschöpft in ihrem leergeräumten Zimmer auf ihren Kartons und Kisten. Die sollten bei einer Spedition eingelagert werden, solange sie unterwegs war. Ich hatte ihr beim Einpacken geholfen und setzte mich in dem kahlen Raum ihr gegenüber auf einen der letzten Stühle, die noch herumstanden. Wir rauchten unsere letzte gemeinsame Zigarette – ich glaube, es war überhaupt eine meiner letzten – und sprachen über das Verhältnis von Frauen und Männern, über unsere Art, mit dem anderen Geschlecht umzugehen und die manchmal doch so frustrierenden Erfahrungen dabei. Es sei schwer zu lieben und sich gleichzeitig dabei frei und unabhängig zu fühlen, sagte sie unvermittelt und: „Es wäre ein Traum, mit einem Partner in einem solchen Freiheitsgefühl miteinander leben zu können."

Das hatte ich so noch nicht gehört – Liebe und Freiheit. Ich wusste von ihren Bemühungen in dieser Hinsicht mit Partnern eine Beziehung zu führen. In ihrer Nähe erlebte ich, wie schwierig das für sie war. Auch wunderte ich mich darüber, dass diese gestandene Frau nach all den neuen Erfahrungen und Auseinandersetzungen die Gefahr bei sich sah, ihre Kraft und Statur im Zusammenleben mit einem Mann zu verlieren. Das verstand ich damals nicht wirklich, warum eine so emanzipierte Frau in einer Beziehung zu einem Mann sich nicht wiedererkennen könne. Wie das denn bei mir sei, fragte sie unvermittelt, wie ich das denn als Mann bei meinen Partnerinnen erlebe, ob ich mich da frei fühlen würde? Wenngleich ich bei dieser Frau auf alles gefasst war, stotterte ich nun doch ein wenig herum. Die Frage traf in mein verletztes Zentrum, denn aus meiner Sicht war ich ja noch nicht einmal fähig, mit einer Frau überhaupt partnerschaftlich zusammenzuleben, geschweige denn im Gefühl der Freiheit.

Seit der Scheidung, so begann ich zu antworten, hätte ich mich wohl eher etwas verschlossen, deshalb falle mir jetzt eine Einschätzung dazu schwer und fuhr fort: „Mit meinen Freundinnen, na ja, da ist eine echte Beziehung zum Leidwesen der Frauen nicht so möglich, ich trau mich halt nicht mehr", und lachte etwas verlegen, indem ich ergänzte: „Eigentlich weiß ich im Moment nicht wirklich, wie das gehen könnte, ich bin seit dem Scheitern der Ehe unsicher. Ich bekomme bei den Frauen jetzt mit, was sie so wollen, bin ja mit echten Emanzen unterwegs, aber das ist verdammt ungewohnt für mich, irgendwie ist das Zusammenleben jetzt schwierig..." Da musste sie nun schmunzeln, sie kannte diese Frauen ja auch zum Teil, die mit mir zusammen waren. Ich fuhr fort: „Sagen wir es mal so, eine starke Frau würde mich insgesamt sicher weiterbringen, das würde zu mir passen, wenn ich noch ein bisschen mehr dazugelernt habe, später, weil ich mit diesem alten Kram ja doch wohl gescheitert bin, der ist nicht mehr angesagt." Ich spürte, wie es eng um meinen Hals wurde. Sie schaute mich mit ihren schwarzen Augen offen und durchdringend an, ich habe den Blick nie vergessen.

Dann blies sie den Rauch durch ihre Lippen, schmunzelte wieder in sich hinein, drückte die Zigarette aus, schaute mich wieder an und sagte dann unvermittelt: „Gel, du weißt gar nicht, was es bedeutet, zu lieben? Du weißt eigentlich nicht, was das ist, oder?" Das traf mich nun wie ein Keulenschlag. Ich fragte nochmals verunsichert nach, wie sie das denn nun meinte und sie sagte: „Ja, ich glaube, dir fällt es richtig schwer zu lieben, du weißt wirklich nicht, wie das geht!" Das war ein Donnerschlag vor der Tür meiner Seele. Mir stiegen die Tränen in die Augen, ich blickte sie scheu an. Ich fühlte, dass in diesem Satz etwas lag, was mich zutiefst traf, aber zu groß war, um gleich die ganze Tragweite begreifen zu können. In diesem Augenblick wurde ein Stück meiner Wahrheit berührt, die ich schon lange nicht wahrhaben wollte. Sie schaute mich still und zugewandt an, ich scheute ihren Blick und sah verlegen zu den Kartons und begann in der Stille, das auf mich wirken zu lassen. Das hätte ich gegenüber meiner geschiedenen Frau niemals so stehengelassen, da hätte ich schnell widersprochen. Doch mit ihr ging das, wie es vielfach in dieser Wohngemeinschaft großartige, offenherzige, phantastische Gespräche gegeben hatte. In diesem Klima hatten wir miteinander eine Beziehung aufgebaut, in der ich diese Wahrheit gelten lassen konnte. Es gab keinen Grund, abzulenken oder sich hinter Argumenten zu verschanzen. Im Gegenteil, das war eine Chance. Ich spürte, wieviel Wahrheit in diesem Satz lag und wie ich mich in Anerkennung dieser Unsicherheit über meine Liebe nun schämte. Allerdings rutschte ich nun doch unruhig auf meinem Stuhl herum. Sie lächelte und sagte mitfühlend: „Das fällt vielen, vielen Männern schwer einzugestehen, nicht nur dir, dafür musst du dich nicht schämen!" Rums, machte es wieder! Ich blickte sie durch meine Tränen an. Sie rollten mir unversehens über die Wangen und da sah ich in der Tiefe ihres Antlitzes meine eigene Wahrheit, mein Unverständnis darüber, was Liebe ist. Ich begriff augenblicklich, was ich in meinem Leben zu tun hatte und was ich wirklich wollte. Ja, das war es, Film hin oder her, ich wollte lieben lernen!

Ich mochte diese tapfere Frau sehr, gerade wegen ihres Kampfes um ihre eigene Wahrhaftigkeit und Würde als Frau, den sie so offenherzig in der WG und politisch auf der Straße auszudrücken vermochte. Wir waren in diesem kleinen Moment der Ehrlichkeit tief miteinander verbunden. Ich hielt diese Wahrheit aus, weil ich wachsen wollte. Es gab in diesem Moment keinen Widerstand gegen die Einsicht meiner Not. Vor allem fühlte ich hinter der Scham, dass sie etwas Wahrhaftiges, einen dunklen, mir unbekannten Ort, der fest verschlossen war, in mir berührt hatte. Denn ich wusste zu diesem Zeitpunkt wirklich nicht, was Liebe für mich eigentlich bedeutet, wie ich ihr Ausdruck verleihen könnte, vor allem nach dem Scheitern bei meiner ersten Frau, die ich zu lieben meinte. Was war es dann? Wie fühlt MANN Liebe und was heißt es für mich persönlich? So ging es mir durch den Kopf.

In jenem emotionalen Augenblick des Abschieds von einem Menschen, der mir wichtig war, zwischen all den Umzugskartons, fühlte ich aber vor allem den Mangel an Liebe für mich selbst. Ich spürte erstmalig, dass ich mich so, wie ich drauf war, selbst nicht mochte. Ich wusste ja nicht, wer ich eigentlich bin, wer ich sein könnte, was mich eigentlich ausmacht! Was also sollte ich von mir lieben? Meine Neurosen? Die Unfähigkeit, mit einer Frau zusammenleben zu können? Also dann doch nur meine Arbeit, die Oberfläche, die Filme? Und dann stand die große Frage im Raum: Wie kann ich mich denn selbst lieben lernen? Wie geht das?

Ich ahnte damals, dass das „Wer bin Ich" etwas mit diesem inneren schwarzen Loch zu tun hat. Jenseits der Unwissenheit aber ahnte ich, dass da ein Weg zu gehen war, der sich für mich lohnen würde. Ich wusste nicht, wie ich diesen Weg finden könnte, aber mir schwante, dass das, was ich hier in der Wohngemeinschaft und der Männergruppe begonnen hatte der richtige Weg war. Und es könnte eine wirklich tolle Lebensaufgabe sein, das zu lernen. Und in die Stille dieses Nachspürens hinein nach einem letzten Zug an der Zigarette erinnerte ich mich, wie ich als frustrierter Achtzehnjähriger am tosenden Rheinstrom stand und ins Universum hinaufgeschrien hatte, was denn für mich in diesem Leben da sein würde, was ich für eine Aufgabe zu erfüllen habe. Jetzt wusste ich es! Und in diesem kleinen großen Augenblick wusste ich auch schlagartig, dass diese Liebe der Schlüssel für alles sein würde: Für mein Wohlergehen, für ein zufriedenes Leben, vor allem für mein Glück und das Zusammenleben mit einer Frau und vielleicht einem Kind.

Und dann brauchte ich dringend die Nähe dieser wunderbaren Frau, ich stand auf und umarmte sie. Wir drückten uns für alles, was wir uns gegeben hatten, besonders aber für diese Kultur der Wahrheit, die in dieser Wohngemeinschaft über all die Jahre durch alles hindurchströmte. Ich weinte und sie hielt mich dabei ganz fest und dann sagte ich ihr, dass ich für ihre Offenheit, für diese Wahrheit dankbar sei und überhaupt… und dann klingelte es, die Packer kamen die Treppe hinauf, um alles abzuholen – so ist das Leben, dachte ich noch. Wir umarmten uns beim Abschied noch einmal an der Haustür unten auf der Straße und nun hatte auch sie Tränen in den Augen. Beide weinten wir, denn wir mochten uns auf eine wunderbare Art, die so gar nicht zu meinen Vorstellungen vom Zusammenleben zwischen Frau und Mann passten, auch deshalb, weil eine wirklich großartige, phantastische Zeit in jeder Hinsicht Anfang der 1980er Jahre nun endgültig zu Ende ging. Wir alle, besonders ich als jüngster, waren gewachsen in dieser Zeit und in dieser Wohngemeinschaft; in diesem sehr politischen und kommunikativen Umfeld hatten wir erfahren, wie gut es tut, miteinander zu reden und Visionen zu entwickeln. Wir hatten leibhaftig begriffen, dass wir einander brauchen, solle es uns gut gehen.

Dann entschwand sie für lange Jahre. Nach einigen Briefen aus aller Welt habe ich sie in meinem Leben dann nur noch einmal viele Jahre später auf einer großen Kulturveranstaltung wiedergesehen. Doch dort war es zu laut und der Moment zu kurz, um miteinander inne zu halten, um noch einmal diese schöne Zeit gemeinsam zu atmen. Eine letzte Umarmung mit ihr blieb als schönes Gefühl bis heute. Als ich Jahre später zu Beginn meines ersten Workshops zur Persönlichkeitsentwicklung, einem sogenannten Playshop bei zwei amerikanischen Psychologen und Psychotherapeuten, in der Vorstellungsrunde gefragt wurde, was ich gerne in meinem Leben verändern möchte, da sagte ich ganz unvermittelt aus tiefstem Herzen und für meinen Kopf viel zu schnell, dass ich das Lieben lernen möchte. Da machte es wieder Rums in meinem Innersten und ich war wieder ganz nah bei mir. Das drückte mein tatsächliches, tiefstes Bedürfnis aus und das war letztlich der Beginn der großen Reise zu mir selbst, die im Folgenden erzählt wird.

Nicht zuletzt durch die therapeutische Arbeit in solchen Gruppen als langjähriger Teilnehmer und schließlich als Assistent und ausgebildeter Coach sowie durch die schamanische Energiearbeit öffneten sich die Tore für mich immer weiter. Was für eine Befreiung von inneren Fesseln das war, beschreibe ich im letzten Drittel des Buches. Männer, so weiß ich jetzt, wollen genauso lieben wie die Frauen und die Kinder auch. Sie haben eine große Sehnsucht danach. Das mag fremd klingen angesichts dessen, was Männer so alles anstellen in der Welt. Doch wenn ich meinen Weg sehe und Männer in meinen Coachings erlebe, die dieses tiefe Bedürfnis bei sich endlich entdecken, dann spürt man, wieviel Not da war und ist.

Vielleicht, gerade an dieser Stelle, noch eine abschließende Einschätzung zu der Zeit, in der vor allem die Lebenskultur in unserem Land nachhaltig verändert wurde. Die alten Zöpfe der Altvorderen taugten damals tatsächlich nicht mehr und mussten abgeschnitten werden. Besonders die Frauen in den 1970er Jahren stellten damals nicht nur die tradierten Beziehungen zu den Männern infrage, wollten nicht nur ein anderes Miteinander, sie wollten eine andere Politik. Es waren also die Frauen, die mit ihrer „Frauenbewegung" die zentrale Losung in die Welt setzten: „Das Private ist politisch". Ich hatte das Glück, mit solch bewegten Frauen in einer Wohngemeinschaft zusammenzuleben.

Dass gesellschaftliche Transformationen dann doch länger dauern, als die intellektuellen, kritischen jungen Eliten damals angenommen haben, hängt auch damit zusammen, dass der Restaurationswille der Alten stark war. Die alten Eliten wollten in den nachfolgenden Jahren das Heft nicht aus der Hand geben. Hinzu kam, dass die Jungen unbewusst letztlich doch jenen Konzepten der Lebensführung der Alten, zum Beispiel Karriere machen, aufgesessen sind, die sie doch eigentlich bekämpften und in der althergebrachten Form loswerden wollten. Besonders die psychische Verfasstheit der Männer erlaubte vielen eben nicht, wirklich Neues zu schaffen. Sie waren vollgestopft mit alten Glaubenssätzen der Elterngeneration, was sie damals aber niemals zugegeben hätten, weil es ihnen auch nicht bewusst war. Denn diese Leute sind damals nicht in die modernen Therapien gegangen, die hier und da erstmalig aufkamen. Dazu fühlten sie sich viel zu bedeutend und elitär. Sie machten allenfalls Selbstversuche in autonomen Gruppen. Die latent in ihnen angereicherten Glaubenssätze der Alten steuerten letztendlich unbewusst ihr Begehren, sodass die meisten schließlich in einem bürgerlichen Leben ankamen, das sie als junge ‚Revolutionäre' eigentlich abgelehnt hatten. Diese innere Disposition konnte man übrigens im Nachhinein aufgrund der Erzählungen der Betroffenen sehr schön daran festmachen, wie die studierenden, ‚revolutionierenden' Männer damals mit ihren Freundinnen oder Frauen umgegangen sind. Das war kein Unterschied zu ihren Vätern! Es ist aus heutiger Sicht erschreckend, wenn man die Biografien der Frauen solcher Männer liest.

Trotz allem, die Studenten- und Frauenbewegung war der Ausgangspunkt für all das kritische Bewusstsein, was wir heute in der Öffentlichkeit in Deutschland so schätzen. Diese ‚Rebellion' war der Türöffner für ein neues gesellschaftliches Bewusstsein, das gleichzeitig und massiv von der Anti-Atombewegung, der Friedens- oder Ostermarschbewegung und der Öko-Bewegung beeinflusst wurde. Das Land brach seit 1967/68 zu neuen Ufern auf und sah sich verbunden mit vielen anderen ‚revolutionären' Bewegungen in Frankreich, England, Amerika, Mexiko, Argentinien. Es war eine globale Bewegung, die oftmals in anderen Ländern auch in den Gewerkschaften und in der Arbeiterschaft Anhänger fand. Hier standen oftmals die Lebens- und Arbeitsverhältnisse in den ärmeren Ländern insgesamt in der Kritik.

Unser Land wurde nach den politischen Auseinandersetzungen in den nachfolgenden Jahren toleranter, weltoffener und demokratischer. Wir wissen heute, dass auch die psychologische Verfassung der Protagonisten einer „Revolution" und die ihrer Eliten eine oder die entscheidende Rolle für fundamentale Veränderungen in die eine wie auch in die andere Richtung spielt. Alle Revolutionen der Weltgeschichte sind unter anderem daran gescheitert, dass die meisten Charaktere dieser Elite psychisch labil oder krank waren und weder mit Macht noch mit Reichtum umgehen konnten. Sie hatten, wie man jetzt weiß, ein kontaminiertes Unbewusstes.

Als Resümee kann ich als Beobachter der ‚Studentenrevolution' und schließlich als Mitläufer und Betroffener in der Frauenbewegung festhalten, dass die 1968er-Bewegung in unserem Land einen großen Teil unserer Lebenskultur in Westdeutschland und Teilen Europas und

Amerikas nachhaltig zum Positiven verändert hat. Sie ist aber eben auch auf bestimmte Weise gescheitert. Denn die ökonomischen und politischen Vorstellungen der damaligen Aktivisten wurden letztlich von der Gesellschaft nicht angenommen. Es blieb bezüglich der Verteilung des erwirtschafteten Reichtums alles beim Alten. Die Gegensätze und Konflikte verschärften sich sogar noch durch große Finanzkrisen und die Globalisierung in den nachfolgenden Jahrzehnten. Was davon aber bis heute wirkt, ist eine neue, vielfältige Lebenskultur, die den jungen Menschen heute ganz andere Möglichkeiten und Rechte durch neue Gesetze an die Hand gibt, die es damals vor dieser bewegten Zeit nicht gab.

Eine Kugel im Bauch

Aus verständlichen Gründen mied ich es in der Zeit meiner neuen Erfahrungen an der Universität und in der Wohngemeinschaft, oft zu meinen Eltern nach Hause zu fahren. Zuhause zu sein erinnerte mich immer auch an leidvolle Erfahrungen dort, an Lebensvorstellungen, die ich ablehnte. Zudem entwickelte sich mein Leben im Verhältnis zu dem meiner Eltern auf eine ganz andere Art. Bei ihnen hatte ich das Gefühl, dass sie in ihren Verstrickungen verhaftet geblieben waren, aus denen ich zu entkommen hoffte. Ich wollte mir die Freude über mein Wachsen und Werden nicht nehmen lassen. In dieser Lebensphase der wogenden Emotionen mit vielen Freundinnen lernte ich meine jetzige Frau kennen. Ich hatte mich tatsächlich ernsthaft verliebt, beendete die Bettgeschichten mit anderen, weil wir beide eine richtige Beziehung wollten, wie das damals neudeutsch so schön hieß. Weil ich mir endlich auch eine eigene berufliche Existenz aufbauen wollte, blieb ich jedoch vorsichtig und abwartend, wie sich das entwickeln würde. Deshalb näherten wir uns auch nur langsam über sicherlich zwei Jahre lang an, sodass ich mich in das neue Berufsleben als Filmemacher voll reinschmeißen konnte. Das Vertrauen zwischen uns wuchs jedoch, weil ich sie immer mehr ins Herz schloss. Ich mochte ihre direkte, ehrlich Art. Und schließlich, nach ein paar Jahren, verließ ich die Wohngemeinschaft und wir zogen gemeinsam in eine kleine Wohnung mitten in der Stadt. Dieser Schritt in ein neues Leben fiel mir nicht leicht. Ich hatte zwar vom Ausprobieren, dem Hin und Her, dem Zaudern genug, aber mit einer Frau wieder zusammenzuziehen, das erinnerte mich doch immer noch zu sehr an mein Scheitern. Es brauchte einige Diskussionen mit ihr und meinen Freunden, bis ich meine neue Situation akzeptierte. Auch deshalb, weil ich spürte, dass ich reifer geworden war und dass die vielen Gespräche mir nicht nur gutgetan hatten, ich war auch dabei zu neuen Sichtweisen gekommen.

Es begann also ein neues Leben in einer gemeinsamen Wohnung und ein aufregendes Berufsleben als Regisseur und Filmproduzent wollte ebenso bewältigt werden. Das bedeutete, Inhalte zu entwickeln, Verträge abzuschließen, Honorare zu vereinbaren, sich für seine Sache zu engagieren, ja, vielleicht auch mal dafür zu kämpfen. Und da bemerkte ich ein Verhalten von mir selbst, das mich ärgerte und wirklich behinderte: Vor sogenannten Autoritäten, zum Beispiel Redakteuren in Fernsehanstalten, hatte ich einen enormen Respekt, um es vorsichtig auszudrücken. Ich war oft schnell verunsichert und vernachlässigte in Gesprächen mit diesen Männern meine ureigensten Interessen. Ich hatte, so sehe ich das heute, einfach mehr oder weniger Angst vor ihnen und davor, beim Einstehen für das, was ich wollte oder brauchte, kritisiert zu werden. Ich verlor in ihrer Gegenwart einen großen Teil meiner Energie und Kraft. Natürlich versuchte ich ständig meine Schwierigkeiten zu verbergen, was mich zusätzlich unter Druck setzte. Sichtbares Zeichen meiner Unsicherheit war in dieser Anfangszeit als Produzent mein Erröten auf eine Weise, wie ich es als Halbwüchsiger zuhause beim Mittagstisch durchleben musste.

Als ich nun als junger, produzierender Regisseur schon ein paar kleinere Filme für das Fernsehen hergestellt hatte, erlebte ich nach einer derartigen, unglücklich verlaufenen Auftragsverhandlung mit einer solchen ‚Autorität‘ in einem öffentlich-rechtlichen Sender auf dem Weg zurück in mein Büro einen emotionalen Zusammenbruch auf einem nahen Parkplatz. Ich wollte gerade mit dem Auto losfahren, da überfiel mich ein intensiver Weinkrampf. Das kannte ich gar nicht von mir. Der Redakteur hatte mir gezeigt, wer der Boss ist und mir mehr oder weniger direkt klar gemacht, wie er sich den Film vorstellt, was er kosten darf und das auf eine Art, die ich autoritär und wenig kooperativ empfand. So etwas hatte ich weder im Studium noch in der professionellen Arbeit bisher erlebt. Denn das war im Fernsehgeschäft damals völlig unüblich! Dass Redakteure die Filme eigentlich machen, ist eher heute die neue ‚Kultur‘ in den Fernsehanstalten. Das überließ man zu der damaligen Zeit und bis zu Anfang des neuen Jahrtausends den Filmemachern.

Ich war dem machtvollen Gehabe dieses aufgeblasenen Fernsehmannes als junger Produzent vollkommen ausgeliefert. Als mir im Auto die Tränen herunterliefen, wusste ich augenblicklich, dass ich mich eigentlich hilflos meinem Vater gebeugt hatte. Meine alten Ängste führten also auch im Beruf zu Ergebnissen, die in vielerlei Hinsicht problematisch und teuer werden konnten. Für mich war nach dem Erlebnis klar, dass ich mich meiner Vergangenheit zu stellen hatte. Ich realisierte im Verlauf einer Gesprächstherapie, die ich begonnen hatte, dass meine Probleme etwas mit meinem ehemaligen Verhältnis zu Vater und Mutter zu tun hatten. Schnell wurde mir dabei aber auch klar, dass diese Therapie ungeeignet war, um den notwendigen Tiefgang und eine mögliche Auflösung meiner Ängste zu erwirken. Ich ahnte, dass da etwas ganz tief in mir Regie führte.

Also suchte ich nach einer anderen Methode. Nach dem Hinweis einer Freundin meldete ich mich zu einem sogenannten ‚Playshop' an. Ein therapeutischer Workshop von ca. einer Woche, der das Ziel hatte, die Teilnehmer für ihre Probleme zu öffnen, sie im Heilkreis, dem „Magic Circle", wie wir das nannten, zu bearbeiten, den eigenen Körper als Werkzeug mit bioenergetischen Übungen zu nutzen und vor allem herauszufinden, was man eigentlich will und braucht. Es wird dabei ein Prozess angestoßen, der helfen soll, Blockaden aufzulösen, Ängste bewusst zu machen, Veränderungen einzuleiten und eine neue Lebensphase zu initiieren. Mir gefiel, dass auch Mantras gesungen und Musik gemacht wurde und eine große Gruppe von über fünfzig Menschen zusammenkam. Hier, so der damalige Hinweis, würde man mit unterschiedlichen therapeutischen Methoden behutsam an verdrängte Geschichten herangeführt.

Der Inhalt und die Methodik dieser ‚Playshops' wurden von den amerikanischen Psychologen Moore und Marshall *(siehe Anhang: Playshops von Henry Marshall)* unter dem Namen *Tri-Energetic* entwickelt. Im Gegensatz zu anderen Möglichkeiten führt die Anwendung der *Tri-Energetic* zu ganzheitlichen Erfahrungen innerhalb der therapeutischen Arbeit – Körper, Geist und Seele werden hier in den Entwicklungsprozess einbezogen. Diese Methode wurde von Moore als Assistentin bei der Arbeit mit Alexander Lowen und seiner „Bio-Energetic" entwickelt. Gefühle wie Wut, Scham, Trauer oder Angst gilt es aufzuspüren und in gemeinsamer Interaktion mit den Therapeuten, den Assistenten und der Gruppe darauf heilend einzuwirken. Die Interessen als auch die Absichten des Klienten spielen dabei die zentrale Rolle – was will ich, was brauche ich und was sind meine Absichten.

Wenn man vergrabene Geschichten nicht unbedingt aufarbeiten wollte, so konnte man sich in der Gruppe nur als Teilnehmer bewegen und mittun, wenn man es mochte. Allerdings waren die emotionalen Erfahrungen für alle bei der Gruppenarbeit mit Einzelnen so tief, dass man sich eigentlich dem nicht wirklich entziehen konnte – es machte etwas mit einem. Ich war auch deshalb davon angetan, weil die Beschäftigung mit den psychischen Problemen auf sehr komplexe Weise angegangen wurden. Intensive musikalische Sessions abends ergänzten sich wunderbar mit bioenergetischen Körper- sowie Yogaübungen am Morgen.

Nach mehreren intensiven Tagen fasste ich als einer der letzten für den Vormittag all meinen Mut zusammen, den ich damals dafür noch brauchte und kroch auf allen Vieren in den inneren Heilkreis. Mir ging es richtig schlecht, die therapeutische Arbeit der Klienten vor mir hatte mich geöffnet und ich fühlte, dass da innen in meiner Magengegend etwas wummerte. Ich versuchte dagegen anzukämpfen, was mir die Kraft raubte. Als ich im Kreis saß, um mich herum alles Menschen, die ich zwar nicht weiter kannte, viele waren mir aber inzwischen durch ihre Arbeit an ihren Themen sehr vertraut geworden, fragten mich die Therapeuten: „What do you want to change in your life (*Was möchtest du in deinem Leben verändern*)?" Ich wollte meine Angst vor Autoritäten loswerden.

Die Therapeuten forderten mich auf zu erzählen, wie ich das meine. Also begann ich zu erzählen, wie mir in Gesprächen mit Männern meine Energie verloren ging, ich mich klein wie ein Floh fühlte und nicht mehr für mich einstehen konnte. Und wie auf ein Zeichen verschloss sich plötzlich mein Mund, als hätte ich mich über das, was ich da soeben von mir gegeben hatte erschrocken. Mein Geist begann, die Regie zu übernehmen. Er wollte den Prozess und meine wabernden Gefühle kontrollieren, zu sehr hatte ich mich schon vor wildfremden Menschen geöffnet, so empfand ich das bei meiner ersten tieferen Selbsterfahrung. Am liebsten wäre ich fortgelaufen. Ich verstockte emotional und drückste nur noch herum. Ich hatte keine Ahnung, warum ich so steif und verstockt wurde. Ich war im Widerstand gefangen, fühlte mich von allen bedroht, obwohl ich es natürlich in Wahrheit überhaupt nicht war – im Gegenteil, die Menschen um mich herum waren mir wirklich zugewandt und wollten mir helfen aus der Falle herauszukommen.

Hier lief nun genau das Spiel ab, was ich nur zu gut kannte: Widerstand, Rückzug, Flucht. Doch das funktioniert in einer solchen Gruppe nicht, Spielchen dieser Art werden sofort durchschaut und sind nicht möglich. Die Gruppe übernimmt dann die Initiative. Es sei denn, man bricht als Klient wirklich ab und will nicht mehr weiter. In dem Fall kann man den Prozess natürlich stoppen, wenn man das ernsthaft fühlt und genauso ehrlich mitteilt. Sofort übernehmen dann die Therapeuten das Setting und versuchen das zu einem guten, vorläufigen Ende zu bringen. Man ist dann halt noch nicht so weit. Ich aber wollte weitermachen und den Kern meiner Unsicherheit kennenlernen. Es ging nun um die Wahrheit, meine wummernde Wahrheit, das spürte ich genau. Davor und nur davor hatte ich eine riesige Angst! Ich war blockiert und wurde richtig bockig und sagte, dass es doch alles keinen Zweck hätte, nach dem Motto, ich arme Socke!

Ein lautes „Ahhh und Ohhh" aus allen Mündern schallte mir entgegen. Ok, sagte ich mir, das kam bei der Gruppe gar nicht gut an. Ich spielte nun den Beleidigten, was ich in ähnlich schwierigen, emotionalen Situationen als junger Mann häufig gemacht hatte.

In solch Fällen des Widerstandes *(oft bei Klienten, die sich das erste Mal vor einer Gruppe öffnen)* ist dann die Gruppe gefragt, hier hat sie neben vielen anderen Qualitäten bei der tri-energetischen Arbeitsweise eine herausragende Bedeutung. So gaben mir die anderen zu verstehen, wie sie das empfanden. Sie spielten mein Beleidigt-Sein nach. Sie gaben mir Feedback, wie ich so rüberkam in meiner verstockten, bockigen Art. In mir stieg die Furcht hoch, dass mich nun alle in dieser Runde nicht mehr mögen würden. Und obwohl ich inzwischen wusste, dass das doch Methode des therapeutischen Prozesses war, den ich ja bei anderen nun schon mehrfach in den Tagen miterlebt hatte, fühlte ich mich klein und immer kleiner und ausgegrenzt, einfach beschissen. Genauso, wie vor den Autoritäten. Ich war also emotional da angekommen, wo ich im Alltag nie sein wollte.

Nun, solche Spielchen hält man nicht lange durch und es dauerte nicht lange, da stiegen mir die Tränen in die Augen. Jetzt muss ich auch noch heulen, dachte ich, mich selbst abwertend. Es war das gleiche Gefühl, das ich immer dann bekam, wenn ich bei Auseinandersetzungen mit meinen Frauen in der Kritikecke saß und das subjektive Gefühl hatte, gedemütigt zu werden. Das sprachen nun die Therapeuten direkt an, holten mit der Gruppe zusammen bei mir diese Emotionen an die Oberfläche. In diesen wabernden Gefühlen voller Angst und Bockigkeit entstand bei mir zunehmend die große Angst vor der Ablehnung, (die mögen mich nicht). Das koppelte sich mit der Angst nicht mehr dazuzugehören, ich spürte ganz deutlich: Ich bin nicht ok! Die wollen etwas, was ich nicht kann! Und als diese Ängste mich so richtig ausfüllten, spürte ich zugleich in meinem Bauch wieder den riesigen, wummernden Energieblock. Ich versuchte krampfhaft, dieses Monster niederzuhalten. Der Körper begann zu reagieren und mir ging es immer schlechter, ich wurde ganz blass und fühlte mich schwach und schwächer. Alle spürten, jetzt verändert sich etwas, das Spiel ist beendet, jetzt geschieht endlich Wahrhaftiges. Es ging nur noch um das, was da neben der Angst vor Ablehnung in mir wuchs, es ging um diese mächtige, brodelnde Energie. Ich war inzwischen im Kreis mit zitternden Knien aufgestanden, wollte mich in eine Ecke niederlegen, konnte mich deshalb kaum auf den Beinen halten.

Da packten mich auf einen Hinweis der Therapeutin vier Männer an meinen Armen, richteten mich auf, hielten meine ausgestreckten Beine fest auf dem Boden und halfen mir, aufrecht zu bleiben und mit der Erde Kontakt zu halten *(eine tri-energetische Methode zur Lösung von Spannungen und Blockaden)*. Das hatte ich schon bei anderen in dieser Woche so erlebt und fand gut, dass ich jetzt unterstützt wurde. Zudem mochte ich die Nähe der Männer. Es war körperliche Solidarität. Ich hatte das Gefühl, mich nun gehenlassen zu können. Mich überflutete ein Gefühl purer Wut, auf die Gruppe, auf mich, die Therapeuten, einfach auf alles.

Ich konnte mich als Erwachsener immer kontrollieren, was ich positiv fand und nun das – mir entglitt die Kontrolle über mich und meine Gefühle, doch – ich nutzte die Chance! Das war in diesem Moment eine furchtbar erschreckende, zugleich aber bedeutende Entscheidung. Ich wollte jetzt dieser Energie in mir ins Gesicht schauen, ich gab meinen Widerstand auf! Ich hing wie im Schraubstock an Händen, Armen, Beinen und Füßen bei den starken Männern fest im Geschirr, wie am Kreuz, mit beiden Füßen jedoch auf der Erde. Ich wurde von den Therapeuten aufgefordert, meinen inneren Gefühlen doch eine Stimme zu geben. So begann ich, zunächst noch vorsichtig, zu stöhnen und kleine Wutschreie auszustoßen. Ich traute mich aber noch nicht wirklich, etwas rauszulassen, denn der kontrollierende Geist spielte immer noch mit. Auch schämte ich mich ein bisschen für dieses Theater.

Schließlich war die Therapeutin ganz nahe bei mir, legte ihre Hand ganz sanft auf mein Herz, schaute mich liebevoll an, das konnte sie wirklich und ermutigte mich, meine Gefühle jetzt einfach mal loszulassen. Zulange würde ich da schon etwas festhalten. Ich solle mal zeigen, was da drinnen nach Draußen wollte. Diese Zuwendung empfand ich in diesem Moment als zutiefst hilfreich und befreiend. Mein Körper wollte sich jetzt öffnen, mein Vertrauen in diesen Prozess war jetzt da. Und da drehte sich etwas in mir. Die Kontrolle, mein letzter Widerstand im Geist brach wie auf Knopfdruck vollkommen zusammen. Ich begann vor Aufregung zu zittern, der Körper schüttelte sich und ich spürte, wie schwer es für mich ist, loszulassen. Ich fühlte aber auch, dass das, was da in mir wuchs, wirklich meins war. Und plötzlich, völlig gegen meine Erfahrung, schrie ich diesen Druck aus mir heraus. Es ging wie von selbst. Die Frauen in meinem Angesicht wichen ob des Ausbruchs überrascht zurück, doch die Männer hielten mich eisern fest, der Energiefluss begann, sich seinen Weg durch meinen Körper zu bahnen. Ich bäumte mich im Schraubstock der Gefährten auf, bog mich nach vorne, nach hinten, bot alle Kräfte auf und brüllte, kämpfte gegen den Griff der Verbündeten. Ich spürte, wie gut das tat, endlich einmal nicht aufpassen zu müssen, sondern das, was da drinnen war, zeigen zu können – Uwoau, das hatte was! Ich brüllte nun richtig los, mehr wie ein Löwe als wie ein Mensch! Denn was da aus mir heraus wollte, das war gewaltig!

Es war im Wortsinn eine Überwältigung: Eine ungeheure, riesige und furchtbare Wut bahnte sich ihren Weg aus meiner Körpermitte. Es war die gleiche Energie, die ich bei der Trennung von meiner ersten Frau stehend vor ihr im leergeräumten Schlafzimmer erlebt hatte und die mich einst so maßlos erschreckte. Hier in diesem Schonraum aber, in den Armen starker und verbündeter Gleichgesinnter konnte nichts passieren. Ich hing im Geschirr, als sich das wütende Raubtier in mir mit seiner ganzen Wucht und explodierenden Macht befreite. Die Energie war so groß, dass es meinen Körper nach allen Seiten in extreme Lagen bog. Ich brüllte dabei tief und gewaltig. Und mitten im Energieflusses fühlte ich plötzlich diese schwere Kugel in meinem Bauch, ich sah sie förmlich in mir wachsen. Sie wurde immer größer und mit ihr mein Brüllen. Das Ganze bekam plötzlich ein Gesicht, es war mein mächtiger Vater. Ich fühlte diese bestimmende, vernichtende Energie, die von ihm ausging, diese ungeheure Ohnmacht besonders als Jugendlicher ihm gegenüber, die Demütigungen, die Bestrafungen und Entwürdigungen etwa beim Mittagstisch. Mit diesem Gesicht wuchs eine ungeheure Kraft in mir. Ich röhrte jetzt wie ein mächtiger Hirsch und schrie diesen strafenden Vater nieder. Mit einem gewaltigen Urschrei schleuderte ich ihm diese Energiekugel aus den Tiefen meines kämpfenden Körpers entgegen. Sie zerschmetterte ihn augenblicklich, sein Gesicht erlosch.

Diese Energie flog tatsächlich wie ein Blitz aus mir heraus, was auch die Therapeutin gesehen hatte, wie sie es mir später im Nachgespräch mitteilte. Zu meinem Erstaunen hatte die Energie auch einen Geschmack – bitter, gallig und faulig. Auch spürte ich die Farbe, so unglaublich das scheinen mag. Die Energie hatte ein giftiges Grün. Und im gleichen Augenblick fühlte ich den freigewordenen Platz in mir, es war eine unglaubliche, befreiende Leere, ein riesiges Loch, das mich vollkommen zitternd und still machte. Ich und die gesamte Gruppe waren so überwältigt von diesem Akt der Befreiung, dass wir alle erschöpft den Boden suchten und ich vollkommen kraftlos in den Armen der helfenden Männer zusammensank. Alle zusammen sangen wir ein Heilmantra – HANUMATE NAMAHA. Frauen nahmen mich nun in ihre Arme und wiegten und hielten mich. Mir liefen unablässig vor Erlösungsgefühlen und der Zuwendung, die mir zu Teil wurde, die Tränen über die Wangen. Während ein anderer Teil der Gruppe nach einer kurzen Verschnaufpause mit anderen im Kreis weiterarbeitete.

Es war diese Wut, die mich im Verhältnis zu meinen Mitmenschen blockierte, denn ab und an bahnte sie sich bei entsprechenden Anlässen einen gangbaren Weg – arrogantes Verhalten, Machogehabe sagt man zivilisiert dazu. Und – sie behinderte meine Liebe! Diese Wut wirklich losgeworden zu sein, und das geschah in dieser Sitzung, war eine der großen Befreiungen für mich in meinem Leben und ließ in mir ganz neue Gefühle der Liebe und des Mitgefühls wachsen, denn jetzt war ja der energetische Platz dafür da. Die Angst vor Autoritäten war an die alte Wut auf den Vater gekoppelt. Als sie sich zeigen durfte und erlöst wurde, erlosch auch die Angst vor mächtigen Männern. Wenngleich mich andere Ängste weiter in meinem Leben begleiteten, diese Angst hatte sich mit diesem Ausbruch erledigt.

Ich habe über nahezu zehn Jahre hinweg viele Playshops besucht, weil sie mir extrem guttaten, sodass sich schließlich meine Neurosen vollkommen auflösten. Es wurde danach in meinem Leben vieles einfacher für mich. Ich war von dieser Methode so angetan, dass ich schließlich auch eine dreijährige Ausbildung zum Tri-Energetic-Counselor und Coach absolvierte. All das trug dazu bei, dass ich gut meine Interessen vertreten konnte, ohne dabei vor Angst zu schlottern oder aggressiv zu werden. Meine Selbstüberschätzung löste sich auf und die Furcht vor Autoritäten war wie weggeblasen. Mich begleiteten in der Kommunikation nicht mehr undefinierbare oder unangenehme Gefühle. So lernte ich mich mehr und mehr kennen, mitzuteilen und wählte immer häufiger eine angemessene Auseinandersetzung, auch mit meinen Eltern.

Die versteckte Wut auf meinen Vater hatte sich tatsächlich vollkommen aufgelöst und machte einen Aussöhnungsprozess mit ihm möglich. Er vollendete sich schließlich, als wir miteinander zu den Schwierigkeiten, die die Söhne mit ihm stets hatten, korrespondierten. Er schrieb mir in einem Brief dazu: *„Ich frage mich immer, warum der Streit in unserer Familie über all die Jahre so kommen musste. Es gab sicherlich Auslöser für jeden genug, die zum Abwenden und Entzweien geführt haben! Ich weiß es nicht, warum es so war!*

Nun heißt es, das Gewesene hinter uns zu lassen, einzulenken und auf der Basis der Liebe ein neues Vater-Sohn-Verhältnis zu schaffen!" So mein Vater nach all den Jahren der Auseinandersetzung um unsere gemeinsame Wahrheit. Es war ihm fremd, gar absonderlich über sich selbst, über uns, über Verhaltensweisen überhaupt zu sprechen. Das hatte er nicht gelernt, woher auch!

Schuld und Scham

Als wir vier Jungs kleine, quirlige Kerlchen waren, gab es in meiner Herkunftsfamilie wunderschöne Momente mit unserem Vater, an die ich mich gerne erinnere und die ich nicht verschweigen will. Da lagen meine Brüder und ich schon mal mit ihm am Sonntagmorgen vor dem Aufstehen im großen Ehebett. Ich fühlte mich dort als kleiner Pimpf angekuschelt an meine Brüder sauwohl. Sogar aus der großen zeitlichen Entfernung kann ich nachfühlen, dass das guttat, wie wir alle zusammen seine Geschichten vom Räuberhauptmann Pistulka lauschten, das war ganz warm und vor allem so abenteuerlich. Im gleichen Atemzug berichtete er dann auch von seiner schwarzen Stute Rio-Rita, die ihn als Fernmelder im Zweiten Weltkrieg zwischen den Fronten in Russland hin und her trug (was tatsächlich genauso der Fall war). Die Geschichte vom Räuberhauptmann Pistulka verwob der Vater mit seinen abenteuerlichen Kriegserlebnissen zu einer großen, heldenhaften Erzählung, die unsere kindliche Phantasie beflügelte. Und immer, wenn man es kaum aushalten konnte, kam es dann in den Weiten Russlands in einem jungen Birkenwald zum Showdown: Vaters treues Pferd Rio-Rita versuchte sich in einem halsbrecherischen Galopp durch den Kugelhagel russischer MG-Salven davonzumachen. Doch leider wurde der Pferdeleib von einem herumfliegenden Geschoss getroffen. Ihre Läufe versagten und aus dem Galopp streckte sich Rio-Rita nieder in die aufgewühlte russische Erde.

Für uns fühlte es sich so an, als hätte sich das treue Tier geopfert, um unserem geliebten Vater das Leben zu retten. Da heulten wir alle im Bett und waren tieftraurig, dass seine Rio-Rita für ihn ihr Leben lassen musste. Hatte sie ihn doch drei Jahre lang durch Eis und Schnee, durch Granatendonner und Sperrfeuer immer sicher ins Quartier zurückgebracht, so unser Vater. Bevor er auf unser Verlangen hin zu sehr ins Detail gehen musste, kam die Mutter und rief die Rasselbande zum Frühstück. Diese Realität gab es, als wir klein und süß waren!

Wenn zu dieser Zeit in der Familie sein Geburtstag zu feiern anstand, legte er auf den Mehrfachplattenspieler eine kleine schwarze Scheibe auf und aus dem neuen Telefunken-Radio erklang das Lied „*Heut' ist der schönste Tag in meinem Leben*" von *Joseph Schmidt*. Da trank mein Vater nach dem Frühstück das erste Pils und schmetterte das Lied gleich mit.

In der Küche stehend, mit ausgebreiteten Armen sang er dann mit seiner schönen Tenorstimme derart, dass mir jedes Mal ein Schauer über den Rücken lief. Wir Kinder waren so beeindruckt, ja angetan von solcher Leidenschaft, dass er gleich noch einmal singen musste. Da war dieser Sonntag für uns alle ein schöner Tag, da konnte gar nichts mehr schief gehen. Mein Vater schwärmte dann immer von dem Sänger Joseph Schmidt, von seiner Stimme und seinen Liedern. Was er uns aber nicht erzählte war, dass der in den 1930er Jahren berühmte Kammer- und Opernsänger ein Jude war und in einem Internierungslager in der Schweiz auf der Flucht vor den Nazis 1942 gestorben war.

Was brauchen kleine Kinder? Ich war zufrieden mit den Geschichten von der Rio-Rita, mit der sorgenden Mutter, einem kleinen Radio mit dem Schulfunk, dem Wald, den Wiesen, dem Fluss und dem Garten, wo wir Erdbeeren stibitzten. Es waren die 1950er Jahre, die im Rückblick für die gesamte Familie glücklicher waren als das, was dann kam. Meine Eltern sangen in der Kreisstadt im Kirchenchor den »Messias« von Händel, hatten dort noch ihre Freunde, obwohl sie schon in einer benachbarten kleineren Stadt wohnten. Einige Jahre lang hatten sie wohl noch Hoffnung, etwas Neues, Gutes aufbauen zu können, was vielleicht den Verlust der Heimat ersetzen könnte. Gerechtigkeit, Naturverbundenheit, die Liebe zur Musik und zu Pferden waren meinem Vater in dieser Zeit noch wertvoll. Vieles davon hatte er von seinen Erfahrungen mit seinem Vater durch den Krieg zu uns hinübergerettet. Und das haben wir angenommen und geliebt. Ich habe dort in dieser Zeit ihn geliebt und wir alle haben als Kleinkinder viel Positives davon mitgenommen in unser Leben. So erzählte er uns, als wir noch kleine Kinder waren, dass er in der Gefangenschaft seine Meinung über die Russen verändert habe. Er hatte wohl die Erfahrung gemacht, dass der ‚Todfeind‘ die deutschen Gefangenen mehr oder weniger menschlich behandelte. Alle hatten sie anderes erwartet und waren davon tief beeindruckt. Er verstand offensichtlich dort in der Kälte, dass sie alle Menschen mit gleichen Bedürfnissen und Ängsten waren. Das hatte ihn wohl so nachdenklich gemacht, dass er 1956/57 dem Ruf der neugegründeten Bundeswehr im sogenannten ‚kalten Krieg‘ und einer Karriere dort ohne zu Zögern widerstand. Er verabscheute in seinem zweiten Leben alles was mit Militär zu tun hatte. Im Krieg zerbrach zudem seine Vorstellung von den sogenannten harten deutschen Männern. Zu viele hat er offensichtlich an der Front weinen und leiden sehen. Zu oft hatte sich in den zehn Jahren Krieg und Gefangenschaft das Unmenschliche gezeigt.

Eine ganze Ideologie, der er als Offizier ja auch gefolgt war, hatte ja schändlich versagt, das musste er sich eingestehen, wenn er darüber nachdachte. Das zu akzeptieren fiel ihm sehr schwer, wie die nachfolgenden Auseinandersetzungen mit ihm belegen werden. Er hatte an etwas geglaubt, was sich im Nachhinein als zutiefst inhuman und unmenschlich erwies und sich äußerst negativ auf sein Leben auswirkte.

Es fehlte ihm damals nicht nur die Energie, sich für einen neuen Weg, einen interessanteren Beruf zu entscheiden, wie meine Mutter es mir gegenüber ausdrückte, es gab offensichtlich auch keine Vorbilder für ihn, keine neuen Orientierungen in diesem kleinbürgerlichen Milieu. So sackte er in das zurück, was er kannte. Er dachte sich wahrscheinlich nach unserer Kinderzeit, dass man vier pubertierende Jungs hart anfassen müsse, damit sie einem nicht aus dem Ruder laufen. Er hatte ja an Erfahrung nur das, was er von seinem Zuhause und von der deutschen Wehrmacht kannte und das war alles andere als ein Zuckerschlecken. Wie meine Mutter mir erzählte, taten ihm seine cholerischen Ausbrüche uns gegenüber oft leid. Er hätte es wohl gerne anders gemacht, wusste aber nicht wie und war nach der Aufbauzeit erschöpft und verunsichert, weil es nicht wirklich voranging und er immer mehr dem Alkohol zugetan war. Er hatte Herzprobleme, konnte das aber nicht vor uns zeigen, zu sehr fühlte er sich dann doch als starker Vater, der seine Autorität deklamieren muss. Die Mutter sprach für ihn in den stillen Momenten, wo er sich im Schlafzimmer ausruhte. Seit der Gefangenschaft befand er sich, wenn man es nach heutigen psychologischen Erkenntnissen versucht einzuordnen, in einem emotionalen Schockzustand, den er über die Jahre langsam versuchte alleine zu verarbeiten. Eine Therapie wäre nötig gewesen. Doch daran war zu der Zeit nicht zu denken, derartiges gab es nicht! So war er mit zunehmendem Alter mehr und mehr desorientiert, weil er auch keinen Weg sah, innerhalb des Stahlwerkes in der Verwaltung aufzusteigen. Enttäuschung und eine tiefe Frustration konnte ich in seiner Nähe spüren.

Er bezeichnete mir gegenüber die zwölf Jahre seiner Jungmannzeit ab dem Arbeitsdienst von 1937 über die Erfahrung als Soldat im Krieg an der russischen Front bis hin zum Ende der fast vierjährigen Gefangenschaft als eine Zeit der „verlorenen Jugend". Es fehlte dieser Generation offensichtlich das, was für uns Nachgeborenen zwischen zwanzig und dreißig natürlich war. Ein pulsierendes, erotisches, aufstrebendes eigenes Leben mit guten beruflichen Perspektiven in einer liberalen, sich öffnenden

Gesellschaft. Stattdessen hatte er innerhalb einer herrschaftlich und autoritär organisierten Männergesellschaft in einem fremden Land zu kämpfen, was nur über strikten Gehorsam und brutale Erniedrigung zu erreichen war. Nach dem Krieg war er dann schließlich Opfer seiner Traumata. „Dein Vater hat sich sehr verändert", sagte mir meine Mutter immer wieder mal, wenn ich seine Art nicht verstehen mochte. In der Sprachlosigkeit der jungen Bundesrepublik wurden die möglichen Fragen und Probleme solcher Väter und Ehepartner nicht beantwortet – man ließ, wie zu allen Zeiten, gerade die Familien, die Frauen und Männer nach dem Krieg damit allein.

Dieser Vater war kein Nazi gewesen, dazu war er zu sensibel und zu charakterfest, denn er hatte in seinem Vater einen äußerst liberalen und moralisch festen Kaufmann erlebt, der mit ihm eine vertrauens- und liebevolle Beziehung leben konnte. Dieser Mann, mein anderer Opa, der wenige Jahre nach der Flucht aus Oberschlesien verstarb, stand für Menschlichkeit und Ethik, für Charakter und Wertschätzung, wie meine Mutter ihn wahrnahm. Er war ein lieber Mann, der im Dorf gemocht wurde, ganz im Gegensatz zu seiner Frau. Die Getreidegeschäfte handelte er mit den Bauern per Handschlag aus. Gesprochenes Wort war wie ein Gesetz. In seiner Nähe liebte mein Vater zu sein und wollte das Getreidegeschäft mit der Kornbrennerei und einer großen Pferdezucht einmal so weiterführen, wie es der Vater machte. Er war am liebsten mit ihm und dem Zweispänner unterwegs, um die Verhandlungen auf den Gehöften mit den Bauern mitzuerleben. Das mochte er, wie sein Vater da vorging. War er wieder daheim, musste er sich den Normen und Regeln, den Geboten und der Strenge seiner Mutter, der Familie, der Sippe unterwerfen. Er wollte nicht auf das Gymnasium gehen, sondern wollte schon als Jugendlicher nur beim Vater sein. Doch die Mutter setzte sich durch. So wurde aus ihm ein „lernender, ergebener, anständiger deutscher Junge", wie mein Vater zu bemerken pflegte, wenn er von Anständigkeit und Ordnung uns gegenüber redete. Mit einundzwanzig Jahren wurde er 1937 zum Arbeitsdienst eingezogen und wurde von da aus direkt 1939 als Soldat in den Krieg verpflichtet, um für Deutschland zu kämpfen. Ganz so, wie Moritz Gottlob Schreber sich das einst gewünscht hatte.

Ich wollte im und vor allem nach meinem Studium lange Jahre vergeblich wissen, wie meine Eltern diesen Krieg erlebt hatten und ob sie mit der Vernichtung von so vielen Millionen Menschen etwas zu tun hatten. Dazu bekam ich von ihnen nur unbefriedigende Antworten! Meine Mutter erzählte dann ständig, wie begeisternd es für sie war, beim BDM dabei zu sein. Das war eine Naziorganisation für junge Mädchen, die dort sportlich, kulturell und ideologisch belehrt und für Hitler begeistert wurden. Nach ihren Angaben nahm sie dort eine führende Rolle ein. Mein Vater war Oberleutnant und Kompaniechef und kämpfte ausschließlich in den Weiten Russlands, wie er es uns Kindern in seinen Abenteuergeschichten immer wieder erzählte. Als ich schon fleißig Filme drehte und die Eltern an einem Wochenende besuchte, zettelte ich eine Diskussion zu Vaters Rolle im Krieg an. Meine Mutter ermahnte mich, ich solle Rücksicht auf sein Herz nehmen. Doch ich wollte nun endlich mal Substanzielleres hören. So war ich unnachgiebig und im Beisein der Mutter ignorierte ich ihren Hinweis und blies zum Angriff. Ich wollte ihn einfach nicht mehr schonen.

Das Gespräch verlief zunächst wie gewohnt, er regte sich ein wenig auf, als ich ihn nach seiner Aufgabe als Soldat im Krieg fragte. Dieses Mal gab er meinem wiederholten, druckvollen Drängen überraschenderweise auf eine Art nach, als ob er sich entlasten wollte. Natürlich wies er jede Verantwortung für die Gräueltaten der Nazis von sich. Er selbst habe erst 1943 auf einem Heimaturlaub ein Konzentrationslager persönlich gesehen. Ein Stabsarzt an der Front in Russland wies ihn darauf hin, er solle mal an jenem bestimmten Ort aus dem Fenster des Zuges schauen. Der Zug fuhr tatsächlich an einem KZ vorbei und hielt dann in der Nähe, so dass er die Zäune und Wachtürme sehen konnte. Das machte ihn nachdenklich, wie er sagte und er erfuhr von einem Offizierskollegen im Zug, dass dort Juden umgebracht wurden. „Mehr wusste ich nicht. Das war alles!". Darauf ich: „Aber Vater, hat sich da bei dir nichts geregt, ich meine, wolltest du weiterhin unter einem Regime dienen und Karriere machen, die Juden massenhaft umbringen? Wolltest du mit diesem Wissen für einen solchen Staat kämpfen, im Prinzip bei dieser Unmenschlichkeit ja doch irgendwie auch mitmachen?" Das war nun doch zu viel, mein Vater flippte völlig aus und schrie mich an: „Was sollte ich denn deiner Meinung nach machen, du Klugscheißer, da gab es keinen Protest und wenn doch, gab es kein Entkommen. Da war es schnell vorbei mit Allem, zack zack, bumm, bumm! Mit solchen wie du es bist wurde kurzer Prozess gemacht. Du hast ja keine Ahnung, das ist ja nicht zu glauben!"

Völlig aufgebracht zündete er sich eine Zigarette an, das machte er eigentlich nur, wenn er Bier getrunken hatte. Dann wurde er im Tonfall irgendwie offiziell, wie bei einer Verlautbarungserklärung und fuhr unvermittelt fort: „Jetzt sag' ich dir mal was, hör gut zu!" Ich war gespannt und überhörte seinen Unterton. „Ich war als Oberleutnant Kompaniechef in der Nachrichten-Abteilung 248 und damit eine Zeit lang Teil der 168. Infanterie-Division der Heeresgruppe Süd und kämpfte auch im Verband der 6. Armee bis Juli 1942 in Weißrussland und der heutigen Ukraine. Ich hatte ein gutes Verhältnis zu meinem General. Ich sah ihn oft bei den Besprechungen mit uns Offizieren im Unterstand. Mit ihm hab' ich später nach dem Heimaturlaub darüber gesprochen. Der bestätigte diese KZ-Geschichten und war genauso dagegen, wie viele Teile des Generalstabes. Das war der schmutzige Krieg der SS, mit dem wollten wir von der Wehrmacht nichts zu tun haben. Der General sagte mir dann auch, dass wir ja doch aber gehorchen mussten. Schließlich gibt es Befehle und ganz oben stehen ja der Himmler und dann der Hitler. Das ist nun mal so! So kommentierte das mein General".

Mir blieb der Mund offen, wie präsent das doch noch nach über vierzig Jahren bei ihm war. „Wir mussten ja den Krieg gewinnen", insistierte mein Vater laut weiter, „der Russe hatte uns in der Zange, da musste man durch! Das Andere, die „Säuberungen" wie das damals hieß, machten bestimmte Einsatzgruppen und die SS hinter uns, mit denen wollten wir an der Front aber nichts zu tun haben! Das sagte mir auch mein General." Dann, plötzlich, schrie er mich wieder an: „Was sollten wir denn machen, Junge!" Und Verzweiflung schnitt da plötzlich durch die Luft des Zigarettenqualms. Er drückte die Zigarette aus, rappelte sich auf, schmiss fast den Stuhl dabei um und verließ völlig aufgebracht die Küche, indem er die Tür zuknallte. Meine Mutter schaute mich vorwurfsvoll an und lief nach einer Schrecksekunde gleich hinter ihm her.

Einige Jahre später nach dieser Auseinandersetzung besuchte ich ein Filmfestival. Abends sah ich einen Gastbeitrag aus Russland: *„Komm und Sieh"* von Elem Klimow, einem Regisseur, der seine Arbeit noch in der ehemaligen Sowjetunion gemacht hatte und der in seinem Film genau diese Strategie der ‚Säuberung' im heutigen Weißrussland bis ins kleinste Detail aus der Sicht eines Jungen nach einem autobiographischen Überlebensbericht inszeniert hatte: Dorf für Dorf wurde von bestimmten Einsatzgruppen der Wehrmacht und der SS im Nachzug zur kämpfenden Truppe ausgelöscht.

Die Frauen, wenn sie nicht misshandelt, vergewaltigt und erschossen wurden, trieb man zusammen und sperrte sie mit Alten und Kindern in die aus Holz gebaute Kirche ein *(eine übliche Bauweise in der damaligen ländlichen Sowjetunion)*. Die Schergen verriegelten die große Eingangstür und zündeten die Kirche mit Treibstoff an. Man kann sich vorstellen, welche Bilder Elem Klimow hier fand, um die Brutalität dieser ,Säuberungen' darzustellen. Auf diese Weise wurden in Weißrussland über 640 Dörfer dem Erdboden gleichgemacht – kaum jemand entkam. Um das nicht als Verbrechen gegen die Menschlichkeit aufgrund internationalen Drucks verfolgen zu müssen, erwirkten die Nazis kurzerhand einen „Erlass für die deutsche Wehrmacht über die Ausübung der Kriegsgerichtsbarkeit im Gebiet Barbarossa" vom 13. Mai 1941. Aufgrund dieses Erlasses mussten Straftaten von Wehrmachtangehörigen gegen Zivilisten nicht mehr strafrechtlich verfolgt werden. Der Erlass befreite die Wehrmachtsoldaten von Bindungen an Völkerrechtsnormen und legitimierte die Willkür- und Gewalttaten gegenüber der sowjetischen Bevölkerung. Das waren Wehrmachtserlasse, die für alle Soldaten, also nicht nur für die Sondereinsatzgruppen und die SS bindend waren. Durch diese gesetzlichen Ergänzungen brauchten die Soldaten kein schlechtes Gewissen haben. Der Staat sanktionierte damit die Verbrechen gegen die Menschlichkeit und entsprechend wüteten die Einsatzkräfte in Russland.

Mich erschütterte diese authentische Spielfilmdarstellung an dem Abend so sehr, dass ich schon während der Filmvorführung bitterlich weinen und die Vorführung zweimal kurzzeitig verlassen musste. Nach der Filmvorführung saß ich in einem angrenzenden Café des Kinos in einer dunkleren Ecke. Mir liefen die Tränen nur so herunter. Eine nette, norwegische Kollegin bekam das mit, tröstete mich und sprach mit mir darüber. Hatte ich doch vor Augen geführt bekommen, was mein Vater in dem Gespräch mit „Säuberung" gemeint hatte, was er als Soldat der deutschen Armee dort, wissentlich oder nicht, für die Nachhut militärisch vorbereitet hatte. Und ich wusste nun auch, warum er unseren Fragen stets ausgewichen war. Für meine Suche nach Wahrheit hatte ich endlich eine Antwort bekommen.

Es war natürlich kein Zufall, dass ich wiederum einige Jahre später für eine große Fernsehdokumentation über das deutsch-russische Verhältnis im 19. und 20. Jahrhundert zu Dreharbeiten in Russland und in der heutigen Ukraine unterwegs war. Im Film sollten natürlich auch die Verbrechen gegen die Menschlichkeit im II. Weltkrieg thematisiert werden.

Unsere Reise führte uns auch nach Babij Jar nahe Kiew, wo 1941 die „Einsatzgruppen" mit der SS ein furchtbares Verbrechen begangen hatten. Innerhalb von 36 Stunden waren dort über 33.000 jüdische Bürger der damaligen Sowjetunion mit MG-Salven niedergeschossen und mit Erde zugeschüttet worden. Die 6. Armee unter Generalfeldmarschall Walter von Reichenau, die bereits in den Monaten zuvor bei den Judenmorden eng mit den speziellen Sondereinsatzgruppen zusammengearbeitet hatte, half bei der Planung und Durchführung der Vernichtungsaktionen *(Siehe Wolfram Wette: „Die Wehrmacht, Feindbilder, Vernichtungskrieg, Legenden").* Ich war über diese Vorgänge durch die intensive Vorrecherche bestens informiert. Nachdem wir uns oberhalb des 2,5 km langen Talkessels von Babij Jar orientiert hatten – zu der Zeit war er mit Bäumen bewachsen und schaute recht wild aus – ging ich schließlich mit laufender Kamera und einem mulmigen Gefühl im Magen auf einem alten Betonplattenweg von oben vom Rand hinab in die Senke. Es hieß, dass dort unten die Gebeine der Toten nicht tief unter der Erde heute noch zu finden seien. Als ich nun abwärts nach unten ging, kroch mir ein Schuldgefühl in den Bauch. Ich fühlte mich als Deutscher irgendwie mit verantwortlich für das Verbrechen, ich fühlte mich schuldig. Es fiel mir schwer, die Kamera zu halten, ich zitterte.

Und natürlich dachte ich an meine Auseinandersetzungen mit meinem Vater. Es fiel mir an diesem Ort schwer zu glauben, dass er von derartigen Aktionen nichts wusste oder damit nichts zu tun haben wollte, obwohl er doch zeitweise zur Heeresgruppe Süd gehörte. Einen solchen Ort leibhaftig zu erleben, ging nicht nur mir durch Mark und Bein. Uns allen ging es schlecht, mir war zum Kotzen übel. Deshalb entschieden wir auch schnell, nicht nach irgendwelchen Überresten zu suchen. An diesem Ort etwas freizulegen, hätten wir wie eine Freveltat empfunden.

Die zweistündigen Dreharbeiten dort unten am Fuß des Grauens haben wir trotzdem durchgezogen, wie man das im Filmbusiness so schön sagt. Ganz meiner Persönlichkeit entsprechend. Das war aber auch deshalb möglich, weil ich als Filmemacher inzwischen gelernt hatte, mit heiklen oder schwierigen Situationen beim Drehen umzugehen. Dennoch war ich heilfroh, als ich spät abends in einem Zug saß, der uns weg von dort zu unserem nächsten Drehort in der Ukraine bringen sollte. Essen konnte ich an diesem Tag nichts. Weit nach Mitternacht schlief ich endlich erschöpft im Abteil des Schlafwagens bei dreißig Grad Hitze ein.

Ein paar Stunden später nur erwachte ich schweißgebadet ganz plötzlich aus einem wilden Traum, wo Soldaten in einer Schlacht hin und her rannten. Ich schlug die Augen auf und lauschte – wir fuhren nicht mehr, es war vollkommen still. Das eintönige Rattern des Zuges über die Gleise war verstummt. Ein früher Sommermorgen warf durch das abgedunkelte Fenster helle Lichtstreifen in das schummrige Abteil. Wir standen auf einem Bahnhof. Das übliche Zischen und Summen der Leitungen im Eisenbahnwagen war nicht zu hören. Ich richtete mich vom Abteilbett langsam auf, schob die schäbigen Gardinen am Fenster zur Seite und erschrak - SCHYTOMYR las ich direkt vor meiner Nase auf dem rostigen, großen Schild, dass auf dem Bahnsteig direkt vor meinem Abteilfenster stand – eine Stadt westlich von Kiew gelegen. Mir stockte der Atem. Das war doch jener Ort, den mein Vater erwähnte, wenn er uns Kindern schon mal vom Krieg erzählte, von seinen Kameraden und seinem Militärpferd Rio-Rita. Hier in der Nähe hatte er wohl gegen die Russen gekämpft und die berühmte Stalinorgel erleben müssen. Ich war vollkommen aufgeregt, „was für ein Zufall", so dachte ich damals noch, dass ich als Sohn nun fünfzig Jahre später hier auf dem gleichen Bahnhof stehe und einen Film über das Verhältnis von Deutschen und Russen zu machen habe. Ich war so verdattert, ja, verstört, dass ich mich still auf den Rücken legte und gegen die Maserung des Holzes vom oberen Etagenbettes starrte. Was geschah hier? Ich wusste damals darauf keine Antwort. Der Zug fuhr weiter und ich machte mich wieder an die Arbeit für den Film. Wir brachten die Dreharbeiten für den zweiteiligen Fernsehfilm schließlich unter großen Mühen, aber gut zu Ende und kehrten wohlbehalten nach Deutschland zurück.

Natürlich brannte ich nach dem Erlebnis in der Ukraine innerlich darauf, endlich mehr vom Vater dazu zu erfahren. Bei einem kurzen Besuch zuhause ergab sich schließlich eine Gelegenheit, mit ihm ein bisschen Zeit zu verbringen und zu sprechen. Am Kaffeetisch am Nachmittag erlebte ich ihn ganz aufgeräumt und abgeklärt. Ich drehte das Gespräch so, dass wir wieder beim Krieg landeten. So fragte ich, was er in der Wehrmacht als Kompaniechef nun eigentlich zu tun hatte. Ich bat ihn, mir doch endlich mehr davon zu erzählen. Es wäre doch auch für den Fernsehfilm über Russen und Deutsche wichtig. Ich wusste, dass alles, was Arbeit befördert, in der Familie gut angesehen war. Meine Mutter stupste ihn an, wie sie das ab und an tat, wenn sie ihn für die Anliegen der Kinder gewinnen wollte. Es half und er fackelte nicht lange herum, wie er das vor uns Söhnen immer auszudrücken pflegte, wenn wir schnell zur Sache kommen sollten. Er bedeutete mir, ich solle jetzt einfach mal nur zuhören, denn ich würde ja doch keine Ruhe geben.

Interessant war seine Antwort schon zu Beginn: „Ich hab' damals nichts gemacht, was schlimm war. Ich hatte damit nichts zu tun und es muss ja wohl stimmen, was man da so gehört hat neben den Schlachtfeldern. Und dieser Film „Shoa" und andere solche Filme heute, also, wenn das jetzt (*Ende der 1980er/Anfang der 1990er Jahre*) dauernd im Fernsehen so gezeigt wird, dann muss es ja stimmen. Aber damit hatten wir nichts zu tun, das kannst du mir glauben. Wir haben uns mit den Russen an der Front rumgeschlagen und hinter uns waren die SS-Leute, die haben dann „aufgeräumt". Aber das habe ich ja erst viel später erfahren, Anfang 1944 von Kameraden, die aus dem Hinterland Benzin gebracht hatten, als wir festsaßen und Rückzug angesagt war. Die haben erwähnt, dass da Russen erschossen und Dörfer angezündet worden sind. Das war alles, was ich wusste."

Endlich sprach er über das, was wirklich geschehen war, endlich keine Abwehrschlachten mehr. Ich hatte im Kino die Bilder dazu gesehen und wusste ja nun, was das in der Realität bedeutet hatte. Deshalb fragte ich ihn vorsichtig, wie er denn mit dem Wissen über dieses „Aufräumen" seelisch umgegangen sei. Auch da blieb er ganz ruhig und sagte, dass in diesem Krieg sein Herz erkrankte und besonders in der Gefangenschaft darunter zu leiden hatte. „Ich wollte nicht wirklich wissen, was dort im Einzelnen geschah", sagte er. „Der Krieg ließ uns auch keine Zeit dazu. Der Russe knallte uns ständig mit der Stalinorgel zu. Wir hatten kaum noch Nachschub, haben gehungert und gefroren und obendrein haben uns auch noch die Wölfe zu schaffen gemacht! Meine Herzkrankheit hat die russische Stabsärztin im Gefangenenlager mir bestätigt. Ich war froh, überhaupt nach den Kampfhandlungen am Leben zu sein. Ein erbärmliches Leben in einem Bergwerk zwar, aber ich lebte. Zu verdanken hatte ich das dieser Ärztin. Besonders froh war ich, die Mutti nach elf Jahren wieder in die Arme schließen zu können." Er schaute sie irgendwie herzzerreißend dabei an – Stille und Spannung breitete sich in der Küche aus und einen Augenblick glaubte ich, jetzt wird Vater weinen. Ja, er hatte feuchte Augen, doch er nahm sich zusammen und fuhr mit erstickter Stimme schnell fort:

„Für das Weitermachen mit dem Getreidegeschäft vom Vater hier im Westen oder mit dem Vattel, deinem Opa, gemeinsam eine Metzgerei aufzumachen, dafür reichte meine Kraft nicht mehr!"

Ich spürte seine Verzweiflung und die Beklemmung, die all das bei ihm die Jahre über hinterlassen hatte. So hatte er noch nie über sich und seine Erfahrungen gesprochen. Ich war meinem Vater da so zugetan, dass ich, als er aufstand, ebenfalls mich erhob und ihn spontan umarmte, was er nicht so ganz verstehen konnte und die Umarmung nicht groß erwiderte. Er wolle noch einmal in den Keller. Mit diesen Worten wandte er sich brummelnd ab und schob dann, als er durch die Küchentür ging nach: „Du weißt ja jetzt alles!"

Mutter sagte, dass er ihr von diesen Grausamkeiten hinter der Front bisher auch nichts erzählt habe. Sie war ganz berührt davon. Nachdenklich trank ich meinen Kaffee. Mein Vater war eigentlich ein sensibler Mann, seine harte Schale schien das Innere abzuschirmen. Sicherlich hat er als Kompaniechef das eine oder andere erfahren, was da hinter der Front in den russischen Dörfern geschah und dann wundert es mich nicht, dass sein Herz davon krank wurde. Wie kann ein Herz auch so etwas ertragen?

„Dein Vater ging nach dem Krieg immer den unteren Weg", bemerkte plötzlich meine Mutter. Ich verstand nicht gleich, was sie damit meinte. „Es war die Gefangenschaft, die hat ihm furchtbar zugesetzt, damit hat man die stolzen deutschen Soldaten klein gekriegt. Seine Kameraden überlebten den Krieg nicht und eigentlich wäre er dort im Bleibergwerk ja auch verreckt, kann man so sagen, wenn es diese Ärztin nicht gegeben hätte. Sie hat Vater mit Medizin versorgt, dafür musste er singen!" Ich schaute sie fragend an. „Ja, er sang ihr Lieder, lernte russische Lieder, die er ihr vorsang. Du weißt doch, er hat eine schöne Stimme und sie mochte das, wenn er sang!" Meine Mutter schwieg plötzlich, ihr Gesicht verriet, dass ihr es unangenehm war, darüber zu reden. Ich beließ es dabei. Dann sprach sie plötzlich doch weiter: „Na ja, jedenfalls hat diese Frau deinem Vater das Leben gerettet." Meine Mutter verstummte und blickte in die Kaffeetasse, und dann schaute sie mich mit Tränen in den Augen an. Ich nahm ihre Hand, doch drückte sie ihre aufkeimenden Gefühle entschieden weg und sagte stattdessen: „Als er zurückkam aus der Gefangenschaft, war er im Innern wie zerbrochen, so anders, so still, in sich gekehrt. Ich hab' den, in den ich mich einst verliebt hatte, nicht wiedererkannt. Es war schwer, mich daran zu gewöhnen."

Sie trank einen Schluck Kaffee und bat mich um Verständnis für ihn und für die große Blindheit, die Bewusstlosigkeit, die damals in Deutschland zur Nazizeit herrschte. Ich möge ihnen verzeihen, dass sie über vieles nicht reden wollten, weil aus ihrer Sicht das Vergessen einfacher gewesen sei. „Das sehe ich anders, Mutter", erwiderte ich, „vergessen, wie kann man das vergessen, das geht doch gar nicht und ihr habt ja offensichtlich auch nichts vergessen, was ihr erlebt habt, das steckt doch tief in euch drin, das haben wir doch gerade erlebt!" Sie ließ das, wie so oft, mit einem Seufzer unbeantwortet, trocknete ihre Tränen, stand vom Tisch auf in dieser kleinen Küche, wie sie es all die Jahre gemacht hatte, um uns zu versorgen, und goss uns beiden eine weitere Tasse Kaffee ein. Eine russische Ärztin also war dafür verantwortlich, dass ich auf der Welt war. Wie schön ist es, sich auszutauschen, dachte ich, es ist doch so befreiend. Mich rührte das an, wie die beiden Alten jetzt im letzten Drittel ihres Lebens endlich meinem Drängen nachgaben und ihre Truhe einen Spalt weit öffneten. Dann setzte sich Mutter wieder auf ihren Platz und eröffnete mir zu meiner Überraschung eine Geschichte aus ihrem Heimatdorf in Oberschlesien, während ihr Mann an der russischen Front kämpfte. Eine Geschichte, die sie bisher immer für sich behalten hatte und nicht vergessen kann:

In der Metzgerei ihres Vaters war ein guter Geselle beschäftigt. Er war die rechte Hand ihres Vaters, ein kräftiger, stattlicher Kerl mit aufrechtem Charakter. Der Vater überließ ihm oft die Metzgerei, wenn er selbst zu Geschäften und Vertragsabschlüssen mit Hotels und Gasthäusern unterwegs war. Ganz entgegen den Gepflogenheiten wurde dieser Geselle 1943 eingezogen, nicht zur Wehrmacht sondern zur SS, obwohl Metzgereien als kriegswichtige Betriebe galten und das arbeitende männliche Personal in der Regel keinen Wehrdienst verrichten musste. Nachdem der Geselle ein halbes Jahr später seinen ersten Urlaub daheim im Dorf verbrachte, besuchte er seinen alten Chef, meinen Großvater, in der Metzgerei. Meine Mutter musste den Gesellen in seiner Abwesenheit ersetzen und mithelfen und das bis zu zehn Stunden täglich, sodass sie auch an jenem Tag in der Metzgerei war, als der Geselle hereinkam und dem Metzgermeister begrüßte. Ganz in der Nähe der Wurstküche belauschte sie das Gespräch der beiden. So erfuhr sie, dass der Geselle mit seiner SS-Einheit in ein KZ abkommandiert worden war und dort die ankommenden Judentransporte beaufsichtigte – er gehörte zum Wachpersonal im KZ. Er habe dort, so berichtete der Geselle sehr aufgeregt, furchtbare, grausame Sachen gesehen, über die er aber nicht sprechen dürfe. Das sei für ihn alles sehr belastend und er wüsste nicht damit umzugehen! Stille trat ein, meine Mutter traute sich kaum zu atmen. Offensichtlich hatte ihr Vater nichts dazu zu sagen. Dann räusperte er sich und wechselte schnell das Thema. Sie sprachen jetzt über die Arbeit in der Metzgerei, so meine Mutter weiter. Ganz unvermittelt fragte der Geselle seinen Chef nach einer 08. So nannte man üblicherweise jene Pistole, die zur Standardausrüstung vieler altgedienter Soldaten in der deutschen Wehrmacht gehörte. Ihr Vater fragte den Gesellen, wofür er denn die Waffe brauche, als er sie aus seinem Spind herbeiholte. Er hätte doch dort im Lager sicherlich genügend Waffen zur Verfügung. Meine Mutter sprang schnell hinter den Wurstkessel und hielt den Atem an. Der Geselle folgte seinem Chef ein paar Schritte und sagte dann zögerlich, dass er sich zukünftig weigern wolle, auf Flüchtende am Stacheldraht im KZ zu schießen und für den Notfall die Pistole für sich selbst brauche…, na ja, er wisse schon – wieder eine knisternde Stille, ihr Vater zögerte wohl, ihm die Waffe auzuhändigen – schließlich, meine Mutter hörte das Geräusch, gab er ihm wohl die Pistole und bat ihn flüsternd, sie bloß zu verstecken und damit keine Dummheiten zu machen. Dann verschwand der Geselle.

Ein halbes Jahr später, so meine Mutter am Kaffeetisch, erhielt ihr Vater die Benachrichtigung, dass sein „Mitarbeiter für Volk und Vaterland gefallen sei". Für meinen Opa, besonders aber für meine Mutter war klar, dass er sich mit der Pistole das Leben genommen hatte, weil er dieses Grauen im KZ nicht mehr ertragen konnte und keinen anderen Ausweg mehr sah. Er wollte lieber sich selbst als unschuldige Menschen erschießen. „So war der Charakter dieses guten Kerls", sagte meine Mutter. „Und das war alles, was ich von der gesamten Judenvernichtung wusste. Es war ja dann auch für mich klar, was mit dem Freund meiner Schwester Lucie geschehen war – das war alles furchtbar!"

Ich war betroffen. In meinem Kopf steckte fest, dass diese Eltern irgendwie mitschuldig waren. Mein Vorurteil fiel wie ein Kartenhaus zusammen. Wie schmal war doch der Grad für einen Widerstand damals. Letztlich bedeutete schon die Weigerung mitzumachen auf die eine oder andere Weise wahrscheinlich den eigenen Tod oder, wie in diesem Fall, den Freitod. So hatte das Gewaltsystem das Volk im Griff. Ich dachte später darüber nach, ob ich in der Lage gewesen wäre, mich gegen dieses System zu stellen oder wie weit ich mich angepasst hätte? Um so höher ist die Haltung jener Widerstandskämpfer beim Attentat auf Hitler zu bewerten, die sich eigentlich, schon bei der Planung, wenn es schlecht laufen würde, mit vollem Bewusstsein auch für ihren Tod entschieden hatten. Bedeutsam war für mich nach dem Gespräch mit Vater und Mutter, nach all den Fragen und Bildern, die ich im Kopf hatte, endlich zu wissen, was er und sie in diesem Krieg für eine Rolle gespielt hatten. Zu oft hatte ich mich vor allem im Ausland irgendwie schuldig für die Taten unserer Väter gefühlt. Noch in den 1970er Jahren begegnete ich vielen Feindseligkeiten uns Deutschen gegenüber, die bei mir ein diffuses Gefühl der Mitschuld erzeugten. Eine Schuld, die ich natürlich im politischen und juristischen Sinn nicht hatte, die ich aber aufgrund der langen Verweigerung meines Vaters, darüber zu sprechen ganz diffus doch fühlte. Als Sohn eines aktiven Vaters in diesem Krieg hatte ich unterschwellig Angst, dass er an den Morden deportierter oder verfolgter Menschen mitgewirkt haben könnte.

Karl Jaspers, der große Philosoph hat nach dem Krieg die Kollektivschuld des deutschen Volkes nicht anerkennen wollen, wohl aber die Kollektivscham. Diese Scham, so wurde mir nach dem Gespräch mit Vater und Mutter klar, fühlte ich immer, wenn ich mit Ausländern zusammen war. Und je mehr ich wusste von diesen Gräueltaten, um so größer wurde dieses Schämen. Einmal in Amsterdam, als ich mit Engländern in einer Kneipe ein Bier trank, erfuhr ein Niederländer, der mit anderen gesellig um uns herumstand, dass ich ein Deutscher bin. Da zog er ein riesiges langes Fahrtenmesser und ging mit Flüchen auf mich los. Die anderen versuchten ihn abzuhalten, doch der meinte es ernst. Ich erfasste schnell die Situation und hastete aus dem Lokal. Der vielleicht dreißigjährige Mann mit dem langen Messer aber lief hinter mir her. Ich konnte ihn nach zwei Häuserecken an einer langen Gracht glücklicherweise abschütteln, weil ich schnell laufen konnte. Das war im Jahr 1973. Ja, nicht nur solche Erlebnisse bewirkten bei mir, dass ich mich im Ausland schämte, nicht nur für das, was mein Vater in Russland möglicherweise getan hatte, ich empfand überhaupt Scham ein Deutscher zu sein. Ein junger Mann jener Nation, die für sechs Millionen tote Juden und einen furchtbaren Krieg besonders gegen Russland verantwortlich war. Ich sollte später nach dem Gespräch mit Vater und Mutter in diesem Russland mit russischen Soldaten ein Erlebnis haben, wo diese Scham eine große Rolle spielen sollte.

Ich weiß heute, dass meine Eltern nicht nur ihr Hab und Gut, ihre Heimat verloren hatten, sondern dort im Osten auch einen Teil ihrer Seele, ihrer Integrität, ja den kostbarsten Teil des menschlichen Lebens, ihre Visionen und Hoffnungen zurückgelassen hatten. Was mich zeitlebens aufregte war nicht der mangelnde Widerstand meiner Eltern gegen die Nazis, ihre Ängstlichkeit, ihre Anpassung. Nein, mich erregte, dass wir mit ihnen darüber nicht wirklich sprechen konnten, als wir Söhne dazu in der Lage waren und Fragen stellten. Ich war viele Jahre empört, dass ein solches ‚Gespräch' eher ein erschöpfender und zäher Kampf war. Die mir von meiner Mutter erzählte dramatische Geschichte eines einfachen Metzgergesellen aus Schlesien sorgte dafür, dass ich eine andere Haltung zum Widerstand, zum Stillhalten, zur Anpassung meiner Eltern in der Nazizeit und zu mir selbst bekam.

Mein Vater blieb seiner Sprachlosigkeit über all die Jahre treu und redete nach unserem Gespräch überhaupt nicht mehr über seine Kriegserfahrungen. Ich fragte ihn später noch einmal, warum er nicht bei all der Anstrengung, dem Leiden und der Trauer Möglichkeiten für sich gesucht habe, aus diesem Dilemma heraus zu kommen? Er verstand die Frage zunächst entsprechend seiner misstrauischen Art als Kritik an seinem Leben. Doch ich war ihm auch in jener Situation zugewandt, wollte verstehen. Da sagte er, dass alles festgefügt gewesen sei und man als Mensch aus seinem Leben zu jener Zeit nicht herausgekommen wäre und er fügte hinzu: „Da gab es auch im Krieg kein Entrinnen. Sollte ich damals offen protestieren? Was glaubst du, hätten die mit mir gemacht! Nein, so wie es war, war es eben! Wir konnten unsere Geschicke nicht in unsere Hand nehmen, nichts verändern, auch später nicht. Da mussten wir durch und viele versuchten, das so anständig wie möglich hinter sich zu bringen wie ich auch!"

Das konnte ich jetzt verstehen, ich fühlte mit ihm, er tat mir damals leid, auch wenn ich immer noch nicht genau wusste, ob ich seinen Ausführungen zu seinen Kriegshandlungen trauen konnte. Verständlich wurde mir auch, dass er nach seiner Rückkehr aus der Gefangenschaft in Russland den größten Teil seiner freien Zeit mit Ablenkungen, mit dem Kartenspiel und dem Alkohol verbrachte. Dort beim Skat in den Kneipen, wie im Krieg wieder nur unter Männern, fühlte er sich offensichtlich befreit von all dem, was ihn nachts in den Träumen lange verfolgte, wie Mutter mal beiläufig sagte. Aus meiner Erfahrung mit ihm betäubte er sich, blendete das Zuhause, die Bedürfnisse seiner Frau, seiner Kinder oder seine Krisen aus. Er wusste es nicht besser und kannte keinen Ausweg aus seiner deprimierenden Lage. Wo hätte er auch mit diesem Leid hingehen sollen?

Er hatte viele Jahre kein richtiges Bewusstsein davon, mehr unterschwellig mag er gefühlt haben, dass ihn vieles belastete. Und vielleicht im Gespräch mit seiner Frau, mit seinen Söhnen die Erinnerungen einzuschätzen, ein neues Bewusstsein zu entwickeln, dazu konnte er sich nicht entscheiden. Ein Vater in der damaligen Zeit machte so etwas nicht. Ein Fortkommen für sich sahen die Eltern nur in materieller Hinsicht. Das speiste sich sicherlich auch aus dem Hunger und der Not in Kriegszeiten. Persönliches Wachstum, was sollte das sein? Noch nicht einmal diesen Begriff kannten sie, wie sicherlich große Teile der Gesellschaft damals davon ebenfalls keine Ahnung hatten.

Gewissermaßen wurde die Arbeit im Büro des Stahlwerkes mit den versteckten Bierkästen in der Ecke und den Kneipenabenden mit seinen Kumpeln eine zweite, beklemmende Heimat für ihn. Es war ein Ort der kleinen Aufmunterungen im Alltag der Resignation. Ich liebte meinen Vater besonders als Kind trotz allem gerade wegen dieser Brüchigkeit, die ich zwischen der Strenge fühlen konnte, denn ich wusste ja aus meinen Kindertagen, dass er ein weiches und warmes Herz unter seinem rauen Pelz hatte. Diese Eltern blieben dort stehen, wo sie gestrandet waren und wollten nur, dass wir „anständige Jungs und erfolgreich" wurden, in jeder Hinsicht. Wir waren für sie wie ein Versprechen, dass ihre Zukunft sich mit unseren Karrieren bessern könnte. Wir wissen heute, dass das Leben so leider nicht funktioniert.

In seinen alten Tagen hatte er gar kein Gefühl mehr, wie Liebe sich hätte anfühlen können, die lag unter so viel unangenehmen Geschichten verschüttet in einer fernen und schmerzhaften Vergangenheit. Er war nicht mehr bereit, seine Resignation, Traurigkeit und Erstarrung zu sehen. In seinen späten Jahren war er von Negativität und Starrsinn so durchdrungen, dass anderes ihn nicht mehr erreichen konnte. Mein Vater versank in einer Isolation innerhalb der Familie und lebte fortan eine tiefe Depression, die ihn nie mehr verlassen hat. Ich kann mir vorstellen, dass er für seine Erinnerungen und Gefühle ein Gefängnis gebaut hat, in dem er schließlich selbst sein Leben verbrachte. Die Gespräche mit ihm über seine Erfahrungen im Krieg waren für mich leuchtende Lebensereignisse und tröstende Aussöhnungsrituale, wenngleich es ja auch da heiß herging.

Wir trafen uns in seinen letzten Jahren hin und wieder in einer wohlwollenden Akzeptanz. Nur in meinen Tränen auf den Seminarmatten dieser Welt kam ich ihm in tiefer Liebe ganz nahe. Im Leben gelang mir das mit ihm nicht mehr. Meine Bemühungen, durch Therapie und Selbsterfahrung mir etwas Gutes zu tun, etwas zu heilen, wurden von ihm als „Spinnereien" abgetan. Auch das musste er weit von sich weisen, um nicht hinter seine Mauern blicken zu müssen.

Als mein Vater dann ganz plötzlich an seinem Herzleiden starb, hatte ich wenigstens das Gefühl, mit ihm eine wertvolle Arbeit geleistet zu haben. Vor allem hatte ich Frieden mit ihm, da gab es keine unausgesprochenen Reste mehr, wenn auch die Liebe hier auf Erden keinen wirklichen Ausdruck mehr zwischen uns fand. Das erlebte ich dann allerdings sehr intensiv mit ihm in einer „anderen Wirklichkeit", worüber zu berichten sein wird.

Die größere Familie hat heute wenig Kontakt miteinander, da ist in den Jahren zu viel Porzellan zerschlagen worden. Jeder versucht, seinen Weg zu gehen. Mein Vater sprach immer hochtrabend vom Zusammenhalt in der Familie, protzte auch einmal mit seinen vier Söhnen am Tresen seiner Stammkneipe. Das Bier schmeckte uns schon damals schal, wir wussten alle in unserem Herzen, dass er sich etwas vormachte. Meine Mutter aber ist bis zu ihrem Tod immer einsamer geworden. Sie litt still im Hause eines Bruders, wie sie immer gelitten hatte und es war zu spät, daran mit ihr etwas zu verändern, sie wollte es auch nie. Sie hatte im Alter ihren eigenen Kopf, wie man so schön sagt, wenn Sturheit und Härte als Beschreibung zu unangenehm klingt. Vaters Wunsch aber, dass die Familie sich doch mehr treffen möge, können wir scheinbar nicht mehr realisieren. Unser gemeinsames Zuhause war seit vielen Jahre kein Ankerpunkt mehr.

Die Entdeckung der Liebe

Nachdem meine Frau und ich unser Zusammenleben in eigener Wohnung mit vielen Gesprächen und produktiven Auseinandersetzungen gut hinbekamen, konzentrierte ich mich auf die neuen Herausforderungen in der Filmarbeit und sagte ihr in einem unserer Gespräche, dass mir der Film und die Projekte irgendwie wichtiger seien als eine Beziehung. Ich würde eher meinen kreativen Fähigkeiten in freier Selbständigkeit als einer neuen, unkalkulierbaren Beziehung vertrauen. Das war zwar starker Tobak, aber wir gingen sehr ehrlich miteinander um und dieser Satz drückte meine innere Verletzlichkeit aus.

Ich habe eine kluge Frau, die darauf nicht gleich reagierte. Sie liebte mich von Anfang an, hatte Geduld und scheinbar eine Ahnung, dass ihre Liebe am Ende doch siegen würde. Einig waren wir uns aber sofort, dass wir beide eine andere Ehe wollten, als unsere Eltern es uns vorgelebt hatten. Meine Frau hatte als Geschäftsführerin in einer großen, alternativen Kulturinstitution in Düsseldorf tolle Projekte vor Augen und ich die Welt des Films. So war es auch irgendwie ganz selbstverständlich, dass wir beide unseren Beruf in den Fokus stellten und ein Leben wollten, das partnerschaftlich organisiert war. Das war unsere Vision von unserem Zusammenleben. Doch wussten wir auch, dass dafür bei uns selbst noch einiges zu tun war. Sie hatte wie viele Frauen damals durchaus auch mit ihrer Rolle als Frau zu kämpfen. So hatten wir beide einen Grund, die Ehe zu einem emanzipatorischen Projekt zu machen, um eine neue Lebensgemeinschaft in einer alten Form des Zusammenlebens für uns zu kreieren. Das war überzeugend und naheliegend für uns beide und nicht zu weit hergeholt. Ich hatte mich vor allem auch deshalb in sie verliebt, weil ich das Gefühl hatte, mich mit dieser Frau weiterentwickeln zu können.

Mein verändertes Verhalten in Verhandlungen durch die Auflösung meiner Probleme mit ‚Autoritäten' mündete in erfolgreiche Berufsjahre mit viel kreativer Arbeit und spannenden Filmprojekten. Sie nährten mein Selbstvertrauen und öffneten mir den Raum, um atmen und mich mehr und mehr entfalten zu können. Ich spürte in der behutsamen Annäherung zu ihr, dass mir die Offenheit und das Sprechen miteinander, was wir uns strikt vorgenommen hatten, guttat. Ich hatte endlich gelöffelt, wie man eine Beziehung leben könnte und ich hatte nicht vergessen, dass ich das Lieben lernen wollte.

Als nach einigen Jahren unser gewolltes Kind sich fühlbar zeigte, hatte ich endlich Vertrauen – zu ihr, zu mir und zu uns! Wir heirateten und das stimmte jetzt für mich, denn wir hatten ein tragfähiges Miteinander aufgebaut. Ich freute mich auf das Kind. Scheinbar war ich reif, Vater zu werden, so fühlte es sich für mich an. Mir war klar, dass ich mit dem emanzipatorischen Ansprüchen, die sich bei mir in der Wohngemeinschaft und in den Auseinandersetzungen mit den emanzipierten Frauen entwickelt hatten, mein Kind nicht so erziehen konnte und wollte, wie ich es in Kindheit und Jugend selbst erfahren hatte. Ich wollte dem Kind ein ‚Gärtner' sein, ihr oder ihm das Beet bereiten, auf dem sie oder er sich entwickeln kann. Mir war inzwischen auch bewusst, dass dies kaum vom Kopf her zu steuern ist, gewissermaßen als Vorsatz und Beschluss, sondern dass ich meine innere Arbeit weiterhin zu tun hatte, sollte das wirklich gelingen. Wenn das Unbewusste nicht bewusst wird, kommt meistens das heraus, was man selbst erfahren hat. Dazu waren besonders die Bücher von Alice Miller hilfreich und ebenso das bereits erwähnte wunderbare Buch von Jean Liedloff. Die Zeit der Schwangerschaft nutzten wir, um in diesen Büchern gemeinsam abends im Bett zu lesen und darüber miteinander zu sprechen, wie wir unsere Ängste und Probleme bewältigen könnten. Es war eine wunderbare gemeinsame Zeit der Nähe und eine gelungene Vorbereitung auf die Geburt. Das bestärkte mich, weiter an mir und meinen Problemen zu arbeiten, um dem Kind ein guter Vater sein zu können.

Die Geburt meiner Tochter war dann ein veränderndes und einschneidendes Erlebnis für mich. Meine Frau hatte eine sehr lange und schwere Geburt, die letztlich dann nach Tagen in einer notwendig gewordenen Entscheidung und Aktion mit einer Operation beendet werden musste. Ihr ging es danach sehr schlecht, ich hatte Angst um sie, auch die Ärzte waren besorgt. Sie war nicht mehr ansprechbar, lag nach der Operation in einer tiefen Narkose, sodass ich mich um das Kind direkt nach der Geburt zu kümmern hatte. Die Frauenklinik in Düsseldorf, die es leider nicht mehr gibt, war darauf vorbereitet. Mir wurde das blutverschmierte kleine Wesen, ein Mädchen, nach Mitternacht schnell in die Hände gelegt, damit man sich weiter um meine Frau bemühen konnte, die viel Blut verloren hatte. Ich solle es baden, der Kleinen Fencheltee zu trinken geben, sie anziehen und einfach mit dem Kind zusammen sein, so wurde es mir von der Hebamme fürsorglich aufgetragen. Sie zeigte mir die Utensilien zum Waschen, die kleinen Leibchen und Jäckchen und verschwand wieder im nahen OP-Saal. Da stand ich nun mit dem neugeborenen Kind im Arm allein mitten in der Nacht in dem Zimmer, in dem wir die letzten drei Tage zusammen verbracht und um ein neues Leben gerungen hatten. Mir schlug das Herz bis zum Hals. Ein Kind, endlich war es da, so klein und zart. Wo fasst man es nur an? Freude erfüllte mein Herz. Und dann, nach bewegenden Augenblicken, stieg die Unsicherheit auf. Hallo, ist da jemand, arbeitete mein Verstand, wie geht das jetzt, was ist zu tun? Da stand ich nun mit dem kleinen Wesen im Arm. Und – ? Ich tat erst einmal nichts!

Es war eine wunderschöne Nacht im Mai, ich hatte das Kind einen Moment niedergelegt und im dritten Stock zum Garten des Hinterhofs, in dem große Platanen standen, das Fenster geöffnet. Alles war still und ruhig, es war eine fast meditative Stimmung inmitten der großen Stadt. Die Katastrophe von Tschernobyl lag gerade hinter uns. Die Menschen blieben aus Angst in ihren Wohnungen wegen eines möglichen radioaktiven Regens, der vielleicht noch drohte. Ihnen war zu frühlingshaften Partys und Grillfesten offensichtlich nicht zumute. Eine wohltuende, ruhige Atmosphäre lag folglich über der Stadt. Ich war total aufgeregt, wendete mich wieder ganz der kleinen Tochter zu. Sie schrie nicht einmal, als ich ihr mit lauwarmem Wasser in einer emaillierten Schüssel vorsichtig das Blut abwusch, sie behutsam abtrocknete und dann irgendwie mit meinen großen Händen versuchte, diese kleinen bebenden Ärmchen und Beinchen in Hemdchen und Höschen hineinzubringen. Ich lachte ob meiner männlichen Hilflosigkeit, mit so etwas Zartem umzugehen. Die Kleine machte es mir aber leicht, indem sie zufrieden schmatzte und schnurrte und zappelte. Da flutschten die Ärmchen ganz von selbst ins Leibchen. Wichtig war, das hatten mir die Hebammen eingeschärft, dass es für das Baby immer schön warm zu sein hat und sie den Fencheltee trinken sollte. So waren wir beide ganz nah miteinander beschäftigt. Ich war überwältigt von diesem Gefühl der Verantwortlichkeit, des Nährens und Beschützens, dass ich ausschließlich intuitiv, aus meinem Herzen heraus machte, ohne darüber nachzudenken.

Die Nacht war warm und in der beginnenden Morgenröte begannen die Vögel in den Bäumen zu zwitschern. Ich wurde etwas müde und legte mich ein wenig aufs Bett. Die Tochter lag auf meinem Bauch und spielte mit meinen Fingern. Ans Schlafen war aber nicht zu denken, sie war vollkommen wach, präsent und wir sprachen miteinander ohne zu reden. Und als sie die Flasche mit dem Fencheltee wieder und wieder beiseiteschob, dachte ich, dass ich den auch nicht trinken würde, so wie der schmeckte. Die Nachtschwester insistierte aber beim nächsten Besuch in unserem kleinen Zuhause, die Kleine solle doch jetzt etwas trinken. Ich machte also brav noch einen zaghaften Versuch, doch das Töchterchen schob die Flasche mit ihren winzigen Ärmchen instinktiv wieder beiseite. Da war für mich klar, dass das Kind diesen Trunk und den Gumminuckel nicht wollte. Ich vertraute meinem Gefühl, dass das alles schon so richtig sei, und zum Nachweis für die Nachtschwester schüttete ich etwas von dem Fencheltee ab und verschloss die Flasche wieder.

Viel später erst erfuhr ich, dass das Anlegen an die Brust viel problematischer verlaufen kann, wenn die Kinder mit dem Gummiding vorab geprägt sind. In der Regel haben die Babys noch genug Flüssigkeit in sich, um auf die Brust warten zu können. Bei den Naturvölkern ist es im Übrigen so. Die Milch schießt ja doch erst ein wenig später in die Brust ein. Aufgrund der Beschreibungen von Liedloff zum Leben des Naturvolkes im Urwald wusste ich Bescheid und hatte Mut gefasst, der Natur zu vertrauen.

Wir hatten noch keinen Namen für eine Tochter und im stundenlangen Zusammensein mit ihr geschah es, dass ich im Gefühl des puren Seins faszinierende Bilder vor meinem inneren Auge sah. Sie entstanden aus einem tiefen Gefühl der Verbundenheit mit dem Kind, mit meiner Frau, mit den Vögeln, den Bäumen im Park, der Stadt und – ja, so weiß ich das heute, mit dem wissenden Feld, dem universellen Bewusstsein *(dazu später mehr)*. Ein Gleichnis, eine Metapher, eine Offenbarung schien in diesem tieferen Bewusstsein für mich aufgehoben zu sein.

Ich ‚sah‘, während das kleine Wesen in meinem Schoss lag und die Ärmchen hin und her bewegte, Bilder einer Szenerie unterm Zirkuszelt. Im voll besetzen Rund der Manege erlebte ich eine wunderbare Szene, die zu beschreiben ich nicht wage, zu sehr ist diese kleine Geschichte ein Geheimnis zwischen meiner Tochter und mir, zu sehr gehören diese Bilder ihr und mir ganz allein. Als ich das alles geradezu durchlebt und vor meinem inneren Auge erfasst hatte, sah ich ganz plötzlich den geschriebenen Namen der Tochter in meinem Geist aufleuchten. Ich war völlig perplex, aber mein Herz hüpfte vor Freude. Da stand er geschrieben, der Name für das soeben geborene

Kind. Ich wusste nicht, was da mit mir geschehen war, hinterfragte das aber auch nicht, sondern nahm es so, wie es war: Etwas hatte mir diesen Namen geschenkt.

Eine tiefe Dankbarkeit durchflutete mich, ich war total gerührt. Mir liefen die Tränen die Wangen herunter. Dieser Name passte so vollkommen zu diesem Mädchen, das in meinem Schoß lag und ich hatte in den Stunden des heraufziehenden Morgens das untrügliche Gefühl, dass dieses Kind sich uns ausgesucht hatte. Sie wollte diese Eltern! Obwohl ich das seinerzeit noch niemals vorher gedacht oder gelesen hatte, war ich in diesem Moment davon überzeugt, dass sie sich für diese Lebenszeit auf dieser Erde uns erwählt hatte. Wir hatten das Feld für sie auch irgendwie gut vorbereitet und sie wollte offensichtlich mit uns Erfahrungen auf dieser Erde machen.

Ich war glücklich, einen Namen gefunden zu haben, lachte meine kleine Tochter an, sang eine kleine Melodie, nahm sie auf den Arm und wanderte im Zimmer auf und ab. Friedlich und voller Glück verstrich unsere gemeinsame Zeit. Ihre Augen waren noch mit einem Schleier bedeckt, sie fühlte mich sicherlich mehr, als dass sie mich sah, und doch empfand ich einen wunderbaren Kontakt zu ihr. Mich durchströmte auf einmal ein inniges und ganz tiefes Gefühl der Verbundenheit und Liebe, wie ich es noch nie vorher empfunden hatte. Mein Herz summte vor Zuneigung und Freude, dass sie gesund da war und dass der sehr kritische Zustand meiner Frau sich zunehmend stabilisierte. Und als ich diesen warmen, innigen Kontakt zwischen der Kleinen und mir einatmete, fühlte ich zum ersten Mal seit vielen, vielen Jahren, so ganz tief in mir, was Liebe eigentlich ist. Es war so ein Gefühl von tiefster Zärtlichkeit und Wärme, von reinster Freude und Behutsamkeit. Ich erlebte mich mit diesem Kind in meiner Ganzheit und in einer Offenheit, die ich bis dahin nicht gekannt hatte. Ich war überwältigt, wie viel Liebe da in mir frei wurde, wie alles in mir doch ungeahnt aufbewahrt und vorhanden war. Wie schön das ist, dachte ich und mein Herz sprach weiter, es quoll über, wollte mehr, viel mehr, wollte sich endlich in dieser Liebe und Wärme baden und mitteilen und geben. Ja, geben, viel geben. Plötzlich wähnte ich mich in einer anderen Zeit, ,sah' mich selbst mit kleinen Füßchen und Händchen in meiner Kindheit, die ich damals glaubte vollkommen vergessen zu haben. Ich gab mich auf dem Bett im Zimmer mit dem erschöpften und nun schlafenden Kindlein auf meinem Bauch meinen Erinnerungen hin:

Als meine Mutter sich nach der schweren Geburt meines kleinsten Bruders Mitte der 1950er Jahre sich nicht erholte und schwer krank wurde und für viele Wochen weit weg in einer Universitätsklinik verweilen musste, wurde ich von meinem Vater in einer benachbarten Siedlung bei einer befreundeten Familie untergebracht. Da ich zuhause das pflegeleichteste Kind war, musste ich dorthin gehen. Eine Gemeindefrau und meine Oma versorgten den Rest der Familie und das neugeborene Kind zusammen mit meinem Vater, der natürlich weiterarbeiten musste. Ich fühlte mich nicht gut und wusste nicht genau, warum nun ausgerechnet ich bei dieser Familie unterkommen sollte. In dem Haus, dessen Räume innen zum Teil mit dunklem Holz vertäfelt waren, ging es sehr rustikal zu. An den Wänden hingen Gewehre und Geweihe von Hirschen und ähnlichem Getier, ein Jägersmann war hier wohl zu Hause. Ich wurde gleich nach zwei Tagen in der Waschküche im Keller in einer großen Zinkbadewanne gebadet und abgeschrubbt. Ich weiß noch, wie ich mit gekreuzten Armen vor der Brust nackt in der Wanne mit lauwarmem Wasser stehend fror. Es war schon Herbst, kurz vor dem Winter. Ich zitterte am ganzen Leib, als ich mit Wasser aus einer großen Zinkkanne von oben bis unten abgespült wurde. Die gute Frau sagte zu mir, ich sei doch schon ein kleiner Mann und könne das doch sicher schon aushalten.

Nach ein oder zwei Wochen, ich hatte mich gerade etwas eingewöhnt, drückte mir der Hausherr eines seiner Gewehre in die Hand und zeigte mir, wie man damit salutiert. Ich bekam einen zu großen, merkwürdig hohen Helm auf dem Kopf und trug das Gewehr nach seinen Anweisungen ganz brav an der Schulter wie ein Soldat. Ich salutierte und ging eine imaginäre Front ab und ließ mich so fotografieren. Als ich das Bild bei einem Besuch bei den Eltern wiedersah, wollte ich nicht glauben, dass ich das war. Ich wirkte in dieser strammen, aufrechten Pose irgendwie entstellt. Da war ich sicherlich nicht sehr bei mir, sondern erfüllte ängstlich die dortigen Erwartungen, spielte mit, wollte brav sein. Ich passte mich an, denn offensichtlich ging es ums Überleben. Das Bild heute zu sehen, erfüllt mich mit Mitgefühl für mich selbst, aber auch mit Scham und Zorn. Ich wurde auf eine Weise abgelichtet, die mit mir nichts zu tun hatte. Es war eine Inszenierung von Erwachsenen, die das wahrscheinlich auch noch lustig fanden und über mich lachten.

Die Krankheit meiner Mutter aber dauerte länger, sodass auch mein Aufenthalt bei dieser Familie verlängert wurde. Der Winter kam.

Mir wurde die Zeit sehr lang, ich war noch nicht in der Schule und einen Kindergarten haben wir nicht gekannt, das war vollkommen unüblich, die Natur war unser Kindergarten. Wahrscheinlich gab es auch zu der Zeit nur ganz wenige in der Stadt. So sehnte ich mich mit zunehmender Dauer immer mehr nach der Mutter und unserer Familie. Schließlich war es soweit, an einem bestimmten Tag, der Schnee lag hoch, sollte Mutter wieder nach Hause zurückkehren. Ich konnte die Zeit kaum erwarten. Meine Abholung bei dieser Familie durch den Vater war für den späten Nachmittag geplant, doch ich wollte schon am Mittag selbst loslaufen und nörgelte unablässig herum. Es hatte in der Nacht kräftig geschneit, der Schnee lag inzwischen sicherlich mehr als einen halben Meter hoch. Die Straßen waren kaum geräumt und es war furchtbar kalt. Doch das schreckte mich mit meinen sechs, sieben Jahren nicht. Die gute Frau des Forst- und Jagdmannes versuchte, mich zu überreden noch zu bleiben, aber ich wollte meine Mama wiedersehen. Ihr Mann war im Wald beschäftigt, um Rehe zu füttern und so gab sie meinem Drängen schließlich nach und erklärte mir genau den mehr oder weniger einfachen Weg, den ich schon kannte. Sie musste zuhause bleiben und für den Mann das Mittagessen auftischen. Ich wollte dort nicht mehr essen, ich wollte nur weg aus diesem düsteren Haus. Und weil ich in diesem Moment genau wusste, was ich wollte, mein Herz vor freudiger Erwartung überquoll, war ich mutig und überzeugend. Es war auch nicht weit entfernt, ein Erwachsener konnte die Stecke auch im Winter in vielleicht fünfzehn Minuten zurücklegen.

Endlich schickte sie mich mit meinem kleinen Rucksack mit den wenigen Habseligkeiten los. Ich war heilfroh, das dunkle Haus endlich verlassen zu können und machte mich frohen Mutes auf den Weg. Nach einer Weile musste ich den Bürgersteig der großen Straße verlassen und bog in eine kleinere Nebenstraße in die große Siedlung ab, wo weit am Ende auch unser neu gebautes Haus stand. Der Wind hatte Schneeverwehungen auf der kleinen Straße aufgetürmt. Ich war somit von der Straße irgendwie abgekommen und verlor die Orientierung. Das große Neubaugebiet, dass nun vor mir lag, mit vielen Erdwällen und Gräben, war irgendwie zu durchqueren. Autos hatten damals nur reiche Leute und die gab es in der Siedlung nicht. Was war Straße, was Wiese oder Bauland? Ich stand still und lauschte durch den kalten, schneidenden Wind, der um die halbfertigen Rohbauten pfiff. In mir brannte das Feuer nach der Mutter – schließlich stapfte ich mutig weiter. Als ich in einen der schneebedeckten Erdgräben eines Neubaus stürzte, weinte ich und versank beim Herauskrabbeln im nächsten Augenblick in einer großen Schneewehe am Rand des Grabens. Niemand war zu sehen, der mir helfen konnte, es wohnten dort noch keine Leute und die Bauarbeiten ruhten bei einem solchen Wetter. Ich befreite mich mit meinen Ärmchen aus dem kalten Weiß. Das unwegsame Gelände, der tiefe Schnee, all das zerrte an meiner Kraft, doch Angst hatte ich nicht, obwohl ich kleiner Knirps in den Schneemassen bald nicht mehr wusste wo oben und unten ist. Kälte, Wind und Wetter und viel Schnee waren für mich eigentlich nicht bedrohlich, das kannte ich schon. Ich wusste instinktiv auch, wie ich mich in den Schneewehen voranarbeiten konnte. Ich vertraute ganz meinem Gefühl und sicherlich auch meinem Schutzengel. Ich wusste, in welcher Richtung unser Haus hinter den Erdwällen zu suchen war. So krabbelte ich im schneidigen Wind tapfer querfeldein weiter durch die Schneeverwehungen. Manchmal ging mir der Schnee bis zur Hüfte, dann pflügte ich mehr mit meinen Ärmchen durch die weiße Wand, als dass ich ging.

Woher ich die Kraft und den Mut nahm, das wusste ich damals nicht. Ich fühlte nur diese Liebe, die sich im Wiedersehen mit der Mutter erfüllen wollte. Und dann sah ich endlich das Haus und freute mich, ja, da freute ich mich noch beim Anblick des vertrauten Anwesens. Das mobilisierte die letzten Kräfte in mir. Meine Lederschühchen waren nass und die Füßchen eiskalt, die Hände rot von der Kälte in starren Wollhandschühchen, die Nase lief, die Backen taten furchtbar weh. Welche Freude empfand ich, als die Haustür sich unerwartet schon vor meinem Klopfen und Rufen öffnete und meine Mama mich in ihre Arme schloss. Sie drückte und herzte mich so, dass mir das Gesicht noch mehr weh tat. Ich zitterte am ganzen Leib. Meine Oma schlug eine Decke um mich, zog mir die Schuhe vorsichtig aus und kochte auf dem summenden Kohleofen gleich einen Kakao. Niemand schimpfte mit mir, dass ich alleine unterwegs war und wieso überhaupt. Die Mutter zog mir in der Küche neben dem Herd schnell die nassen Söckchen von den Füßchen *(ich sehe das Bild heute noch vor mir)* und tauchte sie vorsichtig in eine Schüssel mit lauwarmem Wasser. Ah, tat das gut, die Wärme zu spüren, ich war glücklich – und das war ich wirklich, das war mein Glück, meine Liebe, die ich fühlte, zu ihr, zur Oma und zu mir selbst und ich spürte diese große Fülle, die in der Zuwendung von Oma und Mutter lag. Ich fühlte mich und die Genugtuung, dass ich diesen Weg nun doch hinter mich gebracht, dass ich es geschafft hatte und ich hier daheim wichtig und gewollt war und sich alle über mich freuten. Dieses liebevolle Gefühl, diese wohltuende Wärme und die Freude zu Hause zu sein, erfüllten mich tief in meiner kleinen Seele, die zu diesem Zeitpunkt von Erziehung und Strenge noch nicht bedrückt war und sich vielfach an der Oberfläche meines Seins tummelte.

In diesem Augenblick war ich ganz und gar glücklich, so war es und so könnte es eigentlich immer sein, dachte ich in der Frauenklinik im Angesicht meiner eigenen kleinen Tochter. Es war das gleiche Gefühl des Nährens, des Kümmerns, der Liebe, die ich damals als Knabe und heute von der anderen Seite als liebender Vater spürte. Es war und ist die gleiche Liebe, die eine und ewige Liebe, die immer da ist für uns. An diesem Tag in der Geschichte meiner Kindheit fühlte ich wirkliche Freude und Wertschätzung für mich selbst, ich spürte mit allen Poren meines Seins die Liebe der Mutter, die meine eigene Liebe war. Dieser Tag war wunderbar, ich saß einfach auf der Bank in der Nähe des Ofens, trank meinen Kakao und beobachtete das Treiben der Frauen in der Küche. Meine Mutter schien wieder gesund zu sein, sie lachte ihr wunderbares Lachen und buk mit Oma einen Kuchen für das Wiedersehensfest am Nachmittag.

Ich lächelte meine Tochter an, ja, das war einer der schönsten Tage meiner Kindheit. Und ich wusste in diesem Moment, dass ich diesem Kind viele solche Tage ermöglichen wollte. Als ich am Morgen um acht Uhr die Kleine meiner inzwischen wieder zu Bewusstsein gekommenen Frau an die Brust legte, lief mein Herz auch deshalb über, weil es ihr wieder besser ging und alles auf einem guten Weg war. Sie war sehr erschöpft, lächelte aber zaghaft, sie konnte sich schon ein bisschen über die Kleine freuen. Ich war dankbar! Die Ärzte hatten gute Arbeit geleistet. Und ich war stolz auf mich, das kleine Wesen gut durch die Nacht gebracht zu haben, ganz ohne Fencheltee und ohne Furcht zu versagen und mit großem Vertrauen in uns beide.

Ich fühlte soviel eigene Zuversicht, innere Zufriedenheit und Stärke, wie ich das bisher bei keiner Filmarbeit erlebt hatte. Mir wurde in dieser Nacht bewusst, dass das menschliche Leben, die Liebe und das Mitgefühl viel mehr wert sind als die Arbeit, als jeder Film und die eigene Karriere. Und von diesem Tag an habe ich meiner Frau nie wieder gesagt, dass die Filmarbeit wichtiger sei als unsere Liebe. Mein Herz hatte sich mit der

Geburt des Kindes weiter geöffnet. Ich wusste nun, was lieben heißt: Einen Menschen wertschätzen, ihn zu nähren, zu schützen, einfach da zu sein für ihn oder sie. Ich konnte meine Tochter lieben, was mir bei den Frauen so schwerfiel und es fühlte sich wunderbar an.

Bei dieser schweren Niederkunft hatte man uns einen wunderbaren Arzt zur Seite gestellt, ebenso liebvolle Hebammen, die halfen, wo sie nur konnten – es war halt eine Geburts- und Frauenklinik. Als ich mich bei allen verabschiedete, konnte ich nicht anders, als alle zu umarmen und zu drücken. Ich lief die Straße vor dem Krankenhaus entlang zum nahen Auto, sprang andauernd in die Luft und schrie vor Glück, weil ich diese ungeahnte Liebe endlich entdeckt hatte, die soviel Freude in mir freisetzte. Das empfand ich als so etwas Neues und Kostbares, dass ich mir in den darauffolgenden Tagen felsenfest vornahm, diesem Kind wirklich ein anderes Aufwachsen zu ermöglichen, als ich es erlebt hatte.

Als meine Tochter dann mit drei, vier Jahren die Grenzen ihrer Wünsche und Erkundungen überall ausprobierte und versuchte ihr Wollen möglichst oft durchzusetzen, riet mir meine Mutter bei einem gemeinsamen Besuch im Elternhaus, dass es nun Zeit sei und jetzt wörtlich, „dem Kind den Willen zu brechen". Das kam ganz beiläufig, als sie nach dem Kaffeetrinken das Geschirr abwusch. Ich dachte, ich hätte nicht richtig gehört und war vollkommen erstarrt, während meine Tochter auf dem Boden widerwillig Bauklötzchen aufstellte. Was war das da gerade? Ich fragte nochmals nach, weil ich ahnte, wie das gemeint war: „Ja, ich meine es so, wie ich es sagte, den Kindern muss man in diesem Alter mit strenger Hand den Willen brechen, damit sie einem später nicht auf der Nase herumtanzen! Dann hat man die Jahre danach Ruhe und aus deiner Tochter wird dann ein nettes Mädchen werden!" Sie schaute mich dabei an und schmunzelte. Ich aber hatte das Gefühl, eine Backpfeife erhalten zu haben, solche Worte gerade in jener Küche, in der ich so viele beschämende Situationen und Demütigungen erlebt hatte. Aus berufenem Mund erfuhr ich im Nachhinein, was mir und meinen Brüdern widerfahren war. Hier offenbarte sich exakt jenes Konzept, das Gottlob Moritz Schreber und seine Jünger einhundertzwanzig Jahre zuvor massenhaft mit ihren Kindern praktizierten. Mir wurde es innerlich ganz kalt so wie in den schlechtesten Momenten meiner Jugend und ich sah zu, mit meiner Tochter schnell aus diesem Haus zu entkommen.

Für mich war das Vatersein auch ein Prozess der inneren Katharsis, des mich selbst Kennenlernens. Ich fand in vielen Workshops bei der Arbeit an meinem eigenen, inneren Kind, nicht nur den Weg, meine Wut, meine Gefühle und Bedürfnisse kennenzulernen, sondern habe mit der Arbeit an mir selbst auch mein Herz immer weiter öffnen und damit den Kanal zu meiner Tochter bis zum heutigen Tag offenhalten können. Selbst wenn wir beide, besonders in ihrer Pubertät, miteinander bockig oder sprachlos waren für einig Stunden, vielleicht auch mal für einen Tag, konnten wir uns auf diese Offenheit untereinander immer berufen. Dies auch deshalb, weil wir an bestimmten Punkten der Sprachlosigkeit Rituale entwickelt und verabredet hatten, die wir einhielten und die uns dann immer wieder zusammenbrachten.

Die meisten Männer verlieren den Kontakt zu ihren Kindern vor allem deshalb, weil sie sich im Stress verschließen, viel Druck aushalten und sich selbst kaum noch spüren können. Wir werden unsere Kinder nur dann verstehen, wenn wir bei uns selbst und damit auch bei ihnen sind und sie in ihrer Einzigartigkeit erleben, in ihrem Reichtum, ihrer Phantasie, mit ihren Sorgen und Ängsten. Dass so viele Eltern heute Probleme mit ihren Kindern haben, ist Resultat dieser Kontakt- und Beziehungslosigkeit, die einzig und allein bei den Erwachsenen zu verantworten ist.

Was können wir dann noch von dem Zusammenleben mit den Kindern erwarten? Regeln, Kontrolle, Versorgung der körperlichen Bedürfnisse, Sanktionen – das scheint der unzureichende Rest zu sein, der Eltern dann noch bleibt. Zudem kehrt sich das Spiel in den Familien auch oft um. Die Kinder beginnen, die gestressten Eltern zu dominieren, weil sie mit ihrer ständigen Unzufriedenheit und Verweigerung das Leben der Eltern auf ihre Weise kommentieren und beschweren. Verantwortlich für diesen Prozess sind aber die unwissenden Eltern, die auf fatale Weise das wiederholen, was sie wahrscheinlich selbst am eigenen Leib erfahren und einst so vehement abgelehnt haben. All das ist eine Frage des Bewusstseins für die eigene wie auch die Lebenssituation des Kindes.

Nun, wir alle sind als Eltern bestimmt nicht perfekt und im Kern stimmt der Satz vieler Therapeuten, dass die jeweiligen Eltern ihrer Klienten sicherlich versucht haben, ihr Bestes zu geben. Ich möchte den Vätern Mut machen, sich ihrer selbst anzunehmen und ihren Kinder in ihrem Herzen zu begegnen. Wie schön ist es, die leuchtenden Augen eines kleinen Kindes zu erleben, was sich freut, wenn etwas gelungen ist, was Papa und Mama gefördert und beschützt haben. Wie schön ist es, wenn die ältere Tochter den Vater umarmt und einen leisen Kuss auf die Wange drückt. Es gibt kaum etwas Schöneres, als in solchen Momenten sein Kind in die Arme zu schließen und die tiefe Liebe miteinander für einen langen Augenblick einzuatmen. Für die Eltern dieser Welt habe ich dieses Gedicht von Dorothy Law Holte gefunden:

Für die Eltern der Welt

:

Ein Kind, das mit Ermutigung lebt, lernt Selbstsicherheit.

Ein Kind, das mit Sicherheit lebt, lernt zu vertrauen.

Ein Kind, das mit Toleranz lebt, lernt geduldig zu sein.

Ein Kind, das mit Anerkennung lebt, lernt sich selbst zu mögen.

Ein Kind, das sich angenommen fühlt, lernt Liebe zu geben.

Ein Kind, das mit Lob lebt, lernt dankbar zu sein.

Ein Kind, das mit Fairness lebt, lernt Gerechtigkeit.

Dorothy Law Holte   (Auszug)

Eine Familienaufstellung

Die Gespräche und Auseinandersetzungen mit meinem Vater zu seiner soldatischen Vergangenheit im Krieg und die Schilderungen meiner Mutter zu ihren Erfahrungen während der Nazizeit beförderten meine Motivation, einen tieferen Einblick in die Geschichte meiner Herkunftsfamilien, in die emotionalen Verstrickungen zu bekommen. Ich hatte den Eindruck, dass da noch einiges verborgen war, was Vater und Mutter nicht erwähnt hatten. Hatte ich damit noch etwas zu tun? War das nicht alles schon längst Geschichte? Mich interessierten vor allem die energetischen Bindungen zwischen meinen Eltern, Großeltern und mir, die man ja in der Regel nicht bewusst wahrnimmt. Ich fragte mich, was für einen schweren Sack tragen da meine Eltern und Großeltern durch ihr Leben und wie beschwert der mich eigentlich? Was habe ich als Kind unbewusst übernommen? Welche alten Geschichten aus deren Leben spielen in meinem eigenen eine Rolle? Ich hatte in den therapeutischen Workshops schon mitbekommen, dass auch die alten Geschichten unserer Vorfahren auf uns einwirken können.

Aus Büchern wusste ich bereits, dass es bestimmte energetische Übertragungen innerhalb von Familien gibt, die insbesondere die unwissenden Kinder belasten können. Eine Familienaufstellung nach Bert Hellinger und anderen war und ist für eine solche Erkenntnis von besonderem Wert. So beschloss ich, meine erste Familienaufstellung für meine Herkunftsfamilie bei einer erfahrenen Therapeutin zu stellen. Diese therapeutische Arbeit kann man als eine besondere Form der Energiearbeit, als ein energetisches Psychodrama für die eigene Geschichte verstehen. Der Klient oder Aufsteller, um dessen Familiengeschichte es geht, stellt in einem Seminarraum für seine realen Eltern, Brüder, Schwestern und Verwandten sogenannte Stellvertreter auf. Es sind Rollen, die die anderen Teilnehmer übernehmen. Er/Sie positioniert sie im Seminarraum zueinander und weist ihnen die Rolle des Vaters, der Mutter, usw., zu.

Wie er sie aufstellt entscheidet er, näher oder weiter entfernt, zu- oder abgewandt voneinander. Als letztes positioniert er einen Stellvertreter für sich selbst. All das geschieht in vollkommener Stille. Von diesem Zeitpunkt an ist der Aufsteller nur noch Beobachter des folgenden Prozesses. Diejenigen, die Rollen zugewiesen bekommen haben wie auch der/die

Therapeut/in kennen die Geschichte der Familie nicht. Sie kennen nur das Problem, unter dem der Aufsteller aktuell leidet und das er zu Beginn in der Gruppe vorgestellt hat. Die Therapeutin eröffnet nach dem Stellen die Aufstellung mit bestimmten Fragen, die sie an die Stellvertreter im Raum richtet. Sie beantworten sie so, wie sie sich im Moment bei der Fragestellung fühlen. Denn die Übernahme einer bestimmten Rolle aus der Familie des Aufstellers führt offensichtlich dazu, dass die Gefühle, die sie bei der Beantwortung der Fragen ausdrücken, im direkten Zusammenhang mit der Familiengeschichte des Aufstellers stehen. Diese Emotionalität erleben die Stellvertreter im Kontakt mit dem sogenannten wissenden oder energetischen Feld, was uns alle immer umgibt. Wir nutzen es nur zu selten. Es wird aber für uns dann virulent, wie bei der schamanischen Arbeit übrigens auch, wenn der therapeutische Prozess im Seminarraum durch die Arbeit ins Rollen kommt, wenn das ‚Drama' beginnt, wenn die gut ausgebildete Therapeutin, der Therapeut den energetischen Raum, das wissende Feld deuten und in Bewegung halten kann. So können sich dann die Energien zum Beispiel der Herkunftsfamilie bei den Stellvertretern zeigen.

Obwohl niemand die Geschichte der Familie wirklich kennt, geschieht in einer solchen Sitzung Unglaubliches, was man nur verstehen kann, wenn man den Prozess miterlebt. Wissenschaftlich kann man die wirkenden Kräfte noch nicht erklären, genauso wenig wie die Energiearbeit eines Schamanen. Die Praxis weltweit aber zeigt bei vielen Tausenden, dass es funktioniert, von großem Erkenntniswert und hohem Heilpotenzial sein kann. Wenn das Seminar eine gute Therapeutin, ein guter Therapeut anleitet und die Gruppe sich vollkommen einlässt auf das, was da energetisch geschieht, dann erlebt man zum Teil sensationelle und befreiende Erfahrungen, die von der Leitung dann im Rekonstruktionsprozess zusammengeführt werden.

Nach Jahren der Beschäftigung und der eigenen Erfahrung damit, bin ich davon überzeugt, dass eine Informationsübertragung aus dem universellen Raum um uns herum stattfindet. Ich werde später im Buch diesen kosmischen Resonanzraum als „andere Wirklichkeit" bezeichnen und näher erklären. Es ist ein Raum, in dem alle Informationen von Anbeginn der Welt aufbewahrt sind. Nach meiner Erfahrung und Überzeugung kann man lernen, sich damit zu verbinden und an diese neue Wirklichkeit andocken. Das mag man aus Unkenntnis des Sachverhalts für Blödsinn halten, aber wenn man sich nur ein wenig mit dem

Resonanzgesetz befasst *(aus der Physik und spirituellen Literatur bekannt, siehe dazu das Kapitel „Resonanzen im energetischen Feld")*, dann begreift man den Zusammenhang besser. Ich werde in den entsprechenden Kapiteln darauf zurückkommen. Und am Ende gilt letztlich doch noch immer: Wer heilt, hat Recht, wie meine folgende Geschichte es dokumentiert.

Als Aufsteller erfährt und lernt man auf nicht mehr nachvollziehbare Weise die Ursachen für sein Problem kennen, das man vorgestellt hatte. Man erfährt, wenn die Energie im Raum sich zeigt, mehr oder weniger intensiv das tatsächliche Drama dazu in der Herkunftsfamilie. Oft sind es Familiengeheimnisse, die aus dem verborgenen Dunkel ans Licht kommen. Diese Therapieform gehört mit zu den effektivsten und besten, wenn man bestimmte vergangene Konflikte in der Familie auflösen und befrieden will. Alles, was im Seminarraum geschieht, hat mit dem jeweiligen Aufsteller selbst zu tun und setzt unter Umständen starke emotionale Prozesse bei dem ihm oder ihr frei. Alle meine Aufstellungen vermittelten mir eine tiefe Wahrheit über die uralten Konflikte in meiner Familie, obwohl niemand, niemand der Teilnehmer, Stellvertreter oder die Therapeutin auch nur ansatzweise davon Kenntnis hatten. Oftmals war auch ich total von der Intensität und Ereigniskraft überrascht. Die Bewusstheit für die eigene Geschichte erhöht sich immens. Befragte ich dazu anschließend meine Mutter, so konnte sie die dort erlebte Geschichte aus dem Leben der einen oder anderen Herkunftsfamilie bestätigen.

Nun zu meiner ersten Aufstellung. Die Aufmerksamkeit der jungen Frau, die ich in den Raum als meine Mutter positioniert hatte, war immer in die Ferne gerichtet, sie schaute ständig aus dem Fenster und wünschte sich ein anderes, reicheres Leben. Sie stand abseits ohne Kontakt zu den anderen ‚Familienmitgliedern' und strebte mit allem, was sie verkörperte, nach außen. Sie war nicht anwesend, geerdet und bei sich, also nicht bei ihrer eigenen Familie, bei den Kindern, ihrem Mann, den Eltern, die um sie herumstanden. Sie war zutiefst unzufrieden mit ihrem Leben, so teilte es die Stellvertreterin mit, war traurig und träumte sich in eine andere, bessere Welt. Man kam nicht an sie heran, weil sie auch sehr ängstlich war, sie zitterte vor Angst. Vor allem sehnte sie sich zurück in eine vergangene Zeit, sie wollte reich sein und das zurückbekommen, was sie einst hatte. Obwohl die Protagonistin nichts, aber auch gar nichts davon wusste, ich auch nichts dazu erzählt hatte, repräsentierte sie genau die Energie, die wir als Kinder bei unserer Mutter zuhause erlebten. Sie sehnte sich nach ihrer alten Heimat, ihr Herz war in der Vergangenheit, sie war unzufrieden mit diesem Leben.

Die Energie meines Vaters, die über den darstellenden männlichen Stellvertreter sichtbar wurde, war voller Trauer ob des Verlustes seiner Heimat und vor allem seiner Kameraden, die er durch den Krieg und Gefangenschaft verloren hatte. Der Mann, der meinen Vater verkörperte, fand ebenso wie meine Mutter keinen Bezug zu einem Leben mit den Kindern und zu dem neuen Zuhause in West-Deutschland. Der Stellvertreter teilte mit, er sorge materiell für die Familie, weil er es als seine Aufgabe als Familienoberhaupt so empfand. Er sei aber nicht wirklich hier. Emotional sei er abwesend und in tiefer Trauer ob eines großen Verlustes. „Nein, nicht nur über die Kameraden", sagte er, „sondern da ist noch etwas Anderes, etwas Bedeutendes!" Es breitete sich eine bedrückende Stille im Raum aus, die äußerst beklemmend war.

Ich saß wie gebannt auf meinem Beobachterstuhl, wusste natürlich als Wissender der Geschichte meines Vaters von dem, was er vermisste: Seine Heimat, den großen Kaufmannsbetrieb mit den vielen geliebten Pferden. Ich wusste von seiner Rio-Rita, die ihn durch die russischen Linien trug. Doch da war offensichtlich noch etwas, was mir nicht bekannt war. Die Therapeutin spürte in diesem Augenblick offensichtlich eine große Verlustenergie bei dem Stellvertreter meines Vaters und mit ihrer ganzen Erfahrung und Weisheit fragte sie vorsichtig weiter nach. Der Stellvertreter zögerte einen Augenblick, doch dann sprach er plötzlich: „Ja, da ist noch eine Frau, die ich verloren habe, eine andere Frau!" Ich traute meinen Ohren nicht, eine andere Frau als meine Mutter? Wann hatte mein Vater Kontakt zu einer anderen Frau? Die Therapeutin stellte die andere Frau neben meinen Vater und sogleich fielen sich beide um den Hals. Sie wollten nicht mehr voneinander lassen, sie waren ein Liebespaar.

Die Stellvertreterin meiner Mutter interessierte das kaum, sie warf ihr einen mitleidigen Blick zu und schaute weiter aus dem Fenster. Wann diese Frau in das Leben meines Vaters trat, war nicht ersichtlich und auch nicht wichtig. Bedeutsam war, dass sie da war und mein Vater sich offensichtlich von ihr trennen musste. Denn plötzlich trat er zurück und ließ die geliebte Frau stehen, wo sie war. Er wandte sich seiner Familie zu und wiederholte den Satz, dass er sich nun um seine Familie kümmern muss. Er nahm aber nicht zum Beweis seine Frau, meine Mutter, in den Arm, sondern blieb einfach zwischen ihr und den Kindern stehen. Irgendwie unentschieden und offen. Damit endete zunächst die Aufstellung.

Mich erschreckte nicht nur, dass da plötzlich eine Frau im Leben meines Vaters auftauchte, von der ich und sicherlich wir Kinder nichts wussten. Ich war total betroffen davon, wie deutlich diese Energie des Verlustes hier in diesem Raum sichtbar und vor allem spürbar wurde, wie diese Eltern mit diesen Verlusten offensichtlich beschäftigt waren. Mit ihrer Seele waren sie weit, weit weg von unserem Zuhause. Sie waren so voller Wehmut und Trauer, so zerrissen durch Krieg, Vertreibung und Flucht, dass es mir beim Zuschauen und Miterleben das Herz brach und ich auf meinem Stuhl bitterlich zu weinen begann. Das war jetzt die Wahrheit, die hier zum Vorschein kam, ein Leben, das ich als Kind so still spürte und auf meine Weise traurig mittrug. Tragisch war auch, dass mein Vater diese neue Liebe offensichtlich nicht wirklich leben konnte. Er stand, nachdem er sich von ihr getrennt hatte, völlig teilnahmslos zwischen allen und war nur noch tief traurig. Am Ende stand auch die liebende Frau unerfüllt im Raum und schaute teilnahmslos weit weg.

Da stand die eigentliche Wahrheit dieser Eltern, dieses Paares nun vor mir. Hinter all der Härte und Verschlossenheit sowie der Unfähigkeit, miteinander zu reden, stand eine tiefe Trauer und Verzweiflung, die sie in ihrem Innersten aufbewahrten. Da standen zwei Menschen vor mir, die nichts, aber auch gar nichts von meinen Eltern wussten und doch drückten sie jene tiefe Wahrheit aus, die ich bei Vater und Mutter leibhaftig jeden Tag unbewusst und subtil als Kind und Jugendlicher erfahren hatte. Meine Brüder und ich waren diesen verborgenen Gefühlen der Eltern ungeschützt ausgeliefert. In dem Seminarraum war eine grenzenlose Traurigkeit und Trostlosigkeit spürbar, die auch die übrigen Teilnehmer erfasste. Mein Weinen war vor allem ein Weinen über mich selbst, der das Unausgesprochene mit ausgehalten und die Traurigkeit der Eltern übernommen hatte. Hier konnte ich endlich „meine Sehnsucht in ein anderes Leben" festmachen, die mich dann oft ereilte, wenn ich als Kind den Wolken am Himmel auf meinen Bäumen nachschaute. Hier sah ich die Traurigkeit, die mich manchmal so grundlos schon als kleiner Steppke überkam. Und ich erkannte dass ich mich oftmals ebenso einsam und abwesend wie die beiden fühlte und ich oft nicht wirklich in Kontakt mit mir und meinen Mitmenschen war.

Auf diese Weise setzt sich ihr Problem in mir fort. Ein tiefes Mitgefühl überkam mich für den schweren Weg, den Vater offenbar zu gehen hatte und den er gegangen war.

Die Frau, die unerwartet während der Aufstellung in das Leben meines Vaters trat, konnte ich in diesem Moment nicht einordnen. Diese Beziehung war aber, so drückte sich das im wissenden Feld aus, eine tiefe Enttäuschung, eine nicht erfüllte Liebe für beide. Warum das so war, kam nicht zum Vorschein. Nach dieser energetischen Offenbarung wurden von der Therapeutin die Vorfahren meiner Eltern aus zwei Generationen hinzugestellt. Da kam dann das ganze Drama einer deutschen Familie an die Oberfläche: Wie Vater und Mutter die Härte ihrer Kindheit erlebten, die Gefangenschaft, die Flucht und der gewaltsame Tod meines Onkels Walter in Berlin, der frühe Tod der Schwester Lucie, wie furchtbar der Krieg, das Elend und die Not waren, wie tief letztlich die damit verbundene Verzweiflung auf zwei Generationen lastete. All das stand in diesem Raum, ohne dass jemand davon Wissen hatte. Die Verschwiegenheit meines Opas und meiner Oma bekam hier ein Gesicht. Vor allem aber ihre Verzweiflung aufgrund der Ermordung ihres Sohnes. Darüber hinaus wurde hier deutlich spürbar, mit welcher Härte und Unerbittlichkeit die Kinder von meinen Groß- und Urgroßvätern und -müttern, alle mit beiden Beinen im 19. Jahrhundert stehend, missbraucht und gedemütigt wurden. Sie mussten von Kindesbeinen an schwerste Arbeiten verrichten und wurden abgerichtet, zu parieren. All das erfuhr ich nur in Ansätzen von meinen Eltern, in dieser Familienaufstellung aber sah ich das ganze Bild und die Energie, die dahintersteckte. Es gab keine Kindheit für meine Vorfahren. Erst mit dieser Erfahrung wurde mir bewusst, warum meine Eltern so waren, wie ich sie erlebte. Mein eigenes Leben schimmerte plötzlich in einem anderen Licht und ich selbst ordnete mich aufrichtig und bewegt in die Geschichte dieser deutschen Familie ein.

Ich wäre an diesem Ort der Heilung nie auf die Idee gekommen, Vater oder Mutter, den Großvätern und -müttern, die zu ihren Lebzeiten alle auf eine bestimmte Weise miteinander verstrickt waren, Vorwürfe für ihr Handeln zu machen. Ich erkannte, dass sie unbewusst das weitergegeben hatten, was sie selbst als Kinder erlebt hatten – sie waren allesamt Opfer und dann Täter, um letztlich wieder zu Opfern ihrer eigenen inneren lebenslangen Konflikte zu werden. Ich verstand ihre Situation.

Die Gefühle und Entscheidungen der Eltern waren ihre eigenen, damit hatte ich nichts zu tun und dennoch hatte ich unbewusst davon einiges übernommen, weil ich mich, weil alle Kinder dieser Welt sich mit ihren Eltern identifizieren, schließlich hängt ihr Leben davon ab. Die Trauer der Eltern bewohnte mein Energiezentrum als Kind und später das des Erwachsenen.

In einem bewegenden und sehr berührenden Auflösungsritual, das von der Therapeutin geführt wurde, gab ich diese Energie meiner Herkunftsfamilie, die Gefühle, Konflikte und Trauer energetisch an sie zurück. Anschließend ehrte ich sie als menschliche Wesen, als Vater und Mutter, als Großeltern und Urgroßeltern. Ich verstand in dieser Familienaufstellung, was nicht zu mir gehörte, was nicht das Meine war. Das konnte ich mit dem Ritual bei denen belassen, die damit einst lebten. Für mich war das ein bedeutender Schritt in meine Freiheit.

Als ich nach ein paar Tagen das Ganze aufgeschrieben hatte, war ich natürlich neugierig, was es mit „der anderen Frau" in der Aufstellung auf sich hatte und da erst dachte ich an die russische Stabsärztin in der Gefangenschaft meines Vaters. Da war doch mal eine Andeutung von Mutter, könnte sie diese „andere Frau" sein? Das wollte ich nun genauer wissen und suchte das Gespräch mit ihr. Ein, zwei Monate vergingen, ehe sich die Gelegenheit ergab, mit ihr mal wieder beim Kaffeetrinken in der Küche über die Kriegszeiten zu sprechen und als ich die Gefangenschaft meines Vaters vorsichtig ansprach, kam meine Mutter gleich zur Sache. Sie sagte wieder, dass Vater im Lager sehr krank geworden war und deshalb heute solche Herzprobleme hätte. Und dann sprach sie leiser weiter: „Du weißt ja, da war diese Ärztin, die ihm das Leben gerettet hat." Sie schaute mich wissend an, ich nickte und sie fuhr fort: „Nun, er hat ja für sie gesungen, hat sie damit unterhalten. Dafür gab sie ihm die Tropfen, die deutsche Gefangene normalerweise nicht bekamen. Und, na ja – !" Meine Mutter schaute mich mit einem Blick an, den ich jetzt auch schon von der Stellvertreterin bei der Aufstellung kannte. Ich führte spontan den Satz fort: „...und beim Singen hat sie sich in ihn verliebt!" Wie ein Paukenschlag stand der Satz im Raum.

In der Gefangenschaft trat also diese „andere Frau" in sein Leben. Mutter nahm sich zusammen und erzählte nun die Geschichte aus der Distanz so, als spräche sie über einen anderen Mann: „Also, dein Vater hat mir viele Jahre später nach seiner Rückkehr erzählt, dass die Ärztin ihn sehr gemochte habe. Wie lange das mit den beiden ging, weiß ich nicht, er hat dazu weiter nichts gesagt, nur dass sie sich in ihn verliebt hätte. Na ja, er ist ja dann doch zu mir und seinem kleinen Sohn zurückgekehrt", bemerkte sie lakonisch, „und du bist es, der dann bald darauf bei uns war," und schaute mich lächelnd an. Am liebsten hätte sie mir über die Haare gestrichen. Da lag nun alles drin, was ich in der Familienaufstellung so intensiv erlebt hatte: Verletzung, Trauer, Wehmut und keine Hoffnung, dass es vielleicht wieder besser werden könnte zwischen den beiden. Abgesehen davon, ob mein Vater bei der Ärztin in Russland überhaupt hätte bleiben können – jede Entscheidung, die er zu treffen hatte, war eine Entscheidung gegen eine Frau, die er mochte, die er liebte. Wie er sich auch entschied, das eine oder andere Leben blieb unerfüllt – das macht wirklich traurig. „Ja", sagte meine Mutter, „ich habe nach dem Krieg dann eben einen anderen Mann wiederbekommen!" Es war in Vaters Fall also nicht nur der Krieg, der ihn wie auch andere deutsche Männer nach den furchtbaren Erfahrungen so veränderte. Durch die Familienaufstellung und die Bestätigung der tatsächlichen Ereignisse durch meine Mutter ergab sich nun das gesamte Bild: Mein Vater nahm auch die Trauer über eine verlorene Liebe mit sich in den Westen und wir alle wussten nichts davon.

Was kann man nun aus einer solchen Aufstellung schließen? Kann man das verallgemeinern? Natürlich kann man das, ich habe ähnliches oft bei dieser Arbeit erlebt. Individuelles Leid hat als Ursache nicht nur traumatische Kindheitserlebnisse, gerade bei uns Deutschen liegen die Wurzeln des Leides oft in der unbewussten Übernahme von Konflikten und Traumata, die die Vor-Generationen erlebten. Inzwischen ist die psychologische Forschung soweit, diese „Transgenerationale Trauma-Übertragung", wie sie genannt wird, als Tatsache anzuerkennen *(Siehe Dokumentation ARTE: „Vererbte Narben, generationsübergreifende Traumata" - gesendet am 22.9.2018, 22.30h)*. Im Massenbewusstsein unseres Landes ist das allerdings noch nicht angekommen. Dies mag ein Beispiel dafür sein, wie Kinder also nicht nur davon geprägt werden, was die Eltern ihnen an Regeln mitgeben und wie sie sich ihnen gegenüber verhalten. Die Prägungen entstehen auch über alte und uralte Energien, die die Eltern ungelöst in sich tragen! Das behindert dann die späteren Erwachsenen, ihr eigenes Leben zu entwickeln und sich von den Eltern zu lösen.

Oftmals nach Jahren entwickelt sich bei den erwachsenen Kindern nicht nur psychisches Leid, sondern auch körperliche Probleme. Alle ungelösten Konflikte der Vergangenheit bleiben auch in der Gegenwart bestehen und zeigen sich unter Umständen bei den Kindern und Enkeln. Und was in dieser Gegenwart durch diese erwachsen gewordenen Kinder geheilt wird, das wird auch in der Vergangenheit erlöst. Auf diese Weise verschwinden nicht nur die Ängste und Probleme der gegenwärtig Lebenden, auch die Betroffenen, Väter, Mütter, Groß- und Urgroßväter- und mütter in der Vergangenheit finden endlich ihren Frieden, weil ihre Energien Teil des energetischen Feldes sind. Je mehr sich diese Friedensarbeit verbreiten würde, um so besser würde es auch dem Volk gehen. Und dann würde sich unser Verhältnis zu unseren Eltern vollkommen verändern.

Was also wäre es für eine wunderbare und im tiefsten Sinn menschliche Kultur, könnte man die Geschichte der Eltern, ihre angenehmen wie auch die unangenehmen Erlebnisse und Erfahrungen mit ihnen zu ihren Lebzeiten angemessen teilen! Wenigstens so, wie ich es schließlich mit meiner Mutter nach Jahren des Drängens erleben durfte. Aus meiner Sicht bringt es gar nichts, sich mit seinen Eltern ein Leben lang zu streiten. Das belässt uns, die erwachsenen Kinder, weiterhin im Kindheitsmodus. Wir würden um etwas kämpfen, was wir kaum bekommen können – zum Beispiel Einsicht und Reue und Anerkennung und vieles mehr! Eine solche Friedensarbeit aber, die Öffnung von Familiengeheimnissen durch die Nachgeborenen, an die die Eltern schon lange nicht mehr gedacht, sie unter Umständen auch vergessen haben, würde viel Verständnis der Kinder für ihre Eltern und sich selbst bewirken.

In Deutschland und sicherlich in vielen anderen Ländern auch, wird es jedoch nach wie vor negativ bewertet, wenn man die Eltern tatsächlich von Angesicht zu Angesicht zu ihrer Vergangenheit, zu ihrer Wahrheit und Erziehungsmethoden befragt. In allen Weltreligionen gelten die Eltern als nahezu ‚heilig‘. Sie genießen eine große Freiheit und können in vielen Kulturen der Welt heute noch mit ihren Kindern tun und lassen was sie wollen. Sich mit den eigenen Eltern auseinanderzusetzen, sie gar zu kritisieren, ist ein Sakrileg! Das Verhältnis beruht nach wie vor auf einer kolossalen Machtausübung, die dem allmächtigen Gott in den verschiedenen Weltreligionen ebenfalls von uns Menschen unterstellt wird. So entsteht aufgrund dieser kulturellen Prägung um die Eltern herum ein Schutzwall, eine Schweigemauer, wie Alice Miller schrieb, um sie zu schonen. Neben diesem allgemeinen Verhaltenskodex in vielen Kulturen und Gesellschaften kennen die erwachsen gewordenen Kinder noch zwei Gründe, ihre Eltern nicht zu kritisieren, die aus meiner Sicht noch schwerer wiegen. Zum einen hoffen sie immer noch, meistens ihr Leben lang vergeblich, endlich das zu bekommen, was ihnen die Eltern oft nur unzureichend gegeben hatten – die Anerkennung für ihr So-Sein und jene Wertschätzung, die sie als Kinder so sehr vermissten. Noch als Erwachsene/r wartet man darauf, dass Vater oder Mutter diesen Mangel endlich beseitigen, das Loch in der Aura mit Anerkennung auffüllen. Da wäre dann eine Nachfrage zu ihrer Erziehung, zur Wahrheit in diesem Sinn kontraproduktiv. Der zweite Grund hat mit dem zu tun, was das Kind verdrängen musste: Erfahrungen, die wehgetan, die die Integrität des Kindes beschädigt haben. Um daran nicht zu rühren, diese Gefühle im Unbewussten zu belassen, schweigt man als erwachsen gewordenes Kind lieber, meint, man schützt oder schont sich und damit Vater und Mutter und spielt ihnen etwas vor – den verständigen Sohn, die empathische Tochter. Ich sehe darin aber die schlechteste aller Wahlmöglichkeiten, man schädigt damit nur sich selbst, bleibt Kind, sorgt nicht für Frieden und gibt das an seine Nachgeborenen höchstwahrscheinlich weiter.

Auch meine Eltern kannten keine andere Kultur als die des Schweigens. Sie haben die Gegenwart der 1950er bis Ende der 1970er Jahre als eingetrübte Oberfläche eines gebrochenen Lebens wahrgenommen, auf der sie versuchten, die ‚grandiose Vergangenheit' in Oberschlesien immer noch zum Leuchten zu bringen – vergeblich! In Wahrheit fühlten sie sich vollkommen entwurzelt und voller Trauer. Das zu erkennen, beruhigte bei mir jeden Zorn auf sie. Der Vater ertrank das letztendlich im Alkohol, die Mutter flüchtete in ihre Hausarbeit und ihre Phantastereien, Sprüche und ihre Sehnsüchte. Beide wollten Ihre eigentliche Wahrheit nicht zur Kenntnis nehmen. Ich erinnere mich, dass ich bei den romantischen Geschichten aus der Heimat immer das Gefühl hatte, auch etwas vermissen zu müssen, wenn Mutter sagte: „Was haben wir alles verloren, wir waren doch wer! Ach, wohin sind die goldenen Zeiten?" Den realen Verlust konnte ich als Kind überhaupt nicht einschätzen. Ich identifizierte mich aber mit ihrer Energie des Schmerzes und der Sehnsucht nach anderem. Ebenso verstand ich instinktiv die Traurigkeit meines Vaters, die ich unbewusst in mich aufnahm. Als Kind liebt man seine Eltern und man kann nicht, wenn man klein ist, in Opposition zu ihnen leben. Man möchte mit den Eltern ein Gefühl des Miteinanders erleben, sich identifizieren, denn der Mensch ist anthropologisch betrachtet ein überaus soziales Wesen und er ist auf diese Solidarität zwingend angewiesen. Nur in der Gemeinschaft mit anderen können Kinder und auch wir Erwachsenen und die Menschheit insgesamt überhaupt überleben.

Als ich nach der Familienaufstellung in meinem Tagebuch blätterte, fand ich folgenden Eintrag von 1980: *„Meine Eltern können ihre Heimat Oberschlesien offensichtlich nicht vergessen – immer noch nicht! Wieder erzählte mir meine Mutter von der Weite des fruchtbaren Landes, von der Kornbrennerei und dem erfolgreichen Getreidegeschäft unseres Großvaters, der strengen Oma mit ihrem Ochsenziemer, den reichen Bauern. Kornfelder, soweit das Auge reichte. Äcker mit guten schwarzen Böden, Pferde auf weiten Koppeln, Menschen in beschaulichen Dörfern, die in einer festgefügten Ordnung ihren Platz hatten. Im Rückblick meiner Mutter scheint immer noch eine ungeheure Sehnsucht nach dieser scheinbaren Geborgenheit in dörflicher Gemeinschaft in einem weiten und großen Land in ihrem Herzen zu sein. Dort in diesem Zuhause gab es wohl jene Identität, das Eigene, die Selbstgewissheit, nach der sie sich heute verzehrt. ‚Wo ist das alles nur geblieben?' fragt mein Vater. Und die Mutter weiß: ‚Auf den Schlachtfeldern des Krieges, in den Bergwerksstollen der Gefangenschaft!'*

So kam der Schmerz in unsere Familie und breitete sich unbemerkt aus, gleich einem Hefekuchen, den es mit Streuseln oft am Samstag zu heißem Kakao am gemeinschaftlichen Tisch gab. Die Mühe der Eltern, diesen Verlust durch Schweigen und Arbeit, durch Aufbau und Grenzen, durch Moral und Kirche vor uns Kindern zu verstecken, ist gescheitert. Zu sehr hatte sich diese Energie über alles Lebendige gelegt. Zu sehr lag doch im Schweigen die verborgene Not. Dort in der Ferne lag für sie jenes Glück, das zeitweise in ihren Worthülsen aus den Weiten des verborgenen Landes hinter Mauer und Stacheldraht zu uns herübergeweht kam wie eine Chimäre – unfasslich, nicht mehr erfahrbar, aber, und das wiegt, einen Teil der Unmittelbarkeit und Freude meiner eigenen kindlichen Erfahrung tilgend. Wo nur, wo ist mein eigenes Zuhause?"

Das schrieb ich 1980 mit dreißig Jahren, nahezu zehn Jahre vor dem Fall der Mauer und zwanzig Jahre vor der soeben geschilderten Familienaufstellung. Damals, als ich diese Zeilen niedergeschrieben hatte, fasste ich wenig später den Beschluss, in diese ‚Heimat' zu reisen. Ich hatte die Nase voll von der Romantisierung. Ich wollte mir nun endlich selbst ein Bild im fernen Osten machen. Vielleicht, so dachte ich, finde ich an Ort und Stelle ein

Gefühl oder irgendetwas, das für mich ein Stück Heimat sein könnte. Ich plante also mit meiner damaligen neuen Freundin, meiner jetzigen Frau, deren Vater auch aus dem Osten stammte, eine Reise hinter den damals so genannten „eisernen Vorhang", wie die Grenze Deutschlands im Osten zu Zeiten des kalten Krieges hieß. Das war mit all den Formalitäten nicht einfach. Doch irgendwann war es soweit und wir reisten schließlich im Sommerurlaub 1983 in das Heimatland meiner Eltern durch die ehemalige DDR ins heutige südliche Polen. Ich spürte schon während der Fahrt durch das flache Getreide- und Ackerland, dass das nicht mein Land sein kann. Fremdheit empfand ich und ein Gefühl der Leere breitete sich in mir aus. Die Weite ihrer Heimat, der offene Himmel, die endlosen Felder hatten für mich etwas Trostloses. Damit hatte ich nichts zu tun. Wie Tau lag etwas Beklemmendes auf meiner Seele. Hinzu kam, dass ab Anfang der 1980er Jahre in Polen der Ausnahmezustand, das sogenannte Kriegsrecht herrschte. Die Arbeiterbewegung Solidarnosc' hatte die Mächtigen in Polen unter Druck gesetzt und die Nomenklatura schlug nun zurück. So war auch die Stimmung im Land. Man ging uns aus dem Weg, zog schnell die Gardine vor die aufkeimende Neugier. Auch ich war nicht in der Lage, auf die Menschen dort zuzugehen. Ich wusste von Verwandten, dass das großbürgerliche Haus meines Vaters im Krieg schwer beschädigt worden war.

Als wir den Platz des Hauses in dem kleinen Ort, der einmal ihre Heimat war, nach einer sehr beschwerlichen Reise und mit knurrendem Magen schließlich erreicht hatten, stand ich vor einem großen Schotterfeld. Das gesamte, große Anwesen war inzwischen abgerissen worden. Nur die mächtige Linde, die ich von Bildern kannte, stand noch auf dem Grundstück – zu meiner Freude. Für meinen Vater umarmte ich den stattlichen Baum. Es war einer der wenigen emotionalen, schönen Momente auf dieser Reise, ein Augenblick der Rührung, der mir die Erzählungen aus der Kindheit in Erinnerung rief. Alles hatte sich hier verändert. Meine Frau und ich hungerten, weil es in diesem gedemütigten Land nichts für uns zu kaufen und damit auch nichts zu essen gab. Auch in den wenigen Gasthäusern unterwegs gab es nichts für uns. Wir brachen die Reise enttäuscht ab. Ich nahm in einer Schachtel ein wenig von der dunklen Erde dieser ‚Heimat' für meine Eltern mit. Doch hab' ich sie ihnen auch später nicht überreicht, zu sehr spürte ich, dass die Tränen der Mutter alles noch schlimmer machen würden.

Der Film, die Russen und eine Befreiung

Als junger Vater, hatte ich vieles neu zu lernen. Mich beschäftigte nach der Geburt und meinem inneren Versprechen, mich um das Kind zu kümmern und der Tochter ein guter Vater zu sein, die Frage, wie ich Beruf und das Leben mit der kleinen, neuen Familie in Einklang bringen könnte. Als junger Kameramann und Filmemacher erlebte ich ständig, wie bei Kollegen und Kolleginnen die Ehen gefährdet waren oder auch zu Bruch gingen, wo natürlich dann auch oft Kinder betroffen waren. Mir war also sehr bewusst, dass ich etwas tun musste, sowohl bei meiner persönlichen Weiterentwicklung wie auch beruflich, denn weder meine Tochter noch meine Frau wollte ich vernachlässigen oder gar verlieren.

Aufgrund meiner Biographie aber ist verständlich, dass die Filmarbeit für mich trotz dieser Gefahr für die Familie eine zentrale Bedeutung hatte. Mit diesem Beruf des kreativen und künstlerischen Geschichtenerzählers hatte ich mir einen bedeutenden Acker der Selbstbehauptung bestellt, gegen den erklärten Willen der Eltern, vor allem im Widerstand gegen Vaters Einschätzung, dass das doch alles Larifari, nichts Handfestes sei. In dieser Selbstbehauptung steckte aber auch eine gefährliche Ambivalenz. Ich wurde mit zunehmender Verantwortung und Größe der Projekte zum Knecht des Ackers, der immer wieder neu bearbeitet werden wollte. Ob es mir gut oder schlecht ging, hing unter anderem davon ab, ob ich Arbeit hatte und ob sie gelungen war. Nicht nur mein Wohl sondern auch meine Existenz und die der Familie war abhängig vom Zuspruch anderer, insbesondere von Finanzierungzusagen der Filmförderung und Verträgen mit dcm Fernschen. Wenn es Absagen gab, war ich nicht nur enttäuscht, das kratzte auch an meinem immer noch fragilen Selbstwertgefühl.

So entwickelte ich, weil ich es nicht besser wusste, zwei, drei Projekte gleichzeitig, damit sich dann schließlich eines realisieren konnte. Das kostete viel Energie und die Arbeit fand oft auch am Wochenende kein Ende. Denn um Menschen zum Beispiel dazu zu bewegen, sich zu öffnen, bei dokumentarischer Arbeit wahrhaftig und ehrlich sich vor der Kamera zu geben, braucht es Zeit und Vertrauen. Das aufzubauen ist nicht einfach und erfordert viel Zeit, Engagement und Kraft. Als Filmemacher, so lernte ich, muss man sich auf die Menschen einlassen, eine Beziehung aufbauen, sich inhaltlich einfühlen und vieles mehr. Je intensiver die einzelnen

Beziehungen dann sind, um so besser wird oft das, was vor der Kamera geschieht, so jedenfalls erfuhr ich es von Produktion zu Produktion. Und jedes Mal, wenn ich nach Hause kam, musste ich das dann alles schnell loslassen, um wieder in der Familie anzukommen. Das war oft nicht einfach für mich und ich konnte manchmal im Nachklang der Filmproduktion keinen rechten Kontakt mehr zu meinen Liebsten finden, ja, ich fiel oft in das berüchtigte Loch. Melancholie und eine tiefe Traurigkeit übermannten mich dann oft. Es war nicht die Traurigkeit der Eltern, die ich in der Familienaufstellung bearbeitet hatte. Diese Traurigkeit, so wusste ich schon, lag noch eine Etage tiefer in mir. Ich kannte sie schon als kleiner Knirps. Da diese tiefe Melancholie mich regelmäßig nach meinen Filmreisen erwischte, fiel es mir immer schwerer, mit der Kamera zu verreisen.

Um das ein wenig zu minimieren, entschied ich mich, selbst Produzent zu sein. Vor allem, um damit die zeitlichen, finanziellen und operativen Entscheidungen treffen zu können. In dieser Phase reichte mir 1988 meine Schwiegermutter ein kleines, unscheinbares Buch von vielleicht siebzig Seiten, was mich auf Anhieb in den Bann zog. Es war die Geschichte des Schäfers Elzéard Bouffier, der in der Provence sein Leben lang Bäume pflanzte und so das Hochland in Südfrankreich vor Verkarstung und Verarmung rettete. Es war die Geschichte vom MANN MIT DEN BÄUMEN, geschrieben von Jean Giono, einem bekannten französischen Autor, der zwischen 1930 und 1970 publizierte. Diese Geschichte war einfach, klar, zutiefst menschlich und berührte mich. Sie entfachte wieder meine kindliche Liebe zu den Bäumen und mich faszinierte der unbedingte Wille des Hirten, die Natur seiner Heimat zu retten. Politisch war die Geschichte für mich deshalb, weil seit Mitte der 1980er Jahre klar war, dass unser Wald durch den sauren Regen leidet und die Holzindustrie begonnen hatte, weltweit große Urwaldflächen abzuholzen. Sehr bewusst ließ ich mich also auf diesen Stoff ein, denn beim Lesen der Geschichte vernahm ich nach vielen Jahren erstmalig während einer Produktion meine innere Stimme wieder. Ich folgte also nicht nur meiner politischen Überzeugung, sondern auch meinem Herzen, das sich nach Natur, Familienleben und Miteinander sehnte.

Als ich nun mit der Arbeit begann, entstand eine ganz eigene Aura um dieses Projekt. Alle Türen öffneten sich plötzlich, ich musste erstmalig nicht kämpfen. Hier sollte etwas entstehen und ich war derjenige, der das offensichtlich tun sollte! Nachdem das von mir fertiggestellte Drehbuch mit wunderbaren Bildern eines befreundeten Zeichners bereichert worden war – er wurde später Produktionsdesigner bei Disney in Hollywood, ich die Rechte an dem Stoff eines Pariser Verlages erworben hatte, realisierte ich bei der Recherche für die Dreharbeiten, dass sich hier endlich eine Möglichkeit auftat, Beruf und Familie für eine gewisse Zeit miteinander zu verbinden. Das war im Filmgeschäft damals und ist heute noch völlig ungewöhnlich. Und weil mir die Realisierung des Films aufgrund der sterbenden Wälder auf dieser Welt nun wirklich wichtig wurde und die Zeitungen davon voll waren, fand ich mehr und mehr Verbündete. Mit deren Hilfe und Engagement, der bundesdeutschen Filmförderung und dem Fernsehen gestaltete ich als Produzent die Bedingungen so, dass mein privates Leben mit meiner kleinen Tochter und meiner Frau in diesen Schaffensprozess integriert werden konnte.

Für die Dreharbeiten des Films wählte ich die Originalschauplätze der Geschichte in der Haute Provence, die Giono einst beschrieben hatte. Es war seine Heimat, das Land der Schäfer und Bauern in einer kargen, wenig ertragreichen Landschaft. Die Menschen dort waren schon immer arm. Aber dieses Hochland hat seinen eigenen Zauber, den der Autor in seinem kleinen Prosastück so wunderbar eingefangen hat. Während der Arbeit an dem Spielfilm lebten meine Frau und ich mit dem Team zusammen wochen- und monatelang in einer um- und ausgebauten alten Bergerie *(Bauernhof in den Bergen)* mit vielen kleinen Zimmern. Es war unser kleines Zuhause in den Hügeln um den Mont Ventoux.

Um die Geschichte wirklich in seiner Tiefe verstehen zu können, musste ich mich auf die Bauern und Hirten dort einlassen, die Nähe zu ihrem Leben suchen. Dafür war diese Bergerie in den Bergen genau richtig. Die Treffen mit den Menschen dort oben erforderte Zeit, viel Zeit, die wir im Filmgeschäft eigentlich nicht zur Verfügung haben. So entschied ich mich, das Geld nicht in aufwändige Technik, sondern in die Recherche- und Drehzeit zu investieren mit einem Team, was gewissermaßen unter bescheidensten, fast familiären Bedingungen bereit war, die Arbeit zu bewältigen und sich auf die natürliche Umgebung, das Raue und die Kargheit der Haute Provence einzulassen. Die Teammitglieder waren wunderbare, zugewandte Menschen, die sich bereit erklärten, ihre Kraft für diese Geschichte zu geben, weil sie ihnen inzwischen auch wichtig geworden war. Wir kochten unser

Essen selbst und meine Frau brachte sich wunderbar ein, indem sie einen Organisationsjob innerhalb der Produktion übernahm. Das Kind war oft auch bei den Dreharbeiten dabei, was mich besonders freute, auch wenn ich manches Mal das Gefühl hatte, dass ich sie damit überforderte. Kinder brauchen soetwas nicht!

Wir lernten das steinige Hochland mit dem scharfen Mistral und der trockenen und steinigen Erdkrume kennen, die Hügeln mit den gepflanzten Bäumen des Elzéard Bouffier und die Täler mit den farbenprächtigen Lavendelfeldern nahe bei den umliegenden Dörfern. Es war aus künstlerischen Gründen für mich wichtig, die Dreharbeiten dem natürlichen Lebenszyklus der Natur anzupassen, also dann zu drehen, wenn die Natur so weit war. Wir warteten auf den Herbst, den seltenen Schnee und auf die Knospen der jungen Buchen. Wir harrten aus, bis das richtige Licht vom Himmel schien. Wir beachteten die Hinweise der Bauern und Schäfer, um an den Steilhängen des Ventoux den berüchtigten Nebel anzutreffen. Schließlich dann im Sommer, bei den Lavendelfeldern mit ihrem leuchtenden Violett, drehten wir die Bauern bei ihrer Feldarbeit. Und natürlich in der Hauptsache den Schäfer, der sich mühte, die Bäume in der kargen Landschaft zu pflanzen, vor seinen Schafen zu beschützen und großzuziehen. Voraussetzung für all das war, die Bauern und Hirten vor Ort persönlich kennenzulernen.

Eine Schafherde zusammenzustellen und damit durch die Landschaft zu ziehen, war nicht einfach. Ich besuchte sie in ihren bescheidenen Bauernhäusern und stellte mein Projekt vor. Es war schwierig, sie dafür zu gewinnen. Sie hatten eine tief verwurzelte Vorsicht gegenüber allem Fremden, was aus den Tälern zu ihnen heraufkam. Als besonders schwierig erlebte ich bei den Gesprächen den Widerstand gegen alles, was Deutsch war. Und da war ich natürlich wieder bei meinem Thema. Die Nazis hatten während der Okkupation Frankreichs auch in der Haute Provence wie auch in den Cevennen mit Stoßtrupps ihr Unwesen getrieben und Bauern und Widerstandskämpfer der Résistance dort oben hingerichtet. Diese schrecklichen Geschichten sich von den Männern und Frauen im Hochland anzuhören, war schwer und manchmal sehr deprimierend. Ich wurde Zeuge des Grauens, das die Familien dort zu ertragen hatten und begriff leibhaftig, wie furchtbar die Verbrechen gegen die Menschlichkeit auch dort waren.

Oftmals habe ich betroffen am Küchentisch in den Bauernstuben gesessen und mich abgrundtief für das geschämt, was unsere Vorfahren dort angerichtet hatten. Mir wurde dann auch ganz offen gesagt, dass es ein Problem für die Menschen dort sei, dass ausgerechnet ein Deutscher diese sehr französische Geschichte erzählen wolle. Dieses Hindernis überwand ich nur, weil ich zuhörte und meine Anteilnahme offensichtlich als wahrhaftig erlebt wurde. Und je mehr ich von den Gräueltaten erfuhr, um so klarer äußerte ich in den Gesprächen mit den Betroffenen sehr deutlich, über diese Geschehnisse eine Fernsehdokumentation machen zu wollen, was ich drei Jahre später auch tatsächlich mit einem Kollegen in den Cevennen realisieren konnte. *(Siehe Anhang Film: „Kein Ruhm, keine Tränen, 1992").*

Die Erzählung von Jean Giono allerdings hatte ihre eigene Kraft, die sich auf alles positiv auswirkte. Er hatte dort oft in den Bergen seine Ferien verbracht und mit den Bauern dort engen Kontakt gehabt, alle kannten und schätzten ihn. Meine wunderbare Regieassistentin, die in Frankreich lebte, die engagierten Profis um mich herum, sie alle trugen auf ihre Weise dazu bei, dass die Vorbehalte sich mehr und mehr auflösten, sodass ich für den Film letztlich all das bekam, was ich für die Filmgeschichte brauchte. Die Dreharbeiten und die Zusammenarbeit mit der dortigen Bevölkerung verliefen schließlich außerordentlich positiv. Meine Familie hatte nicht nur die Zeit der Produktion mit mir gut überstanden, sondern wir waren begeistert, dass wir diesen Film gemeinsam und ohne Konflikte miteinander auf diese Weise zustande gebracht hatten. Als ich mit einigen Teammitgliedern auf dem Kinderfilmfestival in Frankfurt im September 1989 die Premiere des Films miterlebte, hatte ich das geschafft, was ich von Anbeginn meiner Filmarbeit wollte. Mit großartigen Bildern und einer gehaltvollen Geschichte Menschen zu berühren. Das im Kino als Regisseur mitzuerleben, war eine besondere Freude und erfüllte mich mit großer Dankbarkeit angesichts der Widerstände in Frankreich, unter denen der Film zustande kam.

Als Johannes Rau, Ministerpräsident von Nordrhein-Westfalen, 1990 zu einem offiziellen Staatsbesuch beim damaligen Generalsekretär des Zentralkomitees der Kommunistischen Partei der Sowjetunion, also dem Staatschef Michael Gorbatschow in Moskau eingeladen wurde, war ich als Filmeregisseur mit dem Film DER MANN MIT DEN BÄUMEN als „Kulturschaffender" Mitglied der offiziellen Delegation. Ich war eingeladen, in Moskau und damals noch Leningrad, heute St. Petersburg, den Film im Rahmen von parallelen Veranstaltungen zu den politischen Gesprächen als Beitrag deutscher Gegenwartskultur zu zeigen und zu begleiten.

Bei einem der letzten Empfänge in Anwesenheit von Michael Gorbatschow war mir allerdings deshalb nicht ganz wohl, weil russische Literaten mit einer kleinen Gruppe von uns Deutschen in einem Nebenraum der deutschen Botschaft über die Bewältigung der Vergangenheit sprachen. Die Erinnerung an meinen Vater, an den Krieg, die ‚Säuberungen‘ mit den Gräueltaten, an seine russische Gefangenschaft kroch in mir hoch. Ich sah vor meinem inneren Auge wieder diese Bilder vom Klimows Film „*Komm und Sieh*“. Und da war es dann wieder, das Gefühl, was ich ja ausgiebig kannte – irgendwie schämte ich mich ein Deutscher zu sein, trotz der russischen Gastfreundlichkeit mit Krimsekt und Kaviar.

Am nächsten Tag war der Film abends um achtzehn Uhr in Moskau in einem Kino mit tausendfünfhundert Plätzen angekündigt. An der gläsernen, großen Eingangstür war nur ein handgemaltes Plakat in Russisch aufgehängt, was auf die Vorstellung hindeutete. Das war die ganze Werbung! Huch, dachte ich besorgt beim Eintritt in das Gebäude, ob überhaupt Publikum da sein wird? Als ich den riesigen Kinosaal mit meinen russischen Begleitern betrat und sah, dass der Saal bis auf den letzten Platz gefüllt war, war ich vollkommen überrascht. Wie machen die Russen das – volles Haus? In Deutschland hatte der Film solch ein großes Publikum nicht und so eine riesige Leinwand hatte ich noch nie gesehen. Als der Film begann, sah ich richtig große Bilder, die super scharf waren. Die deutsche Sprache des Films wurde im Filmtheater über Mikrophon synchron ins Russische übersetzt und eingesprochen. Die Techniker im Kino gaben sich alle Mühe, dem Publikum und mir eine gute Vorstellung zu ermöglichen. Es war eine tolle Energie im Saal. Kino können die Russen, dachte ich aufgeregt, als die ersten Bilder über die Leinwand geflimmert waren.

Das russische Publikum war total aufmerksam und ganz bei den Bildern und der Geschichte vom Mann mit den Bäumen, ja, das spürte ich nach einiger Zeit, die Menschen waren irgendwie ganz andächtig bei der Sache. Die Geschichte des Schäfers im Hochland der Provence zeigte Wirkung. Offenbar korrespondierten die Bilder mit ihrem eigenen Leben: Armut, Kargheit, Bescheidenheit, Menschlichkeit, der Kontakt zur Natur. Der Film hat lange Einstellungen, opulente Naturbilder, damals noch durchaus ungewöhnlich, einen behutsamen Schnittrhythmus und eben eine so positive Geschichte von einem Mann, der den Menschen in der Provence ihren Wald wiedergegeben hatte. Am Ende der Vorstellung wurde ich auf die große Bühne gebeten, um meine Motive zu dieser Arbeit zu erläutern. Es wurden Fragen gestellt, die ich ganz offen beantwortete. Es war damals ein völlig anderes Klima in diesem Land, als es heute der Fall ist: Perestroika und Glasnost herrschten zu der Zeit in der Sowjetunion. Die Leute trauten sich Fragen zu stellen, die sie wirklich beschäftigten. Ich konnte in dieser Atmosphäre bei dieser Gelegenheit auch Irritationen einiger junger Russen im Publikum aufklären. Im Kino dachten viele Leute, die Deutschen seien alle reich, würden ein mondänes Leben führen und ihnen sei Poesie nichts mehr wert. Die Deutschen, so glaubten sie, würden nur arbeiten, Geld verdienen und hätten nichts mehr für die Kultur übrig. So waren die Diskussionsbeiträge im Kino. Die poetische Erzählweise eines deutschen Regisseurs zu Beginn der 1990er Jahre hat sie dann offensichtlich doch völlig überrascht. Poeten und große Musiker gäbe es ja seit Goethe, Heine und Beethoven eigentlich nicht mehr, so die Kommentare aus dem Publikum. Ob ich denn noch Goethe kennen würde und welche Musik, welche Gemälde ich denn eigentlich mag, wurde ich gefragt.

In der ersten Reihe sah ich während des Gesprächs drei ranghohe Soldaten in Uniform sitzen, die sich plötzlich miteinander auf eine merkwürdige Art unterhielten. Sie erhoben sich schließlich alle drei gleichzeitig und fragten die Moderatorin, ob sie hinauf, auf die Bühne kommen könnten. Die junge Frau bat sie sogleich herauf. Sie erklommen seitlich ein paar Treppenstufen und marschierten dann schnurstracks auf der riesigen Bühne auf mich zu. Das Publikum verstummte und mir fiel das Herz in die Hose.

Was würde denn nun kommen, vor all den Menschen hier? Mir jagten plötzlich Bilder aus Filmen durch den Kopf, Bilder des großen Krieges. Ich dachte an meinen Vater, daran, dass Deutsche auf Russen einst geschossen hatten. Was werden die mit dir jetzt machen, schoss es mir durch den Kopf? Vielleicht nehmen die mich jetzt fest? Die große Sowjetunion gab es ja damals noch, da war man nicht zimperlich und ob Gorbatschows neue Politik sich bis nach unten hin durchsetzen konnte, wusste man auch nicht genau. So ganz sicher konnte man sich damals mit Glasnost nicht sein, der kalte Krieg war noch nicht beendet und die politische und soziale Situation war 1990 in der Sowjetunion sehr prekär und aufgeladen.

Die hoch dekorierten Männer, alle etwa Mitte Fünfzig und mehr, blieben vor mir stehen, salutierten und nahmen dann ihre Kopfbedeckungen unter den Arm. Einer von ihnen trat mit feuchten Augen vor und reichte mir demonstrativ die Hand, die ich sofort nahm. Die Moderatorin hielt ihm das Mikrophon an den Mund. Er schüttelte lange meine Hand, während sich seine Augen mit Tränen füllten. Dann sagte er mit stockender Stimme einige Sätze auf Russisch und hielt dabei weiter meine Hand fest umschlossen. Der ganze Saal stand auf und applaudierte plötzlich.

Ich war ganz verdattert und spürte, dass irgendwie alles gut war, ein warmes Gefühl breitete sich in mir aus. Es muss etwas mit diesem Film und mit mir zu tun haben, dachte ich noch, als der Offizier der Moderatorin bedeutete, dass er seine Sätze selbst übersetzten wolle. Das war ihm offensichtlich wichtig. Er schaute mich an und in gebrochenem Deutsch sagte er: „Wir sind froh, dass Männer aus Deutschland mit einer Botschaft wie dieser Film sie hat, zu uns in die Sowjetunion kommen. Das ist ein anderes Deutschland, als wir es zu Zeiten des großen Krieges kennengelernt haben. Sie sind hier sehr willkommen! Wir danken im Namen aller für diesen Film und die Friedensbotschaft!"

Nun hatte ich Tränen in den Augen. Ich fasste seine Hand noch fester und legte meine linke Hand an seine Schulter. Dieser Blick zwischen uns war die reine Versöhnung. Am liebsten hätte ich diesen Offizier umarmt, die tausendfünfhundert Leute waren mir in diesem Moment egal. Ich traute mich aber nicht, nein, nicht einen Soldaten, das ging als Wehrdienstverweigerer irgendwie nicht für mich. Also schüttelten wir uns alle unentwegt unsere Hände. Ich fühlte, wie etwas Schweres von mir abfiel, wie etwas leicht und warm in mir wurde. Da war offensichtlich etwas zu Ende gegangen und Neues konnte beginnen.

Nun war es offensichtlich an mir, etwas zu sagen. Ich nahm das Mikrophon in die Hand und dankte den drei Soldaten für ihre Offenheit. Die Moderatorin übersetzte Satz für Satz. Ich sah plötzlich meinen Vater in all den Auseinandersetzungen der vergangenen Jahre zu seiner Kriegsbeteiligung vor meinem inneren Auge und sagte dann das, was in diesem Moment aus meinem Herzen floss: „Mein Vater war dabei, als ihr Land von deutschen Soldaten überfallen wurde. Er hat hier, vor über fünfundvierzig Jahren, in ihrem Land gegen ihre Landsleute gekämpft und als Soldat sicherlich viel Leid gebracht. Vier Jahre hat er dafür in einem Gefangenlager hinter dem Ural büßen müssen und ist dabei an seinem Herz erkrankt. Es tut mir leid, dass dieser Krieg geschehen ist, es tut mir leid, dass deutsche Soldaten ihren Landsleuten so viel Leid gebracht haben. Ich habe viel mit meinem Vater darüber gesprochen, über Mitmachen und Schuld und all das.

Ich bin froh, dass ich heute hier mit einer guten Geschichte gekommen bin und etwas für die Verständigung und Versöhnung von mir zu ihnen und die unserer beiden Völker tun kann. Ich danke Ihnen für Ihre Offenheit und diese Zuneigung hier in Moskau!" Da war das Publikum im Saal nicht mehr zu halten. Tausendfünfhundert Menschen klatschten, johlten, pfiffen und riefen Beifallsbekundungen auf die Bühne, auch deutsche Worte wie „Freundschaft" und „Frieden", wie „Perestroika" und „Glasnost" flogen mir entgegen. Die Soldaten griffen wieder meine Hände, bedankten sich euphorisch, winkten ins Publikum, wurden ganz locker und verließen dann die Bühne.

Es war ein bewegender und für mich so wichtiger Moment, der mich heute noch berührt. Ich erlebte in den Tagen danach und besonders in St. Petersburg, wie ähnlich Deutsche und Russen doch fühlen, wie freundschaftlich verbunden die Herzen unserer beiden Völker gemeinsam schlagen können und wollen. Umso schmerzlicher erscheinen mir heute die Katastrophen der Vergangenheit und die Entfremdung in der Gegenwart. Für einen Moment war in diesem Filmtheater der Vorhang zwischen unseren Völkern ganz weit geöffnet. Die Herzen der Menschen begegneten sich und ihr Bedürfnis, offen und zugetan miteinander zu sein, erfüllten sich. Doch dieser, in diesem Moment so offene Vorhang schloss sich wieder in den Jahren danach. Die Welt hat sich seit Anfang der 1990er Jahre dramatisch verändert. Diese Wertschätzung, die empfundene Wärme und der Friedenswille dort im Kinosaal in Moskau und auch in St. Petersburg empfand ich wie eine Erlösung. Es war für mich eine öffentliche Absolution.

Überhaupt erlebte ich in beiden Metropolen eine wirkliche Verbundenheit und wunderbare Nähe zwischen den russischen Kollegen und uns Deutschen, wenn wir uns zu einem Symposium oder den Filmabenden trafen. Dabei wurde eines wirklich deutlich, wir wollen Frieden, Freundschaft und im geselligen Miteinander Geschichten erzählen. Diese Kommunikation kann der Film ganz besonders gut leisten, deshalb liebe ich meinen Beruf so, das ist sein ganzes Potenzial. Er ist aus meiner Sicht sicherlich die umfassendste, kraftvollste, kommunikativste und emotionalste Möglichkeit der künstlerischen Darstellungsformen für ein großes Publikum. Mit vielen Wodkas besiegelten wir mit Kulturschaffenden, Politikern und Künstlern in den darauffolgenden Tagen in St. Petersburg die Freundschaft zwischen beiden Völkern und ich lernte nebenbei, dass Russen ungeheuer viel Wodka trinken können. Ich hatte das Gefühl, mit dem Segen meines Vaters eine neue Beziehung zwischen Russen und Deutschen in diesem kleinen Rahmen miterlebt zu haben. Diese Reise von Johannes Rau war damals aus politischer Sicht ein nicht unwesentlicher Beitrag zur Aussöhnung beider Völker nach dem II. Weltkrieg und dem „kalten Krieg".

Auf dem Rückflug, als ich durch die Wolken auf dieses Russland schaute, erinnerte ich mich daran, wie mein Vater, wenn er schon mal von sich aus uns Kindern aus den Kriegszeiten etwas preisgab, über die Russen immer gut gesprochen hatte. Das seien alles gute Menschen gewesen, denen er begegnet sei, sie würden zu uns Deutschen passen, viel besser als die Amerikaner. Es sei ein Jammer gewesen, so sagte er, dass man aufeinander habe schießen müssen. Das kam mir aber erst in den Sinn, als das Schamgefühl vergangen war und keine Anklage sich mehr gegen den Vater erhob. Da erst klangen die Worte nach, die ich als kleiner Junge einst von ihm hörte. Und noch etwas beschäftigte mich auf dem Rückflug: Ich hatte mich ja viele Jahre in therapeutischen Workshops und mit Familienaufstellungen an meinem Vater, seinen Erziehungsmethoden und den meiner Herkunftsfamilie im wahrsten Sinn des Wortes abgearbeitet. Dort oben, weit über den Wolken und der Erde, verstand ich nun, dass eine Therapie dann nicht mehr nötig ist, wenn man in der Realität seine Wunden heilen kann, wenn man vergibt und wenn einem vergeben wird. Schuld und Scham wurden durch die Offiziere und das russische Publikum getilgt. Sie nahmen mir das Gefühl, mich weiterhin für die Taten des Vaters und der Väter als Deutscher schämen zu müssen. Es war wie eine Befreiung!

Diese Erlebnisse in Moskau und St. Petersburg waren eine Ausnahmesituation. Wenngleich das Publikum auch in Deutschland im Kino von dem Film oftmals berührt wurde, hatte er es deshalb schwer, weil die Geschichte sich mitten im Taumel der deutschen Wiedervereinigung ihr Publikum erkämpfen musste. Da war dann anderes wichtiger und die Rettung der Natur stand damals in der Öffentlichkeit noch nicht so auf der Agenda, wie es heute der Fall ist.

Die deutsche Depression

Meine Herkunftsfamilie versuchte mit der Aufbauarbeit in den 1950er Jahren im Westen der neuen Bundesrepublik Deutschland ihren alten ökonomischen Status wiederzuerlangen. Doch sie ahnten sehr schnell, dass sich der ehemalige Wohlstand nicht mehr realisieren würde, trotz immenser Arbeitsleistung. Für etwa neun Millionen Flüchtlinge aus den Ostgebieten bedeutete der Verlust ihrer Heimat, ihres Vermögens nicht nur eine traumatische Erfahrung in materieller Hinsicht. Was der Krieg bewirkt und hinterlassen hatte, war eine tiefe seelische Erschütterung.

Die Arbeit schien auch bei meinen Eltern dazu zu dienen, nach und nach und vielleicht auch durchaus beabsichtigt die bedrückenden Erfahrungen des Krieges und der Flucht zu vergessen. Europa blühte mit amerikanischer Hilfe wieder auf, Deutschland sollte aus alliierter Sicht ebenfalls davon profitieren, weil man das Land nach anfänglichen Vorbehalten als Verbündeten im sogenannten ‚Kalten Krieg‘ brauchte. Entsprechend wirkte man auf die Deutschen ein. Das war deshalb leicht, weil Deutschland nach dem Krieg unter der Kontrolle der vier Siegermächte stand. Überall im Land war alliiertes Militär zugegen. Im Sauerland, wo ich aufwuchs, hatten belgische Soldaten in einer großen Kaserne Quartier bezogen. Insgesamt waren Zehntausende Soldaten bei den jährlichen Herbstübungen in Dörfern, Wäldern und Auen in Westdeutschland ein gewohnter Anblick. Mein Vater verdiente als kaufmännischer Angestellter im Stahlwerk gutes, neues Geld, um langsam wieder ein normales Leben führen zu können. Dieses Ziel verfolgten die meisten überlebenden Deutschen in jener Zeit. Danach hatten sie eine große Sehnsucht und das trieb sie an.

Die Entnazifizierung, die strukturelle Instandsetzung der Infrastruktur und der Wirtschaft, der politische Aufbau der Demokratie mit neuen Institutionen, all das war ein großes Arbeitsfeld der Siegermächte, um die im faschistischen Sinn erzogenen Deutschen auf einen neuen, demokratischen Kurs zu bringen. Alles musste neu gelernt werden. Die Arbeit war damals noch hart und man hatte meistens eine Sechs-Tage-Woche zu bewältigen. Darüber murrte zu der Zeit keiner, für den Aufbau des Landes und der eigenen Karriere packte man an, auch gemeinschaftlich. Schließlich wollte man auch schnell das Elend des Krieges überwinden und sich wieder etwas gönnen. Die Männer schufteten in den Betrieben, im Handwerk, den Geschäften, in den Institutionen als Beamte und Angestellte, die Frauen blieben in der Regel zuhause und kümmerten sich um die Familien.

Wenn man heute Veröffentlichungen zu dieser Zeit liest, hört oder sieht, zum Teil in Filmen, die ich auch dazu machte, dann ist in diesen Beiträgen oft vom „Wirtschaftswunders der 1950er Jahre" die Rede. Ich habe mich schon immer über dieses „Wunder" gewundert, weil es aus meiner Sicht eigentlich kein Wunder war. Denn man war froh, endlich wieder Arbeit zu haben und weil der Krieg viel vernichtet hatte, war es nur logisch, dass alle versuchten Neues wieder aufzubauen. Das war immer so nach Kriegen. Dafür waren die fleißigen Deutschen aufgrund ihrer Erziehung und den vielen Kriegserfahrungen geradezu prädestiniert. Hinzu kam, dass die westliche Allianz ein kräftiges Westdeutschland brauchte, um den „Kommunisten im Osten Deutschlands", wie der erste Bundeskanzler Konrad Adenauer sie bezeichnete, etwas zu entgegnen. Aus diesem Grund wurde von den alliierten Staaten viel Geld für Investitionen nach Westdeutschland gepumpt. Aus volkswirtschaftlicher Sicht war das ein ganz normaler und den Deutschen durchaus bekannter Vorgang: Wenn es nach den Kriegen Kredite gibt, dann baut man eben schnell wieder auf, was daniederliegt, um auch wieder im Chor der Völker mitsingen zu können. Das, so kann man es in manchen Wirtschaftstheorien zum Krieg nachlesen, sei der Zweck der Kriege. Durch Vernichtung, Aufbau und Erneuerung werden vermehrt Profite gemacht, Wachstum und Fortschritt generiert. Darin waren die Deutschen meisterhaft, das konnten sie. Insofern war das „Wirtschaftswunder" nichts weiter als ein Neuaufbau eines völlig zerstörten Landes mit fremden, insbesondere amerikanischen Mitteln.

Seit dem Beginn des 17. Jahrhunderts hatten die Deutschen unzählige Kriege und Scharmützel erlebt. Und es gab wie zu allen Zeiten auch nach diesem Krieg genug Profiteure, die jetzt ihr großes Geld machten. Die Grundstoffindustrie hatte den alten Zustand wieder herzustellen, die Autoindustrie entwickelte sich fulminant, die Tanzcafés, Kinos, Theater, Sportveranstaltungen waren voll von Menschen. Sie suchten Unterhaltung und Ablenkung, wie mir vor vielen Jahren Arthur Brauner, einer der erfolgreichsten Kinofilmproduzenten dieser Zeit in einem Interview zu einem Film erzählte. In diesem Aufbauklima des Alles-ist-wieder-möglich, brach dann ab Mitte der 1960er Jahre die kleine Revolution der Studenten los Wie unangenehm aus Sicht der Verdränger und Konsumenten. Dass unsere Eltern damals einvernehmlich mit dem Staat als Antwort auf unser Begehren so brutal reagierten, ist aus heutiger Sicht verständlich: Wir haben sie aufgeweckt und sie erstmals an eine furchtbare Zeit in Deutschland erinnert!

Denn lebte man in den 1960er und 1970er Jahren bewusst in diesem Land, dann entdeckte man jenseits von Arbeit, Konsum und Ordnung und trotz boomender Unterhaltung eine Schweigemauer und eine bedrückende Schwere. Hans Werner Henze, der große Komponist der klassischen Moderne, über den ich zu seinem siebzigsten Geburtstag einen Film für das Fernsehen produzierte, erzählte, wie er nach dem Krieg unter dieser bedrückenden Schwere und der Nazivergangenheit im Westfälischen als junger Mann gelitten habe und immer das Gefühl hatte: „Nichts wie weg hier! Es war die Abwesenheit von Freude, die mich verzweifeln ließ", so Hans Werner Henze in dem Film *(siehe Film „Hans Werner Henze – Requiem")*. Er übersiedelte dann Mitte/Ende der 1950er Jahre nach Italien. Das Schweigen und die Schwere war offensichtlich das Resultat aus der „Unfähigkeit zu trauen", wie das Ehepaar Mitscherlich so treffend gegen Ende der 1960er Jahre formulierte *(siehe Margarete und Alexander Mitscherlich: „Die Unfähigkeit zu trauern")*. Zudem herrschte nach der Aufbauzeit, ab Mitte der 1960er Jahre Stagnation auf vielen gesellschaftlichen Feldern und allgemein hieß es in Europa, die Deutschen könnten nur arbeiten und verstehen nichts von jener Lebensart, die den Nachbarvölkern so zu eigen sind. Musste man also, wie die Mitscherlichs das formulierten, erst um so vieles trauern, um sich wieder freuen zu können? Oder war es vor allem ihre Mittäterschaft bei den Verbrechen gegen die Menschlichkeit selbst, die den Deutschen nach dem Krieg so zu schaffen machte?

Die allermeisten deutschen Familien sahen sich nach dem I. Weltkrieg dem revolutionären, politischen und wirtschaftlichen Chaos in der Weimarer Zeit mit einer monströsen Inflation und Arbeitslosigkeit konfrontiert. Die zwölfjährige Unrechts- und Gewalterfahrung durch die Nazis mit dem Holocaust, die Kriegserlebnisse selbst, die materiellen Verluste mit der Flucht von neun Millionen Menschen nach Westdeutschland und die Teilung des Volkes, all das bedeutete für die gesamte Bevölkerung unsägliches Leid. Und kaum jemand sprach darüber, Schweigen herrschte im Land. Mit den heutigen psychologischen Maßstäben kann man aufgrund dieser leidvollen Erfahrungen über viele Jahrzehnte hinweg deshalb durchaus von einer massiven Erschütterung und Traumatisierung der Familien zweier oder gar dreier Generationen von Deutschen sprechen. Das alles war nach dem II. Weltkrieg im Unbewussten der Menschen gespeichert und sollte, wollte vergessen werden. Ist das gelungen? Was ist mit diesen durch und durch leidvollen, schweren Energien bis zum heutigen Tag geschehen? Waren die je ein Thema in den Familien, der Politik, der Öffentlichkeit?

Nein, so kann man aufgrund vieler Zeugnisse von Journalisten, Autoren, Psychologen und Sozialwissenschaftlern feststellen. Die Texte der damals fortschrittlichen Philosophen, Autoren und Wissenschaftler, die diesen Zusammenhang sahen, wie das Ehepaar Mitscherlich, Herbert Marcuse, Erich Fromm und andere, haben das normale Volk wie auch staatliche Institutionen eher nicht zur Kenntnis genommen. Jedenfalls gab es von der politischen Seite keine Initiativen dazu. Die Masse der Bevölkerung verdrängte ihre Erfahrungen auf vielfältige Art. Eine therapeutische Verarbeitung der millionenfachen psychischen Persönlichkeitsstörungen aufgrund der Traumata in Faschismus und Krieg hat nicht stattgefunden.

Es gab damals dafür keine anerkannte Strategie der Aufarbeitung und das hatte unter anderen auch folgenden Grund: Die Diagnose psychischer Folgen von Krieg und Gewalt war nach dem ersten Weltkrieg 1926 aus der Reichsversicherungsordnung gestrichen worden. *„Deshalb konnte während des zweiten Weltkriegs keine „traumatische Neurose" festgestellt oder behandelt werden. Eine neue traumabezogene Diagnose wurde erst wieder 1980 eingeführt: die posttraumatische Belastungsstörung."* So das Nachwort von Oliver Schubbe in Martin Miller: *„Das wahre Drama des begabten Kindes" (Siehe Martin Miller).* Das heißt, was nicht gesetzlich geregelt wurde, war scheinbar nicht vorhanden und konnte folglich auch nicht behandelt werden. Therapiemöglichkeiten außerhalb psychiatrischer Anstalten gab es für diese Traumata kaum.

Nach den neuesten Forschungen in der Psychotraumatologie ist insgesamt davon auszugehen, dass die bedrückende Energie des Verlustes, der Trauer und vieler Gewalterfahrungen der Betroffenen in den Jahrzehnten nach dem Krieg ständig im Unbewussten virulent waren, gespeichert nicht nur in ihren Herzen und Seelen, sondern sogar, wie wir heute wissen, in den Zellen ihrer Körper. Diese Belastung wurde bei den allermeisten der Betroffenen wie auch bei meinen

Eltern nie erlöst. Mit dem Tod der beiden Kriegsgenerationen, so könnte man meinen, sei das Problem ausgelöscht, doch aus energetischer Sicht ist das höchst unwahrscheinlich. Es ist wissenschaftlich erwiesen, dass sich Schuld, Leid, Gewalterfahrungen und Traumata bei vielen auch auf die Nachgeborenen, der zweiten und dritten Generation subtil auswirken.

Darüber hinaus haben wir es in den vergangenen Jahrzehnten versäumt, auch die Täter und Mittäter von ihrer Schuld zu erlösen. Durch eine Kultur der Offenbarung und Wahrheit hätten sie angemessen sühnen und wir ihnen in einem großen Versöhnungsritual für ihre individuellen Taten mit einer generellen Amnestie verzeihen können. Möglicherweise hätten sie dann ihre Schuld eher eingestanden und nicht, wie geschildert, jede Verantwortung für die Verbrechen gegen die Menschlichkeit abgelehnt. So wirken besonders auch ihre erlittenen psychischen Deformationen weiterhin in die Gesellschaft hinein und viele junge Menschen fragen sich heute manchmal, was hat eigentlich mein Opa im Faschismus gemacht?

Die historische, politische, kulturelle und teilweise auch juristische Aufarbeitung der Naziherrschaft, die ja im Wesentlichen erst ab Ende der 1960er Jahre erfolgte, war insbesondere für die Aussöhnung mit anderen Völkern in Europa und für die Verständigung der Generationen untereinander in Deutschland wichtig, richtig und gut. Das war im Wesentlichen die historische Leistung der Generation der Nachkriegsgeborenen. Wir haben dafür gesorgt, dass über die Katastrophen der Naziherrschaft im Laufe der letzten fünfzig Jahre öffentlich geredet und eine entsprechende öffentliche Erinnerungskultur aufgebaut wurde.

Wie wichtig aber wäre es gewesen, wenn unsere Eltern uns Kindern im angemessenen Alter ihre Erlebnisse, ihr Leid in Gesprächen offenbart hätten. Wenn die Politik, die Kultur sie dazu animiert hätte. Denn gespürt haben wir in unserer Familie die traurige und schwere Energie immer, nur wurde sie ständig von den Eltern überspielt oder geleugnet und musste, wie ich es von ihnen forderte, mühsam thematisiert werden. Deshalb konnte diese Energie uns Kinder schleichend infizieren und sich belastend auf unsere Seelen legen, wie sich das bei mir in einer Familienaufstellung auch zeigte. Diese Übertragung alter Energien auf die Kinder, davon muss man ausgehen, ereignet sich immer noch bei vielen Millionen in West – wie auch in Ostdeutschland. Als Kind spürt man die Bedürftigkeit, die Zerbrechlichkeit der Eltern und versucht ihnen zu helfen. Man kümmert sich nicht um sich selbst, sondern versucht es den Eltern leichter zu machen, wie ich es bei meiner Mutter eindringlich tat. So verlernte ich, für mich selbst zu sorgen.

Für mich wäre es bedeutsam gewesen, wenn ich die Geschichte meiner Tante Lucie, der Schwester meiner Mutter, die einen Juden liebte, als junger Mann erfahren hätte. Wir hätten ihr Schicksal und das ihres Geliebten gemeinsam betrauern können und meiner Mutter eine große Last von den Schultern genommen. Was hätte ich dafür gegeben, wenn ich als junger Student der Fotografie von meinen Eltern die Geschichte meines Onkels, dem Theaterfotograf im Berlin der 1930er Jahre, erfahren hätte. Vor allem auch, dass er nur in einer großen Stadt wie Berlin die Möglichkeit sah, neben der Kunst auch seine Homosexualität zu leben. Riesige, gesellschaftlich wichtige Themen hängen an diesen Schicksalen! All das hätte man dem Alter angemessen miteinander teilen können. Meine Eltern haben sich dagegen entschieden, es gab ja damals auch eine solche Kultur des Gespräches nicht *(vielleicht heute immer noch nicht)*, das gilt es zu respektieren. Nur muss man dann auch die Konsequenzen bedenken.

Das Tabu, was die Eltern mit ihrem beharrlichen Schweigen in die Welt setzten, ließ viele Gerüchte und angstmachende Vorstellungen in unserer Familie herumwabern. Zum Beispiel, dass Homosexualität für uns wie eine furchtbare Krankheit, eine Katastrophe aussah, eine besonders schwere Sünde. Da bis 1973 Homosexualität auch noch strafbar war, waren wir Jungs in der Familie schon allein durch die Gerüchte auf eine bestimmte Art mit dem Thema befangen, zumal mein Onkel, auch so ein Gerücht, irgendwie auch noch ermordet worden sein sollte? Wer war dieser Onkel überhaupt? Niemand sagte uns die Wahrheit, als es für uns wichtig war, sie zu erfahren. Wenn wir als Kinder von den Erwachsenen etwas dazu aufgeschnappt hatten, dann wurde gesagt, das ist noch nichts für euch, das versteht ihr nicht. Dass mein Onkel Walter tatsächlich ermordet wurde, erfuhr ich ja erst von meiner Mutter im Zuge meiner ständigen Neugier, als ich schon Mitte dreißig war. Der Mord an meinem Onkel in Berlin 1951, so fand ich dann erst auch vor Jahren heraus, war offiziell in den Akten ein Raubmord, aber, so sagte meine Mutter, dass es wahrscheinlich ein Mord aus Eifersucht unter Männern war. Sie hatte 1951, wie sie mir erzählte, mit ihrem Vater die polizeilichen Ermittlungen in Berlin miterlebt. Sie war ihrem Bruder sehr nah und er hatte sich meiner Mutter schon früh als junger Mann anvertraut, dass er „anders herum war", wie meine Mutter diese

Neigung nannte, sodass sie immer informiert war, wie es ihm in Berlin ging. Dass er seine Homosexualität im Krieg unbedingt zu verstecken hatte, wollte er in der Wehrmacht als Soldat überleben *(das KZ oder die Todesstrafe drohte nach den Wehrmachtsgesetzen)*, kam als große Furcht hinzu.

Dass mein Onkel angeblich auch deshalb in einer Strafkompanie in der Armee von Feldmarshall Rommel in El Alamein, wo er tatsächlich diente, vor den deutschen Panzern zu Fuß Minen aufzuspüren hatte, auch so ein Gerücht, deutet darauf hin, dass er vielleicht seine Homosexualität nicht ganz verbergen konnte, dass er damit tatsächlich Probleme in der Truppe bekam. Das Schweigen ließ der Phantasie viele Spielräume und das machte alles nur noch schlimmer. Es war wohl besonders meinem Vater unangenehm darüber zu reden, so meine Mutter. Es ist für mich heute noch zutiefst bedauerlich, dass das Leben dieses, nach den Erzählungen meiner Mutter wunderbaren Menschen und Fotografen in der Familie so verschwiegen worden ist. So, als habe er gar nicht gelebt.

In solcher Sprachlosigkeit waberte die unbearbeitete, negative und schwere Energie zwischen den Generationen und wirkt bis heute nicht nur in meiner Familie, sondern, das kann man sicherlich für viele Betroffene so annehmen, in die gesamte Gesellschaft hinein, was meine Frau und ich bei Familienaufstellungen immer wieder erfahren konnten. Die Energien der traumatischen Geschichten bleiben so lange erhalten, bis sie unter anderem mit der rituellen Energiearbeit erlöst werden. Und das unterscheidet uns als Volk von anderen Nationen, deren Energie oder Aura nicht in dieser Dimension beschädigt worden ist. Auch wenn die europäischen Völker unter den Nazis furchtbar gelitten haben, so waren sie ‚nur' Opfer, nicht Täter und Vernichter von vielen, vielen Millionen Menschen und kulturellen Gütern. Sie konnten als Opfer trauern, wussten aber als Sieger der Kriege immer, was da geschehen ist und wer dafür verantwortlich war. Ihre Energie konnte nach der Trauerarbeit mit den vielen in Europa errichteten Gedenkstätten, Soldatenfriedhöfen und den gemeinsamen Erinnerungsritualen nach vorne gerichtet sein. Sie gedenken bis zum heutigen Tag noch der Opfer und feiern den Sieg über Nazideutschland.

Der Unterschied ist, dass ihr Eingreifen in den Krieg eine Reaktion auf die deutsche Aggression war und sie damit nicht die Schuld am Krieg und den vielen, vielen Millionen Toten haben. Das deutsche Volk hingegen war nicht nur Verlierer und damit auch Opfer zweier Weltkriege geworden, was schwer genug zu ertragen ist, sondern hatte auch noch die Verantwortung für die Katastrophe des zweiten Krieges mit den Verbrechen gegen die Menschlichkeit zu übernehmen. Die Deutschen waren Opfer und Täter und damit die Schuldigen! Das ist eine doppelte Hypothek. Die Schuld unserer Väter, Mütter und Großväter, die Scham der Kinder und Enkel bleibt uns noch einige Zeit erhalten, wenn sie nicht energetisch erlöst wird. In den Geschichtsbüchern aber wird das nach menschlichem Ermessen ewig thematisiert werden.

Die Verschwiegenheit meiner Eltern und Großeltern und vieler anderer aus der Kriegsgeneration hat aber noch eine andere, bittere Seite. Die gesamte Kriegsgeneration muss sich nach dem Desaster vollkommen, sagen wir es mal drastisch, verarscht vorgekommen sein. Wenn man sich die Schriften und die Propaganda der Nazizeit anschaut, zum Beispiel das sogenannte *„SS-Leitheft"* *(Herausgeber: Der Reichsführer SS)* oder auch nur die Frauenzeitschrift *„NS Frauen-Warte"* *(Herausgeber: NSDAP, Reichsleitung und NS-Frauenschaft)*, dann wird deutlich, wie massiv und geschickt die ideologische Einwirkung war, wie tief die Beeinflussung und Indoktrination der jungen Männer und Frauen damals ging. Sämtliche Lebensbereiche waren davon betroffen, alles war durchdrungen von der Naziideologie, alles unterlag einer bedrohlichen Kontrolle, die Angst ging täglich um. Viele der damals jungen Heranwachsenden und sicherlich große Teile der gesamten Bevölkerung haben nach den empfundenen Demütigungen durch den 1. Weltkrieg den Inhalten der Nazis vertraut, engagiert oder ängstlich mitgemacht bei den verschiedenen Nazi-Jugendorganisationen wie mein Vater und meine Mutter und haben oftmals, sicherlich anfangs auch begeistert, ja zu Krieg, Säuberung und Eroberung gesagt. Doch stattdessen – unsägliches Leid und der katastrophale Abstieg ins Chaos und Nichts. Sie haben den Nazis nicht nur vieles geglaubt, sondern verbanden mit der Ideologie auch ganz persönliche Hoffnungen, Vorteile und Karrieren für sich. Mein Opa ist in die NSDAP *(Partei der Nazis)* eingetreten, damit es im Fleschereigeschäft gut läuft. Mein Vater erhoffte sich zu Kriegsbeginn eine Karriere im Militär, meine Mutter wollte mehr als nur BDM-Führerin auf Kreisebene sein. Nun – all das und so vieles mehr war verloren. Wie fühlt sich das an?

Ich spürte in meiner Jugendzeit zuhause bei den Eltern aufgrund ihrer dahingeworfenen Bemerkungen, dass sie sich von den Nazis zwar irgendwie benutzt fühlten und auf eine bestimmte Weise ja auch zur Schlachtbank geführt worden waren, aber sie haben sich offen nie darüber beklagt.

Mein Vater drückte das einmal in einem Brief an mich vorsichtig aus, als ich noch nicht dreißig Jahre alt war: *„Die zwölf besten Jahre meines Lebens habe ich Hitler gegeben, die schönste Zeit im Leben damit vergeudet und in irgendwelchen Erdlöchern gelegen. Seid froh, dass es euch gut geht und ihr das Leben genießen könnt! In dem Alter, in dem du jetzt bist, verreckte ich fast in der Gefangenschaft bei den Russen.“*

Eine tiefe Frustration und vielleicht auch etwas Neid las ich aus diesem Brief. Das, woran sie einst geglaubt hatten, war mit den Millionen Soldaten und Opfern in Europa beerdigt, in den Konzentrationslagern mit vernichtet worden. Und dann kam auch noch meine Generation, die nach Verantwortung rief und Vorwürfe machte. Die Mitläufer des gigantischen Feldzuges gegen die Menschlichkeit stürzte das in eine bedeutende Sinnkrise. Sie waren von ihren Führern belogen und betrogen worden und wurden von ihren Söhnen und Töchtern und der Welt dazu noch an den Pranger gestellt. Ich vermute, dass meine Eltern sich in ihrem tiefsten Inneren auch schämten, dass sie dieser Hitlerideologie aufgesessen sind.

Für die europäischen Nachbarvölker, so habe ich es vielfach im Ausland erlebt, war die Schuld der Deutschen generationsübergreifend kollektiv, für sie haben irgendwie alle aktiv mitgemacht. Auch ich wurde mehrfach im Ausland als Deutscher beschimpft und verantwortlich gemacht, wie ich an einem Beispiel schilderte. Die meisten aber, die wirklich dabei waren, versuchten sich mehrheitlich herauszureden *(nicht nur in den Prozessen vor Gericht)*. Sie schwiegen oder logen und/oder verpassten sich eine andere Identität. Albert Speer, Hitlers Architekt und Rüstungsminister drückte es gegenüber Journalisten, nachdem er im Oktober 1966 aus seiner zwanzigjährigen Haft *(Gerichtsbeschluss der Alliierten bei den Nürnberger Prozessen)* in Berlin-Spandau entlassen worden war, so aus: *„Wenn ich nichts wusste, dann hab’ ich dafür gesorgt, dass ich nichts wusste. Wenn ich nichts gesehen habe, dann, weil ich nichts sehen wollte!“* So ähnlich hätten das meine Eltern auch ausdrücken können. Und natürlich waren wir Studenten empört, wenn jemand wiedermal davonkam, wie im Fall des ehemaligen Nazirichters und späteren Ministerpräsidenten Baden-Württembergs Filbinger.

Die Alliierten wussten genau, was geschehen war und bestraften die Deutschen mit der Teilung des Landes, dem Verlust großer Teile des ehemaligen Reiches, mit Reparationszahlungen, mit Besatzung und Entzug der Souveränität und, nicht zu vergessen, mit der Bürde der ewigen Schuld.

Wie fühlt sich ein Volk, eine Regierung mit dieser Hypothek? Das Selbstbewusstsein als Nation war mindestens bis zur Wiedervereinigung im Keller, insbesondere in der DDR, wozu ich später noch Interessantes zu erzählen habe. Die Verweigerung deutscher Regierungen, vor allem in jüngster Vergangenheit mehr Führung in Europa und der Welt zu übernehmen, beruht aus psychologischer Sicht auf diesem Schuldkomplex und dem Mangel an nationalem Selbstbewusstsein aufgrund dieser deutschen Geschichte. Diese Ohnmacht, die Schuld und Scham, gepaart mit den Traumata des Krieges und der daraus resultierenden Traurigkeit der Opfer liegt wie Mehltau über den Seelen und dem Land. Wenn man sich als Opfer und Täter sieht und das nicht ernst nimmt, anerkennt und heilt und sich zutiefst alleine damit fühlt, individuell und kollektiv, dann wird man, nach allem was man heute weiß, depressiv, als Einzelner, als Gruppe und folglich auch als Volk.

Gab es eine Alternative für unsere Eltern? Die beiden involvierten Generationen hätten damals eigentlich nur eine kleine, eine winzige Kultur des Redens, des Austausches erwirken müssen und vieles wäre unter den Menschen und im Staat besser gelaufen. So wie sie Demokratie nach dem Krieg von Engländern, Franzosen und Amerikanern lernen mussten, so hätten sie auch ihre Trauerarbeit als Volk bewältigen können – ähnlich wie es die Südafrikaner nach der Apartheit, die Menschen in Ruanda nach dem Völkermord in ihrem Land getan haben. Unsere Ansprüche jedenfalls waren sehr gering und wir wären mit jeder noch so kleinen Wahrheit erst einmal, dem Alter entsprechend, zufrieden gewesen.

Offensichtlich aber blieb meinen Eltern und vielen anderen nur die Verdrängung, um überhaupt noch ein normales Leben in der Bundesrepublik und der DDR führen zu können. In diese verdunkelte Aura der energetischen Beschädigungen wurden die Kinder und Enkel hineingeboren und haben, so die Wissenschaft, auch heute noch damit hinreichend zu tun. Die „primären" als auch die sogenannten „sekundären Trauma-Folgen" wurden in Deutschland zunächst nicht ernst genommen. Die USA haben dazu die ersten Forschungen in den 1980er Jahren durchgeführt. Wie sich solche Energien auf die Nachgeborenen auswirken, hat man dort sehr gut am Beispiel der Enkel der Holocaust-Überlebenden überprüft. Aufgrund umfangreicher Studien konnte man feststellen, wie die Enkelkinder unter der Energie des Schreckens ihrer Großväter und -mütter nun schon in der zweiten Generation auf subtile Weise leiden. Diese negative Energie wird im Umgang mit den Kindern und Enkeln unbewusst im Alltag auf diese übertragen. Diese Transmission geschieht beidseitig: Die Großeltern und Eltern strahlen eine beschwerliche, traurige Energie aus und die Kinder, als neugierige Subjekte, die ihren Eltern und Großeltern zugewandt sind, die lernen wollen, öffnen sich für das, was von beiden kommt und nehmen diese Energie wie alles andere auch auf subtile Weise wahr und in sich auf. Eine Resonanz, die nach dem Resonanzgesetz *(siehe ein folgendes Kapitel)*, genau wie in der Physik, einfach funktioniert. Man braucht einen Sender und einen Empfänger und beide müssen auf der gleichen Welle schwingen, dann suchen und finden sie sich. Wenn der Prozess der Transmission unbewusst im Angesicht der Schweigemauer über viele Jahre stattfindet, sind Kinder im hohen Maße gefährdet, die deprimierende Energie zu ihrer eigenen zu machen, ohne dass sie eine Ahnung davon hätten.

Die Studien in den USA zeigen sehr deutlich, wie der tatsächliche Horror der faschistischen Gewalt in den Konzentrationslagern sich zum psychischen Holocaust in den Überlebenden eingenistet hatte, die Kinder und Enkelkinder infizierte und sie damit krankmachte. Die erwachsenen Kinder wissen in der Regel dann nicht, dass diese Übertragung überhaupt geschehen ist und wundern sich, dass sie bedrückt sind, kaum Lebensfreude kennen und dass es ihnen zum Teil auch körperlich schlecht geht. Gesprächsrunden in den Familien, in den Gemeinden, therapeutische Sitzungen alleine und in Gruppen könnten hier wichtige Stationen bei der Heilung sein. Eine der Methoden, die wirklich helfen können, ist die ‚Energiearbeit zu den Ahnen' bei Familienaufstellungen zum Beispiel.

Was aber zeigt sich bei den Nachkommen der Täter? Was ist mit der Energie der Schuld, die deutsche Väter und Großväter, die beflissenen Nazifrauen, die in vielen Funktionen auch mitmachten, auf sich geladen haben, wird sie nicht auch weitergegeben? Wie lange wiegt diese Schuld? Die Traumata der verursachten Katastrophen muss also nicht nur als historische Wahrheit anerkannt und auf vielfältige kulturelle Weise *(durch Reportagen und Filme)* verarbeitet werden, sondern sollte auch im Einzelfall in der Familie persönlich angeschaut und schließlich in therapeutischen Workshops geheilt werden. Sodann sollten die herausgefundenen Tatsachen in den Familien und in der Öffentlichkeit dokumentiert sein. Darüber hinaus wäre dann in Universitäten und öffentlichen Foren beispielhaft daran entlang zu diskutieren und zu forschen. „Oral History" nennen Historiker diese Erinnerungsarbeit von Menschen und haben sie schließlich zum Ende der 1970er Jahre in den Rang einer wissenschaftlichen Disziplin in der Geschichtsforschung erhoben. Damit würde auch von staatlicher Seite anerkannt was war, was ist und was vor allem dann endlich sein darf! Die Wiederkehr der Freude nach der Heilung.

Das Gefühl von Schuld oder Scham, von Bedrückung, Traurigkeit, mangelndem Antrieb hatte mich erfasst, als ich als junger Mann in die Welt hinausziehen wollte und nicht wusste, warum ich mich so gehemmt fühlte. Ich werde noch zeigen, dass meine Traurigkeit nicht nur allein von der Übertragung durch die Eltern herrührte, da gab es auch noch eine bedeutende, ja geradezu tragische, sehr persönliche Dimension, aber wichtig ist hier an dieser Stelle festzuhalten, dass ich einen Teil meiner Bedrücktheit von Vater und Mutter übernahm und nahezu vierzig Jahre mit dieser Melancholie, auch in manchem meiner Filme, zu tun hatte.

Ich habe oft meine Mutter gefragt, warum sie dieses oder jenes nicht verhindert habe, sich nicht anders entschieden, ein anderes Leben vielleicht erwogen habe. Ja, auch ehrlicher miteinander umzugehen. Sie antwortete dann zu allen Zeiten, dass sie überhaupt keine Alternative gekannt, keine Möglichkeiten für sich gesehen habe. Sie sagte dann immer: „Ja, Junge, etwas Anderes gab es doch damals nicht für uns, an Alternativen war doch gar nicht zu denken, weil es sie kaum gab und weil wir es auch nicht besser wussten. So war es nun mal überall. Es war unser Schicksal! Und wir Frauen waren doch dem Mann untergeordnet, da war auch persönlich nichts zu machen, da kam man als Frau nicht raus!" Meine Eltern fühlten sich durch und durch als Opfer. Sie erlebten die Nachkriegszeit und den Neuanfang in der Bundesrepublik als etwas, was getan werden muss, damit es irgendwie weitergeht. Freude habe ich bei ihnen selten erlebt. Ich musste viel dafür tun, dass meine Mutter lachte. Der materielle Aufstieg entschädigte sie ein wenig für das erlittene Leid. Ihre Seelen aber waren schwer beschädigt und schienen verloren gegangen zu sein in den Weiten Russlands und auf der Flucht in ein neues Land. Ihre Trauer über das Geschehene war über alle Jahre ihres restlichen Lebens unermesslich. Als nach meinem Vater nach Jahren auch meine Mutter gestorben war, habe ich mich der Heimaterde erinnert, die ich einst aus Oberschlesien mitgebracht hatte. Für mich hatte sie nie eine Bedeutung, deshalb habe ich sie schließlich der Erde ihres Grabes beigegeben.

Männermacht und Frauenkraft

Ich hatte bereits angedeutet, dass mir mein persönliches Weiterkommen genauso wichtig war und ist wie meine berufliche Karriere. Und während der durchweg aufregenden und manchmal auch erfolgreichen Filmarbeit kümmerte ich mich zeitweise auch intensiv um meine persönliche Entwicklung. Das war mir deshalb möglich, weil meine Frau das gut fand und ebenfalls für sich selbst nutzte, oft reisten wir zusammen auch mit dem Kind zu den Seminaren. Das wiederum half uns, unsere Beziehung mit einer sich immer wieder erneuernden Basis zu beleben. Das gab uns beiden Kraft und Hoffnung, dass wir eines Tages unsere inneren Konflikte wirklich hinter uns lassen könnten. Und schließlich, nach vielen Workshops entschloss ich mich sogar, mich zum Counselor und Coach zu qualifizieren und arbeitete neben meinem Beruf mit Menschen an ihrer Fortentwicklung. Ich wollte von dem, was ich gelernt hatte, etwas weitergeben. Seit den Gesprächen in der Männergruppe, den vielen Erfahrungen in Therapiegruppen und meinen Sitzungen als Coach ist mir deshalb die innere Welt der Männer sehr vertraut geworden. Ich verstand nach vielen Jahren immer mehr, was mit den kleinen Männern im Erziehungsprozess geschieht und wie die großen Männer dann im Rückzug und in der Sprachlosigkeit ihre Möglichkeiten des Miteinanders nicht mehr wahrnehmen. Warum die Männer nun so anders sind, fragen sich die vielen enttäuschten Frauen seit mindestens vierzig Jahren? Diese zwischen Frauen und Männern offensichtlich tiefe Kluft möchte ich zum Anlass nehmen, um in diesen allzu privaten und dunklen Bereich in unserer Gesellschaft ein wenig Licht zu bringen.

Fasziniert war ich immer davon, wenn Männer oft zu Beginn eines Seminars oder einer Sitzung erzählten, dass sie eigentlich keine Probleme haben. „Doch irgendwie gäbe es halt diese normalen Schwierigkeiten mit der Frau, den Kindern, im Beruf und vielleicht müsste man doch mal da hinschauen," so erzählten es manche. Oft schickten auch Frauen ihre Männer in die Workshops. Denn so wie ich einst glauben viele Männer auch heute noch, sich nicht öffnen, sich um die Beziehung nicht kümmern zu müssen. Das war und ist scheinbar zu allen Zeiten so gewesen. Diese Reserviertheit der Männer drückt eine wesentliche Wahrheit aus. Sie sind sich ihrer selbst meistens nicht bewusst, ahnen vielleicht, dass da etwas ist, was sie aber um der eigenen, vermeintlichen Stärke willen nicht zugeben wollen. Sie halten sich bedeckt und arbeiten lieber weiter an der Gestaltung von Welt, wie es immer so war.

Ich erzähle ihnen dann, dass auch ich einst diese Haltung hatte, für mich die ‚Prüfungen‘ und Schwierigkeiten im Leben dann aber um so heftiger wurden, je länger ich versuchte, meine Probleme zu ignorieren. Wenn diese Männer sich dann langsam zu öffnen beginnen, zaghaft von ihrer Existenzangst mit schweißnassen Nächten erzählen, von unzureichenden Urlauben, den hohen Anforderungen bei der Arbeit, von belasteten, wirtschaftlichen Verhältnissen aufgrund eines aufwendigen Lebens, den Problemen mit Frauen und Kindern, von ihrer Angst nicht gut genug zu sein, dann bricht die Fassade oft zusammen und manchmal wagen sich sogar Tränen hervor. Geht man dann gemeinsam ein Stück weiter, kommen auch jene Ängste zum Vorschein, die lange verdrängt waren. Sie hängen bei Jungen oft mit Gewalterfahrungen oder bedeutendem emotionalem Entzug zusammen, wie ich an meiner eigenen Geschichte noch erläutern werde. Bei Mädchen insbesondere auch mit Missbrauchserlebnissen und einer problematischen Mutterbeziehung.

In diesem Zusammenhang sollte jetzt auch ein Vorurteil entkräftet werden. Wenn man ein solches Seminar oder Therapiesitzungen hinter sich hat, dann geht man daraus gestärkt und nicht geschwächt hervor, wie viele Männer leider immer noch glauben. Die eigene Wahrheit zu kennen hat, wenn man auch durch das Tal gegangen ist, etwas sehr Befreiendes und stärkt das Selbstbewusstsein. Die Verdrängung schwächt auf Dauer und führt in den meisten Fällen zur Depression. Versucht man, die Geschichten in solchen Seminaren auf einen Nenner zu bringen, sie ein Stück weit zu generalisieren, kommt man zu dem Ergebnis, dass im Laufe des Verdrängungsprozesses sich stressbedingte Verhaltensmuster bei Männern entwickeln, unter denen sie dann leiden. Viele Männer leben mit...

— diversen Strategien zur Kommunikationsverweigerung

— Ideologien, Positionen und Feindbildern, um nicht zu fühlen

— einer ausgeprägten Egofixierung

— Unachtsamkeit mit sich selbst bis zur körperlichen Schädigung

— Härte – sich selbst und anderen gegenüber

- viel Arbeit und der Beschäftigung mit Vielem
- allerlei Ablenkungen und einem bestimmten Konsumverhalten
- der Einnahme von Drogen, Alkohol und Pillen
- der Ausübung von hartem Training – Extremsportarten
- dem Aushalten harter, oft selbst verschuldeter Situationen, Verletzungen oder gar den Tod beinhalten.
- gewalttätigem Verhalten als Konfliktlösung

Diese Verhaltensmuster dienen mehrheitlich dazu, den Deckel auf dem Kessel zu halten. Sie dienen zur Panzerung, um die eigenen Gefühle entweder zu unterdrücken oder aber durch Adrenalinausschüttungen bei extremen Erlebnissen hochzujubeln. Wenn nach Berichten von Journalisten der größte und beste Freikletterer der Welt erklärt, dass er immer schneller und spektakulärer die Achttausender Berge des Himalaya erklettern will und den Kick brauche, der Beste zu sein, dann ahnt man, wie hermetisch verschlossen jemand sein muss, wenn er sich nur bei besonderen Leistungen unter Lebensgefahr gut fühlen kann – das Leben scheinbar nur auf diese Weise lebenswert findet. Dieser junge Mann ist 2017 beim Versuch, zwei dieser Achttausender-Giganten hintereinander zu bezwingen tausend Meter tief abgestürzt und ums Leben gekommen.

Die natürliche Angst, die wir fühlen, wenn in der Realität wirklich etwas Besorgniserregendes geschieht, ist ein Segen. Sie in der eigenen Hybris zu ignorieren, kann tödlich enden. Die alte Angst aber, die sich aus der Erziehung und Beziehungsdynamik mit den Erziehern entwickelt hat, setzt sich im Unbewussten fest, blockiert uns und führt zu den oben genannten Verhaltensweisen. Das macht uns und die Gesellschaft auf Dauer krank.

Wenn Frauen nichts zu sagen haben und solch kranke Männer mehrheitlich das Massenbewusstsein bestimmen und einflussreiche Positionen einnehmen, verkehren sich die Verhältnisse in undemokratische, autoritäre Regierungsformen. Das zu ergründen interessiert in diesem Kapitel deshalb, weil unsere Welt vor besonders großen Herausforderungen und Entscheidungen steht. Vielfach sind es diese einflussreichen Männer, natürlich auch Frauen, die den Männern und der Macht nacheifern, die neue

Wege blockieren. Für Männer ist es vielfach kein Problem, sich mit solchen Verhältnissen zu arrangieren. Sie sind es seit tausenden von Jahren gewohnt, sich der Macht zu beugen oder aber sie zu ergreifen. Das war so seit Äonen bis hin zu den faschistoiden, nationalen Bewegungen des 20. Jahrhunderts und seinen monströsen Katastrophen. Unsere Generation dachte, dass diese Zeit mit den Alten zu einem Ende gekommen ist. Doch es ist weltweit ein Kampf im Gange zwischen den Eliten da oben und dem Prekariat da unten, zwischen alt und jung, zwischen Traditionalisten und Moderne, zwischen denen, die haben und denen, die es ihnen scheinbar wegnehmen wollen, zwischen analog und digital usw. Es beginnt jetzt eine Epoche, wo das aufgeweckte Bewusstsein und Teile der jungen Generation die Fortführung der Politik der letzten fünfzig Jahre nicht mehr akzeptieren kann.

Offensichtlich haben die Männer der Eliten aber etwas dagegen, dass sich etwas verändert. Das zeigen die Brandherde überall auf der Welt. Meine Generation dachte auch besonders nach dem Wegfall der Konfrontationen im „Kalten Krieg" sowohl aufgrund der Wiedervereinigung Deutschlands als auch wegen der Veränderungen der Machtbalance im Osten Europas, dass die Welt demokratischer und friedvoller wird. Das Gegenteil ist inzwischen der Fall und hier sind es nach wie vor die Männer, die schleichend wieder an vielen Stellen das Rad zurückdrehen wollen.

Warum sind Männer so, wie sie sind oder wahrgenommen werden? Wie behindert der männliche Konservatismus die Entwicklung unserer Gesellschaften? Wo ist die Lösung, der neue Weg für uns alle? Wie können wir die Welt verändern?

Damit das klar ist, nicht die Seele der Männer ist das Problem, nicht der Mann als menschliches Wesen, sondern die Kultur, in die sie hineingeboren und erzogen werden, sie muss dringend verändert werden.

Mit einem analytischen Blick auf unser Land in der Gegenwart kann man sehr schön zeigen, wie das Spiel der Männer funktioniert und warum sie so sind, wie sie sind und weshalb sie sich seit unendlichen Zeiten nicht verändern! Es ist die augenblickliche, politische Situation im östlichen Teil Deutschlands, die uns hier offenbaren kann, warum sich kaum etwas weiterentwickelt. Deutschland war nach der Wiedervereinigung für viele und auch für mich ein Hoffnungsträger. Das hat sich grundlegend geändert. Ich sehe die Ursache der Probleme im Osten Deutschlands heute in den politischen Entscheidungen von 1989 und 1990. Zu den Geschehnissen des aktuellen Rechtspopulismus im Osten Deutschlands kann man nämlich die gleiche Frage stellen, die auch die Historiker einst beschäftigte und die ich bereits im Kapitel „Erziehung-Gewalt-Faschismus" zu beantworten suchte, wie ist einst der Faschismus in Deutschland entstanden und wie entsteht Populismus und Rechtsradikalität heute? Beides hat die gleiche Wurzel – die Angst!

Dass Hitler an die Macht kommen konnte, verdankte er nicht seinen Schergen und Mitläufern oder den berühmten Arbeitslosen der Weltwirtschaftskrise, sondern insbesondere der Mehrheit der Bevölkerung, die in Arbeit war. Die Unternehmer, Beamten, Angestellten, die Advokaten, Handwerker, Bauern und all jene, die in guter Arbeit waren, fürchteten, dass sie das, was sie sich erarbeitet hatten, verlieren könnten, vor allem an die, die nichts hatten. Angst dominierte ihre Wahlentscheidungen. Denn diejenigen, die wenig bis nichts hatten, die aufgebrachten Männer und Frauen in den Fabriken, die für einen Hungerlohn schufteten und natürlich auch die Arbeitslosen waren gerade nach den revolutionären Ereignissen von 1919 und 1920 nicht mehr bereit, Ausbeutung, Ohnmacht, Hunger und Not weiter hinzunehmen. Sie, oftmals organisiert in der kommunistischen Partei, glaubten, das Heft der Geschichte in ihre Hand nehmen zu können. Verschiedene revolutionären Bewegungen und Scharmützel in der Weimarer Republik gab es bis 1933.

Die, die Arbeit hatten, wollten aber von Revolution nichts wissen. Das Volk war gespalten. Es wählten dann folgerichtig diejenigen Hitler und die Nazis, die Angst hatten, etwas an die Kommunisten zu verlieren und eben an jene, die schon immer die Betrogenen waren *(siehe dazu auch Deutschlandfunk, Sendung 30.8.2018 aus Kultur und Sozialwissenschaft: „Studie über ehemalige Nazis in Österreich")*. Diese Entscheidung der arbeitenden Bevölkerung für den Faschismus, der sich als Nationalsozialismus tarnte, wurde dadurch begünstigt, dass Deutschland sich nach dem ersten Weltkrieg mit dem Versailler-Vertrag ungerecht behandelt fühlte und seine Vision von einer Großmacht in Europa eingebüßt hatte. Die Eliten des Deutschen Reiches und die Mehrheit des Volkes fühlten sich gedemütigt. Das erzeugte auf der Oberfläche des Alltages Wut und Hass, wurde aber im Kern getragen von der Angst, seine Bedürfnisse nicht mehr verwirklichen zu können. Diese sozialpsychologisch aufgeladene Verfassung vieler Deutschen und die Angst vor Verlust, vor dem Elend ging, wie bereits geschildert, mit einer psychischen Prädisposition der Massen einher: Sie waren durch ihre harte und lieblose Erziehung seit drei Generationen für Militarismus, Imperialismus, Rassismus, Nationalismus und Führerkult empfänglich und bestens konditioniert *(siehe Kapitel Erziehung-Gewalt-Faschismus)*. Angst und die Erziehung des 19. Jahrhunderts machten Hitler und die Faschisten möglich. Die furchtbaren Folgen sind bekannt.

Im Jahr 2018 versammelten sich angesichts des um sich greifenden Rechtspopulismus in vielen Ländern der Erde die Eliten der Politischen Wissenschaften zu einem Weltkongress in Deutschland. Zum Abschluss ihrer Tagung veröffentlichten sie ihre Erkenntnisse zu dem derzeitigen weltweiten Rechtsruck und Populismus – ihr Fazit: „Die Menschen, obwohl es ihnen heute in den meisten Ländern doch relativ gut geht, sind für die Parolen der rechten, nationalen Bewegungen deshalb empfänglich, weil sie Angst haben, dass ihnen etwas genommen wird." Die Wissenschaftler nennen das die „relative Deprivation" *(siehe Deutschlandfunk (DLF), Sendung 30.8.2018 aus Kultur und Sozialwissenschaft: „Politikwissenschaft sucht Wurzeln des Populismus")*.

Wenn man die Parolen der Aufmärschler im Osten Deutschlands in Radio und Fernsehen in den vergangenen Jahren verfolgte, scheint es so, dass sie tatsächlich glauben, dass da viele seien, die ihnen etwas wegnehmen wollen, obwohl das nachweislich in der Realität gar nicht der Fall ist. Das mag nicht für jeden gelten, der dort mitmarschiert, aber viele verhalten sich so, als fürchteten sie das Schlimmste. So ähnlich war die Situation in Deutschland vor den Wahlen im Januar 1933. Eine Wiederholung der Geschichte? Dass diese Aufmärsche schon seit vielen Jahren eigentlich ausnahmslos in der ehemaligen DDR stattfinden, hat aus meiner Sicht seinen Grund: Es ist in Kenntnis der einstigen DDR-Realität nicht abwegig anzunehmen, dass heute die subjektive Furcht vor dem materiellen Verlust auf einer Angst beruht, die sich bereits in Kindheit und Jugend entwickelt hat. In der ehemaligen DDR, so kann man heute sicherlich konstatieren, haben viele junge Menschen mit ihren Eltern ein auf Unrecht und Willkür aufgebautes Leben kennengelernt, dass vielerorts durch die strukturelle Gewalt des Staates geprägt war. Strikte Ge- und Verbote und die Gefahr der Denunziation beherrschte die Alltagserfahrung in den Familien. Man darf bestimmte Bücher nicht lesen, neue Musik kann man nur heimlich hören, man muss aufpassen, was man sagt, man darf öffentlich nur parteikonform denken und reden, kann nicht dorthin verreisen, wo man gerne hin möchte, wird observiert, vorgeladen, eingeschüchtert, bestraft, darf nicht studieren, was man gerne möchte oder wird gar für seine Überzeugung am Ende in den Knast gesperrt. Angst gehörte also zum alltäglichen Leben in der einstigen DDR.

Der inzwischen weltberühmte Maler Neo Rauch erzählt in einem Film über ihn und seine Malerei, wie in seiner Studienzeit die Partei auch die „Kunst als Waffe" deklariert hatte. Was nicht ins System passte, war für die Kader der Partei keine Kunst und wurde nicht zugelassen. Existenzen wurden auf diese Weise vernichtet. „Man hatte damals einen Klassenstandpunkt zu haben und sich genau so zu verhalten", so Rauch, „Individualität war nicht erwünscht!". Aufgrund solcher Erfahrungen nistete sich damals, so kann man annehmen, im emotionalen Schmerzkörper der jungen Leute eine ständige Angst vor Repressalien ein, die in diesem Unrechts- und Mangelstaat zu erwarten waren, wenn man mal ins Fettnäpfchen tappte. Wer immer noch glaubt, dass die DDR kein Unrechtsstaat war, sollte sich die einschlägige Literatur dazu ansehen. *(siehe auch dazu: Süddeutsche Zeitung vom 6.11.2019, Die Seite Drei „Der sechste Brief" sowie das Buch von Caritas Führer „Die Montagsangst").* Dass es auch in der DDR Kinder gab, die nach eigenen Aussagen relativ unbehelligt und glücklich aufgewachsen sind, gesegnet mit einer liebenden Mutter und einem diplomatischen Vater, soll nicht verschwiegen werden. Doch viele, viele Menschen haben unter dem System gelitten. Vielleicht sollte man es so sagen: In der ehemaligen DDR ist aus psychologischer Sicht die Masse der Bevölkerung nie wirklich emotional und geistig satt geworden. Also nicht nur der materielle Mangel war eine tiefe Grunderfahrung, es fehlte die Anerkennung ihrer Individualität, jegliche politische Toleranz, die Möglichkeit einer eigenen Lebensplanung, berufliche Wahlmöglichkeiten, religiöse Freizügigkeit, Rechtsstaatlichkeit und natürlich die Freiheit. Es mangelte an Solidarität untereinander – verständlich, wenn man glaubt überwacht und denunziert zu werden, sogar von seinen eigenen Kindern – und vor allem war es unmöglich, ein selbstbestimmtes Leben zu führen. Man lernte, Verantwortung nie bei sich, sondern immer bei den anderen oder der Partei zu suchen.

In solchen Verhältnissen sind immer die anderen Schuld, „meistens die da oben" *(siehe zur Deutschen Einheit, Deutschlandfunk am 2.10.2019 in der Sendung Länderzeit: „Umbruch und Trauma - Wie die Arbeit der Treuhand Ostdeutschland bis heute prägt").* Die verweigerten Lebensgrundlagen einer lebendigen, offenen Gemeinschaft, eines demokratischen Gemeinwesens gehörten demnach nicht zu ihrer Alltagerfahrung. Wenn also und das gilt für alle Menschen in allen Unrechtsstaaten, die eigenen Bedürfnisse, das eigene Wollen, die Freiheit und das Recht missachtet und sie beim Eintreten dafür diskriminiert, gar mit Gefängnis bestraft werden – von Eltern, der Gemeinschaft, dem Staat – dann ist es durchaus zwangsläufig, dass sich im späteren Erwachsenen auf Basis der alten Angst Misstrauen, Missgunst, ein tiefes Minderwertigkeitsgefühl und ein nimmersattes Ego entwickeln können.

In der sogenannten Wendezeit der DDR, deren Beginn eigentlich eine friedliche Revolution war, was man im Westen nicht gerne hört, war ich mehrere Male von Dezember bis März 1989/1990 mit der Kamera dort zu Filmaufnahmen unterwegs. Als nun die staatliche Wiedervereinigung mit dem Westen vor der Tür stand, machten die Menschen eine weitere frustrierende Erfahrung, die ihnen jede weitere Grundlage für ein ohnehin mangelndes Selbstvertrauen nahm. Ihre Interessen wurden von der politischen männlichen Elite Westdeutschlands nicht ernst genommen, ja, sie wurden hintertrieben, wenn man sich die Fakten anschaut. Die DDR-Bürger schloss man an diesem Wendepunkt der Geschichte zu den relevanten politischen Entscheidungen in ihrem eigenen Land mehr oder weniger geschickt aus. Der „runde Tisch" hatte Alibifunktion, der sogenannte dritte Weg wurde von den Entscheidern einfach ignoriert. Die Betriebe der DDR wurden zu neunzig Prozent abgewickelt oder an Westdeutsche Unternehmer verramscht. „Mit uns konnte man das ja so machen" *(siehe die o.g. Sendung im DLF)*. Ihre politische Naivität erklärt sich heute dadurch, dass einst das „Neue Forum", die damals tragende Bürgerrechtsbewegung der DDR in der Zeit der Wende es ablehnte, bei den ersten freien Wahlen in der DDR als politische Partei anzutreten. Sie wollten eine Vereinigung von Bürgern bleiben und schlossen sich dem „Bündnis 90" an, die erste grüne Partei in der Noch-DDR.

Werner Schulz, damals einer der einflussreichsten Bürgerrechtler erklärt dreißig Jahre nach dem Fall der Mauer in einem Dokumentarfilm zu diesem Entscheidungen in der Wendezeit in der DDR: „Wir waren Dilettanten!" Die wesentlichen Akteure, jene, die die Kultur in der Revolutionszeit maßgeblich bestimmten, wie das „Neue Forum", lehnten letztendlich die Verantwortung für die Neugestaltung der Noch-DDR ab. Sie sahen nicht, wie notwendig der Schritt nach vorne in die politische Arena gewesen wäre. Ihr mangelndes Selbstbewusstsein war dafür verantwortlich und es war auch offensichtlich niemand da, der charismatisch die Leute hätte mitnehmen und begeistern können. Das gehörte nicht zum Repertoire der DDR-Bürger. Sie waren dazu auch nicht in der Lage. Die Regie übernahm ab diesem Zeitpunkt das Volk auf der Straße, die „Deutschland einig Vaterland" brüllten *(ich mit der Kamera mittendrin)* und, natürlich, die Eliten des Westens. Man hatte den befreiten Bürgern nur die Aufgabe zugedacht, die Übernahme der DDR durch Westdeutschland auf den Straßen und Plätzen zu sanktionieren. Ohne dass ihnen das klar war, haben sie das auch lauthals gutgeheißen und ihr Land mit einem Startgeld von Einhundert Deutsche Mark für jeden DDR-Bürger an den Westen verramscht, um es mal krass auszudrücken.

Ich habe zu dieser Zeit bei Dreharbeiten zu mehreren Filmen in der noch selbständigen DDR gewissermaßen als Filmemacher und Zeitzeuge Auseinandersetzungen um den richtigen Weg in meinem damaligen Umfeld in der DDR miterlebt. Seinerzeit verstand ich nicht, warum die Menschen auf der Straße sich so schnell und kurzsichtig vereinnahmen ließen. Ich spürte damals sehr genau, dass hier etwas nicht gut lief und habe mich bei bestimmten Bildern, die ich drehte, für meine Landsleute geschämt. Ich fand die Art und Weise der Übernahme durch die Kohl-Regierung entwürdigend. Im Taumel der Befreiung ging ihr Bewusstsein für das, was wirklich geschah, im Meer der Emotionen vollkommen unter. Verständlich, wenn man vierzig Jahre wie in einem riesigen Gefängnis gelebt hat.

An den Tagen der Maueröffnung wurde auch ich selbst davon überwältigt. Ich war vom 9. bis 12. November 1989 auch in Berlin und habe die Besetzung und Öffnung von Teilen der Mauer durch die Bürger Ost-Berlins an der ehemaligen Demarkationslinie zwischen Ost und West tagelang miterlebt. Am Schlesischen Tor, einem Teil der Mauer, in die unter dem Beifall der West-Berliner von einem Bagger eine große Öffnung gerissen wurde, erlebte ich unter Tränen mit, wie die Leute in Massen durch die geöffneten Korridore zwischen und entlang von Stacheldrahtzäunen hindurchströmten, um uns, die auf der anderen Seite der Öffnung warteten, inniglich zu umarmen. Das waren Momente, die man niemals im Leben vergessen kann. Es erinnerte mich damals schon fatal an die Bilder der US-Army und der russischen Armee, die bei der Befreiung der KZ-Gefangenen Ende des II. Weltkrieges entstanden waren. Es waren ähnliche Bilder, mit den Zäunen und den verschlungenen Wegen durch den Stacheldrahtverhau. All das erlebte ich jetzt in der Realität!

Diese ungeheure Freude über die gewonnene Freiheit und die Aussicht auf ein selbstbestimmtes Leben wurde von den westdeutschen politischen Eliten, ja,vielleicht muss man es einmal so hart ausdrücken, missbraucht, um die Einheit, den Anschluss schnell durchzusetzen. Aufgrund ihrer wirtschaftlichen Macht und Cleverness setzen sie ihre Interessen in dem neu gewonnenen kleinen „Paradies" konsequent um. Zur Tarnung schufen sie eine entsprechende Behörde, die „Treuhandanstalt", die die DDR abzuwickeln hatte. Zur Tarnung deshalb, weil die staatliche Behörde ihre Entscheidungen aus dem Wissen, was wir heute dazu haben, eben nicht im Sinn der Bevölkerung traf, sondern im Sinn derjenigen, die die Macht hatten, schnell Kapital für die entsprechenden Transaktionen und Objekte zu generieren. Der damalige Kanzler Kohl und sein Finanzminister Weigel stellten den Mitarbeitern der Anstalt einen Freibrief aus, wenn sie auch grob fahrlässige Entscheidungen gegen den Sachverstand treffen würden. Die Menschen mit ihren hehren, revolutionären Motiven glaubten an das Gute all dieser Aktivitäten und wurden, so hört man die Betroffenen heute, bitter enttäuscht.

Achtzig Prozent der DDR-Bürger in dieser Zeit verloren aufgrund der Treuhand-Entscheidungen ihren Beruf, ihren Job, einen Teil ihrer Identität. Ihre „Naivität" wurde professionell ausgenutzt *(siehe die o.g. Sendung im DLF)*. Hinzu kam, dass der Druck, sich endlich frei bewegen zu können bei den Bürgern der damaligen DDR immens war und die Verlockungen des Westens offensichtlich zu groß waren, um einen klaren Kopf zu behalten. Ich selbst fuhr nach den Tagen des Mauerfalls auf dem Weg zurück von Berlin nach Hannover auf der Autobahn in einer unendlichen, zweispurigen Schlange von kleinen Trabis und Wartburgs, Stoßstange an Stoßstange. Es waren all jene, die Freiheit jetzt erleben wollten. Ihnen war ihr Land zu diesem Zeitpunkt schnurzpiepegal! Ich fühlte mich mit meiner Westkutsche darin ganz unwohl!

Wer im Herbst 1989 auf die Straße gegangen war, der dachte ja auch nach der gelungenen friedlichen Revolution und dem Anschluss an Westdeutschland, „jetzt wird alles besser". Die Russen hatten nicht in die inneren politischen Auseinandersetzungen eingegriffen und die Demonstranten fühlten sich als Gewinner der Situation. Doch schon nach kurzer Zeit war diese Hoffnung in den Sanierungskaskaden der Treuhandanstalt zerrieben. Nur wenige warnten vor dieser sogenannten Übernahme.

Aus staatspolitscher Sicht war das Gute daran, dass der liberale Verfassungsstaat sich auf ganz Deutschland ausdehnte. Als es aber in den Verhandlungen letztlich um die Selbstbestimmung der Menschen in der DDR ging, auch um einen neuen Weg, eine gerechtere Zukunft in Gesamtdeutschland, gingen die Menschen in Ost- wie Westdeutschland leer aus.

Die im Osten waren der Potenz des Westens, dem Kapitalismus, nicht gewachsen. Die im Westen mit der plötzlichen Einheit und den neuen, auch finanziellen Aufgaben bis an die Grenzen überfordert. Mitte September 2020 wurde von der Freien Universität Berlin, dem Ifo-Institut München und vom Leibniz-Zentrum für europäische Wirtschaftsforschung Mannheim eine Studie vorgelegt, wieviel Vermögen der Osten nach der Wiedervereinigung verloren hat. Danach verkaufte die ‚Treuhand‘ produktive Firmen im Osten vorwiegend an kapitalkräftige, westdeutsche Investoren. Nach Abschluss der Transaktionen ergab sich folgendes Bild (*Zitat Studie*): „*Rund 51 % der Firmen, 64 % der Umsätze und 68 % der Arbeitsplätze waren 1995 mehrheitlich in westdeutscher Hand.*" Von diesem Trauma des ‚Überfalls‘ haben sich die Menschen im Osten Deutschlands eigentlich nie erholt. Man durfte als Alimentierter im Osten ja auch lange Zeit nichts sagen, schließlich war man ja jetzt ‚befreit‘, musste dankbar für alles sein und gefälligst die Schnauze halten! Dreißig Jahre lang wurde die alte DDR bis in den letzten Winkel vollkommen neu aufgebaut. Der Frust wurde mit jeder neuen Fassade, jeder neuen Straße wieder und wieder heruntergeschluckt.

Im Westen blieb das unangenehme Gefühl, Millionen Menschen aufzupeppeln, ohne wirkliche Veränderungen auch in Westdeutschland zu erleben. Es blieb alles beim Alten. Die Eliten bereicherten sich am Sanierungsfall Ostdeutschland und schauten darauf, dass nicht sie, sondern die Bürger die Zeche der Einheit zahlten. Die Westdeutschen wurden nicht gefragt, ob sie diese Alimentation überhaupt wollen. Die im Osten mussten über Nacht ihr altes System aufgeben, ohne das neue zu kennen oder mitbestimmen zu können. Weil man sie im Westen für ihre technischen und kulturellen Standards, wie etwa den Trabi, ihre Bands, die Rock- und Popmusikproduktionen, die antiquiert organisierten Arbeitsfelder und vieles mehr belächelte, versuchten insbesondere die Männer, sich schnell die westdeutschen kulturellen Codes und Statussymbole anzueignen (*Siehe auch dazu: Greta Taubert: „Guten Morgen du Schöner - Begegnungen mit ostdeutschen Männern"*).

Das, was zu der Zeit aus der DDR kam, hatte in den Augen der Westdeutschen und am Ende auch in ihren eigenen Einschätzungen keinen Wert mehr. So zerbrachen nicht nur die Arbeitsbiographien der Ossis, auch ihre kulturelle Identität bekam einen herben Knacks. Das zusammengenommen ist eine zutiefst frustrierende Erfahrung, jedenfalls wenn Menschen ein selbstbestimmtes, auf ihren Erfahrungen gegründetes Leben führen möchten.

Hört man die Menschen aus Ostdeutschland in den diversen Sendungen, zum Beispiel in den erwähnten zu den immer wiederkehrenden Feierlichkeiten zur Deutschen Einheit, ist oftmals der Satz zu hören: *„Die haben uns alles genommen – unsere Industrie, unser Vermögen, unsere Kinder"* *(siehe die o.g. Sendung im DLF)*. Das scheint im Osten unseres Landes eine allgemeine subjektive Erfahrung zu beschreiben, die dort zwei Jahrzehnte nur in den Wohnzimmern und nicht, wie seit einigen Jahren, im öffentlichen Raum diskutiert wurde. Aus sozialpsychologischer Sicht kann man somit festhalten, dass den Menschen vor und nach dem Zusammenbruch des DDR-Systems offensichtlich geschickt die Einflussnahme auf ihre eigene Zukunft verwehrt wurde – es gab in diesem Moment der Geschichte nicht wie erhofft jene Selbstwirksamkeit, die so viele Jahre des Lebens in der DDR verwehrt worden war.

Die Quittung, den geballten Frust bekommen wir erst nach Jahrzehnten herausgebrüllt, weil der Druck jetzt mit der AFD-Partei endlich ein Ventil gefunden hat. Die Pazifizierung des Ostens geschah bisher durch Aufbau- und Sozialleistungen des Westens. Dreißig Jahre lang alimentierte er das wummernde Stillschweigen des Ostens – offensichtlich reicht jedoch das, was der Westen zu bieten hat, jetzt nicht mehr aus. Zwei Generationen im Osten Deutschlands sind in der Nachkriegszeit bis heute weder von dem einen noch von dem anderen politischen System in ihrer Interessenslage, in ihrem Bedürfnis nach Selbstbestimmung berücksichtigt oder gewürdigt worden. Nimmt man die zwölf Jahre Faschismus vor 1945 noch hinzu, dann wird verständlich, wie wenig Eigenverantwortung, politische Kultur und Zivilcourage man dort lernen konnte.

In über fünfzig Jahren erlebten die Menschen die tiefsitzende, unbewusste Angst vor struktureller Gewalt, Denunziation und radikalen persönlichen und familiären Bedrohungen und Brüchen. Sie waren der Willkür und Unfreiheit, die oftmals den individuellen Gestaltungswillen für ein eigenes Leben verhinderte, über Generationen ausgesetzt.

So wird verständlich, wie wenig der Opa, der Vater, der Sohn im Osten Deutschlands liberale, demokratische Werte erfahren und leben konnte. Sie gehören nicht zur politischen DNA der Menschen dort. Die mangelnden Toleranz zeigt sehr deutlich, wie frustriert sich drei Generationen fühlen müssen. Über Nacht in einem demokratischen System aufzuwachen bedeutet ja eben nicht, dass man auch über die Fähigkeiten verfügt, darin ein neues Leben zu beginnen. Das hatte damals kaum jemand im Westen auf dem Zettel, das war auch kein Thema und für die, die die Übernahme gestalteten, war das ohne Bedeutung, denn sie hatten anders im Sinn.

Um zu dem Report der Sozialwissenschaftler auf dem Weltkongress zur politischen Wissenschaft zurückzukommen: Es sind die immer „Zukurzgekommenen", die „Nichtgehörten", die aus ihrer Sicht auf den Straßen in Ostdeutschland vom Opa, über den Vater, bis zum jungen Hooligan zu finden sind. Sie fürchten nun zusätzlich zu ihren individuellen und gesellschaftlichen Traumata, dass das, was man sich vielleicht trotz allem mühsam erarbeitet, was man materiell in den vergangenen Jahren an Zuwendung vom Westen bekommen hat (Finanzierung der Länderhaushalte und der, der Kommunen, Arbeitslosen- und Überbrückungsgelder, andere soziale Zuwendungen, Rente und Ruhestandsgelder), wieder durch eine westdeutsche Entscheidungen zu verlieren, so die Wissenschaft.

Da wird dann im Fall der Flüchtlingsproblematik in Deutschland schnell der Fremde zum ‚Feind' ihrer noch nie berücksichtigten Interessen. Diese „Zukurzgekommenen" bauen dann aufgrund ihrer schmerzhaften Erfahrungen über Generationen hinweg einen riesigen, inneren Popanz auf, dem alles Schlechte zugedichtet wird. Zwischen 1933 und 1945 waren das insbesondere die Juden, die Kommunisten und alle, die nicht „arisch" waren, heute sind es die Flüchtlinge, die Islamgläubigen und auch wieder die Juden. In den Menschen, die also an rechtsgerichteten Demonstrationen mitmachen, scheint über viele Jahrzehnte eine Angst und Frustration gewachsen, die sich letztendlich als individuelle, vor allem aber auch als kollektive, politische Not verstehen lässt. Ihnen hat man offensichtlich seit 1933 noch nie wirklich zugehört, um ihre Interessen kennenzulernen. Für die historische Einordnung ihrer eigenen individuellen und kollektiven Geschichte fehlt den Leuten selbst aber scheinbar das Bewusstsein. Im Unbewussten wächst dann auch schnell jene Dynamik, vor der wir alle erschrecken: „Wenn es sein muss, gehen wir auch mit Gewalt vor, um gehört zu werden."

Die Geschichte der Menschheit hat gezeigt, dass das eine Folge der Unterdrückung der Selbstbestimmung und Selbstwirksamkeit sein kann. Angst und Gewalt wachsen auf der gleichen Müllhalde. Auf diese Weise begannen einst Anfang der 1930er Jahre die frisch organisierten Horden der NSDAP in der Weimarer Republik die Kommunisten und Sozialdemokraten zu jagen, heute tun das die Rechten mit den Flüchtlingen und wieder mit Juden. Die Populisten aber fühlen sich als Opfer und sind, worüber die Politiker und Moderatorinnen des Fernsehens sich aufregen, über Argumente in der Sache nicht mehr zu erreichen. Das ist tatsächlich so, die Vernunft hat gegen ein kontaminiertes Unbewusstes *(siehe entsprechendes Kapitel)*, wo Angst und Frustration die Hauptenergien sind, keine Chance. So wird eine jeweils individuelle psychische Störung von vielen zu einer kollektiven Psychose und damit zu einer ernsten Gefahr für unser politisches System. Das hat in seinen Anfängen eine ähnliche destruktive und bedrohliche Qualität, wie ich sie zur Beantwortung der Jahrhundertfrage der Historiker zum Holocaust ins Feld geführt habe *(siehe Kapitel Erziehung-Gewalt-Faschismus)*. Wie kommt es nun, dass in solchen Situationen der Furcht vor Verlust, damals wie auch heute im Osten Deutschlands viele, ganz normale Männer Parolen und neuen Führern folgen? Warum lassen sich gerade Männer so gerne auf diese Parolen und die Gewalt ein? Was geht in ihnen vor?

Warum folgen heute so viele den populistischen Parolen rechtsgerichteter Stimmenfänger in vielen Teilen Europas angesichts der faschistischen und kommunistischen Katastrophen im 20. Jahrhundert? Was wirkt da? Oder was wirkt da nicht mehr? Wie kommt dieser massenhafte Konsens zu einer inhumanen und rückwärts gewandten Politik zustande? Warum sehen auch heute noch viele den Krieg als legitimes Mittel von Auseinandersetzungen? Und warum favorisierten zum Beispiel 2008 bei einer großen wissenschaftlichen Umfrage etwa 80 Prozent der israelischen Bevölkerung trotz der leidvollen Erfahrungen über Generationen hinweg immer noch den bewaffneten Kampf mit den Palästinensern als probates Mittel für die Lösung des Konflikts?

Meine erste These:

Viele Menschen halten diese Art einer primitiven menschlichen Auseinandersetzung aus alter Tradition immer noch für vollkommen ,natürlich' – der Stärkere setzt sich durch, der Stärkere hat Recht, Kampf ist ja schließlich ein Teil der anthropologischen Konstante bei Männern, das gehöre nun mal zur Natur, zum Mensch- und zum Mann-Sein, so scheint die allgemeine Einschätzung zu sein. Und es gibt nach alter Tradition wohl immer noch Gut und Böse und Rache und Vergeltung, wie du mir, so ich dir! Die anderen, die sind immer die Bösen, die Anderen haben immer die Schuld! Wie vor fünftausend, vor zehntausend Jahren schon sind diese Vorurteile nach wie vor virulent im kollektiven Gedächtnis der Menschen vorhanden! Das gehört zu den kollektiven Archetypen von Gesellschaften.

Es bietet sich an, den Konflikt der Palästinenser mit den Israelis hier als Beispiel anzuführen, nicht weil ich Antisemit bin, sondern weil er bereits über drei Generationen anhält und immer neue Wächter des Zorns gebiert. Warum? Es ist das Ergebnis von Erziehung, die Einstellung von einst konservativ erzogenen Erziehern, die diese kollektiven Glaubenssätze nicht hinterfragen. Mit Feindbildern wurden und werden die Knaben in Israel und in Palästina immerzu in jeder Generation zu erzkonservativen Männern konditioniert. Die fünftausend Jahre alten Bibelsprüche „Aug' um Aug' und Zahn um Zahn" sind das Mantra der Konservativen, überall auf der Welt. So radikal erzogene junge Männer kennen dann außer der Abgrenzung und dem Kampf keine Alternativen, hier wie dort fehlen ihnen die Bedeutungsrahmen dafür. Und das, was man lernt, das lebt man. Das deutet in der israelischen Gesellschaft auf eine tiefe Veränderung der Verhaltenskultur, eine Deformation der Menschen untereinander hin. Der israelische Schriftsteller David Grossmann kommt in einem seiner letzten Essays zu dem Schluss, dass derartige Verhältnisse über einen langen Zeitraum, wo Terror, Gewalt und Krieg mehr oder weniger ständig erfahren werden, zur Deformation der Menschen führen – Würde und Mitmenschlichkeit bleiben dabei auf der Strecke: *„Wir sprechen über das Leben in der Terminologie des Krieges. Alles wird eingeteilt in ‚der ist Freund oder der ist Feind', als ob es dazwischen nichts gäbe."* (siehe David Grossman: *„Eine Taube erschießen".)* Und mit dieser Terminologie und Sprache wird die Hoffnung auf ein besseres, schöneres Leben immer auf die nächste Generation verschoben, seit Generationen.

Solche Gesellschaften stecken in ihrer tradierten Kultur fest und scheinen kein allgemeines Bewusstsein davon zu haben, dass die Situation eigentlich immer schlimmer wird. Niemand lehrt scheinbar die Alternative, weil es offensichtliche Interessen von einflussreichen Gruppen gibt, die bestehenden Verhältnisse nicht zu verändern. Darauf achten ja die Eliten dann besonders, wenn sie selbst davon profitieren und ein scheinbar gutes Leben haben. Männer implementieren diese Ideologien im gesellschaftlichen Zusammenleben oder sind deren Handlanger, sie kennen es aufgrund ihrer Erziehung nicht anders.

Die zweite These:

Weil Erziehung, strikte Regeln und traditionelle Glaubenskonventionen eine individuelle Bewusstwerdung behindern, kommt nun dem Unbewussten als Hindernis für eine positive Entwicklung eine besondere Bedeutung zu. In einem solchen ideologischen Klima ist in aller Regel die Vernunft von den indoktrinierten Inhalten des Unbewussten kontaminiert, wie im entsprechenden Kapitel „Das Unbewusste" dargelegt. Kaum jemand, der zum Clan gehört, stellt Ideologien infrage. Da haben gerade wir Deutschen einschlägige Erfahrungen gemacht, sowohl in der Nazidiktatur als auch in der Diktatur der DDR. Die Repressionen und die allgemeine Grunderfahrung der Angst wirken nachhaltig auf das Unbewusste. Empfindet man die Angst vor der Ausgrenzung, der Verfolgung, der Bestrafung, folgt man lieber den Führern, wie man den autoritären Eltern gefolgt ist. Mein Vater schilderte dies als Grund für sein Schweigen.

Das Bewusstsein der Mitläufer ist als Instanz der Kritik, des Widerstandes gegen autoritäre Strukturen nicht entwickelt. Fast alles wird aus dem Unbewussten heraus entschieden (*siehe dazu das entsprechendes Kapitel*). Und die, die bewusster, kritischer leben und die Sache durchschauen, bekommen kaum Gelegenheit sich öffentlich zu äußern, werden in den betreffenden Staaten stumm geschaltet, werden weggesperrt oder getötet, wie es im Moment in China läuft, aber nicht nur dort. Unter Hitler und in der DDR wurde das bei uns genauso gemacht. So fehlen Vorbilder, die für Bewusstseinsprozesse in der Bevölkerung eminent wichtig sind.

Das Bewusstsein kann sich unter solchen gesellschaftlichen Verhältnissen nur wenig entwickeln, es stagniert und hält sich an dem fest, was es kennt und zur Verfügung hat. Hinzu kommt die Propaganda in den Medien. Sie präsentiert die Ideologie der Elite, die dann das individuelle Unbewusste der Einzelnen ständig bombardiert und damit kontaminiert. Die Deutschen können davon ein besonders langes Lied singen. In der Nazidiktatur waren sie die Propaganda-Meister. Eigentlich leuchtende Menschenwesen degenerieren so zu blassen Mitläufern. Die Blockierung des Bewusstseins verhindert die wesentlichen Entwicklungsschritte besonders in sehr männlich orientierten Gesellschaften.

Die dritte These:

Männer haben Ängste, die sie unbedingt verstecken wollen und müssen und sie haben ähnliche Ängste *(kann man an einer Hand abzählen, dazu in den letzten Teilen des Buches Aufschlussreiches)*. Diese Ängste bestimmen über das Unbewusste das Verhalten, die Handlungen und erzeugen viel Negativität. Schaut man in therapeutischen Prozessen hinter die Fassaden, so wird bei vielen Männern erkennbar, dass sie etwas nicht wahrnehmen wollen – ihre Angst, oft eine wabernde Existenzangst. Es dauert, bis Männer sich trauen, darüber zu sprechen. Denn sie müssen in vielen Bereichen gut funktionieren, Leistung bringen in einer meist knapp bemessenen Zeit und gut ankommen bei den Chefs, in gesellschaftlichen Gruppen, in der Öffentlichkeit, der Familie. Das um so mehr, wenn es Wirtschaftsbereiche sind, die sich in einem Verbund großer Konkurrenz behaupten müssen. Das trifft die kleinen Angestellten genauso wie die Manager oder die Topleute. Ängste, dauerhaft verdrängt, neigen dazu, sich in defensiven Verhaltensweisen und in Krankheiten zu äußern. Nach statistischen Angaben der Krankenkassen waren 2016 in Industrie und Wirtschaft in Deutschland 80 % mehr Krankheiten mit psychischen Ursachen zu behandeln als zehn Jahre zuvor. Im Durchschnitt waren die Beschäftigten 26 Tage im Jahr aufgrund psychischer Probleme krank. Das zeigt sehr deutlich, wie hoch der Druck in Arbeitsverhältnissen ist, wo man weder Angst noch Schwäche zeigen darf.

Frauen und Männer halten den psychischen Druck solange aus, bis der Körper reagiert. Es ist vor allem auch die Angst vor den Gefühlen, die den Männern grundsätzlich zu schaffen macht. Sie scheuen sich, die Tür ins Innere aufzumachen, wie ich es in meiner Jungmännerzeit auch tat. Und dann haben Männer Angst vor dem, was sich da im Laufe der vielen Jahre an Konflikten, Problemen angesammelt hat. Deshalb mühen sie sich, alles unter Kontrolle zu halten. Und deshalb sparen sie so mit Gefühlen, auch jenen der Zärtlichkeit und der Liebe. Gefühle, auch zarte, tendieren zur Öffnung des Herzens und das erinnert sie oftmals an das Schmerzhafte, was sie hinter sich haben. Sie haben nicht nur subjektiv Angst, den inneren

Bereich zu berühren, sie sind ja auch obendrein noch zur Verschlossenheit, zum Aushalten und Runterschlucken erzogen worden nach dem Motto: Indianer weinen nicht! Anders formuliert: Die liebevolle Zugewandtheit ist oftmals verschlossen, weil die Kontrollinstanz des Ichs sie bewacht. Wenn Konfrontationen zum Beispiel mit der Partnerin zu groß werden, endet es meistens mit Aggressivität oder aber mit einem Rückzug. Ich selbst wählte den Rückzug und war bei Kritik schnell beleidigt. Auf diese Weise entstehen die kleinen wie die großen Kriege. Und diejenigen, die sie inszenieren, machen das in der Regel ohne ein Bewusstsein davon zu haben. Sie wissen nicht, was sie da eigentlich treibt.

Fazit des Exkurses:

Die Frage war ja, wie es kommt, dass Männer einer inhumanen und restaurativen Politik folgen und sich dafür bis hin zur eigenen Gewaltanwendungen benutzen lassen? Die althergebrachte Kultur des Kampfes mit der entsprechenden Erziehung zur Härte und Ideologie ist ein Teil des Männerproblems. Das Andere ist das mangelnde Bewusstsein der Männer, also die Dominanz des Unbewussten. In diesem Unbewusst-Sein tummeln sich die verdrängten, individuellen Ängste, die jede Sensibilität und die Klarheit des Geistes unmöglich machen. Ängste blockieren Solidarität und kluge Entscheidungen. Männer mit einer solchen Sozialisationsgeschichte sind es gewohnt, Autoritäten zu folgen und tun bereitwillig das, was man ihnen aufträgt, weil sie Angst vor Konsequenzen haben oder weil sie glauben, dass sie, ihr Ego also, davon profitieren. Sie stehen als erwachsene Männer da, wo man sie als Jugendliche entlassen hat: In Abhängigkeit, voller problematischer Glaubenssätze und mit einer antrainierten Pseudoidentität, auf deren Grund sich die Angst tummelt.

Das in dieser Radikalität und auf diese Weise zu betrachten, mag vom wissenschaftlichen Standpunkt aus nicht akzeptabel sein. Doch versucht man, sich der Wahrheit des männlichen Handelns und Verhaltens über all die Jahrhunderte so anzunähern, landet man zwangsläufig bei der Diskrepanz von Unbewusstheit und Bewusstsein insbesondere von Männern, die ihrem mehr oder weniger kontaminierten Ego gefolgt sind. Eckhart Tolle und andere weisen auf diesen Treibsatz in männlich dominierten Gesellschaften hin. Das krankhafte Ego, was uns alle von unserem Glück trennt, ist der Grund für die Entwicklungshemmung in unseren Völkern (*siehe Eckhart Tolle: „Eine neue Erde"*).

Wie sieht nun der Ausweg aus? Die mächtigen Eliten werden von sich aus nichts verändern wollen. Wenn der Wandel kommt, dann von unten und die, die es gewohnt sind zu entscheiden, werden sich dem und den neuen Realitäten auf der Erde nicht mehr entziehen können. Diese Veränderungen werden von jedem Einzelnen ausgehen, von seinen neuen Erkenntnissen. Wie sagte Pete Seeger, die Legende des amerikanischen Folk in einem Interview so schön: „If the people lead, the leaders will follow!"

Dabei wird uns Männern etwas helfen, was sich bisher nicht entfalten durfte, weil mächtige Homo Sapiens immer etwas dagegen hatten. Es wird sicherlich auch aufgrund des Druckes, der entsteht, eine neue Qualität zum Tragen kommen, die zu allen Zeiten unterdrückt wurde. Etwas, was mir geholfen hat und vielen anderen Hoffnung macht. Es ist die weibliche Energie, die Stärke des weiblichen Geschlechts, besonders der jungen Frauen! Ihre am Wohle der Menschen orientierte anthropologische Bestimmung wird die Oberhand gewinnen. Das ist der eigentliche Kampf, der im Moment überall auf der Welt stattfindet – der Geschlechter- und Generationenkampf.

Die Männer wissen bereits, dass die Frauen für das Ende ihrer Herrschaft sorgen werden. Denn Frauen lassen sich nicht mehr wie seit Jahrhunderten, Jahrtausenden den Mund verbieten. Viele von ihnen sind nicht mehr bereit den alten Glaubenssätzen zu folgen. Sie haben aufgehört zu dienen. Frauen haben die besseren Argumente und, wenn sie ganz bei sich selbst bleiben, werden sie auf lange Sicht eine andere Politik machen, sie führen anders, sie haben andere Inhalte, sie haben Gesprächskompetenz, sie sind teamfähig. Sie müssen jetzt und zukünftig mehr Macht fordern und sich nehmen, nicht als die besseren Männer, sondern als diejenigen, die es gewohnt sind, Leben zu geben und zu behüten. Es ist ihre anthropologische Grundausstattung als weibliche Wesen, ihr innerer Reichtum, ihr Potenzial, es ist ihre Emotionalität, ihre Herzensenergie, das Beschützende und gleichzeitig das wilde Ungeordnete, ihre Intuition, ihre Orientierung am Leben selbst, was jetzt gebraucht wird.

Die Mehrzahl der Frauen, also diejenigen, die den Alltag managen, haben immer das konkrete Leben vor Augen, sie gebären es ja und sind daran interessiert, dieses Leben zu schützen, zu bewahren und es liebend zu fördern, so gut sie es können. Von Natur aus haben sie die Kompetenz, uns an dieser lebensbejahenden Energie teilhaben zu lassen. Das durfte bisher bei den Völkern dieser Welt gesellschaftlich nur spärlich leuchten und wirken. Sie sind es aber, die in ihrer Mehrzahl Entwicklung wollen und die mit ihrer emotionalen Intelligenz weltweit Hoffnung verbreiten. Es sind zudem die Frauen, die weltweit die Beziehungsdynamik prägen, und die uns Männer darauf aufmerksam machen, was wir oftmals aufgrund der fehlenden Frames und Bedeutungsrahmen (*siehe Kapitel „Das Unbewusste"*) nicht mitbekommen.

Die Frauen lassen uns auf der ganzen Welt immer öfter ins menschliche Antlitz blicken und begründen ihren Protest nicht aus ideologischen oder materiellen Erwägungen, sondern wie zu allen Zeiten aus ihren Lebenserfahrungen in Beziehungen, aus der Perspektive eines liebenden, sorgenden Wesens. Sie haben zum Beispiel schon vor vierzig Jahren Gewalt, Sexismus und Frauenfeindlichkeit auf Demonstrationen angeprangert, was sie heute verstärkt immer noch tun, weil sie endgültig die Nase davon voll haben, von Männern benutzt, entwürdigt, missbraucht oder geschlagen zu werden. Heute ist dieser Protest ungleich kraftvoller und notwendiger denn je. Junge Männer, die noch nicht so versaut sind, werden sich in die Phalanx der Frauen einreihen und sie dabei unterstützen.

Es geht nach tausenden von kriegerischen Jahren um die Ausgewogenheit zwischen unseren männlichen wie auch weiblichen Anteilen in uns. Zärtlichkeit, Kommunikationsfähigkeit, Nähe, Offenheit, Liebe und Toleranz kann nicht mehr nur die private Qualität der Frauen sein. Was soll daran nicht männlich sein? Die alte Männlichkeit ist schon längst auf dem Müllberg, sie stinkt aber noch und verpestet die Luft. Man muss diesen Müll recyceln. Und für die Frauen gilt, dass sie sich ein bisschen mehr Mut und Durchsetzungsvermögen zutrauen sollten. Das darf nicht mehr den Männern vorbehalten sein. Die so reiche Natur auf unserem Planeten, das ganze Universum ist auf eine ausgeklügelte Balance der Kräfte ausgerichtet, auf Harmonie. Und was im Großen so ist, ist im Kleinen erst recht nötig. Würde das nicht so sein, alles, was wir kennen, wäre nicht entstanden. Nur wir Menschen tun uns schwer damit, diese Harmonie in Allem für unser Zusammenleben zu kreieren. Das zu verändern, ist die Aufgabe einer neuen Generation im neuen Jahrhundert.

Weltweit entwickeln sich zudem kleine, neue politische Cluster besonders in einfach strukturierten Volksgruppen, wo Frauen eine führende Rolle spielen, wo Frauen das gesamte Leben im Dorf, der Stadt inklusive der Politik mitbestimmen, wo die freie Frau erst die freie Gesellschaft ermöglichen kann. Weltweit ist das Patriarchat am Ende, auch wenn die Patriarchen das noch nicht wahrhaben wollen und oftmals noch zurückschlagen werden. Die Patchworkfamilien im Verbund mit zunehmender Rechtsstaatlichkeit werden zukünftig ihren Teil dazutun. Männer haben in den Familien nicht mehr die Macht vergangener Epochen.

Wenn wir von unseren Frauen lernen, wie man Leben erhält und nicht vernichtet, ist es zwangsläufig, dass wir darüber immer sensibler werden für das, was lebt und Fürsorge braucht – unsere Erde. Hinzu kommt die dringende Aufgabe, die gerechte Verteilung der Ressourcen auf dieser Welt einzuleiten und für den Schutz all dessen zu sorgen, was bedroht ist. In diesem Augenblick verbraucht ein Fünftel der Weltbevölkerung vier Fünftel der materiellen Reserven dieser Erde. Deshalb gilt es, einen neuen, anderen Weg zu gehen im Konsens und unter Führung der Frauen. Es geht naheliegend darum, den digitalen, technischen und ökonomischen Fortschritt wieder an die soziale Entwicklung zu koppeln und dies als Kernaufgabe des Staates zu verstehen. Dann und nur dann entwickeln sich auch unsere politischen Systeme weiter zu förderlichen Regierungsformen, wenn sie nicht auf Konkurrenz, sondern auf Kooperation und Nachhaltigkeit ausgerichtet sind.

Am Ende sind wir alle nur Menschenwesen, die lieben und glücklich sein wollen. Der Unterschied zwischen Frauen und Männern ist dann aufgehoben, wenn wir Männer uns unserem Herz zuwenden und uns in Resonanz mit der sozialen Welt, der Natur und dem Universum befinden. Da geht es um unsere Wahrheit, um das Selbst, die Erfahrung von Miteinander, Liebe und Glück. Ich habe die Hoffnung, dass wir Männer uns weiterentwickeln werden, denn das Bewusstsein vieler Einzelner und das von großen Teilen der Gesellschaft hat sich im Laufe meiner mehr oder weniger bewusst gelebten fünfzig Jahre seit 1968 sprunghaft entwickelt. Was damals Hunderte oder Tausende gefühlt oder gedacht haben, das sind heute Hunderttausende und Millionen. Für mich selbst war es nach dem Zusammenbruch des Machos in mir eine großartige Erfahrung, Hilfe besonders von Frauen zu bekommen. Damit erfuhr ich eine uneigennützige Unterstützung, die ich vorher so nicht kannte. Ich begriff damals als Dreißigjähriger schon, dass, wenn es mit mir gut laufen soll, ich mich öffnen, mir nichts mehr vormachen darf und die Frauen als Partnerinnen begreifen muss. Daran führt auch heute und immer noch kein Weg vorbei. Im Gegenteil, die weibliche Sicht auf die Welt ist unsere Chance!

ZWEITES BUCH
Die Entdeckung des Selbst

Das Problem mit der Nähe – ein Leben lang?

Nach dem Urlaub in der Normandie wusste ich, dass ich eine Reise nach innen anzutreten hatte, die die letzten Reste einer Pseudoidentität klären musste. Für mich war vor allem nach diesem Urlaub klar, dass ich den Automatismus des Rückzugs in die Sprachlosigkeit und der Distanz, dieses nervende Hin und Her beenden musste, sollte die Liebe zu meiner Frau nicht beschädigt werden. Ich setze mich also hin, schaute mir die Inhalte von Workshops an, die ich vielleicht besuchen könnte und meditierte. Und bei dieser inneren Einkehr und den Gesprächen mit meiner Frau wurde deutlich, dass ich schon immer in allen Beziehungen, die ich je hatte, die Balance mit der Nähe nicht hinbekam. Ich war immer vorsichtig gewesen, mich auf eine Beziehung einzulassen. Die Enttäuschung führte dazu, dass ich mich schließlich selbst für die Unfähigkeit verurteilte. Nähe besorgten meistens und immer wieder die Frauen. Wenn es dann aus meiner Sicht ,zu eng' für mich in der Beziehung wurde, wurde ich nervös, weil ich dachte, ich würde in der Nähe nicht mehr zu meinen Sachen kommen. Meine Frau sagte dazu: „Aber das kannst du doch mitteilen, wenn du etwas anders möchtest, etwas, was du gerne alleine machst!" Schnell erwiderte ich, dass ich ja das auch irgendwie nicht ausdrücken könnte, was ich möchte. „Das wabert alles in mir herum und ist schwer für mich zu fassen. Irgendwie, ganz am Ende, bin ich einfach im Zusammenleben zu vorsichtig, bin, so kommt es mir manchmal vor, bin einfach ängstlich!" Oder fehlte mir da einfach etwas, was zum Beispiel meine Frau und wahrscheinlich auch manche Männer offensichtlich haben?

Da dachte ich plötzlich einen kurzen Moment an meine Mutter, warum auch immer und sagte ganz spontan: „Vielleicht hat das was mit meinem Verhältnis zu meiner Mutter zu tun, das war ja immer sehr nah, auch heute noch!" Meine Frau und ich schauten uns an und wir wussten, dass über diese Mutterbeziehung vielleicht die Spur zu meinem Problem führt. Aber wie kommt man an derart tiefe Verstrickungen heran? Ich wollte nicht weiterreden, denn ich fühlte mich nicht gut mit all dem und ging in mein Zimmer. Dort schaute ich meine alten Aufzeichnung im Tagebuch durch und fand eine Eintragung, die ich als junger Kerl machte. Ich hatte damals, an einem Abend in der Männergruppe mein Problem den Freunden folgendermaßen geschildert: „*Das Miteinandersein mit meiner Freundin erlebe ich zwar als gut, zugleich aber fühle ich mich in dieser Nähe, wenn wir sie denn mal haben, irgendwie auch eingeengt. Ich spüre dann eine Bedrohung, einen Mangel an Freiheit, fühle mich irgendwie gebunden. Ich habe dann nicht das Vertrauen zu mir, dass ich in der Nähe noch ich selbst sein kann. Ich gehe dann vorsichtig auf Distanz. Ja, es verschließt sich etwas in mir und dann fühle ich mich im Zusammensein nicht mehr wohl und ich ziehe mich zurück! Ich finde es belastend und traurig.*"

Den Brief einer damaligen Freundin, mit der ich vor meiner Frau zusammen war, fand ich einige Seiten später. Der verdeutlicht, wie eine Frau einen Mann erlebt, der will und sich doch nicht traut. Ich war damals gerade mal dreißig Jahre alt, als sie ihre Enttäuschung über meine Unfähigkeit in einem Gedicht an mich niederschrieb:

> *„Eine Liebe zu Dir – hoffnungslos,*
> *an sich aber könnte sie sein – grenzenlos.*
> *Stürmisch wie das aufgewühlte Meer.*
> *Zärtlich wie ein warmer Sonnenstrahl.*
> *Doch scheint sie kalt wie ein Eisblock.*
> *Einsam wie ein Pfennig in der Kasse.*
> *Ich sag dazu trotzdem Liebe,*
> *jetzt fürchtest Du Dich vielleicht!*
>
> *Mein Herz klopft den Takt des Schrittes,*
> *den Du gerade auf der Straße gehst.*
> *Ich will Dich sehen und bei Dir sein.*
> *Ich weiß – Du hast keine Zeit!*
> *Doch wie gerne würde ich*
> *in Deinen Armen versinken*
> *und Dich festhalten für Sekunden nur.*
> *Doch Du hast Angst, vor Dir*
> *und auch vor mir und meiner Liebe!*
>
> *Warum?*"

Ja, die Antwort auf dieses Warum hatte ich auch nach fünfundzwanzig Jahren noch nicht gefunden. Ich schämte mich, dass ich die Frauen immer so enttäuscht hatte und dass meine Frau auch jetzt noch darunter zu leiden hat. Sie fühlt sich in einem solchen, eher distanzierten Zustand dann allein, ohne Widerhall und natürlich nicht wohl. Ich selbst bemerkte das manches Mal gar nicht und war dann ganz überrascht, wenn sie schließlich mit Nachdruck anmerkte: „Wir müssen mal wieder miteinander reden!" Und im Alltagstrott kam dann schon mal von mir: „Ja, wieso, was ist denn, ist irgendetwas passiert?" Das meinte ich tatsächlich ernst, denn natürlich ist man sich seiner Unfähigkeit nicht tagtäglich bewusst. All das deprimierte mich – es war eine Wahrheit, die weh tat.

Einige Monate nach dem Gespräch mit meiner Frau, als der Knoten der Gewohnheit, des Rückzugs sich wieder zuzog, die Arbeit an Filmen mich wieder im Griff hatte, mein Lebenskanal sich also mehr und mehr verengte und nur noch wenig zwischen uns floss, war ich bei einer Auseinandersetzung mit ihr wieder an einem Punkt angekommen, wo ich resignierte und nicht mehr weiter wusste, einfach auch erschöpft war. Ich versuchte das mit den Anstrengungen und Belastungen im Beruf zu erklären, der mangelnden Zeit, meinen vielen Aufgaben, die ich auch in der Öffentlichkeit übernommen hatte. Doch ich spürte, dass das zwar Zeit kostet, aber dennoch auch nur Ausreden waren. Mir wurde erstmalig klar, dass ich mich als Opfer der Umstände sah. Eine deprimierende Erkenntnis.

Ich zuckte nach einer Weile des Blickkontakts in der gemeinsamen Stille mit den Schultern und war traurig. Und da sammelten sich einfach so Tränen in meinen Augen. Ich hatte genug von Rückzugsgefechten, genug von Mauern, die ich um mich gebaut hatte. In dieser Rührung fühlte ich wieder meine Not mit mir selbst. Es packte mich richtig und ich sah voller Schmerz all die Jahre vor mir, in denen ich es nicht richtig hinbekam und immer wieder in das gleiche tiefe Loch fiel. Ich wusste, es war ein Loch mit einem Gang zu jenem dunklen Verlies, was zu entdecken auf mich wartete. Ich war erschüttert, ein eigenes Bedürfnis nach solch einem Wir-Gefühl offensichtlich nur unzureichend spüren zu können. Ich hatte nicht das, was sie lebte, ich spürte diesen Mangel bis in meine schmerzenden Knochen. Und da fühlte ich den Zorn, den Zorn darüber, dass offensichtlich etwas im Wege stand, dieses Wollen nach Nähe und Liebe sich nicht entfalten kann. Im gleichen Augenblick öffnete sich jenseits des Gefühls mein Herz. Ich spürte, dass das Gefühl zu ihr fließen wollte, es aber irgendwie festsaß – ich traute mich einfach nicht, es strömen zu lassen, einfach auf sie zuzugehen. Ich nahm in meiner Verzweiflung ihre Hand und schaute sie durch meine Tränen an. Einen kleinen Schritt weitergehen, dachte ich, übe es, dass Sich-Öffnen, übe es, wie das Spielen eines Instrumentes, geh einfach auf sie zu, sprech' es an, was dich bewegt, es passiert doch nichts, mach doch den Schritt! „Es ist doch so einfach", sagte sie. Die Tränen flossen mir jetzt die Wangen herunter und dann ging ich zu ihr und umarmte sie!

Das war jetzt neu für mich, diesen Sprung gewagt, die eingefahrenen Gleise des Rückzugs verlassen zu haben. Wir umarmten uns lange, das tat gut und dann sagte sie, dass Nähe leben doch etwas sehr einfaches und so schönes sei, legte wieder ihre Arme um mich und flüsterte mir ins Ohr: „Gefühle austauschen, so wie jetzt, sich in unseren Herzen zu begegnen, öfters aneinander zu denken, anzurufen, abends zusammenzusitzen und über sich selbst und über das, was uns beschäftigt, zu sprechen." Und sie schaute mich jetzt dabei an und sprach weiter: „Bedürfnisse mitteilen, Visionen von einem schöneren Leben als Paar entwickeln. All das, mein Lieber, ist Nähe und dann kann doch etwas entstehen, etwas Schönes, Spontanes, Verrücktes oder gerade Wichtiges. Ist das so schwer für dich?" Ich schaute sie an und trocknete meine Tränen: „Ich weiß nicht, irgendwie hab' ich Angst vor diesem auf dich Zugehen. Ich bin wie verschlossen, als ob ich einen Schlüssel erbitten müsste, um mich dafür zu öffnen. Ich spüre das Verlangen danach nicht, so wie du, sondern fürchte eher, dass ich dann in der Falle sitze. Manchmal mache ich das so ganz aus einem schönen Gefühl für dich, wenn ich an dich denke, dann ist es, als wäre ich durch ein unsichtbares Band mit dir verbunden. Das ist schön und das finde ich dann immer toll, aber das über eine längere Strecke zu halten – das schaffe ich nicht!"

Dieses Gespräch erlebte ich als etwas sehr Befreiendes zwischen uns. Es war einfach wahr und ehrlich, was wir uns da sagten. Und in dieser Ehrlichkeit zu mir und uns selbst lag der Samen für meine weitere Entwicklung. Ich leistete keinen Widerstand mehr wie früher und konnte anerkennen, dass meine Frau etwas hatte, um das ich bei mir immer kämpfen musste. Und ich verstand in diesem Augenblick, dass die wirkliche Liebe einen offenen Kanal braucht, um sich wie eine Blüte entfalten zu können. Der Gedanke an ein mögliches Ende der Beziehung motivierte mich, nicht nachzulassen bei meinem Streben nach Erlösung.

Es nutzt nichts, meinen Eltern, meinen Lehrern, der Erziehung die Schuld für meine Defizite zu geben. Ich bin kein Kind mehr, ich habe erkannt, mir ist es bewusst, ich habe jetzt die Verantwortung für mich und kann neue Entscheidungen treffen.

Es ging für mich darum, einen ganz neuen Weg zu finden, auch mit dem Beruf und meiner Erschöpfung. So konnte es nicht weitergehen. Ein innerer Entschluss war gefasst. Ich wusste, dass es jetzt ans Eingemachte gehen musste, wenn ich Veränderung wollte. Wenn nicht, dann wäre wohl Eiszeit und irgendwie fühlte sich das sehr resignativ an, so, als ob man das Leben und die Liebe irgendwie wegschmeißen würde. In so einer ‚Notgemeinschaft' wollte ich mit meiner Frau nicht leben und sie natürlich erst recht nicht. Ich meditierte nun intensiv und an einem frühen Morgen sah ich in meiner Tiefe da weit unten jenes Verlies, wo jemand ganz verletzt und klein sein Dasein fristete, der Junge, dem ich an der normannischen Küste begegnet war. Diesem inneren Kind hatte ich mich jetzt zuzuwenden. Ich ahnte, dass das, was mich in der Beziehung behinderte, in dieser Dunkelheit zu finden war.

Zunächst fasste ich den Beschluss, neben der Leidenschaft für den Beruf die Familie und mich selbst in den Fokus meiner Aufmerksamkeit zu stellen. Weniger arbeiten hieß für mich, nur noch Wesentliches zu tun, auszusortieren, was wichtig und nicht wichtig für mich und uns ist. Ich begann mich selbst und meine Bedürfnisse mehr ernst zu nehmen und das, was wir zusammen geschaffen hatten, auch zu genießen. Also kein Hamsterrad mehr! Vor allem aber übte ich jetzt, mich um die Partnerschaft zu kümmern, zu schauen, dass es uns gut ging. Zudem wurde mir wichtig, auch beruflich neue Schaltkreise zu installieren. Die Arbeit an Fernsehfilmen bekam immer mehr den Charakter einer Dienstleistung mit unangenehmen Nebeneffekten. Die Zeit des Filmemachers ging vorüber und Programm, ein bestimmtes Programm, musste aufgrund redaktioneller Vorgaben an engen Zügeln gemacht werden. Ich arbeitete verstärkt als Coach mit Klienten und als Dozent in der Weiterbildung für junge Filmemacher/innen. Dadurch war ich dem, was ich wollte und mir selbst sehr nah. Zudem entwickelte ich kleinere Projekte, die ohne das Fernsehen auskamen.

Da war es toll, dass meine Frau und meine Tochter das Ganze mittrugen. Ich übte mit ihnen, meine Interessen und Bedürfnisse mitzuteilen. Dem bedrückten Kind in seinem Verließ zu begegnen war jedoch eine ganz andere Herausforderung. Ich wusste inzwischen als praktizierender Coach, dass man über Sprache an dieses Problem nicht wirklich herankam, doch wie sollte der gordische Knoten durchschlagen werden? Ich vertraute darauf, dass etwas geschehen, dass mir etwas begegnen würde, weil ich die Veränderung jetzt wirklich wollte, weil ich sie brauchte. Ich war offen für alles und fühlte mich mit allem in Resonanz. Es galt also empfänglich zu bleiben für die Signale, die vielleicht kommen würden.

Der Wink des Schamanen

Und sie kamen…In dieser neuen Lebensphase orientierte ich mich an dem, was mich wirklich interessierte, also ein langsames Raus aus dem Müssen-Modus. Meine Einstellung zur Arbeit hatte sich durch die Gespräche verändert, niemand zwang mich, Redakteurswünsche zu erfüllen, wenn ich das nicht wollte. Ich war auch bereit das Risiko in Kauf zu nehmen, aus dem Verteilungstopf herauszufallen und entdeckte durch die frei gewordene Energie, dass sich auch mit kleineren Projekten oder neuen Zielgruppen und Themen neue Möglichkeiten eröffneten.

Was mir bei der Veränderung meiner Einstellung außerordentlich geholfen hat, waren meine Körperübungen mit Yoga, verträglichem Sport, mit meiner Meditations- und Atempraxis. Nach meinem massiven Bandscheibenvorfall im Bereich der Lendenwirbel war ich auf die Übungen angewiesen, wollte ich einigermaßen schmerzfrei durch den Berufsalltag kommen. Vor allem durch sanftes Yoga bekam ich im Laufe der Zeit immer mehr ein Gefühl für meinen Körper und hielt damit den Kanal zu mir selbst offen. Mir wurde dabei immer klarer, dass dieser Vorfall an einer zentralen Stelle meiner Wirbelsäule im fünfzigsten Lebensjahr auch eine Folge meiner beruflichen Arbeit war, geschuldet nicht nur der jahrzehntelangen Schlepperei des Film-Equipments sondern auch jenen Lasten, die ich in Form von Verpflichtungen, vertraglichen Bindungen und Budgets übernommen hatte. Dabei wog besonders die Last der Verantwortung, die oft bei den aufwändigen Projekten auf meinen Schultern lag, schwer. Unter dem Gewicht zerbarst offensichtlich das Gewebe, denn für den Körper spielt es scheinbar keine Rolle, ob die Schwere physischer oder psychischer Natur ist und wenn beides zusammenkommt…

Trotz der konservativen Behandlung durch die Ärzte und den ausgleichenden Übungen war in den Jahren ein Restschmerz geblieben, der mich ständig daran erinnerte, achte auf dich, du willst doch etwas verändern! All das bestärkte mich, Projekte zu entwickeln, die eine bestimmte inhaltliche Kraft und Energie hatten, Inhalte, die mir wichtig geworden waren. Die damit verbundene finanzielle Einschränkung war mit der Familie besprochen und wenn das eine oder andere sich realisieren würde, so dachte ich seinerzeit, kämen wir schon zurecht. Doch es realisierten sich derartige Herzensprojekte weniger als gedacht. Es gab zu wenig Widerhall bei denen, die Entscheidungen über die Zuwendung von Geldern treffen. Das deprimierte mich nun doch, weil ich partout den neuen Weg gehen wollte und nicht mehr zurück wollte. Mein Herz rief verzweifelt ins Universum. Aber Verzweiflung hat das Universum noch nie angeregt. Der Lebenskanal zog sich mehr und mehr zusammen, es wurde auch finanziell eng. Ich wusste einfach nicht mehr weiter und hatte große Zweifel. Meine Erkenntnis in dieser Situation: Wenn man nicht ständig mit Supergeschichten auf dem Gas steht, passiert nichts. Ich kam in ein negatives Fahrwasser.

Und irgendwann ging dann tatsächlich nichts mehr, alles stand still und kein Projekt und kein Schimmer aus dem Universum streifte mich. Beruflich hatte ich so etwas noch nie erlebt, wenngleich Kollegen mir, nachdem ich das erzählte, auch von derartigen Krisen bei sich wussten. Die Existenzangst schlich nun nach fünfundzwanzig erfolgreichen Berufsjahren ganz real umher. Ich wurde unruhig, konnte nachts nicht mehr richtig schlafen, wurde unleidlich und sah im wahrsten Sinn des Wortes kein Licht mehr am Ende des Tunnels, in dem ich mich befand. Zu mir kam kein Filmförderer, Redakteur oder Fernsehdirektor, um mich zu retten. Die haben eh nur sich selbst im Blick. Doch statt mich zurückzuziehen, suchte ich wiederholt das Gespräch mit meiner Familie und einem meiner besten Freunde.

Uns wurde gemeinsam schnell klar, dass die äußere Situation die innere widerspiegelte. Ich war innerlich festgefahren, blockiert, irgendwie am Ende und wusste auch nicht, wie da herauszukommen sei. Die Gespräche waren trotz der Misere sehr befreiend, ich musste das jetzt nicht mehr alles mit mir alleine ausmachen. Wir sprachen eigentlich jede Woche darüber, was mir guttat und Frau und Tochter trugen mich fortan bewundernswert durch die Krise. Sicherlich zehn, elf Monate ging das so. Wir schränkten unser Leben drastisch ein, hatten nur noch Geld für das Nötigste, es gab keinen Urlaub, keine Restaurantbesuche mehr. Ich sprach mit meiner Bank, die mitmachte. Wir waren bereit nach den guten nun den mageren Jahren, die da auf uns zukamen, ins Auge zu schauen. Dieses Annehmen der tatsächlichen Lage ließ mich nachts zwar nicht besser schlafen, aber im gemeinsamen Bewältigen dieser Krise und dem bescheidenen Leben lag eine Kraft, die neu für mich war. Ich beruhigte mich, weil wir in unserer augenblicklichen Wahrheit lebten. Die Situation auch mit den beruflichen Freunden zu teilen, tat mir zusätzlich gut. Ich begann zu akzeptieren, anzunehmen, wieder auf mich selbst zu schauen. Ich machte niemanden für die Existenznot verantwortlich, saß zwar im Loch, sah aber, dass ich selbst dafür die Verantwortung trug. Ich ließ alle Ansprüche los und kämpfte nicht mehr. Das war nun tatsächlich ein neuer Weg, den ich jetzt ging, und das spürte ich bei jedem weiteren Schritt. Ich gründete eine Dokumentarfilmschule zur Weiterbildung für junge Filmemacher/innen.

Als mir in einem Plauderstündchen, das ich mir früher selten gegönnt hatte, ein beruflicher Freund von seinem letzten Selbsterfahrungsseminar erzählte und mich überzeugen wollte, über indianische Heilverfahren einen Film zu drehen, stieg in mir nicht nur eine Ahnung hoch, es machte innerlich mal wieder richtig Rums! Eine große aufflammende Sehnsucht aus vergangenen Zeiten loderte empor. „Ja, die Indianer, die faszinieren dich doch schon immer und schon so lange habe ich Meister gesucht, die mir das mystische Wissen dieser Welt offenbaren sollten", so ging es während des Gespräches durch meinen Kopf. Castaneda lief wieder in gebückter Haltung durch die Kakteenwüsten nach Ixtlan. Und welch ein ‚Zufall', ich hatte ja wunderbare Bücher zum Leben der Ureinwohner in Nordamerika schon seit dem Urlaub in der Normandie in meinem Besitz. Unter anderem die Bilder und den Reisebericht von Karl Bodmer und Prinz Maximilian von Wied-Neuwied über die Nordamerikanischen Indians *(siehe Joslyn Art Museum: „Karl Bodmer's North American Prints")*.

Aus einer inneren Ahnung heraus dachte ich, als ich sie wieder in der Hand hielt, ich könnte doch einen Film machen, der das Leben dieser Völker vor dem Einmarsch der Weißen zeigt, natürlich nicht so, wie Hollywood das zu drehen pflegt. Warum machen das die unabhängigen amerikanischen Kollegen eigentlich nicht? Und schnell begann ich zu recherchieren, welches Weisheitswissen der Indianer noch durch die Ältesten überliefert war? Ein solches Filmprojekt würde mich und den Film wieder versöhnen. Und im Laufe der Recherche kam die Erinnerung wieder, dass ich schon Mitte der 1980er Jahre mit einem befreundeten Kollegen einen Film über die Mystik der Indianer, insbesondere über Carlos Castaneda drehen wollte. Dieser Film kam aber nie zustande, weil Professor Castaneda vor unserer Recherchephase in Kalifornien bei einem Autounfall ums Leben gekommen sein sollte. So teilte man es uns jedenfalls aus seinem Büro beim Besuch in Los Angeles mit. Allerdings – man weiß ja bei richtigen Schamanen nie Genaueres – eine Ausrede war das wohl nicht, denn Castaneda verschwand ja zu diesem Zeitpunkt tatsächlich und tauchte öffentlich nie wieder auf.

Mich hatte es gepackt und ich folgte meinem Herzen, meiner Intuition. Ok, so sagte ich mir, Indianer interessieren dich doch schon immer! Ich fang jetzt einfach mal an, vielleicht entwickelt sich daraus auch eine Finanzierung. Ich versank, wie schon als junger Mann, in der Mythologie der Urvölker für einige Monate lang, war begeistert von dem kulturellen Reichtum und zugleich bestürzt, dass diese Völker sich seit Jahren weltweit in Auflösung befinden. Die Kulturen werden durch die modernen Zivilisationen dieser Welt und ihren Ressourcenhunger assimiliert, verdrängt und stehen vor dem Aussterben. Und damit verschwindet auch ihr Weisheitswissen. Das war eine ernüchternde Erkenntnis, die bei den entsprechenden Hilfsorganisationen und Wissenschaftlern weltweit Konsens ist. Wie traurig, dachte ich! Ich muss diese „Letzten ihrer Art" besuchen, ihr Wissen unbedingt mit der Kamera festhalten. Ihre gerade noch erlebbaren Rituale in ihren Dörfern begleiten und das bewahren, was endgültig auf dieser Welt verloren zu gehen scheint. Mit jeder neuen kleinen Geschichte über diese Menschen wuchs meine Aufregung und als ich bei meinen Recherchen feststellte, dass engagierte Gruppen in Europa die letzten Wissenden der indigenen Stämme zu Vorträgen und Seminaren einluden, um ihre Kultur bekannter zu machen und Verbündete für ihr Anliegen zu finden, da fühlte ich mich direkt angesprochen.

Ich nahm Kontakt zu einem Schamanen auf, der alte peruanische Heilverfahren von den Inkas aus den Anden lehrte. Nach einigen vergeblichen Versuchen gelang es mir, mit ihm tatsächlich zu telefonieren. Ich war während des sehr offenen Gespräches einigermaßen überrascht, als er schließlich meinte: „...und im Übrigen, wenn jemand je solch einen Film mit mir drehen wollte, dann hat er den gesamten Prozess am eigenen Leib zu erfahren, sonst mach' ich nicht mit." Rums, machte es wieder, das war eine Aufforderung – an mich! Aus Produzentensicht war ich zunächst einmal enttäuscht. Dann aber drehte sich die Energie und ich wertete diesen Hinweis als das Signal, auf das ich schon lange wartete. Ich sah mich plötzlich nicht mehr mit einer Filmkamera unterwegs, sondern als Teilnehmer eines Seminars auf dem Weg zu mir selbst. Meine eigentliche

Absicht war wie weggeblasen und ich begriff die Chance. Sofort war wieder mein Traum präsent und ich wusste plötzlich glasklar, dass ich diesen Film jetzt sicherlich nicht machen sollte, was auf eine bestimmte Weise natürlich auch bedauerlich war, weil ich das Gefühl hatte, dass er im politischen Sinn wichtig sein könnte. Offensichtlich aber war es jetzt an der Zeit, auf dem neuen Weg das Richtige zu tun und energetische Heilverfahren am eigenen Leib zu erfahren. Ich ahnte, dass für meine Absicht, den kleinen Jungen in seinem Verließ zu befreien, sich hier ein Weg öffnen könnte. In diesem Augenblick kapierte ich ganz nebenbei auf einer tieferen Ebene die Botschaft aus dem Universum. Ich verstand plötzlich, wie das Resonanzgesetz funktioniert *(näheres im nächsten Kapitel)*.

Alles, was Beruf und Film war, konnte ich sofort beiseitelegen, weil ich ahnte, dass sich eine Gelegenheit für ein solches Filmprojekt wahrscheinlich noch später ergeben würde, vor allem, wenn ich wirklich weiß, um was es dabei geht! Der vorläufige Verzicht fühlte sich gut an. Das Loslassen trieb erstaunliche Blüten. Ich beschloss also, bei dem Schamanen ein Seminar zu besuchen, um schamanische Heilverfahren kennenzulernen, vor allem aber, um mir selbst etwas Gutes zu tun. Dieser Augenblick war deshalb so bedeutsam, weil ich intuitiv meiner inneren Stimme folgte. Ich wollte endlich Kontakt zur indigenen, zur indianischen Kultur! Wieso, fragte ich mich, wieso realisiert man das nicht früher, warum muss man immer Krisen erleben, Umwege gehen, um solche Entscheidungen für sich selbst überhaupt zu treffen? Ist so das menschliche Leben? Wie blöd ist man eigentlich, dass man das nicht früher begreift?

Als ich das kleine Einführungsbuch des Schamanen in meinen Händen hielt und es schließlich gelesen hatte, wusste ich, dass ich nun wirklich diesen Weg jenseits meines Berufes beschreiten wollte. Mir ging es nach dieser Entscheidung erstmalig seit vielen, vielen Monaten wieder gut und die Existenzangst war verflogen. Ich meldete mich zu dem Seminar an. Ein paar Plätze waren noch frei. Die Familie machte mit *(diese wunderbaren Frauen)*, sie bestärkten mich, den Schritt zu gehen.

Bevor ich nun in diese für mich neue Welt mit dem Leser eintauche, wäre es wichtig, sich mit der Energie zu befassen, die mit verantwortlich war, dass ich bestimmte Entwicklungssprünge auf diese besondere Weise machen konnte – die Energie der Resonanz und Sychronizität. Das zu verstehen, ist für das weitere Verständnis sehr hilfreich. Es geht um ein Energiefeld, das nicht nur aus meiner Sicht uns ständig umgibt und immer zur Verfügung steht, sondern das wir für unser Leben ganz praktisch nutzen können, wenn wir die Hinweise und Zeichen dieser Energie verstehen lernen. Es ist eine sehr persönliche Entscheidung, die Existenz dieser Kraft anzuerkennen oder das zumindest in Erwägung zu ziehen. Alle, die das Resonanzgesetz kennen, können diesen Teil überschlagen.

Resonanzen im energetischen Feld

Als ich erstmals von diesem Phänomen erfuhr und von einem sogenannten Resonanzgesetz hörte, wollte ich die simple Botschaft nicht glauben, ich hielt das für Spinnerei. Mir erschien es abwegig, dass es ein Energiefeld geben soll, in dem sich Informationen austauschen und in dem
negative wie auch positive Energien mit unserem Unbewussten oder mit
unserer Intuition korrespondieren. Dass also bestimme Energien, die wir
ausstrahlen, entsprechende Reaktionen in der Realität hervorrufen oder
anziehen, damit also in Resonanz treten. Wie sollte das funktionieren?
Erzählt das jemand, klingt das in den allermeisten Ohren der westlichen Welt
völlig absurd und wird in der Regel in unserer Gesellschaft allgemein und
besonders von Journalisten und der klassischen Wissenschaft als Unfug
abgetan. Obwohl die meisten der Kritiker meistens nichts dazu wissen, auch
nicht nachfragen, steht das Urteil schon fest. Wir wissen heute, dass solche
Vorurteile aus unserem Unbewussten kommen.

Ich war solch ein Skeptiker, ein softer zwar, musste aber auch im
Prozess des Erkennens feststellen, wie dumm meine Vorurteile waren und
wie wir uns selbst von vornherein dadurch neuen Entwicklungen und auch
schönen Erlebnissen einfach verweigern. Anhand meiner eigenen Realität und der meiner Freunde und Klienten konnte ich allerdings erleben,
dass dieses ‚Gesetz' nicht nur existiert, sondern sich auch anwenden lässt.
Genauso wie Magnete das eiserne Gegenüber anziehen, so suchen wir unbewusst in der äußeren Welt bestimmte Situationen, die mit unserem inneren Zustand korrespondieren. Sind wir voller Konflikte, geraten wir in der
Realität in konfliktreiche Situationen und handeln dort ebenso. Das wiederum führt unter Umständen zu den entsprechenden Konsequenzen,
die wiederum dann das ausdrücken, was in uns selbst eigentlich abläuft.
Ganze Sozialsysteme sind mit solchen Konfliktketten beschäftigt, was
riesige Ressourcen verschlingt – meist ohne Besserung. Umgekehrt ist es
aber genauso. Sind wir innerlich von Liebe und Achtsamkeit erfüllt, suchen
wir uns unbewusst harmonische und schöne Situationen draußen im Leben
aus, die dann auch in der Regel auf uns zukommen.

Wie immer man dazu auch steht, dieses Resonanzgesetz ist für die
Physik Realität. Als Beispiel seien hier die wissenschaftlichen Versuche von
Masaru Emoto, dem Wasserprofessor aus Japan angeführt. Sie belegen

diesen Energieaustausch durch das energetische Feld in unterschiedlichen Systemen eindrücklich. Emoto fand heraus, dass menschliche Gedanken und Gefühle, die auf ein Papier geschrieben wurden, das auf ein Wasserglas mit destilliertem Wasser geklebt wurde, die Kristallstruktur des Wassers in diesem Glas beeinflusst und zwar so, dass man es nicht für möglich hält *(siehe Masaru Emoto)*. Wunderbare und klare Stern-Strukturen bei dem Wort „Liebe", amorphes Durcheinander, Ungeordnetes bei dem Wort „traurig". Wie beeinflussen dann unsere Gedanken und Gefühle die Menschen, mit denen wir tagtäglich zu tun haben? Und wie werden wir zum Beispiel von der Bewusstseinsindustrie, den Medien beeinflusst, die uns tagtäglich mit massenhaftem Müll bombardieren – besonders die Kinder und Jugendlichen?

Im unbewussten Alltagstrott bemerken wir nicht, dass für das sogenannte Pech, was uns ereilt, vielleicht doch wir selbst verantwortlich sind und dass eine solche Situation uns letztlich eine Chance bietet, den Automatismus des Negativen zu durchbrechen und positive Veränderungen einzuleiten. Das klingt in unseren dualistisch geschulten Ohren zwar fremd, ja provokant, ich selbst habe es aber auf die eine oder andere Weise so erfahren. Man sagt dann umgangssprachlich auch gerne: „Typisch, das musste ja mir passieren. Wie immer!" Oder auch: „Na klar, immer ich. Warum passiert das immer mir?" Schaut man derartige Fälle jedoch aus einer völlig anderen Perspektive an, dann erkennt man die einzelnen Teile als Merkmale eines komplexen Ganzen, was Sinn macht.

Um das besser zu verstehen, kann man sich mit folgender Regel behelfen. Was wir in unserem Alltag tun (auch was wir denken), hat immer Konsequenzen. Normalerweise ist dieses Tun zielgerichtet und hat einen Adressaten, auf den wir einwirken. Das Resonanzgesetz funktioniert ähnlich – die ausgesandte Energie ist aber unadressiert und trifft unter bestimmten Umständen auf einen Widerhall. Denn wir wissen inzwischen, dass alles, was uns umgibt, ein riesiges Informationsfeld ist, nicht erst seit der Entdeckung des Internets. Das könnte auch bedeuten, dass die Energie des Menschen Teil einer universellen Energie ist und das Universum ein Teil von uns ist, zumal wir ja aus Sternenstaub bestehen, wenn man ganz weit zurückgeht in der Entwicklung des Alles-Was-Ist. Dieses Alles wäre dann im ständigen Austausch miteinander, Informationen in einer ständigen Wechselwirkung. Das wissende Feld, das bei den Familienaufstellungen eine wesentliche und entscheidende

Rolle spielt, *(siehe entsprechendes Kapitel)* gehört in diesen großen Bereich der stillen Energieübertragung. Wie eine sogenannte Cloud aus unserer heutigen digitalen Welt könnte man das verstehen, in der Informationen abrufbar sind. Dieses informative, energetische Feld wäre dann auch jener Resonanzraum, in dem sich auch die sogenannte Synchronizität zeigt, die ein bedeutender Teil der Resonanzthematik ausmacht und am einfachsten zu verstehen ist.

Carl Gustav Jung hat erstmals das Phänomen der Synchronizität in den 1930er Jahren beschrieben. Er machte sich auf die Spuren von Ereignissen, denen bemerkenswerte Überschneidungen, Synchronitäten in unserer Alltagsrealität zugrunde lagen, die der Alltagsmensch als ‚Zufälle' beschreiben würde. Jung und andere hingegen definieren sie als einen Austausch von bewussten oder unbewussten Gedanken oder Informationen einzelner Menschen oder Gruppen mit einem universellen Etwas, jenem Energiefeld, das sich im Alltag oft zeigt und aus seiner Sicht uns alle miteinander verbindet. Beispiele, die wir kennen: Wenn man aus unerfindlichen Gründen plötzlich zum Fenster schaut und ein Vogel dort auf der Fensterbank sich gerade niederlässt. Als ob man das geradezu erwartet hätte. Wenn man einen freien Parkplatz in einer bestimmten Straße vor seinem geistigen Auge sieht und ein Auto aus der Parkreihe fährt, als man gerade in die Straße einbiegt. Oder man denkt an einen Menschen und in dem Moment ruft er an. Die Reihe kann man beliebig fortsetzen. Diese von Jung entdeckte Synchronizität von Ereignissen meinte schon damals im Prinzip das, womit Rhonda Byrne *(siehe Rhonda Byrne)* und andere sich weltweit intensiv beschäftigen, die Materialisierung von gedanklicher Energie in einer gesellschaftlichen Realität. Oder anders formuliert, die Übertragung von Informationen aus dem wissenden Feld, die sich im Gefühl und Körperausdruck von Stellvertretern bei Familienaufstellungen zeigen. Hier gibt es inzwischen ernstzunehmende Forschungen anhand tausender Fallbeispiele. Die klassische, konservative Wissenschaft, die jedes universelle Bewusstsein oder etwas Göttliches leugnet, befasst sich erst gar nicht mit derartigem und bewertet das als reine Zufälle, als Lügen oder krankhaftes Glaubenssystem.

Diese Wissenschaftler machen das, was sie anderen zu Unrecht vorwerfen, sie kreieren zur Abwehr solcher Erkenntnisse einfach eine Ideologie, die sie solchen Forschern wie C. G. Jung unterstellen.

Er und viele andere ganzheitliche Wissenschaftler nach ihm haben aber durch Experimente und Fallbeschreibungen aus ihren Therapiesitzungen, durch weltweite Befragungen und durch eigenes Erleben diesen Phänomenen eine bestimmte Wahrhaftigkeit verliehen – sie kreierten damit eine Erfahrungswissenschaft, die es vorher so noch nicht gab, die in bemerkenswerter Weise aber sehr den uralten indigenen Erfahrungen und mythologischen Weltbildern ähnlich ist.

Fazit sollte vorerst sein: Man kann in bestimmten persönlichen Lebenssituationen zu dem Schluss kommen, dass unsere Energie es ist, die eine bestimmte andere Energie im energetischen Feld anzieht und sich dann auf die eine oder andere Weise materialisiert, also eine Reaktion in der Realität hervorruft. Einfach dokumentiert sich das in der alten Volksweisheit, so wie man in den Wald hineinruft, so schallt es heraus.

Aufgrund unseres oft unbewussten Verhaltens und Handelns geschieht für uns solch eine Resonanz unerwartet und uns sagt das in der Regel wenig, wir bezeichnen es als Zufall. Entscheidend ist für diejenigen, die es anders sehen, ob sie damit bewusst umgehen lernen und bereit sind, ihre Visionen mit so viel Energie auszustatten, dass Resonanz entstehen kann. Nicht der Geist, sondern das Herz ist der Motor für Visionäres. Wenn ich mich allerdings so verhalte, dass die Welt für mich gefälligst verfügbar sein muss, ich also die Kontrolle haben will über mich und vieles um mich herum, was in unserer Gesellschaft momentan überall passiert, dann werde ich solche Resonanzerlebnisse nicht haben. Dieses „die Welt verfügbar machen", „sie sich untertan zu machen", wie es in alten Schriften heißt, hat mit Visionen, mit einer Öffnung des Herzens nichts zu tun. Dazu hat Hartmut Rosa ein erhellendes Buch geschrieben, gewissermaßen die neuesten soziologischen Erkenntnisse über unsere Gesellschaft, die er auf unsere Erfahrungswelt in der Moderne heruntergebrochen hat. Nach ihm macht die Unverfügbarkeit, die Nicht-Kontrolle von Welt erst ein vitales Lebensgefühl, ein In-Resonanz-Sein erst möglich: *„Wann immer wir mit der Welt in Resonanz treten, bleiben wir nicht dieselben. Resonanzerfahrungen verwandeln uns, und eben darin liegt die Erfahrung von Lebendigkeit"* (siehe Hartmut Rosa: „Unverfügbarkeit").

Als ich mich nach meinem Traum in der Normandie mit dem Resonanzgesetz beschäftigte, fragte ich mich natürlich, ob dieser Traum, seine Botschaft, nicht ein Kontakt mit diesem energetischen Feld war. Ist das universelle und kosmische Bewusstsein, wie Stanislav Grof es beschreibt, vielleicht dieses energetische Feld? Was könnte das also für eine Energie sein, mit der man in Kontakt kommen kann? Ist es unser religiöser Gott, der da draußen vielleicht doch irgendwo sitzt? Oder sind wir vielleicht wirklich Teil von einem riesigen Informationsnetz im Universum, was alles Natürliche miteinander in einem kosmischen Bewusstsein verbindet? Etwas, was sich wie das Licht und dann die Materie seit dem Urknall ausgebreitet hat, eine Energie, die Erfahrungsgeschichte beinhaltet.

Ist es vielleicht so, dass alle Seelen, die je gelebt haben, die noch leben und einst leben werden permanent Informationen austauschen, hinterlassen oder einen Abdruck im energetischen Feld bewirkten – einfach, weil sie da sind, weil sie Energie haben? Wenn wir das wirklich wissenschaftlich herausfinden könnten, wäre das ein Quantensprung für die Menschheit. Nimmt die Forschung nicht gerade an, dass es eine sogenannte „Dunkle Materie", eine „Dunkle Energie" gibt, die viel dichter als jede Materie ist und alles umgibt? All diese Fragen beschäftigen mich seitdem und sind Teil der weiteren Themen in diesem Buch. Für mich war zu jener Zeit von besonderer Bedeutung, dass sich mit dem Traum mein Werte- und Wissenschaftssystem verschob. Denn wenn wir solche Resonanz-Erlebnisse haben, da stimme ich Hartmut Rosa vollkommen zu, dann bekommen wir tatsächlich die Chance, etwas zu lernen, uns zu verändern. Die Frage ist, ob wir das als Chance sehen und als Werkzeug für uns nutzen können?

Leider ist es aber doch eher so, dass wir in der Regel über das Pech, was wir hatten, lamentieren und uns bedauern. Sind nicht immer die anderen schuld? Solange wir nichts über die Resonanz unserer eigenen Energien im Außen wissen, wie wir so drauf sind, glauben wir, dass wir Pech hatten oder auch Glück, wenn es gut für uns läuft. Auch hier führt letztendlich Wissen und Bewusstheit zur inneren Stabilität und zur Entwicklung neuer Erfahrungen. Doch warum hört man zu dieser gesamten hochinteressanten Thematik im westlichen, traditionellen Kulturbetrieb und besonders in der klassischen Wissenschaft mehr oder weniger nichts? Warum wird eine solche Sicht oftmals als Esoterik abgetan, obwohl es doch eigentlich Physik ist? In ernstzunehmenden Zeitungen, Magazinen im Fernsehen kommt Spiritualität, wie man wohl besser dazu sagen müsste, nicht vor. Sie wird dort ausgegrenzt und diskreditiert. Niemand hat dort den Mut, derartige Themen einem größeren Publikum zu präsentieren.

Die Magie schamanischer Welten

In einem ehemals sakralen Bau saß ich mit vielen Menschen in einem großen Kreis, um neue Erfahrungen zu machen. Ganz tief im Gehirn, dort wo im limbischen System die Amygdala sitzt, meldete sich die Furcht und beschäftigte mich. Ob ich bei so Vielen, die alle große Erwartungen haben, nicht zu kurz kommen werde? Aufgrund des Getuschels um mich herum nahm ich wahr, dass das Ego auch bei anderen grenzenlos und nimmersatt zu sein scheint. Doch mit den ersten Vorträgen und Übungen begriff ich, wie unbegründet meine Befürchtung doch war. Ich hatte genug Erfahrungen mit solchen Situationen und wusste schon, dass ich letztlich immer das bekomme, was ich brauche. So ließ ich meine ängstlichen Gedanken ganz schnell los und gab mich der zunehmenden Intensität erster Rituale hin. Ich fühlte, dass ich hier am richtigen Ort war und lauschte den Vorträgen. Endlich war hier die Chance, in die eigene Tiefe zu schauen. Der Wille auf Heilung und Erkenntnis wuchs in mir mit jeder Stunde, so dass mich nichts mehr von meinem Weg hätte abbringen können – weder die Masse der Teilnehmer, noch die Tatsache, dass man mit drei, vier oder mehr Gleichgesinnten in einer sehr bescheidenen, kargen Kammer mit Doppelstockbetten aus rohem Holz für eine Woche untergebracht war. Ich hätte auch in einem Massenquartier, in einem großen Zelt oder unter freiem Himmel campiert – die übliche Bequemlichkeit in Seminaren war für mich hier ganz und gar unwichtig. Im Gegenteil, die Kargheit passte zum dem, was sich hier andeutete. Ich wusste tief in meinem Herzen, dass ich angekommen war. Ich fühlte mich in dem Kreis Gleichgesinnter zunehmend wohler und spürte, dass die nun beginnenden Heilsitzungen und vor allem die Rituale für mein Leben von besonderer, ja außergewöhnlicher Bedeutung sein würden.

Von Beginn an mussten wir Verantwortung für uns übernehmen, Ehrlichkeit war gefordert und Mut, sich auf die Rituale und Gespräche vor den schamanischen Sitzungen einzulassen. Die üblichen Spielchen, wie der Widerstand gegen die innere Wahrheit, das Meckern über das Essen, die Unterbringung und anderes mehr ebbten nach zwei Tagen bei den meisten Mitstreitern ab. Wenn es um die innere Wahrheit, um die wirklich wichtigen Dinge geht, dann spielen derartige Bedingungen nur eine Neben- oder, wie bei mir, gar keine Rolle mehr. Mit einigen konnte ich in den Pausen darüber reden, wie dumm wir doch manchmal reagieren, wie gefangen wir in unserer eigenen, kleinen und engen Welt doch in der Regel sind angesichts dessen, was wir alle sein könnten. Es war dann schön zu erleben, wie sich in den Seminarwochen der Egoismus in Solidarität untereinander verwandelte und man über die Bedingungen nicht mehr reden wollte. Wir arbeiteten an uns und mit anderen in der Gruppe intensiv nahezu zwölf Stunden pro Tag mit zwei kleinen Pausen zwischen den einzelnen Sitzungen und Ritualen, um zu essen, eine kleine Weile auszuruhen. Das war mein Rhythmus.

Im Folgenden werde ich mich insbesondere auf die inneren Reisen zu mir selbst konzentrieren, auf die Konfrontation mit den Ängsten. Nebensächlichkeiten und genauere Abläufe wie auch bestimmte Techniken und Arbeitsweisen werde ich unerwähnt lassen. Das ist nicht wichtig für dieses Buch. Wer das wissen will, kann selbst eine Ausbildung zum Energiearbeiter/in anstreben. Besondere Rituale, die uns erst befähigten, an den Heilsitzungen überhaupt teilnehmen zu können, erwähne ich nur am Rande.

Diese Rituale, die ich im Kreis der anderen miterleben durfte, sind mir zu heilig, um sie im Detail in diesem Buch mit anderen zu teilen, die nicht dabei waren. Man würde das, was da geschah, ohnehin nicht aus seinem Alltagsbewusstsein heraus verstehen oder einordnen können. Das ist auch mit Worten kaum wiederzugeben und gehört für mich zu der Intimität, die ich mir und der Gruppe ausnahmsweise bewahren möchte. Für mich war in diesen Seminaren eine hochtransformierte Energie spürbar, die ungewöhnliche, spirituelle Prozesse ermöglichte. Die kann man kaum beschreiben, man muss sie miterleben. Mir ist wichtig, verständlich zu machen, dass es über diese Form der Energiearbeit möglich wurde, tiefsitzende Verletzungen, Traumata und Glaubensmuster zu identifizieren und aufzulösen, die offensichtlich in unserem Unbewussten, in den Energiezentren unseres Körpers festsitzen und ein gelungenes und schönes Leben behindern oder gar blockieren.

Ein mächtiges Initiationsritual in der Nacht aktivierte unser Bewusstsein, dass wir nicht alleine sind auf dieser Welt, dass wir begleitet sind in diesem Großen und Ganzen eines kosmischen Bewusstseins, dass wir Teil einer universellen Welt sind. Wir lernten mit Krafttieren und Geistführern umzugehen, die uns auf unseren Reisen in die Energiezentren der Klienten begleiten und führen sollten. Geist und Herz wurden miteinander verbunden, der Kontakt zu unseren Ahnen und zur Natur wachgerufen. Ich erlebte diese Rituale als die kostbarsten Geschenke, die ich je in meinem Leben bekommen habe, weil ich mich in einer verschollenen Totalität und Ganzheit wiederfand, nach der ich mich mein ganzes Leben gesehnt hatte – ich erlebte bei voller Klarheit des Geistes mich selbst in einem wunderbaren Gemeinschaftsgefühl und verbunden mit etwas außerhalb von uns, einer Energie, die uns alle umgab. Ich erfuhr die einzelnen als Wesen, die sich verändern und anderen auf ihrem Weg helfen wollten. Es war für mich eine neue Form bewusster Solidarität. Wir verbanden uns, ohne gebunden zu sein.

Obwohl wir während der Wochen kaum privaten Kontakt miteinander hatten, waren wir doch zum Teil intensiver und ganzheitlicher miteinander, als man es mit langjährigen Freunden erlebt. Offensichtlich hatte das damit zu tun, dass die gesamte Energie so hoch transformiert war, dass viele von uns auf einer sehr feinstofflichen Ebene *(„Atman", siehe nächster Absatz)* miteinander kommunizierten. Ich dachte an meinen Traum in der Normandie, wie der Sturm des Lichtes in uns WISSENDE hineingefegt war und sich zu einem gleißenden Strahl der Bewusstheit über unseren Köpfen ins Universum erhob. Das also war jetzt hier die Realität, ganz konkret in meinem jetzigen Leben. Ich hatte ähnliche Gefühle von Glückseligkeit wie in meinem Traum, der nun schon Jahre zurücklag. Ich war ganz erfüllt von dem Gefühl, dass ich diesem Mann im meinem Traum immer näher kommen könnte.

Nach Auffassung der uralten indischen Advaita-Vedanta-Philosophie ist „Atman" in seinem Wesenskern identisch mit dem universellen Bewusstsein, mit dem indischen ‚Brahman', der ‚Weltenseele', dem Nagual von Castaneda oder dem kosmischen Bewusstsein, wie Stanislav Grof es beispielsweise bezeichnet. Andere, wie Bradford Keeney oder auch Christen bezeichnen es als Göttlichkeit. In dieser Weltenseele sind alle miteinander verbunden und vereinigen sich mit dem großen Ganzen, dem Alles-was-ist. Umgekehrt ist dieses ‚reine Bewusstsein', das ich von Meditationen mit buddhistischen Lehrern kenne, jener leere Resonanzraum, in dem man sich und das wahre Selbst erleben kann. Das Selbst ist der Wesenskern des Menschen und ist aufgehoben im Alles-was-ist und umgekehrt. Dieses Selbst bleibt während der unterschiedlichsten

Wahrnehmungen, Gedanken und Gefühlen, Lebensentscheidungen und -karrieren, auch in anderen Leben stetig und unverändert. Es ist die Essenz unseres Seins, das Zentrum der Seele, die aus diesem kosmischen Bewusstsein angereist ist, um sich als Mensch auf der Erde zu verkörpern, damit wir hier Erfahrungen machen können.

Das Problem ist, dass die meisten von uns dieses Selbst nicht kennen oder nur eine geringe Ahnung davon haben. Das heißt, viele von uns kennen den Kern ihres Wesens nicht. Die uralte indische Yoga-Philosophie hat sich damit auseinandergesetzt, hat diesen Mangel als irdisches Problem benannt und beschreibt dann fünf Dimensionen oder Stufen des menschlichen Bewusstseins, um schließlich zu diesem Selbst durch Yoga und Meditation doch noch zu gelangen: Vom grobstofflichen Körper ausgehend bis hin zur Ebene der tiefsten Mitte, der Freude am Sein, dem „Anandamaya-Koša", wo man angekommen ist bei seinem Selbst, seiner Seele und seiner tiefsten Wahrheit. Das Ziel eines jeden Yogi, eines buddhistischen Mönches ist es, diesen Weg zur tiefsten Verinnerlichung, zum wahren Selbst zu suchen und zu gehen.

Ich hatte schon zu Beginn das Gefühl, dass ich bei diesen Ritualen etwas von diesem Selbst, der Vereinigung mit etwas Höherem zu kosten bekam – pure Freude war in mir, gepaart mit großer Rührung, bewegender Erhabenheit und Mitgefühl für mich und die Gruppe. Das war aber erst der Anfang. Zu dem Zeitpunkt wusste ich nicht, wie tief ich später noch zu ungeahnten Dimensionen vordringen sollte. Interessant war auch, dass bei diesen Ritualen meine Gedankenströme zu Beruf und Familie vollkommen zur Ruhe gekommen waren. Ich fühlte nur mich, die Atmosphäre, die Anderen und – eine andere Sphäre, etwas, was noch zusätzlich da war, dass ich nicht kannte. Von einer anderen Wirklichkeit will ich jetzt noch nicht sprechen. Ich war Teil einer Zeit, die nicht zu vergehen schien, was meinem kindlichen Rhythmus, meiner verschütteten Langsamkeit sehr entgegenkam. Hier durfte ich so sein, wie ich immer sein wollte, wie ich es schon immer fühlte. Diese Filmwelt, der Alltag, das Digitale war eigentlich viel zu schnell für mich. Ich hatte in diesen Ritualen Erlebnisse von außerordentlicher Klarheit, von Demut und Hingabe, von purer Herzensenergie. Ich verließ also schon nach dem ersten Tag das Hamsterrad.

Ich befand mich während der Rituale in einer Präsenz, die für mich eine völlig neue Erfahrung war. Sie hatte die gleiche Qualität wie in meinem Traum, war gewissermaßen heruntergebrochen ins aktuelle Hier und Jetzt.

Ein Zustand wie in tiefster Meditation. Ohne jedes Wollen, ohne Müssen, ohne jegliche Gedanken an irgendetwas – nur Gefühl und Erfahrung im Hier und Jetzt. Dermaßen sensibilisiert entstand mit den nachfolgenden Übungen und der Arbeit mit den anderen im Laufe der Ausbildung zum Energiearbeiter die Fähigkeit, Energien zu ,sehen', was bedeutet, sie zu empfinden, sie zu fühlen und mit einer bestimmten Technik zu beeinflussen.

Wir alle waren Menschen wie du und ich, die sich in dem Bestreben als Schüler begegneten, einerseits ihre innere Wahrheit zu erfahren und andererseits zu lernen, wie man als Energiearbeiter, als Lehrlingsschamane die ungesunden Energien eines Klienten extrahieren kann. Alle standen mitten im Leben, ein Querschnitt der Bevölkerung. Es war ein ständiges Nehmen und Geben. Das machte mir ein gutes Gefühl und Hoffnung, dass hier etwas geschieht, was mit der Realität da draußen verbunden werden kann.

Von Beginn an meldete sich ab und an mein Verstand, tief im Hintergrund zwar, aber stets insistierend auf eine kritische Bewertung – mich beschlichen zuweilen große Zweifel zu dem, was ich da erlebte. Ich wollte für alles eine Erklärung, möglichst unter Zuhilfenahme wissenschaftlicher Maßstäbe. Damals wusste ich noch nicht, dass es für das, was wir da erfuhren, keine plausiblen Erklärungen durch unseren konditionierten Geist geben kann. Jedenfalls nicht mit der Sprache des konservativen Wissenschaftsbetriebes. Eine Zeitlang dachte ich auch, wie verrückt das doch alles sei, was hier geschieht. Wie kann man mit Energien arbeiten, die man nicht messen, nicht sehen oder hören kann? Wie ist es möglich, mit der Kraft der Natur in Kontakt zu treten ohne jeden Hinweis auf deren tatsächliche Existenz? Mehr noch, wir haben doch keine Ahnung, warum eine Blume aus einer Knospe ihre ganze Schönheit und Fülle an einem Tag mit der Sonne entwickelt kann. Wie aus einer kleinen Eichel ein so mächtiger Baum entsteht? Wie also kann man je an diese Kraft andocken, gar mit ihr arbeiten? Wie kann man andere Dimensionen, von denen die Rede war, andere Bewusstseinsebenen, andere Wirklichkeiten überhaupt wahrnehmen, sie erkennen? Zweifel riefen diese Fragen hervor, immer wieder! Meistens durchfluteten mich diese Gedanken in den Pausen, im Kontakt mit den anderen.

In einem solchen Klima der Unsicherheit, des Zweifels offenbarte sich bei mir am Ende immer das eigene Spüren, die Intuition als zwar verletzliche, aber dennoch authentische Alternative. Und dieses intuitive Spüren von Energien ist in der energetischen Arbeit mit Klienten die zentrale Fähigkeit und Instanz für den gesamten Heilprozess, ähnlich wie ich das bei der Arbeit bei den Familienaufstellungen erleben konnte. Nicht das Reden oder Argumentieren war wichtig, sondern das Fühlen nach innen. Das war eine wirkliche Herausforderung für mich.

In einer Pause, als mich meine eigenen Zweifel nervten, lag ich für eine Weile an einem Stück Felsgestein gelehnt im Park des Geländes in der Herbstsonne. Ich erinnerte mich an die Erlebnisse von Carlos Castaneda mit seinem Lehrmeister Don Juan. Ständig fragte der Schüler nach dem Warum, Wieso, Weshalb. Er suchte Beweise, wissenschaftliche Erklärungen, ganz so, wie er es selbst an der Universität in Kalifornien gewohnt war und wie er lehrte. Das war auch deshalb nicht verwunderlich, weil Castaneda sich vor allem auch intensiv mit Anthropologie und Ethnologie befasste und die Themen seiner Forschung, genau wie bei Stanislav Grof auch praktisch erfahren wollte. Don Juan wies ihn immer wieder mit Engelsgeduld darauf hin, dass er aufhören solle nachzudenken, zu analysieren, er solle doch einfach fühlen, seinen Anweisungen folgen und innerlich sehen, spüren und erfahren lernen.

Was ist Energiearbeit und Schamanismus?

Der Kern der Energiearbeit, so wie ich sie erlernt habe, beruht auf dem übermittelten Wissen der Inkavölker und anderer indigener Kulturen in Süd- und Mittelamerika sowie den Eingebungen und Visionen, die der Lehrer selbst bekommen und entwickelt hat. Aufgrund meiner jahrelangen, weltumspannenden Recherchen kann ich hier feststellen, dass alle indigenen Völker davon ausgehen, dass sich seelische Verletzungen und Traumata überall im Körper aber vor allem in den Energiezentren unseres Aurakörpers, den Chakren, wie das Yoga sie nennt, als gespeicherte Erfahrungen energetisch festsetzen können. Diese zum Teil sehr dunklen Energien können uns auf unangenehme Weise beeinflussen *(inzwischen wissen wir, dass die Energien sich in jeder Zelle verbergen)*. Die Energiezentren des Menschen befinden sich entlang seiner Wirbelsäule und sind über die Energiebahnen, die Nadis, wie die Traditionelle Indische Medizin sie nennt, alle miteinander und dem restlichen Körper verbunden. Sie verknüpfen das Gehirn mit den Chakren in einem riesigen Netzwerk zum Energie- oder Aurakörper. Alle Informationen stehen immer überall im Körper zur Verfügung und alles spielt eine Rolle. Auf diese Weise kann man mit der Reflexzonentherapie oder der Akkupunktur zum Beispiel am Fuß oder an den Ohren, den Energiezustand der Organe des ganzen Körpers beeinflussen.

In Europa und den USA haben einzelne Neurowissenschaftler inzwischen herausgefunden, dass zum Beispiel vom Gehirn über die Energiebahnen die Informationen der Verletzungen und Traumata als Transmissionen in den Köper gesendet werden. Unser Körper nimmt diese Informationen auf und reagiert darauf – je länger die Botschaft virulent ist, um so mehr. So kann er sich zum Beispiel aufgrund der Informationen aus dem Gehirn so verspannen, dass es weh tut. Muskelblockaden, Wirbelverschiebungen, Rückenprobleme, Organkrankheiten aller Art sind die Folge. Also auch hier ist inzwischen klassisch wissenschaftlich ein Stück weit erwiesen, dass alte Verletzungen sich nicht nur zum Beispiel im limbischen System des Gehirns festsetzen und von dort aus im Unbewussten wirken, sondern diese Verletzungen sich auch im Leib des Menschen „verkörpern" *(siehe Storch, Cantieni, Hüther und andere: „Embodyment - Die Wechselwirkung von Körper und Psyche verstehen und nutzen")*. Oder anders: Wenn die Traumata sich aufgrund einer wie auch immer gearteten Heilarbeit auf der psychischen oder seelischen Ebne auflösen, heilt der Körper gleich mit. Er kommt in den Urzustand zurück, weil die Blockade verschwunden ist, wie bei einem Re-Set des Smartphones. Diese holistische oder ganzheitliche medizinische Sichtweise ist übrigens in ganz Asien verbreitet. Yoga arbeitet mit diesen Chakren und den Nadis, ebenso die Traditionelle Chinesische Medizin, also mehr als drei Milliarden Menschen wissen mehr oder weniger davon. Die zentrale Frage ergibt sich dann ganz von selbst, wie also kann man die Blockaden beseitigen und damit die Ursachen für psychische und physische Krankheiten auflösen und heilen? Pillen helfen da sicherlich nicht und auch kein traditioneller Arztbesuch. Bereits vor langer Zeit haben die indigenen Völker in ihren Kulturen darauf eine Antwort gefunden. Wir entdecken gerade zusammen mit ihnen, wie das in unserer Zivilisation integriert werden könnte.

In diesem Zusammenhang ist es bemerkenswert, dass Biophysiker in den USA jetzt herausgefunden haben, dass die Bausteine des Lebens in den körperlichen Zellen, die Aminosäuren, ebenfalls mit Energien angereichert sind und unterschiedliche Qualitäten haben, wie die Chakren, die Zentren selbst. Sie sind energetisch so aufgeladen, dass sie einen „Spin" haben *(eine Drehbewegung, wie ein Kreisel)*, den man auch nachweisen kann. Dieser natürliche, lebendige „Spin" ist vom externen Standpunkt des Beobachters aus zu seinem Objekt *(Chakra eines Körpers)* linksdrehend, also gegen den Uhrzeiger, wenn keine Blockaden behindern. Rechtsdrehende Aminosäuren kommen auch vor, sie sind aber viel seltener, weil anfälliger, besonders gegen UV-Licht und noch härtere Strahlung. Zellen haben also Energien, die nach unseren brandneuen wissenschaftlichen Kriterien messbar sind, gesund und kraftvoll scheinen, wenn sie einen linksdrehenden „Spin" offenbaren. Das haben wir in den Seminaren auch viele Male selbst als Energiearbeiter bei unseren Klienten sehr einfach testen und erleben können. Wir konnten den linksdrehenden Energiefluss eines Chakras mit einer einfachen Pendeltechnik nachweisen. Überprüft man zu Beginn einer Heilsitzung die Energieblockaden im Körper, bewegt sich das Pendel nur kaum oder ganz geringfügig hin und her. Löst man diese Blockaden jedoch auf, erholen sich Psyche und Körper sofort und das Pendel führt einen regelrechten Kreistanz auf – linksdrehend.

Bei den indigenen Völkern und Stämmen sind es die Schamanen oder Schamaninnen, die sich mit den Energieblockaden beschäftigen, die sie bearbeiten und, wenn es gut läuft, auch auflösen können. Die Schamanen haben besondere Fähigkeiten. Sie nutzen die im Kontext eines Jahrtausende alte Wissens überlieferten schamanischen Praktiken. Aufgrund ihrer Sensibilität spüren sie Energien und Resonanzen im energetischen Feld und können Kontakt aufnehmen: Zu Ahnen, zu Geistwesen, zu Geistführern, zu Krafttieren, zu einer außerordentlichen, kosmischen Intelligenz, und sie ‚sehen', je nach Tradition, auch die energetischen Störungen oder Blockaden in der Aura von Kranken.

Schamanische Praktiken wurden erstmalig bei den indigenen Völkern Sibiriens und Inner-Asiens Ende des 17. Jahrhunderts von europäischen Reisenden beobachtet. Das Wort Schamanismus hat dort in der tungusischen Sprache Sibiriens seine Wurzel und wird inzwischen auf alle anderen indigenen Kulturen übertragen. Der rumänische Historiker und Philosoph Mircea Eliade hat in den 1950er Jahren aus der Sicht der klassischen Wissenschaft und zivilisierten Welt den Schamanismus der indigenen Völker erstmalig grundlegend für die westliche Zivilisation beschrieben. Mit seinem Buch „*Schamanismus und archaische Ekstasetechnik*" argumentierte er gegen die in damaligen Fachkreisen weit verbreiteten Meinung, es handele sich bei schamanischen Erfahrungen um pathologische Zustände. Eine jener üblichen, arroganten Sichtweisen konservativer Wissenschaftler.

Eliade sah im Schamanismus eine Form der Urreligion aller Menschen auf dieser Erde. Nach heutigem Verständnis sieht man im Allgemeinen den Schamanismus als eine magische Energiearbeit, bei dem der Schamane oder die Schamanin bestimmte Informationen aus dem energetischen Feld erhalten und Energien beeinflussen oder verändern können. Der Schamane/die Schamanin übernimmt bewusst eine Mittlerrolle im energetischen Feld zwischen den unterschiedlichen Wirklichkeiten unserer Welt. Er/Sie hat Zugang zu interaktiven Energien zwischen Menschen, Gruppen und geistigen Wesen *(zum Beispiel Kontakt zu verstorbenen Vorfahren des Kranken)*. Er/Sie kann auch Kontakt zu Naturphänomenen und Tieren aufbauen. Im Rückgriff auf die uspünglichen archaischen Mythen und den harmonischen Energien der Natur schaffen Schamanen eine Verbindung mit dem ‚Heiligen', mit dem universellen Kosmos, mit Castanedas Nagual, mit einer Welt also, die in der Philosophie der europäischen Geistesgeschichte auch als Zugang zum Magischen, zum Göttlichen beschrieben wird.

Insbesondere Joseph Campbell, der große Mythologien-Forscher, hat mit seinen umfangreichen Recherchen zur Mythologie der Urvölker nachgewiesen, dass die Schamanen über alle Natur- und Kulturgrenzen hinweg als Hüter der Mythenschätze ihres Volkes herausragende und über alle Kontinente hinweg ähnliche Eigenschaften besaßen, im Moment noch besitzen und vergleichbare Riten verfolgen. Er war es auch, der die innere Reise eines Indianers zur Selbsterkennung, zum Beispiel in Schwitzhütten, als „Heldenreise" bezeichnete. Schamanen aus diesen Kulturen, die den schamanischen Weg gehen, sehen hinter den Schleier der Alltagswelt und können mit Energien in Kontakt treten, die andere aus mangelnder Übung nicht wahrzunehmen in der Lage sind. Sie sind in indigenen Kulturen die Träger eines umfassenden mythologischen Wissens.

In den von Campbell untersuchten bereits vergangenen Kulturen der Welt und den indigenen, restlichen Gruppen einst größerer Stämme heute ist das Merkmal ihrer Berufung oftmals eine tiefe psychische Krise, die bei der Bewältigung zu einer tiefgreifenden Erkenntnis führt. Sie kommt einer höheren Initiation gleich, unabhängig von der jeweiligen Familiensituation oder den Interessen des Stammes oder Clans. Aufgrund ihrer Unabhängigkeit und Sensibilität verfügen Schamanen über ein besonderes Einfühlungsvermögen und Wissen, was eben nicht interessengeleitet ist. *„Der ganze Bereich der Gruppeninteressen und Gruppensorgen ist für Schamanen sekundär." (siehe Joseph Campbell: „Mythologie der Urvölker – Die Masken Gottes").* Schamanen hatten in indigenen Gruppen oder Gesellschaften neben anderem Aufgaben auch immer die Funktion, zu helfen und bestimmte ungesunde Energiezustände im Stamm zu verändern, auszugleichen und Stammesmitglieder zu heilen. Mit ihren Werkzeugen und ihren magischen Fähigkeiten waren sie für viele Heiler und Ratgeber, Coach würde man heute sagen. Sie hatten zunächst einmal eine ähnliche Funktion wie ein Arzt in der zivilisierten Gesellschaft und waren dem Wohl des einzelnen Menschen und der Gemeinschaft verpflichtet. Doch ihre wirklichen Fähigkeiten übertrafen das rein Ärztliche unserer Zeiten bei weitem.

Es gibt in den Regionen des Himalajas, der Anden, der Rocky Mountains, in Alaska und Sibirien sowie in Afrika, Asien und im brasilianischen Urwald auch heute noch indigene Gruppen und Stämme, deren schamanische Praktiken sich aus der Urzeit ihrer Ahnen erhalten haben. Sie nutzen sie auch heute noch zur Heilung allzu menschlicher Probleme. Als Beispiel seien hier die „San - oder Bushpeople" in Namibia und

Botswana genannt, zu denen mein Arbeitskollege und ich umfangreiche Reisen und Recherchen für ein Filmprojekt durchgeführt haben. In diesem Zusammenhang lernten wir auch Bradford Keeney kennen, inzwischen emeritierter Professor für Kybernetik in den USA. Er ist einer der modernen Wissensträger unterschiedlichster schamanischer Disziplinen. Keeney wurde von den verschiedenen Stammesältesten und Heilern dieser Erde über Jahrzehnte in ein universelles Wissen eingeweiht. Zum Teil unter unsäglichen Bedingungen hat er nicht nur die Fähigkeiten der Schamanen beobachtet und aufgezeichnet, sondern einige ihrer Techniken auch selbst erlernt. Von den Ältesten der Stämme ist er als einer ihrer Sprecher zur zivilisierten Welt ernannt worden. Er praktiziert weltweit in Seminaren seinen eigenen „Schamanismus" *(siehe Bradford Keeney: „Profiles of healing" sowie „The Bushman Way of tracking God")*. In seinem Engagement, die tradierte Kultur und die Heilmethoden zu erforschen, erlebte er nach seinen Angaben, bei den Bushpeople in Botswana seine eigene Initiation und eine Glückseligkeitserfahrung.

Schamanen können ‚sehen', was vielen anderen verborgen ist. Ich nenne sie gerne Energiearbeiter, also Arbeiter, die negative Energien, den Zustand des Krankseins, verändern können. Die Ursachen für die Störungen oder Blockaden sind oftmals Traumata, Ängste, psychische oder physische Verletzungen, Demütigungen, Übergriffe, die die Würde der Menschen verletzte. Es sind Formen des Missbrauchs jeglicher Art, aber auch traumatische Erlebnisse aus einer anderen Zeit, aus früheren Leben. Schamanen und Schamaninnen sind in der Lage, sogenannte Seelenanteile, die verlorengegangen sind *(Erkrankung der Seele)*, wieder rückzuführen und problematische Beziehungen oder besser ausgedrückt, energetische Besetzungen von Verwandten, die verstorben sind, zu lösen. Solche Schamanen machen eine intuitive Arbeit am Energiekörper des Menschen *(siehe dazu auch Martin Brune: „Zum Glück ins Jetzt! Die Energieschule fürs Leben")*.

Nach Auffassung von Schamanen indigener Stämme können Menschen in diesen magischen Heilprozessen hier auf Erden auch mit schweren Beschädigungen wieder zu einem zufriedenen und erfüllten Leben zurückfinden. Michael Harner hat bereits in den 1970er Jahren dieses Wissen vieler Schamanen auf der ganzen Welt gesammelt, die jeweiligen schamanischen Methoden zusammengestellt und bereits 1981 in einem Buch veröffentlicht (Michael Harner: *„Der Weg der Schamanen")*.

Die christlichen Kirchen haben derartige Fähigkeiten auch unserer Vorfahren hier in Europa und überall auf der Welt rigoros bekämpft und dieses Wissen den indigenen Stämmen mit drakonischen Mitteln versucht auszutreiben. Sie boten weder uns noch diesen Völkern dafür einen Ersatz – außer dem, zu beten und ein ehrfürchtiges Leben im Sinn der katholischen Kirche zu führen. Geheilt aber wurde von Priestern kaum jemand. Seit der Christianisierung durch Kaiser Karl den Großen sind uns in Europa das Magische und die Mythen unserer alten Kultur sowie ein großer Teil unseres praktischen Wissens über unsere Verbindung mit der Natur, den Heilpflanzen radikal mit Feuer und Schwert ausgetrieben worden. Man hat uns seinerzeit aber nicht nur unsere spirituellen Wurzeln gekappt, sondern obendrein wurden ähnliche Kulturen und Völker auf allen Kontinenten als minderwertig und primitiv diskreditiert.

Seitdem reklamieren die weißen christlichen Menschen auf dem Planeten eine Sonderrolle: Hier sind wir, die Auserwählten, die Krönung der Schöpfung und dort die anderen, die Primitiven, die Eingeborenen, die Tierwelt, die Natur. Hier liegt der Grund für unsere völlige Distanz zu unserem Heimatplaneten, zu Mutter Erde, wie die Indianer sagen. Diesem über tausendjährigen Dualismus, also der Trennung von Ich und Du, von Mensch und Natur, von uns und dem Universum, von Menschen und einer göttlichen Energie ist die gesamte westliche und zivilisierte Welt aufgesessen. So kann doch wohl berechtigt fragen, ob wir nicht die eigentlichen Deppen sind, die Primitiven, ja, die Stumpfsinnigen, die die Schönheit des Menschseins und der Welt zugrunde richten?

Lauscht man den Erzählungen von Malidoma Somé, dem Professor, Schriftsteller, Schamanen und Stammesältesten des westafrikanischen Stammes der Dagara, bei dem ich ganz besondere und heilende Reinigungsrituale erlebte, so ist man erschüttert, was die Missionare der Kirchen allein in Afrika angerichtet haben. Sie missbilligten und bekämpften die afrikanische einheimische Kultur, „indem sie kleine Jungen wie mich den Eltern stahlen", wie er es uns erzählte „um mich und andere Kinder in ihren Missionarsschulen zu einer anderen Kultur umzuerziehen."

Das Morden indigener Menschen vor Jahrhunderten wird hier mit dem ,Mord' an der indigenen Seele kleiner Jungen und Mädchen weiter betrieben. Scheinbar ändert sich nichts, denn diese Praxis lebt weiter, wie ein beispielhafter Bericht von Survival International zeigt. Ein Mega-Internat in Indien, das damit prahlt, für 27.000 indigene Kinder ein „Zuhause" geschaffen zu haben, wirbt damit, „primitive" indigene Kinder von einer „Bürde" befreit zu haben, sie von „Steuerempfängern in Steuerzahler" verwandeln zu wollen. Zu den Partnern des Internats gehören die gleichen Bergbauunternehmen, die versuchen, indigene Gebiete, also das wirkliche Zuhause der Kinder, an sich zu reißen, um dort nach Bodenschätzen zu schürfen, um später die in ihrem Sinn erzogenen jungen Menschen als Arbeitssklaven zu nutzen. Die jungen Menschen schuften dann in jenen Landschaften, wo einst die Hütten ihrer Vorfahren standen *(siehe Survival International e.V.: „Report über indigene Kinder in indischen Internaten" vom 8.1.2019)*. Die Mönche, die Pizarro auf seinen Raub- und Mordzügen begleiteten, hatten nichts anderes im Sinn.

Claude Lévi-Strauss, der große Ethnologe und Sozialanthropologe, war einer der ersten, der in den 1950er Jahren aufgrund seiner weiten Forschungsreisen zu den indigenen Völkern in Südamerika mit dieser alten, dualistischen Tradition brach. Er erkannte, bei aller Kritik an gewissen Opferritualen in der jeweiligen Kultur der sogenannten Naturvölker den unbestreitbaren Zauber, den Nutzen, das Heilpotenzial ihrer Kultur. Er identifizierte bei den Indigenen Praktiken und Vorstellungen, die Kult und Magie hatten. Für ihn war der „Wilde" kein rückständiges Wesen, sondern ein gleichberechtigter Kulturschaffender im menschlichen Erdenensemble. Er sah schon damals die Sonne des Rationalismus, des Liberalismus sinken und die schriftlose Kultur dieser Völker über alles Dunkle hinwegleuchten. Wohin ihn seine Reisen auch geführt hatten, überall stieß er auf die hässlichen Brandzeichen unserer Zivilisation: *„Was uns die Reisen zeigen, ist der Schmutz, mit dem wir das Antlitz der Menschheit besudelt haben!" (Claude Lévi-Strauss: „Traurige Tropen, Reisebericht aus Brasilien")*. Was nur würde er heute, angesichts der vermüllten Erde und der Ozeane sagen?

Doch viele Menschen sind inzwischen angesichts des Zustandes unseres Planeten nicht mehr bereit, den alten Kultur- und Wirtschaftsvorstellungen des Westens zu folgen. Sie versuchen, aus verständlichen Gründen, die durch den Rationalismus geprägte Dualität des Denkens und Handelns mit spirituellen Anleihen beim Weisheitswissen indigener Kulturen zu überwinden. Sie wollen dort Erfahrungen jenseits von Religion und Esoterik machen. Wir alle haben nach dieser Herzensnahrung eine große und ernstzunehmende Sehnsucht, wie sogar Studien der beiden Kirchen in Deutschland belegen. Eine Sehnsucht, die leider auch von vielen Medienvertretern nicht ernstgenommen wird. Oftmals werden solche Seminare von ihnen als

Humbug abqualifiziert. Doch die Workshops sind voll, denn viele stellen sich heute existenzielle Fragen. Fragen, die ihre Kirche nicht beantwortet und für die man noch vor dreihundert Jahren in Europa von Kirchenfürsten verfolgt, gefoltert und verbrannt worden wäre. Und obwohl die Hardliner des wissenschaftlichen Betriebes derartige Seminarerfahrungen als naiv, romantisch und unvernünftig diffamieren, gewinnen viele in unserer materiell orientierten Welt mehr und mehr den Eindruck, dass diese Erfahrungen das Menschsein nicht nur bereichern, sondern erst wirklich ausmachen, uns wirklich weiterbringen können. Denn das, was die Urvölker über alle Zivilisationen herübergerettet haben, ist wertvoll. Sie mögen zwar mit Armut oder mit Hunger und Durst geschlagen sein, einen geringen Bildungsstand nach westlicher Interpretation haben, aber was ihre Kultur immer noch hergibt, was sie noch praktizieren, zaubert den Menschen in ihrer Bescheidenheit und trotz allem ein warmes Lächeln ins Antlitz.

Wie Schamanen in ihrer Heilpraxis in früheren Zeiten wirkten und zum Teil noch heute praktizieren, war oft mit einer chaotischen, wilden, körperlich aufreibenden Lebenspraxis verbunden – für uns Zivilisierten meistens unverständlich und, wenn dazu noch durch Trance-Tänze über viele Stunden die Energie hochtransformiert wurde, in jeder Hinsicht abschreckend. Viele Menschen empfinden ein solches ‚Theater' als primitiv, wenn sie zum Beispiel schwarz-weiß Filme aus den 1950er/1960er Jahren dazu aus Afrika sehen *(siehe Film „Village-Life of the Bushmen/San People in the 50's" gedreht von der Marshall-Family)*.

Mein Kollege war bei solchen Zeremonien der San-People in Botswana dabei, wenn sie nachts ihre jahrtausendalten Riten und Tänze um das Feuer ausführten. Das, so spürte auch er sofort, ist kein Hokuspokus unterm Sternenhimmel Afrikas. Für Touristen wird das nicht gemacht. Wir erlebten stattdessen echte Heilzeremonien und die ungeheure Kraft der Gemeinschaft mit ihrer außerordentlichen Fähigkeit, Kontakt mit etwas Höherem herzustellen. Es war zum Teil sehr berührend, wie er schilderte. Das mit Sprache wiederzugeben ist nahezu unmöglich, man muss es erleben. Trotzdem ist es heute für das Verständnis der Aufgaben eines modernen Schamanen wichtig, diese alte Praxis zu kennen, einzuordnen und auch sprachlich zu bewältigen, um gerade die Berührungsängste damit aufzulösen. Schamanen und Heiler, wie Bradford Keeney oder Malidoma Patrice Somé versuchen das in ihren Seminaren zu bewirken.

In jeder Großfamilie besaß ein Familienmitglied auch unserer Vorfahren bis ins Mittelalter die Fähigkeit, emotionale und psychische Verletzungen der Seele zu erkennen und zu behandeln. Diese Menschen waren mit der Energie der Natur und des Universums verbunden und betrachteten sich als Werkzeug einer universellen spirituellen, geistigen Kraft. Sie verehrten zum Teil viele Gottheiten oder auch nur den einen großen, weltumspannenden Geist. Dieser Kontakt zu einer, sagen wir magischen Welt, war für sie überlebensnotwendig, bezogen sie doch daraus Hinweise, die sie zu bestimmten Entscheidungen im Stamm kommen ließen, um die Gemeinschaft mit Nahrung zu versorgen, vor Gefahren zu beschützen oder eben individuell zu heilen. Das Prinzip in vielen Workshops zum Schamanismus auf dieser Welt ist heute gleich geblieben: Schamanen heilen auch heute im Kontakt mit etwas Kosmischem *(Grof)*, Geistigem *(Kuby)* oder wenn man mag, mit etwas Göttlichem *(Keeney)*.

In diesem Zusammenhang sind die Forschungen von Stanislav Grof bedeutsam. Er hat sich sein Leben lang damit beschäftigt, die von seinen Klienten tausendfach erlebte Erfahrungswelt einer außerhalb von uns existierenden Bewusstheit zu erforschen, sie selbst zu erfahren und einordnen zu lernen. *„Ich glaube heute, dass das Universum auf allen Ebenen von einem kosmischen Bewusstsein und einer überlegenen kreativen Intelligenz (Anima Mundi) geschaffen wurde und durchdrungen ist. ... Und jede individuelle menschliche Psyche ist ein integraler Bestandteil vom kosmischen Gesamtbewusstsein und stimmt in ihren wesentlichen Zügen mit diesem überein."* (siehe Stanislav Grof: „Impossible – Wenn Unglaubliches passiert").

Aufgabe des Schamanen oder der Schamanin ist es unter anderem, die Selbstheilungskräfte des Klienten zu aktivieren. Das geschah und geschieht heute auf vielfältige Weise und überall auf der Welt entwickelte man unterschiedliche Methoden entsprechend der natürlichen Umgebung und der historischen Sozialgeschichte. Die Anerkennung in der Gruppe oder im Stamm war Schamanen deshalb sicher, weil der Kranke tatsächlich auf diese Weise oftmals an Selbstbewusstsein gewann und geheilt wurde. Der Schamane erwarb sich so, besonders wenn die Verletzung oder Krankheit lebensbedrohlich war, enormen Respekt in der Gruppe. Er saß gleich neben dem Häuptling.

Nun fragt sich der aufgeklärte Geist, ist das nachweisbar, sind die Leute wirklich geheilt worden, werden sie geheilt? Vielleicht behaupten das die Schamanen nur und die Klienten lügen, weil sie selbst das unbedingt glauben wollen? Der Zweifler in mir fragte genauso. Ich war ein großer Skeptiker dieser Art von Energiearbeit, bis ich selbst derartige Heilungen an Körper, Geist und Seele erfuhr und die Technik des energetischen Heilens erlernte, wie ich noch beschreiben werde. Da wir über unser wissenschaftliches Studium und die Medien alle mehr oder weniger wissenschaftlich konservativ auf unsere Kultur geprägt sind, zweifeln wir und lehnen derartiges ab. Es stehen in unserem Gesundheitssystem auch massive wirtschaftliche Interessen solchen neuen Wegen entgegen. Die verhindern übrigens auch die Aufklärung über Medien, wie ich es mit einem Projekt über indigene Heilverfahren selbst erlebte.

Darüber hinaus macht uns das Magische in der Regel Angst, weil wir es mit unserem Verstand nicht erfassen können, was auch niemals sein wird *(dazu später mehr)*. Wir erlauben uns deshalb, an dieser Art von heilender Arbeit kein Interesse zu haben, wir lehnen es ab, uns damit überhaupt zu beschäftigen. Das ist uns nicht geheuer, das hat vielleicht etwas mit Zauberei oder gar Betrug und Scharlatanerie zu tun, so denken wir meistens. Doch so ist es in der Regel nicht, wenn das ernsthaft betrieben wird.

Joseph Campbell hat in seinen Forschungen bewiesen, dass die Arbeit mit Energie und Bewusstsein in den Kulturen der Welt sehr ähnlich war und die Menschen in dem einen Kontinent von den anderen Kulturen woanders nichts wussten. Ich habe Techniken sowohl aus Nordamerika, aus Afrika als auch aus Südamerika kennengelernt und zum Teil erlernt und finde viele strukturelle Übereinstimmungen in der Heilarbeit. Es ist eine magische Bewusstseinsarbeit, die mit zivilisierten Methoden und Therapien unserer verkopften Wissenschaft nicht vergleichbar sind.

Lässt man sich auf unsere magischen Fähigkeiten ein, so erschließt sich eine aufregende und für uns neue Welt, mit der wir etwas zu tun haben, das spüren wir, wenn wir Kontakt mit dem universellen, kosmischen Bewusstsein im Sinn von Grof, also mit einer etwas anderen Wirklichkeit haben. Und erst nach der Überwindung des intellektuellen Vorbehalts erkennen wir, dass wir sehr wohl in der Lage sind, an dieses alte Wissen anzuknüpfen. Vor allem aber erfahren wir unsere Unabhängigkeit und die Freiheit, weil wir diese Prozesse bewusst erfahren und steuern können, das heißt, dass wir Verantwortung für uns übernehmen. Wir brauchen keinem Guru zu folgen.

Allen Energiearbeitern auf dieser Welt ist gemein, dass sie das Leben in der Gesamtheit, also ganzheitlich betrachten, als einen großen spirituellen oder auch magischen Prozess in unterschiedlich erlebbaren Rollen und Welten. Schamanen bestimmter Heilschulen haben auch die Fähigkeit entwickelt, die Heilkraft der Pflanzen und Kräuter, der Steine, der Natur im Allgemeinen zu nutzen. Sie sehen sich als Werkzeuge eines umfänglichen Heilprozesses im Dienst der Mitmenschlichkeit. Indianer und andere indigene Völker sind der Meinung, dass, wenn ein Glied in der Kette krank ist, das Energiefeld der Gemeinschaft als Ganzes getrübt ist und das im ganzen Erdenkreis.

Ich werde energetische Heilsitzungen schildern, die innerhalb der körperlichen Energiezentren (Chakren) Blockaden lösen und die auch verlorengegangene Seelenanteile wieder rückführen können. Beim letztgenannten geht es darum, die Auflösung einer zentralen Angst im Zentrum des limbischen Systems/des vegetativen Nervensystems zu bewirken und damit die Wiederbelebung der eigenen, alten inneren Kraftquellen (der Seelenanteile) des Klienten wieder zu ermöglichen. Im Hinblick auf eine Einordnung dieser energetischen Heilpraxis für unsere moderne Gesellschaft und mit der Begrifflichkeit psychologischer Wissenschaft könnte man die Arbeit der Schamanen nach dem Integralen Transformativen Praxismodell (ITP) von Ken Wilber so beschreiben:

Die Arbeit am emotionalen Körper:

Schamanen/innen arbeiten am emotionalen Körper des Klienten durch die Auflösung von Energieblockaden (Körperebene) und verändern damit den inneren Energiezustand – die Energie kann wieder fließen.

Die Arbeit am mentalen Körper:

Schamanen arbeiten an der Rekonstruktion des Bewusstseins. Einmal durch die Vor- und Nachgespräche mit dem Klienten. Zum anderen erlebt der Klient unter Umständen während der Sitzung sehr bewusst Erlebnisse aus seiner Vergangenheit *(wie es bei mir der Fall war)*, die zu seinem Leben im Hier und Jetzt einen Sinnzusammenhang ergeben. Es entsteht eine Bewusstseinserweiterung, das Erkennen des eigenen Selbst (Geistebene) wird so möglich.

Die Arbeit am spirituellen Körper:

Schamanen arbeiten am spirituellen Körper der Seele durch die Praxis der Rückführung von verlorengegangenen Seelenanteilen (Seelenebene), die im Hier und Jetzt des Klienten wieder ins Leben integriert werden.

Die Arbeit am Verhältnis Mensch – Natur:

Schamanen arbeiten mit der Natur. Durch die Sensibilisierung für die Naturkräfte lernen Klienten, diese Kräfte für sich zu nutzen. Man fühlt eine neue Verbundenheit mit der Natur und dem Universum (universelle Ebene).

Aufgrund meiner grundsätzlichen Vorsicht anderen Mitmenschen gegenüber erschienen mir die energetischen Heilverfahren geradezu wie für mich gemacht – da spielt das Reden und der Kontakt nur eine untergeordnete Rolle. Mit der energetischen Heilarbeit kommt man an das kontaminierte Unbewusste heran ohne die manchmal sprachlichen und emotionalen Beschwerlichkeiten der gewohnten Einzel- oder Gruppentherapien. Das ist der große Vorteil dieser Energiearbeit, der Zugang zu unbewussten Anteilen ohne Kontaktaufnahme zu anderen. Das große Potenzial der energetischen Arbeit aber besteht vor allem in der zunehmenden Bewusstwerdung des eigenen Seins, was auf dem schamanischen Weg besonders in den Schwitzhütten stattfindet. Man bekommt Zugang zu seiner inneren Wahrheit und im besten Fall, wenn man reif dafür ist, findet man den Weg zur tiefsten aller Wahrheiten, der universellen Wesenheit unseres individuellen Selbst, unserer wirklichen Essenz. Entscheidend dafür ist, dass man Herr oder Frau des ganzen Prozesses bleibt, selbst über den Fortgang entscheidet und dann im schweigenden Miteinander und in vollkommenem Vertrauen wirklich loslassen kann.

Es war mir klar, dass die Beschreitung dieses Weges eine tiefgehende Erfahrung werden würde, weil ich nach den vielen Jahren der Auseinandersetzung mit mir selbst dafür zutiefst bereit war. Ich war gewissermaßen „fertiggekocht", wie die Stammesältesten der Indigenen es formulieren und ich wusste, dass ich diese abenteuerliche Reise ganz allein antreten wollte. Wenn auch, wie Castaneda es beschrieb, der Begleiter und Schamane, in Castanedas Fall Don Juan, auf den Schüler, den Klienten aufpasst, was auch in meinen Workshops so war, so ist man doch mit den inneren Erfahrungen, den Bildern, Kämpfen, den Tränen und der manchmal schweren Energie trotz fürsorglicher Begleitung wirklich allein mit sich.

Man lernt, die Verantwortung für sich zu übernehmen. Man muss eine Veränderung also auch wirklich wollen, inklusive der Konsequenzen, die damit einhergehen. Und all das wollte ich! Spielchen gibt es bei der schamanischen Heilarbeit nicht. Das fand ich besonders gut. Es ist eine anspruchsvolle Methode, der man sich da stellt, die auch manchmal durchaus körperlich etwas unangenehm sein kann. Das hängt unter anderem vom Klienten ab, wie tief er schürfen will und wie der Schamane arbeitet. Aber es ist auf keinen Fall auch nur im Ansatz gefährlich, oder gar ein Gesundheitsrisiko oder ähnliches – nein, nichts davon! Man spürt oft ein intensives Kribbeln im Körper, besonders in den Armen und Beinen, was als unangenehm erlebt werden kann. Jede Operation in einem deutschen Krankenhaus kann zigmal problematischer sein. Man hat das sehr verantwortlich selbst in der eigenen Hand und liefert sich nicht aus.

Ich rede hier von qualifizierten Seminaren und nicht von irgendwelchen esoterischen Trips, die man vielleicht als komfortable Kreuzfahrtreise buchen kann. In der ernsthaft gemeinten Art schamanischer Heilverfahren, wie die Indigenen es verstehen, geht es ausschließlich um Verletzungen und Ereignisse im wirklichen Leben des Klienten, es geht um seine Wahrheit, die Wiederentdeckung seiner ureigensten Kraft und nicht um die Vermittlung einer fremden Ideologie. Insofern haben tradierte und kulturell tief verankerte indigene Heilprozesse schon aufgrund ihrer Zielrichtung etwas Strenges, etwas unerbittlich Wahrhaftiges, wenn man sich darauf erst einmal wirklich eingelassen hat. Wenn die Seminare gut sind, und ich besuchte ausschließlich gute Seminare, erlebt man neben den Tränen auch phantastische Situationen voller Freude und Glück, die ich zumindest bisher in meinem Leben nur bei der Geburt meiner Tochter erleben konnte.

Auf der anderen Seite beinhaltet die Arbeit an sich selbst grundsätzlich ein bestimmtes ‚Risiko‘, nämlich die alte Lebensweise vielleicht nicht mehr fortzusetzen, also Veränderungen einleiten zu wollen. Denn es wird vom Schamanen nicht gefragt, wie der Klient heute lebt, was er tut, in welchen Abhängigkeiten und Verpflichtungen er sich befindet, gesellschaftliche oder familiäre Bedingungen interessieren ihn überhaupt nicht. Die schamanische Arbeit befasst sich ausschließlich mit der inneren, psychischen, besser energetischen Verfasstheit des einen Klienten, der Klientin, mit seinen, ihren Problemen und mit der Energie vergangener Geschichten oder Dramen. Diese zum Teil schweren Energien aufzulösen, ist die einzige Absicht der Schamanen und sonst nichts. So asketisch sich das anhört, so ist es auch. In der schamanischen Arbeit werden die geschönten Fassaden eingerissen. Insofern ist sie für unsere Kultur eine Herausforderung, ein täglicher Erfahrungraum, der von und mit Scheinwelten ständig lebt. Man wird sehr direkt mit der eigenen gelebten Wahrheit, den Abhängigkeiten, Glaubenssätzen und Beziehungen im Leben konfrontiert. Innerhalb traditioneller indigener Kultur ist das aber völlig normal und geradezu alltäglich, wie wir es in Afrika erleben konnten.

Die Völker der Inuit in Alaska, kleinere Gruppen der Nachkommen bei den nordamerikanischen Indianern, die Erben der Inkas in Peru, die Yequana-Indianer im Urwald Venezuelas, Stämme der Dagara in Westafrika, die Bush- oder auch Sanpeople in Botswana, die hawaiianische Lebensphilosophie Huna der dortigen Ureinwohner, die Maori in Neuseeland, die Aborigines in Australien, die Nenzen, Tschuktschen und Jakuten in Sibirien, die Schamanen in der nördlichen Mongolei, die Samen in Lappland, u.a. – sie alle haben sich Teile ihrer uralten Kultur der energetischen Heilung trotz der Verbote und Bedrohungen durch despotische Regierungen oder die machtbesessenen Kirchen bewahrt. Es ist ein Segen für uns Zivilisierte, davon noch profitieren zu dürfen. Danke für euer Standhalten! Danke auch, dass ihr uns verzeiht, wie wir eure Vorfahren behandelt oder auch abgeschlachtet haben. Die indigenen Stämme, die ihr Wissen vorbehaltlos kundtun, das habe ich mehrfach übermittelt bekommen, wollen mit der Weitergabe ihrer bisher geheimnisvollen Arbeit die Möglichkeiten zur Rettung dieser Erde wahrnehmen. Es ist nach ihrer Einschätzung höchste Zeit. Denn, so sagen sie, wenn Frieden im einzelnen Menschen ist, wird auch Frieden sein auf Erden, und die Menschen werden erkennen, was ihnen und dem Planeten guttut. Deshalb unterrichten sie in der ganzen Welt.

Bevor man sich an die energetische Arbeit macht, ist ein vorbereitendes Gespräch notwendig. Der Klient erzählt dem Schamanen von einem Problem, einem sogenannten Lebensthema, was ihn immer wieder beschäftigt *(Ich stelle im weiteren Verlauf vier meiner Lebensthemen vor)*. Im Sinn des buddhistischen Gedichtes vom Anfang des Buches: Er/Sie fällt immer in das gleiche Loch. Das kann eine immer wiederkehrende psychische Krise, ein bestimmtes Verhalten, wie auch eine körperliche Manifestation oder eine Krankheit sein, die meistens, wenn sie uns das halbe Leben beschäftigen, auf tiefe Dramen in der Vergangenheit hinweisen. Durch dieses Gespräch werden im Gehirn des Klienten jene Zentren, Synapsen im limbischen Gedächtnis angeregt, in denen das bestimmte Problem als alte Information gespeichert ist. Das Netzwerk sorgt dafür, dass diese Information in die Chakren und von dort aus in den Körper gelangt. Dabei schaut man als Klient so ehrlich und tief in sich hinein, wie es in dem Moment möglich ist. Je tiefer man sich einfühlt, um so aufgeladener ist die Information, die durch den Körper fließt, und um so besser kann sie der Energiearbeiter später bei seiner Arbeit identifizieren.

Sinn und Zweck eines solch klärenden Gespräches ist es, in wenigen Minuten den Kern des Problems mit dem Klienten zu sezieren. Es geht dabei nicht um die Ursache, die offenbart sich in der Regel erst im anschließenden Heilprozess. Es geht um Konflikte, Verhalten, Handlungen, wie sie sich im Alltag zeigen. Der Klient versucht dabei die Emotion, die beim Anregen der Problematik spürbar wird, an die Oberfläche zu lassen *(oft korrespondieren diese mit Traurigkeit, Wut, Hilflosigkeit, Verzweiflung, Erschöpfung, Scham, Angst u.a.)*. Nachdem er oder sie sich das aufkommende Gefühl vergegenwärtigt hat, pustet er oder sie die Emotion in einen der Heilsteine, die der Schamane zur Verfügung stellt *(so habe ich es gelernt, diese Steine sind ein Werkzeug bei Heilprozessen)*. Die Aufgabe des Energiearbeiters im weiteren Verlauf ist es, dafür die Ursache, das Drama zu finden und es energetisch zu neutralisieren oder aufzulösen.

Nach dem Gespräch beginnt der Schamane mit seiner ritualisierten Arbeit. Mit der Einfühlung in die Energie des Klienten ordnet er diese Energie einem Chakra zu. Er legt den energetisierten Stein auf die betreffende Körperstelle. Im Verlauf des Heilprozesses ‚sieht' der Schamane dann zum Beispiel Bilder und Szenen, aus denen sich das, was hinter dem Problem steckt, möglicherweise erkennen lässt. Es sind symbolische Bilder, wo Krafttiere oder Geistführer eine helfende Rolle einnehmen. Diese Szenen stehen dann oftmals symbolisch für das, was einst geschehen ist. Zum Beispiel problematische Beziehungen, schmerzhafte, traumatische Erlebnisse, eine tiefe Verletzung der Integrität, lebensbedrohliche Ereignisse, Zwangssituationen oder auch Gewalt- oder Missbrauchserfahrungen. Sie werden nicht in dieser Konkretion, sondern in ihrer symbolischen Form als belastende Energie erkannt. Da hat jede Energieschule ihre eigene Symbolik. Mit großer Bewusstheit löst man dann durch die Heilarbeit diese Energie aus dem Energiezentrum auf. Wie man das macht, lernt man bei einer solchen Ausbildung. So lehren uns die indigenen Völker, mit unterschiedlichen Verfahren oder Techniken unsere Vergangenheit abzustreifen wie die Schlange ihre Haut. Die Konsequenz dieser Auflösung ist die direkte körperliche Erfahrung, dass das Chakra wieder in Schwingung kommt, dass ein subjektives Gefühl der heilsamen Wärme und des Lichtes sich durch den Körper ausbreitet, wo vorher Beklemmung, Druck, Kühle oder gar Kälte herrschten. Der eigene Energiekörper beginnt wieder zu pulsieren, wieder zu leuchten. Als Klient merkt man das ziemlich deutlich, man fühlt sich hinterher wirklich anders, auf jeden Fall besser. So habe ich es viele Male erfahren dürfen, so geschah es auch bei anderen.

In dem sich öffnenden, riesigen kosmischen Raum unbegrenzter Bewusstheit bewegt sich der Schamane und der Klient gleichermaßen und wenn der Prozess in Fluss kommt, Widerstände sich beim Klienten nicht zeigen, Vertrauen entstanden ist, er also wirklich loslassen kann, knüpfen beide und doch jeder für sich mit der Reise ins Nagual an das an, was als kollektive Wahrheit aller Menschen sich dort zeigen kann. Beide begegnen auf unterschiedliche Weise den Archetypen einer weltumspannenden Mythologie. Es sind Gestalten, Verkörperungen, Wesenheiten, die unzerstörbar Raum und Zeit überdauern. Diese Archetypen sind der energetische Ausdruck des menschlichen Wesensgrundes, unabhängig von jeder kulturellen Entwicklung *(siehe dazu Joseph Campbell sowie C. G. Jung mit ihren Forschungen)*. Sie sind ein Aspekt der langen Entwicklungsgeschichte der Menschheit.

Am Ende ist man als Coach, Schamane oder Therapeut ein Stück weit durch diesen Prozess auch selbst gesünder geworden und fühlt sich innerlich kraftvoller als zuvor. Und mag man das auch alles für vollkommen unwahrscheinlich halten, so ist es am Ende doch wohl immer noch so: Wer heilt, hat auch hier Recht! Oder wie manche Heiler es ausdrücken, erst Heilen, dann Verstehen!

Die Zweifel verschwinden, wenn man die Veränderung der Leute in ihrem Antlitz erlebt und erfährt, was sie zu berichten haben, vor allem von ihren neuen Lebenserfahrungen zuhause. Auch wenn dieses Konzept vielen Ärzten, Psychologen und Verhaltenstherapeuten nicht gefällt, hinter dieser Kultur des Heilens steckt doch ein mindestens mehrere tausend Jahre, nach Joseph Campbell über 50.000 Jahre altes praktiziertes Wissen der Urvölker unseres Planeten.

Diese Art der Energiearbeit ist vollkommen unspektakulär und läuft mehr oder weniger still ab, sieht man vom Schluchzen, Weinen oder Stöhnen einzelner innerhalb der Gruppe einmal ab. Manchmal schreit auch jemand, einer weint auch mal herzzerreißend, wenn der innere Druck heraus muss. Das ist vollkommen normal, wenn sich schwere Energien beim Klienten lösen. Der Schamane aber bleibt ganz still im Energiefeld des Klienten beschäftigt und im Kontakt zu einer anderen Wirklichkeit. Er begreift sich ausschließlich als Werkzeug. Alles ist vollkommen freiwillig, man kommt und man geht wieder seiner Wege – eine sehr indianische Kultur. Die Heilung, nicht die Manipulation steht auf der Agenda eines ausgebildeten Schamanen in jener Schule, die ich besuchte. Jede Eitelkeit oder Wichtigtuerei sollten Schamanen fremd sein. Nicht er oder sie heilt, sondern ES wird geheilt – durch und mit ihm oder ihr heilt der Klient mit den spirituellen Kräften dieser Welt sich selbst. Es ist eigentlich eine Hilfe zur Selbsthilfe, zur Selbstheilung durch geistig, spirituelle Energie. Die Hingabe, das Loslassen entscheidet über die Qualität des Heilungsprozesses, so habe ich es erlebt als Klient wie auch als Energiearbeiter. Darauf mich einzulassen, mein Ego sozusagen zu ignorieren, war für mich in beiden Rollen nicht schwer. Für mich hatten Gefühle, Ängste, Bilder oder Visionen nichts Bedrohliches mehr. Ich war bereit, mit aller Konsequenz in mein dunkelstes Innere oder in lichte Höhen hinunter- und hinaufzusteigen, um schließlich, das war ein tiefer Wunsch seit vielen, vielen Jahren, vielleicht auch etwas von diesem Nagual des Carlos Castaneda und der Energie meines Traumes zu kosten. Ich wollte nicht nur heil werden, ich wollte in eine andere Wirklichkeit eintauchen. Ich war bereit für eine neue Erfahrung, für ein neues Leben.

Lebensthema I
Von der Angst ich bin nicht ok

Der Koloss

Ein junger Mann saß mir auf einem Meditationskissen gegenüber. Wir hatten uns zusammengetan, er war mein Schamane für diese erste Sitzung. Ich begann ihm ohne Umschweife von einem meiner Lebensthemen zu erzählen: „Ich dachte immer, ich könnte mein mangelndes Selbstwertgefühl durch berufliche Anstrengungen aufbauen. Doch ich spürte schon mit Vierzig, es ist nie genug! Auch sehr erfolgreiche Arbeit oder Filmpreise konnten diesen Mangel letztlich nicht ausfüllen. Mich erschöpfte es, immer mit hohen Ansprüchen am Limit zu arbeiten. Hinzu kam der ewige Kampf um ausreichende Projekte als Selbständiger. So wurde es für mich zur Gewohnheit, zuerst an das, was getan werden muss, zu denken, für die Arbeit, meine Frau und mein Kind da zu sein und dann erst, ganz am Ende, dachte ich an mich selbst, was für mich wichtig sein könnte, was ich brauchte!"

Ich schwieg für einen Moment betroffen, weil ich plötzlich durch meine Worte begriff, was hinter diesem Müssen, der Anstrengung des Workaholics eigentlich steckte: Die Sehnsucht nach Anerkennung – wie tief sie in meine Jugend und Kindheit reichte! „Ich habe in den ersten zwanzig Jahren nach meiner Ausbildung zum Kaufmann in Studium und Beruf versucht, über den beruflichen Erfolg auch Minderwertigkeitsgefühle abzubauen, denn zuhause hatte ich immer das Gefühl, nie genug zu sein!"

Es tat weh, diese Wahrheit auszusprechen, ein bisschen schämte ich mich auch. Doch mein Gegenüber nahm es voller Anteilnahme in sich auf und erwiderte, dass ich da wahrscheinlich viele Leidensgenossen habe. Das half mir und aufgeregt schilderte ich, wie mein Vater mich oftmals kritisierte und dass ich ständig versuchte, seine Erwartungen zu erfüllen. Ich lernte mit den Jahren in meiner Jugend, so erzählte ich weiter, seinen Weisungen zu folgen, bis ich schließlich seine zu den meinen machte: „Ich glaubte schließlich, dass das, was ich eigentlich tief drinnen in mir spürte, unbedeutend sei. Die Anforderungen von ihm zu erfüllen, das war immer wichtig. Komisch", sagte ich dem Schamanen, „oft weiß ich auch heute nicht so genau, was ich eigentlich wirklich will!" Und dann versuchten der Schamane und ich einen Glaubenssatz dafür zu finden, nach dem ich lebte. Schließlich formulierte ich: *Wenn ich meinem Herzen folge, meinen Gefühlen vertraue, bin ich nicht ok!* Und: *Nur wenn ich hart arbeite und das anerkannt wird, darf ich sein, bin ich etwas wert!*

Ich spürte die Tragweite eines solchen Lebenskonzeptes, das ich unbewusst verinnerlicht hatte und wurde ganz still. Ich atmete in diese Sätze hinein, die ich gerade gehört hatte und eine tiefe Traurigkeit überkam mich. Es war Zeit, an die Arbeit zu gehen, ich hatte auch keine Lust mehr, zu reden. Ich legte mich auf die Matte und überließ mich der Führung und Intuition des Schamanen.

Zum Verständnis:

Ich schildere meine Erfahrungen und Gefühle während der Heilsitzungen zunächst ganz aus meiner Sicht, sie sind kursiv geschrieben. Ich habe die entsprechenden Szenen mit den begleitenden Emotionen nach den jeweiligen Sitzungen nachts detailliert aufgeschrieben. Sie sind authentisch und dokumentieren meine inneren Reisen während der schamanischen Energiearbeit. Die im Folgenden beschriebenen Bilder, Szenen und Ereignisse haben Symbolcharakter und repräsentieren einen Teil meiner tatsächlich gelebten Erfahrungen und Geschichte. Sie sind weder zufällig in meinem Geist entstanden, noch sind es Phantasien von mir, sondern haben ursächlich mit meinen Problemen und der entsprechenden Energiearbeit zu tun. Es sind auch keine von mir im Nachhinein erfundenen Geschichten, beispielsweise wie man es im Roman machen würde. Unterbrochen werden diese Erlebnisse durch Reflexionen (Normalschrift), die für das Verständnis der Szenen bedeutsam sind. In meinem Alltagsbewusstsein ahnte ich während der Heilsitzungen noch nicht einmal, dass in meinem Unbewussten derartiges auf Entdeckung wartete. Wenn man so will, und so sehe ich das heute, blickte ich nicht nur ins Gesicht meines emotionalen Schmerzkörpers, ich durchlitt zum Teil auch nochmals die Schmerzen.

Der Schamane kniet neben mir nieder und beginnt mit seinen Ritualen. Ich schließe meine Augen und lasse vollkommen los. Was immer jetzt kommen mag, soll geschehen. Während er in meinem Energiefeld zu arbeiten beginnt, spüre ich sehr schnell Beklemmungen in meiner Brust. Es drückt etwas auf meinen Körper, was mir unangenehm ist. Ich bin überrascht, wie schnell sich etwas zeigt, denn plötzlich wird aus dem Druck auf der Brust ein Bild. Vor meinem inneren Auge sehe ich etwas, erst schemenhaft und schließlich immer deutlicher, bis das Bild sich geradezu schmerzhaft scharf in mir abbildet: Ein Mann steht da, schwer atmend, in einer kargen, steinigen und wüstenähnlichen Landschaft. Er zeigt mir seinen Rücken, einen entblößten Oberkörper, um die Hüfte eine zerschlissene Hose gebunden, die von einem schmalen Ledergürtel zusammengehalten wird. Auf seinen Schultern trägt er links und rechts zwei schwer beladene, grob geflochtene Körbe. Sie müssen schwer sein, denn sein Atem geht keuchend. Plötzlich wankt er und bricht unvermittelt zusammen. Die Körbe krachen auf den steinigen Boden, doch nichts fällt aus ihnen heraus.

Ich erkenne mich sofort in ihm, ich weiß um dieses lebenslange Tragen und ich kenne die Körbe. Sie beinhalten etwas Schweres, was nicht zu mir gehört. Es ist eine große Last, etwas, das ich auch für andere schleppe, sie lässt mich nahezu verzweifeln. Im nächsten Augenblick sehe ich den knienden Mann von vorne. Ich weiß, dass ich es bin, auch wenn ich das Gesicht nicht erkenne, weil er nur zu Boden schaut. Ja, das bin unzweifelhaft ich, der sich da im steinigen Wüstengrund abmüht. Der Geschwächte erhebt sich wieder, wuchtet die schweren Körbe auf seine Schultern und schleppt sich schweren Schrittes weiter. Die Last drückt die geflochtenen Weidenruten ins Fleisch seiner Schultern. Wieder und wieder lässt er die Körbe auf den Boden krachen und wieder und wieder nimmt er sie auf. Der Mann erträgt es, hält aus, steht immer wieder auf und beginnt von neuem, so kommt er langsam, langsam voran. Ich sehe die Eindrücke und dunklen Flecken auf seinem Körper, sehe den gebeugten, geschundenen Rücken.

Es ist mein Rücken, der da schmerzt und zwar im Hier und Jetzt. Ich fühle auf meiner Matte auf dem Boden liegend ein rasendes, schmerzhaftes Pochen in den Lendenwirbeln. Mein schwerer Bandscheibenvorfall vor Jahren macht mir also wieder zu schaffen, so lenkt mich mein Körper einen Moment von meiner inneren Reise ab. Was ich bereit war ein Leben lang zu tragen und zu ertragen, hat mein Körper, als er fünfzig Jahre alt geworden war, nicht mehr ausgehalten. Einer der innersten und zentralsten Dreh- und Angelpunkte zerbarst. Das verstehe ich in diesem Augenblick schlagartig. Ich weiß nun wirklich, dass ich es bin, der sich da schleppend durch die karge Wüste fortbewegt.

Nichts ist da, was mich in dieser unbelebten Landschaft anzieht oder aber bremsen könnte. Ich gehe leidend diesen Weg und spüre eine große Leere in dieser Ödnis – nackte Einsamkeit. Eine Trostlosigkeit, die ich nur zu gut in meinem Innersten kenne. Warum schreie ich nicht um Hilfe? Warum versuche ich ständig weiterzugehen, die Körbe wieder und wieder aufzunehmen? Was treibt mich? Warum habe ich mir das zur Aufgabe gemacht? Und vor allem, was schleppe ich da, was hat das mit mir zu tun?

Die Tränen beginnen mir die Wangen herunter zu laufen, ich weine ob der Last, die ich zeitlebens auf und in mir spürte und ich fühle mich damit ganz allein...

Und dann sehe ich unvermittelt in dieser steinigen und trostlosen Landschaft eine große Bedrohung vor mir aufragen. Taumelnd lasse ich die Körbe herunterkrachen und sehe mit den Augen des Mannes diesen riesigen Schatten auf dem Boden. Und als ich mich traue den Kopf zu heben, erblicke ich über mir eine haushohe und breite, blau-glänzende Eisenbramme von ungeheurem Ausmaß vor mir aufragen. Ich weiß schlagartig, es geht nicht mehr weiter, hier kommst du nicht mehr vorbei. Was geschieht? Mit tödlicher Schwere bewegt sich plötzlich die riesige Bramme und senkt sich ganz langsam auf mich zu. Ich bekomme Angst, fühle mich wie angeheftet an den Boden. Wenn sie nicht innehält, drohe ich im Wüstenstaub zermalmt zu werden. Ich kann mich nicht bewegen und sacke kraftlos ob dieser Gewalt vor ihr zusammen. Unbarmherzig senkt sich das tödliche Eisenmonstrum auf mich herab – so langsam, als hätte es einen eigenen Willen, der auf meine Vernichtung sinnt. Auf allen Vieren halte ich mich krampfhaft aufrecht. Die Bramme ist schon so tief, dass sie mich bald berühren wird. Mit meinem krummen, verletzten Rücken versuche ich, dagegenzuhalten – und komme mir lächerlich dabei vor. Die Eisenmasse beginnt, mich nieder zu drücken, ich japse und hechele, und gleich – Todesangst fährt durch meinen Körper hindurch. Ich kämpfe ein letztes Mal, so, wie ich es immer getan habe, doch diesmal es ist aussichtslos. Und dann, in allergrößter Not und im Angesicht des Endes ist es schlagartig stockdunkel.

Ein Wissen jagt durch meinen Körper: Ich kenne dieses Todesszenario, diese Todesangst. Ja, natürlich, der Albtraum meiner Kinderzeit. Diese riesige Eisenbramme, die sich erbarmungslos niedersenkt, hier ist sie wieder. Es ist auch die gleiche Szene, und exakt dieselbe Todesangst wie vor bald dreißig Jahren, als ich im Trennungsschmerz neben meiner damaligen Frau auf dem Bett lag. Dieser Kinderalbtraum mit der gleichen Angst, überfiel mich damals dort in meiner Verzweiflung über das Ende der Beziehung zu meiner ersten Ehefrau:

Als kleiner Junge, vielleicht ab meinem achten, neunten Lebensjahr, plagte mich oft nachts, wie ich bereits andeutete, immer der gleiche Traum: Ich war in einer Eisenkammer ohne Türen eingesperrt. Tonnenschwere, riesige, blau-schimmernde Stahlplatten schoben und senkten sich auf mich herab.

Ich hatte im Schlaf absolute Todesangst und begann dann in meinem Bett zu schreien ohne wach zu werden. Das ging solange, bis der Bruder die Mutter holte, die mich schüttelte und streichelte und mich damit aus dem Angsttraum riss. So ging es einige Nächte. Schlief ich weiter, pinkelte ich anschließend oft ins Bett und bin morgens voller Peinlichkeit völlig verstört aufgewacht.

In einem Teil meines Bewusstseins weiß ich ja, dass ich auf meiner Matte liege und mich in einer schamanischen Heilsitzung befinde. Zugleich bin ich aber in den Gefühlen dieses Albtraums gefangen. Ich bin erschüttert, wie die Angst mit der gleichen Intensität über all die Jahre in mir überdauern konnte. Was nur ist der Grund für diese Todesangst, frage ich mich also verzweifelt mit einem Teil meines Bewusstseins? Mein Unbewusstes aber drängt aus den Tiefen weiter an die Oberfläche meines Bewusstseins:

Die Stahlbramme ist nun auf mir, schweres, kaltes Metall drückt auf meinen Körper. Und schlagartig weiß ich, dass ich dieses kalte Eisen tatsächlich schon einmal an meinem Körper gefühlt habe, nicht im Albtraum, sondern tatsächlich in meiner Realität! Das innere Wissen bringt mich noch weiter zurück in meine Kindheit. Meine Angst und das Bild weitet sich. Ich sehe plötzlich kleine Lämpchen, Rohre, Schläuche, mich umschließt ein massives, eisernes Gestell und ich sehe in dessen Mitte diese kalte, bläulich schimmernde Eisenplatte vor und über mir. Sie berührt meine Brust. Ich fühle mich nun tatsächlich vollkommen eingezwängt und bedroht. Es sind Bilder einer erlebten Wirklichkeit in einem gekachelten, kalten Raum und mein wacher Geist erinnert sich an das, was diesem Szenario zugrunde liegt, meine Lunge wird durchleuchtet (so hieß das unter uns Kindern in den 1950er Jahren). Beängstigende grelle Lampen blenden mich, Ärzte in weißen Kitteln mit Hauben auf dem Kopf und mit dunklen Hornbrillen stehen über mir gebeugt. Alle schauen mich an, die Platte senkt sich weiter, unerbittlich. Ich schreie, erlebe Todesangst, Panik. Der Druck auf der Brust erhöht sich, ich bekomme kaum noch Luft. Ich höre mit meinem wachen Geist, wie der Schamane, neben mir kniend, etwas wegpustet, der Druck wird weniger. Dann fügt sich das Bild komplett zusammen: Es ist ein Operations-Saal im Krankenhaus meines Heimatortes, gesehen und erlebt als Baby!

Am Ende meines ersten Lebensjahres musste ich Monate in der Klinik verbringen, wie mir meine Mutter erst vor Jahren bestätigte. Ich hatte eine Phimose, mein kleines Pimmelchen war zugewachsen, ich konnte nicht mehr Pipi machen. Der Verschluss musste mehrmals operiert werden, weil es in den beginnenden 1950er Jahren jeweils nicht gut gemacht worden war – die Wunde entzündete sich ständig, bis die Vorhaut gänzlich weggenommen werden musste. Durch die vielen Eingriffe verbreitete sich die Entzündung über den ganzen Penis derart, dass ich mit einer schweren Blutvergiftung, einer Bronchitis, einer peripheren Lungenentzündung und dem Verlust des Gliedes zu kämpfen hatte. Meine Mutter hatte große Angst, dass ich sterben könnte. Sie besuchte mich jeden Tag im Krankenhaus und immer, wenn sie ging, hörte sie mich nicht nur vor Schmerzen schreien, was ihr jedes Mal das Herz brach, wie sie erzählte. Natürlich wollte ich bei ihr sein, weg von diesem Ort der Not, der Pein und Lebensbedrohung. Deshalb reduzierte sie diese Besuche, sie konnte mein Schreien nicht mehr ertragen. Das aber erfuhr ich erst von ihr, als ich diese Heilsitzung hinter mir hatte und ich sie danach befragte.

Ich liege weiterhin auf meiner Matte und erlebe beide Wirklichkeiten gleichzeitig, die Realität der Heilsitzung und die Gefühle aus einer scheinbar längst vergessenen Zeit. Zu der Szene im Operationssaal kommt eine weitere in diesem Krankenhaus mit all den schmerzlichen Gefühlen hinzu. Ich sehe einen langen Flur mit Fenstern und ich sehe mich auf dem Arm einer Frau im weißem Kittel und einer weißen Haube auf dem Kopf. Ein großes Fenster ist direkt vor mir und ich schaue zu meiner Mutter draußen, wie sie mir auf der Straße vor dem Krankenhaus zuwinkt. Nun weine ich bitterlich auf der Matte. Und mit den Tränen erinnere ich mich, dass ich zwei- oder dreimal in meinem ganz jungen Leben beim Träumen in der Natur diese Szene im Krankenhausflur vor meinem inneren Auge sah und nichts damit anfangen konnte, weil ich das ohne das dazugehörige Gefühl erlebte. Ich spüre jetzt auf meiner Matte die Not des kleinen Wesens, das zu seiner Mama will, und die Angst vor dem, was da noch in diesem Haus kommen mag. Ich weine Tränen der Hoffnungslosigkeit.

Mein ganzer Körper beginnt nun zu schmerzen. Der Schamane scheint jetzt vor allem an den unteren Chakren meines Körpers zu arbeiten. Ich habe Vertrauen und finde es auf einer bestimmten Ebene großartig, wohin mich diese Reise führt. Das ist genau das, was ich brauche, was ich endlich wissen will und von dem ich keine Ahnung hatte. Doch solche Gedanken sind nur wie Blitze in meinem Erleben. Ich lasse geschehen, denn ich weiß, es kann nur besser werden. Sich das endlich zu vergegenwärtigen, was ohnehin schon immer da war, kann nur gut sein. Ich fühle jetzt diese Not, ganz allein im Krankenhaus zu sein, die Angst vor dem Tod. Ich stöhne und weine auf meiner Matte wegen der Schmerzen in meinem Becken, fühle mich ausgesetzt und vollkommen hilflos wie dieses einjährige Kind in mir.

Andererseits bin ich der Erwachsene, der diese beiden Welten tatsächlich parallel wahr-nimmt. Welch eine neue Erfahrung! Und ich bin erstaunt, wie dieser Schmerz sich weit über fünfzig Jahre in mir festgesetzt hat. Der Schamane arbeitet stetig weiter in meinem ersten Chakra! Ich beruhige mich, der Schmerz im Becken vergeht, die Angst weicht und für einen Moment erlebe ich heilsame Stille.

Nach wenigen Augenblicken geschieht aber etwas Neues, Unerwartetes: Ich bin zurück in der Steinwüste. Unvermittelt stehe ich vor einem riesigen Koloss. Vor und über mir erhebt sich ein mächtiger, aus schwerem braunem Ton geformter Kerl, bestimmt zwanzig Meter hoch. Breitbeinig steht er vor mir, auf seinem Kopf trägt er einen ledernen Helm und ich spüre die Urgewalt, die von ihm ausgeht. Vernichtend, einfach nur vernichtend, schießt es mir durch das Herz, der will mir etwas antun, der steht hier nicht einfach nur so herum, der hat etwas vor. Ich sehe seinen Brustpanzer, der von braunem Lehm, Seilen, Ketten und Schlingpflanzen mit undefinierbaren schwarzen Flecken überzogen ist. Lebt er? Seine Brust hebt und senkt sich nicht. Er scheint nicht zu leben, er ist irgendwie nur starr und groß und schwer und bedrohlich, wie gemauert und doch, da drinnen in ihm hat etwas eine Absicht! Plötzlich beginnt er über mir zu wanken. Ich realisiere augenblicklich, dass er fallen, mich treffen und vernichten wird. Ich versuche zu entkommen, kann mich jedoch wieder nicht bewegen, wie angeheftet stehe ich da und schaue der Katastrophe entgegen. Wieder die Vergegenwärtigung eines nahen Todes!

Der Druck auf meiner Brust erhöht sich wieder, doch ich halte bewusst stand. Ich weiß, wo ich bin, dass ich beschützt und geführt werde in der Halle der Heilung und dass es sich um meine Geschichten handelt, die ich jetzt wahrnehme, um nichts anderes. Und ich will mich dieser vernichtenden Energie stellen, denn ich bin lange genug mit den schweren Körben gelaufen. Ich will der Gefahr jetzt ins Auge sehen. „Wer bist du, du Koloss?" schreie ich in dieser Steinwüste dem Monstrum entgegen.

Der Koloss schwankt, er bewegt sich in seiner Starrheit wie in Zeitlupe vor und zurück und schließlich ganz langsam nur noch nach vorne auf mich herab. Bedächtig beginnt sein Fall. Ich komme nicht weg, bin wie angeheftet! Er fällt immer schneller – mein ganzer Körper ist von Angst erfüllt, nein, ich bin nur noch pure Angst. Der meint es ernst, der hat es tatsächlich auf mich abgesehen! Als mich der Brustpanzer des Riesen fast erreicht hat, das Gewicht mich gleich vollkommen zerschmettern wird, geschieht etwas, was sich von den Todesszenarien in den Träumen meiner Kindheit fundamental unterscheidet:

Ich höre plötzlich auf zu kämpfen! Als lege man einen Schalter um und schalte den Strom aus, nehme ich meine prekäre Lage an und bin bereit, mich vernichten zu lassen, zu sterben! Ich will nicht mehr kämpfen, aus, Schluss damit, jetzt und für alle Zeit. Das ist vollkommen neu für mich, ich nehme meine Vernichtung, meinen Tod tatsächlich an. Und in dieser totalen Akzeptanz geschieht dann etwas ganz Unglaubliches! Bevor mich der gewichtige Koloss zermalmt, verwandele ich mich blitzschnell in eine Ameise und verkrieche mich in Lichtgeschwindigkeit zwischen den herumliegenden Gesteinsbrocken in der Wüste. Ich werde in diesem Moment tatsächlich zu diesem Krabbeltierchen. Als der Koloss über mir an den umherliegenden Steinblöcken tosend in tausend Brocken zerschellt, bin ich schon in die schattige Ritze eines Steins geschlüpft und in vollkommener Sicherheit. Diese Explosion geht über mich hinweg wie ein Regenschauer im Sommer. Ich bin ob dieser Verwandlung vollkommen erleichtert, genieße es eine Ameise zu sein.

Langsam realisiere ich meine Realität in der Halle der Heilung wieder und bemerke, wie der Schamane seine Arbeit in meinem Energiekörper beendet. Das Wüstenbild mit dem zerschmetterten Koloss verlässt mich. Es existiert kein Druck mehr auf meiner Brust und ich spüre, wie der Schmerz, vor allem aber die Angst aus meinem Unterleib weicht. Ich merke jetzt auch, wie ich die ganze Zeit leise geweint habe. Dann entsteht in mir unmerklich ein Strom, eine Zirkulation. Vom Becken im Zentrum des ersten Chakras ausgehend fließt, wie eine große Welle, eine heilsame Wärme durch meinen gesamten Körper. Ah, das tut gut! Ich strecke mich, hebe meinen geschundenen Unterleib in diese Wärme und fühle, wie die Angst endgültig verschwunden ist und wie die Wärme sich durch den gesamten Körper ausbreitet. Ich wusste nicht, wie schön das ist und erlebe, was es heißt, sich gut zu fühlen. Es ist heilende Wärme, die mich durchströmt, die mich jetzt vollkommen ausfüllt. Ich erlebe Erlösung von etwas, was mich mein Leben lang in dieser dunklen Eisenkammer gefesselt hatte. Mich erfüllt eine tiefe Dankbarkeit, ich weine hemmungslos und gebe mich diesem Glücksgefühl der Rettung und der Fürsorge durch den Schamanen hin.

Diese Heilerfahrung mit diesen Emotionen und Szenen ist durchaus kein normaler Vorgang bei der schamanischen Energiearbeit. Das läuft, wie ich es auch selbst als Schamane bei anderen erfahren habe, in der Regel „cooler" und weniger spektakulär ab. Bei mir war der Druck nach Veränderung aber wohl sehr groß und durch den Traum in der Normandie, so sehe ich das aus einer gewissen Distanz, war ich vorbereitet, mich tief in meinen Schmerzkörper hinein zu öffnen. Ich war bereit, in meine energetische Vergangenheit zu reisen und öffnete mich damit neuen Erfahrungen, die mir dann auch zuteil wurden. Über die energetische Öffnung durch den Schamanen wurde mir meine eigene Geschichte vom Unterbewussten ins Bewusstsein gehoben. Es war mein Ding, das so erleben zu wollen, ich war bereit, mich der alten Energie der Angst vor dem Tod im Krankenhaus zu stellen. Derartige Erlebnisse als Klient muss man nicht haben, um Heilung zu erfahren. Ich vermute aber, dass sich der Heilprozess bei mir intensivierte, weil ich tief spüren wollte. Der Schamane bleibt unbeeindruckt davon, er sieht seine eigenen Bilder und Szenen, was in einer späteren Heilsitzung ebenfalls beschrieben wird. Seine Szenen bei der Begegnung mit der alten Energie des Klienten können sehr unterschiedlich, sie können aber auch ähnlich oder sogar gleich sein. Die Energie, nicht das Bild ist entscheidend. Wenn dem Klienten der Prozess der Heilung zu intensiv oder schwer wird, kann er das jederzeit unterbrechen oder beenden, man hat das also vollkommen in der eigenen Hand.

Nun zur Analyse dieser ersten Energiearbeit. Mir entschlüsselte sich in dieser Heilsitzung eine Existenzangst, die ein ganzes Leben in mir verborgen war, weil ich sie als Kind in der Realität verdrängen musste, um zu überleben. Ein menschlicher Schutzmechanismus. Eine Verunsicherung, eine Angst, die das Selbstvertrauen massiv beeinflusst. Die furchtbaren Schmerzen im Unterleib als Säugling über Monate, verbunden mit der Angst vor Ärzten und dem Tod, ließen mich in meiner Entwicklung ganz still, zurückhaltend, ganz vorsichtig und gehemmt werden. Mein Vertrauen in Bezugspersonen war damit gestört.

Der Koloss oder Riese ist in vielen Sagen und Legenden der Völker ein Archetyp für unendliche Kraft, Gewalt und Zerstörung. Es ist ein Bild, was in unserem kollektiven Unbewussten seit Tausenden von Jahren aufbewahrt ist. Dieser Archetyp steht für etwas. Für mich stand er für die Energie meines Vaters. Als Kind erlebte ich ihn groß und stark, er wog sicherlich zu dem Zeitpunkt meiner Kindheit weit über einhundert Kilo, hatte einen mächtigen Bauch und Oberkörper und große Hände. Ich schilderte, wie er manchmal diesen Körper gegen uns Kinder einsetzte. Es gab Tage, wo ich mich zitternd unter meiner Bettdecke verkroch, wenn er sich einen meiner Brüder in der Küche vornahm. Seine Gewalt und Macht hörte ich durch Wände und Decken, vor allem das Heulen und Wimmern des Bruders. Ich verkroch mich, lernte still zu sein, mich zu verstecken, mich zu verwandeln, um zu überleben, wie diese Ameise, offensichtlich ein Krafttier für mich. Diese Rückzüge halfen mir zu überleben. Nur in meinen Verstecken oder mit einem Buch in der Hand entkam ich ihm und wenn ich Schutz suchte und fand bei der Oma, der Mutter. Sie waren dann meine Verbündeten, wie Alice Miller eine solche Schutz-Beziehung beschrieben hat.

Die machtvolle Energie des Vaters mit seinen cholerischen Ausbrüchen sorgte zusätzlich dafür, dass ich mich noch kleiner und unscheinbarer fühlte, als ich es nach diesen Operationen ohnehin schon war. Nur über den braven Jungen und das Versteckspiel im Elternhaus, fand ich die Möglichkeit, psychisch zu überleben. Die Angst vor dem Tod (in der Klinik) und vor der Strafe (durch den Vater) grub sich in mein Unbewusstes ein. In meinem ersten Chakra bildete sich ein fester, dunkler Energieblock. Im ersten Chakra deshalb, weil sich hier nach der indischen Yogaphilosophie die Existenzangst, also die Angst vor dem Verlust des Lebens festsetzt. Die zusätzliche Angst vor körperlicher Bestrafung, auch in der Schule, wurde im weiteren Verlauf meiner Kindheit ebenso Teil meines Alltags. Das bewog mich, stets die Erwartungen zuhause und in der Schule zu erfüllen. Ich lernte, mich und meine Bedürfnisse zurückzunehmen, eine Pseudoidentität anzunehmen, die des braven Jungen, der den Eltern und Lehrern gefiel. Bloß nicht auffallen, das garantierte das Überleben. Die Ausfälle des Vaters mehrten sich mit unserem Älterwerden. Die Furcht vor Strafe wuchs. Ich entschied in diesem Angstklima zuhause aus Gründen der persönlichen Integrität, dass ich noch stiller, verschlossener, vorsichtiger und emsiger, viel emsiger werden muss, um im Haus des Vaters überleben zu können. So geschah es, dass ich ein stiller, braver, fleißiger und vorsichtiger Junge wurde, der daheim pflegeleicht und angepasst die Einsamkeit bevorzugen lernte. Meine Tanten und Onkel schwärmten von mir, ich galt als „gut erzogener Junge, etwas melancholisch, introvertiert aber musisch begabt!" Einer, der sich aber draußen, in seinen Wäldern, unter seines gleichen aufspielte, weil auch er sich einbringen, sich zeigen und was darstellen wollte.

Vor allem in meiner Lehrzeit mutierte ich im Schweif solcher Kindheitserfahrungen zu einer Marionette, die von Angst erfüllt war bei der Bewältigung schwerer Aufgaben. So lernte ich auch, meine Gefühle und Bedürfnisse als junger Mann nicht zu zeigen, sondern versteckte sie aus Furcht vor der Bewertung, bis ich sie selbst nicht mehr erkannte. Ich fühlte mich nicht ok!

Was können Ameisen am besten? Sie sind exzellente Arbeiter und Erbauer von geradezu imposanten Behausungen. Sie tragen Baumaterialien auf ihren Rücken, wie es sonst kein anderes Tier vermag. Insbesondere in meiner Jugendzeit, in der Ausbildung, schulterte ich schwere Körbe, die ich gar nicht bewältigen konnte. Somit fiel es mir furchtbar schwer, nein zu sagen. Lieber übernahm ich die für mich schwierigen Aufgaben.

Von wem oder woher bekam ich in der Jugend die notwendige Anerkennung? Nicht vom Vater oder von der Familie, dort leistete man nie genug. Mein Selbstwertgefühl konnte in solch einem Klima nicht wachsen. Die Anerkennung meiner Existenz holte ich mir über die Emsigkeit, über die Arbeit, über das Gefallen, nicht über mein So-Sein. Arbeit war in unserer Familie immer akzeptiert und ich lernte als Lehrling schnell, dass erfolgreiche Arbeit vor Unangenehmem schützt und das Angstklima mildert. So hatte sich Daniel Gottlob Moritz Schreber die Erziehung von jungen Männern Mitte des 19. Jahrhunderts vorgestellt – Arbeit und Leistung als Kompensation der Angst. Bei mir hat das funktioniert!

Ich war aus der Sicht der damals Erwachsenen geradezu perfekt erzogen! Obwohl ich in der Schule nur ein durchschnittlicher Schüler war, denn die Angst ließ nicht zu, dass ich aus Interesse und Lust lernen konnte, wurde ich für mein stilles und angepasstes Verhalten überall gelobt. Ich war für Lehrer und die Klassenkameraden der ideale Schüler und brachte es schließlich bis zum Schulsprecher. So kompensierte ich meine Minderwertigkeitsgefühle, meine Schüchternheit mit Fleiß und einer ausgeprägten Hilfsbereitschaft. Schwierigkeiten versuchte ich zu umgehen, sie bedeuteten für mich aus energetischer Sicht Verunsicherung, Chaos, Zusammenbruch, Vernichtung, dann war ich keine Ameise mehr, sondern der, der ich wirklich war – ein Junge mit inneren Schmerzen. Das wollte oder konnte ich jedoch nicht fühlen.

Anpassung war also wichtig für mich und der Rückzug in meine innere Welt wurde meine Überlebensstrategie! Deshalb auch die oftmals von meiner Frau kritisierte Angewohnheit, mich aus der Kommunikation auszuklinken, im Prinzip eigentlich nicht vorhanden zu sein. Ich ertrug auf diese Weise auch die drei Jahre meiner Ausbildung als Großhandelskaufmann mit stoischer Verzagtheit. Später stand ich mehrfach bis zu vierzehn Stunden pro Tag als Kameramann auf Filmsets und versuchte, inhaltlich Unzureichendes wenigstens noch mit ästhetischem Glanz zu versehen, Szenen ins rechte Licht zu rücken, die schon eigentlich im Dunkel der Banalität versunken waren. Ich machte dies alles bereitwillig, weil ich tief im Innern gelernt hatte, dass man mich in der Emsigkeit leben lässt und ich dann ok bin. Das war ein hinreichendes Lebensmotiv und auf diese Weise wurde ich damit vertraut, für die Anerkennung im Beruf große Anstrengungen und auch Überforderungen durchzustehen. Ich verlernte meine

Gefühle und Bedürfnisse wahrzunehmen, zu genießen, mir etwas Gutes zu tun, ich lernte, im Mangel zu überleben. Nicht der, der ich wirklich war, lebte in mir, sondern der, der ich sein durfte, der ich sein sollte, der gut erzogene Junge, der Arbeiter, der sich anstrengt, der aushält, der dient, der auch gar nicht mehr weiß, wie es anders sein könnte.

Ich lebte nach dem Prinzip und Glaubenssatz: Wenn du fleißig bist und das tust, was von dir verlangt wird, wirst du leben. Es entstand eine Leere, in der ich oftmals vor einer unüberwindlichen Mauer stand, die mich von meiner inneren Erfahrungswelt trennte. Mein Selbstwert hing an meiner Anstrengung, an meiner Arbeit, an der Bewertung der anderen! Zusammengefasst kommt man aus energetischer Sicht zu folgendem Resümee. Die Angst, als kleines Wesen das Leben zu verlieren, von der Mutter früh getrennt zu sein, bedroht, verstört und verunsichert zutiefst. Diese Existenzangst, aufgehoben im Unbewussten des limbischen Systems im Gehirn, zeigt sich besonders als Blockierung von Energie im ersten Chakra, wo die Überlebensenergie, die Fortpflanzung, der Eros, das körperliche Wollen und Streben bei uns Menschen zuhause ist. Hier ruht bei normaler Entwicklung das Urvertrauen. Eine Blockade dort behindert den positiven, lebensbejahenden Energieaustausch und damit das Vertrauen in die eigene Individualität. Statt der positiven Lebensenergie sitzt dort ein Bremsklotz, von dem eine ständige Unruhe ausgeht.

Als junger Mann zeigten sich in meinem Leben aufgrund dieser Kindheit und Jugend folgende Symptome in der Interaktion: Still-und Aushalten, Zurückhaltung, Misstrauen, Rückzug in den eigenen vier Wänden. Draußen unter meines gleichen wurde daraus Draufgängertum, eine leichte Arroganz und Überheblichkeit, je nach Situation. Ein solcher Charakter verliert sich in der Unsicherheit, baut sich gerne seine eigene Welt, weil es ihm schwerfällt, sich und anderen zu vertrauen und Kontakt aufzunehmen. Wenn man das in bestehende psychopathogene Persönlichkeitsprofile einordnen will, so kann man einen solchen Persönlichkeitstyp zum Beispiel innerhalb des Enneagramm-Klassifizierungsschemas als Typ Nummer Fünf bezeichnen *(siehe Rohr, Richard und Ebert, Andreas: Das Enneagramm - Die 9 Gesichter der Seele)*. Das sind Menschen, die sich gerne zurückziehen, ihr Alleinsein schätzen und vorsichtig sind im Kontakt mit Mitmenschen, weil sie sich schnell bedroht oder vereinnahmt fühlen.

Ich war als erwachsener junger Mann misstrauisch, in steter Unruhe und mit einem geringen Selbstwertgefühl. Ein Ausweg daraus ergab sich für mich durch die Arbeit, die Professionalisierung meiner Fähigkeiten, durch Können und Erfolg mit einer aufgesetzten Überheblichkeit, um im Kontakt mit anderen ein wenig Distanz und Sicherheit zu gewinnen. Der mangelnde Selbstwert führt, wenn er nicht therapiert wird, letztlich in die Depression. Weil die Angst dann immer noch vorhanden ist, behindert sie den Energiefluss des Lebendigen, der Liebe, der Wärme, besonders im Alter. Bei meiner Begegnung mit den Sternen des Orion in sturmgepeitschter Dämmerung am überfluteten Rheinstrom war ich bereits von dieser hoffnungslosen, depressiven Energie befallen. Trotz meiner Jugend, den unbegrenzten Möglichkeiten in der damaligen Zeit, war ich doch irgendwie gelähmt und fühlte diese große, unüberwindbare Mauer in mir, die mich von der Freude, von der Liebe für mich selbst trennte.

Die Arbeit des Schamanen im ersten Chakra neutralisierte den Angstblock in meinem Körper und löschte damit die Informationen aus den Synapsen und Zellen im limbischen System des Gehirns. Die Bewusstwerdung meiner Geschichte als Säugling, auch durch das Gespräch mit meiner Mutter, ermöglichte mir, die Ursache meiner Todesangstträume, die ja einen realen Hintergrund hatten, zu identifizieren. Damit verlor die alte Angst jegliche Kraft. Das heilsame Licht, was ich am Ende der Sitzung empfing, füllte das Energieloch im Unterleib mit der nötigen Wärme. Es breitete sich ein Gefühl einer neuen Geborgenheit aus. Die schamanische Heilarbeit und mein neues Bewusstsein machten die tatsächliche Todesangst des Kleinkindes nicht ungeschehen, aber die destruktive Energie dieses Traumas, seine Information wurde gelöscht. Seitdem habe ich keine unbegründete Angst, keine Albträume mehr und die Freude ist in meinen Körper zurückgekehrt

Wenn die Ursachen unserer Probleme und Ängste gefunden, in unserem innersten Energiefeld neutralisiert und bewusst geworden sind, dann lösen sich auch seine problematischen Erscheinungsformen im Alltagsleben auf – zum Beispiel mein Minderwertigkeitsgefühl. Das ist seit dieser Heilsitzung vollkommen verschwunden. Mein Selbstwertgefühl ist seitdem, auch durch die weitere innere Arbeit, die ich noch schildern werde, gewachsen und hat meine psychische Verfassung nachhaltig verändert. Ich habe seitdem das Gefühl, wirklich erwachsen zu sein und weiß heute, dass ich ok, dass ich etwas wert bin, ohne die Schulterklopfer.

Lebensthema II
Von der Angst zu versagen und schwach zu sein

Unter Rittern

Am nächsten Morgen ging es mir richtig gut. Die Beschäftigung mit mir selbst tat mir gut. Ich war noch beim Frühstück, da wurde bekannt gegeben, wir sollten uns gleich zur ersten Sitzung mit einem neuen Lebensthema beschäftigen. Hubs, dachte ich, das geht hier ja mächtig los, Ausruhen gilt nicht – mein Rhythmus, also weiter so! Als dann im großen Seminarraum die Gruppenarbeit begann und das Aufschreiben der eigenen Rolle innerhalb der Familie mich in die Vergangenheit zog, wusste ich recht schnell, was an diesem Tag zu tun war. Mir wurde bewusst, dass ich mein Leben lang Angst hatte zu versagen, es nicht gut genug zu machen. Es war die Angst vor der Schwäche. In einer Kleingruppe sprachen wir über dieses Thema. Ich bemerkte, dass in unserem Kreis nur Männer saßen und jeder dazu etwas sagen konnte. Das erinnerte mich angenehm an die gesprächs-reichen Zusammenkünfte der Männergruppe vor vielen Jahren.

Wer hat nicht Angst zu versagen? Warum leiden so viele darunter? Warum ist es für uns so schlimm, einmal etwas nicht so zu schaffen, wie es von uns erwartet wird? Was lässt uns innerlich so furchtsam zusammen-zucken, wenn wir uns vorstellen, nicht perfekt zu sein, Fehler zu machen? Wir Männer stellten gemeinsam fest, dass das, was immer wir anfangen, irgendwie den Anspruch mit sich führt, dass es perfekt zu sein hat. Das spielt besonders im Wirtschaftsleben, in der Kultur, im Sport eine große bis herausragende Rolle. Wir vergleichen uns stets mit jenen, die es bis zu Perfektion getrieben haben. Hinterfragt wird das meistens nicht. Es geht nicht um unsere individuellen Möglichkeiten, sondern fast immer um das Gewinnen-Wollen nach Maßstäben, die nicht die unsrigen sind. Verlieren können vor allem Männer nicht. Selbsterniedrigung ist oftmals die fatale Folge. Ich bin abgeschrieben, ich bin out, wabert es dann in uns. Man über-setzt es auch für sich selbst mit Unfähigkeit und Schwäche. Männer aber dürfen nicht schwach sein, das erzählten alle in der Gruppe. Das sei wohl das Schlimmste, was uns Männern widerfahren könne. Woher kommen die-se Glaubenssätze? Warum fühlt man sich besonders unter Männern mit normalen Leistungen nicht sonderlich gut?

Ich erlebte dieses Gefühl der Versagensangst vielleicht erstmalig mit zwölf Jahren. Bis dahin hatte ich versucht, in der Stille und weit entfernt vom Dunstkreis des Vaters zu überleben, nicht aufzufallen. Leistungsvergleiche mochte ich nicht so gerne. Mit zehn Jahren fing ich noch Maikäfer in kleinen Schachteln mit Luftlöchern. Doch mit dem Beginn meiner Jugendzeit in der weiterführenden Schule veränderte sich dieses Gefühl des einfachen Seins. Es wurden von den Eltern mit zunehmendem Alter und der sich entwickelnden Gesellschaft zu Beginn der 1960er Jahre Ansprüche formuliert, aus mir sollte etwas werden. Deshalb sei gehorsam, fleißig und diszipliniert; tue nichts Unrechtes; streng dich in der Schule an. Das hörte ich jede Woche daheim. Es begann die Zeit der Auseinandersetzung mit den großen Erwartungen und den Normen der Eltern, der Kirche und der Schule – die Lebensphase der Bewertungen. Die Eltern waren hart in ihrem Urteil, selten haben wir es ihnen recht machen können. So drehte sich bei mir die Klammer um mein Herz immer weiter zu. Die Angst vor Fehlern, der Ausgrenzung und Bestrafung wuchsen. Die Spiele waren beendet, meine Kindheit war mit zwölf Jahren endgültig vorbei. Der Vater mit seinen Ansprüchen wurde immer größer und mächtiger, wir wurden dagegen immer kleiner und bedrückter.

Um meine Lebendigkeit zu erfahren, ich wollte ja auch etwas bewirken, nicht immer nur kuschen, inszenierte ich mit den Freunden draußen im Wald zunehmend Spiele, in denen ich mich auch hervortun konnte. Offensichtlich war es mir wichtig, wenigstens von der Peergroup Anerkennung zu bekommen. Ich wollte nicht nur beim Spiel ein Ritter, ich musste plötzlich der erste Ritter sein, der große Kämpfer, der Indianerhäuptling. Ich wollte das Sagen haben, wollte besser, größer, bedeutender sein als die anderen und auf keinen Fall einen Schwächling abgeben. Ich wollte der ständigen Abwertung zuhause durch eigene ‚Größe' entgehen.

So wurden da draußen immer umfangreichere Abenteuer ausgedacht, gefährlichere Spiele organisiert – haarsträubende Seifenkistenrennen haben wir auf öffentlichen Straßen veranstaltet – ohne Wissen der Eltern. Natürlich verletzten wir uns dabei. Die Mutter lieferte uns vielfach im Krankenhaus ab – offene Knie, Platzwunden am Kopf, Knochenbrüche, es war alles dabei. Es entwickelte sich so ein Circulus vitiosus. Durch die Art unserer grenzwertigen Aktivitäten draußen mit den entsprechenden Konsequenzen zu Hause, verschärfte sich das Klima. Die Schrauben wurden immer weiter angezogen und wir ‚versagten' zunehmend mehr, denn wir machten es unserem Vater nie recht, auch später, als erwachsene Kinder nicht. Als ich ihm einst mein hervorragendes Diplomzeugnis der Universität zeigte, ausnahmslos alle Fächer mit „sehr gut" bewertet – ich brauchte da noch seine Anerkennung –, war sein ganzer Kommentar: „Na ja, sieht ja ganz ordentlich aus." Dann legte er das Zeugnis und die einhundertseitige Diplomarbeit beiseite, um sich wieder seiner Regionalzeitung zu widmen. Ich stand am Schrank in der Küche und dachte nur, das kann doch nicht sein, der zieht das durch, der Alte, bis zum Ende. Mir auf die Schulter zu klopfen, mich für meine Arbeit zu loben, den Sohn vielleicht dafür auch mal nach all den Anstrengungen in den Arm zu nehmen, mich zum Essen einzuladen, gar stolz auf mich zu sein, das war für ihn außerhalb seines Repertoires. Da hätte er zu viel Nähe und Verbundenheit zeigen müssen.

Meinen Freunden damals in der Männergruppe und den Männern in dieser Runde im Seminar, alle um die vierzig, fünfzig Jahre alt, erging es in ihrer Jugend ähnlich mit ihren Vätern. Als Heranwachsende treffen in solchen Situationen der Missachtung fundamentale Entscheidungen, wie etwa:

– Ich will später auch stark sein, mich nicht mehr unterkriegen lassen.

– Niemand soll mir dann mehr etwas anhaben können.

– Ich werde noch besser, ich werde perfekt sein.

Man orientiert sich als Junge an der Macht des Vaters, die man auch einmal haben will. Viele Männer bleiben dann bei diesen Entscheidungen und verhalten sich als Väter ähnlich zu ihren eigenen Söhnen, obgleich sie genau das in ihrer Jugend so verwerflich fanden.

Ich lernte als Jugendlicher bei den Spielen mit den Kameraden zu führen und strategisch in diesem Sinn zu handeln. Ich wollte der Beste sein und suchte ständig meinen Vorteil. Mein Egoismus wuchs. Dieses Verhalten sollte mich später unangenehm beschäftigen. Als junger Kameramann nutzte ich manchmal die Macht, die man aufgrund der Position und der Beherrschung der Technik innehat, um anderen zu zeigen, wie wichtig und gut man doch selbst ist. Der Glaubenssatz, der sich in meiner Jugend in mir also festsetzte, hieß:

– *Ich darf nicht versagen, nicht schwach sein!*

– *Ich muss besser sein als die anderen!*

Nach diesem Männergespräch wählten wir unsere Schamanen aus und begaben uns auf die innere Reise:

Ich spüre diesen Glaubenssätzen nach und lege mich mit einem Gefühl der Trauer über mich selbst und mein Verhalten auf die Matte, schließe die Augen und überlasse mich ganz der Führung des Kollegen. Ich bin aufgewühlt – mir wird richtig übel, weil ich fühle, so will ich nicht sein, das bin ich nicht! Ich schäme mich für meine jugendlichen Entscheidungen. Wie müssen das meine früheren Freunde und Brüder empfunden haben? Ich beginne tiefer einzuatmen. Der Atem führt mich zu einem Brennen in meiner Brust. Ich spüre eine feurige Energie in mir, mein Brustkorb beginnt sich auszudehnen. Ein großes Feuer sehe ich unmittelbar vor meinem inneren Auge auflodern. Ein Heilstein liegt auf meinem Herzen und ich habe ein Gefühl, als öffne sich mein innerstes Zentrum. Ich sehe plötzlich in meinen Körper hinein. Ein riesiger, feuriger Krater öffnet seinen Schlund. Er sitzt im Zentrum meiner Brust und führt in eine schwindelerregende Tiefe hinab. Mein Körper beginnt zu zucken. Die Ränder des Kraters sind feuerrot, in der Tiefe sehe ich rotglühende Lava, es ist wie in einem Glutofen, wie das Innere eines Vulkans. Meine Brust und mein Becken beginnen zu schmerzen, es brennt in mir! Dann dringt an die Oberfläche meines Bewusstseins, wer hat mich so verletzt, so behandelt, dass ich innerlich so brenne? Mein Stöhnen wird lauter und mein Atem wird hektisch, ich realisiere mit meinem Geist, dass inzwischen auch eine Schamanin, eine Assistentin an mir arbeitet. Und plötzlich kann ich meine Arme nicht mehr bewegen, spüre sie, als seien sie Fleischklumpen ohne jedes Gefühl. Alles ist steif und schwer und unbeweglich, mein Körper ist am Boden wie festgenagelt.

Die Schamanin arbeitet an meiner rechten Seite. Der brennende Schmerz wandert jetzt in meinen Unterleib. Irgend etwas Feuriges steckt tief in mir, so weh tut es. Und dann sehe ich vor meinem inneren Auge, noch verschwommen, aber deutlich genug, wie aus meinem energetischen Leib ein Stück blutiges Metall herausschaut, einem Griff gleich. Es steckt fest in mir, schmerzt höllisch und nagelt mich an den Boden fest. Keinen Augenblick denke ich daran, die Behandlung abzubrechen. Ich will auch hier durch den Schmerz gehen und das loswerden, was mir wehtut. Mein Verstand meldet sich jedoch abrupt, was tun denn die beiden da? Warum lassen sie diesen Schmerz zu? Warum geht es nicht voran? Macht den Schmerz doch weg!

Zu den Gedanken gesellt sich die Wut und der alte Zug der Überheblichkeit kommt in mir hoch, wie ein alter Bekannter. Ach, die sind nicht gut, die bringen es nicht. Es sollte mich lieber der Meister behandeln, der würde das schnell hinbekommen. Ich erlebe tatsächlich diese Arroganz in mir, die ich als junger Mann dann einsetzte, wenn ich mich vermeintlich toll und stark fühlte. Ich empfinde jetzt Ekel vor mir selbst. Mich schüttelt es durch Mark und Bein, wie tief das in mir sitzt, dieses Beurteilen anderer. Ich schäme mich und fasse in diesem Augenblick den Beschluss, das will ich nicht, das bin ich nicht mehr oder aber – war ich das denn mal wirklich? Woher hab ich das? Und dann überschlagen sich meine Gefühle und die Bilder, die in mir aufsteigen. Der Metallgriff ist ein mächtiges Schwert, das in meinem Unterleib steckt. Ich bin überwältigt von dem Anblick dieser Waffe. Es ist, als hätte jemand einen Vorhang weggezogen und mir einen Bühnenraum eröffnet. In mir steckt dieses riesige Schwert mit einem silbern verzierten Griff, an dem Blut klebt. Es sieht in seiner ganzen Erscheinung so aus, als komme es aus einer ganz alten Zeit, in der auch ich mich befinde. Mein Oberkörper auf der Matte in der Halle der Heilung ist steif und fest und nichts geht mehr. Das Schwert steckt bis zum Heft über meinem Schambein in meinem Leib.

Ich sehe die ganze Szene, in der sich dieser Todeskampf abspielt: Ich liege auf dem heißen, staubigen Sandboden in einer Wüstenlandschaft nicht weit von einer riesigen Stadtmauer aus mächtigen Quadern. Ein großer, kampferprobter Ritter mit einer Streitaxt in der Linken steht zu meinen Füßen. Der Umhang, den er trägt, ist blutig vom Kampf, das Kettenhemd und die Rüstung sind nicht mehr vollständig, vieles ist zerschlissen und in schlechtem Zustand. Sein Helm, der leicht spitz nach oben zuläuft, zeigt Kampfspuren. Ich rieche Blut, rieche es auf meiner Matte wirklich, höre die Schreie der Schlacht und das Klingen der Schwerter um mich herum. Ich bin umgeben von einer ungeheuren Hitze, habe unsäglichen Durst und spüre einen höllischen Schmerz im Unterleib. Mein Kettenhemd ist aufgerissen, Sand und Blut beflecken meine entblößte Brust. Ich sehe das Schwert des Ritters in meinem Leib stecken und weiß, dass ich den Kampf verloren habe. Mir fehlt Schild und Schwert und jeglicher Kampfeswillen – ich bin hilflos ausgeliefert, ich werde sterben.

Durst und Schmerz machen mich wahnsinnig, ich lasse den Kopf zurück in den Sand sinken und begreife meine Niederlage. Und dann steigt dieses Gefühl in mir hoch, vor dem ich mein Leben lang davongelaufen bin, ich habe versagt, ich bin der Besiegte und sehe meiner Vernichtung entgegen! Ich bin dermaßen erstaunt, ja, vollkommen überrascht, dass ich in diesem Kampf unterlegen bin, das kenne ich nicht, zu verlieren! Siegen, so wusste ich stets, das wollte ich, das musste ich. Zu verlieren, war für mich eine Katastrophe, auch im Spiel. Doch das ist hier kein Spiel mehr, das Schwert steckt nun tatsächlich in mir und nicht in ihm. Ich kann es nicht fassen, der Besiegte zu sein und dann bemächtigt sich meiner eine große Furcht – Todesangst! Das ist mir unglaublich peinlich, meine Schwäche derart vor diesem Kerl offenbaren zu müssen, eine Schwäche, die jetzt zum Tode führen wird.

Ich hebe meinen Kopf und blicke den Ritter zu meinen Füßen an. Seine Miene ist hart, wissend und unmissverständlich, er hat kein Mitleid. Er ist der Sieger und *ich bin der Verlierer – die Situation ist aus energetischer Sicht wahrhaftig und voll-kommen echt und klar. Alles geschieht in einer gelebten, fernen Wirklichkeit, das erfasse ich mit meinem Bewusstsein, das gleichzeitig auch die Situation in der Halle der Heilung erfährt. Die Furcht vor dem nahen Tod lässt meinen Körper erzittern. Der Ritter blickt mir in die Augen und dann, ich mag es kaum glauben, spricht er unvermittelt zu mir herab: „Denke auf deinen zukünftigen Reisen daran, es gibt immer einen, der mächtiger und stärker ist, als du es bist!" Er schaut mich mit einem Blick an, den ich nie mehr vergessen werde. All die Weisheit des Universums, das Wissen um mein Leben, die Wahrheit meiner Geschichte liegt in diesem eindeutigen und unmissverständlichen Gesichtsausdruck vollkommener Wahrhaftigkeit. Ich fühle mich erkannt und jede Arroganz weicht aus meinem Innern. Er hat das, was meine innere Stimme mir oftmals sagte, jetzt zu mir herabgerufen. Der Preis dafür ist der Tod des überheblichen Kerls in mir, der glaubte, immer der Sieger sein zu müssen. Der Ritter weiß, dass ich jetzt sterben werde.*

Mit einer schnellen Bewegung zieht er das Schwert aus meinem Unterleib. Ich schreie vor Schmerz und Erlösung. Der Kämpfer wendet sich mit fliegendem Umhang der tobenden Schlacht zu, ohne sich noch einmal umzublicken. Es ist in der Tat eine große Befreiung, den Stahl nicht mehr in meinem Unterleib zu spüren. Mir ist, als hätte er mit der Waffe auch einen Teil von mir herausgerissen. Blut ergießt sich aus der Wunde und das heißt Tod. Ich kann es nicht fassen, dass es keinen Ausweg mehr gibt, den es doch immer gab! Es hat etwas von jener Unausweichlichkeit, dieser unbarmherzigen Konsequenz, die dem Universum und der Natur zu eigen sind: So, wie es ist, so ist es – ohne jede Bewertung. Das Spiel ist aus, das ist dein Ende! Der Macho mit seiner Überheblichkeit bricht endgültig in mir zusammen. Und dann passiert etwas ganz Wunderbares. Die Angst zu sterben fällt vollkommen von mir ab. Was immer nun geschieht, soll geschehen. Ich lasse los! Es ist nicht mehr an mir, irgend etwas zu wollen oder zu tun. Ich bin bereit für etwas Neues. Eine große innere Klarheit überkommt mich. Ich brauche nicht mehr der Chimäre von dem starken Kerl hinterherzujagen. Wie aus einer alten, harten Schale zwängt sich meine Seele aus den beschmutzten Resten des schillernden Panzers, um ihn und den Kampf endlich im Wüstenstaub hinter sich zu lassen. Mich durchflutet ein Gefühl der Ruhe und des Friedens. Eine tiefe Sehnsucht nach innerer Heilung durchströmt mich, dass Tränen wieder beginnen zu fließen. Ich begreife jetzt, wie ich mir die Arroganz zu eigen gemacht hatte in der Hoffnung, damit etwas zu gewinnen. Ich habe mich jetzt anders entschieden.

Unvermittelt stehe ich plötzlich in einem großen Wald, inmitten von ganz hohen Buchen-, Eschen- und Eichenstämmen. Wo bin ich? Bin ich gestorben? Die Bäume

*sind mächtig und uralt, sie stehen in gebührendem, respektvollem Abstand voneinan-
der und kreieren einen Raum wie in einer riesigen Kathedrale. Die Bäume sind, das
spüre ich, großartige Persönlichkeiten, die mit ihrer majestätischen Form und Größe
mir ganz nah sind. Doch ich war noch nie hier. Das Licht ist kühl und sanft wie an
einem frühen Morgen, wo die Sonne den Horizont noch nicht erreicht hat. Der Boden
ist bedeckt von flächigem, saftigem Grün. Ich staune, denn ich fühle, dass die Bäume
tatsächlich leben, sie atmen und sind alle weit über eintausend Jahre alt. Ihr Odem
macht die Luft frisch und neu und unglaublich weich. Sie können sicherlich viele,
unglaubliche Geschichten aus ihrem Leben erzählen. Ich lausche und spüre. Oh ja, sie
haben viel erlebt und überdauern alles, sie sind ewig nach menschlichen Maßstäben.
Alles braucht seine Zeit und dann wird es gut, durchflutet es mich, alles braucht seine
Zeit und dann entsteht etwas Wunderbares ganz von selbst, lass es geschehen. Mich
ergreift eine heilige Ehrfurcht vor diesem mystischen Baumwald von edlen Lebewesen.*

*Doch und das fällt mir jetzt auf, es wird merkwürdig still, kein Vogel, kein
Laut, keine Luft weht mehr durch Geäst und Blätter. Ich realisiere langsam, wie
eine schleichende, bedrückende Finsternis heraufzieht. Mir wird kalt, ich beginne zu
zittern, auch weil ich nur spärlich mit einem braunen Umhang und einer Leinenhose
bekleidet bin. Es riecht nun modrig, das Licht verblasst merklich zu einer diffusen
Dämmerung, viel zu schnell, ganz unnatürlich, doch ich habe keine Angst. Die
mächtigen Stämme zeichnen immer dunklere Konturen, sie schimmern schließlich
bläulich und kalt, stehen wie riesige Säulen einer epochalen Halle über und vor mir.
Da raschelt und rumpelt es in den braunen Blättern und toten Ästen neben mir
und es öffnet sich seitlich die Erde. Eine riesige Steinplatte wird sichtbar und schiebt
sich dröhnend beiseite. Das Geräusch bricht so eindringlich tief in diese Stille des
Waldes, dass mir das Schleifen und Quietschen des Steinblocks durch Mark und
Bein geht. Ich erkenne im kalten, blauen Dämmerlicht eine Treppe, die nach unten
führt. Ich stehe still und bin ganz neugierig und ohne Angst. Was passiert? Lass
es geschehen, lass los! Dann verändert sich alles schlagartig: Ich bin plötzlich ein
anderer, verändere meine Identität.*

*Ich fühle Starre, Kälte und Tod, ich liege flach auf hartem Grund, umgeben
von steinernen Wänden und über mir eine gewölbte Steinplatte, die angehoben wird,
direkt über meinem Gesicht. Ein bläuliches Licht schimmert in einer modrigen
Halle. Die Fäulnis kann ich auf meiner Matte riechen und schmecken. Mein
Körper wird der Länge nach, so wie er in diesem Sarkophag aufgebahrt liegt, empor-
gehoben und auf einen großen Schild gelegt. Ich werde zum Fuß der Steintreppe
getragen und realisiere schemenhaft eine versammelte, schweigsame Ritterschaft, die
sich anschickt, die riesige Gruft zu verlassen. Sie müssen uralt sein, so wie sie aussehen.*

Acht Ritter tragen das Schild auf dem ich liege. Ich spüre den modrigen Hauch der feuchten, bemoosten Steindecke der Gruft über mir und dann steige ich tatsächlich aus meinem leblosen Körper empor. Ich verlasse den Körper des Toten auf dem Schild. Es ist ein großer, kräftiger Mann mit einem mächtigen Schädel, der in einem eisernen Helm steckt. Das war ich? Seine toten Hände umfassen ein auf seinem Körper liegendes riesiges Schwert. Seine dunkle Energie lässt mich vor Kälte erschauern. Ich beginne auf meiner Matte am ganzen Körper zu zittern, es schüttelt mich vor blanker Furcht vor dieser Gewalt, die von diesem toten Ritter ausgeht.

Das soll ich gewesen sein? Ich sehe den Toten, wie er an mir vorbeigetragen wird und als er mir wieder ganz nahe kommt, wechselt die Szene: Ich sehe genau diesen Kerl in seiner ganzen lebendigen Größe und Macht in einer Wüstenlandschaft stehen. Rauchende Feuer und eine aufgebrochene, riesige Stadtmauer sehe ich in unmittelbarer Nähe. Ich bin ganz nah bei diesem Ritter mit kahlem Kopf, nur einige Meter hinter ihm halte ich mich auf, sein Gesicht sehe ich nicht. Sein weiter Mantel mit einem großen roten Kreuz darauf fällt bis zu den Knöcheln, seine breiten Schultern verstellen mir den Blick in die Gesichter der Menschen, die sich mit hängenden Köpfen in einer langen Reihe auf ihn zu schleppen. Er teilt die Reihe der Besiegten und Geschändeten. Nach links gehen die, die überleben sollen, nach rechts die, die in den sicheren Tod gehen werden. Er ist unerbittlich in seinem Urteil und richtet nach seinem Willen. Es ist vollkommen still dabei, nur sein schwerer Atem durchpflügt die flirrende, heiße Luft. Er macht kaum Bewegungen, doch die Besiegten wissen, wohin sie zu gehen haben. Seine Macht sortiert die Menschen. Auch ich spüre seine Strenge, seine Härte, seine übergroße Macht. Die Menschenschlange vor ihm reicht bis zum Horizont, niemand hat eine Chance zu entkommen. Die Besiegten haben sich ihrem Schicksal gebeugt.

Ich bekomme nun Angst, dass auch ich gleich an der Reihe sein werde, dass er sich umwendet, mich erkennt und mich auffordert, nach rechts zu gehen. Wenn der Ritter mich bemerkt, dann bin ich unwiederbringlich verloren. Doch dann spüre ich, dass er mich gar nicht bemerken kann, dass ich in einem Zustand bin, den man mit seinen fünf Sinnen nicht erfassen kann. Ich realisiere, dass ich aus einer anderen Zeit, vollkommen körperlos, gekommen bin. Und dann weiß ich, dass ich mit diesem Mann einst viel zu tun hatte, dass diese Energie des Urteilens, der Härte auch mir einmal zu eigen war. Sie ist ein Teil meiner langen Geschichte. Dieser Mann ist ein Teil von mir, er war mein Zuchtmeister!

In diesem Moment der Erkenntnis verlöscht die Szene augenblicklich und der glatzköpfige, behelmte Tote wird auf dem großen Schild von den uralten Rittern die

Steintreppe empor getragen. Ich stehe still im geheimnisvollen Wald und sehe, wie der Leichenzug unbeirrt seinen Weg aus der Gruft fortsetzt. Uralte, hochgewachsene, bleiche Männer mit schmutzig-grauen Umhängen, die bis zur Erde reichen, gehen dem Dämmerlicht des Waldes entgegen. Ich kann ihre Gesichter nicht erkennen, sie tragen Kapuzen und doch spüre ich ihre alte, todbringende Energie. Sie alle sind Männer, geboren, um zu kämpfen und zu töten, seit Urzeiten machen sie das so. Eine furchtbare Vergangenheit und eisige Kälte geht von diesem Zug der toten Ritter aus. Niemand kümmert sich um mich. Die Prozession trägt in lautloser Stille die Leiche dieses furchterregenden Mannes zwischen den Säulen der Baumkathedrale langsam dem Dunkel entgegen. Nichts bewegt sich sonst, alles ist still, auch die Blätter verweigern ihre Geräusche unter den schweren Schritten der toten Ritter, sie verstummen ob dieser unerbittlichen Gewalt, die von diesem Zug ausgeht. Das Dunkel saugt sie auf, als seien sie nie hier gewesen. Und als der letzte von ihnen die Schwelle ins Nichts überschreitet, ist die Gruft wieder verschlossen und das Licht des Tages kehrt langsam zurück. Und ich erkenne, was in die Dunkelheit entschwunden ist, war ein Teil von mir. Es ist für immer gegangen.

Plötzlich fühle ich mich geteilt, ich bin zugleich in dieser kalten Vergangenheit und dem Hier und Jetzt auf meiner Matte. Einerseits spüre ich noch die verwehende Energie der Ritter, andererseits bemerke ich, wie ein heiliger Zorn in mir aufsteigt, während eine Schamanin weiter neben mir ihre Arbeit macht. Ich spüre überdeutlich, dass dieser urteilende Typ tatsächlich bis heute ein Teil meiner selbst war und meine Liebesgefühle kaserniert hatte. Ich bin empört – über mich selbst! Ein Teil der Energie dieses Zuchtmeisters war in mir, mitgenommen offensichtlich aus einer uralten Zeit. Der Zorn darüber, wie ich mir selbst damit mein Leben schwer gemacht habe, füllt mich aus. Es schüttelt mich, doch es ist so, das ist auch eine meiner Wahrheiten und ich nehme sie an. Tränen laufen mir die Wangen herunter.

Und wie es immer ist, wenn man weint, fällt der Zorn in sich zusammen. Und plötzlich fühle ich jemanden ganz nah bei mir, meinen verstorbenen Vater! Ich sehe sein Gesicht, wie es über mir schwebt, spüre seine Aura. Eine Welle tiefer Liebe durchflutet mich. Meine kindlichen Gefühle steigen in mir empor. In diesem Moment meiner brutalen Wahrheit ist er da: „Ich liebe dich", so fühle ich es und dann frage ich: „Wo warst du als ich dich brauchte?" Und es ebbt die Verzweiflung durch meinen Körper: „Papa, wo war deine Liebe?" frage ich. „Warum hast du mir nicht gesagt, dass du mich liebhast, dass du mich gut findest?" Ich höre Klänge in mir, Wogen warmer Töne, die wie Worte in meinem Innersten hallen so einfach, so klar, wie ich es nie von ihm vernommen habe: „So nah bin ich dir jetzt, ich liebe dich!" Und dann tauche ich ein in diese Zugewandtheit und Liebe.

Es ist ein Tanz mit meinem Vater in einer wunderbaren friedvollen Energie, die ich immer dann erlebte, wenn er uns Kindern einst im Bett seine Abenteuergeschichten erzählte. In dieser warmen Energie drehe und wende ich mich jetzt mit ihm zusammen in einem sphärischen Tanz und empfange sein Lächeln. Und dann erhalte ich die Botschaft: „Ich bin jetzt bei dir!" Er streicht über mein Haar, streichelt meine Wange, wie ich es mir als Kind von ihm so gewünscht hatte. Er schaut mich lächelnd an. Oh, so durchströmt es mich, wie schön ist das, wie wohltuend und nährend, diese Zärtlichkeit, welch eine Wärme. Ich bin total gerührt und erfüllt von kindlicher Freude und von Glück angesichts dieses innigen Zusammenseins. Und dann umarmen wir uns. Ich schluchze in ihn hinein, ganz tief und voller Inbrunst: „Ich liebe dich, Papa, ich liebe dich sehr!" Es öffnet sich mein großes Herz und ergießt sich in dieses große und so weite Gefäß von Freude und Liebe und Miteinander – wir teilen dieses Glück. Er ist ganz und gar da und hält mich, und so verschmelzen wir zusammen zu einem großen Ganzen: Sohn und Vater, Vater und Sohn. Wir sind Menschenwesen, deren Seelen miteinander Hochzeit feiern. Wir halten uns fest und sind das, was wir sind – Liebende in friedlicher Umarmung. Der dunkle Schatten, der noch nicht ganz verschwunden war, hat sich aufgelöst, jetzt ist wirklich Frieden. Und es weht mich von Ferne die Gewissheit an, wie anders die Familie sich doch entwickelt hätte, wären wir im wirklichen Leben so liebevoll miteinander umgegangen. Wie anders, wenn die Eltern nicht so beschädigt worden wären. Und dann erkenne ich, die Überheblichkeit habe ich nicht vom Vater, wenn seine Macht mich auch ängstigte, wenn auch einiges, was er vorlebte, ich mir von ihm zu eigen gemacht hatte, nicht aber die Überheblichkeit, nein, das war nicht seins! Ich selbst brachte den Hochmut mit aus den finsteren Zeiten uralter Kriege bis in dieses Leben hinein. Nun erst kann ich loslassen und im gleichen Augenblick der Erkenntnis, entschwindet die Energie meines Vaters.

Wind und Geräusche vereinigen sich im Wald zu einer Musik der Schöpfung. Überall sehe ich zwischen dem Grün Blumen hervorsprießen, kleine blaue Blüten, violette Veilchen, weiße Buschröschen und Moos, wohin mein Auge auch schaut. Ich atme tief und beginne über den Waldboden zu springen, sause durch die Luft, umarme die Bäume und bin tatsächlich der, der ich einst auch war: Der kleine fröhliche Junge. Meine mir vertraute, kindliche Kraft kehrt zu mir zurück. Ich laufe und springe und renne über die grünen Moosfelder und dann nehme ich wieder den Ort der Heilung, die Arbeit der Schamanin in meinem Energiefeld wahr. Ich fühle mich wie befreit, etwas ist von mir gegangen. Ich habe das tiefe Tal der Ritterschaft durchschritten, den Hochmut, den Richter über andere, all das ist von mir gegangen. Mein Atem wird wieder ruhig, es ist wie ein Stück neuen Lebens, das mir geschenkt wird. Und etwas ist in meinen Körper zurückgekehrt, etwas, was ich seit Kindertagen nicht mehr kannte:

Die einfache Freude über das Sein, das Dasein im Hier und Jetzt, die einfache Freu-de, auf dieser Welt zu leben.

Ich bleibe ruhig liegen, die Schamanin beendet ihre rituelle Arbeit und sitzt still und aufmerksam neben mir. Andere haben ebenfalls ihre Arbeit in der Halle der Versöhnung beendet. Ich spüre eine tiefe Dankbarkeit für die Frau und den jungen Kollegen, die mir geholfen haben, das durchzustehen. Ich atme tief ein und fühle, wie mein Körper von Wärme und einer Zärt-lichkeit zu mir selbst durchströmt wird, wie eine Zugewandtheit zu allem Menschlichen sich in mir ausbreitet. Wir umarmen uns lange, dabei laufen mir Tränen der Freude die Wangen herunter, als sie mir im Nachgespräch erzählen, welche Blockaden sie bei mir gelöst haben. Dann machen wir dreißig Minuten Pause und dann ist es an mir Schamane zu sein.

Tief in der Nacht schrieb ich auf, was ich innerlich erlebt hatte. Mich beeindruckte dieser energetische Heilungsprozess immer mehr. Ich erlebte an mir und den anderen, wie wir uns veränderten und wie bei manchen nach einigen Tagen die Augen zu leuchten begannen. Für mich war von größter Bedeutung, dass ich lernte, meinen Gefühlen und Bildern, die ich als Klient sah, zu vertrauen, mich einlassen und hingeben konnte. Während des Heilprozesses dachte ich nicht darüber nach, warum, wieso, weshalb. Ich gab jede geistige Kontrolle auf und vertraute den Helfern, die sich ganz in den Dienst des anderen stellten.

Analyse meiner Erlebnisse:

Der Ritter, der mir, nachdem er mich im Wüstensand gemeuchelt hat-te, die Wahrheit ins Gesicht sagte, mich gewissermaßen in meiner Hybris erkannte, diesen Ritter kann man zunächst als jenen Archetyp verste-hen, der uns als korrigierende Instanz aus dem kollektiven Unbewussten begegnet. Der Archetyp ‚Krieger' bringt mir eine Botschaft, damit ich lerne, „man kann nicht immer nur siegen, du Überheblicher!" Was ist das für eine lebensfeindliche Einstellung! Das wäre eine Interpretation der Ereignisse. Andererseits kann mir diese Erfahrung auch über das wissende Feld aus einem meiner Vorleben als Ritter übermittelt worden sein. Es kann sein, dass ich einst genauso im Kampf gestorben bin.

Wir wissen inzwischen, dass man über erlernbare Techniken mit ent-sprechender Führung auch auf seine Vorleben als Seele zurückgrei-fen kann. Welche Version nun die richtige ist, scheint mir in diesem

Heilungsprozess von nachrangiger Bedeutung. Ich verstehe es für mich so, dass ich ein solcher Ritter einmal wirklich war. In unserer christlichen Kultur schließt man zwar ein solches Vorleben aus, wenngleich auch die Christen die Seele als unsterblich ansehen. Wo hält sie sich also über die Jahrhunderte auf? Wir selbst werden dafür in unserem alltäglichen Leben so oder so keine Antwort finden. Auch die meisten Religionen bieten hier keine brauchbare Erklärung. Für Buddhisten allerdings ist ein Vorleben genauso eine Tatsache, wie es das jetzige Leben auch ist. Der Buddhismus geht wie andere Kulturen Asiens und viele indigene Völker auch davon aus, dass wir schon viele Leben hinter uns haben und dass wir deshalb wiederkommen, damit wir eine begonnene Entwicklung unserer Seele, unseres Bewusstseins in diesem jetzigen Leben fortführen oder vielleicht sogar abschließen können.

So kann ich mir vorstellen, dass ich möglicherweise an den Kreuzzügen des späten Mittelalters in Palästina als Kämpfer teilgenommen habe. Wie es damals im Zeichen des Kreuzes üblich gewesen ist, habe ich wahrscheinlich auch ohne Rücksicht getötet und gemordet. Ich will nicht spekulieren, es schon gar nicht als Tatsache behaupten, meine Erfahrung im Heilprozess aber auch nicht als Phantasiegeschichte abtun und damit diskreditieren. Dazu waren nicht nur die Erlebnisse in Bild, Ton, Geschmack und Geruch zu stimmig, sie stimmten vor allem inhaltlich mit dem überein, was in dieser Sitzung bearbeitet wurde. Nie habe ich derartige Szenen im Film oder in Büchern gesehen oder gelesen. Es war eine Erfahrung, die ganz meine eigene war. Entscheidend dabei war für mich, dass ich das unmissverständliche Gefühl hatte, dass das nur eines von vielen Vorleben war und dass ich schon immer mit großer Kampfbereitschaft Erdgeschichte mitgestaltet habe.

Hinzu kommt eine andere Tatsache, die zu meiner Erfahrungswelt im jetzigen Leben gehört. Schon in meiner frühesten Kindheit hatte ich eine große Affinität zur Ritterschaft. Mich interessierte alles, was damit zu tun hatte. Ich fühlte mich mehr als nur davon angezogen. Ich verbrachte viele Stunden damit, mein Schwert stark und fest zu schnitzen und ein kunstvoll gestaltetes Schild anzufertigen, was ich mit ritterlichen Symbolen bemalte und was Schläge aus dem Kampfgeschehen mit meinen Freunden auszuhalten imstande war. Mir waren Ritterspiele wichtig – andere dafür zu gewinnen, mit mir Kämpfe auszufechten. Natürlich wollte ich immer zu den Siegern gehören. Ich kämpfte hart mit meinen Freunden, suchte förmlich den entscheidenden Zweikampf. Ich erinnere mich, dass ich mich manchmal einen kurzen Augenblick hämisch freute, wenn ich jemanden mit einem Pfeil empfindlich getroffen hatte. In den Wäldern gab es Situationen für mich, da fühlte ich mich wirklich wie ein Ritter, da war ich in einer anderen Realität. Geschah dann etwas Unvorhergesehenes, ein Freund verletzte sich oder ich musste mal Pippi, dann fühlte ich mich wie aus einem Film gerissen. Ich las später dann viele Heftchen und Bücher über Prinz Eisenherz, die phantastischen Sagen um König Artus und die Ritter der Tafelrunde und liebte entsprechende Filme in Kino und Fernsehen. Ich manifestierte meine unbewusste innere Welt in der äußeren Welt und schuf mit meinen Freunden eine kleine Kultur des Ritterdaseins. Ich wusste bis zu dieser Heilsitzung nicht, warum ich das so intensiv lebte.

Entscheidend für mich ist nicht, ob ich dieser Ritter in der steinigen Wüste wirklich war, sondern wichtig ist die Bewusstwerdung meiner eigenen Energie der Überheblichkeit, des Nicht-verlieren-könnens. Darum ging es in der Heilsitzung. Der kahlköpfige Ritter, der die totale Vernichtung symbolisierte und über Leben und Tod richtete, drückt aber noch etwas Anderes aus, was sich auch in meiner Kindheit eingebrannt hatte, die Gefahr, die von autoritären Männern ausgeht, die Möglichkeit, von ihnen im energetischen Sinn vernichtet zu werden. Als ich hinter dem kahlköpfigen Ritter mich versteckte und die geschundenen Menschen sah, die er aburteilte, hatte ich vor seiner Gewalt eine furchtbare Angst. Eine ähnliche fühlte ich oft als kleiner Junge, wenn der Vater sich einen meiner Brüder vornahm oder aber wenn er nachts polternd und angetrunken nach Hause kam. So verbirgt sich aus energetischer Sicht hinter der Angst zu versagen *(deshalb ist man überheblich, um diese Angst nicht zu spüren)* und nicht schwach sein zu können die noch viel größere Angst vor der Bestrafung, vor der Konsequenz der körperlichen Beschädigung bis zur Vernichtung durch die machtvollen Bezugspersonen, wie Väter, Lehrer, Polizisten, Soldaten und andere machtvolle Autoritäten. Dass ich einst selbst mit einem solchen Vernichter von Menschenleben zu tun hatte, von ihm gelernt haben könnte, macht die ganze Sache umso logischer. Es entsprach der Zeit und dem Entwicklungsstand der Menschheit. Ein Menschenleben hatte damals keinerlei Bedeutung.

Wenn Männer als Kinder mit solchen Ängsten groß geworden sind und einigermaßen überlebten, werden sie später alles dafür tun, keinen Anlass (‚Fehlverhalten') für eine negative Bewertung zu geben. Sie werden versuchen, perfekt das zu machen, was angesagt ist. Jeder vermeintliche Fehler würde sie entblößen, rührt er doch an dieser Bestrafungs- und Vernichtungsangst. Hat man genügend solche Erfahrungen in Kindheit und Jugend gemacht, ‚weiß man Bescheid‘, weiß ‚wie der Haase läuft‘ *(natürlich nicht wirklich)* und versucht geschmeidig durchs Leben zu kommen. Mit der Einübung des perfekten Verhaltens wird der Keim der Überheblichkeit, der Arroganz gesät, der dann, wie auch bei mir einst geschehen, mit zunehmender Etablierung als ‚erfolgreicher‘ Mann sich zu einer unangenehmen Verhaltensweise entwickeln kann. Man macht sie unbewusst zu seiner eigenen Sache. Nach oben wird gebuckelt, nach unten getreten. Das Anschnauzen der Mitarbeiter oder cholerische Anfälle sind dann die deutlichen Hinweise, dass hier jemand Probleme hat. Und so gewordene Männer glauben irrigerweise, dass sie die ‚Größten‘ seien.

Gefühlsarmut, Härte, aggressives Verhalten, ein Leistungswillen mit einem ausgeprägten Perfektionszwang, Kommunikationsdefizite, die letztendlich aus dieser Arroganz resultieren, sind mehr oder weniger akzeptierte Verhaltensformen in der Männerwelt. Sie dienen dem System und sind heute auf subtile Weise in dem konkurrierenden Verhalten in Wirtschaft und Kultur erkennbar vergesellschaftet. Entstehen konnten solche Charaktere aufgrund einer kollektiven Kultur des Kampfes, des Wettbewerbs, die gerade in Zentraleuropa, in Deutschland, Frankreich und England seit weit mehr als tausend Jahren hier von Generation zu Generation weitergegeben wurde. Diese Vernichtungskultur fand im Holocaust ihren furchtbaren Höhepunkt. Am Ende ihrer Zeit erleben Protagonisten einer solchen Lebensart oftmals eine bedrückende Einsamkeit und eine kaum mehr zu heilende Depression, wie sie mein Vater in den letzten Jahren seines Lebens auch zu ertragen hatte. In einer kranken Gesellschaft fällt der Kranke nicht auf.

Männer wissen nicht, dass hinter den arroganten, aggressiven Verhaltensweisen oft eine dramatische Versagensangst steckt, die mit der Angst vor Bestrafung gepaart ist. Verbleibt sie im Energiefeld des Unbewussten, manövriert sich ihr Leben mit den entsprechenden Konflikten mehr und mehr ins Negative. Gewalttäter, Despoten, die Hitlers dieser Welt erleben wir dann als die schlimmsten Protagonisten solcher Schädigungen. An den Symptomen herumzudoktern, wie viele Therapien das tapfer versuchen, bringt zeitweise eine Abschwächung des Verhaltens, aber kaum eine Auflösung des Problems.

Die Trauer und Depression über die unerreichbare Liebe für sich selbst und andere aber haben die Betroffenen selbst zu ertragen – oft bis zu ihrem Tod.

In diesem Zusammenhang ist die Arbeit von der Kindheitsforscherin und Therapeutin Alice Miller eine Bereicherung für unsere Erkenntnis. Wenn sie auch ihre eigene, bedrückende und traumatische Vergangenheit in ihren Werken nicht thematisierte, ja, verleugnete *(siehe Martin Miller: „Das wahre Drama des begabten Kindes")*, so bleibt ihr Verdienst, in ihrer langjährigen therapeutischen Forschung und Praxis herausgefunden zu haben, dass die unbearbeiteten Gewalt- und Missbrauchserfahrungen der Kinder bei ihren Eltern oder die mit ihren Lehrern oder Trainern der Grund für ihre oftmals eigene Gewaltausübung als Erwachsene sind, wenn es denn so ist.

Wenn diese Erziehungsberechtigten daran nicht wirklich therapeutisch arbeiten, nicht damit aufhören, ihre Eltern zu schützen, um das eigene Leid nicht zu spüren, dann wiederholen sie in der Regel das, was sie als Kinder selbst erfahren haben. Das ist die eigentliche Tragödie und bestürzende Wahrheit. Nach jahrzehntelanger Leugnung ist das inzwischen auch bei unseren Wissenschaftlern, Erziehern und Lehrern offensichtlich angekommen. Aufgrund der heimlichen Aktivität des Unbewussten gehören so die von uns selbst als junge Menschen verurteilen Verhaltensweisen der Erwachsenen später zu unserer eigenen Verhaltensrealität. Die meisten Menschen bemerken diese Kongruenz nicht und folgen ab fünfzig vollends den in ihrem Energiefeld eingemeißelten Glaubenssätzen ihrer Mütter, Väter und Erzieher. Meistens werden diese Vorstellungen dem Zeitgeist entsprechend angepasst, ihre Kernenergie bleibt jedoch stabil.

Im Schein einer Kerze legte ich meine Aufzeichnungen beiseite. Was, so fragte ich mich, wird die Leere, den Platz der alten negativen Energie einnehmen? Ich hörte draußen im Innenhof auf der Wiese meine Zimmerkollegen lachen. Sie saßen in herbstlicher Abendatmosphäre beieinander und redeten über ihre Erfahrungen. Ich wollte mit mir alleine sein, machte das Licht aus und träumte nichts.

Lebensthema III
Von der Angst vor der Nähe

Der beflissene Diener

Ein großes Problem in meinem Leben, das wahrscheinlich auch viele Männer in ihrem Verhältnis zu Frauen kennen, ist, wie ich bereits eingehend geschildert habe *(Kapitel: Das Problem mit der Nähe – ein Leben lang?)*, die Schwierigkeit mit der Nähe zur Partnerin. In jeder Phase der mangelnden Nähe verlor ich den Kontakt zu meiner Frau. Denn aufgrund ihrer Sozialisation lassen Männer gerne lieben und viele von ihnen praktizieren eher eine kontrollierte Distanz, wie viele Frauen das in den letzten vierzig Jahren bedauernd in Büchern geschildert haben. Das Miteinander wurde und wird mehr oder minder von ihnen aus initiiert.

Die Sitzung in der großen Halle der Erkenntnis begann damit, dass mich Bruno, mein Schamane, fragte, wie das denn zwischen mir und meiner Frau ablaufen würde. Ich erzählte ihm, wie ich mich schleichend und unbewusst zurückziehe, in die Distanz gehe und mich dann in der Sprachlosigkeit einrichte. Meine Energie ging in die Arbeit und sie diene dann auch zur Rechtfertigung für mein Verhalten. Meine Frau wie auch meine Partnerinnen vorher bemerkten im Zusammenleben schnell, dass ich wenig über mich und meine Gefühle erzählen wollte. Mein Rückzug in die Arbeit und die Bewältigung des Alltags beförderte dies zusätzlich. Oberflächlich betrachtet konnte man den Eindruck gewinnen, dass mich solche Gespräche auch nicht interessieren würden. Die Frage war für mich deshalb mein halbes Leben lang, ob das wirklich der Fall war? Denn für mich blieb es immer ein Mysterium, warum ich das tat, so schilderte ich es Bruno.

Was sich im Laufe meines Lebens schließlich daraus entwickelte, war oftmals die Erfahrung, dass ich mich aufgrund meiner Vorsicht im Zusammensein mit anderen separierte oder gar einsam fühlte. Mir war dieser Zusammenhang viele Jahre nicht klar – ich tat mir mit meinem Verhalten selbst nichts Gutes. Das fühlte sich so an, als ob mir eine große Mauer den Zugang zu meiner Partnerin und auch zu mir selbst versperren würde. Bruno wusste genug. Er bereitete sich wie immer mit einem Ritual auf die Heilsitzung vor, während ich mich auf meine Matte legte. Und während das geschah, stieg ganz plötzlich in mir eine Ahnung auf, die mir doch irgendwie vertraut war. Hinter dieser großen Mauer, das wusste ich spätestens seit dem Urlaub in der Normandie, wartete jemand auf mich. Der Kleine dort im dunklen Verlies pochte mit seinem Herzen an das große verschlossene Tor in der Steinmauer. Und wie ein Blitz schoss ein Gedanke durch mein Hirn, hatte meine Vorsicht, mich auf Frauen einzulassen, etwas mit meiner Mutter zu tun? Ich erinnerte mich an ein vergangenes Gespräch mit meiner Frau. Hatte sich einst der kleine Junge in seiner Not selbst in die Einsamkeit zurückgezogen? Ich überließ mich neugierig der Arbeit des Schamanen.

Anmerkung:

Im Nachfolgenden schildere ich zunächst den Verlauf der Sitzung aus der Sicht des Schamanen Bruno, der mir seine Bilder und Erfahrungen danach erzählte. Anschließend beschreibe ich meine Erlebnisse. Dies besonders aus dem Grund, weil bei dieser Heilsitzung seine Erfahrung die Entwicklung dieser Heilungsgeschichte gut verständlich macht. Damit wird viel über die Qualität und Arbeitsweise dieser Energiearbeit deutlich. Nach der Sitzung und dem Austausch habe ich unsere jeweilige Erfahrungswelten in der Nacht niedergeschrieben. Bei der nachfolgenden Schilderung seiner und auch meiner Wahrnehmungen sollte man nicht so sehr den Bildern selbst, sondern wie in jeder Heilsitzung vielmehr der Energie dahinter die wesentliche Bedeutung beimessen.

Bruno fühlt in meinem Herz Chakra eine bedrohliche Energie. Er folgt seinem Krafttier und steht unvermittelt vor einem großen, mächtigen Tor. Er bittet seinen Geistführer, das Tor zu öffnen, was auch augenblicklich geschieht. Bruno schreitet hindurch und findet sich in einer finsteren Höhle wieder. Auf der Felswand des mächtigen Steingewölbes nimmt er das flackernde Licht eines entfernten Feuerscheines wahr. Er tastet sich in Gegenwart seines Geistführers durch die Dunkelheit und sieht dann, als sich der Höhlengang für den Blick öffnet, eine bedrückende Szene vor sich. Eine kräftige, große Frau in alten schwarzen Kleidern mit einer gehäkelten, schwarzen Kopfbedeckung hockt in einer riesigen Steinhöhle an einem offenen Feuer. Der nackte Fels an den Wänden ist von Rauch und Ruß geschwärzt. Die Frau rührt in einem großen Kessel, der an einer Kette über den Flammen hängt. Bruno spürt die tiefe Resignation und Verzweiflung dieser Frau. Dann bemerkt er seitlich im Halbdunkel an einer der Felswände einen Jungen, der kauert in spärlichen Kleidern still auf dem nackten Felsboden. Ein Eisenring, der mit einer Kette an der Felswand verankert ist, umschließt seine Handgelenke.

Der Kleine schaut auf und ist dankbar, dass endlich jemand gekommen ist, hat er doch lange, lange auf eine Erlösung gewartet. Er hatte schon jede Hoffnung auf Rettung aufgegeben. Bruno begreift, dass der Junge hier auf besondere Weise festgehalten wird, dass nicht nur die Kette, sondern die Energie der Frau den Jungen bindet. Bruno befragt die Frau. Sie gibt unumwunden zu, dass sie den Jungen nicht loslassen kann, er arbeite für sie und sei für sie da. „Ich stehe für eine uralte Tradition: Frauen besitzen ihre Söhne. Ich lasse nicht davon ab!" Bruno wendet sich dem Jungen zu und spürt die Energie des vielleicht Neunjährigen. Er ist maßlos traurig, hat aber offenbar sein Schicksal angenommen. Bruno spürt, wie der Junge sich schuldig fühlt bei dem Gedanken, die Frau in der Höhle allein zu lassen. Die tiefe Schuld ist an eine Verantwortung gebunden, die er sich offensichtlich selbst auferlegt hat. Der Junge kann nicht frei sein, weil tief in ihm eingebrannt ist, dass die Frau ihn braucht, denn niemand ist für sie da. Der Kleine kann nicht anders, weil er ein gutes Herz hat, weil er zu ihr eine besondere Beziehung hat und es immer schon so gewesen ist. Selbst wenn er nicht angebunden wäre, würde er in der Höhle bleiben und ihr dienen. Es nutzt also nichts, nur den Jungen zu befreien. Als sich dieses Bewusstsein in der Höhle und bei dem Schamanen ausbreitet, beginnt der Junge zu zittern. Seine Sehnsucht nach Freiheit zeigt sich, doch seine Loyalität scheint ihn nach wie vor zu fesseln. Er ist verzweifelt und weint.

Der Schamane weiß augenblicklich, was zu tun ist. Zunächst befreit er den Jungen aus seinen Fesseln. Jedoch bleibt der wie angewurzelt und wie Bruno erwartet hat auf dem Felsboden hocken. Die störrische Frau ist empört und beklagt sich. Bruno spricht nun mit ihr, eröffnet ihr die Möglichkeit, selbst aus diesem dunklen Verließ befreit zu werden. Das ist für die Frau ein neuer Gedanke, sie hat diese Möglichkeit noch nie in Erwägung gezogen. Ihr zusammengekniffenes Gesicht entspannt sich. Und dann willigt sie ein. Sie erkennt, wie sie seit Jahrhunderten mit ihren Glaubenssätzen in irgendwelchen Verließen ein elendiges Leben geführt hat. Der sich ausbreitenden Bewusstheit kann sie sich nicht mehr entziehen und begreift, was sie dem Jungen und sich selbst all die Jahre über angetan und verwehrt hat – die Freiheit. Ihr Widerstand bricht und Tränen laufen ihr über die faltigen und bleichen Wangen. Sie bittet, selbst erlöst zu werden, um nicht mehr starrsinnig irgendwelchen, uralten Gesetzen zu folgen. Sie will diese kalte Steinhöhle für alle Zeiten verlassen. Der Schamane hilft ihr zusammen mit dem Geistführer behutsam ins Licht zu gehen, was auch augenblicklich geschieht.

Der befreite Junge aber erhebt sich plötzlich und steht erstmalig aufrecht und gerade da! Er hat das alles sofort verstanden und ist jetzt gewillt, den schaurigen Ort zu verlassen. Seine Tränen trocknen augenblicklich. Er nimmt Brunos Hand und geht mit ihm und dem Geistführer hinaus aus der Höhle. Auf dem Weg zum Ausgang sieht Bruno eine Tür in der Felswand. Er wird neugierig und will sie öffnen. Der Geistführer nickt, ist damit einverstanden. Bruno sieht in einem spärlich durch Kerzenlicht beleuchteten Raum ein großes Buch auf einem alten, großen Holztisch liegen. Er tritt näher und liest im Kerzenschein den Satz, nach dem der Junge offensichtlich gelebt hat: „Du darfst nicht selbst sein, diene!" Bruno bittet den Geistführer, diesen Glaubenssatz für alle Zeiten aus dem Lebensbuch des Jungen auszulöschen, was so auch geschieht.

Dann öffnen sie gemeinsam in diesem Raum ein weitere, geheimnisvolle Tür. Eine andere Stimmung flutet ihnen entgegen: Heiterkeit und Emsigkeit, Schönheit und Erkenntnis. Bruno und der Junge blicken in eine große und hohe Halle mit einem riesigen, gewölbten Dach, was wie Sternenglanz funkelt. Viele Menschen sind hier versammelt und wuseln aufgeregt hin und her. Am rechten Rand steht eine Gruppe von Männern, die sich angeregt unterhalten. Andere, die darum herum stehen, hören mit großer Aufmerksamkeit zu. Der befreite Junge an der Hand von Bruno zeigt mit dem Finger auf einen der Männer, der inmitten dieser Gruppe steht und einen kleinen Vortrag hält. Der Junge erkennt sich selbst in diesem Mann, der nun mit einem goldenen Füllhalter Zeilen auf viele Papiere schreibt, die viele kleine Jungen flink davontragen. Einer der Älteren betritt den Kreis der Männer und bringt einen Löwen am goldenen Halsband mit, den er dem Mann in der Mitte als Geschenk übergibt. Dann tritt ein jüngerer Mann in den Kreis und überreicht ihm eine violette Rose. Als der Mann die Rose an sich nimmt und von allen Seiten betrachtet, erstrahlt die große Halle in einem durchdringenden violetten Licht. Bruno erkennt das Talent, welches der Junge zu leben imstande wäre, würde er ungebunden im Vollbesitz seiner inneren Kraft leben können.

Die kleine Reisegesellschaft um den Geistführer schließt die Pforte wieder und wendet sich einer anderen Tür zu. Sie eröffnet den Blick in eine sommerliche Nachmittagsstimmung. Ein Bach mündet in einen grün schimmernden, kleinen See, der inmitten eines alten Kiefernwaldes liegt. Seine Ufer sind mit gelbem Gras gesäumt. Ein nackter Junge von vielleicht sieben Jahren läuft am Ufer des Sees und springt plötzlich übermütig und voller Lust in das glasklare Wasser. Der Junge an Brunos Hand zeigt auf den Knaben im See und erkennt: Das bin ich. Der fidele Kleine schwimmt, dreht sich und springt wie ein Delphin durch das Wasser und genießt es, durchdrungen von Freude und Lust, in diesem Wasser zu sein. Er macht das, was er fühlt und will. Seine Eltern sind auch da, sie sind ganz bunt angezogen und sitzen auf einer Bank am Ufer. Sie sind ganz still beieinander, halten sich die Hand und lächeln dem Kleinen zu. Ihr einfaches Da-Sein, die Aufmerksamkeit und Zugewandtheit für ihr Kind ist alles, was der Junge von ihnen braucht. Bruno erkennt in diesem Bild all das, was der befreite Junge vermisste. Er fragt den Geistführer, ob er dem Jungen an seiner Hand nun für sein zukünftiges Leben etwas mitteilen kann. Der Geistführer wendet sich an Bruno: „Ja", sagt er, „er habe dem Jungen etwas zu sagen." Er wendet sich dem Kleinen an Brunos Hand zu und spricht: „Die Zärtlichkeit, die Liebe und Freude sind ein Teil von dir, teile sie auch mit anderen!" Bruno dankt dem Geistführer und verabschiedet sich von ihm.

Als sie sich umwenden, steht der Löwe vor ihnen und hat den goldenen Füllhalter und die violette Rose im Maul. Der Junge nimmt beides an sich und der Löwe spricht zu dem Kleinen, dass er von nun an sein Krafttier sei. Der Junge ist glücklich und führt den Löwen neben sich am goldenen Halsband. Alle drei besteigen sie ein kleines Boot, denn ein wenig weiter ist der Bach zu einem kleinen Fluss gewachsen, und erstaunlicherweise schwimmt das Boot mit ihnen gegen die Strömung davon. Der Junge sitzt staunend in dem kleinen Kahn und schaut nach oben, als der Fluss sie in eine Öffnung einer über ihnen aufragenden Felswand trägt. Die Dunkelheit erfasst sie in einer großen, gewölbten Felsenhalle. Doch dann, nachdem sie sich an das Dunkle gewöhnt haben, bemerken sie das zarte Licht, das sie umgibt. Alle drei sehen an der hohen Decke über ihnen weiße Kristalle leuchten, die plötzlich in violettem Licht erstrahlen, als das Boot darunter den Fluss entlanggleitet. Es ist die Rose in der Hand des Jungen, die die Kristalle in einem betörenden Licht erleuchten lassen. Und während sie ihren Weg fortsetzen, schläft der Junge im Schoß von Bruno erschöpft ein. Der Fluss verlässt die riesige Höhle und mündet in eine Wiesenlandschaft, gesäumt von Bäumen. Unter einer mächtigen Eiche legt Bruno den schlafenden Jungen ins Gras. Er setzt sich neben ihn und gibt ihm in einem Ritual all das in seinen Energiekörper zurück, was er einst, in seiner Not, verloren hatte.

Die Reise ist für den Schamanen beendet, still sitzt er und lauscht, solange, bis ich wieder die Augen aufschlagen werde.

Und nun zu meinen Erfahrungen während dieser Heilreise:

In dem von Brunos Erfahrungen losgelösten Prozess spüre ich lange wenig, ganz im Gegensatz zu den vorherigen Sitzungen. Aber, so haben wir es gelernt, jede Reise ist anders und wendet sich neuen Aufgaben zu. Erwartungen habe ich keine, denn *viel ist schon geschehen. Aus heiterem Himmel fließen mir plötzlich die Tränen die Wangen herunter. Ein Gefühl der Dankbarkeit, der Geborgenheit breitet sich in meinem Herzen aus. Ich fühle mich ganz beschützt, so als ob mich jemand in den Arm genommen hätte. Und dann sagt etwas in mir: „Wo immer du hingehen magst, ich begleite und beschütze dich!" Neben der Irritation, wer denn da zu mir redet, bin ich vollkommen gerührt. Ich denke nicht darüber nach, wer da gesprochen hat, sondern gebe mich dem guten Gefühl der Rührung hin. Dieses Beschütztsein, das habe ich als Junge oft vermisst. Das zu fühlen, ist jetzt heilend und stärkend! Ich weine wegen all der Jahre, in denen ich diese Unterstützung so schmerzlich vermisste. Es waren vor allem die Jahre der inneren Einsamkeit, der Angst in meinem kleinen und kalten Lehrlingskabuff unter dem Dach des alten Hauses. Es waren all die Jahre des Aushaltens, des Müssens, mit dem großen Anspruch, es als junger Student und Filmemacher unbedingt schaffen zu wollen. In mir steigt die warmherzige Sehnsucht auf, jemand anderem nahe sein zu wollen, um diese Not mitteilen zu dürfen und sofort spüre ich meine Vorsicht, diese Nähe könnte an etwas, an eine Verpflichtung gebunden sein, die Nähe also einen Preis haben könnte. Ich ahne das vertrackte Spiel, in dem ich zeitlebens gefangen bin, dass Nähe sich nur dann einstellen wird, wenn ich dafür etwas leiste, wenn ich bezahle, wenn ich diene. Mir fällt es so schwer, nah zu sein! Warum?*

Unvermittelt sehe ich meine Mutter in der Küche bei ihrer Arbeit und mit ihrer Traurigkeit. Ich fühle, wie ich ein Helfer für sie sein will, ich weiß, dass es ihr in der Nähe zu mir gut geht. Es ist eine Nähe, so spüre ich jetzt, während die Tränen fließen, die ambivalent ist, mir irgendwie nicht guttut, die ich aber dennoch anbiete, weil ich sie liebe, die Mutter. Es überkommt mich zunehmend das Empfinden, dass ein wesentliches Stück meiner selbst für sie wichtig ist, damit sie froh sein kann. Ich kleines Kerlchen kann sie froh machen. Unter Tränen erkenne ich auf meiner Matte, dass mein Verhältnis zu ihr mein Leben lang von diesen Empfindungen geprägt war. Es war eine Nähe, die ich nie als problematisch empfunden hatte. Doch jetzt fühle ich plötzlich einen bitteren Geschmack im Mund und spüre am ganzen Körper ein großes Unbehagen – diese Nähe ist irgendwie auch giftig, sie tut weh. Mir wird bei dieser Erkenntnis regelrecht schlecht und dann fühle ich durch den sich zusammenziehenden, krampfenden Bauch: Diese Nähe fesselt mich, sie nimmt mir etwas. Ich krümme mich auf meiner Matte zusammen und beginne zu stöhnen und zu weinen. Mir tut innen im Leib alles weh.

Und dann ist es plötzlich, als würde sich in meinem Bewusstsein eine Schleuse öffnen, ein Tor zur unbewussten Wahrheit. Meine Mutter brauchte mich für ihr Bedürfnis nach Liebe, Kommunikation und Miteinander. Ihr war meine mitfühlende, herzliche Energie willkommen, sie hat sie sich genommen und ich füllte bereitwillig die Lücke aus, ein Bedürfnis, dass vielleicht ihr Mann oder andere Erwachsene doch hätten besser befriedigen können. Ich erinnere mich an ihr Wollen, dass wir Kinder einst stets mitbekamen: Sie wollte oft und gerne ausgehen mit ihrem Mann und Menschen treffen, was mein Vater jedoch selten bereit war mitzumachen. Ich erlebe noch einmal, wie ich mich als kleiner Knirps mit meiner kindlichen Herzensenergie tatkräftig zur Verfügung stelle. Ich sehe, wie ich ihr beim Besprenkeln der Bettlaken mit Wasser helfe, damit sie sie bügeln kann, wie ich einkaufe, Milch beim Milchmann hole, Blumen pflücke, sie damit glücklicher machen will. Ich wollte immer eine frohe Mami. Und je weiter ich dem Bedürfnis des Helfens auf meiner Matte nachgehe, desto schlechter fühle ich mich. Ich sehe plötzlich meinen Vater am Mittagstisch vor mir, wie er die Mutter maßregelt und vor uns Kindern abkanzelt und ich fühle, wie sie mir leidtut, wie ich ihr beistehen möchte. Es fällt all das Verschwiegene und Ungesagte wie Laub vom Baum der Erkenntnis und erzählt von dieser innersten Wahrheit in unserer Familie. Ich fühle mit ihrem schmerzenden Herz, möchte ihr als kleiner Junge helfen, sie vor den bösen Worten beschützen. Doch wie sollte ich das tun, ich bin klein, ein Kind – es zerreißt meine Brust. Nun weine ich bitterlich auf meiner Matte ob dieser Zwangslage, in der ich mich einst befand. Es sind Tränen für mich, aber auch für meine Mutter, die sich sicherlich etwas Schöneres von ihrem Mann gewünscht hätte. Ich bin verzweifelt, verstehe ich doch jetzt meine Situation.

Die Nähe zu ihr war nicht mehr die Nähe eines Kindes zu seiner Mutter. Sie brauchte mich, damit es ihr besser ging und ich gab ihr das, was sie brauchte. Sie ließ es geschehen, sie fragte danach mit ihren Blicken, mit ihren kleinen Bemerkungen, die eine tiefe Enttäuschung ausdrückten. Diese Mutter war zu meiner Kinderzeit offensichtlich in Not. Die Traumatisierungen des Krieges und der Flucht, der Verlust ihrer Heimat, der zurückgekehrte, aber vollkommen veränderte Mann, all das lag schwer in ihr und wirkte sich auf ihr Gemüt aus *(siehe Kapitel „Eine Familienaufstellung")*. Ihre subtilen Botschaften wie „ach, wo ist die schöne Zeit nur hin," drückten eine tiefe Sehnsucht und Trauer aus. Diese Traurigkeit hatte ich mir schon früh einverleibt. Ich hatte nie das Gefühl, dass sie meine Zuwendung bewusst ausnutzte oder gar erzwang, eher, dass sie es gerne annahm, dass sie es mir unausgesprochen signalisierte, ihr nah sein zu sollen, so, wie sie das auch später weiterhin tat, als ich schon längst Ehemann und Vater war.

Ich kümmerte mich um einen Mangel, für den der Krieg und sie selbst verantwortlich war. So entstand eine Bindung, die ihr meine kindliche Liebe und mir das Gefühl gab, in ihrer Nähe vom cholerischen Vater beschützt zu sein. Natürlich durchschauten wir beide nicht diese tiefe, innere Vereinbarung. Es war eine Beziehung, die sich durch eine vereinnahmende Nähe charakterisieren lässt, die ihr kurzfristig half, die mich aber langfristig beschwerte. Es war nach neuesten Erkenntnissen in der Kindheitspsychologie ein vollkommen unbewusster Missbrauch meiner Kindesliebe durch die Mutter. Das schränkte natürlich meine Freiheit ein, mich so zu entwickeln, wie ich es vielleicht eigentlich wollte, wie es normal ist. Ich dachte als kleiner Junge immer zuerst an sie, sie zu bedienen, zu beschenken und nicht an mich. Meine Entwicklung war an sie gebunden. Wenn sie gute Laune hatte, war ich froh, wenn nicht, ging es mir auch nicht gut. Diese Abhängigkeit des einen vom anderen etablierte in mir mit der Zeit eine unbewusste Angst. Wenn ich nicht diene, dann verliere ich sie, dann verliere ich die Nähe und den Schutz vor dem Vater oder anders ausgedrückt: Wenn ich ihre Bedürfnisse erfülle, dann ist alles gut! Ich selbst nahm aber meine eigenen Bedürfnisse und Gefühle nicht mehr wirklich ernst. Ich erinnere mich, dass es eine Zeit lang sogar so war, dass ich aus zunehmender Angst und Gewohnheit lieber meiner Mutter half, als mit den Freunden draußen zu spielen, wenn sie auf der Straße nach mir riefen. Damit war das Fürsorgeprinzip auf den Kopf gestellt. Und jene Freiheit, die ein Kind braucht, um sich entwickeln zu können, um zu entscheiden, ob dieses oder jenes gut ist für den Augenblick, war mir fortan nicht mehr so einfach zu eigen. Ich vergaß in dieser Beziehung mich um mich selbst zu kümmern.

Ich kann nur mutmaßen, dass ich nicht auf diesen Zug aufgesprungen wäre, wenn mein Vater und meine Mutter eine nährende, erfüllte Beziehung miteinander gelebt hätten, wenn es keine subtilen Botschaften der Traurigkeit gegeben hätte. Beide führten eine Beziehung, wie es viele davon in den 1950er Jahren gab: Der Mann entschied nicht nur über die Aktivitäten der Frau innerhalb und außerhalb des Hauses *(das war damals noch Gesetzt)*, er dominierte nach alter Tradition auch das Verhältnis zueinander und das zu den Kindern.

Ich lebte also schon als kleiner Junge in einer bedrohlichen Zwangssituation. So wie der Junge in der steinigen, dunklen Höhle, dem Bruno dort begegnet ist. Eine vorsichtige Nähe, erfüllt von Angst und Zorn über die Unfreiheit wurden so eins und dominierten später mein Verhalten im Verhältnis zu den jeweiligen Partnerinnen. Das Resultat dieses Energiecocktails bekamen die Frauen dann zu spüren: Die eine Seite der Medaille war Distanz und Rückzug aus Angst vor der Inanspruchnahme durch die Frau, also die Fesselung. Die andere Seite war das Dienen als Ausdruck verdeckter Liebe, wie ich es bei der Mutter gelernt hatte. Ich lebte als Erwachsener also das weiter, was ich als Kind in meiner Not immer spürte – Vorsicht vor zu viel Nähe und wenn, dann diene!

Es berührt mich mein eigenes Schicksal in der Halle der Erkenntnis. Ich sehe vor meinem inneren Auge die vielen Gesichter und Personen in meinem Leben an mir vorbeiziehen, wo ich in der jeweiligen Beziehung entweder im Rückzug mein Heil suchte oder eben im Dienen, um wenigstens ein bisschen Nähe leben zu können. Nähe als einfache, direkte Kommunikation war nicht möglich, weil sie energetisch an Angst und an Zorn gebunden war. So lernte ich, dass Nähe mich immer an etwas Unangenehmes erinnert. Welch eine Tragik für meine Partnerinnen, meine Frauen, so trauere ich auf meiner Matte. Ich hatte bei jeder Beziehung Angst, meine Identität und meine Freiheit zur eigenen Entwicklung zu verlieren, meine Interessen aufgeben zu müssen, obwohl die Realität als Erwachsener so nicht war. Den Frauen fiel es schwer, mich dafür zu kritisieren, denn sie bekamen ja meine Dienstbarkeit, mein Engagement, was ihnen natürlich nicht unangenehm war, um es vorsichtig auszudrücken. Das Dienen für die Frauen war Nähe und Liebe light. Und niemand von uns in unseren Beziehungen wusste, was da eigentlich ständig geschah.

Ich spüre, dass ich schon immer ein großes Herz hatte und nach wie vor habe und dass dieses Herz die Nähe, Wärme, die Liebe ohne Leistung, ohne Bedingungen leben will, um befreit und in Freude schlagen zu können, ja, dass es zum Menschsein gehört wie das Trinken und Essen. Und da berühre ich in mir diese tiefe, grenzenlose Traurigkeit, die mich mein ganzes erwachsenes Leben bis hierher begleitet hat. Es ist die Trauer über mich selbst, nicht der sein zu können, der ich doch auch bin. Erschüttert bin ich über meine Fesselung, denn als Kind konnte ich offensichtlich nie diese einfache Herzensliebe leben. Dieses Leid strömt nun in meinen Tränen aus mir heraus. Und ich sehe mich als vierzehnjährigen Jungen auf der Wiese liegen und deprimiert den Wolken nachschauen, die mir eine neue Welt verheißen, die es für mich aber vielleicht doch nicht geben kann. Meine Freiheit ist an die Mutter und vieles mehr gebunden! Ich erlebe, wie sehr ich von außen bestimmt war, wie weit ich mich selbst eingelassen hatte und wie ich ständig zu kontrollieren versuchte, diesen Mangel, diese tiefe Trauer nicht zu fühlen.

Und dann erlebe ich eine ungeheure Ohnmacht und Wut darüber, nicht ich selbst sein zu können, immer nur zu dienen, der Mutter, den Frauen, dem Film und anderen Menschen. Ich bin dieser beflissene Diener, der sich ständig hergibt, seine Bedürfnisse nicht wahrnimmt, eigentlich mir selbst ein Fremder. Einer, der gebraucht und letztlich benutzt wird, der Arbeiter, der Beschützer, derjenige, der den Laden zusammenhält. Ich spüre den Zorn und die Härte, die ich mir auferlegt habe, um ja nicht diesen Schmerz der Trauer zu fühlen. Und als der gewaltige Zorn wie eine alte Haut schließlich von mir fällt und ich die gelebte Wahrheit in meinen Tränen einfach annehme, zu diesem so gewordenen Mann, der da jetzt auf der Matte liegt einfach „Ja" sage, öffnet sich plötzlich etwas in und vor mir, was mir zu beschreiben schwerfällt, weil es so kostbar und schön, weil es so ganz meins ist und so unbeschreiblich komplex, spirituell und wahrhaftig zugleich sich anfühlt:

Ich sehe plötzlich und vor allem fühle ich intensiv einen kleinen Jungen mit nackten Füßchen vor mir stehen. Er steht mit einem weißen Hemdchen bekleidet auf einer Blumenwiese, streckt seine Ärmchen zu mir und bewegt sich auf mich zu. Einen geflochtenen Kranz aus Margeriten trägt das Kind auf dem Kopf und lächelt mich an. Ich spüre, dass ich mit diesem Kleinen verbunden bin. Ich kenne dieses Bild, diese Situation! Es ist eine Wirklichkeit aus einer längst vergangenen Zeit. Damals mit vielleicht zwei, drei Jahren habe ich tatsächlich einen geflochtenen Margeritenkranz von meiner Patentante auf den Kopf gesetzt bekommen, als wir auf einer Decke in einer Blumenwiese ein wunderbares Picknick mit meiner Mutter erlebten. Dieses liebevolle Miteinander, so kommt es mir jetzt wieder in den Sinn, hatte ich viele Jahre in meinem Herzen aufbewahrt, bis ich es schließlich vergessen hatte.

Der Knabe hält plötzlich inne und bleibt stehen, er traut sich nicht richtig zu mir. Und ich bekomme Angst, er könnte mich wieder verlassen. Er ist vorsichtig, bin ich doch so anders geworden, als er es noch ist. So viel Zeit ist vergangen, so wenig Kontakt hatten wir, ich bin ihm fremd geworden. Das Kind steht und schaut mich an und dann erlebe ich den tiefen Schmerz über den Verlust dieses Teils meiner selbst. Mein Körper bebt vor Erschütterung und Mitgefühl, vor Sehnsucht und unerfüllter Liebe nach diesem Kind, nach mir selbst.

Die Rekonstruktion des Selbst

Bisher habe ich meine Geschichte niedergeschrieben, ohne mit der Wimper zu zucken, aber nun fällt es mir schwer, diese emotionale Erschütterung, die mich in diesem Augenblick erfasste, überhaupt auch sprachlich wiederzugeben. Jetzt komme ich an Grenzen, auch weil es wirklich sehr emotional, sehr kostbar ist, weil ich in diesem Augenblick wirklich die Präsenz meines inneren Kindes erlebte. Ich will es aber auch deshalb mit anderen teilen, weil es unbedingt dazugehört und weil man daran erkennt, welche Dimensionen, welche Wahrheiten uns in unserer so geschäftigen Welt in der Regel vollkommen verborgen bleiben, von denen wir kein Bewusstsein haben, nicht einmal einen Schimmer davon, die aber dennoch jeden Tag bei uns, in unserem Unbewussten zur Entdeckung aufgehoben sind. Als ich mit achtzehn Jahren so unvermittelt am tosenden Rhein das Sternenbild des Orions in der Dämmerung erblickte, da schoss ja damals schon die Frage aller Fragen in mein verzagtes Herz: Wer bin ich eigentlich und was ist es, was mich ausmacht? Und hier bei der Entwirrung der Liebe zur Mutter, hier schien mir die Antwort nach so vielen Jahren zum Greifen nahe:

Ich bin vollkommen bei Bewusstsein auf meiner Matte, erlebe die Arbeit des Schamanen und die Realität um mich herum und doch bin ich auch in einer anderen Wirklichkeit ganz in der Nähe dieses Kindes, das da vor mir steht. Mir ist klar, dass hier etwas geschieht, was im Programm schamanischer Heilung nicht unbedingt vorgesehen ist. Hier geschieht etwas, was mit meiner ewigen Suche nach meiner Wahrheit, nach diesem innersten Selbst zu tun hat. Dieses lebenslange Wollen öffnet mir die Pforten zu etwas, was ich bisher nur in Büchern gelesen habe, das Eintauchen in eine Welt, in der nicht der Schein des Alltäglichen, sondern die Reinheit des wirklichen Seins, das wahrhaftige Leben erkennbar wird. Und in diesem Augenblick verstehe ich Castaneda. Das Ziel sei es, in beiden Welten, dem „Tonal“, in der Hektik des Alltags, und dem „Nagual“, dem ewigen Einen, zugleich sein zu können. Ich erlebe nun genau das und in mir steigt der große Wunsch auf, von diesem Kind mehr zu erfahren, dieses Kind nicht mehr gehen zu lassen, nie mehr.

Ich fühle in meinem bebenden Körper, dass dieses kleine Kerlchen der Schlüssel zu Allem ist und es das hat, was ich als Großer so vermisse: Einfachheit, Klarheit, Anmut, Zärtlichkeit und vor allem eine grenzenlose Liebe! Dieses Kind, so wie es da vor mir steht, ist die reine Liebe. Ich sehe meine vielen Lebenssituationen so klar vor meinem geistigen Auge wie einen Quell, der aus dem Felsen springt und je mehr ich mich in meiner Bedürftigkeit und dem Mangel annehme, je näher komme ich dem Kind. Ich bemerke, dass ich mich bewegen muss, dass es an mir liegt, den Kontakt jetzt nicht mehr zu verlieren. Ich habe mich zu öffnen, zu trauen, mich der Liebe, der Nähe endlich ohne Konditionen hinzugeben. Es ist genug von der Verweigerung, ich will springen, um dem kleinen Wesen ganz nahe zu kommen. So nahe, wie es sich meine Partnerinnen wohl immer gewünscht haben. Und ich erkenne, dieses Kind muss ich nicht bedienen, es ihm gar recht machen, nein, es ist nur da in seiner ganzen Zartheit und Liebe. Es gibt hier keine Deals, wie mit der Mutter! Und als ich realisiere, dass ich für diesen Knaben nichts tun muss, lasse ich los, lasse geschehen und weine hemmungslos, jetzt will ich nicht mehr festhalten, jetzt geht es wirklich um mich, mein Finale. Ich wusste nicht, dass ich so viel Mangel und Schmerz, Angst und Einsamkeit in mir hatte und so viel Sehnsucht nach Liebe und Wärme.

Und nun zerfällt diese ganze, große Anstrengung in einem Augenblick zur reinen Liebe für diesen kleinen, zarten Knaben, der geduldig wartet. Mit einem tiefen Atemzug beende ich Schmerz, Einsamkeit, Trauer, sie sind in diesem Augenblick wie weggeblasen. Der Kleine streckt mir seine kleinen Ärmchen entgegen, als wolle er mir etwas geben. Meine Erschütterung weicht großer Neugier. Plötzlich öffnet sich um den Knaben herum ein Licht-Tor – ein Bogen aus großen, weißen, strahlenden Lichtblüten, mannigfaltig mit Lichtfasern durchwoben, die suchend den Raum ertasten. Alles ist in weiches und weißes Licht getaucht, der Knabe erstrahlt, sodass alles um ihn herum intensiv leuchtet. Das berührt mich tief und warm und ich spüre allumfassende Liebe. Sie ist da, in ihm, in mir und ich weiß in diesem Moment, dass diese Liebe die sinngebende, die letztendliche Erfüllung für mich ist und in unserem menschlichen Dasein hier auf der Erde. Sie ist der eigentlich Zweck unserer Existenz. Ein Licht von einer anderen Dimension erfasst mich, begleitet von einem Gefühl der Befreiung und spirituellen Wiedergeburt. Das zu spüren, die Chance zu haben, diese allumfassende und bedingungslose Liebe einmal hier im tatsächlichen Leben wirklich tief zu spüren, macht mich vollkommen glücklich. Es ist das Geschenk aller Geschenke. Ich wusste bisher nur ein einziges Mal, dass es das überhaupt gibt, dass man so intensiv Liebe fühlen kann – bei der Geburt meiner Tochter. Das ist es, nach dem ich mich ein Leben lang gesehnt habe, nachdem wir Menschen uns auf dieser Erde immer sehnen.

Ich spüre ein Wollen und Sehnen nach dem Kind mit all dem Licht und Blütenzauber. Der Knabe steht und schaut mich an, ich gehe langsam auf ihn zu. Ich zweifle, ob ich diese Nähe und Liebe wirklich halten kann. Bin ich doch so *ungeübt darin. Vielleicht, so schießt es mir durch das Herz, ist es ein Zeichen, dass etwas woanders auf mich wartet. Vielleicht sollte ich ihn nicht berühren, sondern einfach durch das Blütentor begleiten? Aber wohin, was kommt dann? Ist das die Vorbereitung auf den Tod? Mein Verstand meldet sich und beginnt zu arbeiten, die Sitzung dauert jetzt doch schon ewige Zeiten. Was läuft denn hier ab? Ich bin wieder in zwei Welten aktiv, liege auf dem Boden in dieser Halle. Bruno ist da und erledigt ruhig in meinem Energiefeld seine Aufgabe, ich spüre und höre ihn.*

Auf der Verstandesebene aber bezweifele ich das, was ich hier erfahre. So etwas kann man doch als normaler Erdenbürger gar nicht erleben? Diese Offenbarung der reinen Liebe, das, so habe ich gelesen, geschieht doch erst und allenfalls im Tod, nach der Mühsal auf dieser irdischen Welt? Vielleicht hat es auch der eine oder andere Guru erfahren? Ich bin kein Guru! Was also geschieht hier? Die Gedanken verwirren mich, sodass ich in Spannung gerate, mein klares Gefühl ins Wanken gerät. Doch zu viele Workshops habe ich erlebt, wo ich von dieser Liebe doch in kleinen Dosen schon gekostet habe! Zuversicht und Entschlossenheit steigt in mir auf. Ich will mich nicht mehr irritieren lassen und beschließe, diese Gedanken nicht mehr zu beachten. Ich habe mich entschieden, ich will das jetzt hier mit diesem kleinen Kerlchen erleben, was immer kommen mag! Und in diesem Moment verstehe ich plötzlich alles. Mich durchfährt ein innerlicher Ruck, den ich ganz körperlich erlebe – rums macht es, wieder einmal!

Ich begreife, dass das, was dieser Junge mit all der Liebe verkörpert, der wirkliche Teil meiner Seele, meiner Essenz, mein Selbst ist, zu dem ich keinen Zugang mehr hatte, das verloren schien. Das bin ich, der Kleine! Liebe, das bin ich selbst, das ist mein Selbst! Ja, Liebe bin ich, durch und durch! Und mit dieser fundamentalen Erkenntnis, mit diesem klaren Wissen überkommt mich ein überwältigendes Glücksgefühl. Diese Zartheit, das bin ich! Dieses Licht, das bin ich! Diese Schönheit – all das bin ich! Hingabe, reine Hingabe zu diesem Wesen durchströmt mich. Ich werde von der Liebe umarmt und vollkommen erfüllt.

Seit dieser Erfahrung bin ich davon überzeugt, dass es tatsächlich das gibt, was man in unserer Kultur „Seele" nennt. Und ich vermute, dass die Seele, dieses Selbst, diese Essenz unseres Seins bei vielen so verschüttet ist, wie es bei mir der Fall war. Dafür sorgt das Leben hier auf dieser Erde seit langen Zeiten. Die Seele oder das Selbst sind offenbar das, was niemals wirklich stirbt, unser spirituelles, ewiges Sein in diesem Universum. Diese Erfahrung dort in dieser Situation war ein Moment von erschütternder, bewegender Wahrhaftigkeit, Klarheit und unbeschreiblicher Freude. Ich begegnete meiner puren Essenz. Ich kann es anders sprachlich nicht erfassen.

In diesem Zustand vollkommener Klarheit weiß ich endlich, was zum Beispiel die Buddhisten damit meinen, wenn sie erzählen, dass jenseits der Scheinwelten des Verstandes und der Materie das Wesentliche immer auf uns wartet – es ist dieses Selbst, die Essenz unserer Existenz. Noch klarer: Die Kontamination und Trübung unseres Bewusstseins durch die Realität unseres Zusammenlebens verhindert den Zugang zu diesem tiefen Sein. Deshalb gehen Mönche in die Abgeschiedenheit und Einfachheit des Himalayas, um der Beschmutzung zu entkommen, um dort über Meditation und andere Techniken die SELBST-Erfahrung, den Zustand der absoluten Erkenntnis und Liebe zu erreichen. Und das ist in diesen Ländern kein Zuckerschlecken, wie wir alle wissen. Doch zurück zur Begegnung mit meinem inneren Kind, meiner Seele.

Als mir dieses „Wer-Bin-Ich" bewusst wird, ist es so, als flöge ich nun wirklich durch das Licht-Tor des Knaben in eine andere Sphäre, in Lichtgeschwindigkeit bin ich in jener Welt, die uns so fasziniert, wenn wir davon lesen, die uns aber doch so unerreichbar in unserem Alltagsleben erscheint. Es ist jener Bereich der Wirklichkeit, den viele Meister, weise Frauen und Männer auf dieser Erde bereits beschrieben haben: Die Ebene des reinen Geistes, im Sinn von Spirit, der allumfassenden Liebe und Freude, des Lichtes, der absoluten Schönheit, der Erkenntnis, der Stimmigkeit von Allem – der Kontakt mit dem Alles-was-ist. Es ist ein Bereich, für den viele Menschen auf der Welt ihr Leben lang vieles entbehren und auf sich nehmen, um dort einmal sein zu können – das Nagual, wie Castaneda es beschreibt.

Eine unbeschreibliche Stille umgibt mich in der ich nur noch Liebe und Freude fühle. Völlige Schwerelosigkeit umgibt mich und lässt mein Herz jubilieren. Ich bin ein Tropfen und löse mich auf in einem Ozean der Liebe, der Ganz- und Vollkommenheit. Ich werde ein Teil von allem, bin diese Liebe, bin Alles zugleich und – bin dieses Wissen. Stille, Anmut, Glück…Und auf einmal kehre ich durch das Lichttor zurück zu dem Knaben. Er steht immer noch da, umkränzt mit weißen Blüten und lächelt mich an. Ja, da staunst du, mag er denken, was man hier erleben kann und jetzt weißt du, wie das Leben wirklich ist. Ich spüre die allumfassende Liebe, die er ausstrahlt und dieses ganz Zarte, was ihn umgibt. Es ist eine Zärtlichkeit, von der ich gerade als Mann dachte, sie nie erleben zu können. Immer, wenn Frauen mich daran erinnerten, offener und zärtlicher zu sein, wusste ich nicht, wie das von innen heraus sich anfühlt. Nun spüre ich wirkliche Zärtlichkeit – für ihn, für mich, für uns und die Welt. Und dann geschieht etwas, was mich völlig überwältigt. Als mich diese Liebe total und ganz ausfüllt, als ich mit dem Bewusstsein dieser Welt wirklich inniglich verbunden bin und jedes Wollen von mir abgefallen ist, kommt dieses kleine Wesen auf mich zu. Es lächelt mich wieder an, ich atme und fühle diese tiefe, grenzenlose Liebe, die mich mit ihm verbindet und dann mache ich vor Glück einen einzigen tiefen Atemzug, einen richtigen Schnapper – und in diesem Moment schlüpft er einfach in mich hinein und legt sich unter mein Herz. Ein unbeschreibliches Glücksgefühl der Vollkommenheit, der Wonne und Sattheit durchflutet mich. Eine Fülle breitet sich in mir aus, die ich bisher nie kennengelernt hatte. Der Knabe ist wieder zu Hause, so empfinde ich das, umschlossen von tiefer Liebe und Dankbarkeit. Er ist müde vom langen, langen Warten in steinernen Höhlen. Es ist mir, als ob zwei Teile eines Ganzen sich wiedervereinigt hätten – wir sind wieder komplett, mein Selbst, mein Ich, mein Selbst-Bewusstsein! Und ein tiefer, großer Frieden breitet sich in mir aus. Ich bin vollkommen glücklich, als ich die Hand von meinem Begleiter an meinem Arm spüre und weiß, jetzt ist es getan. Ganz langsam öffne ich wieder die Augen.

Bruno musste mich stützen, als ich aufstand. Ich war so kraftlos und erschöpft von dieser Reise, dass ich seine Hilfe brauchte, um mein Sandpainting *(Sandgemälde)*, mein Selbstbild, das ich am Nachmittag, zu Beginn der Sitzung im nahen Wald aus Steinen, Blättern und allerlei Material angefertigt hatte, zu erreichen. Die frische Luft tat mir gut, ich atmete tief ein, war ich doch noch gar nicht wieder richtig in dieser Welt angekommen. Bruno half mir brüderlich und gab mir seinen starken Arm, um mich auf dem Weg durch den Wald zu stützen. Ich begann, mein Sandpainting nach dieser Erfahrung neu zu gestalten: Ich legte die Steine neu in Position, gab dem Moos, den Blüten und Blättern, dem schrumpeligen Apfel und den Stöckchen und Steinen eine neue, symbolische Bedeutung. Und als ich einen der runden Steine, der mein Selbst verkörperte, auf einen neuen Platz ins Bild legte, konnte ich mich nicht mehr aufrecht halten und fiel vor Rührung und Mitgefühl für mich selbst auf die Knie. Ich weinte bitterlich vor meinem symbolischen Selbstbildnis unter einem großen, alten Buchenbaum und bat all jene Menschen um Verzeihung, die ich mit meinem Rückzug, mit meiner Verschlossenheit in meinem Leben verletzt hatte.

Nun, diese Reise, die ich mit meinem Schamanen erlebt hatte, war durchaus ungewöhnlich. Ich bekam als Klient offensichtlich Kontakt zu einer Energie, die einerseits neu für mich war, andererseits war sie mir aber bestens aus meinem Traum bekannt. Es war eine Verschmelzung: Die Vereinigung des Selbst mit dem kosmischen, universellen Bewusstsein, wie Stanislav Grof es nennt. Ich konnte diese Reise in eine andere Wirklichkeit sicherlich auch nur deshalb machen, weil durch die rituelle Arbeit von so vielen inspirierten Menschen in dieser Halle die Energie sehr hoch transformiert war. Man kann es vielleicht vergleichen mit Heilzeremonien, die die San-People in Botswana erleben: Über stundenlanges Tanzen, Singen und „Shaken" *(eine Form des Trancedance)* unter freiem Sternenhimmel, um das Feuer herum, kreieren die Menschen dort eine Energie, die so hoch transformiert ist, dass man in diesem Kreis nach den Worten von Bradford Keeney übersinnliche Erfahrungen machen und durch diesen Kontakt Heilung erfahren kann *(siehe Bradford Keeney: „The Rope to God "sowie „The Bushman Way of Tracking God").*

Ich hatte in dieser Heilsitzung also nicht nur Kontakt zu meinem verlorengegangenen Seelenanteil, dem Knaben im Licht und konnte mit schamanischer Hilfe damit mein Selbst rekonstruieren, sondern habe auch eine Reise unternommen, um, wie die San-People in Botswana es nennen, „Gott aufzuspüren". Ich hatte Tuchfühlung zu einem Weltbewusstsein. Es war ein Kontakt zu etwas, das größer ist als alles, was ich bisher auf Erden in meiner Betriebsamkeit kennengelernt habe. Es hatte auch mit der von Menschen gemachten Welt nichts, aber auch gar nichts zu tun. Mir offenbarte sich eine spürbare, neue Energie, die mit allem korrespondiert, was wir sind, nur nicht mit dem Intellekt und unserem über die vielen Jahrhunderte konditionierten Ich, dem Ego. Ich habe bei dieser Heilsitzung erfahren, wer ich wirklich bin. Etwas, was ich seit meinem achtzehnten Lebensjahr versuchte herauszufinden. Nach dem Resonanzgesetz war es nur logisch, dass mich der Traum, wie auch diese Energie in meiner Wirklichkeit fanden. Es war nicht mein Wunsch, das zu bekommen, sondern es war mein tiefstes Wollen nach dieser Liebe, es war das, was ich für meine Entwicklung wirklich brauchte.

Nun mag derjenige, der das liest vielleicht denken, dass diese Erfahrungen der Phantasie entsprungen sind, möglicherweise aus einem krankhaften Geist? Ich verstehe diesen Zweifel, weil ich selbst während der Reisen in die anderen Wirklichkeiten ebenfalls viel damit zu tun hatte. Ich versuche für mich und die möglichen Zweifler eine Einordnung dieser Erfahrungen.

Wenn man derartiges erlebt, so geschieht etwas ganz Außerordentliches, was man im Alltagsleben in der Regel nicht kennt: Man hat die klare Gewissheit, ein hohes bis sehr hohes Bewusstsein von dem, was da geschieht und das auf allen Ebenen. Im Moment der Erfahrung gibt es keinen Zweifel mehr, da ist nur Gewissheit. Man begegnet seiner Essenz und weiß augenblicklich, das bin ich. Wer es einmal erlebt hat, versteht mich, die anderen lade ich ein, es zu glauben. Es ist ungefähr so, als wenn man eben genau weiß, dass ein Stuhl ein Stuhl ist, den ich sehe, anfassen und auf dem ich sitzen kann. Niemand würde das in Zweifel ziehen. Die Erfahrung ist so klar und selbstverständlich wie das Auge, das sieht, wie die Hand, die greift, wie der Mund, der spricht, wie das Bewusstsein, das erkennt!

Es ist eine besondere, eine andere Wirklichkeit als wir sie in unserem Alltag kennen, aber sie ist tatsächlich mitten unter uns. Wir könnten öfters darin sein, dieses Wissen habe ich aus dieser Erfarung mitgebracht. Doch unser umtriebiges Ich korrespondiert in der Regel nur mit der Welt, die wir mit unseren fünf Sinnen erfassen können. Das Selbst in dieser anderen Wirklichkeit zu erkennen, das erinnert uns jedoch, wo wir wirklich herkommen, wer wir eigentlich sind und wohin wir entschwinden werden. Das Bedeutsame daran ist, dass ich erkannte, dass dieses Selbst, diese Liebe und Freude als Essenz meines Seins schon immer vorhanden und bei mir waren, nur habe ich Es und Sie nicht wahrgenommen. Sie waren mir durch den Müll, den ich angehäuft hatte, verschlossen oder besser beschrieben, Sie oder Es befand sich in meinem Schmerzkörper unter Verschluss, der diese liebevolle Energie zudeckte.

Man erkennt in diesem Zustand der inneren Klarheit, dass das Schmerzhafte und seine Auswirkungen das Selbst beschatten, bedecken und dass das Ich dieses Selbst in einem von ihm selbst angelegten Gefängnis bewacht. Die Heilung des Schmerzhaften ist der Schlüssel zu dem inneren Verlies. Das ziehe ich als vorläufiges Fazit aus diesen Erfahrungen. Und das legt natürlich den Schluss nahe, dass das, was man in dieser Gesellschaft leben soll und leisten muss, ganz und gar nicht förderlich für die Entdeckung und die Befreiung des Selbst ist. Hier sei ein kleiner Ausflug in Veröffentlichungen zu dem Begriff „Selbst" gestattet, um klar zu machen, was ich nicht damit meine. Es ist ein Text, der zum Thema „Selbstoptimierung", „Selbstbild" von der Süddeutschen Zeitung vom 28./29. Juli 2018 unter der

Rubrik „Gesellschaft" veröffentlicht wurde: „Die ständige Selbstbespiegelung, die süchtig und einsam machen kann, hat ihren elitären Charakter verloren. Stets noch besser, effizienter, authentischer zu werden, das ist in Zeiten von Facebook, Fitnesswahn und lebenslangem Lernen zum Massenphänomen geworden. Das Selbst ist zum wichtigsten Statussymbol geworden." Hier meint das Selbst etwas völlig anderes, als ich es soeben beschrieben habe. Wenn der Autor statt dem Wort „Selbst" den Begriff „Ich oder Ego" gewählt hätte, so könnte ich ohne Umschweife mit dem Inhalt des Textes übereinstimmen. Beide sind die treibenden Kräfte dieser Selbstoptimierung unserer postmodernen Gesellschaft, nicht aber das Selbst. Das Selbst, oftmals im Alltag nicht erkenn- oder sichtbar, wartet still im Verborgenen. Es steht im völligen Gegensatz zu dieser neuzeitlichen Identität, die fälschlicherweise als Selbst bezeichnet wird. Es ist das Gegenteil davon und wartet lebenslang, wiederentdeckt zu werden. Dieses Missverständnis ist Teil der momentanen Sprachverwirrung und zeigt, dass spirituelle Kenntnisse oder Erfahrungen unter Journalisten kaum vorhanden sind, sonst hätte der Autor das „Selbst" so nicht benutzt.

Meine Erkenntnis aus dieser Reise in eine andere Wirklichkeit kann ich vielleicht so beschreiben: Ich und wir sind mehr als das Materielle unseres Körpers, mehr als unser logischer Verstand und auch viel mehr als beides zusammen. Die Seele, das Selbst, unsere Essenz ist es, die die hohe menschliche Qualität repräsentiert. Sie ist es, die bereits immer im kosmischen Bewusstsein, in einer Sphäre des Friedens zuhause ist. Für sie ist das alles selbstverständlich und sie ist die dritte aktive Kraft, neben Geist und Körper, die gehört werden will. Ihre Sprache ist die Intuition *(siehe dazu eines der Kapitel am Ende des Buches)*. Wenn wir auf unserer Seins-Ebene angekommen sind, verstehen wir diese andere Dimension unserer Existenz vollkommen.

Diese Sitzung ist auch ein Beispiel dafür, dass man als Schamane und Klient durchaus unterschiedliche Wege gehen kann, um die negativen Energien des Unbewussten aufzuspüren, dass sich aber in der Essenz der Arbeit Übereinstimmungen zeigen. Beim Nachgespräch wurde mir das deutlich: Bruno traf auf eine weibliche Energie, eine Frau, die mich an ihre Interessen band. Es war, wie Schamanen sagen, eine Besetzung, die mich vielleicht schon lange fesselte, gewissermaßen in und aus einer anderen Zeit. Sie repräsentierte den energetischen Zustand meiner Mutter, die diesen Glaubenssatz der Frau in der Höhle unbewusst verinnerlicht hatte.

Ich erlebte während der Reise diese Mutter noch einmal in einer fernen Vergangenheit, als ich ein Kind war, spürte noch einmal ihre Gefühlslage, in der sie sich damals oft befand. Für mich war sie diejenige, die mich band. Doch diese Bindung schützte mich auch vor dem strengen Vater, was zu jener Zeit wichtig für mich war. Eine Bindungsenergie, die mich aber fixierte und die eine neurotische Beziehung zu meiner Mutter wachsen ließ. Die Energie der Frau, die der Schamane traf und die Energie meiner Mutter, die ich parallel nochmals erlebte, war also gleich. Man kann zu dem Schluss kommen, dass meine Mutter den Missbrauch als uralten Glaubenssatz aus den Jahrhunderten ihrer Vorfahren mitgebracht hatte: Die Söhne haben den Müttern zu dienen. Die Familienaufstellungen, die ich zu meiner Herkunftsfamilie erlebt hatte, legen eine solche Einschätzung nahe. Und nach meinen Erfahrungen mit meiner Mutter hatte sie jedenfalls mir gegenüber auch im praktischen Leben tatsächlich diese Haltung. Entscheidend für den Heilungsprozess aber ist, dass die Energie der Fixierung an eine emotionale Beziehung vom Schamanen gefühlt, erkannt und aufgelöst wurde und die Person, die diese Bindungsenergie verkörperte, ebenfalls erlöst worden ist.

Interessant ist der Glaubenssatz, der der Beziehung zwischen der Frau und dem gefesselten Jungen zugrunde liegt. Sie sagte und verkörperte den Satz: „Frauen besitzen ihre Söhne!" Welch eine Botschaft bei dieser Heilsitzung und das meint: Söhne dienen ihrer Mutter, respektive ihren Frauen. Wenn ich das richtig einschätze, ist dieser Glaubenssatz tief in unserer Gesellschaft verankert. Männer, die nach diesem Glaubenssatz leben, gibt es viele. Sie sind nicht wirklich bei sich, sondern bedienen eine Rolle, die sie auf Dauer wütend machen wird. Eine Wut, die die Frauen und Mütter abbekommen, die aber eigentlich gegen sich selbst gerichtet ist, weil man etwas lebt, was man eigentlich nicht will. Es ist der Archetyp „Der Gebende, der Diener", der gelebt wird und der in dieser Heilsitzung sich zeigte. Ein Archetyp, der seit Urzeiten sich in unserem kollektiven Unbewussten eingenistet hat.

Die Verehrung, die den Müttern schon immer zu Teil wurde, zum Beispiel mit dem Muttertag, hat etwas von dieser Energie. Eine Mutter zu ehren, damit hab' ich keine Probleme und das ist aus kultureller Sicht ja genauso richtig, wie man allen Menschenwesen Respekt zollen sollte. Dass ich aber der Mutter gehören soll, ihr dienstbarer Geist bin, ihr „Servant" wie es in psychologischer Diktion auch gerne heißt, das ist der kranke Teil einer solchen besitzenden Beziehung. Dieser Glaubenssatz reicht in die dunklen Zeiten dieses Deutschlands und verkörpert jene Ideologie, mit der Generationen von Söhnen erzogen worden sind. Dabei fällt mir ein, wie mein Vater viele Male, als er älter und schwächer wurde, zu mir sagte: „Wenn ich mal nicht mehr bin, wehe dir, du enttäuschst deine Mutter!" Und, wie die Mutter einst davon schwärmte, dass ihr erfolgreicher Sohn als Filmproduzent sie, wenn sie einmal alt geworden sei, in einem angemessenen Auto, „möglichst einem Mercedes", durch die Gegend kutschieren und Ausflüge mit ihr unternehmen wird. Ganz so, als wäre ich dazu da, ihr ein schönes Leben zu ermöglichen! Sie dachte eben eigentlich nur an sich, weil sie so bedürftig war und keinen Weg wusste, diesem Mangel zu entkommen. Mein Vater konnte ihre Wünsche nach einem anderen Leben auch nicht erfüllen. Von diesen Verstrickungen und Glaubenssätzen in unserer Familie wusste weder der Schamane noch ich selbst vor der Sitzung etwas. Es mag als Beispiel genügen für die hohe Qualität, die dieser Energiearbeit innewohnt, wenn sie seriös betrieben wird.

Verwandlungen

Das Sitzen auf dem Boden, das Knien und Liegen waren die vorwiegenden Körperhaltungen in diesen Tagen und Wochen des heilenden Miteinanders in den Workshops. So waren die meisten Teilnehmer dafür, ab und an auch mal einen offenen Tanzabend zu gestalten, um sich endlich mal ausgiebig bewegen zu können. Ich fühlte mich von den Sitzungen sehr ausgelaugt und erschöpft. Ich wollte zwar die Gruppe nicht missen, mich aber ausruhen. Ich saß abseits und schaute den Männern und Frauen bei ihren Tanzbewegungen zu. All die Menschen um mich herum waren mir inzwischen ans Herz gewachsen, ich war dankbar, unter ihnen sein zu können und dachte darüber nach, was in den Heilsitzungen bei mir und den anderen so alles ans Tageslicht gekommen war, was wir über die vielen Jahre unbewusst in unseren Körben herumgeschleppt hatten. Ich staunte vor allem über die Klarheit und Wahrhaftigkeit, mit der sich die Probleme offenbarten.

Nach einer Weile des Träumens nahm ich bewusster eine Musik wahr, die mich schließlich packte und elektrisierte: Didgeridoo und Trommeln, archaische und energiereiche Rhythmen. Da loderte plötzlich etwas in mir auf. Ich bekam Lust mich zu bewegen und erhob mich. Mein verspannter Körper tat sich schwer, doch der Rhythmus der erdigen Musik zog mich hinein in die Lust an der Bewegung und nach einer Weile verfiel ich in meine ganz eigene Tanztechnik. Es sind schnelle Auf- und Niederbewegung des aufrechten Körpers, ein Auf- und Abschütteln im Rhythmus der Atembewegung. Auf diese Weise kann ich mich eine lange Zeit ohne großen Kraftverlust rhythmisch zur Musik bewegen. Für mich ist das eine Form des Trance-Dance. Und als ich so richtig in Fahrt kam, erinnerte ich mich an Castaneda und seine Kunst des Pirschens. Er hatte von Don Juan eine Lauftechnik erlernt, mit der er große Strecken ohne Erschöpfung bewältigen konnte. Mit einer besonderen Atemtechnik konnte er sich in einen meditativen Zustand versetzen, der jenseits aller Anstrengung die Muskeln locker und geschmeidig hielt.

Ich hatte in den vergangenen Jahren die holotrope Atemtechnik gelernt *(vom griechischen Holos: ganz und dann Trepein: sich auf etwas zu bewegen, oder auch: Sich in Richtung der Ganzheit bewegen)*. Sie ermöglicht es, sich ohne Zuhilfenahme von Drogen, in andere Seins-Zustände zu bewegen. In den Jahren meiner diversen Seminare und Workshops hatte ich außerordentliche Erfahrungen damit gemacht, ich war also darin geübt. Schamanen, Medizinmänner, weise Frauen und Heiler bis hin zu Psychologen und Wissenschaftlern auf der ganzen Welt haben diese Atemtechnik genutzt, um ihr eigenes Bewusstsein oder das anderer zu erweitern, um an das Heilpotenzial tieferer Bewusstseinsschichten heranzukommen – eine Form der Selbstheilung, wenn man die Technik beherrscht. Insbesondre Stanislav Grof entwickelte diese Therapieform für unsere Zivilisation weiter, um damit seinen Klienten die Möglichkeit zu geben, verschüttete Dramen oder traumatische Erfahrungen ohne Drogen aufzudecken. Ist man in dieser Atemtechnik ein wenig geübt, kommt man nicht nur an schmerzliche, verschüttete Erfahrungen heran, sondern findet in einem solchen, hochtransformierten Bewusstseinszustand auch Antworten auf existentielle Fragen des Daseins. Ich kombinierte nun das holotrope Atmen mit den rhythmischen Bewegungen des Trance-Dance. Bei unseren Recherchen zum Leben und der Kultur der indigenen Völker bin ich vermehrt auf Techniken gestoßen, die das Ziel haben, einen Bewusstseinszustand zu erreichen, in dem solche heilenden Erfahrungen möglich werden. Oft tanzen die Dorfbewohner in stundenlangen, rhythmischen Bewegungen um das Feuer herum, um so diese förderlichen Bewusstseinsebenen für sich selbst und andere zu kreieren. Von ihnen aus ging der Wissenstransfer zu den westlichen, fortschrittlichen Medizinern und Psychotherapeuten. Manchmal nehmen die indigenen Dorfbewohner auch Halluzinogene von Pflanzen, Pilzen oder Wurzeln zu sich, um den erwünschten Bewusstseinszustand zu beschleunigen.

Die Müdigkeit schwand und ich bewegte mich zunehmend leicht und locker. Zudem bekam ich eine unbändige Lust, Rhythmus und Atem zu koordinieren. Es war wie ein Ritt auf den riesigen Wellen des Ozeans, wo es tief hinunter und auch wieder hoch hinauf geht. Ich atmete kräftig und schnell ein und aus. Auf diese Weise reichert sich der Sauerstoffgehalt im Blut an. Man sollte diese Atemtechnik aber nur dann anwenden, wenn man sie unter Anleitung erfahrener Lehrer gelernt hat, denn sie hat für Anfänger zwar ungefährliche, aber dennoch auch durchaus unangenehme, vielleicht auch Angst machende Nebenwirkungen *(zum Beispiel ein starkes Kribbeln bis hin zu leichten Schmerzen in den Gliedmaßen)*. Wenn man sich unwohl dabei fühlt, beendet man einfach die Tiefenatmung, man kontrolliert es ja selbst, und schnell kommt man in einen gewohnten Sauerstoff-Normalzustand zurück. Ich hatte seinerzeit diese

Technik sehr bewusst und mit großem Interesse gelernt und wusste, dass man eine gewisse körperliche Befindlichkeit/Grenze überschreiten muss, um tief in eine andere Wirklichkeit eintauchen zu können. Als dieser Zustand sich näherte, beendete ich schnell das Tanzen. Ich legte mich auf eine der Decken auf dem Steinboden und atmete intensiv holotropisch weiter. Schnell hatte ich den Punkt erreicht, an dem das unangenehme Gefühl kaum noch auszuhalten war. Einige Atemzüge später hörte das Kribbeln dann wie erwartet schlagartig auf. Ich reduzierte langsam die Intensität der Atmung, bis ich normal ein- und ausatmete. Mein Körper, der Stoffwechsel war in einem Ausnahmezustand und so fühlte ich mich – völlig durchströmt von Energie, dabei aber leicht, ja, schwerelos. Mit geschlossenen Augen wartete ich aufmerksam, was nun passieren würde. Und dann geschah etwas ganz Unerwartetes, ich hatte offensichtlich ein Ticket zur Welt der Tiere gelöst:

Ich stehe aufrecht in einer sehr trockenen und mit spärlichem, vergilbtem Gras bewachsenen Steppenlandschaft und schaue mich um: Große einzelne Bäume mit wenig Laub, zum Teil verdorrt, starren mich an, viel niedriges Strauchwerk, einen rissigen, vertrockneten Boden, überall Steinbrocken und rote Felsformationen. Es ist furchtbar heiß. Plötzlich stürzt vor mir ein riesiger Vogel mit ausgebreiteten Schwingen an einem der großen Bäume vorbei auf mich zu – es ist ein Geier, ein großes, mächtiges Tier mit grau-schwarzem Gefieder. Ich sehe ihn und er sieht mich und hält im Tiefflug weiter auf mich zu. Angst habe ich keine, auch nicht, als ich begreife, dass er mich über den Haufen fliegen wird. Doch was geschieht, der riesige Vogel fliegt direkt in mich hinein. Wie vom Schlag getroffen taumele ich nach hinten und falle. Er breitet sich in mir aus, bis er mich innerlich ganz und gar ausfüllt. Ich verliere augenblicklich meine Identität als Mensch und werde unversehens eins mit dem Vogel. Hubs, was war denn das, denke ich noch, doch mit dem nächsten Herzschlag gibt es keine Gedanken mehr. Ich fühle mich augenblicklich nur noch wie der Geier. Ein überwältigendes Gefühl und für jemanden, der das noch nie erlebt hat, erscheint das sicherlich absurd, aber das Gefühl, nun dieser Vogel zu sein, ist für mich in diesem Augenblick wirklich und echt und ganz ausschließlich. Was mich aber am meisten überrascht ist die Tatsache, dass ich das Vogelgefühl kenne, es ist mir vollkommen vertraut, obwohl ich es bis zu diesem Moment in meinem menschlichen Leben nie erfahren habe. Es ist so, als greife mein Unbewusstes auf etwas zurück, was seit Jahrmillionen in mir vorhanden ist. Das Tierische in mir scheint noch in Spuren vorhanden zu sein, ich bin ein Geier. Als ich in die Lüfte aufsteige und die Erde unter mir lasse, durchflutet mich ein unbeschreibliches Gefühl der Freiheit. Mit einem Teil von mir bin ich nach wie vor in der Halle des Tanzes, mit dem anderen bin ich jedoch nun der fliegende Geier. Es ist alles möglich, wie Don Juan es Castaneda prophezeite, du kannst wirklich fliegen. Ich schwinge mich hoch über die Bäume in die klare Luft und steige weit in den offenen, blauen Himmel hinauf. Ich konzentriere mich auf das Vogelgefühl und nehme den Tanzraum kaum noch wahr. Meine Aufmerksamkeit ist dermaßen geschärft, dass ich alles zugleich mitbekomme. Ich sehe alles, was neben und unter mir im Flug über die Steppenlandschaft vorbeizieht, in einer unglaublichen Totalität, Klarheit und Detailgenauigkeit. Die mächtigen Flügel tragen mich hoch, weit hoch, dorthin, wo die Luft ganz kalt ist. Ich bin ganz der Geier. Ein Gefühl der Macht und Stärke überkommt mich und majestätisch ziehe ich hier oben meine Kreise und bin ganz und gar in meiner Kraft. Ein Gefühl der Stärke durchflutet mich. Ich bewege meinen Kopf, schaue mal hier, mal dort hin, ich sehe alles und erlebe eine unbeschreibliche Intensität der Größe und machtvollen Kraft, wie ich es als Mensch bisher nie erfahren habe.

Ich spüre die Potenz und Vollkommenheit dieses Vogels und erfahre, wie es ist, wenn man ganz und gar in dieser, seiner Kraft lebt und mit der Natur wirklich eins ist. Ich realisiere mit einem Teil meines menschlichen Bewusstseins, wie ich mich nach dieser lebendigen inneren Kraft als Mensch sehne, aus ihr heraus mein Leben gestalten zu können. Das ist überwältigend und für mich ein unglaubliches Aha-Erlebnis. So kann man sich also auch fühlen, wenn man ganz bei sich selbst ist – welch eine Potenz! Und dann lege ich meine Flügel an und stürze wie ein Pfeil rauschend zur Erde hinab. Rasend schnell kommt mir die trockene Ebene der Steppenlandschaft entgegen, ich breite mit Schwung, großer Eleganz und Kraft meine riesigen Schwingen aus und spiele geschickt mit dem Widerstand der Luft.

Im nächsten Augenblick kralle ich mich in einen mächtigen Ast an einem verdorrten Baum fest, ordne meine Federn und blicke mich um, bin ganz der Geier. Ruhe und Stille spüre ich in mir und um mich herum. Ich bin ein Teil von allem, spüre die Fülle, die Energie der Erde, die Hitze, lege wieder meine Federn ein wenig mit meinem krummen Schnabel zurecht und schaue mit einer ungeheuren Schärfe auf das Land unter mir. Ich fühle die Stille, ich höre sie nicht. Ich fühle Klarheit, ich sehe sie nicht. Ich bin ganz der Geier! Ich nehme alles um mich herum wahr und kann augenblicklich überall hin, wenn ich das will. Ich bin stark, sehr stark – whoau, welch eine Macht! Ich bin eins in Allem. Ich spüre die tote Energie des Baumes, aber ebenso das wuselnde Leben des kleinen Getiers unter seiner dicken aufgeplatzten Borke. Ich sehe, wie eine schwarze Schlange sich zwischen nahen Felsen aus ihrer Deckung schlängelt, stark und elegant in ihrer

Bewegung huscht sie über den heißen rötlichen Stein. Ich höre und sehe sie, als sei sie in mir, ich fühle sie, bin ein Teil von ihr. Und ich erkenne: Ich will nichts, es ist alles da!

Plötzlich spüre ich eine andere Energie, ich wandle mich zu einem anderen Tier. Ich bin unversehens ein mächtiger brauner Bär und bin ganz wild auf eine Bärin. Ich spüre dieses Verlangen in meinen Lenden und brülle es tatsächlich heraus – oh, es ist herrlich, diese Geilheit wirklich zeigen zu können, sie zu fühlen und sich nicht dafür schämen zu müssen. Tiere schämen sich nicht. Ganz im Gegensatz zu der Eleganz des Geiers erlebe ich den Bären zunächst ein wenig unbeholfen, doch das Bär-Sein eigne ich mir schnell an. Ich bin geschickt und wendig, springe umher, drehe mich und bekomme alles mit, was geschieht. Und ich rieche so intensiv, wie nur ein Bär es kann. Ich rieche den Duft von schwerem Räucherwerk, von Palo Santo, dem heiligen Holz aus Südamerika, rieche das Parfüm der Frauen, ich ziehe den Duft in mich hinein. Und dann habe ich plötzlich keine Lust mehr und lege mich hin, ich rolle mich ein und entdecke das pure Sein im Sein des ruhenden Bären. Kein Begehren habe ich, kein Gedanke quält mich. Ich bin vollkommen da und zufrieden. Ich fühle, wie das Blut durch meine Adern strömt, ich empfinde den Geruch von strömendem Schweiß – ich bin ganz Bär. Ich sehe alles mit geschlossenen Augen, ich höre alles und fühle den Herzschlag der Erde unter mir. Die Wellen des Seins erfassen mich, ich genieße die innere Stille, die Ruhe und die Kraft des Bären. Und ich erkenne: Ich brauche das, was ich spüre!

Dann hocke ich mich plötzlich hin und setze mich auf meine Fersen. Meine Augen sind geschlossen, ich bin ein anderes Tier. Was geschieht? Ich sehe Macchia und Grassteppe vor mir. Ich höre Schreie, es sind Affenschreie. Dann schreie ich selbst – ich bin ein Pavian, der seinen roten Hintern weit herausstreckt als Zeichen, dass er es ist, der hier das Sagen hat, der Chef, der Brüller, der Kneifer und Beißer, der seinen Platz hier und jetzt auf diesem Affenfelsen mit allen Mitteln gegen die junge Brut verteidigen wird. Ich sehe meine kräftigen, behaarten Affenhände und empfinde meine starke Brust, in die ich tief hineinatme und sie aufblähe. Ich drehe meinen Kopf mal hier hin, mal dort hin – ich bin ganz ein Affe, sitze aufrecht und beobachte. Ich kratze mich am Bauch und sehe bis zu den Büschen dort vor mir, doch nicht weiter. Ich fühle, dass ich dahinter nichts mehr sehen, riechen, hören, nichts mehr wahrnehmen kann, aber auch gar nichts darüber weiß, was dort war, was dort ist oder sein könnte. Ich fühle ganz deutlich meinen begrenzten Bereich, hier auf dem warmen Felsen habe ich meine Rolle, das da hinten aber interessiert mich nicht. Die Begrenzung, die ich erlebe, ist so total, dass ich mit meinem anderen Teil des Bewusstseins verstehe, was es heißt, ein Tier zu sein. Die Begrenzung des Geistigen auf den

Instinkt. Ich, der Pavian, werde immer auf diesem Felsen in dieser afrikanischen Buschsteppe sitzenbleiben. Ich fühle die enge Welt des Tierischen, den beschränkten Horizont. Es gibt für Tiere kein Jenseits, keine Vorstellungen, keine Visionen, kein gestern oder morgen, keine Hoffnungen. Es gibt nur das Hier und Jetzt dieser kleinen Welt an diesem Ort in diesem Augenblick. Und ich erkenne: Die Freiheit auswählen und sich entscheiden zu können, gehört zu uns Menschen und wir können die Absicht entwickeln, eine grenzenlose Bewusstheit zu erreichen. Welch eine Qualität. Es ist die größte aller menschlichen Intentionen.

Dann komme ich langsam wieder zurück zu meinem Menschsein. Ich hocke noch immer auf dem Marmorboden in der Halle des Tanzes, meine Augen jedoch sind geschlossen. Eine tiefe innere Stille breitet sich in mir aus. Das Gefühl, ein Teil der Natur gewesen zu sein, gespürt zu haben, wie es wirklich ist ein Tier zu sein, bewegt mich. Ich höre meinen Herzschlag. Während um mich herum weiterhin getanzt wird, bleibe ich in meiner Stille. Und ich begreife, wie alleine und unverbunden wir Menschen in der Regel vor uns hinleben, wie getrennt wir uns von der Natur fühlen, von unseren Mitmenschen. Ich richte mich auf und bin einfach nur da – und doch, jetzt, im Moment, mit diesen Menschen hier bin ich ein Teil vom Ganzen. Ich stehe, schwanke zur Musik wie eine Pappel im Wind mal in die eine, mal in die andere Richtung und warte. Ich habe keine Absicht, ich will nichts, ich brauche nichts, ich warte! Wie seltsam, das kenne ich nicht, ich Aktivbolzen – einfach abwarten und mich fühlen! Wie schön das ist!

Und schließlich geschieht etwas ohne mein Zutun: Plötzlich sind sie da, die Indianer, laufen im Halbdunkel der Dämmerung um mich herum und formieren sich. Die Männer stehen im Kreis teilweise mit nackten Oberkörpern, mit Federn im Haar und Speeren in der Hand. Der eine oder andere hat sich einen längeren Umhang übergeworfen. Von überall her nehme ich lautes Geplapper wahr. Mir fällt auf, dass sie schönen Schmuck auf ihren braunen Körpern tragen, Ketten und Bänder mit edlen Steinen als Anhänger, bestickt mit Federn und Perlen, die die eine oder andere Brust schmücken. Vor allem die Männer neben mir haben wunderbare Armreifen und Metallamulette um den Hals hängen. In der Dämmerung bemerke ich die fliegenden Vögel am Himmel, die den Platz umkreisen, deren Schnäbel den Schwanz des anderen halten. Auch ich stehe in diesem Kreis mitten unter den Indianern und erlebe mit ihnen den Beginn einer Feuerzeremonie. Trommeln heizen den Rhythmus der Bewegungen an, ein mir unbekanntes Indianerlied wird gesungen, obwohl mir der Singsang irgendwie vertraut ist. Ich höre, schaue und empfinde. Die zum Teil rot bemalten Körper bewegen sich hin und her. Ein riesiger Totempfahl wird in die festgestampfte rötliche Erde mit Seilen, Holzstangen und Manneskraft in ein

Loch herabgelassen. Der Häuptling tritt in die Mitte des Kreises und bläst in alle vier Himmelsrichtungen sowie zur Erde und zum Himmel eine Flüssigkeit, die in der Luft zerstäubt. Ein ätherischer Geruch breitet sich aus und hüllt uns alle ein. Ein Gefühl des Miteinanderseins und der Zeitlosigkeit überkommt mich. Alles ist, wie es ist. Gefühle, Ängste, Bewertungen, Trauer oder Freude sind abwesend – es ist einfaches Sein, es ist ein ICH BIN! Alles fließt und geschieht. Geschmeidig bewegen wir uns im Kreis und folgen mit unseren Beinen und Körpern den Schlägen der Trommeln. Der Häuptling geht von einem zum anderen den Kreis ab. Schulter an Schulter stehe ich mit den Indianerbrüdern und erlebe das wunderschöne Gefühl, ein Teil dieser männlichen Gemeinschaft zu sein. Wie alle anderen weiß auch ich, dass wir wichtig sind, dass wir einander brauchen.

Dann steht der Häuptling auch vor mir, ich schließe wie alle anderen zuvor auch die Augen und bekomme etwas von ihm in meine Hand gelegt. Es ist ein Geschenk, ein Stein, der mich mit der Natur und den Kräften des Universums auf alle Zeiten verbinden wird. Ich spüre, wie sich dieser Stein in meine Hand legt und ich weiß, dass es der richtige für mich ist, so wie er sich in die Handfläche schmiegt und eine große Wärme verströmt. Das, was an Energie in ihm steckt, wird in diesem Moment ein Teil meines Selbst. Und ich erkenne: Alles entsteht aus dem Wollen, aus dem Atem, der Bewegung und der inneren Kraft der Lebewesen. Und all das geschieht im Zusammenspiel mit der Bewegungsenergie dieses Planeten Erde und dem Universum – alles, aber auch alles bewegt sich. Lebendigkeit ist Bewegung. Bewegung ist Leben. Die Erkenntnis schüttelt mich durch und durch. Bewegung, Entwicklung, Kommen und Gehen, Leben und Sterben, Gräser, Tiere und Menschen – alles ist eins!

Die Verbundenheit zu allen Lebewesen hat mich nun tief erfasst und erfüllt mein ganzes Sein. Tränen laufen mir über die Wangen. Ein Indianer mir gegenüber lächelt mich wissend an. Sein weißes Haar berührt seine nackten Schultern. Er ist viel älter als ich, lächelt immer noch und nickt mir zu, als ob ich etwas Wichtiges begriffen hätte. Und da, auf einmal wird mir klar, dass ich selbst es bin, der mich da anlächelt. Ich bin dieser selbstbewusste, klare und schöne ältere Indianer vor mir im Kreis der Männer. Er blickt mich wissend an und ich begreife, dass ich mich selbst in der Zukunft sehe und mein tiefstes Innere mich anlächelt. Er ist schon ein Teil von mir, der bereits weiß, dass ich einst so sein werde, wie er jetzt vor mir steht. Vergangenheit, Gegenwart, Zukunft – menschliches Konstrukt. Es gibt keine Zeit in dieser Dimension. Meine Seele lächelt mit ihm zusammen und jetzt steigt die Freude in mir empor wie die Lava aus einem Vulkan sich eruptiv in die Freiheit des Weltenmeeres ergießt. Mein ganzes Sein ist von grenzenloser Freude über mich selbst erfüllt. Und ich erkenne in der Tiefe meines Wesensgrundes: Ich liebe mich selbst, so wie ich war, wie ich bin, wie ich sein werde.

Lebensthema IV
Von der Angst zu vertrauen

Vom Opfer zum Schöpfer meines Lebens

Eine große Aufgabe lag noch vor mir. Seit meinem 18. Lebensjahr wollte ich nicht nur wissen, wer ich bin, sondern auch, was auf mich in dieser Welt wartet, was ich hier zu tun habe, was mein Ding ist! Oder anders, ist das, was ich mache, das Richtige für mich? Ist das, was ich tue, eigentlich meine Aufgabe hier auf dieser Erde oder verplempere ich meine Zeit? Und nach all den gelungenen Entsorgungsarbeiten in meinem Unbewussten war es deshalb beim letzten der Seminare für mich von Bedeutung zu klären, ob ich jetzt nach der inneren Reinigung in meiner ureigensten Kraft leben werde, jener Kraft, die befreit wurde von den Fesseln, jener Kraft, die ich als ‚Geier' so machtvoll erlebt hatte.

Um diese Fragen klären zu können, musste ich in den kommenden Tagen etwas aufgeben, was mir richtig schwerfiel, die Kontrolle durch das Nachdenken. Wir selbstverliebte Männer im vollen Saft vermeiden es aus den geschilderten Gründen, abhängig zu sein, anderen zu vertrauen, ihnen die Führung zu überlassen. Das akzeptieren wir nur in hierarchisch organisierten Arbeitsfeldern und Organisationsformen, wo wir eine bestimmte Rolle, einen Chef notgedrungen aufgrund seiner Macht tolerieren müssen – oft zähneknirschend. In unserer freien Zeit sind wir bemüht, selbst zu führen oder uns auf offene oder subtile Weise durchzusetzen und in Diskussionen immer Recht haben zu wollen. Die Frauen können ein Lied davon singen. Zur Erinnerung – wer mit autoritären Erziehungsstrukturen, mit negativen Bewertungen oder der Missachtung der kindlichen Integrität aufgewachsen ist, wird unter allen Umständen als Erwachsener Abhängigkeiten zu meiden wissen, wenn er die Macht dazu hat oder, die andere Seite der Medaille, er ordnet sich devot unter, wenn es angesagt ist. Männer strengen sich aber in der Regel gerne an, um kontrollieren zu können.

Es gehörte zu meiner Sozialisation und Lebenserfahrung, dass Kontrolle auch für mich eine große Bedeutung hatte. Es war nun gerade in diesem Seminar die Aufgabe, für eine bestimmte Erfahrung die Instanz der Vernunft nicht zu aktivieren, sondern es einfach geschehen lassen. Es ging laut Seminarleitung darum, mit einer Schamanin, einem Schamanen gemeinsam in eine andere Dimension, eine „andere Wirklichkeit" zu reisen, um dort, wo unsere energetische Quelle ihren Ursprung hat, Informationen über die Bestimmung desjenigen zu erhalten, der danach fragt. Als Begleiterin und Botschafterin überbringt, zum Beispiel die Schamanin, dem oder der Fragenden jene Antworten, die sie von dort übermittelt bekommen hat.

Eine verantwortungsvolle Aufgabe, dachte ich und huch, da sträubten sich mir doch ein bisschen die Nackenhaare: „Irgendwie wird also nach dem Schicksal gefragt", merkte ich in der Runde an. „Nein, nicht Schicksal", antwortete der Seminarleiter, „das ist in vielen Kulturen zu besetzt und hat einen negativen Beigeschmack. Da würde man sich ja als Opfer, also handlungsunfähig fühlen. Nein, so nicht! Es geht um die Bestimmung hier auf Erden, um die Aufgabe, die man als Seele selbst gewählt hat, als man, bevor man geboren wurde, sich in einer anderen Sphäre aufhielt, dort, wo auch andere Seelen verweilen." Die Seele, so seine Rede, hat dort Entscheidungen getroffen, die ihr als lebenswert für das Erdenleben erschienen, die sie durch Geburt ins Irdische bringen wollte. Alles, was dann die inkarnierte Person während des Lebens auf der Erde nah an dieser ursprünglichen Bestimmung lebt, nennt man dann „ein Leben, das in der Bestimmungslinie geführt und als positiv und glücklich erlebt wird."

Potztausend, dachte ich, jetzt wird es aber spannend. Die Seele hat also entschieden, was sie auf der Erde machen will? Das hörte sich für mich sehr fremd an. Da soll also etwas außerhalb von mir, jedenfalls eine Instanz, eine Energie, ein ‚aufgeschlagenes Buch' existieren, in dem meine Lebensaufgabe, meine Bestimmung gewissermaßen wie auf einer imaginären Matrix gespeichert sein soll? Eine Matrix, die die Seele geschrieben hat? Mein Verstand fand das abwegig. Das war mir einfach zu unglaublich. Ich widersetzte mich innerlich, eine solche Sichtweise anzunehmen und es erschien mir zu Beginn der Zeremonien nun doch geradezu anmaßend, dass man etwas zu entdecken hätte, was die Seele sich einst selbst erwählt habe. Etwas, so der Oberschamane, das ich vielleicht aufgrund meiner mangelnden Bewusstheit im Alltag bisher noch nicht einmal wahrgenommen, geschweige denn entdeckt haben soll? Schwer nachvollziehbar für mich! Na gut, dachte ich, ich bleibe neugierig und mit viel Skepsis, viel Zweifel ließ ich mich schließlich ein. Vor allem deshalb, weil so vieles vorher so unvergleichlich gut für mich gelaufen war.

Mir wurde jetzt erst klar, dass es in dieser Woche für uns darum ging, in die sogenannte obere Welt einer anderen Wirklichkeit zu reisen, die es wohl offensichtlich zu geben scheint. Eine Welt, die ganz anders funktioniert.

In der man Kontakt mit einem Etwas aufnehmen kann, um Fragen zu stellen, auf die es vielleicht Antworten gibt. Es ging also nicht darum Blockaden aufzuspüren und aufzulösen, sondern sich außerhalb des Energiekörpers des Klienten in eine andere Wirklichkeit einzufühlen. Wir lernten also mit etwas außerhalb von uns Kontakt herzustellen.

Der Seminarleiter schilderte, dass jede Lebensreise, jede Inkarnation eigentlich dazu dient, ein Stück mehr von dieser Bestimmung der Seele hier auf Erden zu realisieren und dass dieses Wollen, die Idee der Seele in der „oberen Welt" gewissermaßen abgespeichert ist. Vor allem sei für uns wichtig, die Bewusstheit dafür wachsen zu lassen, dass diese Informationen wirklich dort bereit liegen. Um es also nochmals klar zu machen: Man fragt als Schamane, als Reisender in einer anderen Wirklichkeit nach der Bestimmung des Klienten, der vor einem auf der Matte liegt, um letztlich im Nachgespräch zu schauen, ob das Leben, was der Klient führt, damit übereinstimmt oder eben nicht.

Ich hatte ähnliches schon von buddhistischen Meistern aus Tibet in Seminaren gehört, aber das nun ganz praktisch auf mich selbst anzuwenden, fand ich nach wie vor fremdartig, weil es doch überhaupt nicht zu unserem Kulturkreis gehört, dem sogar zuwiderläuft. Nach wie vor ist es aus religiöser Sicht doch ein Gott, der scheinbar vieles für uns entscheidet, oder? Der allgemeine, kulturelle Konsens im Massenbewusstsein unserer Kultur lautet dann in etwa, dass man nicht selbst für sein Leben die Verantwortung trägt, sondern ein Gott, ein Schicksal. Doch ist das so? Und bricht mit dem Infragestellen dieser auch christlichen Sichtweise nicht das ganze sozialisierte Kartenhaus zusammen? Vielleicht war in diesem Sinne ja auch alles falsch, was ich bisher dachte und tat – oh je, oh je! Mir wurde ganz anders.

Ich bemerkte auch, dass die Reihen der Teilnehmer sich in diesem Seminar sehr gelichtet hatten, das war offensichtlich für viele zu starker Tobak, denn nicht unsere Alltagsprobleme und Ängste waren wie bisher die Themen, sondern die Seele, für die man doch eigentlich so gar kein Gefühl, kein Wissen, kein Instrumentarium mehr hat. Einer mehr oder weniger reinen Mystik sollten wir uns zuwenden. Doch neugierig war ich ja und schnell begriff ich, dass das, was ich bisher schon erfahren hatte, ja auch völlig aus dem kulturellen Rahmen eines Mitteleuropäers gefallen war. Und wie hat mir das doch inzwischen weitergeholfen! Also, der Neugier folgen, wie ich es mein Leben lang immer gehandhabt habe.

Für mich war die Anmerkung des Seminarleiters wichtig, dass ein Mensch, der in seiner Bestimmung lebe, das als etwas ganz Natürliches erfahre, sich sogar wundern mag, dass es anderen nicht so geht. Solche Menschen leben in ihrer individuellen, ureigensten Kraft, die sie auf ihrem Lebensweg in ihrer Bestimmung auf Erden gefunden haben. Sie tun das, was die Seele sich vorgestellt hatte. Sie gehen aufrecht und kraftvoll durch ihre Tage. Leben wir aber nicht in unserer Bestimmungslinie, dann sind wir nicht in unserer Kraft, machen vieles und sind doch nie zufrieden. Der profane Wunsch dieses und jenes, meist Materielles, haben zu wollen, entspränge dann eben nicht dieser Kraft, sondern sei Ausdruck des Leidens, des Mangels. Denn immer fehle irgendetwas, man ‚brauche' oder ‚wolle' noch dieses und jenes. Der Wunsch komme aus der Bedürfnislage des Unbewussten, aus der steten Energie des Haben-Wollens, letztlich aus der Gier. Meistens erleben das diejenigen, die eine schwierige Kindheit hatten und damit beschäftigt sind, ihr Leben überhaupt irgendwie auf die Reihe zu bekommen. Sie stellen sich dann eher die Frage, warum bekomme ich nur die Brotkrumen ab, während die anderen an der festlich gedeckten Tafel speisen?

In seiner Bestimmung leben sei aber eine Energie aus dem Bewusstsein des eigenen Seins. In dieser Dimension, so der Referent, ist die Seele der Spiegel unserer energetischen Quelle und die hat im kosmischen Bewusstsein ihren Ursprung. Dort ist alles vorhanden, was für uns wichtig ist. Und dort ist auch angelegt, dass wir als Menschenwesen aufrecht und kraftvoll durch unser Leben gehen wollen. Die Aufgabe für dieses Seminar sei es jetzt, mit Hilfe eines Schamanen/einer Schamanin an den Ursprung dieser Quelle zu reisen, um dort eventuell etwas zu erfahren, was Auskunft gibt über die Bestimmung des Klienten. Wichtig sei, dass der Klient diese Erfahrung auch wirklich will, wirklich wissen will, was seine Bestimmung sei. Das würde in einem Ritual vorher nochmals ausdrücklich abgeklärt. Es braucht für diese Reise diese innere Energie der Neugier mit dem Wollen, die Wahrheit zu entdecken.

Ich erinnerte mich an den Geier, der hatte mir erzählt, wie dieses In-seiner-Kraft-sein sich anfühlt! Und so ist es wohl auch, wenn man als Mensch in diesem seinem ureigensten Kraftfeld lebt. Diejenigen, die ohne fundamentale Konflikte aufgewachsen sind, die also eine wertschätzende, liebevolle Kindheit und Jugend genießen konnten *(die Eltern waren „Gärtner", siehe Kapitel Erziehung-Gewalt-Faschismus)*, leben in der Regel aus dieser tiefen Kraft und machen sich keine Gedanken darum. Diese Menschen setzen entweder direkt ohne Umschweife oder aber mit kleinen Umwegen ihr Potenzial um und fühlen, das, was ich hier mache, ist genau richtig für mich, es stimmt für mich, weil es mir Freude macht und ich darin vollkommen aufgehe. Sie wissen es schon meistens als Kinder, was sie später einmal sein und machen wollen. Vor allem haben sie auch Erfolg damit. Der Weg der Seele, des Selbst, und der Weg des Ichs sind für diese Menschen identisch. Das fühlt sich dann leicht an und alle Türen gehen in der Regel fast von allein auf. Das hatte auch ich schon in Ansätzen bei anderen erlebt, aber auch selbst bei einigen Film- oder anderen Lebensprojekten so erfahren, zum Beispiel beim dem Film *DER MANN MIT DEN BÄUMEN*.

Die Freude und Liebe am Tun ist dann das bestimmende Gefühl, Stress gibt es kaum. Na, dachte ich, ich liebe das, was ich tue, so weit werde ich dann ja wohl nicht von meiner ureigensten Kraft entfernt sein. Ich schöpfte Hoffnung und Mut für die neuen Aufgaben, die vor uns lagen.

Als die Übungen schließlich begannen, war ich nahezu bereit und versuchte wieder einmal mehr, meiner Skepsis keine Aufmerksamkeit zu schenken. Nun geht es also ans Eingemachte, dachte ich, als wir mit einem bewegenden Ritual von unserem Seminarleiter und seinen Assistenten einer nach dem anderen persönlich vorbereitet und gefragt wurden. Ich spürte, dass ich nach wie vor unsicher war, ob ich die Reise wirklich antreten wollte. Die Assistentin schaute mich fragend an. Und irgendwie sagte ich spontan „Ja, ok, ich will diese Erfahrung machen!" Und im gleichen Augenblick sagte ich mir innerlich: „Aber..."! Verdammt, dachte ich, das sagt man, wenn man kein Vertrauen hat. Ich ärgerte mich über mich selbst, hatte ich doch schon so viel Positives hier erfahren und nun das. Ich war von mir selbst genervt. Schließlich beschloss ich, diesem Theater ein Ende zu setzen. Denn was nutzte mir dieser Zweifel? Was bringt es, wenn ich ihm folge, dann verlasse ich das Seminar, ja und dann? Nur weil *Ich* nie davon gehört hatte, weil *Ich* so etwas nicht kenne, weil *mein Verstand* sagt, das kann gar nicht sein, weil *Wissenschaft* das nicht erklären kann, verweigere ich mich? Ich sollte es doch besser wissen und meiner Intuition vertrauen! Also Schluss mit dem Theater, es reicht jetzt!

Beim nachfolgenden Imbiss bat ich eine Schamanin, mit der ich schon gut zusammengearbeitet hatte, um ein Clearing. Wir gingen inzwischen locker mit der Heilarbeit um nach dem Motto, wenn uns was stört, weg damit! Während der Sitzung in der leeren Halle begegnete ich doch tatsächlich meiner Angst, nicht vertrauen zu können. Sie steckte hinter dem Zweifel, der ja auch etwas von Verzweiflung hat. Ich hatte besonders als Junge die Erfahrung gemacht, dass die Beziehungen zu Mutter und Vater schwankten wie ein Schiff auf hoher See. Die Nähe zu meiner Mutter war gefährlich für mich, die Nähe zu meinem Vater aber so gut wie nicht möglich. Ich wusste nie, wie er reagiert, ob ich ihm vertrauen konnte oder ob er mich nicht gleich wieder anfährt und beschimpft und mir eine Backpfeife verpasst. Mit solchen Lebenssituationen wird man vorsichtig und versucht, einen sicheren Weg zu gehen, indem man sich fragt, ob man sich auf etwas Neues überhaupt einlassen soll. Kindheitserfahrungen, die das Vertrauen derartig schwächen, lassen eine bestimmte Offenheit und Sicherheit als Erwachsener dann nicht zu, man wird misstrauisch, wie es mein Vater war. Misstrauen und Zweifel sind dann die vorherrschenden Verhaltensmuster im Alltagsleben. Loslassen heißt dann so viel wie, sich auszuliefern. Der Schamane löste die letzten Reste diese Angstenergie auf. Ich war bereit für eine neue Erfahrung.

Schamane und Klient bewegen sich also wieder unabhängig voneinander und doch energetisch verbunden im Nagual, dem endlosen Raum einer anderen, universellen Wirklichkeit, wo unsere Wesenheit, wo unsere wirkliche Bestimmung den Strom der Zeit überdauert hat, wo der Kern unseres Selbst tief im Ozean der Geborgenheit und Liebe ruht. Dort und nur dort an der Quelle unseres Seins ist unser wirkliches Zuhause und dort kehren wir zurück, wenn wir unseren Körper in dieser Welt im Tod verlassen. Schamane und Klient bewegen sich also in einer spirituellen, liebevollen Absicht in andere Sphären und bekommen dort offensichtlich Unterstützung durch andere Wesen, andere Seelen, die sich im kosmischen Bewusstsein aufhalten. Wirklich große Schamanen können jenseits unserer Vorstellungskraft derartige Potenziale in einer anderen Wirklichkeit auf Anhieb erkennen. Die, die es lernen, brauchen Zeit dazu, die Zeichen richtig zu deuten – wie bei allem, was man neu lernt! Da die Informationen des Schamanen, die er aus einer anderen Realität mitbringt, möglicherweise für das zukünftige Leben des Suchenden eine Bedeutung haben, bekamen wir den Hinweis, dass der Klient am Ende der Sitzung gefragt werden soll, ob er das Ergebnis der Reise nur wissen oder seine Bestimmung nun wirklich in seine Chakren integriert haben will. Das eine wird durch die Sprache nur vermittelt. Das andere durch Rituale vom Schamanen in den energetischen Aurakörper des Klienten als Information integriert.

Das Schöne ist also auch hier, dass es dem Suchenden freisteht, wie er mit der Information zu seiner Bestimmung umgeht. Er kann sie dort, im Nagual, am Ursprung belassen oder sie aber als neuen Teil seiner Persönlichkeit im Hier und Jetzt dieser Welt begrüßen und annehmen. Hier offenbart der schamanische Weg wieder einmal die Freiheit, jederzeit für sich selbst neue Entscheidungen treffen zu können.

Schamanen können den Zugang zu den Informationen absichtsvoll für den Klienten nicht erzwingen. Wir spürten sehr genau, wenn dieser Weltenbereich sich öffnet und wir merkten auch, wenn es nicht weiterging und wir zurückkehren mussten. Das ist dann der Fall, wenn beim Klienten möglicherweise noch etwas aus der Vergangenheit zu klären ist – eine schwere Energie in seinem Aurafeld die Öffnung in eine andere Sphäre blockiert, der Klient noch nicht bereit dafür ist.

In einem schönen, kleinen Auswahlspiel in der Gruppe war ich plötzlich mit einer Schamanin zusammen, mit der ich noch nie gearbeitet hatte, der ich unmerklich auch während dieses Seminars aus dem Weg gegangen war, weil ich nichts an ihr fand, was mich anzog oder interessierte. Ich war vorsichtig, Kontakt mit ihr zu haben, weil diese Frau, ich nenne sie Joana, noch Verhaltensweisen zeigte, die ich bereit war aufzugeben. Sie war eine sehr, sehr große Zweiflerin und wollte auch eine bleiben. Ich war überrascht, dass wir beide uns zusammen auf die Reise machen wollten, die offenkundigsten Zweifler des Seminars als gemeinsames Paar. Na, dachte ich, wohin das wohl führen würde? Ich war froh, dass ich zunächst Klient und sie Schamanin war und nicht umgekehrt. So überließ ich mich der Führung dieser Frau.

Die Reise beginnt wie immer in meinem Körper. Ich erlebe mich als vollkommen ruhig und entspannt. Kein unangenehmes Gefühl begleitet mich. Ich atme ruhig und frei, bin zufrieden mit mir und der Situation. Plötzlich taucht ein Bild auf: Ich sehe mich unvermittelt in einem großen Haus als jemand, der Eltern, der Paare berät. Sie kommen zu mir und erzählen mir ihre Geschichten. Ich sehe mich mit Menschen zusammen in Schulen, bei Kongressen und Versammlungen sitzen. Ich bin erstaunt, wie klar sich alles vor meinem inneren Auge abzeichnet. Mir geht es gut dabei, denn ich frage mich nicht, was das soll? Ich bin so mit dieser Vision beschäftigt, dass ich nicht mitbekomme, wie meine Schamanin vorsichtig versucht, mit mir Kontakt aufzunehmen. Ich erschrecke richtig, als sie mir den Arm drückt, sich zu mir herunterbeugt und mir die Frage ins Ohr flüstert, ob ich nun etwas erfahren möchte über meine Bestimmung. Sie habe meine spirituellen Eltern getroffen und könnte

Botschaften mitteilen. Sie habe Zeichen gesehen und die Aufforderung gespürt, das Tor in die obere Welt zu durchschreiten. „Jetzt", sagt Joana leise ganz nah an meiner Wange, „frag ich dich, ob du mit deiner Wesenheit Bekanntschaft machen willst, soll ich durch das Tor gehen?"

Ich denke, ah, schön, das ist ja schon einmal etwas, das Tor scheint für mich offen zu sein. Doch im gleichen Augenblick erschrecke ich, bin wie gelähmt, mein Körper reagiert krampfartig und erstarrt. Ich bin überrascht von dieser sehr körperlichen Reaktion, die ich von mir nicht kenne. Ich werde vollkommen steif. Ich bin nicht nur hin und her gerissen, sondern ich fürchte mich plötzlich vor dem Blick in meine Seele. Ich kann diese Furcht auch deuten, mir wird klar, dass ich mich nicht traue, weil ich Konsequenzen für mein gewohntes Leben annehme! Was müsste ich aufgeben, wenn ich den Plan meiner Seele kenne? Mein ganzes Leben will ich etwas von dieser Essenz wissen – und jetzt, jetzt, wo es soweit ist, habe ich Angst! Pah, denke ich, du Held, was ist jetzt – ein Schlappschwanz bist du? Ich bin total eingeschüchtert. Mein Körper zittert und mein Verstand, der wirft jetzt den Motor an: Die Bestimmung kennenzulernen, das ist ja wie vor ,Gottes Thron' zu treten. Oh, nein, das lassen wir lieber! Andererseits – warum sollte ich etwas aufgeben müssen, ich entscheide doch, wie ich zu leben beabsichtige? Ich kann mit der Information machen, was ich will!

Im Chaos dieser inneren Auseinandersetzung wird mir klar, wie mein Verstand die Kontrolle über all das haben will. Ich bin jedoch wachsam, kenne die Spielchen. Ich weiß nach den Heilsitzungen inzwischen, dass ich am Ende meinem Gefühl vertrauen kann. Und ich vertraue nun meiner Schamanin. Diese mir doch eigentlich fremde und unnahbare Frau unterstützt mich auf eine Weise, die ich nicht von ihr erwartet hätte. Ich richte mich auf und spreche meine Unsicherheit an. Joana ist einfühlsam, versteht sofort. Es beschämt mich, dass ich doch anderes von ihr vermutet hatte. Sie lächelt und schlägt vor gemeinsam hinein zu spüren, was mich da so erschreckt. „Ich halte den Kontakt zur anderen Welt und kann jederzeit zurück dorthin", flüstert sie mir zu. Das beruhigt mich ein wenig. Schamanen – die Mittler zwischen den Welten, jetzt erlebe ich, was das wirklich heißt. Da ist nichts, was drängt, bewertet oder gar erwartet.

Ich setze mich auf und spüre unvermittelt, dass ich mich in diesem Moment überfordert fühle zu entscheiden. Ich kann das jetzt nicht und akzeptiere mein Zaudern. Es fühlt sich auch nicht wie eine Niederlage an, nein, denn mein Herz sagt ja zum Zurückweichen. Mein Verstand allerdings entdeckt plötzlich den Nachteil des Zögerns: Du Depp, du verpasst jetzt eine Chance, etwas, dass du doch dein Leben lang wissen wolltest...

Ich begreife im Gespräch mit Joana, dass die Gedanken uns vielfach das präsentieren, was man von uns, was man von sich selbst erwartet oder verlangt. Nachdem wir erzogen worden sind, ist unser Verstand die konditionierte und sehr oft kontaminierte Instanz, die ihren Stoff aus dem Unbewussten und der abgespeicherten Erfahrung bezieht. Er ist ein Inquisitionsapparat, der bewertet und beurteilt, der sich in der Regel daran orientiert, was wir leisten und tun müssen! Er ist über die Jahrhunderte inzwischen so gut erzogen, dass er eben nicht frei ist, wie man uns glauben macht! „Wie oft hat mein Verstand das sabotiert, was ich spürte. Mein Gefühl ist eindeutig, es sagt nein und ich stehe jetzt dazu!" Damit endet unser kleiner Dialog. Das zu erkennen und nun sehr bewusst den Weg meiner inneren Stimme zu gehen, ist ganz neu für mich, eine kleine Sensation, dass ich das so entscheiden kann und im Angesicht einer fremden Frau. Was interessant ist, ich fühle mich weder schwach noch entblößt, ich fühle mich richtig gut.

Wie habe ich mich doch verändert, ich vertraue an einem entscheidenden Punkt meiner Entwicklung nicht meinem Hirn sondern meinem Herz. Ich bin bereit, vor Joana und mir einzugestehen, dass ich noch nicht so weit bin, dass ich Zeit brauche. Wie oft war ich in meinem Leben in einer solchen Situation, hatte aber nicht meinem Gefühl nachgegeben, sondern mich eher so verhalten, wie ich dachte, dass es sein müsste. Nun vertraue ich mir selbst!

Unversehens, so ganz von selbst, laufen mir die Tränen über die Wangen. Ich bin dankbar, dass ich die Gelegenheit bekomme, mich so verhalten zu dürfen, wie ich es fühle. Wie einfach es ist, bei sich zu sein, wenn der dunkle, schwere Sack von den Schultern geworfen ist. Dann wende ich mich Joana zu, die geduldig neben mir sitzt. Ich flüstere ihr zu, dass ich nicht in der Lage bin, jetzt eine Entscheidung zu treffen. Da lächelt sie, nimmt meine Hand in die ihre und sagt: „Du musst dich jetzt auch nicht entscheiden. Ich beende jetzt vorerst die Reise, wie wir es gelernt haben und dann kann ich sie ja jederzeit fortsetzen und den Kontakt mit der anderen Welt wieder aufnehmen! Da oben, sie zeigt dabei zum imaginären Himmel, haben sie alle Zeit der Welt. Du kannst mich auch heute Nacht wecken und wir gehen hierher zurück und bringen dann die Zeremonie zu Ende, wann immer du willst. Ich bin für dich da!"

Das überwältigt mich nun vollends. Wie selten hat jemand so etwas Berührendes zu mir gesagt: „Ich bin für dich da!" Und wie selten habe ich als Mann diese vermeintliche Schwäche zugelassen, etwas im Moment nicht zu schaffen. Ich sinke in ihre Arme und weine und spüre tief in mir, wie oft ich in meinen jungen Jahren diese Zuwendung gebraucht hätte. Welch eine Wärme und Liebe steckt in diesem Geschenk – ich bin für dich da!

Joana war eine Schamanenschülerin, so wie wir alle in der Gruppe Novizen waren, sie war zwar eine Fortgeschrittene, aber eben keine erfahrene Meisterin. Sie wusste als Mensch, wie man mit einer solchen Situation umzugehen hat. Das, was wir da zusammen entschieden, stimmte von Grund auf und konnte gar nicht mehr schiefgehen, so oder so. Diese Sicherheit bezogen wir beide aus der tiefen Wahrheit, die wir fühlten und aus der so offenen Kommunikation, ohne jegliche Bewertung.

Joana und ich sitzen auf Decken in einer Ecke in der großen und hohen Halle ganz nah beieinander, Kerzenlicht hüllt alles in ein warmes Licht, verbranntes Palo Santo Holz verbreitet einen angenehmen, schweren Duft. Es ist still hier geworden, die anderen Teilnehmer sind zum Abendessen gegangen. Das herbstliche Dämmerlicht, das durch die großen bunten Fenster von draußen noch spärlich hereinschimmert, kündigt die nahe Nacht an. Ich erzähle Joana von der Not in meiner Jugend, in der ich mich oft alleine fühlte, in der ich kaum Unterstützung fand für meine langsame und verträumte Art. Die Zuwendung, die ich gebraucht hätte, habe ich später erst bei Frauen erfahren, mit denen ich eine Beziehung lebte. Ich spüre, dass es guttut etwas zu erzählen, was schon lange auf meiner Seele gelegen hat.

Ein Moment der Stille breitet sich aus. Ich schließe die Augen und atme in das Schweigen hinein und denke an die vielen anderen, die diese Einsamkeit ertragen haben. Ich begreife in diesem Moment, dass Menschen tatsächlich an dem Mangel an Wertschätzung, Vertrauen und Liebe zu Grunde gehen können. Joana hat inzwischen ihr Tagebuch aufgenommen und schreibt etwas in das kleine rote Buch. Und in dem Augenblick fasse ich in meinem Herzen den Entschluss, dieses Buch hier über meine Erfahrungen, meine Entwicklung zu schreiben. Die Menschen sollen wissen, dass man seine Probleme wirklich erlösen kann und das hinter dem Leidenshorizont die Schönheit des Lebens auf uns wartet. Ich atme in diese Zukunft und sie fühlt sich gut an. Und dann bin ich nur noch erschöpft, strecke mich im fahlen Licht der Dämmerung auf den Decken aus und lasse los.

Der Kontakt – eine andere Wirklichkeit

Das Abendessen in der Gruppe hatten Joana und ich mehr oder weniger versäumt. Eine nette Frau in der Küche des Seminarhauses warf nochmals den Ofen an und brutzelte für uns die restlichen Bratkartoffeln in einer großen Pfanne und mit dem Salat, der noch übrig war, waren wir beide zufrieden. Wenn man mit sich selbst verbunden ist, schätzt man das, was da ist, statt sich zu beklagen, was man alles nicht bekommt. Wir beide waren bewegt von dem Prozess, in dem wir uns zusammengefunden hatten. Joana gab mir ihre Zimmernummer für den Fall, dass ich mich in dieser Nacht noch entscheiden wollte. Nach dem Essen verabschiedeten wir uns, um den freien Abend zu verbringen, jeder auf seine Weise. Ich brauchte Zeit, um nachzuspüren und gestattete mir das. Einige machten gemeinsam Musik, viele tanzten dazu, für sie war der Tag gelaufen – und für mich?

In einem der Aufenthaltsräume hatte ich es mir in einem großen Sessel gemütlich gemacht und schaute dem Treiben in Gedanken versunken zu. Wo hatte mich mein Wissensdrang hingeführt? Seit so vielen Jahren versuche ich, mir und dem Leben auf die Spur zu kommen. Ich ließ einige der aufregendsten Seminarsituationen der letzten zwanzig Jahre nochmals in meinem Inneren Revue passieren. Welch ein langer Weg, dachte ich, und welch ein Glück, auf Menschen getroffen zu sein, die mir weitergeholfen haben. Und da wurde mir plötzlich klar, dass dies kein Glück im landläufigen Sinn war, sondern dass dieses Glück zu einem kommt, wenn man aus tiefstem Herzen die Absicht hat, sich zu verändern. In meinem Fall, meine Probleme loszuwerden. Ich begriff, dass alles, was uns in unserem Leben passiert, einen tieferen Grund hat, der mit unserem innersten Wesen, mit unserem Wachsen und Werden, mit unserer Entwicklung zu tun hat. Nicht nur die Natur lebt in ständigem Wachsen und Vergehen, auch wir Menschen wollen blühen und gedeihen, Erfahrungen machen, unsere Wesenheit auf Erden realisieren, um schließlich wieder in andere Sphären zu entschwinden. Es ist, so bin ich überzeugt, ein tiefes Bedürfnis von uns allen zu erfahren, wer wir sind, woher wir kommen und wohin wir gehen.

In unserer alltäglichen, westlichen Kultur ist das mehr oder weniger kein Thema. Spirituelle Erfahrungsräume werden von vielen belächelt, ja, sie werden oftmals, besonders in der Presse, als Humbuk diskreditiert. Mit dieser Auffassung schädigen wir uns selbst, weil wir einen großen Mangel in unseren Gesellschaften in der öffentlichen Diskussion nicht ernst nehmen. Neben der fortlaufenden Ungerechtigkeit ist die Entbehrung von Spiritualität das eigentlich große Versäumnis unserer aufgeklärten und so ‚fortschrittlichen' Zeit.

Die Frauen begannen zu tanzen, wie immer die Frauen. Ich bemerkte Joana, wie sie selbstvergessen mit geschlossenen Augen sich zu spanischer Gitarrenmusik drehte und drehte und drehte und genoss. Ihr bunt-rotes, langes, weites und duftiges Kleid umwehte ihren schlanken Körper bei den kreisenden Bewegungen, was sie wie eine spanische Tänzerin ausschauen ließ. Bisher hatte ich sie nur in Hosen erlebt. Sie zog mich in diesem Augenblick nicht als Frau an, sie war nicht mein Typ, vielmehr war da etwas anderes, was mich ganz für sie einnahm. Etwas Selbstvergessenes, Sphärisches, etwas Leichtes, etwas Geschmeidiges, Schönes, zutiefst Menschliches erzählte sie mit ihrem Tanz. Es war der hingebungsvolle Ausdruck eines Körpers, der sich nach Harmonie, Bewegung und Rhythmus sehnt. Wenn der Tanz das ausdrückt, so dachte ich, dann ist er vollkommen. Ja, es war ein Augenblick der Vollkommenheit, den ich hier erlebte. Joana verkörperte in diesem Moment die Schönheit des Lebens und der Bewegung schlechthin.

Ich musste plötzlich unwillkürlich lächeln, als mir einfiel, wie wir vor über dreißig Jahren in der Männergruppe in tiefsinnigen Diskussionen schwer daran arbeiteten, Frauen in dieser Ganzheit zu sehen und nicht als „Sexualobjekt", wie wir das damals von den Frauen beigebracht bekamen. In Erinnerung an diese Abende wurde aus dem Lächeln ein Lachen, vor allem auch darüber, wie wir uns damals mühten, eine Frau eben nicht auch als begehrenswertes Weib, sondern irgendwie als Neutrum zu sehen. In unserem theoretischen Eifer vergaßen wir dann oft die Sehnsucht des Herzens nach Schönheit und Harmonie und die des Körpers nach Berührung und Zärtlichkeit.

Dem normalen Mann wird ja auch heute noch lebhaft attestiert, dass er eigentlich nur am Vollzug der Vereinigung interessiert sei. Angeblich gibt es Untersuchungen, wo behauptet wird, dass Männer in einem bestimmten Alter alle fünfzehn Minuten Sexszenen phantasieren. Nun, zu leugnen ist nicht, dass der Koitus es selbst ist, auf den viele Männer zum Leidwesen ihrer Freundinnen und Frauen fixiert sind. Alles andere, so diese Studie, empfinden die meisten Männer als unbedeutendes Vorgeplänkel. Das mag so sein, ich selbst neige auch dazu. Der Vollzug ist die Domäne von uns Männern, das können wir, hier fühlen wir uns nach Jahren der Erfahrung absolut sicher. Da dürfen und können Männer männlich sein. In diesen Momenten legen sie ihre Ängste und Probleme, die Schüchternheit oder das aufgesetzte Machogehabe beiseite. Männer spüren in der körperlichen Vereinigung das pure Leben selbst, jene Vitalität und Kraft, von der sie möglicherweise sonst in ihrem Alltag so wenig erfahren können. Sie kosten darin die Fülle, den Nektar, die Essenz des Lebens und fühlen sich in diesem Moment ganz bei sich. In solchen kurzen, bis sehr knappen Augenblicken der Hingabe fallen die Masken, sie können einfach mal so sein, wie sie sich fühlen und die Frauen nehmen dieses So-Sein liebend gerne an. Es ist neben dem Trieb die Sehnsucht nach dem wirklichen, unverstellten Leben, dass die Männer zum Vollzug treibt. Da ist es ihnen erlaubt Mann zu sein, ihrer Lust Ausdruck zu geben. Deshalb mögen sie das so! Und – die Vereinigung hat das Potenzial, den gemeinsamen inneren Raum eines Paares in eine spirituelle Dimension zu öffnen. Eine ungeheure Nähe und Liebe zueinander kann spürbar werden, nach der sich Männer immer sehnen.

Und als ich so über uns Männer und die Frauen nachdachte, bekam ich Lust, mit diesem sphärischen Weib zu tanzen. Ich sprang auf, lief durch den Raum der Tanzenden und ergriff unvermittelt ihre Hände, als die in der Luft nach etwas suchten. Sie erschrak, als sie jemand so aus ihren Träumen riss, doch dann lachte sie herzlich auf und fasste zu. Wir drehten uns zusammen im Rhythmus spanischer Gitarrenklänge, drehten und drehten uns und schauten uns dabei immerzu an. Wie schön es ist, dachte ich, wenn ich nach meinem Gefühl lebe, und wie großartig fühle ich mich, wenn das Gegenüber mir ebenfalls in dieser Offenheit begegnet. Wie gut tut es auch, sich in dieser Nähe zu verabschieden, wenn man spürt, es ist genug.

Es war bald Mitternacht. Ich hatte mich nach dem Tanzen ein wenig erholt und mit den Musikern in der Halle zusammen musiziert. Völlig frei und ganz nach unserem Gefühl spürten wir in die Sphären magischer Klänge hinein. Dabei vergaß ich Zeit und Raum, war nur noch ganz bei mir und der Musik. Als wir das kleine Konzert bendeten, war ich zufrieden und rechtschaffend müde.

Leises Gemurmel erfüllt die Halle von den Wenigen, die noch auf Decken und Matten den Klängen gelauscht hatten. Ich hatte gerade mein Instrument in den Koffer gepackt als ich aufschaue. Unvermittelt nehme ich wahr, wie ein junger Mann vom Boden aufsteht und sich dem Ausgang zuwendet. Für den Gang durch die herbstliche Kälte hat er sich eine Wolldecke übergeworfen. Als er die große, schwere Tür erreicht, streift sein fliegender Umhang über eine Ecke des angrenzenden Tisches an der Wand und bringt ein Glas auf der Tischoberfläche ins Schlingern. Der junge Mann hält inne, dreht sich, schaut und macht eine schnelle Bewegung zum Tisch hin, doch es ist zu spät: Beide sehen wir, wie in die Stille hinein das Glas über die Kante hinwegrollt und fällt – ohrenbetäubend laut zerschellt es auf dem Steinboden. Die Verbliebenen recken ihre Köpfe empor.

Wie vom Schlag getroffen stehe ich still! Ich bin vollkommen verblüfft. Das Bild, das Geräusch, das kenne ich doch. Gleichsam, als durchzucke mich ein Blitz, vergegenwärtigt sich Vergangenes in mir:

Der Traum in der Normandie – die Konferenz im UN-Gebäude in New York. Ich sehe vor meinem inneren Auge den bestürzten Japaner vor einem zerschellten Glas auf dem Steinboden im Konferenzraum stehen. Ich bin vollkommen erstarrt – rums macht es, ein Ruck geht durch meinen Körper. Eine unglaubliche Aufregung durchflutet mich. Der Traum, das Glas, der monströse Klang, der erschrockene Mann – all das ist identisch! Was passiert hier? Und dann durchfährt mich ein erregender Gedanke. Hier geschieht etwas, was nicht mehr meins ist. Der Traum vergegenwärtigt sich in mir: Der Sturm in New York, als er durch das offene Fenster unsere Körper durchwehte, das Licht uns erfasste und mitnahm ins Universum. Meine Gedanken überschlagen sich. Der Kontakt, die WISSENDEN, die andere Wirklichkeit dort und hier meine unterbrochene Bestimmungsreise! Ein Moment der Synchronizität – ist es das? Das alles kann kein Zufall mehr sein. Hier soll sich etwas erfüllen, wo ist Joana? Die Zeit steht still, ich bin still. Ich schließe die Augen und beginne für einen Moment in die Essenz jenes Traumes hinein zu atmen. Ich spüre mich selbst mit allen Poren meines Seins. Schlagartig öffne ich meine Augen und schaue mich um. Der junge Mann hat inzwischen einen Handfeger geholt und kehrt die Glassplitter zusammen. Nein, das ist doch nicht möglich – und gleichzeitig ist es doch eindeutig. Es war damals ein Zeichen für die notwendigen Veränderungen und es ist heute der Hinweis, du bist soweit!

Mein Verstand erfasst das alles nicht mehr, aber mein Herz jubelt, es weiß unmittelbar, was zu geschehen hat. Ich halte mich weder mit der Erinnerung an den Traum noch mit irgendwelchen Zweifeln oder Fragen auf, sondern lass jetzt mein Herz handeln! Es will jetzt Erfahrungen machen! Ich spüre nach und schließe die Augen, fühle eine intensive Klarheit und weiß unmittelbar, was zu tun ist. Und in diesem Moment der Stille höre ich das Lied meiner Seele: „Wenn du deine Ängste überwunden hast, wirst du wirklich wissen, wer du bist!" Das habe ich doch genauso im Traum gehört, als wir zwölf Überlebenden in New York in eine andere Dimension eintauchten. Ich stehe da und atme in diese Botschaft hinein, in diesem einzigartigen Augenblick verstehe und begreife ich mein ganzes Leben.

Das mag für den Leser jetzt nicht zum ersten Mal fragwürdig sein, aber es war tatsächlich so. Der Traum war in diesem Moment in der Halle der Heilung zur Realität geworden. Es machte innerlich klick und ich war, so möchte ich es mal beschreiben, auf der anderen Seite der Wirklichkeit. Ich empfand in einem Augenblick das Ganze, die Totalität des Seins, das Alles-in-Allem und in diesem Ganzen mein Selbst! Und das alles bei vollem Bewusstsein im Hier und Jetzt. Die Dualität war fortgeblasen – welch eine Befreiung! Ein völlig neues Gefühl von mir selbst und der Welt erfüllte mich, ich fühlte, ich war mit Etwas verbunden. Es war, wie wenn Milch umschlägt und sauer wird, da gibt es kein Zurück mehr.

Ich bin vollkommen ohne Angst und ohne Erwartung. Eine völlig neue Erfahrung! Ich bin der Beobachter meines eigenen Prozesses, bin ganz da, nehme alles um mich herum wahr und doch habe ich auch Kontakt zu einer anderen Dimension. Ich spüre, dieser Augenblick ist wichtig, tue nichts, lass es einfach geschehen! Ich schließe wieder die Augen, atme und stehe, bin ganz hier und nehme geradezu eine unglaubliche Komplexität wahr, mich selbst und alles zugleich. Es geschieht einfach. Tränen fließen mir über die Wangen, es sind Tränen der Erleichterung und Freude über mein Sein. Ich fühle intensiv mein Sein, mich selbst, fühle mich frei und zugleich bewusst im Hier und Jetzt und ich spüre meine Kraft, was für ein phantastischer Zustand. Welch eine Intelligenz, Klarheit und Kreativität. Und in diesem Augenblick blitzt die Energie in mir zu einem Energiekreis zusammen, wieder dieser Ruck im Körper: Nun bin ich angekommen und wahrhaftig ein Stück weit jener Mann, den ich in meinem damaligen Traum so erstrebenswert und unvergleichlich anziehend kennenlernen durfte. Jetzt, hier, bebend stehend, um Mitternacht, auf dem wirklichen Steinboden in der Halle der Erkenntnis am Ende aller Zeremonien und Heilsitzungen bin ich wirklich zu diesem Mann geworden – pure Herzensenergie, vollkommen frei, intuitiv, kreativ, geistreich, wissend, liebevoll, klar wie Wasser und verbunden mit einem höheren Bewusstsein. Ich liebe mich selbst dafür! Wie schön ist das denn, wie schön kann Leben sein! Ich freue mich, freue mich, freue mich unendlich......und all das ohne Plan, ohne Anstrengung, ohne Krampf und ohne Kampf!

Wissensströme rasen durch Geist und Körper. Für mich ist in diesem Moment sonnenklar, dass wir solange und immer wieder in diese Welt inkarnieren, bis wir uns in unserem wirklichen Sein, der Essenz unseres tiefsten Selbst erfüllt und die

Trennung von Allem-Was-Ist aufgegeben haben. Das hinzubekommen, liegt an uns und an niemandem sonst, da kann uns auch niemand helfen, mit dieser Entscheidung sind wir ganz allein wie mit dem Tod. Das Universum wartet auf uns, bis wir erkennen, wer wir eigentlich sind. Wenn wir uns derartig öffnen und loslassen können, dann fließt das, was wir alle so dringend brauchen und wollen – allertiefste Liebe für uns und alles um uns herum. Dankbarkeit durchflutet meinen Körper, tiefste Dankbarkeit dafür, dass ich diese Energie nun wahrnehmen kann, ohne Drogen, ohne Anleitung, ohne Plan, ohne Meditation, einfach so. Es strömt durch mich hindurch, ich löse mich aus der totalen Aufmerksamkeit in die Bewegung, ich will jetzt ein wirklich WISSENDER in diesem Leben werden. Ich öffne meine Augen, schaue mich nach Joana um und dann laufe ich los, nein, ich fühle mich gezogen, wie in meinem Traum – durch ein, zwei Räume hindurch, wo andere noch herumlungern und ein Bier trinken. Vielleicht ist sie schon zu Bett gegangen? Nein, ist sie nicht, ich weiß es, das ist sie nicht! Ich fühle genau, dass ich sie finden werde und mein Herz weiß, wo sie ist. Ich laufe ohne nachzudenken durch das weitläufige Gelände in angrenzende, andere Räume.

Ich freue mich, als ich sie in einer Ecke in einem der kleineren Aufenthaltsräume erblicke. Sie ist in ein Gespräch mit einer jungen Frau vertieft. Doch sie bemerkt mich sofort, schaut mich an und weiß sofort Bescheid. Sie beendet das Zusammensein und kommt auf mich zu. Sie lächelt mich an, ohne ein Wort zu sagen nimmt sie mich an die Hand, sie ist jetzt meine Verbündete und Führerin und macht das wunderbar. Zusammen gleiten wir zurück in die Halle der Offenbarung, so will ich sie jetzt nennen, denn eine Offenbarung, davon bin ich überzeugt, wird jetzt auf mich zu kommen. Einige Kerzen brennen noch, ein Licht in einer Ecke ist noch eingeschaltet. Schnell ist meine Matte gefunden, auf der ich so viele Reisen gemacht habe und ohne überhaupt etwas zu besprechen oder noch nachzudenken, hockt sie sich neben mich hin, schließt die Augen und vertieft sich in das Ritual, um in den Kanal einzutauchen, der in eine andere Wirklichkeit, in eine höhere Welt führt.

Ich schließe ebenfalls meine Augen und denke an die Lichterfahrung, die wir, die Wissenden, bei der UN in New York in meinem Traum erlebten. Nach wie vor fühle ich den Strom dieser Energie, die mich einst so tief berührt hat. Ich reise mit Joana in eine andere Welt. Es ist, als käme ich nach Hause, an jenen Ort, der in Harmonie und Freude strahlt. Ein Gefühl der Freiheit erfüllt mich. Alles in mir weitet sich, ich spüre keinerlei Grenzen mehr. Ich bin bereit, die menschliche Welt vollständig loszulassen und in eine vollkommene Leere, ins Unbekannte einzutauchen. Und es geschieht augenblicklich, mein Geist ist vollkommen still geworden, so still, wie man sich das in Meditationen wünscht.

Ich empfinde die völlige Aufgabe meines Egos und die Hingabe ans Nichts und gleichzeitig an Alles. Ich wusste nicht, wie unendlich gut das tut, das ist wirkliche Freiheit. Angst? Was ist das? Doch nicht mehr in einem solch hoch transformierten Prozess, da gibt es keine Angst mehr, noch nicht einmal vor dem Tod. Was ich augenblicklich erkenne, es gibt nichts Böses in diesen Sphären. Das ist eine Erfindung und Erfahrung von uns Menschen in unserem irdischen Dasein. Und sogleich spüre ich in diesem vollkommenen Loslassen einen Schub meines Bewusstseins. Es ist, als ob Fesseln abfallen und jene riesige Mauer, vor der ich in meinem Leben so oft stand, als ob „The Wall" in sich zusammenfällt, lautlos geht sie nieder, die ewige Mauer ist einfach weg.

Und dann fühle ich dieses ungeheuer Große, dieses Universelle, das Nicht-irdische, die unbeschreibliche Harmonie und Schönheit dieser Energie im Universum, in der ich mich bewege, als sei ich ein Teil davon, ein Teil von diesem Allem-was-ist. Es ist ein ungeheurer Intelligenzschub, der mich erfasst. Das fundamentale Wissen, das mich durchströmt hat die eine kraftvolle Essenz: Die Freude und Liebe ist der Urgrund unserer Wesensart und Existenz als Menschen und alles, alles ist miteinander verbunden, alles ist Eins. Ich, Du, Er, Sie, Wir, das Tier, der Baum, das Gras, der Sand, der Fels, die Erde mit den vielen krabbelnden Kriechern und das Wasser, mit allen Lebewesen darin, wir alle haben eine innige Verbindung zueinander und wir können in diesem Zustand alles sein, was wir wollen. Das menschliche Juwel leuchtet deshalb besonders, weil es die Liebe selbst ist, die wir miteinander ausdrücken und teilen können, wir können sie leben, wir sind dazu auf dieser Welt sie zu leben!

Ich bin nicht Besucher in diesem Ozean der Erkenntnis, nein, ich bin ein Teil davon geworden, habe mich aufgelöst und bin das ES. Ich nehme alles, das Menschliche, die Natur, die Welt, das Universum zugleich und in einer intensiven Vollkommenheit wahr wie eine Spinne, die im Zentrum ihres riesigen Netzes sitzt und alles, alles zugleich registriert und weiß, was in ihrem Netz vorsichgeht. Jede Bewegung in diesem Netz ist ihre Bewegung. Und das alles erfahre ich in einer unvergleichlichen Brillanz und Schönheit. So überheblich sich das anfühlen mag, ich verstehe in diesem Augenblick die ganze Welt, wie sie beschaffen ist, wie sie funktioniert, was ihr Zweck ist, nicht materiell, physikalisch, chemisch, sondern spirituell. Ich bin angedockt, wie man heute so schön sagt, verbunden mit einer unvergleichlichen Energie, mit dem Zentralcomputer des Universums. An diesem Ort, der kein Ort ist, in dieser Zeit, die keine Zeit mehr ist, in dieser universellen Intelligenz, die immer da ist und in der ich bade, gib es kein Ich und kein Du, kein Gut und kein Böse, kein Falsch und kein Richtig, kein Heute, kein Morgen, kein Hier und kein Dort, kein Schön und kein Hässlich, kein Freund und kein Feind, keine Dualität mehr. Alles ist jetzt zugleich da und eins und immer präsent und – alles ist so wie es ist, das Eine in Allem und Alles in Einem, das ewige Eine und ich bin ein Teil davon.

Und dann kommt es, das Licht. Ich werde von einer intensiven Lichtenergie durchflutet und spüre meinen Körper mit jeder Zelle und ich fühle, das bin ich und ich bin auch der, der körperlos ist, der fliegen kann, der Licht ist, eine reine, schöne Energie. Ich spüre Vollkommenheit und das totale Sein des Friedens und der Liebe! Es ist ein Zustand, der weit über das hinausgeht, was ich in meiner Selbstvergessenheit als kleines Kerlchen in meinen geliebten Wäldern und Wassern erlebte. Herz und Verstand atmen nun aus der gleichen Quelle. Ich bin nicht mehr von mir selbst getrennt. Ich bin jetzt mein eigener Freund, ganz im Gegensatz zu der Zeit, als ich mich nicht mochte. Ene ungeahnte Totalität erfasst mich in dem Alles-was-ist und mein Selbst verschmelzen. Alles, was mich ausmacht, fliegt in diese Ganzheit oder besser in das Eine, in das unermesslich große und zeitlose Bewusstsein, das, so fühle ich es mit absoluter Klarheit, wirklich vorhanden und vollkommen ist. Es gibt dieses Bewusstsein, diese Liebe, dieses Einssein mit allem. Es ist unser Zuhause.

Endlich erlebe ich meinen Verstand nicht mehr als Instanz des Zweifels. Er ist still und doch ganz präsent und staunt nur noch. Und auf wunderbare Weise fühle ich mich mit allen anderen verbunden, die mir in meinem Menschsein nahestehen, mit Joana, mit den Gleichgesinnten dieses Seminars, mit den Küchenfrauen, mit meiner eigenen Frau, mit meinem Kind, mit Vater, Mutter, den Brüdern, meinen beiden warmherzigen männlichen Freunden, den Kollegen, den Menschen und Therapeuten, die mir auf meinem Weg so geholfen haben. Und was mich nicht mehr verwundert, ich vereinige mich mit dem Wasser des nahen Flusses, an dem ich in einer Pause saß und mit den Kastanienbäumen in diesem Park – all das ist zugleich in mir und fließt durch mich hindurch.

Alles, was mir in meinem Leben geschehen ist, so fühle ich es jetzt, macht einen tieferen Sinn und verbindet sich in dem machtvollen Gefühl der mitfühlenden Liebe. Ich erlebe die Sinnhaftigkeit meiner ganzen Existenz in einem langen und großen Augenblick. Ja, ich fühle mich aufgehoben in diesem großen Ganzen meines eigenen Lebens. Aus dieser Perspektive des Seins ergibt Leiden einen anderen Sinn. Von diesem Zustand aus betrachtet gibt es kein gut, kein böse, kein schlecht oder falsch. Ich begreife, dass es in dieser anderen Dimension der Wirklichkeit keinen Sinn macht Geschehnisse zu bewerten, denn alles gehört zusammen, ist Leben, ist Existenz, so wie es ist, ist es. Das ist das Sein. Ich erfahre meine eigene Totalität, die tausendmal vielfacher ist, als ich es mir je habe vorstellen können. Und ich fühle diese Geborgenheit in diesem großen Universum des Lichtes und der Energie. In diesem Zustand begreife ich auch, dass lineare Zeit und die Begrenzung des Raumes in seiner Dreidimensionalität die Konstrukte einer beklemmenden menschlichen und kulturellen Begrenztheit sind. Das ist künstlich, ein Modell, das wir uns in unserer irdischen Not erschaffen haben. Das, was es wirklich gibt in diesem Universum, ist die Ganzheit von Allem, das Ewige Eine, die Brillanz des reinen Bewusstseins! Und als ich diese Komplexität, die Sinnhaftigkeit des Lebens begreife, fragt nicht mehr wie zu Beginn in meinem Traum oder in diesem Seminar jener Zweifler in mir, was hier geschieht. Der Zweifel ist in dieser Liebe vollkommen verbrannt. Wie schön ist das für mich, das zu erleben, gerade für mich, der in seiner Unsicherheit immer dachte, viel tun und schaffen zu müssen, um leben zu können. Es gibt keinen Zweifel und kein Müssen mehr! Es gibt nur noch mein liebendes Selbst, das in Allem-was-ist warm und geborgen aufgehoben ist. Und jetzt verstehe ich die Botschaft des Traumes. Ich weiß jetzt, dass das Wissen, um das es mir immer ging, dem ich mein ganzes Leben neugierig hinterhergelaufen war, die Essenz des Seins und die Liebe selbst ist, die ich erfahren und in mir spüren wollte. Dieses Geheimnis offenbart sich mir in diesem Moment aus der anderen Wirklichkeit – es war und ist die Liebe für mich selbst, den kleinen Burschen und den großen Kerl, den traurigen Jungen, den Macho und den liebenden Mann. Ich bin Liebe! Ich bin Freude! Ich bin Harmonie! Ich bin Bewusstheit!

Mein Herz läuft über, als ob es auseinanderspringen will. Ich fühle in meinem Körper ein intensives Ziehen und Kribbeln. Es ist meine ewige Sehnsucht, die jetzt in jeder Zelle verbrennt und deren Platz nun diese Liebe für mich selbst einnimmt. Ich wusste nicht, dass ich mich so sehr nach dieser Liebe sehnte. Ich bin von der Fülle dieser Gefühle überwältigt und weine aus meinem tiefsten Herzen vor allem auch deshalb, weil ich in diesem, so wunderbaren Augenblick unendlich bedaure, dass ich das vorher nicht fühlen konnte und dass so vielen Menschen auf der Welt die Erfüllung dieser Sehnsucht zu Lebzeiten vielfach versagt bleibt. Ich weine bitterlich aus Mitgefühl für all die Entbehrungen, die weltweit Menschen ertragen müssen.

Und als ich diese neue, andere Wirklichkeit ganz einfach so als Realität des Lebens annehme, wird mein Körper von einem ungeahnten Glücksgefühl erfüllt. Alles in mir wird mit Freude durchwirkt, Goldfäden, die mein Sein zusammenhalten. Ich habe das Gefühl, mitten im Glück zu schwimmen. Alles kribbelt in mir, meine Zellen, Synapsen und Schaltkreise, die neue Nahrung nach den Schmerzerfahrungen brauchen, werden neu mit dieser Liebesenergie geladen und ausgerichtet. Der leere Platz wird aufgefüllt. Nicht ich bin glücklich, sondern alles, was ich bin und sein kann, ist im Nexus der Seligkeit eingewoben und beschützt. Ich empfinde eine tiefe Dankbarkeit für all die Menschen, die mir bis hierher geholfen haben, diesen Urgrund des Seins zu finden. Tiefe Zufriedenheit erfüllt meinen Verstand, dass ich den Mut hatte, diesen Weg zu gehen und Genugtuung, dass ich es langsam machte, über all die vielen Jahre hinweg, neben Beruf und Familie.

Es ist nicht einfach, Worte und Sätze für diesen Zustand zu finden. Es klingt ja auch irgendwie phantastisch und vielleicht glaubt der eine oder andere auch, es ist anmaßend derartiges erlebt haben zu wollen; in unserem abendländischen Kulturverständnis doch eine Offenbarung, wie wir sagen würden, geradezu göttlichen Ausmaßes. Wie immer man das benennen will, für mich spielt dieser kulturelle Hintergrund keine Rolle. Es ist die Wahrheit, es ist so geschehen und ich bin davon überzeugt, dass jeder Mensch dies erfahren kann, wenn er sich danach sehnt und etwas dafür tut. Das Geschenk habe ich mir dreißig Jahre lang erarbeitet, wie man unschwer aus diesem Buch entnehmen kann. Ich bin in dieser Erfahrung tatsächlich zu jenem WISSENDEN geworden, zu jenem strahlenden Mann in meinem Traum, der genau das bekommt, was er für sich wollte.

Und als meine Schamanin mich diesmal berührt, um mir mitzuteilen, was sie in einer anderen Wirklichkeit über mich erfahren hat, da bin ich in einem seligen Zustand und ihr ganz zugewandt. Ich weiß, dass alles gut ist, was auch immer nun kommen mag, es ist nicht mehr wirklich wichtig. Ich bin bereits da, wo ich immer sein wollte. Das ist ein Teil meiner Bestimmung. Mit geschlossenen Augen bleibe ich liegen und bitte sie, mir die Dinge zu eröffnen:

Joana erzählt, sie habe auf ihrer Reise meine spirituellen Eltern nun zum zweiten Mal getroffen. Das sind jene Wesen, die mit uns in der anderen Wirklichkeit verbunden sind und uns beschützen. Es sind nicht unsere leiblichen Eltern, wenn sie gestorben sind, sondern Wesen, mit denen wir eine innige Verbindung hatten, als wir nur Seele in einer anderen Wirklichkeit waren. Sie bekam von ihnen die Erlaubnis, das Licht-Tor zum tiefsten Bereich des Nagual zu öffnen. Sie durchmaß mit ihrem Bewusstsein Raum und Zeit und erreichte sehr schnell jenen Ort, an dem alle Wesenheiten eine endlose Zeit miteinander verbringen und im ewigen Meer des Seins ihre Erfüllung leben oder sich dort entscheiden, auf die Erde oder zu anderen Planeten zurückzukehren. In einem Lichtkanal wurde ihr Bewusstsein aufgesogen, und ihr offenbarte sich die Welt der aufgestiegenen Meister. Dort bekam sie tatsächlich Geschenke für mich und die Offenbarung meiner Wesenheit, meiner Bestimmung.

Joana rückt nun ganz nah zu mir und flüstert mir die Botschaft aus der fünften Dimension ins Ohr. Die Worte, die sie mir sagt, verstören mich einen Moment, zu fremdartig sind die Szenen, die sie mir übermittelt. Doch dann, als ich die Bildnisse einer geradezu archaischen Symbolik nach und nach in mich einatme, kann ich sie entschlüsseln und verstehen und es vermittelt sich eine mir irgendwie vertraute Wahrheit.

Das, was hinter diesen fremdartigen Bildern leuchtet, die ich nicht veröffentlichen werde, sind jene Wesenszüge, die in meinem tatsächlichen Leben manchmal durchschimmerten, nur wusste ich nicht, dass sie der eigentliche und wesentliche Teil von mir, meinem Selbst sind. Ich nahm das nicht wirklich wahr, war viel mit Anderem, mit meinen persönlichen Konflikten und Problemen, mit dem Müssen und den Erwartungen anderer beschäftigt. Ich spürte allerdings, wenn ich mich bestimmten Aspekten des Lebens zuwandte, die Joana mir jetzt mitteilte, dann ging es mir gut. Ich wusste aber nicht warum. Jetzt erst erschloss sich mir der Sinn. Demnach ackerte ich vielfach auf anderen Feldern, die nicht meine ureigensten waren. Was wäre gewesen, hätte ich meinen Acker von Anfang an bestellen können?

Erst in den letzten Jahren, je mehr ich meine inneren Konflikte heilte, mehr und mehr zu mir selbst fand, drängte diese Wahrheit in mein Bewusstsein. Während sie erzählt, wird mir klar, dass ich gewissermaßen immer nur die kleine, weiß glänzende Spitze dieses „Berges aus Selbst" an der Oberfläche des Ozeans des Lebens wahrgenommen habe und nicht das riesige Fundament darunter, das mich eigentlich ausmacht.

Joana eröffnet mir nun langsam die Qualitäten meiner ureigensten Wesenheit: Ich bin der Neugierige, der Zuhörer, der Sammler, der Chronist, der Bewahrer, Erzähler und Übermittler von Geschichten und Geschichte, von Tradition, Mythen und Wissen – schlicht ein Geschichtenerzähler. Das also soll sie sein, meine inkarnierte Wesenheit auf der Erde, meine Bestimmung. Das also ist das, was hinter meinem Alltag beständig unerkannt leuchtete. Deshalb habe ich meine Arbeit, das Erzählen in Filmen so gemocht. Und ich denke, welch ein Glück das gefunden zu haben!

Das berührte mich nun auf eine Weise, die ich nicht beschreiben kann. Es war wie ein tausendfach verstärktes Déjà-vu-Erlebnis, wie wenn sich Magnet und Eisen gefunden haben, wie wenn die Blindheit von den Augen fällt und man endlich sieht. Mein Herz wusste schon immer, was für mich wichtig und gut ist, wenn ich es denn wahrnahm. Und als ich mich für den Film als junger Student entschied, es hätte auch die Musik sein können, habe ich wohl auf mein Herz gehört – welch ein Glück! Mein Herz wollte stets diese innerste Wesenheit zum Leuchten zu bringen. Doch wie oft nahm ich das nicht wahr? Wie oft hab' ich es verraten?

Joana hat ihre Erzählung beendet und sitzt nun aufrecht neben mir und wartet auf mich. Mir aber rasen die Gedanken hin und her. Wie habe ich mich da draußen bemüht. Besonders als junger Mann habe ich gestrampelt, gekämpft, geackert, gemacht und getan, um diesem wohltuenden Gefühl des Selbstwertes habhaft zu werden – vergeblich, ich suchte und fand es im Außen nicht! Jetzt erst in dieser Halle ist es in mir freigelegt, für mich spürbar, ohne dass ich dazu etwas leisten, schaffen, mich anstrengen oder perfekt sein muss. Das Erkennen ist einfach, der Weg dahin aber ist angesichts unserer menschlichen Realität kein leichter.

Ich bleibe mit geschlossenen Augen liegen und spüre in dieses gute Gefühl hinein. Als ich mich gerade Joana zuwenden will, sehe ich plötzlich vor meinem inneren Auge ein imposantes Bild: Ein Fluss in phantastischer Berglandschaft im Herbst. Ich sehe es aus der Vogelperspektive. Einen Moment bin ich verwirrt, was da nun wieder zu mir kommt, doch schnell kann ich das Bild einordnen. Ich sehe mich selbst mitten im Wasser eines Bergflusses stehen. Die Erinnerung ist ganz präsent. Ich war dort Teilnehmer eines Seminars mit dem afrikanischen Schamanen und Professor Malidoma Patrice Somé. Zwischen den kleinen Schwällen stehe ich mit nackten Beinen inmitten der Strömung. Mit ein paar anderen Männern suche ich nach Fluss-Steinen, nach kleinen und auch großen, nach solchen, die mich anziehen, die mit der reinen Energie des fließenden Bergwassers umspült sind. Ich registriere in diesem Bild sehr genau, wie ich mich vorsichtig bücke, um meinen damals schmerzenden Rücken zu schonen. Deshalb lasse ich auch die Steine von den Gefährten ans Ufer bringen, um sie dann gemeinsam in mitgebrachten Decken wegzutragen. Und da steht in einer großen, imposanten Halle des Friedens ein mächtiger Altar, drapiert mit diesen Steinen, verziert mit Sträuchern, Ästen und Blättern und behangen mit bunten Tüchern und allerlei Federn, Blumen, Schmuck und Kerzen brennen überall.

Ich erlebe mich noch einmal an diesem Erinnerungsschrein in einem wuchtigen, archaischen Ritual aus der Kultur des westafrikanischen Volkes der Dagara, das ich bei Malidoma Somé vor Jahren miterleben durfte *(siehe Malidoma Somé)*. Und ich begreife auch, warum ich mich gerade in diesem Moment, an diese Erfahrung erinnere. Das Leben der Dagara und ihre Kultur gründet im Kern auf einer ganz nahen Verbindung zur Natur, zu den spirituellen Kräften und den Ahnen ihres Volkes. Die Dagara nutzen jede Gelegenheit, mit dem Heiligen in Kontakt zu kommen und haben dafür mächtige Rituale entwickelt. Alles geschieht in der Gemeinschaft, in der Öffentlichkeit des Dorfes. Das Ritual ist der älteste Weg, Mitglieder einer Gemeinschaft mit der Geistwelt, der Natur, den Ahnen und dem Kosmos zu verbinden. Es ist für sie die Methode des Zwiegesprächs mit anderen Bewusstseinsebenen und Wesen in anderen Wirklichkeiten. Solche Rituale sind Mittel zur Heilung, um das labile Gleichgewicht zwischen Körper, Geist und Seele innerhalb einer Gemeinschaft zu stabilisieren und zu bewahren.

In der Vorbereitung und Einweisung zu diesem Ritual, das uns mit der Energie unserer Ahnen verbinden sollte, fanden die Teilnehmer unter Leitung des Schamanen Malidoma heraus, zu welchem Element der Natur auf Erden sie durch ihre Geburt eine besondere Beziehung haben. Denn die Dagara haben in ihrem Weisheitswissen ein Geheimnis über alle Zeiten hinweg bewahrt. Jedem Element in der Dagara-Kultur ist eine bestimmte menschliche Qualität zugeordnet, die mit seiner/ihrer Bestimmung zu tun hat. Diese Elemente sind: Erde, Mineral (Stein), Feuer, Luft und Wasser. Nach der Dagara-Kultur ist jeder Mensch durch den Zeitpunkt seiner Geburt mit einem dieser Elemente verbunden. Die Jahresläufe sind in einem Zyklus von 0 bis 9 immer wiederkehrend eingeteilt und den jeweiligen Natur-Elementen zugeordnet. Aufgrund der jahrtausendealten Erfahrungen in den Stämmen stehen diese Elemente für bestimmte menschliche Eigenschaften, deren Qualitäten die Bestimmung des Einzelnen erklären können. Die Elemente und ihre tradierten menschlichen Qualitäten stehen gewissermaßen für einen bestimmten Lebensweg, den man möglichst wählen sollte, weil man dann, nach der Dagara-Kultur, in seiner ureigensten Kraft lebt. Und je deutlicher der Mensch in seinem Wirken diesen Weg beschreitet, um so mehr erfüllt sich seine Bestimmung, geht es ihm gut. Das Herausfinden des eigenen Elementes war natürlich für uns Teilnehmer dann eine große Sache. Welchem Element ist mein Geburtsjahr zugeordnet, fragte sich jeder? Die Dagara-Kultur hat den Menschen, die unter einem bestimmten Element geboren wurden, nun folgende Qualitäten zugeordnet:

Diejenigen, die unter dem Element **Feuer** geboren wurden, sind von ihrer Bestimmung her Menschen, die eine direkte Verbindung zu den Ahnen aufbauen können. Sie können übersinnliche Fähigkeiten entwickeln, das ist ihre ureigenste Kraft. Das Geburtsjahr hat entweder die Endziffer 2 oder 7, also zum Beispiel 1972 und 1977.

Die unter dem Element **Wasser** Geborenen sind von ihrer Bestimmung her Menschen, die Frieden stiften und versöhnen können, die ein großes Herz haben. Viele von Ihnen können Heiler oder Lehrer werden, das ist ihre Kraft. Das Geburtsjahr hat die Endziffer 1 oder 6.

Die unter dem Element **Erde** Geborenen sind von ihrer Bestimmung her Menschen, die ihre Heimat wertschätzen, sich um das Wohlergehen der Pflanzen und Menschen bemühen. Sie werden vielleicht Bauern, Politiker oder Biologen und sind dann in ihrer Kraft. Das Geburtsjahr hat die Endziffer 0 oder 5.

Diejenigen, die unter dem Element der **Pflanzen** geboren wurden, sind von ihrer Bestimmung her Menschen, die sich um Veränderung, Transformation und die Magie kümmern. Sie sind die großen Performer und Initiatoren von Ritualen. Sie werden oftmals die Schamanen des Stammes. Das Geburtsjahr hat die Endziffer 3 oder 8.

Die unter dem Element **Mineral oder Stein** Geborenen sind von ihrer Bestimmung her Menschen, die das Gedächtnis des Stammes, das der Menschheit verkörpern. Sie suchen die Wahrheit, sie erzählen die Geschichten des Stammes. Sie sind die Bewahrer der Mythen und der erlebten Geschichte der Gemeinschaft. Das Geburtsjahr hat die Endziffer 4 oder 9

Ich bin im neunten Jahr des Zyklus im Elementbereich der Steine geboren und gehöre zur Gruppe der sogenannten Steinmenschen. Sie sind nach der Kultur der Dagara die Erzähler, Traumdeuter, Übermittler von Geschichten und deren Wahrheit. Sie füllen die Rituale mit Inhalten und halten den Kontakt zu den Ahnen. Die Steine, die ältesten der Naturelemente der Erde, sind ihr Vermächtnis und ihr Werkzeug, sie verkörpern die Wahrheit dieser Erde. Denn in Steinen ist die Geschichte des Planeten und des Universums aufgehoben. Steine, Mineralien können bei der Heilarbeit der Schamanen und Medizinmänner eine gewichtige Rolle spielen, zum Beispiel kann man in ihnen die wahrhaftige Energie eines einzelnen Menschen im Heilprozess speichern und entfernen. Steinmenschen können alte Energien empfinden und deuten, sie suchen nach den Wahrheiten des Lebens.

In einer bewegenden Zeremonie an diesem wunderbaren Steinaltar haben wir seinerzeit das kraftvolle Band zu unseren Vorfahren und Ahnen erneuert, dabei unsere Vergangenheit abgestreift, wie die Schlange ihre Haut und die Geschichte der Ahnen, ihr Leben und ihre Mythen geehrt.

Auf meiner Matte durchfährt mich ein Schauer und die Gedanken formieren sich zu einer Kaskade sprudelnder Lebendigkeit. Mein ganzes Leben lang faszinieren mich Steine. Ich habe sie bewundert, gesammelt, große und kleine aus vielen Teilen der Erde mit nach Hause gebracht, mit ihnen Steinskulpturen errichtet, sie behauen und verarbeitet. Ich wusste aber nie, warum ich das tat und nun dieser Zusammenhang. Dass ich zu jener Menschengruppe gehöre, die nach der Wahrheit in allem sucht, das widerspiegelt mein gesamtes Leben. Seit ich klar denken kann, suche ich nach meiner Wahrheit, in meinen Filmen war ich immer bemüht, zur Essenz des Menschen, des Themas vorzudringen. Warum tun die Menschen dieses und jenes? Was bewegt, was lieben sie, was möchten sie verändern? Ich habe sie in Interviews befragt, um Wahrhaftiges mit der Kamera einzufangen. Aufgeregt bin ich aber auch, weil ich jetzt die Äußerungen im Seminar verstehe, dass man wirklich reif sein muss, um diese Reise zur eigenen Wesenheit in ihrer ganzen Dimension erfahren und verstehen zu können und dass man seine eigentliche Aufgabe, seine Bestimmung im Leben erst dann wirklich fühlen und wahrnehmen kann, wenn man das Dunkle, den Müll, vor allem die kindliche Angst, die über allem liegt, beseitigt hat. Dann erst hat man wirklich Zugang zu seiner tiefsten Mitte, kommt mit seiner Fülle und Kraft in Berührung.

Ich öffne die Augen und setze mich langsam auf. Joana strahlt mich an, denn offensichtlich haben sich ihr alle Tore geöffnet. Sie hat mir noch etwas zu sagen. Flüsternd übermittelt sie mir eine Botschaft meiner spirituellen Eltern: Ich solle doch Ernsthaftes mit einem Lächeln verbinden. Da muss ich nun wirklich lachen: „Ja, das Lächeln, der Humor", so räuspere ich mich mit stockender Stimme, „das war nie meine Sache. Wie weise dieser Ratschlag ist, bisher gelang mir das in meinem Leben nur unzureichend, hab' alles immer sehr ernsthaft betrieben." Und diese Botschaft, so weiß ich jetzt, heißt doch wohl auch, genieße, mein Sohn, dich und das Leben, nimm nicht alles so ernst und sei locker mit dir selbst. Joana fährt fort. Die spirituellen Eltern hätten ihr weiterhin mitgeteilt, dass die Schwierigkeiten mit meinem Rücken in Zukunft unbedeutend seien, die schwere Verletzung sei nun endgültig geheilt worden. Ich bin wie vor den Kopf gestoßen: „Woher wissen die, weißt du? Ich meine, ja, das stimmt…", stottere ich aufgeregt. „Als ich hierherkam, konnte ich wegen der Schmerzen eines zurückliegenden Bandscheibenvorfalls in den Lendenwirbeln kaum auf meiner Matte liegen. Seit den ersten Heilsitzungen geht es immer besser und nun fühle ich überhaupt keine Schmerzen mehr. Ich kann jetzt flach auf dem Rücken liegen, seit vielen Jahren das erste Mal." Auch Joana ist beeindruckt. Ich bin nun vollends durcheinander und erschöpft, aber glücklich, doch nun am Ende meiner Kraft. Ich habe das dringende Bedürfnis mich auszuruhen.

Joana hatte noch nicht einmal eine Ahnung von meinen gesundheitlichen Schwierigkeiten. Niemandem im Seminar hatte ich davon erzählt. Die Beschädigung im Rücken ist also offensichtlich auf eine Weise geheilt worden, die sich die klassische Wissenschaft nicht erklären kann. Als wir uns lange umarmten realisierten wir, dass wir in tiefer Nacht ganz alleine waren in der großen Halle. Wir drückten uns nochmals und dankten uns für das, was wir uns gegenseitig haben geben können. Und am nächsten Tag, so wusste ich, war ich ihr Begleiter in die höhere Welt.

Meine Qualität als „Steinmensch" im Kulturverständnis der Dagara ist mit dem, was Joana über mich in der „höheren Welt" erfahren hat offensichtlich deckungsgleich. In einem bestimmten Teil meines Lebens, im Beruf, war oder bin ich der Geschichtenerzähler, der Bewahrer von Geschichten und Mythen durch viele meiner Filme *(Meine Hauptredaktionen beim Fernsehen waren zum großen Teil die Redaktion Geschichte und die Redaktion Gesellschaft)*. Mir war das aber nie bewusst! Das tiefe Interesse, die Wahrheit in allem zu suchen und nach der eigenen Wahrheit zu leben, gehört zum Profil der Steinmenschen, so auch mit diesem Buch. Aufgrund meiner weltweiten Recherchen zu den Urvölkern, kann man der Dagara-Kultur durchaus eine gewisse Universalität und Übertragbarkeit zuschreiben. So verhält es sich oft, wenn man erst einmal die Essenz der Kultur eines indigenen Volkes herausgearbeitet hat. Das Wissen dieser alten Kulturen kann und sollte angesichts der Zerstörung der Welt und unserer mangelnden Orientierung auch für uns von großer Bedeutung sein. In der Beschäftigung damit offenbart sich das, was ich als Weisheitswissen der indigenen Völker bezeichne. Das jedenfalls legen auch die Geschichten nahe, die mir Teilnehmer in dem Seminar bei Malidoma Somé zur Sychronizität von Bestimmung und tatsächlicher Lebenserfahrung erzählt haben.

Im Schein der Nachtlichter erreichten Joana und ich unsere kleinen Zimmer, unsere Mitstreiter schliefen schon tief und fest. Ich schlüpfte in mein kleines Etagenbett und fühlte mich voller Harmonie und Zufriedenheit. Ich schloss erschöpft meine Augen, hörte noch den leisen Atem meiner Brüder um mich herum und bevor ich tief in mein Kissen sank, wusste ich, dass ich dieses Buch hier schreiben werde. Es wäre, so fühlte ich seinerzeit und so weiß ich heute, ein Ausdruck meiner tiefsten Wesenheit, die ich soeben entdeckt hatte. Als ich im Halbschlaf durch die Alphaebene meines Bewusstseins glitt, sah ich den Kondor fliegen. Ich hatte ihn schon einmal in der Halle während eines Rituals wahrgenommen. Er schwebte mit ausgebreiteten Flügeln nun ganz nah an mir vorbei und blickte mich mit seinen tiefen, schwarzen Augen wissend an und endlich verstand ich seine Botschaft:

„Ich bin der, der ich bin, ganz in meiner Kraft.

Ich halte nichts fest und muss um nichts kämpfen.

Der Schatten ist im Licht vergangen.

Mein Geist ist klar, deshalb kann ich sehen.

Ich fürchte nichts, so kann auch die Erinnerung verbrennen –

für immer.

Ich bin ein Teil von allem und doch bin ich frei,

mein Selbst zu sein.“

Abschließende Gedanken und Schlussfolgerungen

Eine solche Erfahrung ist für diejenigen, für die Spiritualität noch ein unbeschriebenes Blatt ist sicherlich nicht leicht nachzuvollziehen. Das hängt damit zusammen, dass wir in unserer Kultur keine verlässliche Tradition damit haben. Ich selbst habe ja ein halbes Leben gebraucht, meine Zweifel zu überwinden. Und was ich auf diesen inneren Reisen erfahren habe, ist auch für mich, trotz meiner vielen Workshops völlig unerwartet geschehen. Gerade deshalb möchte ich das in unserer Kultur relativ hermetisch geschlossene Weltbild mit diesen für mich neuen Erfahrungen bereichern und dafür werben, die Existenz einer anderen Wirklichkeit als Möglichkeit einer ungemein komplexen Welt mit in Betracht zu ziehen. Für mich ist dieses Buch vor allem aber auch eine Art der Vergewisserung: Ja, das habe ich erlebt, ich will es niemals vergessen. Es wird für mich dann Orientierung sein, wenn ich im Alter versucht bin, mich vor der Macht der Gewohnheiten zu beugen. Mir ist es allerdings auch ein Herzensanliegen, gerade junge Menschen daran zu erinnern, dass es tatsächlich noch etwas anderes als unsere alltägliche, hektische und digitale Realität gibt, die uns in keiner Weise zufrieden stellen kann, sondern im Gegenteil mit dazu beiträgt, dass Menschen leiden. Und meine Geschichte sollte eine Erinnerung sein, dass man das Leiden sehr wohl beenden kann, man hat es in der eigenen Hand. Meine Erfahrungen und Erkenntnisse sind ein Zeugnis dafür, dass fundamentale persönliche Veränderungen tatsächlich möglich sind, auch wenn man das in einer misslichen Lage nicht glauben mag.

Warum ich Kontakt zu dieser anderen Wirklichkeit bekam? Vielleicht, weil mich das seit meiner Jugend beschäftigte. Bestimmt, weil ich seit über vierzig Jahren wissen wollte, was mit mir los ist, wer ich eigentlich bin jenseits meiner Erziehung. Sicherlich aber, weil meine Seele mich verzweifelt rief und ich das Gefühl der Trennung von der Liebe und der Ganzheit nicht mehr ertragen konnte. Ich fand es zudem für das weitere Zusammenleben mit meiner Frau wichtig, endlich Veränderungen einzuleiten. Vor allem auch, weil ich das innere Leiden, meine Traurigkeit satthatte und, weil ich die andere Dimension des Lebens, das Nagual wirklich gesucht habe. Ich wollte wirklich wissen und ich habe dieses Wissen bekommen. Einen derartigen Wandel mit der geschilderten Tiefe des Erlebens können wir nur in geschützten Räumen von Seminaren und Workshops erreichen, in denen für uns psychisch und seelisch gesorgt wird. In solchen Zusammen-künften ist die spirituelle Energie hoch transformiert. Diese förderlichen Bedingungen kann man für sich selbst mit unseren Alltagsproblemen eigent-lich kaum alleine herstellen. Solche Workshops bieten, wenn sie gut sind, eine völlig neue Lebensqualität und einen Zugang zu Erfahrungen, die wir alleine einfach nicht machen können!

Auch wenn gerade Männer oftmals meinen, dass sie das schon irgend-wie hinbekommen – nein, das kriegen sie ohne Hilfe nicht hin. Und was auch nicht funktioniert, wie viele vielleicht meinen, ist durch Nachdenken und Forschen in den eigenen Archiven auf der Ebene des Verstandes den emotionalen Schmerzkörper zu heilen. Energien und Ängste, wie sie bei mir zu Tage traten, verweigern sich dem Zugriff unserer geistigen Fähigkei-ten. Das Erkennen der gesamten schmerzvollen Vergangenheit wird dem kognitiven Teil des Gehirns mehr oder weniger verwehrt. Das ist ja der Sinn der Verdrängung ins Unbewusste. Es braucht andere Methoden, die ich vorgestellt habe, um den Schmerzkörper aufzubrechen und die Ursachen der Probleme zu entdecken.

Es ist eben nicht so, wie es in einer großen Tageszeitung zu lesen war, dass die Gefühle es sind, die uns die Knüppel zwischen die Beine wer-fen *(siehe Süddeutsche Zeitung vom 26./27. Oktober 2019 – „Das Diktat der Gefühle". Unterzeile der Überschrift: „Im Kopf ist der Mensch sozial, gerecht, ein-sichtig und zukunftsfähig und im Herzen des Menschen kreist alles um das Ego und seine Bedürfnisse")*. Welch eine Verkennung des Sachverhalts, es ist ge-nau umgekehrt und aus spiritueller Sicht an Naivität nicht zu überbieten, auch und das liegt ja dann dieser Denkart nahe, eine völlige Verdrehung der Begrifflichkeit. Es dokumentiert, wie wenig der Journalismus von den vielen, auch inzwischen wissenschaftlichen Ergebnissen zur menschlichen Psyche zur Kenntnis nimmt. Denn es ist gerade der durch unser Unbewusstes kontaminierte Verstand, der von unbewussten Energien getrieben wird und sich Niederträchtiges ausdenkt *(siehe Kapitel: „Das Unbewusste")*, wie man unschwer am Zustand unseres Planeten feststellen kann. Unsere Gefühle offenbaren uns oftmals die Essenz einer Situation, erzählen uns etwas von gelebter Wahrheit. Und das Herz ist das Organ, das die Gefühlswelt repräsentiert und Kontakt mit unserer Seele hat. Mit dem Ego hat unser Herz selten etwas zu schaffen. Ich werde im Folgenden zei-gen, dass gerade das Herz der Garant für ein zukunftsfähiges Miteinander auf der Erde sein kann *(siehe Kapitel am Ende des Buches: „Leben aus dem Selbst – eine neue Lebens-praxis")*. Es ist das Herz als Statthalter unserer Seele, das häufig zu uns spricht und sich wünscht, den Schmerzkörper zu heilen, um in eine grenzenlose Bewusstheit der Liebe zu fliegen.

Dieser Lebensbericht mag also jene bestärken, die sich verändern und neue Erfahrungsräume entdecken wollen: Menschen, die inzwischen unter ihrer Anpassungsfähigkeit leiden, die sich weigern, die emotionalen Bedürfnisse ihrer Eltern zu erfüllen. Die sich aufmachen, ihre Traumata zu überwinden, die den unbewussten Kreislauf der Projektion ihrer eigenen Not auf ihre Kinder endlich nach Generationen beenden wollen. Menschen, die schließlich ihre leuchtende Einzigartigkeit, ihr Selbst entdecken wollen. Und schließlich die heutige Jugend, die den Versprechungen der Alten, auch der alten Lebenskonzepte nicht mehr trauen. Der Planet Erde kann nur noch von ihnen für die Menschheit gerettet werden. Dass es sich wirklich lohnt, sich auf den Weg zu machen ist Fakt, inzwischen hunderttausendfach bewiesen *(siehe Stanislav Grof)*. Ich bin einer der vielen, die schließlich auch zum Schöpfer ihres Lebens geworden sind. Das hört sich groß an, ist jedoch nichts weiter, als dass wir hier auf Erden das leben, was wir wirklich sind, verkörperte Wesen eines universellen Bewusstseins, die aus ihrem Selbst, ihrer Bestimmung heraus Erfahrungen machen wollen, Erfahrungen, die sie sich einst als Zweck der Inkarnation selbst vorgenommen hatten.

Doch wie kann nach einer solchen Reinigung oder auch Heilung die verletzliche kleine spirituelle Pflanze in unserem Alltag weiter gehegt und gepflegt werden? Wie geht man mit den neuen Wahrheiten um? Was ist zu tun, um in dieser neuen Lebensaura zu bleiben?

Die Grundbedingungen für ein erfülltes Leben:
Die Arbeit an sich selbst

Begleitet man als Coach die Veränderungsprozesse von Männern, so wird schnell klar, dass sie von ihren inneren, individuellen Verstrickungen sowie der kollektiven Problematik zum Beispiel des Deutschen Volkes kaum ein Bewusstsein haben. Im Gegenteil, sie wehren sich zu Beginn oftmals gegen Einsichten und sind dabei im Widerstand verfangen. Sie kämpfen immer wieder um Kontrolle, um ihre Position, damit sie nicht berührt werden, um die Büchse der Pandora nicht öffnen zu müssen. So ist ihre Erziehung und es dauert, bis sie sich schließlich doch einlassen.

Innerhalb der lebensgeschichtlichen Ereignis- und Beziehungskette findet man am Ende bei Männern, ebenso natürlich bei Frauen, aber eben auch bei den Herren der Schöpfung immer Ängste, die sich im psychischen Schmerzkörper festgesetzt haben und die Verhalten dominieren. Sowohl in der Arbeit mit der Gruppe *(Gruppentherapien, Familienaufstellungen, schamanische Heilreisen)* als auch in Einzelsitzungen *(vielfältige therapeutische Sitzungen und schamanische Energiearbeit)* kann man diese Ängste und ihre Geschichte kennenlernen, identifizieren, neutralisieren oder gar löschen. Das kommt sehr auf die Methode an. Als Therapeut oder Energiearbeiter hilft man als wissender und empathischer Zeuge durch die Rekonstruktion der Kindheitsbiographie, diese negative Energie bewusst zu machen und/oder sie zusammen mit ihm oder ihr aus den Energiezentren zu extrahieren.

Das führt dazu, dass deren Auswirkungen und Symptome im Alltag nach einer gewissen Zeit vollkommen verschwinden. Voraussetzung für diese Reinigung ist der unbedingte Wille des Klienten, die biographische Wahrheit kennenlernen zu wollen, das Verhalten der eigenen Eltern so anzunehmen, wie es ihm oder ihr einst widerfahren ist. Also nicht mehr zu beschönigen und die Eltern zu schützen, wenn es um die Wahrheit geht. Das heißt nicht, wie ich es beschrieben habe, dass man mit ihnen durch die inner Arbeit in Unfrieden leben muss. Ganz im Gegenteil. Erst über die Wahrheit ist wirkliche Aussöhnung möglich.

Für diejenigen, die versuchen, die Essenz dieses Buches für sich zu nutzen und wissen möchten, was zu tun ist, mag es eine Hilfe sein, wenn ich im Folgenden nochmal kurz meine Heilerfahrungen resümiere, weil sie mir im Alltag deutlich zeigen, wie sich die Veränderungen schließlich und tatsächlich so positiv auf mein Leben auswirkten:

Die großen Probleme, die ich in meinem Leben mit mir herumschleppte, entstanden im Wesentlichen aus der Beziehung zu meinen Eltern. Die Entwicklungspsychologie der letzten fünfzig Jahre hat aufgrund der Therapieerfolge mehr und mehr herausgearbeitet, dass die Schwierigkeiten der Erwachsenen vorwiegend im Beziehungsverhältnis zu ihren Eltern begründet sind. Als Kind erlebt man/frau, wie sich die Eltern einerseits ihrer Macht bedienen, um uns, die Kinder in ihrem Sinn, nach ihren Regeln zu erziehen. Andererseits sind diese Eltern die Protagonisten unbewusst gelebter Verhaltensweisen, die ihre Kinder aufgrund der existenziell wichtigen Beziehung unbewusst mit übernehmen. So liegt in der Aufdeckung der biografischen Kindheit der Schlüssel für die Emanzipation des Erwachsenen, der sein verletztes inneres Kind annehmen kann: Abgesehen von meinem lebensbedrohlichen Krankenhausaufenthalt in meinem ersten Lebensjahr, habe ich über meine Anpassungsfähigkeit als Folge elterlicher Erziehung ein Ich ausgebildet, das mein Selbst nicht mehr erkannte. Schon Freud wählte dafür den Begriff „Über-Ich". Ich lernte meinen Alltag in Rollen zu leben. Meine Einzigartigkeit, meine Liebe für mich selbst, meine schönen Gefühle für dieses und jenes, meine innere Kraft, meine genuinen Fähigkeiten, die in der Bestimmungslinie verborgen lagen, gingen in der Anpassung an die Erwartungen meiner Eltern und die der Familie insgesamt mehr und mehr verloren.

Die Gewalterfahrungen, inszeniert durch meinen Vater und die Lehrer, bedrohten meine Integrität, schüchterten mich ein *(ich bin nicht ok)*, minderten mein Vertrauen in Bezugspersonen und führten zur Übernahme einer mir fremden Identität *(der kleine Macho)*. Der psychische Energiemissbrauch, den ich mit meiner Mutter erlebte, hatte zur Folge, dass ich als Mann zu meinen Partnerinnen aus Vorsicht die Distanz wählte und die notwendigen nährenden und kommunikativen Fähigkeiten nicht entwickeln konnte. Die unbewusste, ständige Erfahrung der tiefen Trauer meiner Eltern im Zusammenleben mit uns beförderte meine Melancholie. Die Folge all dessen war die Ausbildung meiner beschriebenen Neurosen und somatischen Erkrankungen: Ich hatte mir ein narzisstisches Verhalten zugelegt, das manchmal als überhebliches Auftreten wahrgenommen wurde und schließlich in depressiven Gefühlen und meinem Rückzugverhalten endete. Die Depressionen sind nach langjährigen psychotherapeutischen Erkenntnissen Ausdruck einer inneren Blockade, einer Wut, eines tiefen Frustes darüber, das wahre Selbst, den inneren Wert nicht leben zu können *(siehe auch hierzu: Alice Miller sowie Martin Miller)*.

Mit der therapeutischen und vor allem der energetischen Arbeit sind meine Wut, meine Ängste und die damit verbundenen Neurosen verschwunden. Ich fühle mich nicht mehr klein und unbedeutend, wenn mir Autoritäten begegnen und ich muss mich als Kompensation meiner Minderwertigkeitsgefühle nicht mehr im Verhältnis zu anderen aufspielen oder erhöhen. Die Angst, nichts wert zu sein, die Angst zu versagen, haben sich durch die Energiearbeit und mit dem Kontakt zu einer anderen Wirklichkeit vollkommen aufgelöst.

Interessant ist meine Begegnung mit dem mächtigen Ritter aus grauer Vorzeit in einem meiner Vorleben. Hier waren die Überheblichkeit und die Angst vor der Vernichtung das Thema *(mein Krankenhausaufenthalt als Einjähriger)*. Das hatte deshalb für mich einen hohen Erkenntniswert, weil ich mit der Energie meines eigenen Todes in Berührung kam. Dadurch, dass ich als „Ritter der Arroganz" sterben durfte, verlor ich meine Angst, weil ich den Tod in der Wüste vor den Toren der Stadt schließlich als Erlösung akzeptierte. Ich konnte mit diesem Tod in grauer Vergangenheit die damit einhergehende Überheblichkeit *(Ich bin der Größte, ich sterbe nicht)* mit beerdigen. Seitdem habe ich nie mehr ein derartig überhöhtes Gefühl anderer Menschen gegenüber verspürt oder ausgedrückt.

Meine Einsamkeit und der Rückzug in die eigene innere Welt *(eine leichte Form des Autismus)* sind die Folgen von extremen, negativen Erfahrungen im Säuglings- oder Kleinkindalter. Meine Vorsicht als junger Mann dem Leben und den Menschen gegenüber war das Resultat dieser verdrängten Angst vor denen, die mich einst im Krankenhaus ‚bedrohten'. Das Misstrauen und der Rückzug waren als Erwachsener meine ‚Waffen', mich der ‚Bedrohung' durch die stets virulente Energie des Traumas zu entziehen. Die Tilgung dieser extremen Energie im Unbewussten machte mich hernach frei für eine lebensfrohere Zuwendung mir selbst und meinen Mitmenschen gegenüber. Die Existenzangst, die mich nachts oft verfolgte, wich aus meinem Leben und meine innere Kraft kehrte wieder zurück. Letztlich war nach den neuesten Forschungen mein gesamtes

Nervensystem bis in die Chakren (Energiezentren) und Zellen meines Körpers mit den Spuren dieser massiven Angstenergie kontaminiert. Dass ich trotzdem jetzt kein lustiger Mensch geworden bin, hängt einfach mit der einstigen massiven Bedrohung meines Lebens zusammen, da habe ich einen Knick bekommen, der einfach nun mal bleibt.

Natürlich wandeln sich Verhaltensweisen nicht über Nacht. Die Gewohnheiten, sein Leben angestrengt im Griff zu halten, haben ihre Spuren hinterlassen. Die Reste davon nach und nach abzubauen, erfordern weiterhin Achtsamkeit. Auch Gewohnheiten hinterlassen Abdrücke in den Energiezentren. Eine gewisse Zurückhaltung bleibt mir. Ich bin nach wie vor gerne allein! Mir ist das aber sehr, sehr bewusst und ich kann heute gut damit umgehen und neue Entscheidungen gegen die Gewohnheiten treffen. Das Wichtige ist ja, dass ich nicht mehr Opfer der energetischen Antreiber bin, sie sind verschwunden. Ich handele heute aus dem soge-nannten Erwachsenen-Ich und nicht mehr aus dem Kindheits-Ich *(Für die Interessierten: siehe dazu das weite Feld der Transaktionsanalyse, wo diese beiden Begriffe zentrale Bausteine der Theorie und Praxis sind)*.

Die Angst vor der Nähe aufgrund der psychischen Missbrauchser-fahrung mit der Mutter hat sich nahezu aufgelöst. Sie hat ebenfalls keine Macht mehr über mich. Die Erlösung von dieser historisch tief geprägten Mutterenergie, die den Sohn vielleicht ja auch gerne besitzen wollte, befreite mich von dem Zwang, meine Liebesenergie aus Angst vor Vereinnahmung zurückzuhalten. Ich fühle mich jetzt frei, die Liebe zu meiner Frau fließen zu lassen. Und ich begreife erst jetzt so richtig, wie frustrierend es war in die-sem Mangel mit mir zu leben. Mit offenem Herz auf meine Frau zuzugehen ist mein neuer Weg, der neue Bedeutungsrahmen in meinem limbischen System ausbildet. Mein jetziger Zustand ist folglich mit dem des früheren Mannes nicht zu vergleichen. Für das Zusammenleben mit meiner Frau ist durch die Heilung eine neue Qualität entstanden. Wenngleich das meiner Frau immer noch zu wenig ist, weil ich ab und an aus Gewohnheit noch vorsichtig bin, so macht es doch einen großen Unterschied im Alltag, ob ich ‚nur' eine Gewohnheit verringern muss, deren Ursprung mir bewusst ist, oder ob ich vollkommen unbewusst einer Angst folge, die aus einer Fesselung an eine vergangene Mutterbeziehung resultiert. Wenn ich mich mal wieder in die alte Rückzugsgewohnheit fallen lasse, kommt nach zwei Tagen meine Frau und sagt. „Schluss mit der Separation, komm zu mir!" Und ich komme, sofort!

Warum Männer es nicht einfach haben

Wenn Knaben Wärme, Liebe und Nähe erfahren wollen, weil sie das zum Leben brauchen, das aber entweder wie bei mir für andere Zwecke missbraucht oder aber erst gar nicht gegeben wird, ziehen sich die kleinen Jungen mehr oder weniger in sich zurück. Sie verschließen in der Regel ihr Herz vor Enttäuschung, zunächst als Jugendlicher gegenüber der Mutter und später als Männer gegenüber ihren Frauen. Das geht oft nahtlos ineinander über und ist den meisten Männern nicht bewusst. Wärme, Zärtlichkeit und Liebe sei etwas für Mädchen, heißt es im Erziehungskanon. Und nach der im Buch gleich weiter unten zitierten Studie gehen die Mütter mit ihren Töchtern wesentlich emotionaler um als mit ihren Söhnen. So tragen also oftmals die Frauen als Mütter selbst dazu bei, dass Jungen und später die Männer entweder im Rückzug ihr Herz verschließen oder aber nur in der Dienstbarkeit, der Opferrolle ein Stück dieser Herzenergie zeigen und leben können. Es gibt viele Autorinnen, die im Laufe der letzten vierzig Jahre Antworten auf diesen Rückzug der Männer gesucht haben, die die Lösung des Problems oftmals aus eigenem Erleben kurzsichtig den Männern zugeschoben haben, als könnten sie in der Beziehung wählen, Nähe ja oder Nähe nein, miteinander sprechen ja oder nein! Ganz am Ende der Erklärungsversuche steht dann oft der Satz, dass Frauen und Männer eben vielleicht doch aufgrund ihrer Gene sehr verschieden seien. Nun, so einfach ist es eben nicht.

Ich habe in so vielen Workshops mit Männern die Erfahrung gemacht, dass meine Geschichte und die meiner Erziehung große Ähnlichkeit hatte mit den Erfahrungen anderer Männer. Das bleibt jedoch interessanterweise als gemeinsames Wissen der Männer in den therapeutischen Zirkeln hängen, kommt nicht an die Öffentlichkeit. *(Der Journalismus interessiert sich wahrscheinlich deshalb nicht dafür, weil die Journalisten und ihre weiblichen Kolleginnen selbst Betroffene sind und das nicht zugeben können)*. Fast ausschließlich Frauen, die sich trennen, versuchten in ihrer Verzweiflung über gescheiterte Beziehungen ihre Erfahrungen irgendwie zu verstehen und schreiben Bücher dazu.

Nun ändert sich gerade das gesellschaftliche Bewusstsein. Aufgrund der fortschreitenden digitalen Technik und den ungeahnten Möglichkeiten in der Hirnforschung hat sich nun etwas Fundamentales ereignet.

Neurobiologen der Universität Zürich haben 2017 erstmalig in umfangreichen experimentellen Studien nachweisen können, warum Männer verschlossener und unzugänglicher sind als Frauen *(siehe Alexander Soutschek: „The dopaminergic reward system underpins gender differences in social preferences")*. Diese Studien decken sich mit meinen und den Erfahrungen so vieler Therapeuten in den vergangenen vierzig Jahren. Diese ‚neuen' Erkenntnisse der klassischen Wissenschaft sind aus erfahrungswissenschaftlicher Perspektive alte Hüte, gelten jetzt aber als wissenschaftlich erforscht und werden damit in Zeitungen und Medien brav veröffentlicht.

Man hat dort an der Universität Zürich in langjährigen Studien festgestellt, dass die Erziehung und die Erfahrung von Kindern es ist, die die Unterschiedlichkeit im Verhalten von Männern und Frauen begründet und nicht etwa ein Gendefekt der Männer in der DNA. In den meisten Gesellschaften, so die Forscher, werden die Mädchen im erzieherischen Kontext gelobt, wenn sie umsichtig, sozial und hilfsbereit sind. Bei Jungen sähe das anders aus, so stellten die Wissenschaftler fest. Für Jungs wird aus Tradition ein anderes Erziehungsprogramm vorgehalten. Sie bekommen in der Regel Anerkennung, wenn sie sich durchsetzen, Konkurrenten übertrumpfen, wenn sie kämpfen, wenn sie besser und gut sind. „Mädchen lernen in den Familien schon früh, eher eine Belohnung für prosoziales als für egoistisches Verhalten zu erwarten," so Alexander Soutschek, Neurowissenschaftler an der Universität Zürich. In weiteren Studien kamen die Schweizer Forscher zu der Auffassung, dass die Unfähigkeit der Männer, über ihre Gefühle zu reden darauf zurückgeht, dass Mütter eben mit ihren Söhnen weit weniger emotional reden als beide Elternteile mit ihren Töchtern. Von den Vätern ist mehrheitlich in dieser Hinsicht deshalb nichts zu erwarten, weil sie ja gerade auch in dieser Sprachlosigkeit seit Generationen erzogen worden sind. Der Unfähige kann keine Fähigkeiten vermitteln!

Und um in meinem Koordinatensystem zu bleiben, die Männer verfügen gegenüber den Frauen eben nicht über die Bedeutungsrahmen, die Frames, die für kommunikatives Verhalten zuständig sind, die das Belohnungssystem im Gehirn aktivieren könnten. Diese Frames sind in der Kindheit nicht ausgebildet worden. So entwickelt sich eine Lebenspraxis, in der Männer in der Regel das Gespräch eher vermeiden, indem sie immer viel zu tun haben. Sie müssen das Sprechen lernen, sollen ihnen die Frauen nicht noch mehr davonlaufen. Das ist ohne Therapie, ohne Energiearbeit oder dergleichen, ohne eine Bewusstwerdung nur schwer zu realisieren.

Sind Männer allerdings offen für eine Veränderung, gehen sie ihre Transformation mutig an, dann bilden sich mit den neuen kommunikativen Erfahrungen auch schnell neue Bedeutungsrahmen aus. Dann erst spüren wir Männer, dass es doch tatsächlich noch etwas gibt, was das Leben schöner und gehaltvoller machen kann als Arbeit und Fußball. Einen großen Teil meines Lebens habe ich folglich damit verbracht, dies zu lernen.

In diesem Prozess der eigenen Wahrheitssuche entwickelt sich dann die lang ersehnte Klarheit und endlich eine ganz neue Freiheit. Und wenn die Männer über einen längeren Zeitraum neue Erfahrungen gemacht und wirklich begriffen haben, wird sich etwas verändern. Wahrheitsliebende Menschen haben einfach ein anderes Bewusstsein, ihnen ist an einem Ausgleich der Interessen gelegen, nicht an einer Verschärfung. Sie interessiert die Harmonie, nicht der Konflikt, sie machen sich stark für das globale Gemeinwohl und nicht für individuelle Gewinne. Und auf diese Weise entsteht auch eine neue Gesellschaftstheorie, die im Moment bei vielen Intellektuellen vermisst wird.

Die Hinwendung zur persönlichen Nachhaltigkeit und Spiritualität ist aus meiner Sicht im Moment der einzige Weg, den wir sofort, ab heute, beschreiten können. Und das geschieht dann schnell und unaufhaltsam, wenn der innere Müllberg abgetragen, wenn Unbewusstes bewusst geworden ist. Wenn das also zur Sache vieler wird, dann wird sich auch der Wirtschaftsliberalismus endlich nach zweihundert Jahren zu einer neuen Gesellschaftstheorie fortentwickeln. Die Verwandlung der verletzen Welt liegt in den Händen und Herzen einzelner Menschen und geschieht nicht durch und in gesellschaftlich organisierten Systemen.

Arbeiten die Erwachsenen ihre persönliche Geschichte aber nicht auf, bleiben sie bis zu ihrem Lebensende Menschen, die nicht sich selbst, sondern vielfach die Vorstellungen anderer leben und mit ihren Problemen zu kämpfen haben. Psychische, wie auch körperliche Erkrankungen sind die Folge. Die Seele erlebt Disharmonie und leidet und wartet auf eine Gelegenheit darauf einzuwirken, mitzuhelfen, dass sich etwas ändert. Meistens entstehen dann massive Einwirkungen auf das gewohnte Leben – Krankheiten, Unfälle. Oder die Seele entscheidet, das irdische Leben zu verlassen, um ein neues, hier oder irgendwo dort, zu beginnen, um sich weiterentwickeln zu können.

Körperliche Krankheiten als Folge psychischer Leiden

Für die meisten wird es verwunderlich gewesen sein, als sie von mir erfuhren, dass der oft stechende Nachfolgeschmerz einer konservativen Behandlung meines Bandscheibenvorfalls durch die energetische Arbeit an meinem inneren Schmerzkörper sich vollkommen auflöste. Ich war selbst erstaunt darüber! Die Medizin bezeichnet derartige Vorgänge als Spontanheilung. Die klassischen Mediziner können das in ihr System nicht einordnen, weil sie aus ihrer Sicht keine wissenschaftliche Erklärung dafür haben.

Nun, vielleicht hilft ja folgender Gedanke dabei weiter: Wenn man davon ausgeht, dass Körper, Geist und Seele des Menschen über ein umfassendes Informationssystem verfügen, durch das nicht nur alles Menschliche miteinander verbunden ist, sondern auch die subtilen Schwingungen und Informationen dieser Welt und aus dem Universum in diesem Nervensystem von uns gedeutet werden können, dann ist es nicht verwunderlich, dass natürlich auch eine kranke Seele Informationen zu Körper und Geist sendet. Reagiert der Mensch nicht darauf, führt er sein unbewusstes Leben so weiter, entstehen immer mehr Situationen, die für das Gesamtsystem schädlich sind. Es ist ungesund, so zu leben, signalisiert zum Beispiel der Körper. Hinzu kommt, dass die Blockade im Energiesystem wahnsinnig viel Energie frisst. Im ganzheitlichen Prozess beeinflusst also die Seele, wenn sich nichts verändert, irgendwann auch den Körper und die Psyche.

Oftmals ist eine Schädigung des Immunsystems die Folge, weil viel Energie für den Widerstand gegen die notwendige Erkenntnis aufgebraucht wird. Die guten Ärzte sprechen dann von psychosomatischen Erkrankungen und verzweifeln oftmals an ihren Patienten, weil sie wissen, dass das körperliche Symptom die tiefere Ursache im Psychischen, im Seelischen hat. Pillen helfen da kaum! Solange die Patienten diesen Zusammenhang nicht erkennen, kann ihnen ein konservativer Arzt kaum helfen. Und die Ärzteschaft wird solange frustriert sein, solange sie sich nicht dafür einsetzt, dass alle professionellen Psychotherapien und die Arbeit am Energiekörper des Menschen in das normale Vergütungsprogramm der Krankenkassen aufgenommen werden. Das ist das Gebot der Stunde, nachdem man 2017 feststellte, dass ca. 22-25 % aller Deutschen unter Depressionen leiden.

Möglicherweise aber haben Ärzte auch ihre eigenen finanziellen Interessen, die Patienten in Abhängigkeit zu halten, damit sie weiterhin an ihnen gut verdienen können. Wenn das so ist, müssen die Bürger für die Veränderungen im Kassensystem streiten.

Alles, was die Psyche belastet und unbearbeitet auf dem inneren Müllberg landet, hat Auswirkungen auf den Körper. Und umgekehrt, wenn die Seele sich nach Jahren erfolgloser Intervention in Not ist und Signale der Verzweiflung sendet, zieht sie sich zurück. Eine körperliche Genesung kann dann erfolgen, wenn die Ursachen für die psychischen, also seelischen Belastungen beseitigt sind und die körperliche Krankheit noch nicht zu weit fortgeschritten ist. Wenn frühzeitig der Zusammenhang erkannt ist, können klassische Therapien oder die Energiearbeit die Genesung von Körper, Geist und Seele bewirken. Jeder ist für sein Wohlergehen selbst verantwortlich und kann bei uns, in der westlichen Welt, entsprechende Hilfe finden. In Afrika, wo ich öfters mit der Kamera gearbeitet habe, können die Menschen das dort nicht erwarten, sie kämpfen in vielen Ländern um ihr nacktes Überleben.

Ein bereits erkrankter Körper kann sich also aufgrund der neuen, positiven Energien erholen. Mehr noch, durch die Kraft des spirituellen Geistes und durch einen neuen Weg, den die Seele schon lange gehen wollte, kann ein bereits geschädigter Körper wieder gesund werden. Clemens Kuby, ein mir bekannter Filmemacher-Kollege, der heute nur noch Seminare zur Geistheilung anbietet, hat eindrücklich beschrieben, wie sich der ganzheitliche Prozess der Heilung bei ihm auswirkte. Sein unterer, gelähmter Körper *(Unfall)* wurde nach seiner eigener Aussage durch die Kraft seines Geistes im Sinn von Spirit oder Seele und einer entsprechenden spirituellen Praxis wieder gesund. Er konnte den Rollstuhl verlassen. In seinen Filmen und Büchern machte sich Kuby auf die Spuren der Geistheiler dieser Welt. Dort bei den Medizinmännern und -frauen erfuhr er von ihrer Art der geistigen Heilung. Sein Standardwerk *(siehe Clemens Kuby: „Mental healing")* beschreibt eine Methode, wie man den Prozess der Heilung des inneren Schmerzkörpers ohne therapeutische Hilfe von außen selbst angehen kann. Er ist, offensichtlich auch durch seine therapeutischen Erfolge in den Workshops, davon überzeugt, dass die Selbstheilungskräfte der Menschen ungeheuer groß sind, wir nur einen Weg finden müssen, diese Selbstheilungskräfte zu aktivieren.

Ich möchte das hier nicht bewerten, sondern nur dazu bemerken, dass seine Selbstheilungsmethode eine große Disziplin erfordert. Es bedarf den wirklichen Willen alleine, ohne Beistand, der Wahrheit ins Gesicht zu schauen, sie auszuhalten und nach seiner Methode des sogenannten Umschreibens vergangene Traumata aufzulösen. Dazu muss man aus meiner Erfahrung durchaus eine gewisse innere Stärke haben. Für mich wäre das nicht infrage gekommen, zu tief hatte sich meine eigene Geschichte bis zur Unkenntlichkeit in mir eingegraben und mich verletzt. Ich war für professionelle Hilfe dankbar und in den Armen von Männern und Frauen Trost und Halt zu finden. Denn die Betreuung und Zuwendung, die man in entsprechenden Workshops *(die Kuby ja auch anbietet)* mit vielen anderen und den Therapeuten und Assistenten erfährt, ist für die Öffnung des Panzers, für die Überwindung der Angst oftmals elementar wichtig.

Die Heilung des Folgeschmerzes meines Bandscheibenvorfalls geschah aber insbesondere im Kontakt mit dem universellen Bewusstsein in einer „anderen Wirklichkeit". Darin ‚badete' ich gewissermaßen wie in einem Jungbrunnen und es war wie eine Wiedergeburt. Viele Teilnehmer in Grofs Seminaren beschreiben das auf ähnliche Weise. So märchenhaft sich das liest, so einfach ist es doch. Ich habe nichts weiter getan, als vollkommen losgelassen und diese tiefe Liebe, die mir begegnete, in mich aufgenommen und mich den Erfahrungen voll und ganz hingegeben. Das wurde möglich, weil in der jeweiligen Heilsitzung die Schamanen meine Ängste neutralisiert oder auch extrahiert hatten. Der Kontakt mit einer anderen Sphäre machte es offensichtlich möglich, meine Zellen mit einer neuen, gesunden Matrix auszustatten. Dieser komplexe Austausch zwischen mir und dem kosmischen Bewusstsein ist damit nur sehr unzureichend beschrieben. Es gibt in unserer Sprache dafür kaum Worte, jedenfalls kenne ich sie nicht. Geist, Körper und Seele nahmen diese Möglichkeit still und heimlich an und wahr. Ich hatte gar nicht die Absicht, diese Schmerzen zu heilen.

Diese Erfahrung aber auf andere Krankheiten oder Menschen zu übertragen liegt mir fern. Jedes menschliche Wesen hat seinen eigenen Weg, sich zu entwickeln, etwas wahrzunehmen oder auch nicht. Interessant wäre es, die Wirkungsweise einer „anderen Wirklichkeit" wissenschaftlich mit einer neuen, der erfahrungswissenschaftlichen, emprisch abzubildenden Herangehensweise zu erforschen. Wie bekommt man Zugang zu diesen höheren Sphären? Können wir hier vom Buddhismus lernen, der den Einstieg dorthin, den Sinngehalt willentlich durch vielerlei Übungen langsam aufbaut? Was für eine Energie treffen wir dort an und woher speist sie sich? Was allerdings für mich völlig klar ist, wir können aus dem Alltag heraus kaum diesen Kontakt herstellen. Das Ego hat dort keinen Zugang!

Vielleicht noch ein Wort zu den spirituellen Eltern, deren Botschaft meine Kollegin im Heilprozess empfangen hat. Das ist natürlich etwas in unserer christlichen Kultur, woran wir uns reiben, das können wir nicht einordnen. Im Gegenteil, sofort ist man in einer Widerstandshaltung nach dem Motto, was erzählt er denn da, das ist doch vollkommener Unsinn. Das ist unsere normale Reaktion auf Erscheinungen und Geschehnisse, von denen wir keine Ahnung haben – wir produzieren Vorurteile. Die spirituellen Eltern sind, wenn man so will, Seelenverwandte, die sich im Bereich jener Welt aufhalten, wo Seelen nach ihrem Tod Zeit verbringen, bevor sie vielleicht wieder auf der Erde inkarnieren oder sich entscheiden ins Nagual, ins kosmische Bewusstsein, ins christliche Paradies zurückzukehren. Sie sind nicht zu verwechseln mit den Ahnen, mit denen wir eine menschliche Verwandtschaft auf der Erde hatten, die sich auch zum Teil in diesen Zwischenwelten *(das tibetische „Bardo")* aufhalten. Spirituelle Eltern halten sich in einer anderen Dimension auf. Sie kennen unsere Seele, weil wir mit ihnen in den anderen Bereichen der universellen Welt Kontakt hatten, offensichtlich dort Zeit mit Ihnen verbracht haben oder in weiter Vergangenheit auf der Erde im Universum zusammen waren. Sie sind vielleicht mit dem christlichen Blick geschaut so etwas wie Engel, die uns beschützen, zu denen wir eine besondere Beziehung haben und auch Kontakt aufnehmen können. Sie sind die Mittler zwischen den Welten. Erst bei diesem Kontakt zu ihnen erfuhr Joana überhaupt, dass mein Rücken beschädigt war.

Die andere Wirklichkeit

Die große Frage, die sich nach der Lektüre der bisherigen Kapitel nun stellt, lautet ja doch wohl: Ist das, was ich eine „andere Wirklichkeit" nenne, eine Realität? Also gibt es noch etwas, eine erfahrungsrelevante Bewusstseinsebene, die wir in unserem Kulturkreis bisher nicht wahrgenommen haben, nicht wahrnehmen konnten, weil wir uns bisher in unserer Geschichte zu sehr auf materielle Konzepte, auf unser Überleben konzentriert haben? Weil wir in unserer Ego-Fixierung zu viele Kriege geführt haben? Könnte die „andere Wirklichkeit" eine bereichernde Qualität für uns haben, verständlich und handhabbar sein?

Seit meinen Erlebnissen in dieser Sphäre hat sich meine psychische Verfassung, mein Leben grundlegend verändert. Die Heilung geschah mit geistigen *(im Sinn von Spirit)*, also spirituellen Kräften, die in anderen Dimensionen oder Wirklichkeiten scheinbar vorhanden sind. Diese Energie, die Stanislav Grof als Anima Mundi, also als „Weltseele" bezeichnet, diese Kraft als existent nachzuweisen fällt deshalb schwer, weil wir dafür noch kein wissenschaftliches Instrumentarium und keine Sprache gefunden haben *(viele Wissenschaftler arbeiten weltweit daran)*. Die Dimension, in der Heilung geschah und geschieht, ist nicht physikalischer oder chemischer Natur, ist keine Materie, wie wir sie kennen und kann somit auch nicht durch die materiell orientierten, klassischen Naturwissenschaften bewiesen werden. Die Rekonstruktion von Körper, Geist und Seele geschah energetisch auf informativem Weg mit den Selbstheilungskräften des Körpers. Diese Sphäre besteht aus Energie und Information. Neuzeitlich betrachtet sind es Daten, die über das energetische Feld abrufbar und austauschbar sind.

Dass der Information die gleiche Qualität zugesprochen wird wie der Materie, das versuchen Quantenphysiker und Informatiker überall auf der Welt inzwischen auch nachzuweisen. Beide, so nehmen viele Wissenschaftler an, sind eigentlich gleichwertig. Wessen wir uns allerdings jetzt schon vergewissern können, das sind die vielen Erfahrungen von Seminarteilnehmern dazu. Zudem haben wir die Erfahrungen, Berichte und Bücher der Wissenschaftler und Forscher, die derartige Seminare veranstalten. Oftmals sind die Berichte in universitären, wissenschaftlichen Clustern entstanden. Das ist im Moment der einzige Weg für uns, sich diesem unbekannten

Bereich zu nähern. Solche, durchaus auch wissenschaftliche Expertisen (*siehe hierzu Stanislav Grof im Anhang*) nehmen uns die Angst vor der Fremdartigkeit anderer Dimensionen des Lebens.

Nun zu meinen Erfahrungen und der Frage, woher man weiß, dass man in einer anderen Erfahrungswelt, einer neuen Sphäre angekommen ist, dass es sie gibt? Grundsätzlich: Es ist eine völlig neue Lebenserfahrung und klar unterscheidbar von dem, was man bisher in der bekannten, alltäglichen Lebenswirklichkeit kennenlernte. Jedenfalls war es für mich so.

Als ich darin erstmalig eintauchte, begegnete ich zunächst dem, was ich gehofft hatte wiederzufinden – das innere Kind. Ich fand sowohl das Kind, das verletzt war, als später auch das, was offensichtlich immer heil ist, das Seelenkind. Ich fühlte es, es war ein unumstössliches und klares Gefühl. Ich erkannte mich in meiner Reinheit wieder, wie eine vertraute Narbe am Knie, die man lange schon vergessen hatte.

Dann erlebte ich etwas, was ich in der alltäglichen Realität doch niemals so hätte erfahren können, eine ungeheure, allumfassende Liebe, berstende Freude und die erhabene Glückseligkeit, ein Wesen dieser Welt zu sein – alles das in einem für mich überwältigenden Ausmaß.

Schließlich die Auflösung der Trennung von der Ganzheit, also das gefühlte Wissen der Einheit von mir mit Allem. Es gab in dieser Sphäre zudem keine Wahrnehmungsgrenzen mehr für mich, weil ich mit dem Alles-was-ist verbunden war.

Alles in Allem also ein nie gekanntes Gefühl der Einheit mit der Welt, dem Kosmos. Und dieses Einssein mit Etwas ist das, was für mich ein staunendes, unerwartetes Erkennen war. Denn ich wusste augenblicklich, dass ich das mein Leben lang vermisst hatte – das Gefühl verbunden zu sein. Es war ganz deutlich für mich, dass es mehr, viel mehr gibt, als wir glauben. In dieser Sphäre erkannte ich eine ungeheuer komplexe Realität. Sie unterscheidet sich fundamental von dem, was wir im Alltag kennen. Oder anders, ich tauchte ein, in einen für mich völlig neuen Resonanzraum, bei dem ich das Gefühl hatte, das existiert genauso wie alles andere auch. Dieser Raum komplettiert erst das menschliche Potenzial, die gesamte menschliche Dimension, die möglich ist. Wenn man es anders herum betrachtet, ist diese komplexe Wirklichkeit die eigentliche Welt, das Alles-was-ist. Wir Alltagsmenschen leben scheinbar nur einen Ausschnitt davon. Beim Eintauchen in diese neue Wirklichkeit erlebt man/frau, dass neben dem Ich, dem Ego des irdischen Weltgetriebes, das Selbst tatsächlich existiert und entdeckt werden kann, jene Wesenheit, die unser gesamtes Potenzial und Menschsein erst ausmacht. Das Ego, der Beruf, die Familie, gesellschaftliche Probleme, das gängige Leben ist in dieser Realität nicht bedeutsam. Hautfarbe, Nationalität, Abstammung, Religionszugehörigkeit oder kulturelle Identität – all das spielt dort keine Rolle. In dieser anderen Wirklichkeit ist Mann oder Frau simpel ausgedrückt nur seelisch unterwegs, man/frau ist reines Bewusstsein, geschlechtslos, ein fühlendes, hoch sensitives Wesen, vollkommen bei sich selbst und im Alles-was-ist verankert. Da macht „Frau sein" oder „Mann sein" keinen Unterschied mehr, der in unserer Alltagsrealität doch eine so bedeutende Rolle spielt.

Unsere kleine, alltägliche und materielle Welt wird von dieser riesigen, komplexen Realität umschlossen, dieser winzige Alltagserfahrungsraum ist gewissermaßen Teil von dem überaus großen universellen Weltreich. Man kann in dem Zustand, in dem ich war, sofort von der einen Ebene zur anderen wechseln, wenn man das will, weil man in beiden Ebenen, dem sogenannten „Tonal" und dem „Nagual" im Sinne Castanedas zugleich unterwegs ist.

In diesem Nexus der Glückseligkeit hatte ich eine nie zuvor gekannte, überquellende Präsenz, ein Seins-Gefühl, eine Echtheit jenseits aller Rollen, Zwänge, Zugehörigkeiten, Identitäten, persönlichen Geschichte und religiöser Vorstellungen. Das war gefühltes, komplexes Leben, nach dem wir uns in unserem Alltag immer sehnen. Wir spüren in einem solchen Zustand, was wir vermissen und wir wissen ganz tief in uns, dass es also doch noch etwas anderes gibt, ein „ES", das uns scheinbar wirklich umhüllt. Ich schließe nach dieser Erfahrung vollkommen aus, dass man das, was ich da erlebte und fühlte, autosuggestiv phantasieren könnte. In einem späteren Kapitel beschreibe ich, wie man zu diesem Etwas Kontakt machen kann.

Eine wesentliche Erkenntnis aus dieser Gesamterfahrung war und daran kann man vielleicht die Wahrhaftigkeit einer anderen Wirklichkeit nachvollziehen, dass das Selbst, die Seele, trotz des geschwächten, traurigen und umtriebigen Ichs unzerstört und heil in der dahinschwebenden Zeit alle Krisen überdauert hat. Die Seele wartete in dieser anderen Dimension auf mich. Nicht anders kann man die geschilderten Empfindungen und Bilder interpretieren. Sie war an der Oberfläche des Lebens für mich selten zu spüren und schwang mit dem Ich selten in Harmonie. Seit dieser

Erfahrung schwingen wir oft gemeinsam durch das alltägliche Leben. So, als ob sich zwei Verschollene wiedergefunden hätten, als ob sie wiedererweckt worden wäre. Es ist ein Gefühl des Komplettseins, voll innerer Zufriedenheit.

Und seit dieser Erfahrung stelle ich mir auch nicht mehr die Frage, ob unsere Seele überhaupt existiert, sondern ich ahne aufgrund meiner eigenen Erfahrungen und die vieler anderer, dass es vielleicht sogar unsere Seele ist, die dort, wo sie herkommt, sich tatsächlich für ein spezifisches Leben hier auf der Erde, für bestimmte Aufgaben und Abenteuer entschieden hat, die sie hier ausagieren möchte. Die Frage ist dann doch, nehme ich sie wahr, habe ich Kontakt zu ihr und kann ich ihre Absicht erkennen? Denn dass viele von uns mit ihrer Seele selten in Kontakt sind oder im Einklang mit ihr leben, sich vielmehr oftmals unzufrieden und deprimiert durch den Alltag kämpfen oder gar quälen, kann man sicherlich für viele Menschen so annehmen. Geht es somit in unserem Erdenleben nicht eigentlich darum zu erkennen, was für uns gut ist, was unsere Seele eigentlich in dieser Welt will? Für mich war die Bewusstwerdung der mangelnden Kongruenz von Seele und Ich und die sich anschließende Verschmelzung dieses Ichs mit meiner Seele in der anderen Wirklichkeit der Ausgangspunkt für eine völlig neue Haltung zum Leben: Es gibt eine Seele, ein Selbst und beides ist die eigentliche Wesenheit. Und ich erkannte, dass es die Seele ist, für die der Übergang in andere Wirklichkeiten völlig normal ist. Da ist sie zuhause! Das Ich hat keine Ahnung, dass es diese Wirklichkeiten gibt, es hat sich während der gesellschaftlichen Entwicklung von ihr fortentwickelt, weil andere dieses Ich absichtsvoll konditioniert haben. Wären wir geübt im Kontakt zu unserer Seele, wäre uns die andere Wirklichkeit des Lebens viel vertrauter. Wenn das Ich schließlich die Seele erkennt, dann gehört auch dieses Ich zu unserer Wesenheit.

Interessant war für mich im Nachhinein, dass ich meine Erlebnisse in anderen Wirklichkeiten nicht so einfach annehmen konnte. Mein Verstand, mein Denken suchte nach Erklärungen, misstraute der Reinheit der Erfahrung, trotz der Beseitigung meiner Zweifel während der Heilprozesse. Doch als sich schließlich mein Leben nachhaltig mehr und mehr veränderte, ich zunehmend den Unterschied zum Vorher wahrnahm, wurde mir bewusst, dass wirklich etwas Unvergleichliches geschehen war und dass das, was wir in unserem Erziehungs-, Bildungs- und Wissenschaftssystem gelernt haben, offensichtlich nicht ausreicht, um diesen

Seins-Zustand in einer anderen Dimension zu erklären. Bedeuteten meine Erlebnisse nicht sogar das Infragestellen all dessen, was wir mit unserer kulturellen Prägung gemeinhin als natürlich oder auch als unnatürlich betrachten? Nicht die andere Wirklichkeit ist aus meiner Sicht das Problem, sondern ist nicht unser Festhalten an überkommenen Strukturen und primitiven Lebensformen unser eigentliches Problem?

Was ich also mit dem Abstand von Jahren verstanden hatte war, dass man mit den Kategorien unseres, in dieser Kultur sozialisierten Verstandes solche Erfahrungen nicht begreifen kann – Punkt! Und mehr noch, wie die neuesten Forschungen das analysieren, es gibt sogar zu unserem eigen Gessamtbewusstsein keinen direkten, kognitiven Zugriff, geschweige denn das verstandesmäßige Verstehen einer anderen Wirklichkeit. Subjektive Innenwelten können mit dem gängigen System Sprache nicht nachträglich analysiert oder gar kategorisiert werden. Und genau diese Innenwelten, die inneren, energetischen Prozesse sind es, die überhaupt den Kontakt zu einer anderen Realität erst herstellen können. Das entzieht sich jeder Vernunft. Mit dem Verstand ist weder Bewusstsein noch das Unbewusste und schon gar nicht, so ergänze ich, eine andere Wirklichkeit zu erfassen. Das war für mich eine bedeutende Erkenntnis. Unser zivilisierter Geist als Verstand hat Grenzen, er bewegt sich innerhalb von Zäunen und abgesteckten Feldern. Das aber ist nicht die komplexe Welt! Das zu akzeptieren war für mich nicht einfach in einer Kultur, die für alles scheinbar eine Antwort parat hat.

Warum ist es für uns nun so schwer, diese andere Dimension des Seins einfach anzunehmen, sie als existent zu akzeptieren? Erfahrungen, wie ich sie hatte oder auch viele andere, öffentlich ernst zu nehmen und sie vielfältig zu nutzen? Aufgrund unseres gestressten Alltagsbewusstseins haben wir zunächst einmal große Schwierigkeiten mit uns selbst. Die meisten kommen ja mit ihrer alltäglichen Realität kaum klar, wie es mir auch viele Jahre erging. Die Erfahrung oder die vermittelte Kenntnis von einer anderen Dimension gehört für die meisten Menschen deshalb nicht zu ihrer Lebenserfahrung, sie haben zu tun, zum Leidwesen ihrer Kinder. Oder aber, was sicherlich auch gilt, viele haben Angst vor derartigen Erfahrungen. Sie lehnen meistens auch jede Spiritualität kategorisch ab. Sie begnügen sich mit dem, was sie alltäglich erleben und packen solche

Bedürfnisse in ein von Menschen geschaffenes religiöses System. Sie glauben vielleicht allenfalls an diesen oder jenen fernen, unnahbaren Gott, mit dem sie jedoch in ihrem Leben kaum etwas anzufangen wissen. Sie verweigern die Verantwortung für ihr eigenes göttliches, spirituelles Sein.

Hinzu kommt, dass die meisten Menschen in den hochzivilisierten Ländern niemals von solchen Erfahrungen in der Schule, der Universität, in den Medien gehört haben, weil man uns einst, als wir noch Kinder waren, von der Welt der Mystik und Spiritualität kaum etwas oder nichts erzählt hat. Das war auch schlechthin kaum möglich, weil die Führer der christlichen Religion unseren Vorfahren ihre mystische, spirituelle Erfahrungswelt mit Schwert und Feuer mehr als eintausend Jahre nachhaltig ausgetrieben hat. Das ist auch der Grund, warum so viele Menschen in Europa und den USA Schwierigkeiten damit haben, Spiritualität als eine Bereicherung des Lebens überhaupt anzuerkennen. Sie wird oft als Esoterik diskreditiert.

Doch die Zeit scheint reif zu sein, den nächsten Schritt in der Entwicklungsgeschichte der Menschheit zu vollziehen. Dass auch wir inzwischen mit der noch übrig gebliebenen spirituellen Kultur der Urvölker und ihren Werkzeugen arbeiten können, hat vor allem mit unserem großartigen menschlichen Anpassungspotenzial und allem Lebendigen im Universum zu tun. Ich habe erlebt, dass wir in etwas eintauchen können, in eine Atmosphäre, ein Milieu, dass uns teilhaben lässt an einer Universalität, an einer echten, unverstellten Intelligenz, die geradezu unheimlich brillant ist. Am besten kann man das ohne jede Vorerfahrung vor allem bei den beschriebenen Familienaufstellungen erfahren. Hier ist die Existenz der anderen Wirklichkeit deshalb am Einsichtigsten, weil die tiefe Wahrheit der eigenen Familie plötzlich in anderen Personen zum Vorschein kommt, die nichts von dieser familiären Wahrheit wussten. Diese Energie ist offensichtlich im Weltenbewusstsein gespeichert, sonst könnten die Protagonisten einer solchen Aufstellung das nicht empfinden. Sie könnten dann ja alles und nichts empfinden oder ihr eigenes Lebensproblem thematisieren, aber nein, sie repräsentieren genau die Konstellation, um die es in der jeweiligen Familie geht! Die Vorfahren haben einen energetischen Abdruck in der Welt, im universellen Speicher hinterlassen. Hier wird auch meine Erfahrung bestätigt, dass Zeit in dieser anderen Wirklichkeit keine Rolle spielt. Alles ist immer zugleich präsent.

Viele Forscher bemühen sich zurzeit herauszufinden, ob diese Informationen des energetischen Feldes wirklich im wahrsten Sinn des Wortes durch die Atmosphäre schwingen. Sie untersuchen in diesem Zusammenhang zum Beispiel, wie in dynamischen Systemen (unsere Welt) auch kleinste Ereignisse auf andere Situationen oder Konstellationen, die weit entfernt sind, Einfluss haben, ob also der Flügelschlag eines Schmetterlings in Brasilien einen Tornado in Texas auslösen kann *(siehe Edward N. Lorenz in einem Vortrag und in „The Essence of Chaos")*.

Ein wesentliches Merkmal für die Wahrhaftigkeit dieser anderen Wirklichkeit ist zudem die Einheitserfahrung. Die kann man in der gewohnten alltäglichen Umgebung nicht erleben, das ist aufgrund der Ablenkung und des Stresses nahezu unmöglich. Es gibt in diesem Zustand keine Trennung mehr von mir zur Welt, von dir zu uns, die Dualität hat sich aufgelöst, alles ist eins und miteinander verbunden! Das kann man wirklich so erleben und ist so komplex, dass ich dafür kaum Worte finden kann. Emanuele Coccia, ein Philosophieprofessor an der École des Hautes Études en Sciences Sociales in Paris, versucht in seinem großartigen Buch „Die Wurzeln der Welt" diese Einheitserfahrung und die Konstitution von Welt aus philosophischer Sicht wissenschaftlich über die Pflanzen zu analysieren, also die Ursache einer solchen Einheitserfahrung zu ergründen und kommt zu dem Schluss: *„Jede Wahrheit steht mit jeder anderen Wahrheit in Verbindung, genauso wie jedes Ding mit jedem anderen Ding verbunden ist. Diese Verbindung, diese universelle Verschwörung der Ideen, der Wahrheiten und Dinge, ist im Übrigen das, was wir Welt nennen: Was wir durchqueren und was uns durchquert, jeder Zeit, jedes Mal, wenn wir atmen. In der Welt ist alles mit allem gemischt, nichts ist ontologisch vom Rest getrennt." (Siehe Emanuele Coccia: „Die Wurzeln der Welt").* Und ich füge hinzu, alles ist Information und Energie und die Trennung davon, das angenommene Alleinsein ist eine Illusion, wir sind mit allem verbunden, immer!

Eine weitere Qualität der anderen Wirklichkeit ist das Nicht-vorhandensein von Zeit und Raum. Alles ist zugleich da und zeigt sich. Es gibt keine Vergangenheit, keine Zukunft, es gibt nur das Jetzt und darin ist alles, was je war, enthalten. Auch der Raum spielt keine Rolle. Man ist sofort da, wo man sein will. Es ist die Energie als Information, die das ermöglicht. Sie ist scheinbar immer präsent und abrufbar. Ein weiteres, bedeutendes Kriterium für die Echtheit einer solchen Erfahrung ist die unfassliche Liebe und

Geborgenheit, die man in dieser Wirklichkeit erfahren kann. Das war für mich so neu, so jenseits aller normalen Erfahrung, dass es mich regelrecht umgehauen hat. Dabei laufen einem einfach die Tränen des Erwachens, der Rührung die Wangen herunter, wenn man diese allumfassende Liebe erfährt.

So etwas hatte ich als Mensch auf dieser Erde noch nie gefühlt. Diese Liebe ist ein so mächtiges Gefühl, so ohne jede Einschränkung, Begrenzung oder Bedingung, dass man schlagartig und unmittelbar begreift, dass alles seinen Sinn hat – auf dieser Erde und im Universum. Alles macht nicht nur Sinn, sondern ist von unglaublicher Klarheit, Schönheit und Intelligenz durchdrungen. Es ist ein ausgeklügeltes, auf Miteinander basiertes, holistisches Gesamtsystem Welt, das im Erdkreis gewiss nicht Halt macht, sondern ins Universum weist, von dem wir wenig wissen, aber wo unsere Wurzeln sind. Ein Weltenbewusstsein, das Zeit hatte, sich zehn Milliarden Jahre zu entwickeln. Das menschliche Leben, die Tiere, die Natur und sicherlich noch viele andere unbekannte Wesen sind in dieser vollkommenen universellen Liebe aufgehoben. Dazu gehört, dass Geburt und Tod völlig unbedeutend sind und auf jene vorhandene ewige Instanz verweisen, die ich mein Leben lang gesucht hatte – die Seele. Mit ihr zu sein, das ist die Erfahrung der Ganzheit, der Liebe und vollkommenen Harmonie. Das Sein an sich in dieser Liebe, so meine Erfahrung, ist der eigentliche Zweck und Sinn des Lebens.

Und noch ein Kriterium für die Wahrhaftigkeit meiner Erfahrung sei angemerk. In dieser zeit- und raumlosen Einheitserfahrung ist das eigene Leben, die Natur, alle Menschen, die Erde, die Sterne und das Universum, einfach alles, Teil der eigenen Wesenheit, des eigenen Selbst. Es ist eine Erfahrung vollkommener Totalität, ohne dass sich die eigene Individualität auflöst. Alles ist in Einem und Du bist in Allem, das ist die Erfahrung. Diese Totalität, diese Wirklichkeit des Alles-was-ist umgibt uns ständig. Diese Wirklichkeit ist das energetische Feld, der Informationsträger des Weltbewusstseins. Und all diejenigen, die meditieren, intensiv Yoga machen, sich mit spirituellen Inhalten beschäftigen, die beten und religiöse Rituale praktizieren, die übersinnliche Menschen kennen, die mit indigenen Häuptlingen und Völkern zu tun haben, kennen aus eigener Erfahrung, zumindest aber aus deren Erzählungen diese ungeheure Totalität. Und je mehr man sich darin bewegt und auskennt, umso mehr weiß man, dass diese Wirklichkeit als

Teil unserer menschlichen Realität tatsächlich existiert. Anders ausgedrückt: Unsere alltägliche Realität als Menschen in der materialisierten Welt ist Teil einer kosmischen Intelligenz. Es hat lange gedauert, bis ich das wirklich verstanden und vor allem akzeptiert habe.

Carlos Castaneda, Stanislav Grof, Michael Roads und den vielen anderen sei gedankt, die mich auf dem Weg begleitet haben. Diejenigen, denen diese Wirklichkeit noch fremd ist, sei liebevoll mitgeteilt, dass sie das Potenzial zur Entdeckung dieser anderen Ebenen des Seins genauso in sich tragen. Ich hätte nie vermutet, dass ich das erleben könnte. Es hat etwas Erlösendes, wenn man erkennt, dass es keine Grenzen für uns Menschen gibt, dass dort in diesem riesigen Bewusstsein unglaubliche Erfahrungen und neue Leben auf uns warten. In der Liebe, Frieden und Glück ganz anders als die Widersprüche in unserer Welt zuhause sind. Denn wenn erst einmal die Entsorgung der belastenden Energien in unserem Schmerzkörper gelungen ist, eine Voraussetzung für eine solche Erfahrung, dann breiten sich ungeahnte Qualitäten auf wundersame Weise wie von selbst aus. Das hat mit den blumigen Versprechungen vieler ‚Heilsbringer' einer esoterischen Glücksindustrie nichts zu tun. Es ist ein Glück, was wir, ja, so kann man es vielleicht beschreiben, was wir uns selbst erarbeitet haben.

Viele Menschen kennen besondere Situationen, in denen etwas Wunderbares geschieht, was sie in ihren normalen Tagesablauf eher nicht einordnen können. Wir berühren dann mit unserer Aufmerksamkeit in einem Moment der Stille unerwartet diese andere Wirklichkeit. Eine Musik- oder Kunstproduktion, deren Essenz uns das Herz öffnet und Tränen in die Augen treibt, ein Kind, was ganz und gar selbstvergessen die Poesie eines Clowns versteht, eine ungewöhnlich gute und befriedigende Zusammenarbeit, ein wunderbarer Dialog mit einem Freund, mit seiner Frau, Verliebtheit, inspirierende Einfälle und Ideen, Anmut einer Tänzerin, die eigene Kreativität, Solidaritätserfahrungen, wirkliches Verstehen, wo einem plötzlich ein Licht aufgeht, phantastische Projekte, die durch ihre visionäre Kraft uns begeistern.

Große Künstler, Musiker hatten oder haben vielleicht eine Ahnung von dieser großen Ressource der anderen Wirklichkeit, haben ES irgendwie geschehen lassen und großartige Werke erschaffen. Andere haben sehr bewusst diese Quelle zur Verschönerung des menschlichen Seins, zur Erhabenheit der Welt genutzt. Es gibt inzwischen Erfahrungen, die nahelegen, dass die Inspirationen aus der anderen Dimension von einer sogenannten Meisterintelligenz kommen. Dieses Meisterbewusstsein ist Teil des kosmischen Bewusstseins aller Lebewesen dieses Universums. Diese Intelligenz ist an Seelen, an Wesen gebunden, die die Dimensionen der Erdgebundenheit durch ihren Tod verlassen haben und in höhere Ebenen, andere Wirklichkeiten aufgestiegen sind. Sie sind jene Meister, von denen Joana, meine Begleiterin in der letzten Sitzung Informationen über mich bekommen hatte. Sie sind, wie die Buddhisten es nennen, erleuchtete, aufgestiegene Wesen, die nicht mehr inkarnieren, aber an der Entwicklung der Menschen einfühlsam interessiert sind, sich die Begleitung ‚aus der Ferne' als Aufgabe erwählt haben. Sie versuchen, durch Energien, Zeichen, durch Ereignisse mit uns Kontakt aufzunehmen. Unsere Sprache mit ihnen ist unsere Intuition, das innere Gefühl, das im besten Fall mit dieser Intelligenz verbunden ist. Dies spielt auch im Schamanismus und in der Kunst eine wesentliche Rolle. Es kommt auch vor, dass einzelne Meister in der Menschheitsgeschichte wieder körperliche Gestalt angenommen haben, also inkarniert sind, um auf der Erde bei der Weiterentwicklung der Menschheit direkt Einfluss zu nehmen. Gautama Buddha, Jesus von Nazareth, Sathya Sai Baba und viele andere seien hier als Beispiel genannt.

Das Meisterbewusstsein hat immer etwas mit Klarheit, Wahrheit, mit Liebe, Harmonie, mit Schönheit, mit Eleganz, mit dem Fluss der Energie, der Balance der Kräfte zu tun. Es gibt in dieser Intelligenz keine Wertungen! Ich selbst bin in dieser Dimension weder einem Gut noch einem Böse begegnet. Nach meiner Erfahrung gibt es das dort nicht, weil dort alles Sinn macht. Bosheit und Hass, die die Liebe auf der Erde aufzufressen scheinen, sind eine menschliche Erfindung, geschuldet der Dualität, des Getrenntseins und der unmenschlichen Lebenskonzepte. Bosheit und Hass haben mit den Dramen zu tun, die aufgrund schwerer, innerer Konflikte bei den Erdbewohnern entstehen und ausgelebt werden. Die Ursache dieser Dramen ist die Angst und daraus folgend die Gier. Das sind die Treiber, die die Welt in Atem halten. Wenn Menschen aber mit der Quelle des Lebens verbunden sind, wenn sie innerlich mit sich im Reinen sind und dem Weg folgen, den sie sich als Seele ausgesucht haben, können sie niemals einer „Bosheit" anheimfallen.

Noch etwas, dass es vielleicht leichter macht, diese andere Wirklichkeit zu verstehen. Woher nimmt die Blume ihre erhabene Schönheit, warum wird das Samenkorn zum Baum? Für Emanuele Coccia hat alle Materie Intelligenz, nicht nur Tiere und Menschen. Er beschreibt sehr schön den

Plan der Pflanzen zur Entwicklung einer bestimmten Gestalt, die schon im Ursprünglichen angelegt ist. Das Samenkorn hat im Voraus, wenn es noch nicht gekeimt hat, eine Vorstellung davon, wie der Baum, der es einst sein wird, aussieht. Die glänzend, schimmernde Kastanienfrucht auf dem modrigen Waldboden verwirklicht, so die Bedingungen stimmen, einen Masterplan, der immanent schon in ihr angelegt ist. Schält man sie, schneidet man sie auf, hat man einen Augenblick das Gefühl, als blicke man in ein kleines Gehirn. Diese Kastanie öffnet im Frühling selbst ihren festen Hautpanzer und treibt den Keim aus ihrem Hirn als Wurzel in die Tiefen der Erde und gleichzeitig den Stamm eines gewaltigen Baumes von nahezu vierzig Metern gen Himmel. Sie verbindet Erde und Firmament miteinander und gibt so die Informationen der Erde in den Kosmos. Wie soll man das bezeichnen, was sich dort in diesem Samenkörper während Wochen und Monaten abspielt? Schauen wir uns die Natur genau an, wie es Coccia in seinem Werk vom Aufbau der Welt macht, dann ist es nicht abwegig anzunehmen, dass die Prozesse dort mit brillanter Intelligenz präzise ablaufen. Uns Menschen kann diese Vorstellung von einer brillanten Intelligenz dann nicht gefallen, wenn wir glauben, die Krönung der Schöpfung zu sein. Ich habe während meiner Erfahrungen erkannt, wie begrenzt unser Verstand wirklich ist.

Was uns Menschen auch nicht gefällt, ist die natürliche Tatsache, dass auch das Sterben der Körper, das Vermodern, die Transformation zu etwas Anderem zum Weltenplan gehört. So ist das gesamte Universum zu begreifen und deshalb ist es in der Wirtschaftspolitik nicht stimmig, vom ewigen Wachstum auszugehen. Ständige Ausdehnung bedeutet auch irgendwann Explosion.

In der Normandie hatte ich einen bewegenden Traum und wollte gerne so sein, wie dieser wunderbare Mann, dem ich in diesem Traum begegnet bin. Und ich veränderte mich in dieser Traumgeschichte so, wie ich es von tiefstem Herzen sein wollte. Ich kreierte mich in diesem Traum im Kontakt mit einer anderen Wirklichkeit vollkommen neu. Das verblüffende an dieser Kreation in einer anderen Dimension war, dass ich sie Jahre später tatsächlich in meiner irdischen Wirklichkeit realisieren konnte. Mein Plan, den nur meine Seele kannte, war dieser Traum, die Kreation von einem besseren Leben. Vergleichbar mit der Eichel, die eine Vorstellung davon hat, wie sie einst in dreihundert Jahren als Eiche aussehen wird. Der Traum war meine Vision für mein neues Leben und ich hätte mir nie, niemals in meinem Alltagsbewusstsein vorstellen können, dass das einmal Wirklichkeit werden könnte. Zur Erinnerung: Wie verzweifelt blickte ich am Strand der Normandie auf den weiten Ozean? Viele Menschen sind augenblicklich auf der Erde unterwegs, jenseits unserer tradierten religiösen Erziehung zu ergründen, wie Natur, Erde und Kosmos funktionieren, wie alles ineinander greift, miteinander verbunden ist und sich scheinbar mühelos entwickelt. Wir sollten jetzt beginnen, unser bisheriges Denken auf den Kopf zu stellen. Nicht wir sind die Krönung einer Schöpfung, sondern das Universum ist ein Geschöpf, ausgestattet mit einer brillanten Intelligenz, zu der auch wir gehören.

Die Intuition, Sprache der Seele

Als ich mich in einer anderen Wirklichkeit aufhielt, brachte ich eine Erkenntnis mit, die ich gerne teilen will. Sie heißt, vom WAS zum WIE! Nicht WAS wir vorhaben, tun und machen in dieser Welt ist für unsere Zukunft, unser Wohlergehen entscheidend, sondern WIE wir etwas machen, wie wir uns verhalten ist von zentraler Bedeutung. Im Wie, so habe ich es dort erfahren, entscheidet sich, ob es zwischen uns kalt oder warm, schwer oder leicht ist. Das Wie sorgt für Konflikte oder Harmonie, im Wie liegt Verweigerung oder Zugewandtheit. Das Wie verkörpert Plumpheit oder Anmut, Ignoranz oder Anteilnahme, zeigt Hass oder Mitgefühl, ist Verbitterung oder Liebe.

Wie wir also leben, wie wir unserer Frau, unserem Mann begegnen, dem Freund, dem Arbeitskollegen, der Kollegin, dem Flüchtling, wie wir unsere Kinder zu Bett bringen, wie wir miteinander arbeiten, wie wir das Essen zubereiten und die Speisen zu uns nehmen. Wir haben die Wahl, wie wir zusammen leben und arbeiten wollen. Ich versuche bewusst das Wie zu beachten und kreiere oft eine Vision davon, wie ich mich verhalten oder handeln will. Mit der Achtsamkeit für das Wie mache ich das Was immer gerne. Und wenn das Herz den Weg zeigt, dann komme ich nicht in jenes Fahrwasser, das das Wie ja eben auch beinhaltet: Ignoranz, Aggressivität, Verschlossenheit. Das Herz ist das Organ, das uns an unsere Menschlichkeit, an die Möglichkeit der Fülle, an unser Glück erinnert *(dazu später mehr)*. Das Herz ist das Transmissionsaggregat unserer Seele. Ein Herz lügt nicht und ein Herz hat eine Stimme, die Intuition! Mit dem Herzen im Einklang zu leben, ist dann möglich, wenn wir die vielen Hinweise, die wir jede Woche als Erfahrung bekommen, ernst nehmen. Das wahrzunehmen, darüber nachzudenken, und dann aus seiner Intuition heraus zu handeln, ist ein Weg, das tägliche Leben positiv zu erfahren.

Bin ich also achtsam und orientiere mich an meinem Herzen, dann wird jede Tätigkeit, jede Arbeit zur Königsdisziplin an der Menschheit. Dann ist eben nicht ein Priester, ein Arzt, ein Greenpeace-Kämpfer wichtiger, mehr wert als ein Arbeiter im Autowerk, ein Bäcker, ein Müllfahrer oder ein Manager in einem börsennotierten Unternehmen. Konzentriert sich also jemand in seinem Leben auf das Wie und folgt seinem Herz, dann spielt es eigentlich für ihn, für sie kaum eine Rolle, was er oder sie dabei zu tun hat. Die Arbeit wird dann so gemacht, dass sich die menschlichen Qualitäten zeigen wie Geduld, Anmut, Nachsichtigkeit, Toleranz, Liebe, Mut, Beharrlichkeit und Leidenschaft. Das menschliche Antlitz leuchtet im Wie.

Konzentriert man sich zu sehr auf das Was, beginnt man unmerklich mit der Auslese, mit dem Sich-selbst-zu-wichtig-nehmen, mit dem Karriere-machen-müssen, mit dem elitären, ausgrenzenden und negativen Denken und Handeln. Dann befindet man sich ganz schnell in der Dualität, in dem Getrennt-sein-von-allem. Und dann entstehen Konflikte, die auf uns, wie sollte es anders sein, unangenehm zurückschlagen. Stellt man jedoch das Wie in den Mittelpunkt seines Lebens, wird über die Qualität dieses Lebens entschieden. Denn das Wie entscheidet über den Kontakt mit unserem Innersten, mit unserer inneren Stimme, der Intuition. Sie ist die Sprache des körperlichen Organs Herz und aus spiritueller Sicht ist sie die Sprache der Seele. Ich habe aufgezeigt, wie der Müll im Unbewussten das Ego wachsen lässt und die Intuition gerade bei uns Männern dabei auf der Strecke bleibt. Unsere Intuition aber wächst, wenn wir uns im Wie zur Offenheit, Zugewandtheit, zur Empathie bekennen. Qualitäten, die im Herz ihren Ursprung haben. Das ist deshalb wichtig, weil die Intuition und damit unsere Seele und ihre Vorhaben letztlich die entscheidende Instanz für unsere Entscheidungen im Leben werden kann.

Ignoranz, Aggressivität, Verschlossenheit oder Hass tötet die eigene innere Stimme und damit den Kontakt zum kosmischen Bewusstsein. Das Gefühl der Aggression findet aus spiritueller Sicht in der Anima Mundi keine Resonanz, weil dort nur Liebe und Harmonie vereint mit dem universellen Wissen dieser Welt vorhanden ist. Bemühe ich mich liebevoll um mich selbst und solidarisch zu anderen zu sein, wächst meine Intuition zu einer überragenden Kraft. Sie wird sich so weit entwickeln, dass ich irgendwann kaum noch nachdenken muss und vieles aus dem Herzen heraus regeln kann. Das hängt damit zusammen, dass wir über die Intuition mit der allumfassenden Intelligenz verbunden sind und daraus unsere Entscheidungen und unsere Kraft schöpfen können. Je mehr ich das übe, umso mehr fühle ich mich verbunden und weiß, was ich zu tun habe. Die innere Stimme schult die Kommunikationsfähigkeit mit einer anderen Wirklichkeit. Es ist ähnlich, als wenn man eine Sprache, ein Instrument spielen lernt. Je mehr wir dieser Stimme zuhören, um so unfehlbarer wird sie, um so mehr folgen wir unserer Seele. Mit diesen für mich neuen Erkenntnissen treffe ich seit einiger Zeit viele Entscheidungen aus meiner Intuition heraus, die manchmal messerscharf und schnell ist und manchmal offener und mehr Zeit braucht. Ist das Letztere der Fall, so verschiebe ich eine Entscheidung. Selbst schwierigste, auch berufliche Probleme behandle ich so. Sie werden, so könnte man es vielleicht formulieren, in einer höheren Dimension entschieden, weil ich in Kontakt damit bin. Ich habe noch nie eine Entscheidung meiner Intuition bedauert. Allerdings bin ich kaum noch in Konflikten involviert, weil es kaum noch alte, innere Probleme bei mir gibt, die sich in Resonanz mit konfliktreichen Feldern im Außen befinden.

Akzeptiert mein Gegenüber bei einer wichtigen Entscheidung meinen Vorschlag nicht, vertritt sie oder er eine andere Position, spielen auch besondere Interessen eine gewichtige Rolle, dann kann ja diskutiert werden. Wie man dann letztlich in einer solchen Phase miteinander umgeht, beeinflusst den weiteren Entscheidungsprozess. Findet keine Einigung statt, ist es am Ende eine Frage der Macht. Da schau' ich dann, ob ich dabei mitmache oder ob ich mich zurückziehe, weil ich spüre, dass es mir nicht guttun wird.

Wenn es so ist, dass Argumente nicht mehr zählen und besondere Interessen im Hintergrund erkennbar sind, kann man mit guten Gefühlen verzichten und auch materielle Verluste akzeptieren. Das fühlt sich deshalb gut an, weil man emotional nicht verhaftet ist, weil man keine alten Ängste mehr hat, weil einem mit hoher Bewusstheit klar ist, was da gerade geschieht. Es wird sich dann eine andere Lösung abzeichnen. Und natürlich, wägt unser Verstand die Entscheidungen immer mit ab, das kann hilfreich sein, wenn er und das Herz gleich schwingen. Kann aber auch dazu führen, dass der Kopf einem Knüppel zwischen die Beine schmeißt. Wenn Menschen an sich arbeiten und mehr und mehr in ihre Kraft, ihre Bestimmung kommen, wird die innere Stimme der Maßstab für ein gelungenes Leben. Doch, mögen sich jetzt viele fragen, wie aber halte ich in dieser aufgeregten, schnellen und chaotischen Welt die Verbindung zu meiner inneren Stimme, zu einem höheren Bewusstsein? Und überhaupt, wie falle ich insgesamt in meinem Leben nicht wieder aus Gewohnheit in den alten Trott?

Ich habe festgestellt, dass es mir guttut, mich mit positiven Kraftfeldern zu versorgen *(mit dem, was mir Freude macht)*, mich in bestimmten

Situationen mit warmherzigen Menschen zu umgeben und mir Auszeiten zu gönnen für das, was mich nährt. Wichtig ist auch, das Negative in der Welt, auf das man keinen Einfluss hat, zu vermeiden, zum Beispiel den medialen Schund sich eben nicht anzuschauen. Haben wir mit Menschen zu tun, die es uns schwermachen, die eine beschädigte oder dunkelte Aura haben, die stur, verstockt oder aggressiv, also mehr oder weniger toxisch sind, so hilft es mir, wenn ich ganz bei mir bleibe und die hingeworfenen Köder nicht aufnehme. Das gelingt deshalb, weil man mit dem Dunklen nicht mehr in Resonanz ist. Man kann eine solch unangenehme Begegnung wie einen Regenschauer vorübergehen lassen.

Andererseits kann es hilfreich und heilsam sein, zu sich und seinen Überzeugungen zu stehen, die Auseinandersetzung mit dem Gegenüber zu suchen und für eine gerechte oder wichtige Sache zu streiten, die einem dann auch wieder Kraft gibt. Die Intuition entscheidet das. Doch natürlich bleiben durch den Kontakt durchaus auch Reste einer solchen Auseinandersetzung an einem haften. Wenn ich das erlebe, dusche ich ausgiebig und stelle mir vor, wie die negative Energie von mir abgewaschen wird. Dann versuche ich mir klar zu machen, was da geschehen ist, bespreche es manchmal auch mit meiner Frau, wenn es nicht zu toxisch ist. Beschäftigt mich das aber weiterhin, dann setze ich mich hin und meditiere dazu, denn offensichtlich beschäftigt mich das innerlich. Als Energiearbeiter habe ich gelernt, meine Aura von den inneren Treibsätzen zu reinigen. Ich versuche dabei zu klären, warum eine derartige Energie mir so zusetzt, was ich damit zu tun habe. Sind Reste meiner eigenen Geschichte involviert, was nahezu immer der Fall ist, löse ich sie auf. Anschließend ist jeder Gedanke, jede Anhaftung daran verschwunden.

Um den Schutz vor der Energie einer bestimmten Person für die Zukunft zu verstärken, kreiere ich in der Meditation um die Person herum eine Lichtaura, die für uns beide heilsam ist. Das ist nicht einfach, es erfordert Empathie. Je mehr man seine eigenen Probleme mit dieser Person jedoch aufgearbeitet hat, um so eher gelingt das. Kann man das nicht, muss man zum Beispiel als Therapeut an seiner eigenen Emotion, meist an der Wut und Trauer arbeiten, die wahrscheinlich durch den Kontakt angeregt worden ist. So gewinnt man mit den Jahren ein Gefühl für das, was sich für einen selbst gut anfühlt. Es ist sicherlich nicht einfach, seinen Weg kontinuierlich auf diese Weise zu gehen, achtsam zu sein, sich von möglichen unangenehmen Aktivitäten auch mit der Herkunftsfamilie, beruflichen und gesellschaftlichen Ereignissen nicht einfangen zu lassen. Doch mit der Übung wird es irgendwann zur Selbstverständlichkeit, das innere Heilpotenzial wird immer größer und erfordert immer weniger Aufwand, das erzählt mir mein bisheriges Leben.

Es geht darum, dass wir fühlend denken oder denkend fühlen, dass wir unsere geistige Intelligenz mit der emotionalen verbinden. Und es wird darauf ankommen, dass besonders die Männer sich ihren Gefühlen zuwenden und lernen, ihren Geist zu zügeln, um mehr und mehr aus ihrer Intuition, ihren emotionalen Qualitäten zu handeln. Um sich heute in diesen oftmals destruktiven, gesellschaftlichen Realitäten einigermaßen gut zu fühlen, muss man negative Situationen vermeiden oder sie für sich neutralisieren. Das ist Arbeit an seiner Integrität, sicherlich eine andere Arbeit als die bisher bekannte.

Über Kunst

Wenn ich die Augen schließe und atme, dann fühle ich, wie anders und schöner mein Leben heute doch im Vergleich zu dem ist, was ich vor allem als junger Mann durchmachte. Vieles habe ich damals unter Zwang gelernt, angestrengt mir erarbeitet, im oftmaligen Widerstand Alternativen versäumt wahrzunehmen. Dafür waren nicht nur meine persönlichen Defizite verantwortlich, sondern ich vermisste auch gerade nach dem Studium bei den Aktivitäten, die nun anstanden, eine Kultur der Sensibilität und Wahrhaftigkeit. Zusehr war ich als junger Kerl jeden Tag irgendwie mit dem Überleben beschäftigt. Für die Schönheit des Lebens war da wenig Kraft und Raum. Auch zur Kunst hatte ich ein angestrengtes, eher sperriges Verhältnis, vermittelt über ein Studium, was die klassischen Thesen und Konzepte zur Kunst vermittelte. Das neue Kunstverständnis eines Josef Beuys oder die Arbeiten von Nam June Paik wurden in den Seminaren der Hochschule damals noch nicht besprochen. Doch je mehr ich über mich lernte, meinen inneren Müll über die Jahre entsorgen konnte und mich selbst und die Welt besser verstehen lernte, um so mehr wurde die Wahrheit, das Mitgefühl, die Schönheit und Harmonie Teil meines Lebens. Und wie sollte es anders sein, ich lernte langsam, diese Qualitäten auf meine Filmarbeit zu übertragen. Und mit jeder Produktion entdeckte ich mehr davon und zunehmend wurde mir klar, wie künstlerische Wahrhaftigkeit sich verwirklichen kann. Und so kam es, dass die Filmarbeit sich mit der Wahrheit des Lebens verband und sich zu meiner eigenen Filmkunst entwickelte. Dabei wurde die Freude im Schaffensprozess, die Liebe zur Poesie und zu den Menschen vor der Kamera die treibende Energie. Vor allem aber rückte mit den Jahren der Mensch in seiner Tiefe, mit seiner komplexen Geschichte und seinen Geschichten in den Mittelpunkt meiner Arbeit, wurde zum dominierenden Motiv meiner Anstrengungen.

Aufgrund meiner eigenen künstlerischen Arbeit möchte ich hier nun einmal die Mähr entzaubern, dass man nur dann ein Künstler sein kann, wenn man leidet, wenn die Depression einen erfasst hat und dass es Einsamkeit und Not braucht, um etwas Großes zu schaffen. Diese Einstellung zur Kunst erfährt man oft von denen, die Kunst rezensieren, die darüber referieren. In der veröffentlichten Meinung wird vor allem noch immer provokant davon ausgegangen, dass im Leid schlechthin der Keim für die Kunst verborgen sei. So wird es vielfach medial seit zweihundert Jahren vermittelt. Ich habe jedoch erlebt, dass auch in der Freude, in der Liebe, im Miteinander Kunst entsteht. Sowohl das Leid im Inhaltlichen als auch das Leiden der Macher selbst ist nicht zwingend für eine Kunstproduktion. Mann, Frau muss nicht selbst leiden, um Kunst machen zu können. Wenn der Künstler oder die Künstlerin aus landläufiger Sicht leidet, zur Betäubung Drogen und Alkohol braucht, um auf Touren zu kommen, gepaart mit Bettgeschichten, dramatischen und unbefriedigenden Beziehungen, vielen Konflikten, frivolen Nächten mit wilden Partys und Orgien, hat das aus meiner Sicht nicht viel mit Kunst zu tun. Aber sehr viel mit den Erwartungen des bürgerlichen Kunstbetriebes. So verkauft sich Kunst und der Künstler in unseren Gesellschaften am besten!

Aufgrund der jeweiligen persönlichen Erziehungsgeschichte, die auch Künstler hinter sich haben, ist es natürlich oft so, wie sollte es auch anders sein, dass auch Künstler als Menschen leiden wie wir alle. Sie drücken dieses Leid dann oftmals in ihrer Kunst aus, was uns dann selbst an unser eigenes Leid und das in der Welt erinnert. Das ist genauso sinnvoll, wie auch die Prallheit und Schönheit des Lebens darzustellen wichtig ist. Ludwig van Beethoven umfasst in seinem Werk beides, das Leid- genauso wie das Freudvolle (*Man denke nur an seine 6. Sinfonie, die Pastorale, die die Lust am Leben und die Freude an der Natur auszudrücken versteht. Im Gegensatz dazu die 5. Sinfonie in C-moll, auch Schicksalssinfonie benannt*). Das oft der Eindruck entsteht, dass das Leid die wesentliche inhaltliche Komponente der Kunst zu sein hat, das hat mit unserem Leben auf dem Planeten und mit der Geschichte der Kunst und ihrer Künstler zu tun.

Mit den Revolutionen und gesellschaftlichen Entwicklungen in den mächtigen Staaten der Welt zwischen dem 18. und 20. Jahrhundert entstand nach den Monarchien eine bürgerliche Gesellschaft mit einer Elite, die im Reichtum und in der Machtausübung die erstrebenswerten Ziele sah und in der Kultur und Kunst ihre eigenen Sehnsüchte und Schwächen wieder-erkennen wollte. Durch Teilhabe an der Macht konnten sie sich endlich selbst versorgen, sich und ihr Anliegen zur Sprache bringen und sponserten Künstler auf ähnliche Weise, wie es die Adligen vorher auch getan hatten. Ihnen diente, bis Beethoven ihnen anderes erzählte, die Kunst vor allem der Unterhaltung, dem Spaß. Der Anspruch der Bürgertlichen aber war ein anderer. Was früher nur dem aristrokratischen Hof diente, mehr oder weniger keine Öffentlichkeit hatte, sollte jetzt einem großen, vor allem bürgerlichen Publikum gezeigt werden. Lebenswirklichkeiten zwischen Mann und Frau, romantische Geschichten und revolutionäre Ideen sollten in der Kunst sich wiederfinden. Die neuen Eliten besetzten die Schaltstellen der Gesellschaft und ließen Künstler das thematisieren, was der Zeitgeist intonierte. Die Sehnsüchte des Bürgertums nach Reichtum, Macht und Einfluss, nach politischer und wirtschaftlicher Überlegenheit, aber auch nach Unversehrtheit und Frieden, nach Kontemplation, nach Liebe, Anmut, Eleganz und Schönheit, die in ihrem Leben eher nicht zu finden waren, wurden zum Leitfaden der Künstler des bürgerlichen Kunstbetriebes. Und diese Gesellschaft hielt das insbesondere für Kunst, was sie selbst und die arbeitende Bevölkerung im Leben, bei der Arbeit, vermissten. Das Leiden an dem, was man nicht hat, wurde zum Leitmotiv.

Die großen Inszenierungen des Theaters, der Musik, der Oper und des Films der westlichen Hemisphäre in den letzten zweihundert Jahren widmeten sich in ihren Geschichten vorwiegend dem Mangel. Das, was kaum vorhanden war, wurde in den Stücken der Künstler, die selbst im Mangel lebten, thematisiert. Man komplettierte das im Theater und der Oper zum Beispiel mit abgründigen, furchteinflößenden Männern, die durch die Stücke wüteten und die Welt nach ihrem Gusto versuchten zu inszenierten. Damit symbolisierte das Stück die Ausschnitte einer Realität. Viel Negatives und Menschenverachtendes wird hier erzählt. Frauen hatten zu dieser Zeit nichts zu melden. Ihnen war es bestimmt, in diesen Stücken zu leiden, den Herren es schön zu machen, um am Ende gemeuchelt zu werden. All das wurde geschickt in eine attraktive Form und Ästhetik verpackt und bediente somit das Unterhaltungsbedürfnis der Massen. Sie konnten sich für kurze Zeit aus dem Alltag ausklinken und Schurken bestaunen, Opfer beklagen.

Die stille Sehnsucht aber nach Erlösung von den widrigen Verhältnissen blieb den Zuschauern auf dem Weg nachhause im Herzen stecken. Allerdings war diese Anschauung oft die einzige Möglichkeit, die Leiderfahrungen der Menschen zu benennen, oft verdeckt, hintergründig, aber dann doch für das Publikum spürbar. Insofern hin hatte das zu seiner Zeit eine durchaus legitime Funktion. Doch die Zeiten haben sich dramatisch verändert, die Menschen wissen einfach heute viel, viel mehr. Die Kunstproduktionen jedoch erzählen immer noch diese alten Geschichten weiter. Sie zeigen sie einem Publikum, das sich längst emanzipiert hat und nicht mehr so naiv ist wie einst.

Für uns heute sind diese uralten Geschichten allenfalls Märchen, die erzählt werden, weil sie nicht nur den heutigen Teil der Realität des Lebens, sondern auch den damaligen konsequent verschweigen. Das Narrativ der gesellschaftlichen Zusammenhänge, der Verantwortung für die Missstände und deren Aufdeckung wird in der bürgerlichen Kunst schon von Beginn an nicht thematisiert – das sollte auch nicht so sein! Die Konflikte, Besitz- und Beziehungsverhältnisse, die erzählt werden, sie sind als Schicksal deklariert oder seien gar von Gott gegeben. Vor allem wird aber die Geschichte individualisiert und personalisiert. Der- oder diejenige ist ja selbst schuld, so kommt es rüber! Durch die Art der Darstellung, die Ästhetik werden die wirklichen Verhältnisse verschleiert und romantisiert, ihrer gelebten Wahrheit damit entkleidet.

Wenn inhaltlich also die Komplexität, die Wahrheit und die Kritik an den Zuständen fehlt, sie durch allerlei Brimborium für den Zuschauer nicht greifbar werden, ist die Form der letzte Ausweg der Choreographen und Regisseure. Die ästhetische Darstellung soll dann die inhaltlichen Löcher, die verwelkten Geschichten für uns heute kaschieren. Auf diese Weise werden die Darsteller zu Höchstleistungen angetrieben, damit das Publikum begeistert klatscht. Bejubelt wird dann nicht die Kunst der Erzählung, sondern die Leistung der Darsteller/innen. So will das die bürgerliche Kunst – nicht die unmenschlichen Verhältnisse stehen im Mittelpunkt der Erzählung, sondern die Leistungen der Protagonisten.

Das geht oftmals soweit, dass man die Geschichte, den Inhalt gar nicht aufnehmen kann und nur die Aktion selbst, also der Gesang, der Tanz, der schauspielerische Vortrag als Kunstform übrigbleibt. Das klassische Ballett zeigt inhaltlich auf der Bühne meistens wenig bis nichts, als Ersatz bekommt man herausragenden Hochleistungssport mit einer Musik geboten, die die Herzen erwärmt oder die Sinne erregt. Das geht seit wenigstens zweihundert Jahren so und fand erst eine Veränderung zum Beispiel durch den Ausdruckstanz der 1920er Jahre sowie durch Pina Bausch und andere ab Anfang der 1970er Jahre. Sie brachte verstärkt die gesellschaftliche Situation der Frauen, das Beziehungsverhältnis Mann und Frau, also ein Stück Wahrheit erstmalig im Tanz auf die Bühne. Das, was anfangs belächelt und von den Bürgerlichen kritisiert wurde, ich war damals bei einer dieser Produktionen als Filmemacher dabei, wurde erst viel später zu Recht als Kunst anerkannt. Wie Pina Bausch für den Tanz brachte Bertolt Brecht für das Theater in den 1920er/1930er Jahren ähnlich neue Ansätze auf die Bühne *(das epische Theater)*. Ein anderes gelungenes und leuchtendes Beispiel einer Kunstproduktion aus der frühen bürgerlichen Zeit ist der „Faust" von Johann Wolfgang von Goethe. Wenngleich er vordergründig Märchenhaftes erzählt, werden durch Text und Sprache tiefgründige Wahrheiten verkündet. Hier werden beide Komponenten erfüllt. Inhaltlich werden grundsätzliche, menschliche Fragen thematisiert, die uns heute noch interessieren und beschäftigen und mit der Lyrik und ihrem Rhythmus findet die Sprache ihre Meisterschaft. Mit der entsprechenden Vortragskunst des Schauspielers, der Schauspielerin entsteht dann tatsächlich eine Kunst, die Herz und Verstand gleichermaßen begeistert und beeindruckt.

In der bürgerlichen Kunsterziehung meint man heute immer noch erzählen zu müssen, dass dann etwas Kunst sei, wenn nur wenige, die Gebildeten, die Intellektuellen, sie verstehen oder besser noch, wenn man ein Alles und Nichts da hineininterpretieren könne. Viele Philosophen haben ein ähnliches Selbstverständnis zu ihrer Disziplin: Je komplizierter ein Sachverhalt sprachlich ausgedrückt wird, umso besser. Was haben wir uns in den Seminaren an der Hochschule bemüht, Heidegger und Wittgenstein zu verstehen.

Ich habe bei meiner künstlerischen Arbeit andere Erfahrungen gemacht. Kreativität und Kunst entstehen für mich in der Stille und möglichst im Kontakt mit dem großen, kosmischen Resonanzraum. Es ist ein stilles Vertrauen auf eine innere, intuitive Führung in spiritueller Behutsamkeit, wo man nicht leidet, sondern Freude die vorherrschende Empfindung im künstlerischen Schaffen ist. Es wirkt in einem und bewirkt das Werk! Und eigentlich arbeitest du als Künstler das heraus, was eh schon da ist, irgendwo in diesem riesigen energetischen Feld! Du hauchst dem, was da zu dir kommt deinen Odem ein. Große Künstler waren und sind sicherlich an eine solche andere Wirklichkeit angedockt. Als Beispiel mag hier wieder Ludwig van Beethoven genannt sein. Nach allem, was man heute über sein Leben weiß, fühlte er sich mit einer höheren Sphäre, einer anderen Wirklichkeit eng verbunden. Seine intensive Gefühlswelt machte es ihm leicht für das empfänglich zu sein, was von dort zu ihm kam. Er sah sich als göttliches Werkzeug im Dienst der Menschheit. Solche Künstler fühlten und fühlen sich auf dem Höhepunkt ihrer Kunst geführt und beschenkt und erfüllt von etwas, was außerhalb von ihnen liegt. So schildern es viele Künstler auch in ihren Biographien. Die Romantiker des 19. Jahrhunderts nannten das „in Kontemplation sein".

Was zu einer solchen Kunst gehört, ist der Blick, die Intuition, das Gefühl des Künstlers für die Wahrheit des Lebens, besonders, wenn man selbst eine leidvolle Phase durchschreitet oder hinter sich hat. Diese Sensibilität für das, was eine Form und Materialisierung braucht, eröffnet einen neuen, kreativen Resonanzraum, in dem die lebendige Wahrheit sich dann in handwerklicher Klasse und Meisterschaft als Kunst zeigen kann. So gesehen kann natürlich Leid, in dem man/frau gerade steckt, Inhalt und Katalysator für große Kunst sein, ist aber nicht zwingend die Bedingung dafür. Die Arbeit am Kunstwerk kann vor allem aber auch helfen, dieses Leiden mit dem Schaffen zu minimieren, gewissermaßen wie bei einer Therapie. Die Freude, die mit der Heilung und dem Kunstwerk entsteht, ist eine Freude der Seele, die heilsam ist und genau das erleben will, egal auf welchem Weg. Grundbedingung dafür ist, dass die Wahrheit des Lebens in dem Kunstwerk erzählt wird und dass man bereit ist, viel Arbeit zu investieren. Dann sind wir mit etwas Wahrhaftigem verbunden und haben als Beobachter das Gefühl, dass wir selbst im Werk miterzählt werden.

Ich selbst habe das bei dem Film DER MANN MIT DEN BÄUMEN erlebt. Da gab es so viele Situationen, bei denen ich mehr als nur das Gefühl hatte, mit einem Etwas verbunden zu sein, gerade weil ich mich für diesen Stoff mit seiner Menschlichkeit und Naturverbundenheit entschieden hatte. Als der Film im Kino herauskam, war die Umweltorganisation Greenpeace merkwürdigerweise nicht bereit, den Vertrieb des Filmes zu unterstützen: Nicht weil man dafür keinen Etat hatte, sondern weil er nicht das Waldsterben und den Niedergang der Natur zeigte, also die damalige Realität mit dem sauren Regen im Boden. Nein, das stellt dieser Film nicht dar, sondern er zeigt, was uns erwartet, wenn es keinen Wald mehr geben würde. Das ist der Ausgangspunkt für einen Mann, der genau das nicht akzeptiert und versucht, den Schaden, den Menschen einst angerichtet haben, zu beheben. Ich orientierte mich als Filmemacher nicht an der Zerstörung, wenn man so will, am Leiden, sondern nahm das nur mit einigen Bildern in den temporären Fokus (die steinige und vertrocknete Landschaft im gleißenden Sonnenlicht), um mich dem Plan des Mannes zu zuwenden. Ich orientierte mich an dem Erneuerungsgeist des Schäfers, der mit seinem Leben und seiner Arbeit im Film etwas Wunderbares bewirkt: Er pflanzt unentwegt Bäume, um die Verkarstung der Provence zu beenden. „Und als die Bäume wieder da waren, da kam das Wasser wieder und mit dem Wasser kehrte das Leben in die Dörfer zurück", so der Erzähler im Film. Ausgehend von einem großen, tatsächlichen Problem für die Menschen dort einer ganzen Region habe ich das neue Wachsen und Werden, die Schönheit des Lebens, der Natur dargestellt, ganz im Geist des Autors Jean Giono. Bei mehreren meiner Filmproduktionen hatte ich auf ähnliche Weise das Gefühl, mit etwas außerhalb von mir verbunden oder auch geführt worden zu sein. Ich wusste als junger Filmemacher leider zu wenig darüber. Man fühlt sich als junger Künstler ja doch noch unsicher und ist angespannt aufgrund der großen Herausforderungen. Wenn man jung ist, hat man insbesondere vor den Etablierten und ihrem Kunstbetrieb, wie auch dem Fernsehen großen Respekt, vielleicht auch Angst und fügt sich, indem man Kompromisse mit ihnen eingeht. Heute weiß ich, dass es dieses Etwas, diesen intelligenten Resonanzraum tatsächlich gibt. In meinen späteren Schaffensjahren ist mir das erst bewusst geworden. Vor allem aber ist mir da erst aufgegangen, wie man Bedingungen schafft, damit diese intuitive, feinfühlige künstlerische Arbeit überhaupt möglich wird.

Kunst, das ist, wenn die Wahrheit des Lebens, die Würde, das Leid, die Liebe, das soziale Miteinander, die menschlichen Probleme, die Abgründe erzählt werden. Sie kann die Schönheit in materialisierter Formvollendung verwirklichen. Kunst kann also, wenn sie gut ist, das erzählen, was wir im Alltag meistens nicht wahrnehmen, vielleicht ahnen oder etwas spüren aber dennoch nicht wirklich mitteilen können. Der Künstler, die Künstlerin macht das für uns. Sie erzählen in ihrem Werk, was wir in uns spüren. Wir bekommen mit der Kunst nicht nur die Wahrheit vieler Leben, sondern auch unsere eigene wie ein Spiegel vorgehalten. Eine attraktive, phantasievolle Form befriedigt dann unser Unterhaltungsbedürfnis. Und das wäre dann ein bedeutender Grund, warum wir das Stück auf die Bühne, den Film auf die Leinwand bringen sollten, warum wir es als Publikum auch sehen wollen – das wirkliche Leben in poetischer Form!

Haben wir uns unser Leben
auf der Erde selbst ausgesucht?

Eine meiner wichtigsten Fragen nach meinen Reisen in andere Wirklichkeiten war für mich jene, die ich schon zu Beginn des Buches habe anklingen lassen: Wer oder was hat dieses Leben, diese Eltern, diese Lebensbedingungen einst für mich ausgesucht? War ich vielleicht daran beteiligt, habe ich das gar für mich so entschieden? Und ist das alles geschehen, damit ich diesen Weg gehen konnte, den ich letztlich gegangen bin? Ungeheure Gedanken oder? Da hätte ich ja sozusagen eine Mitverantwortung an meinem Leid, meinen Schwierigkeiten und Problemen in meinem Leben? Habe ich das von Anbeginn entschieden? Aber mein Ich war ja noch gar nicht ausgebildet, als ich auf die Welt kam. Also war es meine Seele? Hat also vielleicht meine Seele dieses Leben sich genauso ausgesucht, damit ich diese Entwicklung auf diese Weise machen konnte? Oder hat sie nur still und unbeteiligt abgewartet, bis ich das, was sie eigentlich brauchte, mir selbst geben konnte? Kann man also unsere menschliche Existenz ganz im Gegesatz zu unserer kulturellen Zivilisierung so hinterfragen?

Bevor ich versuche mir darauf selbst Antworten zu geben, ein paar Sätze zu unserer kulturellen Tradition, welche die Ganzheit unseres Seins mit den Begriffen Körper, Geist und Seele auftrennt. Auch ich halte es für das jetzige Verständnis für durchaus sinnvoll, die begriffliche Differenzierung zu nutzen, weil wir es so gewohnt sind und weil ich diese Aufspaltung in meinen Heilsitzungen genau so wahrgenommen habe. Während meiner Erfahrung dort bin ich nicht meinem konditionierten ICH begegnet, sondern habe einen neuen Teil von mir entdeckt, mein verschollenes Selbst, meine Seele. Die habe ich als durchaus eigenständig erlebt. Und in dieser anderen Sphäre erst konnte ich wieder jene Einheit von Körper, Geist (Ich) und Seele wiederherstellen, die ich in der alltäglichen Realität so vermisste. Ich bezeichnete das als Rekonstruktion. Wie oft boykotieren wir vor allem auch die Signale unseres Körpers, bis es nicht mehr geht. Wir erkeben ihn vielfach als getrennt von uns und unserem Verstand, der sein Eigenleben zu führen scheint. Diese Entfremdung von der Einheit ist die Erfahrung so vieler Menschen, die sich selbst, ihr intuitives Sein nicht mehr spüren und zum Seelischen kaum noch Kontakt haben. In dem gedanklichen Vorgang, die Seele zunächst als eigenständige Instanz zu betrachten, komme ich aufgrund der alltäglichen Erfahrung zu der Erkenntnis, dass das entfremdete Ich, das Ego, tatsächlich in dieser Unverbundenheit ein Eigenleben führt. Es hat sich im Erziehungsprozess derart ausgebildet und verselbständigt, dass es Entscheidungen trifft, die uns oftmals beschädigen. Diese Trennung also nicht nur gedanklich nachzuvollziehen, sondern sie für den Moment anzuerkennen und nach diesem Modell auch einen neun Weg zum Verständnis der Ganzheit zu finden, macht deshalb Sinn, weil es letztlich hier in diesem Buch nur um die Seele geht, die mir verloren gegangen schien. Sie war in Not und sie wiederzufinden und in mein ICH zu integrieren, war eine meiner Aufgaben für dieses Leben.

Auf den schnellen Blick sagt man natürlich nein zu der These, dass die Seele es ist, die die Wahl trifft, ein bestimmtes Leben auf der Erde führen zu wollen. Sie soll sich also jene Eltern, die angstmachenden Situationen und so weiter, diese ganzen Zwangssituationen und viel mehr ausgesucht haben? Nein, das kann eigentlich nicht sein! Wer also ist verantwortlich? Sind nicht viele Menschen davon überzeugt, dass es der allmächtige Gott war, der uns auf diesen Platz gesetzt hat, den wir eingenommen haben und uns dieses Leid geschickt hat, damit wir vielleicht lernen sollen? Oder ist es unser Schicksal gewesen, dort in diese beklemmenden Verhältnisse hineingeboren zu werden? Was ist Schicksal? Wer entscheidet so etwas und wird da überhaupt etwas entschieden, ist das nicht alles Zufall?

Natürlich gibt es zu diesem ganzen Komplex inzwischen viel Literatur von weisen Männern und Frauen, an die ich jedoch hier nicht anknüpfen möchte. Ich versuche vielmehr, mir mit meinen eigenen Erfahrungen ein Bild zu machen, um mich Schritt für Schritt mit dieser provokanten These zu beschäftigen. Ich schaue mir an, was mit mir tatsächlich geschehen ist, was ich erlebt und gelernt habe bei der Aufarbeitung meiner Geschichte und ziehe daraus meine Schlüsse. Das ist zwar ein bescheidener erfahrungswissenschaftlicher Ansatz, der aber nach meinen Recherchen das komplettiert, was Tausende bereits so übermittelt haben.

Beginnen wir zunächst in der erwachsenen Lebenspraxis des Ichs und erweitern dann den Raum. Für mich kann ich zunächst einmal sagen, dass ich in meinem Leben viele Entscheidungen selbst traf und wie ich im Kapitel „Das Unbewusste" beschrieben habe, tat ich das sowohl bewusst, als auch unbewusst. Die Antreiber der unbewussten Entscheidungen waren oft Ängste, Glaubenssätze und Ansprüche, die ich von anderen übernommen hatte. Das heißt nicht, dass wir nicht die Wahl hätten, wenn wir unbewusste Entscheidungen treffen. Wir entscheiden im Unbewussten eben nach Glaubenssätzen, nach Erfahrungen, aufgrund vergangener Dramen, Werturteilen und Ängsten. Wir wählen Einschätzungen und Beurteilungen oft unbewusst aus, die auf unserem Mist und der anderer Leute gewachsen sind. Hinzu kommt, dass wir uns, wenn wir Jahre unseres Lebens gewirkt und gearbeitet haben, vielfach an alten Beziehungen, an materiellen Werten, an unserer gesellschaftlichen Stellung festhalten, was uns zum Teil ebenfalls nicht bewusst ist. All diese unbewussten Energien beeinflussen unsere Wahl, wenn wir, mehr oder weniger erwachsen, unser eigenes Leben leben.

Es ist also in der Regel das ICH, das bewusst oder unbewusst entscheidet und eine Verantwortung für das jeweilige Leben hat. Zudem sind wir ständig in Resonanz mit der Außenwelt und entscheiden uns aufgrund unserer inneren Verfassung unbewusst für diese oder jene Situation, von der wir zu profitieren scheinen. Der Grad des Bewusstseins entscheidet über die Konsequenzen für das anschließend Gelebte.

Wenn das Ich mit dem Körper nun stirbt, was wird dann aus dem Selbst, das ich in meinem Heilprozess entdeckte und als Teil meiner Seele wahrnahm? Da ich davon überzeugt bin, dass der Tod für uns nur eine Transformation darstellt, das Leben auf spiritueller, geistiger Ebene *(im Sinn von Spirit)* weitergeht, wäre zu fragen, ob sich diese Entscheidungskompetenz, also die Wahlmöglichkeit des Menschen nur auf unsere Existenz hier auf der Erde beschränkt oder ob sie auch durch das Selbst, die Seele woanders stattfindet? Was geschieht mit der Seele nach dem Tod oder vielmehr im Sinn der provokanten These wo sie vor der Geburt sein mag und wer entscheidet da was? Alles Zufall? Was tun wir dort, wo immer das auch sein mag? Und ist meine Seele, nicht schon viele Male auf die Erde gekommen und wenn ja, wer hat das entschieden? Gedankenspiele? Für die Buddhisten sind die Fragen beantwortet: Wir leben vor der Geburt oder nach dem Tod einerseits in anderen Zwischenwelten, anderen Wirklichkeiten auf die Weise weiter, so wie wir auf Erden gelebt haben. Andererseits mögen wir uns entschieden haben, ins Nirwana überzusiedeln, wo es keine Wiedergeburt mehr gibt. Das christliche Fegefeuer mag ähnliches meinen.

Dass ich einer jener kämpfenden Ritter war, der einst an den Kreuzzügen beteiligt war, ist für mich klar und schlüssig. Dazu waren die detaillierten

Bilder, die ich ‚sah‘, zu eindeutig. Die Erfahrung, die mich aus einer anderen Wirklichkeit erreichte war zu stimmig, als dass ich das phantasiert haben könnte. Nein, dieses Erlebnis als Ritter gehört zu dem, was meine Seele bisher hinter sich hat. Die Szenen kamen aus dem Körper, den Energiezentren, den Zellen, in denen, wie die klassische Wissenschaft ja jetzt feststellt, jede Information, jedes Ereignis, also auch jedes Leben gespeichert ist, nur haben wir in der Regel kein Bewusstsein davon. Meine Erfahrung als Ritter während der Heilsitzung hatte eine völlig andere Qualität, als wenn es der Kopf erfunden hätte, es fühlte sich vollkommen anders, es fühlte sich echt an. Ich habe zur Zeit der Kreuzzüge entschieden, ein Ritter zu sein, weil ich kämpfen wollte, weil ich wahrscheinlich ‚heiliges Land‘ vor den Arabern für die Christenheit zurückerobern wollte *(ein Satz, den ich seiner Zeit so gedacht haben könnte, jedenfalls war damals so die Propaganda, der viele junge Männer in deutschen Landen aufgesessen und gefolgt sind).*

Ich war als Junge dieser Ritter in den Wäldern des Sauerlandes und inszenierte spielerisch ein Leben nach, das als Erfahrung in der Matrix meiner Seele abgespeichert war! Vor bald tausend Jahren starb ich damals auf den Schlachtfeldern in der Wüste Palästinas. Und dann, nach diesem Ritterleben bin ich, so meine Überzeugung, sicherlich dorthin zurückgekehrt, wo alle Seelen sich zwischen den Leben auf Erden in anderen Wirklichkeiten einfinden in einer Zwischenwelt *(das „Bardo" der Buddhisten)* oder aber im Nagual, wie Castaneda das Reich der Seelen bezeichnet. Ich habe mich in diesen tausend Jahren durch viele Inkarnationen weiterentwickelt bis zu der Person, die ich heute bin. Zwischen dem Morden mit dem Schwert und der Arbeit mit der Kamera liegen viele lehrreiche Erfahrungen.

Ich will mich nun gar nicht auf die vielen Kulturen in der Welt berufen, die über das Leben nach dem Tod, das Karma, die Wiedergeburt usw. seit Jahrtausenden ganz detaillierte Vorstellungen entwickelt haben. Nein, auch das will ich nicht nacherzählen. Ich bleibe bei meiner Erahrung, denn die war ungewöhnlich genug. Wenn Erdenmenschen von dieser anderen Wirklichkeit für einen langen Moment einmal gekostet haben, wie ich es durfte, also die Energie eines hochentwickelten, freudvollen, von Liebe trunkenen, leuchtenden Wesens erfahren haben und damit wahrscheinlich die Quelle des universellen Bewusstseins berührten, dann versteht man als Besucher einer solchen Welt sofort, dass Menschen, die ein friedvolles, in Liebe erfülltes Leben gelebt haben, nach ihrem Tod in einer anderen Dimension als liebende Wesen, als Seelen weiter existieren. Sie werden sich dort mit der allumfassenden Liebe des kosmischen Bewusstseins verbinden und dann als leuchtende Wesen auch entscheiden können, was mit ihnen geschehen soll. Man fühlt in dieser anderen Realität eine derartige Potenz, eine Fülle an Kraft und Kompetenz, dass es nach meiner Erfahrung dort ein Leichtes sein muss, sich für ein neues Leben oder die Heimkehr ins Nagual zu entscheiden. Das ist sozusagen die natürliche Agenda von hochentwickelten Wesen im Zustand der Glückseligkeit, sie brauchen keinen Führer und keinen Bestimmer! Und diejenigen, die ein destruktives Leben in schwerer oder dunkler Energie mehr oder weniger unbewusst geführt haben ohne jede Weiterentwicklung, werden genau das in dieser anderen Wirklichkeit fortführen. Sie werden an der Liebeserfahrung dort vorbeigehen, sie als nicht wertvoll erkennen. Sie können dort wahrscheinlich irgendwo in der Einsamkeit andocken und werden sich verloren fühlen und nicht weiterwissen. Sie werden im Zustand tiefster Umnachtung um sich selbst kreisen. Und es wird dauern, bis sie ihre Chancen zur Veränderung wahrnehmen können.

Ich habe dort im kosmischen Bewusstsein keine Instanz angetroffen, die mir sagte, was ich zu tun habe, obwohl ich dort Hunderte von Eingebungen bekam! Nein, da war niemand, nur ich und Energie, Licht, Liebe und das ungeheure Wissen von Allem-was-ist, der Intelligenz des universellen Bewusstseins! Wenn wir Teil vom Ganzen sind, was alle Religionen für ihre Gläubigen in Anspruch nehmen, im Prinzip also göttliche Wesen, um diesen bekannten Ausdruck jetzt zu gebrauchen, also damit auch ein Teil von Gott in diesem religiösen Sinn sind, dann brauchen wir nicht das Einverständnis von irgend jemand, wie es mit uns weitergeht.

Diejenigen, die sich weiterentwickelt haben und viel Bewusstheit in die Zwischenwelt mitbringen, können sich dort leicht orientieren. Sie erleben das, wonach sie sich schon immer sehnten. Sie sind in diesem Fall, im Verbund mit Allem-was-existiert dann diejenigen, die als Teil der Göttlichkeit über sich selbst bestimmen. Und wenn die Freiheit auf Erden das höchste Gut, das Erstrebenswerteste unserer menschlichen Kultur ist, dann sollte diese Freiheit wohl auch gerade dort gelten, wo wir alle herkommen, aus dem Ewigen Einen. Und kann es nicht sogar so sein, dass wir dieses Freiheitsgefühl von dort auf die Erde mitbringen? Wieso ist uns Menschen diese Freiheit so wichtig, die sich in allen großen Epen der Völker, in vielen Verfassungen der Staaten der Welt wiederfinden lässt? Warum ist es für Menschen so bedeutsam, frei zu sein, immer schon, auch in den dunkelsten Zeiten der Menschheitsgeschichte?

Ich denke, wir haben das Freiheitsgefühl als leuchtende Wesen aus einer anderen Wirklichkeit als höchstes Gut mitgenommen, um es als Perspektive für ein gelungenes Leben auf Erden wie eine Laterne vor uns herzutragen. Wenn uns als Menschen die Freiheit genommen wird, dann erst begreifen wir ihren Wert. Es ist die Agenda der Seele, sie immer anzustreben. Es ist die Freiheit der Entscheidung. Also bringen wir doch etwas mit auf diese Welt, wir haben nicht alles vergessen, was vorher war, worauf ich zum Ende des Buches nochmals zurückkommen werde. Es ist das Wissen, dass wir freie Wesen sind, die die Wahl haben!

Wenn es also so wäre, dann würden wir doch auch entscheiden können, ob wir im Nagual, im kosmischen Bewusstsein dieser Welt verweilen oder ob wir uns im irdischen Bereich wieder einfinden wollen? Und geben wir nicht als leuchtende Wesen deshalb die Glückseligkeit im Nagual auf, weil wir auf dem Planeten Erde bestimmte Erfahrungen machen wollen? Erfahrungen, die wir in diesem Moment brauchen und wollen? Und ist das nicht überhaupt des Pudels Kern? Ist das Wachsen und Werden, unsere Weiterentwicklung nicht ein Teil unserer allgemeinen, universellen und menschlichen Bestimmung? Ich selbst habe in meinem jetzigen Leben erfahren, was es bedeutet, wenn diese Entwicklung vorangeht, wieviel Freude das macht, wie man beginnt, sich selbst zu lieben und das, was man ist. Jeder einzelne arbeitet sozusagen an seiner eigenen DNA und das ist, so sehe ich es, das Größte, was wir auf dieser Erde erreichen können.

Es geht um das Wollen der Seele, um den Plan, den sie aus dem Nagual mitbringt. Für sie ist es hier auf Erden offensichtlich bedeutsam, das Vorhaben auch ins Materielle umzusetzen. Das meint es, wenn ich geschrieben habe, wie es wohl ist, wenn man in seiner Bestimmung, in seiner Kraft lebt. Die Bestimmung auf Erden zu leben ist die Umsetzung des Seelenplans. Das macht die größte aller Freuden und die heißt Entwicklung in dies oder jenes und letztendlich immer in die Liebe. Wenn wir also die Wahl haben, nach unserem Tod auf die Erde mit einem bestimmten Plan zurückzukehren, ist es dann nicht ein Leichtes sich auch die Eltern auszusuchen, die einem möglicherweise eine Perspektive für die Verwirklichung des Plans bieten? Wesen, die man vielleicht in anderen Spären schon einmal kannte? Wenn ich mich also selbst befrage, warum diese Eltern, dann liegt der Schluss nahe, dass es meine Entscheidung war. Und alles andere sich aus den Erfahrungen mit diesen Eltern entwickelt hat.

Ich vermute also, dass über den Anfang des Erdenlebens die Seele selbst bestimmt. Es kann aber kaum sein, dass die Seele die Entscheidungen der Eltern im Verlauf ihrer eigenen Erdenzeit schon im Nagual vorausgesehen hat. Das ist deshalb unmöglich, weil die Eltern ebenfalls die Freiheit einer Wahl für sich in Anspruch nehmen und individuell entscheiden können, wie sie leben, wie sie sich verhalten wollen! Was die Seele bei ihrer Inkarnation auf dieser Erde aber sehr wohl wissen kann ist, welche Eltern die richtigen für sie im Moment der Wiedergeburt sind. Das könnte die Seele aus dem Nagual heraus über das energetische Feld, in dem alle lebenden Wesen miteinander verbunden sind, erfühlen. Oder, was genauso möglich wäre, dass vielleicht diese Eltern mit der Seele im Nagual oder in der Zwischenwelt oder aber in einem Vorleben bereits eine enge Verbindung hatten und die Seele sich zu diesen bekannten Seelen auf der Erde hingezogen fühlt.

Wenn man meinen Eltern wie den meisten Eltern dieser Welt, die besten Absichten unterstellt, sie aber aus bestimmten Gründen, die nur sie kennen, nach meinen ersten Lebensjahren sich immer mehr in die Opferrolle hinein manövriert haben, dann sind das ihre Entscheidungen, denen ich als Kind, als Seele ausgesetzt war. Darauf hatte ich weder als Kind noch als Seele irgendeinen Einfluss. Sie hatten die Wahl, wie ich auch, Opfer zu sein oder zu versuchen, Schöpfer ihres Lebens zu werden. Auch wenn die Hilfsmittel dazu in der damaligen Zeit arg spärlich waren, entschieden sie sich, so würde ich das von heute aus einschätzen, unbewusst für ein Opfer-Dasein, für die Verweigerung von Entwicklung, wie ich mehrfach versucht habe zu beschreiben. Ihre Entscheidungen für diesen Weg, bewusst oder unbewusst, bedeutete für mich allerdings, eine neue Wahl treffen zu müssen. Mit Ihnen weiter einen gemeinsamen und für mich schmerzlichen Weg zu gehen oder eben einen anderen zu wählen, der vielleicht anderes ermöglichen könnte. So entschied ich mich als Sechszehnjähriger in die Großstadt zu gehen.

Als mein Vater mich dort auf offener Straße vor die Wahl stellte, mich entweder für meine neue Freundin oder eben für die Überzeugungen der Eltern zu entscheiden, folgte ich nicht ihren Vorstellungen, sondern meinen Herzen. Meine Seele wollte sich in der neuen Beziehung zu der jungen Frau weiterentwickeln, sah bei diesen Eltern keine Perspektive mehr. Diese Entscheidung traf meine Seele neu nach dem ehemaligen Beschluss, bei diesen Eltern das Leben auf der Erde zu beginnen. Sie schickte eine dringende Botschaft an mich, das handelnde Ich: Die wollen etwas anderes als wir es wollen. Wir leiden! Lass uns etwas Anderes ausprobieren! Die Seele kennt nur die Freiheit neu zu entscheiden und die Freude, wenn sich der Weg als gut herausgestellt hat. Entscheidet das Ich nicht nach diesem Maßstab, leidet die Seele und zieht sich bei Wiederholungen zurück. Es wäre also im Hinblick auf jede weitere Entwicklung gut, zwischen den Absichten der Seele und dem Ich zu unterscheiden. Das Ich kennt eher die Grenzen und Normen, die Glaubenssätze und Abhängigkeiten, die im Unbewussten eingelagert sind. Es ist vom eigenen Normenwächter, dem Verstand, dem Polizisten in uns diszipliniert. Die Seele aber hat oft anderes im Sinn.

Sie will frei, kreativ, schöpferisch sein und sich freuen! Gelingt das nicht, wie es mir in der trostlosen Lehrzeit dann schließlich ergangen ist, beginnt unter der Panzerung die Seele und dann auch das Ich zu leiden. Und schließlich leidet in diesem tiefen Widerspruch auch der Körper, des jungen Mannes, der jungen Frau. Ich wusste damals als junger Kerl nicht genau, was mit mir los ist, spürte aber, dass das, was ist, nicht gut für mich ist. Und so traf ich neue Entscheidungen, wählte unbewusst oder bewusst. Der aufregende Alltagsbetrieb, die Karriere des Ichs hält einen mit immer neuen Entscheidungen meist gegen die Seele im gesellschaftlichen Circulus vitiosus. Man hat sich trotz des Leidens, das wir bereit sind auszuhalten, irgendwie doch eingerichtet und lebt fortan im Mangel. Der Mangel wird uns vertraut und überall hören wir, dass das Leben nun mal so sei: Leiden gehöre dazu! Dass das Leben aber von Freude und Liebe durchdrungen sein kann, ist dann nach Jahren der Abstinenz für den- oder diejenige geradezu unvorstellbar. Und irgendwann hört das Ich die Seele gar nicht mehr, möglicherweise bis zum Tod und man stirbt in einem heimatlosen, bedrückenden und angstmachenden Zustand.

Die Frage, die ich mir als junger Mann also schon früh stellte – wer bin ich eigentlich, was soll ich auf dieser Welt – ist dann aber genau das Thema, das die Seele früher oder später wieder auf den Plan ruft. Wer sich das fragt, hat den wichtigsten Schritt getan. Ich begann damals an mir zu arbeiten und spürte, je mehr ich mein Leben bewusst gestaltete, hatten meine Entscheidungen eine andere Qualität. Je mehr also ein junger Mann, eine junge Frau diese inneren Potenziale wachrufen kann, um so mehr beginnt die Seele sich wieder nach vorne ins Lebendige zu trauen also vor allem, wenn der Ballast des Leidens, die Probleme und Konflikte der Kindheit und Jugend gelöst sind. Dahinter leuchtet dann mehr und mehr die Seele und gibt letztlich dann die Antwort. Sie jubiliert, was wir als Freude empfinden, weil sie ihre Absicht endlich wieder weiterverfolgen kann. Der Geist wird frei, der Körper wieder gesund.

Aus Sicht des beschädigten Menschen, ist sie aber leider auch in der Lage zu warten, wenn es nicht voran geht. Für Seelen gibt es keine Zeit, denn jederzeit ist eine Rekonstruktion möglich! Der Aufwand dafür mag größer werden. Die entscheidende Frage ist also, ob das Ich die Seele hört und sich für sie und ihren Plan interessiert? Die Seele versucht das Ich für sich zu gewinnen oder sie lässt den Körper krank werden, um eine Veränderung zu erzwingen bis zu dem Punkt, wo sich nichts mehr tut und sie sich vom Körper verabschiedet. Die Seele entscheidet das! Und darum scheint es in diesem irdischen Leben zu gehen, den Plan der Seele zu erkennen, was ihre und damit meine Aufgabe hier auf dieser Welt sein könnte.

Treffe ich meine Wahl sehr bewusst und mit großer Klarheit wie meine Entscheidung, schamanische Reisen zu beginnen, um mich selbst zu finden, dann geht es unter Umständen sehr schnell, weil ich in Kontakt mit meiner Seele bin. Je mehr ich innerlich geklärt habe, je bewusster ein Mensch lebt, um so mehr hat er sein Leben als Schöpfer in seiner Hand. Denkt man den großen und ewigen Erfahrungshorizont der Seelen konsequent weiter, dann dient vieles oder alles, was wir hier auf der Erde erleben, dazu uns weiterzubringen und damit uns dem Plan immer weiter anzunähern, den wir im Nagual selbst kreierten.

Auch wenn ich einige große Kurven und verschlungene Wege mit Leidenszeiten hinter mich bringen musste, aus der großen Perspektive des ewigen Seins einer Seele sind solche Monate und Jahre auf der Erde Peanuts. Wir machen nun mal auf dieser Welt im Zusammenleben mit unseren Mitmenschen leidvolle Erfahrungen, weil die ihre eigene Freiheit haben zu wählen und ihre eigenen Entscheidungen im Zusammenleben mit anderen Menschen treffen. Ob sie letztlich gut oder schlecht sind, wer will das beurteilen? Sie sind existentiell in den Kreislauf unseres Lebens eingebunden und können gewissermaßen und immer wieder die Katalysatoren für Veränderungen, für die Verwirklichung der eigentlichen Absicht unserer Seele sein. Da kommt es zu Differenzen und Konflikten und da kommt man auch schnell vom eigentlich Weg ab. Da wir aber jederzeit zum Beispiel gegenüber einem Huhn die Wahl haben, die Verhältnisse zu ändern, kann unser Weg nach einer Korrektur unbeirrt weitergehen, auch über viele Leben hinweg.

Meine Zeit und Erfahrung im kosmischen Bewusstsein hat mich gelehrt, dass wir als menschliche, freie Wesen unsere Entscheidungen treffen können, vor der Geburt wie auch nach ihr. Probleme entstehen dann, wenn wir krampfhaft festhalten, wenn das Ich gegen die Seele arbeitet, dann gibt es Konflikte mit der eigenen Wesenheit. Der weise römische Kaiser Marc Aurel erkannte diesen Zusammenhang schon vor über tausendsechshundert Jahren. In einem Brief an seinen Lehrer schrieb er: *„Diejenigen aber, die den Bewegungen der eigenen Seele nicht aufmerksam folgen, müssen notwendig unglücklich sein."*

Lebt ein Mensch nach seiner Seele, in seiner Bestimmungslinie, dann ist er/sie in Freude und liebt das, was und wie er/sie lebt. Schaut man sich die Leben bestimmter, sehr gut oder hoch entwickelter Persönlichkeiten an, dann erfährt man, dass sie nicht nur hier auf Erden das machen, was sie sich schon von Kindesbeinen an vorgenommen haben *(sie haben sich unbewusst oder auch sehr bewusst als Kinder schon für den Plan ihrer Seele entscheiden können, weil sie wenig mit Angst und Zwangssituationen konfrontiert waren)*, sondern interessant ist, WIE sie das machen. Oft mit großer Liebe und Leichtigkeit, mit viel Freude, Enthusiasmus und Hingabe, mit Offenheit und dem Blick für andere und das findet die Seele klasse. Ihr Leben ist nicht anstrengend, auch wenn es Arbeit bedeutet. Sie befinden sich im Fluss ihrer ureigensten Energie.

Was mich aber bei der Beschäftigung mit meiner Seele seit vielen Jahren intensiv umtreibt ist die Tatsache, dass wir offensichtlich unsere vergangenen Leben auf der Erde vergessen haben. Aber nicht nur das, wir haben in der Regel auch keine Erinnerung mehr an das, was wir vor der Geburt in der anderen Wirklichkeit, im Nagual oder den Zwischenwelten erlebt hatten. Die Erinnerungen an mögliche Erfahrungen in anderen Welten, auf anderen Planeten nehmen wir offensichtlich nicht mit bei der neuen Inkarnation auf der Erde. Es hat mich immer verwundert, dass wir zwar durch jahrelange Meditation und andere Techniken kurzzeitig andere Wirklichkeiten erleben oder auch zum Beispiel mit der Re-Birthing-Methode in vorgeburtliche Dimension oder Vorleben auf der Erde zurückkehren können, wir bringen aber die unendliche Fülle und Liebe aus dem Nagual scheinbar nicht mit in unser irdisches Bewusstsein, wir haben keinerlei Erinnerung daran.

Neale Donald Walsch hat darauf in seinem Buch „Gespräche mit Gott" eine Antwort gefunden, die jeder selbst nachlesen kann *(siehe Neale Donald Walsch)*. Dass wir offensichtlich diesen wunderbaren Zustand in unserem Erdenleben deshalb vergessen müssen, um hier überhaupt Erfahrungen machen zu können, scheint mir plausibel. Da würden, so Walsch, „die paradiesischen Erinnerungen nur hindern". Oder anders gedacht: Um die Einheit als solche bewusst zu erleben, müssen wir diese Einheit verlassen. Ein Fisch weiß erst, was Wasser bedeutet, wenn er an Land liegt und wieder hineingeworfen wird. Warum aber will die Seele die Glückseligkeit des Paradieses überhaupt verlassen? Aus der Sicht von Walsch hat das Leben auf der Erde für Seelen vor allem wohl eine besondere, andere Qualität, die Seelen anzieht. Sie wollen ja gerade aus der ständigen Erfahrung des Glücklich-Seins und der totalen Liebe heraustreten, die für sie zur Selbstverständlichkeit gehört wie für den Fisch das Wasser. Nur außerhalb dieser Erfahrung kann man als Seele das Leben in seiner ganzen Dynamik und Dramatik mit allen Hochs und Tiefs und Emotionen, also auf der Erde oder anderen Planeten erleben.

Der Gedanke lässt mich nicht mehr los, dass man erst im Menschsein scheinbar die göttliche Dimension des Seins bewusst erfahren kann, weil unsere Göttlichkeit im Paradies so selbstverständlich ist, dass man sie als Wesen gar nicht bemerkt. Glücklichsein ist dort unser ,Alltagszustand'. Wenn wir mit unserer Entwicklung auf der Erde also vorangekommen sind, wir uns das Glück gewissermaßen erarbeitet haben und es im Kontakt mit einer anderen Wirklichkeit erfahren können, dann, so habe ich es verstanden, dann erst erkennen wir uns in unserer Göttlichkeit als leuchtendes Wesen in einem Bewusstsein des Alles-was-ist auf der Erde wieder. Man muss also draußen in der Kälte gewesen sein, um die Wärme drinnen spüren zu können. So mag es sein, es könnte aber auch noch viel komplexer sein! Diese Fragen beschäftigen mich weiter.

Leben aus dem Selbst – eine neue Lebenspraxis

Mit der Suche nach der inneren Wahrheit gewinne ich tiefe Erkenntnisse über mich und das Leben. Diese Suche macht Spaß, wenngleich man die emotionale Achterbahn rauf und runter fährt. Und in diesem Erkennen liegt der Schlüssel zur Emanzipation, zu einem Bewusstsein, das das Selbst erkennt und mit dem Ich verbindet. Das Selbst ist das Zentrum der Persönlichkeit, das Selbst ist die Seele, die eine Absicht hat, nach der sie sich auf dieser Welt entwickeln will. Aus unserem Selbst heraus zu leben ist das eigentliche Ziel des lebenslangen Individuationsprozesses. Dieser Weg besteht im Wesentlichen für uns Menschen daraus, möglichst große Teile des Unbewussten bewusst zu machen und zu erkennen, dass wir mit dem Allem-was-ist verbunden sind, dass es keine Dualität, keine Trennung vom Natürlichen gibt.

Die Sprache des Selbst ist die Intuition und das Fühlen, die Sprache des Verstandes das Denken. Das Ziel sollte auf Erden also sein, dem Flüstern der Seele genügend Raum zu geben, damit schließlich Geist/Verstand und die Seele im Ich zu einer Einheit verschmelzen können. Spricht dann also das Ich, erzählt unsere Seele etwas und wenn das Ich denkt, flüstert das Herz in dieser Schwingung mit. Gelingt das, ist alles einfach, vielleicht nicht leicht, aber klar und stimmig. Dann gibt es kaum noch unbewusstes Leid, gespeist weder durch die persönliche Vergangenheit noch durch die eigene gelebte Gegenwart. Dieses Selbst ist unsere Essenz und wird wieder mit dem kosmischen, universellen Bewusstsein verschmelzen, wenn unser Körper aufgehört hat zu leben. Anders ausgedrückt: Das Selbst ist Teil der sogenannten Meisterintelligenz, ein Teil also der kosmischen Intelligenz. Die Seele hat immer Kontakt dazu und umgekehrt. Diese energetische Kraft umhüllt uns als Resonanzraum ständig. Die Aufgabe des Ichs ist es, durch Entscheidungen diese Energie zum Klingen zu bringen, sodass wir unser Leben nach dieser Intelligenz ausrichten können.

Das große Problem unserer menschlichen Welt ist es nun, dass viele diese Entscheidungen nicht treffen. Sie kennen ihr Selbst und die Sprache der Seele nicht. Seit dem Zeitalter der Aufklärung, also von Descartes *(Ich denke, also bin ich)* und Leibnitz über Kant bis in die heutige Zeit, haben Generationen dem reinen Denken, der Rationalität, der Ideologie eine wesentlich größere Bedeutung beigemessen als der wirklichen

Erfahrung auf dieser Erde. Wir leben seit langem in einer Epoche, die sich einseitig auf die materielle Dimension des Lebens mit dem Fokus auf die sogenannte Vernunft konzentriert. Der Rationalismus vertritt im Kleid des Wirtschaftsliberalismus grundsätzlich die Ansicht, dass der Verstand die objektive Struktur der Wirklichkeit erkennen kann. Das, so zeigt die Weltgeschichte nach den neuesten Forschungen, scheint jedoch nicht der Fall zu sein. Der Verstand ist an das kontaminierte Unbewusste gekoppelt – Habgier und Machtbesessenheit begleitet uns seit Jahrtausenden, trotz der Vernunft. Die meisten privaten, beruflichen, politischen und wirtschaftlichen Entscheidungen werden wie beschrieben aus diesem belasteten Unbewussten getroffen. Die Entscheidungsträger wissen das nicht und sie wissen demnach auch nicht, wer sie eigentlich wirklich sind. Sie erkennen nicht wirklich, sehen nur ihre kleine, materielle Welt, ihren eigenen Vorteil, weil ihnen die Bedeutungsrahmen für den größeren Blick fehlen. Ihre Vernunft ist begrenzt. Die letzten zweihundert Jahre haben uns einen gewaltigen technischen Fortschritt gebracht, der den Hunger in Europa und in vielen anderen Ländern der Welt minimiert hat. Nach Jahrhunderten rasanter Entwicklung, allerdings mit furchtbaren Kriegen weltweit, brauchen wir jetzt aber ein neues Paradigma zur Kreation unserer gesamten menschlichen Potenz, zur Entwicklung der Achtsamkeit für unsere Mutter Erde. Das Selbst muss an die Macht, wollen wir auf diesem Planeten überleben!

Aus dem Selbst heraus zu leben, ist der Gegenentwurf zu einem Leben, das nur das entfremdete, scheinbar vernünftige Ich kennt. Diesem Selbst wirklich zu folgen, es ganz und gar machen zu lassen, wäre die Verwirklichung der edlen Qualitäten des Menschseins auf der Erde. Die vielen Ichs, so würde ich es mir wünschen, machen sich auf, ihre mannigfaltigen Arten des Selbst zu entdecken, um auf diese Weise die Schönheit des menschlichen Seins zum Vorschein zu bringen. Die entscheidende Frage ist deshalb, ob Menschen, Gruppen oder Gesellschaften ihre Chancen erkennen und nutzen wollen oder können. Denn jetzt, jetzt ist der Wandel zwingend notwendig. Aber vielleicht, so werden viele einwenden, sind die Menschen in unseren Gesellschaften bereits schon so deformiert, dass sie keinen Antrieb für eine positive Veränderung mehr spüren, Schönheit und Liebe kaum noch ertragen können und resignieren, wie es meinem Vater in den letzten Jahren seines Lebens erging?

Nun, das jedenfalls steht fest: Verweigern wir die möglichen Entwicklungsschritte, mögen sie uns persönlich leicht oder schwerfallen, verschärft sich das Leid. Genauso, wie die Zahl der Naturkatastrophen ansteigen wird, wenn wir uns nicht klimaneutral verhalten. Das ist inzwischen in den letzten Jahrzehnten vielen Menschen klargeworden. Ändern wir unsere Richtung nicht, so kann man es heute mit der Wissenschaft unumwunden sagen, führt das zu einem traurigen und leidvollen Tod und zu unvergleichlichen Katastrophen auf unserem Planeten.

Die bisherige Konzentration der westlichen Zivilisation auf Liberalismus und Wachstum, die neben der technischen Entwicklung auch neue Gesellschafts- und Regierungsformen hervorgebracht hat, muss sich in eine ganzheitliche, mehr achtsame, behütende, also weibliche Entwicklung verändern. Das alte Denken kann elegant abgelöst werden, wenn wir uns von allem Ideologischen verabschieden und uns den tatsächlichen Erfahrungen der Menschen zuwenden. Es geht also schlicht und einfach darum das anzuerkennen, was ist! Es geht um die Wahrheit unserer aller Leben und die Auflösung der Trennung von unserer spirituellen Quelle. Es geht um eine Erfahrungswissenschaft, die sich an der Lebendigkeit orientiert und eine Kultur kreiert, die immer auch das Andere, den Anderen, die Konsequenzen, die Ganzheit und eine andere Wirklichkeit im Blick hat. Dann würde sich mein Traum aus der Normandie erfüllen und die Verwandlung der Welt wäre die unausweichliche Folge. Denn je mehr das machen, um so schneller ist jene kritische Masse erreicht, die in der Physik dafür bekannt ist, dass ab einem gewissen Punkt der Umschlag ins Andere, ins Neue massenhaft erfolgt, der Wandel unumkehrbar wird. Wer, so fragt man sich dann, wer kann uns bei dieser Veränderung helfen, wenn wir selbst nicht mehr wissen, wie wir das ermöglich könnten?

Aus spiritueller Sicht sind wir hier in Europa und in den USA mit dem Latein unserer Vorväter am Ende. Ihre Lebenskonzepte haben sich als existenzgefährdent herausgestellt. Zu sehr haben wir den Kontakt zur Natur verloren, die Erde ausgepresst und das, was uns einst heilig war, die Mystik, das Spirituelle des Menschseins, vergessen. Wir brauchen neue Ideen, neue Narrative – das Individuum wie auch die Gesellschaften. Gott als Instanz für eine positive Entwicklung des Menschen weiterhin verantwortlich zu machen oder ihn gar um Hilfe zu bitten wird zwecklos sein, weil nur wir selbst die Verantwortung für den Zustand von uns selbst und des Planeten Erde haben. Das strenge und so ganz und gar menschliche Konzept die Führung der Menschheit einem Allmächtigen zu übergeben, hat uns dahin gebracht, wo wir jetzt sind, vor den Abgrund. Im Namen dieses Gottes sind gerade von uns angeblich zivilisierten Menschen Unrecht, Gewalt und Despotismus in alle Winkel dieser Erde getragen worden. Diese Art von Religion ist einst von Menschen zur Vergrößerung ihrer Macht installiert worden und wurde mit einer elitären Kultur verbunden, die aus niederen Motiven nur sich selbst zur Herrschaft erhoben hat. Aus diesem Grund und aufgrund meiner Erziehung hat deshalb der Begriff Gott für mich eine bestimmte Bedeutung, die mit Macht, Ideologie, Sünde, Strafen, Vergeltung, Leiden, mit Fegefeuer, Büßen, Hölle, also mit einer ungeheuren Negativität zu tun. Das alles habe ich in der Wirklichkeit eines kosmischen Bewusstseins nicht erlebt, nichts davon. Aber das, was der Mensch mit Gott oder den Göttern eigentlich mal verband, jene Wirklichkeit des mitfühlenden Seins, des Friedens, der Liebe, der Freude, der spirituellen Versenkung, der Heilung und Glückseligkeit in der Verbundenheit mit Allem, ist nach wie vor die eigentliche Wahrheit des Menschseins. Wir müssen nur Ja dazu sagen! Und wenn wir es dann „Göttlichkeit" nennen wollen, sei's drum!

Wo aber finden wir nun eine Anleitung für ein neues Leben, wo sind die neuen Konzepte, die uns weiterbringen? Es sind einerseits, wie beschrieben, die Frauen mit ihrer Weiblichkeit, mit ihrem fürsorglichen, behütenden Potenzial und andererseits die letzten indigenen Völker und Stämme dieser Welt. Sie haben in tausenden von Jahren Lebensmodelle entwickelt, die als Weisheitskultur in ihrer Tradition bewahrt sind. Gepaart mit unserer positiven politischen, wirtschaftlichen und wissenschaftlichen Kompetenz und Erfahrung, könnten sie als leuchtende Beispiele für ein neues Paradigma für unsere Zivilisation angenommen werden. Es geht jetzt für uns auf der Erde um Alles-was-ist! Das globale Denken, die globalen Erfahrungen gelten nicht nur für Wirtschaft und Wissenschaft, sondern auch für die Kultur des Lebens. Eine Durchmischung mit einer indigenen Weisheitskultur ist notwendig! Es wäre jetzt am Kreuzpunkt einer großen Zeitenwende wichtig, dass aus vielen Richtungen sich das Wasser der Erkenntnis zu einem großen Strom für die Menschheit vereint.

Indigene Führungspersönlichkeiten von den noch lebendigen und letzten Stämmen der Urvölker dieser Welt waren es, die vor vielen

Jahren begannen, Vorträge zu halten und uns auszubilden, damit wir in unserer zivilisierten Welt heilend wirken können. Sie sind mit den Frauen als Verbündete und einer kämpferischen Jugend im Moment die möglichen Wissensträger und Garanten für eine positive, ganzheitliche Entwicklung auf unserem Planeten Erde. Diese alten Kulturen haben bis jetzt das Weisheitswissen der Menschheit bewahrt, dass unsere Gattung hunderttausende von Jahren hat alt werden lassen. Sie kämpfen seit vielen Jahren um ihr Land, ihre Wälder, um eine auch vom Tourismus unberührte Natur und um ihr altes Wissen, wie im Übrigen die buddhistischen Völker des Himalayas auch. Sie sind in ihrer eigenen Entwicklung nicht stehengeblieben bezüglich jener indianischen Weissagung, die sie einst an die Weißen richteten: *„Erst wenn der letzte Baum gerodet, der letzte Fluss vergiftet, der letzte Fisch gefangen ist, werdet ihr begreifen, dass man Geld nicht essen kann."* Dieses negative Szenario zu beschreiben und es geschehen zu lassen, ist nicht mehr ihr Weg. Sie wollen nicht mehr wie in den vergangenen Jahrhunderten erdulden, ertragen und zusehen, wie ihre und andere Kulturen abgeschlachtet, ausgerottet oder in die westliche Zivilisationsmühle assimiliert werden. Sie haben heute andere Mittel, kämpfen für ihr und unser Überleben ohne Waffen und haben bei uns aufrechte Menschen gefunden, die ihnen helfen. Sie kommen zu uns, die diese Zerstörung begonnen haben, weil nur wir es sind, die das auch beenden können *(siehe hierzu: Survival International e.V., Berlin)*.

Die Anerkennung, dass wir alle spirituelle Wesen sind, ist die eigentliche Aufgabe für unsere Zukunft als Menschen auf diesem Planeten. Das Schöne ist, dass man heute, um mit diesem von Castaneda so beschriebenen Nagual in Kontakt zu kommen, nicht mehr in die mexikanische Wüste nach „Ixtlan" reisen muss. Denn das Wissen ist bei uns angekommen, das kann man so ernst nehmen, wie ich es getan habe und so wichtig, wie Mathematik und Physik.

Was wir brauchen, ist Zeit für uns selbst und einen Erfahrungsraum, wo derartiges Wissen sich praktisch in uns ausbreiten kann. Dazu werden überall auf der Welt Seminare angeboten. Aus einer kleinen und bescheidenen alternativen Szene zu Beginn meiner eigenen Entwicklung ist in fünfzig Jahren eine große Kraft geworden, die sich weiter ausbreitet. Genauso wie das Negative und der Schund kommt jetzt auch mehr und mehr das spirituelle Wissen über das Netz unter die Leute. Die Menschen könnten auf eine Weise mündig werden, wie die Protagonisten der Aufklärung es sich nicht hätten träumen lassen. Entscheidend dabei ist, wie wir es alle mit der Wahrheit halten, was wir wollen, was unsere Absicht ist. Wichtig wird dabei auch sein, wie stabil unsere Rechtsstaaten inzwischen sind, ob sie die Wahrheit ertragen können und Veränderungen mittragen wollen. Verweigern sich die Eliten und setzen Polizei und Waffen ein, dann dauert alles noch einmal wenigstens einhundert Jahre länger. Die Entwicklung ist jedoch nicht mehr aufzuhalten.

Wie kommt man nun in seinem Leben, in seinem Alltag auch nur ansatzweise in die Nähe dieser Wahrheit? Um neue Erfahrungen und damit sein Selbst überhaupt erleben zu können, ist natürlich der innere Müll, die Ängste, der Mangel, der Stress, die unbewusste Fremdbestimmung zu beseitigen, da führt kein Weg daran vorbei! Es muss beileibe nicht so intensiv kommen, wie es mir geschah, es geht nur darum, die eigenen, tieferen Wahrheiten zu erkennen, die schweren Energien, die fest gefügten, alten Glaubenssätze aufzulösen und anschließend ein Leben mit mehr Bewusstheit zu führen. Wie entwickelt man das nun?

Als erstes sollten wir uns Auszeiten nehmen, am Tag oder in der Woche, das kann eine Stunde sein oder auch weniger am Anfang – ganz so, wie es nötig ist. „Ich habe keine Zeit", kontert da gleich der gestresste Arbeitnehmer. Mit was, so frage ich, verbringst du denn deine Zeit? Wie wichtig ist Konsum und Unterhaltung wirklich angesichts drohender Selbstzerstörung? Wie lange wollen wir noch auf ferne Inseln fliegen, die langsam im Ozean versinken? Wie lange wollen wir weiterschlafen? Willst du weiter leiden oder dich verändern? Du hast die Wahl!

Wir nehmen uns Zeit, weil es uns guttut! Dabei ist Stille notwendig, um innere Erfahrungen machen zu können. Dazu brauchen wir eine Methode, die für uns stimmt, die uns beruhigt und zu uns selbst führt, was schließlich in einen meditativen Prozess münden kann. Schon in der Stille mit geschlossenen Augen seinem eigenen Atem zu folgen, ebnet den Weg zu sich selbst. Man/frau sollte mit körperlichen Übungen beginnen, die einerseits die Energien im Körper anregen, die uns in Bewegung bringen und halten und andererseits zur Entspannung führen. Yogaübungen sind eine ausgezeichnete Methode, die Chakren anzuregen, den Körper geschmeidig zu halten und die innere Öffnung zu ermöglichen. Ich mache das seit dreißig Jahren. Dabei ist besonders die Atmung wichtig. Über sie bekomme ich Kontakt zu mir selbst und wenn ich es wie beim Kundalini-

Yoga mal mit der Feueratmung intensiv angehe, bekomme ich einen Geschmack von der neuen Energie, die durch meinen Körper strömt und mich mit einer anderen Wirklichkeit genauso verbinden kann, wie beim holotropen Atmen. Über den Atem komme ich auch vom grobstofflichen Körper zur feinstofflichen Ebene, der Freude am Sein, dem in den Yogapraktiken schon beschriebenen „Anandamaya-Koša". Es ist wunderschön, sich selbst zu begegnen und dabei entsteht das Gefühl, dass es noch etwas anders gibt, als das, was uns im Alltag beschäftigt. Der gewöhnliche Gedankenstrom des Hirns versiegt am Ende komplett. Wir stärken damit unsere Kompetenz, uns selbst etwas Gutes zu tun. Somit ist Yoga nicht einfach nur eine Technik, um körperlich fit zu werden, sondern eine Praxis, die über Körper und Atem den Prozess der eigenen Bewusstwerdung unterstützt. Es ist eine Möglichkeit, sich über die Körperarbeit auf sich selbst zu bewegen.

Womit Yoga in seiner klassischen Arbeitsweise nichts, aber auch gar nichts zu tun hat, ist seine Einordnung in Kategorien wie Kampf, Sport und das übliche Leistungsdenken. Wenn eine Studie zweihundert Teilnehmern die Frage stellt: „Wie schätzen sie ihre eigenen Fähigkeiten im Vergleich zu anderen Yoga-Freunden ein?", dann zeigt schon diese Frage, dass weder die Wissenschaftler noch die Journalisten, die darüber berichten *(siehe Süddeutsche Zeitung „Hach was bin ich gut", unter WISSEN vom 27.6.2018)* eine Ahnung davon haben, was Yoga wirklich ist. Yoga ist eine Wissenschaft, die in Indien seit fünftausend Jahren gelehrt wird und dazu dient, seinen Körper und sich selbst zu entdecken, sich ein Bewusstsein zu einer tieferen Wahrheit zu erarbeiten. Vergleiche sind dem wirklichen Yoga völlig fremd.

Der Schritt vom Yoga zur Mcditation ist nicht weit und gehört natürlich dazu, um den Blick nach innen zu vertiefen – sich also zu fragen, wie fühle ich mich heute, was brauche ich, was kann ich mir Gutes tun, was meiner Frau, meinen Kindern oder einfach nur in geistiger Stille sich selbst zu atmen und zu fragen, wie geht es mir oder was bedrückt mich. Was ist es, was ich verändern will? Ein bestimmtes Ritual zu praktizieren oder auch zu beten, kann ebenso hilfreich sein. Mantras, also Lieder der Kraft, ganz für sich oder in der Gruppe zu singen, ist heilend und nährend. Ich bevorzuge das meditative Oberton-Singen, dass mich ganz zu mir selbst führt. Bei einem Spaziergang im Wald, an einem Bach die Augen zu schließen und dem Gemurmel und Plätschern des Wassers eine Weile zu lauschen, sich Einlassen in die Stille und zu atmen ist wohltuend und bricht den aufgeregten Rhythmus des Alltäglichen, das Muss. Es geht schlicht und einfach darum, das einfache SEIN zu üben. Das verändert nach und nach die Struktur des Alltags und nähert das Ich an das Selbst an, an die Seele! Aber nochmals, ohne die innere Reinigung ist es schwer, hier Fortschritte zu erzielen. Die Dynamik der inneren, ungelösten Probleme und Konflikte zieht uns aus dem meditativen Fokus und der Yogapraxis immer wieder heraus oder lässt uns erst gar nicht anfangen damit. Die Gedanken kreisen um die angehäuften Probleme, der vertiefende Atem berührt das, was an negativer Energie in mir ist. Wenn ich daran nicht arbeite, dann bin ich weiterhin das Opfer! Und genauso sind Gedanken, die uns nicht guttun oder der Müll der Medien mit ihren Gewaltorgien für unseren Selbstfindungsweg pures Gift. Das ist so!

Um also eine nachhaltige Selbsterfahrung im Sinne dieser Geschichte anzugehen, könnte man/frau Workshops besuchen, die das Ziel haben, Anfängern und Fortgeschrittenen zu helfen, ihre ersten oder nächsten Schritte zu ihrer eigenen Wahrheit zu gehen *(siehe als Beispiel das SAT-Programm von Claudio Naranjo – im Anhang sind auch andere Kontaktadressen notiert, wo man als Anfänger Selbsterfahrungen in Workshops machen kann).* Weiterführend dann als Möglichkeit die Vipassana-Meditationstechnik, schon sehr anspruchsvoll, führt einen allein in die Tiefe der eigenen Wahrheit. Das sollte man aber unbedingt in einem Workshop vorher gelernt haben, wie andere Techniken, zum Beispiel das holotrope Atmen, auch. Dann könnte man/frau die Technik des „Mental Healing" von Clemens Kuby mit dem therapeutischen Schreiben ausprobieren. Es gibt weiterhin schamanische Reisen, die man in Einzelsitzungen oder Gruppen bei gut ausgebildeten Schamanen/Energiearbeitern wahrnehmen kann. Schwitzhütten gehören dazu und anderes *(siehe Native Spirit).* Ich selbst bevorzuge inzwischen schamanische Selbstheilungssitzungen im Kontext dessen, was ich in Seminaren gelernt habe. Komme ich da an meine Grenzen, buche ich eine Sitzung bei meiner Schamanin. Dann empfiehlt es sich vielleicht auch, eine spirituelle Konferenz zu besuchen, um den eigenen Akku neu zu laden. Und damit meine ich nicht irgendwelche Esoterik-Messen.

Es gibt zudem in unserem Leben unendlich viele Situationen, wo wir die Ebene des einfachen Seins im Geschehen-lassen erleben können, in unerwarteten Augenblicken der Ruhe und mit hoher Präsenz. Ein Vogel in der Sommerhitze, der sich emsig im Rest des Wassers der Dachrinne badet;

die Anmut einer Tänzerin bei ihren Übungen auf der Wiese unter einem alten Baum im Park; die Eleganz eines Pferdes, wenn es über die Weide galoppiert; die Mutter, die versunken auf einer Parkbank ihr Kind säugt; der alte Mann, der in einer Ecke des französischen Bistros an seinem Tisch eingenickt ist; die Musik eines Orchesters, dass für uns den Himmel öffnet; die Natur in ihrer ganzen Kraft im Frühling und so vieles mehr.

Mit solchen Erfahrungen sind wir in der Lage, uns der Hektik des Alltags ein Stück weit zu entziehen, die Annäherung an uns und damit an eine andere Wirklichkeit zu üben. Das geht selten von heute auf morgen, aber auch das ist nicht ausgeschlossen, wie die Geschichte von Byron Katie zeigt *(siehe Fritz Boerner: „Byron Katies The Work")*. Die Übung macht aber auch hier den Meister, aber Meisterin braucht man nicht zu werden, um bei sich zu sein und Kontakt zu haben. Es ist dieser Moment des inneren Fühlens, der die Qualität des Lebens sprunghaft erhöht. Das Schöne dabei ist, dass man dann auch in seinem familiären und beruflichen Umfeld solche Momente kreieren kann und einfach mal „aussteigt" aus dem Getriebe, für Momente oder Stunden und Tage *(damit meine ich nicht Urlaub)*. So kann man meistens mit mehr Kraft und einer größeren Gelassenheit agieren. Das kann man alles selbst inszenieren, dazu braucht man keinen Guru und wenig Geld! Ein solcher Weg zieht dann auch Menschen an, die man für eine Weiterentwicklung braucht.

In der Regel braucht es also eine gewisse Vorbereitung, um mit bestimmten Techniken unseren Verstand zu überwinden, damit wir in Kontakt mit der anderen Wirklichkeit kommen können. Das, was buddhistische Mönche versuchen uns ‚behinderten' Westlern begreifbar zu machen und was Stanislav Grof und andere als Erfahrung von vielen tausend Seminarteilnehmer beschreiben, kann tatsächlich dann ein Teil dieser Seins-Erfahrung werden: Der Kontakt mit dem kosmischen Bewusstsein, einer überlegenen kreativen Intelligenz, der Anima Mundi ist letztendlich für jeden möglich. Es ist eine andere Wirklichkeit als jene, die wir kennen, aber es ist eine, die wir uns tatsächlich über Anleitung mit Übungen selbst aneignen können, auch wenn noch kein konservativer Wissenschaftler sie mit Experimenten nachweisen konnte. Sie ist trotzdem da, so wie die Erde seit Urzeiten Teil unseres Sonnensystems ist, ist diese andere Wirklichkeit vorhanden.

Ich hatte beim Eintauchen in diese Intelligenz das Gefühl und das Bewusstsein, dass alles Leben und alle Leben des Universums darin aufgehoben sind und dort ihr eigentliches Zuhause haben. Diese liebende Intelligenz ist für mich die Urwahrheit, der Urgrund, das, wenn man so will, „Göttliche" in uns und in das wir am Ende unserer Tage wieder eingehen werden. Ich bin mir dort erst meiner wirklichen Existenz und meiner Liebe für mich selbst bewusst geworden! Dort erst stellte ich fest, dass mit dem Tod meines Körpers mein Leben nicht beendet sein wird, weil mein Körper nur die materielle Manifestation meines Bewusstseins, meiner Seele ist, die weiter in dieser Anima Mundi leben wird. Wenn ich dann dort nach meinem Tod in diesen Bewusstseins-Kosmos eingehe, werde ich glücklich sein, mich freuen, weil ich ein Teil von Alles-was-ist sein werde, was reine Liebe ist.

Die erfahrungswissenschaftlichen Forschungen innerhalb der aktuellen Transpersonalen Psychologie belegen eindrücklich, dass es diese andere Wirklichkeit gibt. Die alten spirituellen Traditionen der christlichen Gemeinschaften, die der Sufis im Islam, die der tibetanischen Mönche in ihren Klöstern im Himalaya, die San-People in Afrika, die Indianer Süd- und Nordamerikas, sie alle kennen diese tiefe, meditative Versenkung in andere Dimensionen, die kraftspendend und heilend ist und zu neuen Einsichten führt. Stanislav Grof beschreibt aufgrund seiner fünfzigjährigen Beobachtungen von Klienten in seinen Seminaren den vollzogenen Kontakt mit dieser anderen Wirklichkeit als eine „psychospirituelle Wiedergeburt in einem anderen Bewusstsein, was existiert". Osho sagte dazu: „Es ist das, was Neugeburt heißt, du wirst zum zweiten Mal geboren!" Wenn wir mit unserem physischen Körper auf der Erde inkarnieren, ist das die erste Geburt. Die zweite geschieht, wenn wir erfahren, wer wir eigentlich sind! Wer es erlebt hat, der empfindet das so, es macht sofort Sinn und man versteht sofort und unmittelbar das Ganze.

Für mich war dieser Kontakt eine Einheitserfahrung, ich war nicht mehr vom EWIGEN EINEN getrennt, wie ich es schon im Traum mitgeteilt bekommen hatte. Diese Erfahrung, so Grof, ist derartig befreiend, dass man es als reine Seligkeit durchlebt, was ich bestätigen kann. Er und andere Wissenschaftler haben anhand von hunderten, von tausenden von Fallbeispielen und Geschichten von Klienten nachgewiesen, dass es dieses Erleben tatsächlich gibt und sich bei allen vergleichbar anfühlt. Das kosmische Bewusstsein, die Anima Mundi, die WELTENSEELE funktioniert wie ein riesiger Speicher und wir können auf alles zurückgreifen, was mit uns je geschehen ist. Deshalb kann auch Heilung über die Energiearbeit für jeden Menschen möglich werden, sei es über eine

Familienaufstellung, in einer schamanischen Praxis, über Geistheilung oder mit anderen energetischen Heilverfahren. Was in der Gegenwart an vergangenen Traumata geheilt wird, das wird auch in der Vergangenheit erlöst. Der- oder diejenigen, die das erlebten, ändern danach auf unterschiedliche Weise ihr Leben, meistens zur Freude der Mitmenschen. Wenn man aus diesem Nexus der Glückseligkeit herauskommt, erkennt man sein altes Gesicht nicht mehr wieder. Der Mann, der hinter meinem grauen und traurigen Antlitz im Spiegel steckte, als die große Zyste im Hals gewachsen war, ist buchstäblich tot. Es ist ein Wandel vom egozentrierten Ich in das Einheitsbewusstsein des Selbst. Man gibt danach sein duales Denken und Fühlen im Alltag für alle Zeiten wie von selbst auf und überspringt die Barrieren der Vergangenheit mit all den negativen Konditionierungen, ohne den Bezug und die Lust auf die Realität im Hier und Jetzt, auf das normale Menschsein in unserer Kultur zu verlieren.

Im Gegenteil, die Lust wächst, besonders die Freude, das Leben auch in aller Bescheidenheit oder in großartigen Momenten endlich genießen zu können. Vor allem ist man klüger als vorher und manches fällt einem viel leichter, zum Beispiel ein Instrument zu spielen. Ich erinnere mich an den Jüngling, wenn ich von mir Fotos von damals sehe, wie er einsam durch die große Stadt gelaufen ist. Er ist mir fremd geworden, wie eine andere Person, die ich in einem Film sehe, ich fühle ihn nicht mehr. Die ganze, alte Emotionssuppe, die Angst und Unsicherheit ist mit den Reinigungen ausgelöffelt, die belastenden Informationen in meinen Zellen sind gelöscht und getilgt. Das, was man viele Jahre seines Lebens mitschleppte, loswerden wollte, ist dann tatsächlich weg. Und ich habe es gerne losgelassen. Ich brauche diese Art von Erinnerung auch nicht mehr, weil ich ganz stark in der Gegenwart lebe. Das ist auch der Grund, warum ich dieses Buch mit all den eigentlich doch belastenden Erfahrungen überhaupt schreiben konnte. Ich stecke nicht mehr in dem Sumpf, in dem Loch, sondern stehe am Rand und schaue hinein. Es ist, als schreibe ich über jemand anderen. Das Wichtigste für meinen Alltag aber ist, dass ich mich nicht von meinem Kopf durch dieses Hier und Jetzt führen lasse, sondern dass mein Herz, meine Intuition die Regie übernommen hat.

In diesem Zusammenhang sei an die Forschungen von Dr. Gary Schwartz, Dr. Linda Russek und Paul Pearsall erinnert *(siehe Paul Pearsall: „Heilung aus dem Herzen")*, die sich intensiv mit der Energie des Herzens und vor allem mit der sogenannten „fünften Kraft", einer alles durchdringenden Energie, die Mensch, Natur und Materie gleichermaßen verbindet, beschäftigen. *(Die bisherigen erkannten vier Kräfte in der Physik sind: Die Gravitationskraft, die elektromagnetische Kraft sowie die starke und die schwache Kernkraft, die beiden letztgenannten bezeichnet man eher auch als Wechselwirkung von Kräften).*

Nach der „fünften Kraft" wird an vielen Orten in der Welt von Physikern geforscht. Pearsall bezeichnet diese Kraft, die in Experimenten noch nicht nachgewiesen ist, als „**L**-Energie". Sie ist aus seiner Sicht der grundlegende „Code des **L**ebens" mit der enthaltenen Erinnerung, wer wir wirklich sind und woher wir kommen: *„Angefangen bei den Interaktionen zwischen den winzigsten Bausteinen einer Zelle bis hin zum Austausch von Neuigkeiten bei einem Essen im Familienkreis oder eben dem Energieaustausch zwischen Sternen und Planeten ist alles, was existiert, in eine ungebrochene info-energetische Beziehung fest eingebunden. Da alle Systeme Energieträger sind, die Informationen erhalten, tauschen alle Systeme Informationen und Erinnerungen ständig aus."* (siehe Paul Pearsall: „Heilung aus dem Herzen").

Diese „L-Energie", so füge ich hinzu, ist möglicherweise das energetische Feld, von dem hier im Buch so oft die Rede ist. Viele Erfahrungswissenschaftler von Reich bis Grof konnten dieses wissende Feld physikalisch nicht nachweisen, denn sie hatten nur die Erfahrungen von sich und ihren Klienten. Nun macht sich die Physik aber daran, dieses tatsächlich wissenschaftlich zu erforschen. Ein Kreis beginnt sich damit langsam zu schließen. Und das Herz ist das Zentrum für den Austausch dieser info-energetischen Beziehungen im energetischen Feld, wie die neuesten Forschungen insbesondere aus der Herztransplantationsmedizin belegen. Das Herz sendet fortwährend Signale aus und empfängt solche. Jede Körperzelle wird damit versorgt und weiß Bescheid. Und über das energetische Feld nimmt das Herz Kontkat auf mit dem kosmischen Bewusstsein, der kosmischen Intelligenz und umgekehrt. Um also mit der anderen Wirklichkeit den ersten Kontakt zu machen, brauchen wir eigentlich nur auf unser Herz zu hören!

Unsere energetische Quelle ist also nicht da draußen irgendwo, sondern schon in und um uns. Wir müssen sie nur für uns nutzen lernen. Ihre Sprache ist die Intuition, unsere Herzensenergie und sie übersetzt für uns diesen „Code des Lebens". Die inzwischen zwanzigjährige Erforschung der subtilen Energieverbindungen auf Basis der Quantentheorie, die unter dem Namen „PEAR-Programm" an der Princeton University in den USA durchgeführt werden, liefern dazu erste Beweise, dass es tatsächlich diese vitale „fünfte Kraft", die sogenannte „L-Energie" oder einfacher die Lebensenergie, das asiatische „*Chi*", das alles einschließende energetische Feld wirklich gibt. Wie ist es entstanden? Gibt es vielleicht doch diesen einen Gott, der das alles inszeniert hat?

Man kann behaupten und das tun wir in unserem Kulturkreis seit vielen tausend Jahren, dass diese kosmische Energie, die andere Wirklichkeit, das universelle Bewusstsein, wie auch unsere Welt insgesamt von Gott oder vielen Göttern geschaffen worden sei. Das Konzept kennen wir zu Genüge. Ist das für uns heute noch die Erklärung? Wie kamen wir dazu?

Als sich der Mensch langsam, sehr langsam seiner selbst und der Natur bewusst wurde, mag alles, was ihn umgab, so überwältigend und unerklärbar gewesen sein, dass die Menschen aus Angst vor Naturkatastrophen und vielem anderen, was sie tatsächlich ja erlebten, eine höhere Instanz als Erbauer dieser Welt annehmen mussten. Im Angesicht der Furcht vor Vernichtung durch die natürlichen Kräfte haben wir mit der Zeit religiöse, monströse Konstrukte entwickelt, die wir Menschen offensichtlich brauchten, weil wir mit dem Verstand und unserem Herzen diese Welt noch nicht begreifen konnten und bis heute auch nur bedingt mit dem wissenschaftlichen Instrumentarium verstehen können. Eine durchaus verständliche Reaktion auf etwas Unfassbares, dem wir nicht nur den Namen Gott gegeben, sondern damit auch unsere Trennung von der Natur und Allem besiegelt haben. Es ist die Angst, die uns dazu trieb. Hier liegt der Kern für unser Alleinsein, für die Trennung und gleichzeitig der Keim für die Überschätzung des Menschen auf der Erde, im Universum. Die Verantwortung für uns selbst und den Planeten haben wir damit nach außen delegiert. Und im Laufe der Jahrtausende waren Gott und die Götter dann schließlich für alles verantwortlich, was auf der Erde geschah.

Haben wir nicht inzwischen durch Kreativität, Wissenschaft, Wissen und Technik unsere Furcht mildern können, eine weitreichende Evolution mit geradezu revolutionären Erkenntnissen hinter uns? Erahnen wir nicht langsam, dass wir Teil dieses wunderbaren, intelligenten Kunstwerks Welt sind, dass sich aus sich heraus über Milliarden von Jahren herausgebildet hat und dass wir zu dieser „Göttlichkeit" gehören wie alles andere auch? Seit bald vier Milliarden Jahren, eine für Menschen nicht vorstellbare, lange, lange Zeit entwickelt sich unsere Erde in einem Kosmos, der jetzt schon zehn Milliarden Jahre unterwegs ist. Ich wiederhole, zehn Milliarden Jahre

Entwicklung nach menschlicher Zeitrechnung. Der evolutionäre Fortschritt geht demnach aus unserer Sicht unendlich langsam vor sich und das ist das Geheimnis der sich dabei genauso langsam entwickelnden Intelligenz. Eine Entwicklung vom Urknall unendlich heißer Gase und extremer Lichtstrahlung hin zu einem brodelnden Materieklumpen aus glühend heißem, zähflüssigem Magma, der schließlich zu unserem blauen Planeten Erde geworden ist. In vielen, vielen Millionen Jahren ging es dann vom Einzeller bis zu den komplexen Strukturen der Natur, der Tierwelt und des Menschseins heute. In dieser, nach menschlichem Maßstab irrsinnig langen Zeit ist all das nach und nach zusammengekommen, was Wissenschaft heute als Bedingung anerkennt, damit sich irdisches Leben, die Pflanzen, Tiere und dann auch der Mensch entwickeln konnten. Für unsere Vernunft scheint es nicht vorstellbar, dass dieser lange Entwicklungsprozess eben neben der Materie und darum geht es ja, auch Intelligenz hervorgebracht haben könnte.

Eine Intelligenz, die Emanuele Coccia und Richard Powers so treffend der Natur und insbesondere den Pflanzen glaubwürdig unterstellen (siehe Emanuele Coccia: „Die Wurzeln der Welt" sowie Richard Powers: „Die Wurzeln des Lebens"). Das, was in diesen Büchern so eindringlich beschrieben wird, ist heute sogar in der konservativen Wissenschaft erwiesen. Pflanzen haben Intelligenz, Bäume kommunizieren miteinander. Und wir wissen inzwischen, dass es Tiere gibt, die eine bestimmte Intelligenz haben, wie Affen, Vögel und andere, die sogar Werkzeuge gebrauchen. Von Elefanten weiß man, dass sie intelligent sind, auch Delphine sind schlau und in der Lage nicht nur miteinander, sondern auch mit uns zu spielen und zu sprechen. Ein Umstand, den man noch vor Jahren nur dem Menschen zuschrieb.

Alles hat demnach mehr oder weniger Intelligenz und wenn alle Aktionen dieser intelligenten Lebewesen als Informationen im wissenden Feld, der „fünften Kraft" aufgehoben sind, dann ist doch die Erkenntnis nicht weit anzunehmen, dass sich irgendwann diese Informationen zu einem großen Wissenskonglomerat verdichteten. Informationen, Energiebahnen tauschten sich demnach in einem unvorstellbar langen Zeitraum ständig über die „fünfte Kraft", das wissende Feld aus und komplettierten damit immer weiter und dichter die Informationen zu einem Wissensgewächs. Ein riesiges Informationsnetz entstand und entsteht immer weiter. Die Künstliche Intelligenz, an der Menschen soeben herumtüfteln, wird genauso gebaut werden. Auf diese Weise bildeten sich irgendwann Milliarden und Billionen von korrespondierenden Wissenssubjekten und -objekten im Universum, die in ihrer Summe mit allen Informationen schließlich zu einem großen, kosmischen Bewusstsein, zu einer Intelligenz verschmolzen sind. Warum soll das nicht möglich gewesen sein in zehn Milliarden Jahren? Warum wollen wir nicht von unserem tradierten, religiösen Bild von der Schöpfung loslassen, das unablässig zu Kriegen und Frustrationen führt? Warum wollen wir uns nicht eingliedern in diese große Familie des Alles-was-ist, ein Teil davon sein? Bilden wir nicht gerade diese universale Vernetzung auf unserem Planeten mit dem Internet ab? Würden wir das erkennen, dann könnten wir die Verantwortung für uns und unser Zuhause übernehmen und sie nicht aus Verantwortungslosigkeit einem imaginären Gott zuschanzen.

Mit der Vernunft werden wir das vorerst nicht verstehen, weil diese kosmische Intelligenz nichts mit unserem kontaminierten Verstand und unserer Sprache gemein hat. Sie ist aus einem anderen Stoff und hat andere Ziele. Sie ist Harmonie, Einheit, Kooperation, Bewegung, Balance. Sie ist Miteinander, Schönheit, Freude, Freiheit, Konsequenz, Energie, Anziehung, Kraft und Reaktion. Sie ist in einem ständigen Entwicklungsprozess, in dem Materie vergeht und neu entsteht, aber die Information bleibt als ewige Qualität. Die kosmische Intelligenz ist die Quelle allen Lebens. Das sind unsere spärlichen Worte, die nur unzureichend und nur annähernd das beschreiben können, was dort wirklich vor sich geht. Das werden wir nur verstehen können, wenn wir mit dem Herzen uns dieser Dimension öffnen. Und das können wir nur, wenn wir unseren Müll entsorgt haben und nicht mehr im auf Angst gegründeten Mangel leben.

Als die Menschen fossile Brennstoffe zu verbrennen lernten und damit Energie für weitere Prozesse schufen, dachten sie, dass das verbrannte Holz, die Kohle bis auf die Asche verschwunden war nach dem Kölner Motto, „wat fott is, is fott". In den letzten einhundert Jahren haben wir gelernt, dass die feste Materie Holz oder Kohle und Öl durch die Energie des Feuers sich in vielerlei flüchtige Gase verwandelt, die heute unser Klima so belasten. Alles, was da ist, bleibt nicht nur materiell vorhanden, es hinterlässt auch Informationen in der Welt. Somit gründen alle körperlichen, geistigen und seelischen Prozesse, an denen Atome, Moleküle, Aminosäuren, Enzyme, Neuropeptide, Hormone, Zellen und Fasern, Organe in der Natur und beim Menschen mitwirken, auf einem info-energetischen Austausch mit einer umfassenden Intelligenz.

Das ist der Grund, warum Telepathie, Synchronizität, Resonanz und so vieles andere, was wir paranormal nennen, möglich ist. Und für diesen Austausch von Informationen können wir uns sensibel machen. Was wäre also, wenn wir alle dieses energetische Spüren wieder erlernen würden, wenn wir den „Code des Lebens" tatsächlich mit unserer intuitiven Fähigkeit fühlen könnten? Nehmen wir den Austausch dieser Energien, also das Gesetz der Anziehung, der Resonanzen, das Rhonda Byrne in ihrem Buch beschrieben hat, einfach einmal als existent an und wenden wir das auf meine hier erzählte Geschichte an, dann wird der info-energetische Austausch im energetischen Feld hinreichend klar:

Ich habe unbedingt die Liebe für mich entdecken wollen, das war die treibende Energie in mir ab meinem dreißigsten Lebensjahr, die schließlich Wiederhall im Universum fand. Die Entdeckung der Liebe zu meiner Tochter und die Liebe für mich selbst waren die Folge meiner intensive Suche.

Ich wollte aber nicht nur lieben können, ich wollte auch wissen, warum ich litt und wer ich eigentlich bin – sehr schwach und ängstlich als ganz junger Mann beim Anblick des Sternenbildes des Orion am tosenden Rhein, sehr kraftvoll und unnachgiebig in den späteren Jahren. Die Resonanz darauf war der Traum, der mich erreichte und der mir den ersten Kontakt mit dem universellen Bewusstsein ermöglichte. Die Frage an meine Frau, woher dieser Traum nur gekommen sei und was er zu bedeuten habe, ist durch meine beschriebenen Erfahrungen nach diesem Ereignis hinreichend beantwortet. Es war geradezu eine Aufforderung aus dem energetischen Feld, der allumfassenden Bewusstheit, mich zu bewegen, aufmerksam zu sein, was ich auch so empfunden habe. Dieser Traum hat sich Jahre später schließlich in der Realität auf eine angemessene, irdische Art in meinem Leben verwirklicht, weil ich von tiefstem Herzen so sein wollte, wie der Mann in diesem Traum war. Ich wusste nur den Weg dorthin nicht.

In der Wiederentdeckung meines Selbst aber liegt all das, was ich mir sehnlichst ein Leben lang erhofft hatte: Ich spüre mich, meine innere Kraft und Liebe wieder, die mir als kleines Kerlchen schon einmal zu eigen waren. Ich habe wieder ein Gefühl für mich und meine Bedürfnisse und ich kann mehr und mehr sagen, was ich will! Das konnte geschehen, weil ich mich meiner Vergangenheit gestellt und mich von dieser negativen und schweren Energie, die sich im Lauf meiner Erziehung und Erfahrungen als junger Mann ansammelte, befreit habe. Die dabei gemachte Entdeckung, dass ich ein Teil von Allem-was-ist, von einem universellen Bewusstsein bin und dass ich Liebe, Harmonie und Freiheit bin, erfüllt mich mit tiefer Freude. Es war ein langer, auch verschlungener Weg und aus manchen tiefen Löchern habe ich mich oftmals nur mühsam befreien können. Ohne die Hilfe so vieler wunderbarer Menschen auf diesem Weg wäre das nicht gelungen, das weiß ich sicher. Ich danke allen, die mir geholfen haben, mein Selbst wieder zu entdecken.

So wie Unwissenheit nicht vor Unglück schützt, so hilft Bewusstheit zum Glück. Es geht in unserem Erdenleben letztlich um die Entwicklung dieser Kultur der Bewusstheit für unser Tun, für unsere Existenz und seit einhundertfünfzig Jahren auch um das Wohl unseres Planeten Erde. Wir sind gefordert, unseren Müll zu entsorgen und ein eindeutiges Gefühl dafür zu entwickeln, wie wir auf diesem Planeten leben wollen. Unsere Eliten werden solche Bestrebungen nicht mögen und etwas dagegen haben, dass wir uns als Menschenwesen emanzipieren und mutig eine neue Entwicklungsstufe anstreben wollen. Perikles, ein Herrscher Athens vor 2.500 Jahren, hat es uns so schön mit auf den Weg gegeben: *„Das Geheimnis des Glücks ist die Freiheit und das Geheimnis der Freiheit ist der Mut.“* Und ich ergänze nach den Zeitaltern so vieler Kriege: Mut bringen wir dann auf, wenn wir eine Vision haben von einem erfüllteren, friedvolleren Leben für uns selbst und unsere Erde. Viele solcher Visionen kreieren dann nach dem Resonanzgesetz eine Energie im energetischen Feld, die sich dann hier auf der Erde materialisieren wird.

Die Verwandlung der Welt geschieht also dann, wenn wir uns in diesem Sinn auf den Weg zu uns selbst machen. Und wie der/die Leser/in jetzt weiß, kann das ein unglaubliches Abenteuer sein. Viel größer als jede Mount Everest-Besteigung. Wir haben in diesen noch relativ stabilen Verhältnissen in der westlichen Welt die Möglichkeit, die lebensbedrohenden individuellen und kollektiven Krisen zu beenden. Hier liegt der Schlüssel für unser Wohlergehen, für unsere jetzigen und vor allem zukünftigen Lebensmöglichkeiten auf diesem Planeten. Nur dann werden wir die menschliche Zivilisation mit den Gesetzen der Natur und des Kosmos wieder in Einklang bringen. Finden wir in dieser orientierungslosen Welt unseren Maßstab in unserem Selbst, dann ist alles getan, dann treffen wir die richtigen Entscheidungen und dann verändert sich die Welt von Grund auf, auch wenn wir das nicht beabsichtigen. Das Leben hat eine Vorstellung, ein Bewusstsein vom Leben, es will sich letztlich selbst erkennen und möchte die Wahl haben, es liebt die Freiheit. Und es wählt. Also wählen auch wir unseren Weg. Ich wünsche allen, dass sie die Liebe für sich entdecken mögen und im puren Sein ihres Selbst ihre Großartigkeit als menschliche Wesen mit anderen zusammen teilen können.

Epilog

Berührung

Im Wald, von hohen Stämmen weit umsäumt,
berühren mich, ganz nah und rein,
lindgrüne Buchenblätter, zart und fein.
Ich atme in das gold'ne Licht, das wärmt,
fühle das Wesen, an das ich mich gelehnt,
lausche in sein hohes Lied, das mich mit mir selbst versöhnt.

Der zarte Hauch des Windes
rührt sanft die Wange und den Zweig.
Das linde Grün erzittert, in kraftvoller Erhabenheit.
Es will streben, es will sein, seit Äonen, still und rein.
Und dann, wie von Zauberhand, schwebt der gefächerte Zweig empor,
dem Blätterdach entgegen, zum hohen, blauen Tor.

Als ob ihn jemand trägt und wiegt,
so grazil und majestätisch schön,
seh' ich in all dem zarten Grün
im Morgenland, im Palast des Herrn, den Diener steh'n.
Würdevoll und mit Bedacht,
er über dem Emir mit dem Fächer wacht.

Ein Lufthauch fein umweht den weisen Mann,
der lächelnd träumt und sieht,
wie der Zweig sich einer Feder gleich
behutsam wieder nieder wiegt.
Ihm ist es eine Ewigkeit,
vergessen ist ihm Raum und Zeit und jeder Sieg.

Und ich, ich bin ein Teil davon,
der zarte Hauch der Welt,
er ist in mir,
und weil ich tief im Innern weiß und spür'
atme ich den Odem der Unendlichkeit
und fühle – das, ja, das ist meine Wesenheit.

Anhang

SEMINARE und WORKSHOPS
zur Persönlichkeits- und Selbsterfahrung, die im Buch erwähnt sind:

Tri-Energetic PLAYSHOPS
Henry Marshall, Amsterdam
www.inpeacenet.com

SAT-Programm
Claudio Naranjo
für Deutschland/Frankreich
www.naranjo-SAT.com

THE WORK
Von Byron Katie
https://thework.com/sites/deutsch/uber-byron-katie/

FAMILIENAUFSTELLUNGEN nach Bert Hellinger
Vielfach im Internet zu finden

SYSTEMISCHE AUFSTELLUNGEN
FAMILIENAUFSTELLUMG
Bei APSYS, Institut für systemische Praxis
https://apsys.org

Die BEZIEHUNG zu den AHNEN heilen
Seminare mit Malidoma Patrice Somé
www.Malidoma.com

NATIVE SPIRIT
Die Natur-, Wildnis- und Lebensschule am Inn in Tirol, Österreich
(www.native-spirit.at)

Publikationen

im Text erwähnt und/oder Informationen für den Autor:

Ariès, Philippe – *Die Geschichte der Kindheit*
DTV, München 1978

Ardagh, Arjans – *Die lautlose Revolution*
Kamphausen Verlag, Bielefeld 2006

Bernard, Cheryl und Edit Schlaffer – *Lasst endlich die Männer in Ruhe*
Rowohlt Verlag, Reinbek 1990

Blubacher, Thomas – *Ich jammere nicht, ich schimpfe - Ruth Hellberg -
Ein Jahrhundert Theater,* Wallenstein-Verlag, Göttingen 2018

Brück, Axel – *Kraft der Heilung*
Arun Verlag, Uhlstädt-Kirchhasel 2007

Brune, Martin – *Zum Glück, wie das Leben uns findet*
Books on Demand GmbH, 2006

Byrne, Rhonda – *The Secret*
Wilhelm Goldmann Verlag in Random House München, 2002

Campbell, Joseph – *Mythologie der Urvölker* sowie
Die Masken Gottes, Sphinx Verlag, Basel 1991

Castaneda, Carlos – *Die Lehren des Don Juan und weitere fünf Bände*
Fischer Taschenbuch Verlag, Frankfurt 1973

Coccia, Emanuele – *Die Wurzeln der Welt - Eine Philosophie der Pflanzen*
Carl Hanser Verlag, München 2018

Dirks, Liane – *Sich ins Leben schreiben - Der Weg zur Selbstentfaltung*
Kösel Verlag, Random-House-Verlagsgruppe, München 2015

Elias, Norbert – *Studien über die Deutschen*
Suhrkamp Verlag, Frankfurt 1989

Emoto, Masaru – *Die Botschaft des Wassers*
Koha Verlag, Dorfen 2002

Engels, Friedrich – *Die Lage der arbeitenden Klasse in England: Nach eigner Anschauung und authentischen Quellen*, Marx-Engel-Werke (MEW) Band 2. Dietz, Berlin 1972, S. 225–506.

Film: *Der Mann mit den Bäumen* – nach der gleichn. Erzählung von Jean Giono. Ein Film von Werner Kubny - Eine Werner Kubny Filmproduktion in Ko-produktion mit Westdeutscher Rundfunk, Kinopremiere Kinderfilmfestival Frankfurt September 1989 sowie ARD 11.9.1992 – 83 Minuten, Archiv: WDR + Filmothek Werner Kubny Filmproduktion – www.kubnyfilm.de

Film: *Kein Ruhm, keine Tränen* – zum französischen WIDERSTAND in den CEVENNEN – Ein Film von Axel Hofmann - Eine Werner Kubny Filmproduktion im Auftrag von WDR/ARTE, Sendung 10.11.1992 – 60 Minuten, WDR + Filmothek Werner Kubny Filmproduktion – www.kubnyfilm.de

Film: *Requiem – Hans Werner Henze* – Ein Portrait von Enno Hungerland - Eine Werner Kubny Filmproduktion im Auftrag von WDR/3-Sat, Sendung 25.1.1994 – 45 Minuten, WDR + Filmothek Werner Kubny Filmproduktion www.kubnyfilm.de

Film: *The John Marshall Film Collection – Village-Life of the Bushmen/San People in the 50's and other Films of the Collection*, Smithsonian Institute, Human Studies Film Archives Washington, USA

Film: *Unterwegs in die nächste Dimension, Shamanic Healing* – Ein Film über geistiges Heilen von Clemens Kuby - Mind Films 2005 – 81 Minuten, Amazon

Führer, Caritas – *Die Montagsangst* List Taschenbuch, Berlin 2012

Gopnik, Alison – *The Gardener and the Carpenter: What the New Science of Child Development Tells Us About the Relationship Between Parents and Children*, Verlag Vintage, New York 2017

Grof, Stanislav – *Impossible: Wenn Unglaubliches passiert*,
Kösel Verlag in Verlagsgruppe Random House, München 2008
> – *Kosmos und Psyche, an den Grenzen menschlichen Bewusstseins*
> Fischer Verlag, Frankfurt 200

Grossman, David – *Eine Taube erschießen*
Carl Hanser Verlag, München 2018

Gúerot, Ulrike – *Warum Europa eine Republik werden muss - Eine politische Utopie* – Verlag J.H.C. Dietz Nachf., Bonn 2016

Habermas, Jürgen – *Strukturwandel der Öffentlichkeit*
Sammlung Luchterhand, Darmstadt und Neuwied 1962

Harner, Michael – *Der Weg der Schamanen*
Heyne Verlag in Verlagsgruppe Random House, München 2007

Hauschke, Oliver – *Schafft die Schule ab*
Münchener Verlagsgruppe GmbH, München 2019

Hesse, Hermann – *Kindheit des Zauberers*
Insel Verlag in der Suhrkamp Verlag AG, Frankfurt 1974

Hüther, Gerald – *Bedienungsanleitung für das menschliche Gehirn*
Vandenhoeck und Ruprecht Verlag, Göttingen 2001

Joslyn Art Museum – „*Karl Bodmer's North American Prints*" – Aquarelle einer Reise von Karl Bodmer und Maximilian von Wied-Neuwied nach Nordamerika 1832-1834

Katie, Byron – *The Work* von Fritz Boerner, Goldmann in der Verlagsgruppe Random House GmbH, München 1999

Keeney, Bradford – *Profiles of healing*,
Ringing Rocks Foundation, Philadelphia 1999
> – *The Bushman Way of Tracking God*,
> Atria Books, Simon & Schuster Inc., 2010
> – *Shamans of the World*, edited by Nancy Connor with
> Bradford Keeney, Ringing Rocks Foundation,
> Philadelphia 2008

King, Serge Kahili – *Der Stadt-Schamane*
Verlag Alf Lüchow, Freiburg 1991
Kübler-Ross, Elisabeth – *Kinder und Tod*
Kreuz Verlag, Freiburg 1984

Kuby, Clemens – *Mental Healing*
Kösel-Verlag, München, 2010

Lévi-Strauss, Claude – *Traurige Tropen, Reisebericht aus Brasilien* Suhrkamp
Verlag, Frankfurt 2009

Lorenz, Edward N. – Predictability:
Does the flap of a butterfly's wings in Brazil set off a tornado in Texas?
Vortrag im Jahr 1972 während der Jahrestagung der American Association
for the Advancement of Science: 320, S. 431, 2008
Lorenz, Edward N. – Erstveröffentlichung in Buchform:
The Essence of Chaos, Appendix 1, S. 181–184, Seattle 1993

Liedloff, Jean – *Auf der Suche nach dem verlorenen Glück*
C.H. Beck Verlag, München 1983

Metzinger, Thomas zusammen mit Jennifer M. Windt –
Open MIND – Philosophy and the Mind Sciences in the 21st Century,
2 Bände Cambridge, MA: MIT Press, 2016

Miller, Alice – *Am Anfang war Erziehung*
Suhrkamp Verlag, Frankfurt 1980

Miller, Martin – *Das wahre Drama des begabten Kindes*
Kreuz Verlag bei Herder, Freiburg 2018

Mitscherlich, Margarete und Alexander – *Die Unfähigkeit zu trauern,*
Piper & Co., München 1967

Neill, A.S. – *Theorie und Praxis der antiautoritären Erziehung. Das Beispiel
Summerhill,* Rowohlt Taschenbuch, Reinbek 1994

Pearsall, Paul – *Heilung aus dem Herzen,* Goldmann in der Verlagsgruppe
Random House GmbH, München 1999

Powers, Richard – *Die Wurzeln des Lebens*
S. Fischer, Frankfurt 2018

Reckwitz, Andreas – *Die Gesellschaft der Singularitäten*
Suhrkamp Verlag AG, Frankfurt 2017

Roads, Michael – *Mit der Natur reden,* Ansata Verlag in der Verlagsgruppe
Random House GmbH, München 1987
       – *Die Pforte zur Unendlichkeit,*
         Schirner Verlag, Darmstadt 2008

Rohr, Richard und Andreas Ebert – *Das Enneagramm - Die 9 Gesichter der
Seele*, Claudius Verlag, München 1989

Schreber, Daniel Gottlob Moritz – *Kallipädie oder Erziehung zur Schönheit*,
1858, Deutsches Text Archiv (www.deutschestextarchiv.de)

Schreber, Daniel Paul – *Denkwürdigkeiten eines Nervenkranken*
CreateSpace Independent Publishing Platform 2013

Sogyal Rinpoche – *Das Tibetische Buch vom Leben und vom Sterben*
Scherz-Verlag im S. Fischer Verlag, Frankfurt 1995

Somé, Malidoma Patrice – *Die Kraft des Rituals*
Heinrich Hugendubel Verlag, Kreuzlingen 2000

Soutschek, Alexander (Universität Zürich) - Christopher J. Burke, Anjali
Raja Beharelle, Robert Schreiber, Susanna C. Weber, Iliana I. Karipidis, Jo-
lien ten Velden, Bernd Weber, Helene Haker, Tobias Kalenscher and Philippe N. Tobler –
The dopaminergic reward system underpins gender differences in social preferences
in Nature Human Behaviour. DOI: 10.1038/s41562-017-0226-y

Storch, Maja sowie Benita Cantieni, Gerald Hüther und andere –
Embodyment - Die Wechselwirkung von Körper und Psyche verstehen und nutzen,
Hogrefe Verlag vorm. Hans Huber Verlag, Bern 2010

Survival International e.V., Berlin, gemeinnütziger Verein. Seit 1969
Unterstützer*innen in über 100 Ländern mit Büros in Berlin, London,
Madrid, Mailand, Paris und San Francisco (www.survivalinternational.de)

Taubert, Greta – *Guten Morgen du Schöner*
Aufbau Verlag, Berlin 2020

Tolle, Eckhart – *Leben im Jetzt*
Wilhelm Goldmann Verlag in der Verlagsgruppe Random House GmbH,
München 2002
Tolle, Eckhart – *Eine neue Erde, Bewusstseinssprung anstelle von Selbstzerstörung*
Arkana Verlag, in der Verlagsgruppe Random House GmbH, München 2005

Walsch, Neale Donald – *Gespräche mit Gott Bände 1-3*
Arkana in der Verlagsgruppe Random House GmbH,
München 2009

Weiss, Peter – *Die Ermittlung - Oratorium in 11 Gesängen*
Edition Suhrkamp, Frankfurt 1991

Wette, Wolfram – *Die Wehrmacht, Feindbilder, Vernichtungskrieg, Legenden*,
S. Fischer Verlag, Frankfurt 2002

Wilber, Ken – *Integral Spirituality sowie A Theory of Everything*,
both by Shambhala Publications, Boulder USA 2007 + 2001

Winterhoff, Michael – *Deutschland verdummt – wie das Bildungssystem die
Zukunft unserer Kinder verbaut"*, Gütersloher Verlagshaus 2019

Zeiten*Schrift Nr. 7 – *Indianer: Eins mit dem Großen Geist*, Seite 37,
ZeitenSchrift Verlag GmbH, Rotkreuz Schweiz

* * *

AUTOR

Werner Kubny

Nachdem Werner Kubny den Beruf des Großhandelskaufmanns erlernt hatte, absolvierte er ein Studium der Fotografie, des Films, der Kunstgeschichte und der Erziehungswissenschaft. Die Geschichte seiner Herkunftsfamilie sowie sozialwissenschaftliche und historische Studien motivierten ihn, sich intensiv mit der Geschichte der Erziehung in Deutschland zu beschäftigen, was in einem Drehbuch verarbeitet wurde. Als Regisseur und Produzent stellte er herausragende Filmproduktionen insbesondere zur Lebenswelt der arbeitenden Bevölkerung unter Berücksichtigung historischer und gesellschaftlicher Veränderungen her. Werner Kubny wurde mit bedeutenden Preisen und Auszeichnungen für seine Filmarbeit bedacht.

Parallel zu seinem Filmleben stellte sich der Autor eigenen existenziellen Fragen zu seinem Leben und suchte in vielen Workshops und Seminaren Antworten darauf. Schließlich absolvierte er neben der beruflichen Arbeit eine langjährige Ausbildung zum Counselor und Coach und qualifizierte sich weiter im Bereich der rituellen Energiearbeit. Seit seiner Mitwirkung in einer der ersten Männergruppen in Deutschland zum Ende der 1970er Jahre beschäftigte er sich mit der Frage, warum Männer so sind, wie sie vielfach gerade von Frauen und Kindern erlebt werden. Der Autor hat bei seiner eigenen Persönlichkeitsentwicklung tiefe Einsichten nicht nur über sich selbst gewonnen, sondern auch in seiner Arbeit mit Männern als Coach bemerkenswerte gesellschaftliche Ursachen ausfindig gemacht, die oftmals für die Schwierigkeiten zwischen Männern und Frauen mit verantwortlich sind.

Bisherige Buchveröffentlichungen:
„Der gefesselte Mann und seine Befreiung" – Verlag Zeitenwende

Filmproduktionen und Auszeichnungen:
Siehe www.kubnyfilm.de